Anne Harich

»Wenn ich das gewußt hätte ...«

Erinnerungen an Wolfgang Harich

Das Neue Berlin

Für Ralph und Kathrin

Inhalt

Im Friedrichshainer Park	9
Das Domizil	17
Lukács, der Anfang	26
Reise zum Mittelpunkt der Welt	31
Lukács und kein Ende	45
Die fünfziger Jahre in Berlin	59
Briefe eines jungen Mannes	95
Die Verhaftung	114
Zeit für Geschichten	136
Arbeit und Alltag	143
Pläne und Projekte	164
Im Westen	183
Die DDR und Nietzsche	190
Einladung ins Gästehaus an der Spree	218
In der Friedenstraße	231
Noch eine Reise in die Vergangenheit	251
Wenn die Partei nicht ruft	265
Glasnost und Perestroika?	272
Reise nach Wien	278
Schriftsteller sprechen über Harich	285
Jean-Paul-Ehrungen	292
Seelenzustände	326
Gespräche	341
Am Starnberger See	354
Eine Vorlesung	358
Endgültig Ruhe	361
»Nietzsche und seine Brüder«	369
Umbrüche	379
Janka und Harich	385
Was bleibt	405
Zeittafel	417
Dank	420
Personenregister	422

Was klagst du über Feinde?
Sollten solche je werden Freunde,
Denen das Wesen, wie du bist
Im stillen ein ewiger Vorwurf ist?
       Goethe

Im Friedrichshainer Park

Es gibt Menschen, die sich ein lebenlang leidenschaftlich einer Sache widmen und auf ihren Wegen andere begeistern, verunsichern oder abstoßen. Ein solcher Mensch war Wolfgang Harich. Wir lebten neun Jahre zusammen, für mich eine auf- und anregende Zeit. Als er gestorben war, kam ich mir wie ausgesetzt vor, doch wollte ich mit meiner Situation allein fertigwerden. Zunächst einmal zog ich aus der vierten Etage in die erste, in der Harich gewohnt hatte, hinunter. Kaum hatte ich mich darin eingerichtet, zog ich aus, und ich nahm mir vor, nie mehr an dem Haus vorbeizugehen, weil ich das alles nicht mehr sehen konnte: unsere Haustür, unsere Fenster, unsere Balkone. Bald aber trieb es mich zu dem Ort, an dem ich so gerne zu Hause gewesen war, zurück.

Wieder hat mein Weg mich hierhergeführt, doch ich kann nicht mehr viel erkennen. Das Haus ist eingerüstet und menschenleer, seine Geschichte unterbrochen. Lange schon hatte der darin eingerichtete Kindergarten sein Domizil verlassen, und bald danach hatte ich mich aus dem Staub gemacht. Nun wird das Haus verändert, erneuert, verschönert, verjüngt. Jetzt, mit einem dunklen Gazenetz umhüllt, als müßte es sich verstecken, ähnelt es eher einer großen trauernden Frau. Unsicher stehen wir einander gegenüber. Einen Moment lang scheint mir alles unwahr. Ich versuche, durch Gespinst und Bretter unsere Fenster zu erkennen. Je mehr ich mich anstrenge sie zu finden, schwindet allmählich das graue Gerüst vor meinen Augen, vertraute Bilder entstehen, werden deutlich, und schon sehe ich die alte Frau Probst, wie sie sich am Treppengeländer hochzieht und ihren Einkaufswagen keuchend hinter sich herzerrt. Auf sie warten im dritten Stockwerk ihre beiden Mitbewohnerinnen, die nicht mehr hinausgehen können. Ich höre die dicke Frau Schnitzel, vor der Du Dich fürchtetest, mit Dir schimpfen, weil Du die Korridortür zuknallst. Da sind sie, die beiden Kulturbundmitglieder: der breithüftige Herr Wagner und seine eifrige Lebensgefährtin Frau Olitz, denen nichts zu entgehen scheint und die beide gleichzeitig, wenn wir mit ihnen im Treppenhaus ins Gespräch geraten, auf uns einreden, so daß wir unter ihrem Redeschwall fast zusammenbrechen und Du hinterher nur noch »furchtbar« sagen kannst. Ich sehe das junge schöne Paar Tanja Ziller und Mario Leimbach an Deiner Tür stehen, wie sie Dir in stiller Verehrung sagen, Du brauchtest nur bei ihnen zu klingeln, wenn Du Hilfe benötigst, und Du sagst zu mir: »Die sind lieb, Gott sei Dank!« Ich sehe, wie die Kinder vom Kindergarten unten im Hausflur vor Dir erstaunt stehenbleiben und Dich fragen, ob Du der Weihnachtsmann bist und ob Dein weißer Bart ein richtiger sei. Und Du sagst »ja« und bückst Dich zu ihnen hinab, und sie dürfen Deinen Bart vorsichtig anfassen. Gewöhnlich gehst Du achtlos durch die Kinderschar hindurch. Und da kommt sie, die immer freundliche, für Dich so wichtige Postfrau, die Du so manches Mal sehr unfreundlich behandelt hast, nur weil sie unangemeldet das Zeitungsgeld kassieren wollte. Ja, mein Wölfchen, und ich sehe Dich auf Deinem Balkon, wie Du mir nachwinkst, wenn ich das Haus verlasse, oder wie Du, wenn sich bei Dir ein liebenswerter Besuch angemeldet hat, erwartungsvoll in die Richtung, aus der er kommen müßte, Ausschau hältst und gespannt darauf bist, ob er pünktlich sein wird. Manchmal bin ich auf Deinem Balkon, und bringst Du einen Deiner vielen Briefe zum Postkasten, rufe ich fröhlich hinunter: »Geh und schmück mit dir das Straßenbild!« Und ich schau Dir nach und erfreue mich an Deiner Erscheinung, die gar nicht mehr so in unsere Zeit passen will. Ich mag Deine gerade Haltung, die Würde und Wohlerzogenheit vermuten läßt, und ich mag Deinen zielstrebig, in Gedanken versunkenen Gang, bei dem Deine Arme, artig herunterhängend, sich nur wenig mitbewegen, und Deine Hände sind immer zu einer leichten Faust zusammengekrümmt. Stets trägst Du einen Hut oder bei Sturm und Regen eine Baskenmütze auf dem Kopf, und selten verläßt Du das Haus ohne Deinen schwarzen japanischen Schirm, mit dem Du manchmal einem vorbeirasenden Autofahrer drohst. Ja, und da sehe ich Dich, bedächtig, dabei ins Selbstgespräch vertieft, vier Treppen zu mir hinaufsteigen; höre, wie Du mit dem Schlüsselbund klimperst und einen Schlüssel nach dem anderen geduldig an meinem Türschloß ausprobierst, bis endlich der richtige paßt, und wie Du beim Eintreten in mein Zimmer sagst: »Da bin ich, mein Liebling.« Meist bist Du erschöpft, dann streichst Du mit unruhiger Hand nur andeutungsweise über Dein Haar, als getrautest Du Deinen Kopf nicht zu berühren, und sagst: »Anne, ich bin Herr Wesal, ich muß mich sofort hinlegen.« Da hattest Du zu lange am Schreibtisch gesessen.

Noch heute erinnere ich mich deutlich an das laute Pochen morgens an meiner Wohnungstür, und ich höre meinen Sohn fragen: »Ist es wahr, Mutter?« Und ich vergesse nicht, wie meine Tochter die Treppe zu mir hinaufstürzt und »Mama« schreit.

Nein, ich will nicht an das Ende denken. Ich will zurückholen, was mir wichtig ist, und ich will versuchen, zu verstehen, wie das war mit Dir. Ich sehe uns in Deinem Arbeitszimmer sitzen; es ist Besuch da, und jetzt horche ich genau und sehr gern zu, wie Du die an Dich so oft gestellte Frage zu beantworten pflegtest: »Wie wir uns kennengelernt haben? Nun, es war einer der letzten kalten Winter, von 85 auf 86, am Silvestertag, genau um dreizehn Uhr. Dort, gegenüber im Park, da sind wir uns begegnet, im Schnee.« Dabei zeigst Du mit dem Daumen zum Fenster, und während der Besucher Deinem Daumen folgt und zum Fenster hinsieht, wirfst Du rasch einen heimlichen Blick auf Deine Uhr und erinnerst an den eigentlichen Grund des Zusammenseins, an das Thema, das besprochen werden soll. Höflich fragst Du den Gast, ob er anfangen möchte. Dem bleibt gewöhnlich nicht viel Zeit zum Überlegen, da hast Du schon das Wort ergriffen: »Gestatten Sie, daß ich ihnen erst einmal meine Gedanken vortrage? Also, wenn Sie mich fragen, dann ist Nicolai Hartmann derjenige, der ...«, und Du beginnst, zurückgelehnt in Deinem Sessel, endlich zur Sache gekommen, mit einem gründlich vorbereiteten Vortrag.

Ja, ich rede sehr oft mit Dir, wenn ich allein bin, und das Bedürfnis über Dich zu erzählen läßt mich nicht ruhen. Ich will aber zur Ruhe kommen, setz Dich hin, sei still und laß mich ausreden! Du weißt genau, ich kann es nicht leiden, wenn Du mir ins Wort fällst! Jetzt bin ich dran.

Als mir an jenem letzten Tage des Jahres 1985 beim Spazierengehen ein Mann entgegenkam, dessen Erscheinung mir von weitem auffiel und die beim Näherkommen mich immer mehr erfreute, da war mir, als hätte ich unverhofft etwas vor langer Zeit Verlorengegangenes wiedergefunden. Ich wußte nicht, wen ich so ahnungsvoll anlachte.

Seinen Hut zum Gruße lüftend, fragte er, warum ich mich so freute? Ob ich ihn kennen würde? Ob ich mich oft hier im Park aufhielte?

Nein, erwiderte ich, ich kenne Sie nicht, trotzdem freue ich mich, Sie zu sehen, und hier im Park bin ich sehr oft. Ein gutes Jahr wünschend und auf ein Wiedersehen hoffend, gingen wir auseinander.

Es war Januar. Wir sahen uns wieder im Park, und abermals erfüllte mich dieselbe Freude. Da stand er vor mir, schlank und nicht sehr groß, auf dem Kopf einen grauen Schaffellhut, mit seinem weißen vollen Bart, der sein ganzes Gesicht einrahmte, mit seinen hellen, lebhaften, blauen Augen, die mich ernst und prüfend ansahen. Ich spürte Zurückhaltung. Er fragte, wohin ich ginge, und ich antwortete, zur Arbeit, ins Krankenhaus, und er sagte, ach, Sie sind Ärztin? Ich entgegnete, nein, ich bin Krankenschwester, und nachdenklich hörte ich ihn sagen, ah, eine Krankenschwester also. Mit einer leichten Verbeugung, dabei seinen Pelz vom Kopfe nehmend, verabschiedete er sich von mir. Er sah mich noch immer ernst und prüfend an, und er ließ mich mit einem unbehaglichen Gefühl zurück.

Im Februar kreuzten sich unsere Wege im Park erneut. Wir blieben stehen, wir begrüßten uns, wir kannten uns ja schon. Ohne Umschweife bat er um meine Telefonnummer, fragte, ob mir das recht sei, weil er sich gern mit mir einmal unterhalten hätte. Wir verabredeten uns für den 28. Februar, hier im Park im Friedrichshain am kleinen Ententeich. Und beide standen wir pünktlich da, um 13 Uhr 30 am kleinen Ententeich, am 28. Februar. Ich war aufgeregt und wollte als erstes wissen, was er von mir wünsche. Er nannte seinen Namen, und er erzählte kurz von seiner früheren Tätigkeit als Lektor beim Aufbau-Verlag; davon, vor Jahren im Gefängnis gesessen zu haben; von Frauengeschichten, die ihm viel Ärger bereitet hätten; jetzt sei er wieder verheiratet und lebe in einer Familie. Dabei zog er aus seinem Mantel eine Brieftasche, aus der er Fotografien entnahm. Die zeigte er mir und erklärte, dies sei seine Frau mit ihren beiden Kindern. Er erzählte mir, sie sei Fotografin am Deutschen Theater, und das alles hörte sich an, als wäre sie die größte Fotografin der Welt.

Das wurmte mich, weil mir war, als hätte sie neben diesem Mann ein herrliches Leben, und als wäre, im Gegensatz zu mir, alles um ihn herum überhaupt sehr bedeutend. Aber ich lief neben ihm her, und ich fühlte ihn nicht fremd; ich fühlte, ihn schon ewig zu kennen. Es lag Schnee und es war kalt und die Wege waren glatt. Vorsichtig gingen wir vereiste Stufen hinunter. Da hielt er mich am Arm fest, und als er mich berührte, sahen wir uns an und wir sahen gleich wieder geradeaus und wir redeten weiter, als sei nichts Besonderes geschehen, und all die Jahre fragte er mich: Weißt du noch, auf unserer Treppe?

Während er sprach, lenkte er den Weg zu dem Haus, in dem er seit langem lebte. Er führte mich in seine Wohnung. Sie war klein und kalt. Alles deutete auf ein bescheidenes Dasein hin. Bücherregale, die bis zur Decke reichten, füllten das Zimmer aus, in das er mich einzutreten bat. Ich griff nach einem Band der Hamsun-Ausgabe, und er fragte, Sie kennen Hamsun? Ich sagte, ja, warum nicht, einer meiner Lieblingsdichter, und er sagte, ah, eine Krankenschwester, die Hamsun liest, sehr interessant. Er hieß mich in einen anderen Raum mitgehen. Der war schmal und lang, aber auch hier war alles vollgestellt mit Bücherregalen. Einem Karton, den er vom Kleiderschrank herunterholte, entnahm er ein Buch, von ihm verfaßt. Es war in spanischer Sprache, eine deutsche Ausgabe besaß er nicht mehr, und trug den Titel »Kommunismus ohne Wachstum«. Er schrieb mir da etwas hinein, und ich fühlte mich geehrt und nahm es an, obwohl ich weder der spanischen noch sonst einer Fremdsprache mächtig bin. Nach wenigen Minuten verließen wir seine Wohnung.

Als wir aus dem Haus traten, machte er mich auf einen Rohbau aufmerksam, der sich neben seinem Haus befand. Dort wolle er, wenn das Haus fertig sein würde, mit seiner Familie einziehen, und ich könnte, falls ich das möchte, dann seine vier Wände übernehmen. Ich glaubte nun, einem Gönner begegnet zu sein. Ganz unabhängig davon, gestand er mir, suche er eine Helferin, die ihm einmal in der Woche seine Zimmer saubermacht, und er fragte mich, ob ich jemanden für eine solche Arbeit kenne. Ich dachte an meine Tochter und wollte sie, wenn ich zu Hause wäre, fragen, ob sie Lust dazu habe, sich als Haushaltshilfe ein wenig Geld zu verdienen. Weil ich seine Einladung zum Mittagessen ausgeschlagen hatte, bat er, mich doch wenigstens bis zur Lenin-Kaufhalle begleiten zu dürfen. Dort angekommen, verabschiedete er sich, zog seinen Hut und küßte sacht meine Hand. Das gefiel mir, und dabei sah ich auf seinen entblößten Kopf, um den ein dichter, grauer, zerzauster Haarkranz herumwedelte, und ich dachte: Das Haar müßte geschnitten werden. Aber auch Harich bewegten, während er sich zu meiner Hand hinabbeugte, Gedanken, die er mir später verriet: Sieh an, dachte er, sie ist doch etwas spießig, sie trägt eine Dauerwelle und färbt sich das Haar.

Einige Tage danach rief ich bei ihm an und teilte ihm Kathrins

Zusage mit; sie hatte große Lust dazu und stellte es sich schön vor, einem älteren Herrn zu helfen. Bei schwarzem Tee, so bitter, wie ich ihn noch nie getrunken hatte, und bei frischem Kuchen vom Bäcker lernte er meine Tochter und ich seine Frau kennen. Sie kam zu spät. Groß und freundlich stand sie in der Tür, wohlwollend begrüßte sie uns, und von da an gehörte alle Aufmerksamkeit ihr. Ich sah sie an und dachte: Die paßt nicht zu ihm. Wir waren höflich zueinander, und wir plauderten, und Harich, zurückhaltend, doch alles beobachtend, machte mit. Ich bewunderte die höfliche und galante Art, mit der er seiner Frau begegnete; ich bewunderte seine humorvolle und geistreiche Ausstrahlung in der Unterhaltung, und ich verliebte mich in sein natürliches und selbstironisches Wesen, und ich wußte: Das ist ein ganz besonderer Mensch.

Wenige Tage danach holte ich den Wohnungsschlüssel für Kathrin ab. Er lud mich zum Tee ein. Dieses Mal standen nur Kekse auf dem Tisch. Ich war gern zu ihm gekommen, aber ohne Absicht. Ich wußte nicht, was in ihm vorgegangen war. Sobald wir zusammensaßen, begannen wir einander auszufragen, und alles drehte sich nur um uns, und alles endete, wie ich es mir heimlich gewünscht hatte. Die Erinnerung an diesen Nachmittag und an die Tage, die folgten, gehören nur uns. Die Liebe blieb, und all die Jahre später wurden wir nie müde uns zu fragen: Weißt du noch? Und wir wußten immer noch alles ganz genau.

Nur wußte ich damals nicht, wer Wolfgang Harich ist. Ich hatte nie zuvor von ihm gehört. Harich war 62 Jahre alt, und er sagte mir folgendes: Ich bin alt und krank und unappetitlich, meine Kräfte reichen nur noch für meine Arbeit über Nicolai Hartmann. Ich stehe mit dem Akademie Verlag im Vertrag, den muß ich einhalten. Außerdem sitze ich an einem Artikel über Georg Lukács, der von rechts angegriffen wird. Ich will das Jean-Paul-Jubiläum mit vorbereiten helfen, und ich will alles tun, um einer Nietzsche-Renaissance in der DDR entgegenzutreten. Das ist sehr aufregend, für dich bleibt wenig Zeit. Ein Theaterbesuch oder ein Konzert im Monat, mehr ist bei mir nicht mehr drin; ja, und was ich dir in der Unterhaltung, in Gesprächen bieten kann. Du mußt wissen, ob dir das reichen wird. Ich wünsche auch, daß du zu Hause bleibst oder höchstens eine Halbtagsarbeit annimmst. Ich kann nicht mehr allein sein.

In meinem Tagebuch vom 20.5.1986 steht: »Es gibt einen Menschen, der mich festhält, an den ich glaube und den ich liebe. Wir leben seit dem 5. April 1986 zusammen, ein Entschluß von einem

Tag zum anderen. Am 29. Mai 1986 ist sein Scheidungstermin, dann werden wir heiraten, und mein Leben bekommt wieder einen Sinn.«

Von da an begann das sinnvolle Leben mit Wolfgang Harich. Mit meinen Kindern wohnte ich im Schwesternheim in der Pufendorfstraße. Wir lebten ungeordnet in einer kleinen Wohnung. Keiner besaß einen Raum für sich. Kathrin, fünfzehnjährig, kam oft zu spät zum Unterricht, manchmal ging sie überhaupt nicht hin. Ralph war Soldat, und er quälte sich sehr in dieser Zeit, Als er nach Hause kam, fand er die Veränderung bei uns vor. Er traf auf Harich und der sagte zu meinen Kindern: So, ich bin jetzt euer Stiefvater. Mit seiner Pedanterie, mit seinen Lebensgewohnheiten brachte er noch mehr Turbulenz ins Haus. Ralph und Kathrin sahen verständnislos zu, wie ich mit einem Mal eifrig für geordnete Verhältnisse sorgte und mich den Maximen Harichs artig unterordnete. Anfangs hegten sie Hoffnungen, glaubten einen Freund, gar einen Vater zu gewinnen, kamen ihm entgegen und versuchten, ihn zu verstehen, ihn zu begreifen. Er gefiel ihnen, und sie waren zuversichtlich. Als sie jedoch merkten, daß er sie »bilden« wollte, wurden sie unsicher, fühlten sich gegängelt und getäuscht. Vor dem Wort »Bildung« liefen sie davon, und mir war das, in dieser Form angewandt, fremd, weil das Lesen für uns etwas Alltägliches war. Es gehörte zu unserem Leben, und wir lasen nicht aus Prestigegründen und Ehrgeiz, um damit etwas vorzustellen, sondern allein zu unserem Vergnügen. Für Harichs autoritäres Auftreten zeigten sie kein Verständnis. Sie wurden eher mißtrauisch gegen mich.

Am meisten litt Kathrin, Ralph zog bald aus. Unerbittlich zeigte sich Harich, wollte Kathrin einen vereinbarten Termin zwischen den beiden verschieben. Ein ausgemachter Zeitpunkt konnte einfach nicht verschoben werden. Er legte ihr Bücher hin, die sie in einer vorgegebenen Zeit lesen sollte. Schaffte sie ihr Pensum nicht, mußte das Buch sofort zurückgebracht werden, und er bemerkte nicht einmal, wie sehr sie um seine Zuneigung rang. Einmal schlug er sie, weil sie sich ihm widersetzte. Sie wollte fernsehen und er nicht. Ich sah zu, und das verstand sie nicht, und sie fühlte sich von ihm, aber noch viel mehr von mir verraten. Sie ging ungern zu ihm Saubermachen, doch sie ließ sich nichts von ihm gefallen, und er klagte: Sie ist zickig. Auch zu meinem Sohn war er manchmal grob, und gerade das hatten beide nicht von ihm erwartet. Beschwichtigend bewegte ich mich zwischen meinen Kindern und meinem Mann. Ich stellte mich schützend vor sie und verbat mir jede Mäkelei an ihnen. Aber er war mir so wichtig, und in der Sucht nach Liebe rückte ich sie an die zweite Stelle. Ihr Nest war vollends auseinandergebrochen. Mein Glück bekümmerte und enttäuschte sie anfangs. Ich besaß, wonach ich mich lange gesehnt; sie blieben, jedes auf seine Weise, allein. An meiner Freude teilzunehmen, sie mitzuleben, sich darin mit mir gemeinsam, nach angstvollen, unruhigen Jahren, auszuruhen, schien nicht möglich.

Nur langsam verschoben sich die ersten Eindrücke. Ralph und Kathrin sahen unser Leben, in dem immer etwas los war; sie sahen uns streiten und liebkosen; sie sahen mich zum ersten Mal in ihrem Leben mit Achtung und Zärtlichkeit behandelt; sie sahen, es ging mir gut. Das beruhigte und versöhnte sie, machte sie wieder anhänglich, und sie begannen ihn allmählich zu mögen und rückten näher an ihn heran, milder und ohne Erwartung. Zeigte sich Harich von seiner schrulligen und kauzigen Seite, sahen sie ihm belustigt, aber respektvoll zu. Und wenn uns vier etwas versöhnte, dann war es unser Humor, denn alle liebten wir das Komische, und wir boten einander genügend Möglichkeiten, über uns zu lachen.

Mit der Zeit, ganz langsam, wurden wir eine Familie. Meine Kinder konnten wieder von »ihren Eltern« sprechen, und bis zum Ende empfanden sie uns als ein schönes Paar.

Und Harich mache ich keinen Vorwurf. Er selbst war in äußerst autoritärer Form dazu erzogen worden, widerspruchslos zu folgen. Mit 62 Jahren war er, so sehr er auch bemüht war, sich anzupassen und zu verstehen, unumstößlich geprägt. Aus seinem Leben wußte ich zu wenig. Wenn ich Anlaß zur Sorge um meine Kinder hatte, war er für mich da, hörte sich alles genau an. Er verstand es, mich zu beruhigen, zeigte sich großzügig und bewies viel Verständnis für ihre Eskapaden. Er ließ sie sein, wie sie waren, bedauerte indes ihre ablehnende Haltung in »Bildungsangelegenheiten«. Das war bitter für ihn, weil er ihnen das Wichtige nennen, sie auf das Richtige hinweisen, sie beeinflussen und sich nützlich machen wollte. Der direkte Einfluß blieb ihm verwehrt, der indirekte und dauerhafte wurde ihm nicht bewußt. Sie achteten ihn wegen seines umfangreichen Wissens; sie achteten ihn, weil er immer das sagte, was er dachte, und bei seiner Meinung blieb, auch wenn er damit allein stand. Ralph und Kathrin ermöglichten es mir, mich ganz auf Harich einzulassen, für ihn da zu sein, an seinen Kämpfen, an seinen Sorgen teilzunehmen, und das wollte ich aufrichtig, und dabei vergaß ich sie manchmal. Sie haben mir daraus nie einen Vorwurf gemacht.

*

Was siehst Du mich so an? Du meinst, es ist hart, was ich über uns erzähle? Wir waren sehr egoistisch, wir waren beide ausgehungert. Das war der Grund. Und war das so schlimm? Wir sind nun mal nicht so edel, wie wir es gern sein möchten. Ja, Du hast Dich anfangs meinen Kindern gegenüber vergessen, und Du weißt sehr gut, daß die Wutanfälle eigentlich anderen galten. Die Verletzungen, die beide mit Dir erlebt, bleiben, auch wenn sie Dir verziehen haben. Viel egoistischer warst Du. Du hast mich ganz und gar in Beschlag genommen, und Du warst streng zu mir, weil Du ständig Katastrophen auf Dich zukommen sahst. Deine ewigen Ängste, die uns so oft absurd vorkamen, die waren aus Deinen Lebenserfahrungen geboren, mit denen meine Kinder und ich nichts zu tun hatten! Ich glaube, wir hatten es beide sehr eilig mit uns, damals!

Das Domizil

Ich arbeitete in einer Intensivstation im Dreischichtsystem und war immer müde.

Jetzt mußte ich auch noch dafür sorgen, daß ständig genügend H-Milch, Haferflocken, Rosinen, Magerquark, Konfitüre, Schwarzbrot, Knäckebrot, Zwieback, schwarzer Tee, und zwar verschiedene Sorten, sowie Klopapier in seinem Haushalt vorhanden waren. Zuerst erschien mir das alles nicht so bedeutsam, doch daß es wegen dieser Dinge zu Streitereien kommen könnte, ahnte ich nicht. Während mein Leben vorher unregelmäßig verlief, ich einkaufte, wenn nichts mehr im Hause war, mußte ich ab sofort über Vorräte wachen. War die letzte Milchtüte angerissen und lag nur noch eine Rolle Klopapier da, geriet Harich in Panik, und die Katastrophe rollte auf ihn zu. Wie schwer fiel es mir, seine Teesorten auseinanderzuhalten! Da gab es den guten würzigen Darjeeling, ein Bild mit einem Elefanten war das Erkennungszeichen; dann gab es den einfachen Tee, auf dem Bild war ein Schiff, diese beiden Sorten mischte Harich selbst und besonders gründlich, und diese »gute« Mischung trank er täglich und kochte sie auch für die ihm angenehmen Gäste. Auf der Tüte mit dem langweiligen Tee darin leuchtete eine Sonne; Sonne mit Schiff gemischt bekamen die unangenehmen Gäste. Ich konnte mir die Namen der Teesorten nicht merken, versuchte mir die Bilder einzuprägen und brachte die Anzahl der Tüten mit Elefanten, Schiffen und Sonnen ständig durcheinander, und das bedeutete: das Mischungsverhältnis war in Gefahr! Was hab ich geschwitzt! Was bin ich gelaufen, von einer Kaufhalle in die andere, dabei verunsichert, fehlen nun Schiffe, Sonnen oder Elefanten, und wieviel muß ich von jedem kaufen? Ich kaufte nach Glaube und Gefühl. Wenn ich Mischbrot statt Schwarzbrot anbrachte, wurde mir schon Lieblosigkeit vorgeworfen; mit Pflaumenmus und Bananen in der Tasche kam das Glück ins Haus. Ich geriet unter Druck. Mir wurde bange! Warum ich mich so einschüchtern ließ, warum ich so ehrgeizig war, alles richtig machen zu wollen, weiß ich nicht. Vielleicht, weil er meinetwegen die andere Frau verlassen hatte? Weil ich die Beste sein wollte? Hatte ich Schuldgefühle? Oder war es nur die blanke Folgsamkeit, zu der ich erzogen worden war? Bald wurde ich mutiger und sagte: Heute werden wir statt Schwarzbrot Mischbrot essen, mir war nicht danach, noch lange deswegen herumzulaufen. Und es ging auch! Aber ich wollte unbedingt besser sein als alle seine Frauen vor mir! Ich stürzte mich auf seinen Haushalt, der nach meiner Vorstellung in Ordnung gebracht werden mußte, und machte mich daran, seine Übergardinen waschen zu wollen. In was für ein Unternehmen hatte ich mich in meinem Eifer gewagt! Und was für Gefühlslawinen löste es aus?! Um Gottes willen, donnerte Harich los, laß bitte, bitte die Gardinen hängen, die zu waschen ist völlig überflüssig, die laufen ein, dann sind sie hinüber, und er blickte händeringend, mit schreckerfülltem Gesicht zur Gardinenstange hoch. Ich sagte, die sind sehr schmutzig, siehst du das nicht?, und er sagte, nein, ich sehe nichts! Und ich fragte, wie viele Jahre hängen die schon da dran? Du hast doch sonst so viel Angst vor Staub? Das weiß ich nicht, antwortete er, die sind noch von meiner Mutter, und da ging ich zum Angriff über und drohte, wenn ich die Gardinen nicht abnehmen darf, trenne ich mich von dir! Nein, schrie er auf, das ist der größte Eingriff in meinem ganzen Leben, und seine Augen sahen noch immer gepeinigt gen Fenster zur Decke empor. Ach, sagte ich, das ist der größte Eingriff in deinem ganzen Leben? Und deine Haft, das war wohl gar nichts!? Da senkte er seinen Kopf und sagte leise: Das war auch ganz schön schlimm, und ging ins andere Zimmer hinüber.

Die Gardinen behielten auch nach der Wäsche ihre Länge, das Vertrauen war in dem Falle hergestellt, und daß er gern mit Superlativen umherwarf, daran gewöhnte ich mich bald. Jedoch kannte ich Harich noch nicht gut genug, um zu wissen, daß ich einen höchst aufmerksamen Zuhörer vor mir hatte, dessen Phantasie, sobald ein Wort oder eine Schilderung sie berührte, lebendig wurde, und dessen Vorstellungsvermögen ungehemmt Geschehnisse heraufbeschwor, die ihn entweder in freudige oder in ängstigende Wallungen versetzten. So erzählte ich ihm arglos, daß ich mich einige Male in meinem Leben in Züge gesetzt hatte, die dann in eine andere Richtung fuhren, nur weil ich nicht aufpaßte; daß mir so mancher Zug vor der Nase weggefahren und jeder Fahrplan rätselhaft sei. All die Jahre brauchte ich mich nie um Fahrkarten und Fahrpläne zu kümmern. Verreisten wir, so standen wir wenigstens eine halbe Stunde vor Abfahrt des Zuges auf dem Bahnsteig, um den weder zu verpassen noch in einen falschen einzusteigen. Genauso unvorsichtig mein Geständnis, daß ich Briefe manchmal tagelang in meiner Tasche herumtrage, weil ich vergesse, sie in den Briefkasten zu stecken. Seit Harich das über mich wußte, war es ihm unmöglich, mir seine Briefe anzuvertrauen. Die brachte er nämlich sofort zum Postkasten, auch um Mitternacht! Ich hätte ihm gern den Weg abnehmen wollen, wenn er erschöpft war. Begleiten durfte ich ihn, das gefiel ihm, und das tat ich gern, weil es mich ängstigte, ihn nachts allein unterwegs zu wissen. Galt es, mehrere Briefe dem gelben Kasten anzuvertrauen, besah er sich jede Anschrift noch einmal, hielt einen Augenblick nachdenklich inne und steckte sie dann je nach Wichtigkeit oder Sympathie des Adressaten der Reihe nach durch den Schlitz. Ich hatte ja keine Ahnung, wie wichtig ihm seine Briefe waren.

Ich, eine Schichtarbeiterin, lebte von nun an mit einem Menschen zusammen, dessen Tagesablauf vom Morgen bis zum Schlafengehen berechnet, nach einem gründlich überdachten und seit langem bewährten Rhythmus verlief. Harich hielt an seinen Vorsätzen kategorisch fest; er verabscheute jegliche Veränderung seiner Gepflogenheiten, und wurden diese unvorhergesehen gestört, drohte augenblicklich sein Lebensgebäude zusammenzubrechen. Er verteidigte sein Eingerichtetsein wie eine Füchsin den Bau, in dem sich ihre Jungen vergnügen. Das

Schlimmste, was man ihm überhaupt antun konnte, war, ihn unangemeldet zu besuchen. Für ein solches Verhalten gab es keine Entschuldigung; das galt für alle, auch für Familienangehörige. Aus seinen Gedanken hochgeschreckt, wies er den ungebetenen Gast schroff zurecht, schlug ihm die Tür vor der Nase zu, und der verblüffte Eindringling konnte davon halten, was ihm beliebte. Harich schimpfte los: Es ist nicht zu fassen! Eine Unverschämtheit, mich bei der Arbeit zu stören! Was sich die Leute so denken von einem, der zu Hause arbeitet! Ich käme nie auf die Idee, jemanden auf seinem Arbeitsplatz zu besuchen. Darüber konnte er sich kaum beruhigen. Versöhnliche Einwände meinerseits, man wollte ihn vielleicht überraschen oder gar erfreuen, regten ihn noch mehr auf, und er brauste erneut hoch: Also hör mal, das ist ja ein gräßlicher Gedanke, ich brauche keine Überraschungen, und eine Freude kann das ja überhaupt nicht sein, wenn man mich mitten aus der Arbeit reißt! Genauso schlimm war es, klingelte ein angemeldeter Gast nur zehn Minuten vor der vereinbarten Zeit an seiner Tür. Dann konnte es passieren, daß er noch nicht eingelassen wurde, und Harich sagte: Manche Leute haben einfach kein Benehmen! Ein Zuspätkommen zu tolerieren, fiel ihm leichter, da konnte er sich noch auf den Besuch einstimmen, aber im Grunde war beides verwerflich.

Pedantisch überwachte er seinen Zeitplan und seinen Gesundheitszustand, überforderte sich damit und brachte sich manchesmal in Bedrängnis. Er zwang sich, alles zu schaffen, um keine Katastrophen einbrechen zu lassen. Zum Beispiel: Weil ein leerer Magen erfahrungsgemäß Kreislaufbeschwerden für ihn zur Folge hatte und er sich deshalb vor Hungergefühlen ängstlich fürchtete, aß er jeden Morgen einen mit Haferflocken und ein paar Rosinen darauf gefüllten Teller, der mit heißer Milch bis an den Rand übergossen wurde, danach zwei belegte Schwarzbrotstullen mit Quark und Konfitüre. Da ich mich anpaßte, wo es nur ging, aß auch ich einen solchen Teller leer. Kaum war die Suppe ausgelöffelt, begann Harichs Herz zu rasen, und oft mußte er sich hinlegen. Ich versuchte ihm zu erklären, sein Zustand käme von der heißen Milch, da diese die großen Blutgefäße im Magen erweitere und sein Herz nun Kompensationsarbeit leisten müsse. Er selbst treibe sein Herz an, statt es zu schonen. Auf die Frage, ob der heiße Haferbrei so nötig sei, bekam ich zur Antwort: Das ist doch die letzte Verbindung zu den Grünen. So trennte er sich still vom letzten Ritual seiner Öko-Freunde, nicht aber von seinen fundamentalen Zielen.

Das gleiche mit der merkwürdigen Gymnastik, zu der er sich jeden Morgen durchrang. Erholt vom Frühstück, begann Harich mit den Übungen, die seiner Halswirbelsäule und seinem »Schreibtischbuckel« guttun sollten. Die waren ihm lästig, aber eine ärztliche Empfehlung mußte befolgt werden. Da stand er nun, der mit seiner Zeit geizte und den Sport verachtete, brav, willig und verkrampft, mit ausgebreiteten Armen, drehte seinen Kopf nach links und nach rechts, drehte seine Arme nach innen und nach außen, darauf konzentriert, im Rhythmus zu bleiben; sein Gesicht war verzerrt, die Augen starr, und sein Profil ähnelte dem eines aufgescheuchten Hahns, der erschrocken hin und her rennt und sich nicht entscheiden kann, ob er die Straße überqueren oder es doch lieber bleiben lassen soll. Er vergaß dabei nicht, auf die Uhr zu schielen, die ihn von dem Krampf befreite, wenn die endlos scheinenden zehn Minuten abgelaufen waren. Mit der Gymnastik machte er ein paar Jahre später Schluß, aber bis zu seinem Lebensende führte er regelmäßig seine Fingerübungen durch; die Finger mußten gelenkig bleiben. Das war ihm nicht lästig, dabei konnte er sitzen und nachdenken und sich darüber freuen, wie beweglich seine Hände sich ihm zeigten. Wenn ihm nicht ausdrücklich gesagt worden wäre, er müsse, damit seine Herzbypässe sich nicht verschlössen, jeden Tag mindestens eine halbe Stunde im flotten Schritt spazierengehen, ich glaube, Harich hätte kaum seine Studierstube verlassen. Es interessierte ihn wenig, ob die Sonne schien oder ob es regnete. Für ihn gab es weder schönes noch mieses Wetter, es gab nur Wetter. Kam ich in sein Zimmer und fragte: Es ist kühl hier drin, frierst du nicht?, dann antwortete er: Das weiß ich nicht, darüber habe ich nicht nachgedacht, da muß ich erst auf das Thermometer sehen! Zeigte es eine Temperatur von 18 Grad an, sagte er, ja, du hast recht, es ist etwas kalt, und legte sofort zwei Stück Brikett in den Ofen, damit es nicht auf einmal zu warm werde. Konnte er 20 Grad ablesen, so war seine kleine Welt, aus der er sich über die große Sorgen machte, mit ihrer Temperatur in Ordnung.

Wie sah sein Tagesablauf aus? Solange er mit der anderen Frau zusammenlebte, klingelte ihn der Wecker aus dem Schlaf. Er fuhr anschließend mit dem Bus in die Friedenstraße, in seine Wohnung, um dort zu arbeiten. Mich schmerzt das Rasseln eines Weckers, und wie froh sah mich Harich an, als ich ihm sagte: Herzkranke müssen ausschlafen. Das leuchtete ihm sofort ein. Erwachte er, schaltete er das Radio an und wartete auf die Nachrichten. Nach dem Frühzeremoniell warf er noch einen prüfenden Blick ins »Neue Deutschland«, halb neun begann sein Arbeitstag. Er setzte sich an seinen Schreibtisch und arbeitete ohne Unterbrechung bis mittags um halb eins. Nachdem er seine Mittagsmedizin eingenommen und die internationalen Pressestimmen gehört hatte, verließ er um dreizehn Uhr das Haus und absolvierte seinen halbstündigen Spaziergang im Park, jeden Tag, bei Wind, Regen und Sonnenschein. War es am Tage nicht möglich gewesen, wurde der Spaziergang abends oder gar in der Nacht vor dem Schlafengehen nachgeholt. Die Angst, seine Herz-Bypässe könnten sich verschließen, trieb ihn an. Wollte ihn jemand während des Laufens aufhalten, dann zog er seinen Hut und sagte vorbeigehend: Entschuldigen Sie bitte, ich darf weder stehenbleiben noch sprechen, ärztliche Verordnung! Danach speiste er im »Bötzowstübl« oder im »Café am Schwanenteich« im Park im Friedrichshain, oder er aß dort an einer Bude, am Tisch stehend, gemeinsam mit Arbeitern, die sich laut unterhielten, eine Suppe. Als ich ihn einmal fragte, ob ihm das nichts ausmache, sagte er, er verstehe mich nicht, ich sei doch sonst so fürs Proletariat; ihm komme es darauf an, eine warme Suppe zu essen, mit wem er das tue, sei zweitrangig.

Seinen Nachmittagsschlaf hielt er bis um drei, trank dann Tee und aß, wie sein Großvater Wyneken in Königsberg, Knäckebrot, bestrichen mit Orangenkonfitüre, um seinen »Magen wieder aufzufüllen«, und spätestens um sechzehn Uhr, nur angemeldeter Besuch unterbrach die Regel, saß er wieder an der Schreibmaschine und hörte erst gegen zwanzig Uhr mit der Arbeit auf. Dann begab er sich zu mir in die Pufendorfstraße, oder er erwartete mich. Sein Abendbrot war gezwungenermaßen spartanisch: zwei Stullen, belegt mit Magerquark oder mit Scheibenkäse; er war sehr schlank, aber er durfte nicht zunehmen, er verordnete sich fettarme Diät, die er gern vernachlässigte. Abends schaltete er das Radio an, und selten verpaßte er die Sendung »Das Thema« auf SFB 3, in der wissenschaftliche Abhandlungen besprochen wurden. Das Radio gab ihm Auskunft über die Weltereignisse; es war Mittel, literarische Neuerscheinungen über die Grenzen hinweg in Erfahrung zu bringen, »um auf dem laufenden zu sein«; es war Mittel, Gespräche zu hören; es war Mittel, den fehlenden Gedankenaustausch mit gleichgesinnten Menschen zu ersetzen. Das Hören klassischer Musik half Geist und Seele zu besänftigen, machte seinen Kopf frei für das »unfaßlich Wundervolle«, was der

Mensch zu schaffen imstande ist, und er verlor sich augenblicklich in ihr; sie brachte ihm kurzweilig Heilung. War aus dem Radio nichts für ihn Interessantes zu vernehmen, lag er auf seinem Sofa und dachte nach. Gelesen wurde nicht mehr, höchstens das eine oder andere nachgeschlagen. Um dreiundzwanzig Uhr dreißig nahm er zwei Einschlaftabletten, um vierundzwanzig Uhr informierten ihn die letzten Nachrichten, dann steckte er sich eine Durchschlaftablette in den Mund und suchte mit deren Hilfe einen tiefen erholsamen Schlaf, der ihn vergessen ließ, was ihn bewegte, und der ihn vor ruhelosen Grübeleien schützen sollte. Ohne Schlafmittel hätte er nicht mehr schlafen können, und ich weiß nicht, wie viele Jahre er von ihnen abhängig war.

*

Ja, so lebtest Du. Manche Illusion mußte ich nach und nach davonfliegen lassen; ich mußte mich auf Dich einstellen, und manchmal warst Du unausstehlich, aber nur manchmal, und nur am Anfang, bis ich Dich allmählich begriff. Das jedoch brauchte seine Zeit. Sieh mich bloß nicht so ungläubig an! Oder hast Du etwa vergessen, wie verständnislos ich vor Dir saß, als Du mir vorhieltest, ich brächte alles durcheinander, und Du bangtest um Dich, es könne Dir ähnlich wie Goethe ergehen. Dabei zitiertest Du irgend etwas aus den römischen Elegien, von denen ich weder gehört, noch gelesen hatte, und das bis heute nicht. Unter Deinen Vorwürfen zog sich meine Kehle zusammen, und sie taten mir weh. Konnte ich wissen von Deiner gehetzten Angst, Deine Arbeit, Deine Dir selbstauferlegten Aufgaben nicht einhalten, nicht mehr schaffen zu können? Du hättest uns ganz ruhig drei Wochen Bettruhe verordnen dürfen! Niemandem wäre das aufgefallen! Man kann das Schöne im Leben nicht auf später verschieben, das weiß ich heute besser als damals! Nach und nach beruhigten sich die hohen Wogen Deiner Über-Ängste vor mir und vor Eingriffen in Deine Welt, und mit der Zeit suchte und fand Gemütliches und Inniges darin seinen Platz. Nur, mein Lieber, im nachhinein war das alles viel zu wenig, mir hätte mehr zugestanden! Nein, nein, ich sag ja nichts mehr.

Hast Du vergessen, wie ich es bis zum Ende geliebt habe und wie gerne ich bei Dir saß, wenn Du Deine Tabletten nach dem Abendbrot für den nächsten Tag zurechtlegtest? Das war mir stets ein vergnügliches Schauspiel, weil Du mit ihnen wie mit all

Deinen Habseligkeiten in verspielter Weise herumfabuliertest. Ich brauche nur daran zu denken, schon sehe ich Dich sitzend im Sessel, vor Deinem Tisch, auf dem die Medikamentenschachtel steht, die mit so viel Klebstreifen beklebt war, daß ich nicht mehr erkennen konnte, was wohl früher einmal in ihr gewesen sein mochte, denn Du wirfst nichts weg. Aus ihr holst Du ein Arzneiröhrchen nach dem anderen heraus und legst für den nächsten Tag die jeweils nötige Menge in Deine Medikamentendose hinein, die innen drei Fächer hat. Und wenn ich Dich frage: Was sind das für Tabletten?, dann sagst Du: Die kräftigt mein Herz, die erweitert meine Gefäße, die verdünnt mein Blut und die beruhigt mein Herz, wenn es zu schnell klopft, wenn ich mich aufrege; die durchlüftet meinen Kopf, damit ich denken kann, so, und die beiden lege ich obendrauf, das ist nämlich Kalium-Magnesium-Aspirat, die löse ich in einem Glas Wasser auf, trinke es aus, und das ergießt sich dann alles über das Essen in meinem Magen, das hat so etwas in sich Abgeschlossenes. Du schüttelst nochmals jedes Röhrchen, bevor Du es behutsam, immer wieder neu ordnend, in die große »Schatztruhe« zurücklegst. Und nicht zu vergessen Dein Notfallschächtelchen! Darin lagen die »Gefäßweitmacherkugeln«, die Dich vor einem drohenden Herzinfarkt retten sollten. Außerdem noch ganz wichtig: Deine Faustantabletten!

Nie hättest Du mir Deine Medikamente anvertraut! Du kannst mir glauben, es amüsiert mich noch jetzt Deine Vorstellung, ich könne unmöglich das Zurechtlegen Deiner Arznei bewerkstelligen. Und ich weiß, ohne mich zu kontrollieren, würdest Du sie nie eingenommen haben.

Aber ich liebte das abendliche Ritual, weil Du dessen Wichtigkeit für Dich in einen gemütlichen Zeitvertreib umwandeltest und weil wir dabei fast immer ins lange Erzählen miteinander gerieten.

Dann höre ich Dich mittendrin, weil ich am anderen Tag zur Frühschicht muß, rufen: Um Gottes willen, Anne, es ist schon viertel nach neun, Du mußt sofort ins Bett, morgen früh klingelt der Wecker. Du gabst sehr acht auf meinen Schlaf, wie früher meine Mutter! Und wie als Kind wehre ich mich, ins Bett zu gehen, weil ich lieber mit Dir »Erwachsenem« zusammenbleiben möchte, und ich folge nur, wenn Du mit mir noch ein wenig kuschelst. Ja, ich trenne mich überhaupt ungern von Dir und freute mich schon am Abend auf den nächsten Morgen, um Dich wiederzusehen. Sei ehrlich, Du wolltest ja nur Radio hören!

Wölfchen, Moment bitte, da fällt mir noch was ein: Wegen Deiner Medikamentenbüchsen, die Du ja ständig mitschlepptest, hattest Du immer kaputte Hosentaschen. War das Loch groß genug, fielen die Dosen durch das Loch aus dem Hosenbein heraus und die Tabletten verstreuten sich im ganzen Zimmer auf dem Fußboden, weil der Verschluß durch häufiges Auf- und Zudrücken nicht mehr hielt. O Gott! Und dann Dein verzweifelter Augenaufschlag! Auf allen Vieren im Zimmer herumrutschend, sammelst Du Deine Lebensretter aufgeregt ein. Will ich Dir helfen, schreist Du ängstlich: Laß sein, davon verstehst Du nichts, die müssen alle wieder an ihren Platz! Ich möchte lachen, nur trau ich mich nicht. Lange suchst Du nach Deinen Tabletten, bis alle in Deiner Büchse beisammen sind. Um eine erneute Katastrophe zu vermeiden, wickelst Du die Büchsen in ein Taschentuch ein. Nach der Anstrengung fühlst Du, mit dem bedeutungsvollen Blick eines Internisten, der unheilahnend verstummt, Deinen Puls und diagnostizierst: zu tachycard. Du holst Deine Notfalldose aus dem Taschentuch heraus, entnimmst ihr eine Nitroglycerinkugel, steckst sie in den Mund, kaust kräftig darauf herum und sagst: Man kann nie wissen. Und irgendwann später sehe ich Dich die Taschenlöcher mit dickem Zwirn und dicker Stopfnadel zusammenziehen. Du hast, noch aus den frühen Nachkriegsjahren stammend, eine Schachtel mit Nähmaterial, so eine mit weißem Untergrund und roten Rosen darauf. Ich bin verblüfft und wundere mich über Dich und frage erstaunt: Du kannst nähen? Und Du sagst: Das habe ich alles beim Kommiß und im Knast gelernt; was meine Grundbedürfnisse betrifft, da bin ich völlig unabhängig.

*

Harich zog mich rücksichtslos in seine Arbeitswelt hinein. Er brauchte jemanden, mit dem er reden konnte, wenn er am Abend seinen Schreibtisch verließ. Egal, ob ich müde war, ob ich dabei einschlief oder ob ich davon überhaupt etwas verstand. Es prasselten Namen wie Hager, Höpcke, Schirmer, Middell, Buhr, Malorny, Klenner, Tomberg, Hahn, Haase, Reschke, Heise und dann auch noch Lukács, Hartmann, Nietzsche auf mich ein. Er konfrontierte mich mit einer mir völlig fremden Welt. Ich hörte ihm zu und konnte nicht begreifen, mit welcher Selbstverständlichkeit er alles mit mir besprach. Ich wollte alles wissen, und Harich war ein guter Lehrer. Jede Frage, und war sie hundertmal gefragt, beantwortete er mit immer gleichbleibender Geduld und Ausführlichkeit. Nicht ein einziges Mal hörte ich den Satz: Das weißt du nicht? Es interessierte ihn, was ich ihm zu sagen hatte, und er reagierte auf mich; er nahm mich ernst und hörte mir aufmerksam zu, und ich glaubte, ihm wichtig zu sein; ich durfte mich geben, wie ich bin, und das tat mir gut; mit ihm konnte ich lachen, bis mir die Luft wegblieb, und ich fühlte mich geborgen, weil er mich nie in Verlegenheit geraten ließ. Er bestand darauf, daß ich, wenn es meine Zeit erlaubte, an Gesprächen mit »Berufskollegen« oder Gästen teilnahm. Ich sollte zuhören und dabei lernen. Was andere darüber dachten, war ihm egal. Mehr interessierte ihn, was ich über die anderen dachte.

Lukács, der Anfang

Ich erinnere mich ganz deutlich: Es war der 1. Mai 1986. Harich lag auf meinem Balkon und las Korrektur. Er redigierte seinen Aufsatz »Mehr Respekt vor Lukács!«. Beglückt beobachtete ich diesen Mann, der, auf meiner Matratze liegend, lässig einen Bleistiftstummel zwischen die Lippen geschoben, konzentriert Blatt für Blatt las, ab und zu darauf herumkritzelte und alles um sich herum vergaß. Der dort lag, hatte Wichtiges zu tun, hatte einen Kampf begonnen, von dem ihn keiner abhalten, bei dem ihn keiner aufhalten konnte! Ich fand ihn einfach schön, und meine Begeisterung für ihn hielt an, und meine Freude an seinem Gesicht blieb ungebrochen auch in den Augenblicken, in denen ich ihm am liebsten eins auf seinen herrlichen Kopf gegeben hätte.

Er gab mir seinen Aufsatz zum Lesen. Ich begriff wenig, ich fragte: Wer ist Georg Lukács?

Also, begann Harich, Georg Lukács, geboren 1885, ein Ungar, war Philosoph, ein Kommunist, und das blieb er, auch wenn die Partei ihm viele Querelen und Ärger machte. Er ist meiner Meinung nach der bedeutendste marxistische Denker nach Lenin, ich wüßte keinen anderen. Ich las 1945, vorher war er mir unbekannt, sein berühmtes Frühwerk »Geschichte und Klassenbewußtsein« und war tief beeindruckt. Er hat mich philosophisch und politisch stark beeinflußt. Er war mein Vorbild, wenn du so willst, mein Leitstern. Aber der Kommunistischen Partei Ungarns wurde er schon Anfang der 50er Jahre unheimlich, als er Demokratisierungsvorschläge unterbreitete, die im Gegensatz zum Stalinismus standen. In dem Augenblick fing man auch in der DDR an, Lukács still übergehen zu wollen, und 1956, während des Ungarn-Aufstands, an dem er teilgenommen hatte, enthob man ihn dort seiner Ämter. Er wurde nicht verurteilt, man verbannte ihn in seine Studierstube, und so entstand sein großes Werk. Als Lektor beim Aufbau-Verlag habe ich mich dafür eingesetzt, daß seine Bücher erscheinen, und als Redakteur der »Deutschen Zeitschrift für Philosophie« sorgte ich dafür, daß jede Ausgabe einen Beitrag von Lukács enthielt. Die DDR erklärte seit der Niederschlagung des Aufstands in Ungarn Lukács zum Konterrevolutionär, und somit taugte auch nichts mehr, was er geschrieben hatte. Vielen war das sehr angenehm, auch später, bis zum heutigen Tag, denn Lukács setzt hohe Kenntnisse voraus, verlangt ein marxistisches Herangehen an alle Fragen, und er ist ein entschiedener Gegner jeglicher Modernismen: ob in Kunst, Literatur oder Philosophie, ihm sind Modeströmungen verhaßt. Und ich will, daß man endlich alle seine Werke herausbringt und aufhört, an ihm herumzumäkeln. Es ist höchste Zeit dafür!

Am 11. Mai 1986 hatte Harich an die Redaktion der Zeitschrift »Weimarer Beiträge« geschrieben und seinen Artikel »Mehr Respekt vor Lukács!« angeboten.

Von da an erlebte ich mit, wie Harich warten mußte auf die Beantwortung seiner Briefe und Eingaben. Ich spürte bald das miese Spiel, das mit ihm gespielt wurde, und ich ließ mich bereitwillig auf seine Kämpfe ein. Drei Namen, um die es heftige Turbulenzen gegeben hatte, haben mich in den neun Jahren mit Harich unaufhörlich begleitet: Georg Lukács, Jean Paul und Friedrich Nietzsche. Nicolai Hartmann, über den Harich seit einigen Jahren arbeitete, fügt sich als vierter Name hinzu. Fällt der Name Lukács, denke ich an die anhängliche, ja fast zärtliche Verehrung, die er für den ungarischen Denker und Kommunisten hegte, an die zeitweiligen Lebensparallelen der beiden, und an die Trennung, die ihnen angetan worden war. Höre ich den Namen Jean Paul, sehe ich einen verzweifelten Harich vor mir, der jahrelang ergebnislos darum gestritten hatte, Jean Pauls Dichtung vor der Vergessenheit zu bewahren. Lese ich den Namen Nietzsche, oder irgend jemand bezieht sich auf ihn, spüre ich augenblicklich Wut in mir, und ich vergesse nicht, in welchem Alleingang Harich gegen dessen menschenverachtende Ideologie in dem Teil Deutschlands kämpfte, der sich sozialistisch nannte. Und Hartmann? Ihm wollte Harich den Platz verschaffen, der ihm unter den bedeutenden Philosophen des 20. Jahrhunderts zusteht, seinem Lehrer, dem bürgerlichen Philosophen, »von dem nicht nur Marxisten einiges zu lernen hätten«. Für alle vier besaß Harich konkrete Vorstellungen, wie mit jedem einzelnen editorisch verfahren werden sollte, könnte, müßte. Alles lange gründlich erarbeitet und durchdacht.

Der Lukács-Aufsatz riß Harich aus seiner eigentlichen Arbeit, der über Nicolai Hartmann, heraus. Lukács war ihm die Störung wert. Was hingegen ihn, was uns beide belastete und unser Frohsein in Zweifel und Vorwürfe umwandelte, war das Einmischen von Leuten in unser Leben, die sich auf die Seite seiner Frau stellten. Sie, die ihn anfänglich ermuntert hatte, sich mit mir zu treffen, als er ihr von unserer Begegnung am Silvestertag im Park erzählte, wollte von Scheidung nichts hören. Sie schickte ihn, versorgt mit Knäckebrot, Haferflocken und Milch, in seine Wohnung und gab ihm eine Woche Bedenkzeit. Gehorsam machte er sich auf den Weg, um nachzudenken. Als er an der Bushaltestelle stand, warteten mit ihm zwei junge Männer, die unterhielten sich. Einer von ihnen erzählte, er habe jetzt eine andere; da konnte Harich nicht anders, er mußte sich einmischen und es aussprechen, er sagte, er habe jetzt auch eine Neue, und als der Bus ankam, stieg er ein und fuhr für immer nach Hause in die Friedenstraße 8.

Nun sollte er mit allen Mitteln zur Räson gebracht werden. Da er sich uneinsichtig zeigte, wurde er auf üble Weise beschimpft. Im Nebenzimmer hörte ich seine aufgeregte Stimme. Oft knallte er, völlig erschöpft und von allem angeekelt, den Telefonhörer auf die Gabel. Nicht einmal Gisela May, seiner Freundin, für ihn die Autorität in Person, gelang es, Harich wachzurufen und zur reuevollen Rückkehr zu veranlassen. Einmal für eine Sache entschieden, war er nicht mehr umzustimmen, und kostete es ihn Kopf und Kragen und die May. Seine Lektorin verdrehte, als sie von dem ganzen Dilemma erfuhr, die Augen und riet ihm in meinem Beisein davon ab, mich zu heiraten. Ich glaube, sie war am unglücklichsten darüber. Für sie konnte das nur eine vorübergehende Verirrung sein. In ihrer Sorge um Harich brachte sie eine einsame Jean-Paul-Forscherin in sein Haus, aber auch der Einsatz behob den Schaden nicht. Die einzige, die sich über mich freute, war Frau Rosenberg im Nachbarhaus, die langjährige Haushaltshilfe von Gisela May. Harich war einerseits erlöst und erleichtert, nicht mehr in die Gartenstraße zu seiner Frau fahren zu müssen, andererseits plagte ihn doch sein Gewissen der verlassenen Frau und besonders ihren Kindern gegenüber, mit denen er den Kontakt aufrechterhalten wollte. In dieser Familie war nämlich sein Wunsch, der Mutter und ihren beiden Kindern mit seinem Wissen helfend zur Seite zu stehen, auf fruchtbaren Boden gefallen. Er wollte das nicht einfach abbrechen. So schrieb er Briefe und schickte Bücher in die Gartenstraße, dabei schlug er seiner Frau vor, sie solle, trotz allem, was geschehen war, weiterhin anwesend sein bei interessanten Gesprächen mit Gästen, die hin und wieder zu ihm kommen würden. Seine Frau zeigte sich über seine Vorstellungen empört, das teilte sie ihm in ihren Briefen mit, und ich geigte ihm zu Hause mein Lied. Er hatte mir schon viel zuviel von seinen Verflossenen erzählt. Nichts da, wehrte ich mich! Und ich koche den Tee und darf als Anhängsel dabeisitzen! Entweder ich oder sie! Führe mir keine Brechtmethoden ein, mit mir nicht!

Just in dieser Situation kam ein Brief aus Wien von »Evchen Himmelchen«, der Vorgängerin seiner jetzigen Frau, Gisela Harich. Sie schrieb ihm, sie fände keinen Mann, mit dem sie sich so gut unterhalten könne wie mit ihm, und daß sie ihn gern besuchen wolle. Mir schien, da mußte jemand dran gedreht haben, das war für mich kein Zufall, an den, in diesem Fall, auch Harich nicht glaubte. Er brachte nichts anderes fertig, als ihr zu schreiben, ihn störe ihre Raucherei, das müsse sie dann im Bad tun! Er tat sich schwer, ihr deutlich zu sagen, er habe jetzt eine, die ihm gefalle und die er liebe. Das hätte ich gebraucht, aber dazu war er zu feige, weil er Evchen nicht kränken wollte, und ich sagte ihm, Mann ist Mann, und er sei auch so einer, und wenn sie zu uns käme, wäre ich für immer verschwunden! Ich zeigte mich nicht großzügig und auch nicht erhaben! Doch Harich wollte, egal was geschehen war, Anstand wahren, er wollte nichts Schlechtes über die »Verflossenen« sagen, über keine von ihnen, weil sich so etwas nicht gehört! Er schlug in die andere Richtung aus, er sah lauter wunderbare Engel und lobte sie hoch über die Wolken! Er merkte nicht einmal, daß er mich als ein Nichts dastehen ließ in seinem selbsttrügerischen Himmelsgeläut über jedes schöne Weib, das ihn einmal gelockt und geliebt, geschmerzt und verlassen hatte.

Warum, fragte ich, bist du nicht bei den herrlichsten Geschöpfen der Welt, warum nicht? Warum bist du ausgerechnet mit mir zusammen? Soll ich dir sagen, warum? Weil sie überhaupt keine Lust haben, ihr Leben auf das deine zu beschränken! Sie lassen sich von dir »bilden«, um »bedeutend« zu werden, und haben sie genug davon, bist du ihnen egal! Bei solchen Krächen um die Verflossenen, um die Klügeren, um die, die etwas darstellen, egal, ob das alles fünfzig Jahre zurücklag, brachen der Neid und die Eifersucht hemmungslos aus mir heraus. In meiner Hilflosigkeit schrie ich wie eine Gepeinigte: Ich wäre auch gern so großartig wie die anderen! Harich stand fassungslos vor mir, wenn ich so eifersüchtig reagierte, derartige Ausbrüche hatte er noch nicht erlebt. Ich aber fühlte mich gekränkt und unverstanden, weil ich mit meinen vierzig Jahren immer noch nicht begriffen hatte, daß das selbstbewußte, das unabhängige, das sogenannte »verruchte Weib« anziehender ist als ein gardinenwaschendes eifriges Frauchen, das für Klopapier und Haferflocken Sorge trägt, damit es dem Manne an nichts fehle.

*

Wie, ich soll das nicht erzählen? Am liebsten würde ich alles erzählen! Weißt Du überhaupt, wie das ist, wenn man Ablehnung spürt, weil man nichts Besonderes ist, weil man täglich einer ganz gewöhnlichen Arbeit nachgeht? Ich war verletzt. Ich war immer gern Krankenschwester gewesen, und jetzt begann ich mir einzubilden, ich tauge wegen meines Berufes nichts. Und da wunderst Du Dich, wenn ich, verunsichert, wütend und mißtrauisch wurde? Du brauchst nicht die Augen zu verdrehen! Was hast Du mir zugemutet und wiederum nicht! Ewig schwärmen die Männer in einer widerlich sentimentalen Weise von den Frauen, von denen sie am meisten geprügelt worden sind! Findest Du es nicht auch ein wenig komisch, daß in Anbetracht der Ferne die Holden auf einmal im Lichte der Tugend und der Reinheit erstehen? Ja, lach Du nur! Aber wenn ich Dir sagte: Geh doch wieder hin, zu dieser oder jener, da riefst Du voll Schrecken: um Gottes willen, bloß nicht! Gut, ich bin jetzt still. Wenn ich so bitter bin, wenn ich so tobe, findest Du mich häßlich. Glaub mir, ich wußte nicht, was mich beherrschte, besonders am Anfang, das war furchtbar! Lehn Dich zurück, es ist ja alles lange her. Du hast oft genug unter meinen Wutanfällen, die sonstwoher kamen, gelitten. Und wenn ich Dich danach fragte, ob Du mir böse bist, weil ich mich schämte für mein Verhalten, nahmst Du mich in Deine Arme und sagtest: Ich kann Dir gar nicht böse sein, ich bin so froh, daß das wieder vorbei ist. Du trugst mir nie etwas nach, und nie machtest Du Dich über meine Schwäche lustig.

Reise zum Mittelpunkt der Welt

Wir müssen raus, wir wollen von alldem nichts mehr hören. Wir fahren ganz weit weg. Wir reisen nach Neuruppin. Neuruppin! Neurupppin!

Das war die Bildungsreise, die Harich mit fast all seinen Geliebten angetreten hatte. Nicht Rom, Venedig und Florenz, nein, Neuruppin war für ihn die Weltstadt! In der Eroberungsphase fuhr er nach Neuruppin, denn auch für diese hatte er ein Programm. Dort kannte er sich aus, dort mußte er sich nicht umstellen, dort konnte ihm nichts passieren, dort war er sich seiner sicher, und von dort aus ginge es im Notfall schnell zurück nach Berlin.

Harich packte seinen Koffer immer allein. Den legte er drei Tage vorher ins Zimmer und füllte ihn nach und nach ganz gemütlich mit seinen Sachen. Was hineinkam, ging mich nichts an.

Die Reise geht los. Wir steigen in den Bus, der etwa hundert Meter entfernt von Harichs Wohnung hält. Der bringt uns zum Ostbahnhof. Von dort aus begeben wir uns zur S-Bahn, fahren bis Ostkreuz, steigen um in die Bahn nach Oranienburg, und von dort fährt der Anschlußzug nach Neuruppin. Da ich mit meinem Orientierungssinn einem Huhn gleiche, halte ich mich aus allem heraus. Harich setzt sich auf den letzten freien Platz im Bahnabteil und lauscht versonnen seinem Lieblingsgeräusch von Berlin, dem Anfahren der S-Bahn. Ich stehe an der Tür und kann über die Sitzwand auf ihn hinuntersehen. Ihm gegenüber sitzt ein Bahnschaffner. Das ist kein Zufall. Und schon beugt sich Harich zu ihm hinüber. Er will Sicherheit und will sie beim Fachmann einholen. Er erkundigt sich bei ihm nach dem Zug, der von Oranienburg nach Neuruppin fährt. Er möchte sich ja nur noch vergewissern, ob wir ihn pünktlich erreichen. Der Fachmann verneint, das sei nicht mehr möglich. Ruckartig dreht sich Harich um, sieht zu mir hoch, und ehe ich es verhindern kann, platzt es laut aus ihm hervor: Anne, wir sind zu spät! Wir bekommen den Zug nach Neuruppin nicht mehr! Die Katastrophe ist eingetreten, und Harich ist erschüttert. Die müden Fahrgäste sind erwacht und sehen zu uns. Ich stelle mich auf meine Zehenspitzen, sehe zu ihm hinab und sage: Dann nehmen wir ein Taxi. Er sieht hoch zu mir und anwortet: Wir werden keins kriegen. Doch, wir kriegen, entgegne ich.

Und allen Befürchtungen zum Trotz fahren wir in einem Taxi geradewegs in die Weltstadt hinein, in der es zu regnen beginnt.

Da fällt mir ein, ich vergaß meinen Schirm einzupacken, und das ist die nächste Katastrophe.

Es ist mir unbegreiflich, schimpft Harich los, wie man ohne Schirm aus dem Hause gehen kann! Geh und kauf dir sofort einen neuen! Er macht mir keine Hoffnung, falls es regnen sollte, mich unter seinem großen schwarzen japanischen Schirm mitgehen zu lassen. Das verstehe ich nicht und frage: Warum läßt du mich nicht unter deinen Schirm? Weil das nicht geht, weil ich mit dem Schirm meinen Hut schützen muß! Ich sage: Du bist aber nicht sehr galant! Das erbost ihn, und er sagt, es geht hier nicht um Galanterie, sondern darum, daß mein Hut trocken bleibt; wird der naß, dann ist die Form für immer verdorben, das muß unter allen Umständen verhindert werden! Ich wage nicht mehr, mich zu widersetzen, und gehe los und besorge, was mir befohlen, und denke: Das fängt ja gut an. Zurückgekehrt von meinem Einkauf, fragt Harich: Na, wie findest du das Kaufhaus? Das gab's schon, als ich noch klein war. Meine Mutter ging da immer hinein, und ich muß ihm genau meine Eindrücke schildern, alles andere ist längst vergessen.

Am nächsten Tag scheint die Sonne, und mit dem Schirm in der Hand und dem Hut auf dem Kopf zeigt Harich mir seine Stadt. Während wir die Hauptstraße in Neuruppin, die Ernst-Thälmann-Straße, hoch und hinunter flanieren, erzählt er mir, und ich nehme an, das hat er allen meinen Vorgängerinnen auch erzählt, warum Neuruppin die wichtigste Stadt der Welt ist:

Meiner Meinung nach, beginnt Harich, ist Neuruppin die wichtigste Stadt der Welt, und das werde ich dir beweisen. Also, erstens: Das ist nicht so wichtig, aber es gibt keine so kleine Stadt, in der zwei so große Männer geboren sind wie Schinkel und Fontane. Das hat Berlin nicht aufzuweisen, nicht prozentual und auch nicht, wenn man es absolut nimmt. Schinkel hat Preußen sein klassisches Gesicht gegeben, und er hat in der romantischen Zeit mit der Friedrichwerderschen Kirche zum ersten Mal die Gotik nachzumachen versucht – ein großer Mann. Das Gesicht Preußens ist von Schinkel geprägt. Als er klein war, brannte die ganze Stadt Neuruppin ab. Das war ein großes Glück, sonst wäre sie eine genauso miese Stadt wie Neustadt an der Dosse oder Kyritz an der Knatter oder Gransee oder Eberswalde geblieben, wo die mittelalterlichen Häuser verfielen und stattdessen Häuser des 19. Jahrhunderts hineingebaut wurden. Friedrich Wilhelm II., ansonsten berüchtigt durch seinen Obskurantismus und seine Mätressenwirtschaft, baute die Stadt vollständig neu im Stil der französischen Revolution auf – also zwischen Rokoko und Klassizismus – mit schnurgeraden Straßen und sehr schönen Häusern. Zwischen den Baubuden ist der kleine Schinkel herumgestolpert und hat hier die Anregung bekommen, Baumeister zu werden, und er wollte genauso bauen, wie Neuruppin aufgebaut worden ist. Ganz Preußen wurde im klassizistischen Stil errichtet. In Neuruppin wurden drei schnurgerade Längsstraßen angelegt und genau im rechten Winkel Querstraßen dazu, und immer zwischen zwei Häuserblocks gab es ein Karree, einen großen Platz. Damit hatte es im Grunde schon den Grundriß von New York. Der Broadway hieß Friedrich-Wilhelm-Straße, später Karl-Marx-Straße, und ich behaupte: Neuruppin ist das Vorbild für New York, Neuruppin ist der Vorläufer von New York! Neuruppin hat sich dort durchgesetzt. Die Idee war da: Da ist der Neuruppiner See, das ist der Hudson River; du hast Eastside und Westside, alles ist bereits vorgeprägt. Neuruppin ist die Zelle von New York.

Und zweitens: Der große Theodor Fontane, als Apothekersohn hier geboren, in einer Zeit des allgemeinen literarischen Niedergangs in Deutschland; ein Mann wie Theodor Storm und Gottfried Keller und Wilhelm Raabe; einer der vier großen Erzähler; im Ausland leider nicht bekannt geworden, aber doch für preußisch-märkische Verhältnisse – natürlich gegen Tolstoi und Dostojewski oder gegen Dickens und Balzac ist er ein bißchen mickrig, aber für preußisch-deutsche Verhältnisse – eine große Figur in seiner Zeit. Und man suche eine Stadt, wo ein Mann wie Schinkel und bald darauf ein Mann wie Fontane geboren wird – das gibt es einfach nicht.

Ich sehe Harich an, seine Augen leuchten, er hat seinen Arm um mich gelegt, es geht mir so gut dabei, und er fährt fort, seine Thesen darzulegen:

Und jetzt geht es weiter: Friedrich der Große, ich wage ihn so zu nennen, der »Große« sagt sich leichter, hat ja in Neuruppin zuerst das Kriegshandwerk praktiziert. Er war ein Schöngeist und wollte nicht König von Preußen werden. Er wollte fliehen, und Leutnant Katte, der ihm dabei half, ist in Küstrin, in Gegenwart des Kronprinzen Friedrich, als abschreckendes Beispiel hingerichtet worden. Danach wurde Friedrich ins Oderbruch gesandt, zu Meliorationsarbeiten – man würde heute sagen: Er wurde zur Bewährung in die Produktion gesteckt. Als er damit fertig war, durfte er im Schloß Rheinsberg, das er sich von Knobelsdorff bauen ließ, ein echtes Kronprinzenleben führen. Hier verbrachte er seine schönste Zeit. Gleichzeitig war er Regimentskommandeur von Neuruppin, denn er hatte sich ja in Neuruppin zum Soldaten und Truppenbefehlshaber ausbilden lassen. Und was bedeutet das? Das bedeutet, daß von Neuruppin her die friderizianische Armee ihren Ausgang nimmt, daß von hier die drei Schlesischen Kriege und der Siebenjährige Krieg ausgehen und von hier Preußen als die zweite deutsche Großmacht neben Österreich seine Entfaltung findet. Dann ging es weiter: Unter dem preußischen Militärstiefel wurde Deutschland geeint. Das solcherart geeinte Deutschland wurde eine Gefahr für die ganze Welt und bescherte ihr im 20. Jahrhundert zwei Weltkriege, und deren Resultat ist unsere Weltsituation. Die heutige Weltsituation, daß also hier mitten in Europa die Russen und die Amerikaner stehen, die durch die vollkommene Aggressivität, aber auch durch die Weltfremdheit Preußen-Deutschlands verursacht ist, nimmt ihren Ausgang in Neuruppin. Ohne Neuruppin gäbe es das alles nicht. Das ist die Keimzelle der heutigen Weltsituation. Du mußt dir das so vorstellen: In Neuruppin hat dieser Schöngeist, der in der Potsdamer Kirche saß und in schwarzes Maroquin sah, zur Täuschung seines Vaters, der denken sollte, es sei ein Gesangbuch, angefangen, Schriften von Voltaire und La Mettrie zu lesen. Verstehst du, dieser Schöngeist ist dort zum Soldaten und Befehlshaber gereift, hat am Kriegführen Spaß gewonnnen, am Befehlen, und hat Preußen zur Großmacht erhoben. Daher kommt das verpreußte Deutschland, das dann der Urheber zweier Weltkriege wurde und damit die heutige Situation geschaffen hat. Das nimmt von Neuruppin seinen Ausgang, da gibt es nichts dran zu rütteln.

Und hier, in der August-Bebel-Straße, die frühere Ludwigstraße, was meinst du, was von dieser Straße ausging? Die heutige Massenkommunikation! Die illustrierten Zeitschriften, Herr Nannen und Quick und in den Weimarer Jahren die Berliner Illustrierte Zeitung und im Grunde auch das Fernsehen, wo kommen die denn her? Vom Neuruppiner Bilderbogen, von Gustav Kühn aus Neuruppin! Ob da eine japanische Flotte unterging oder eine Kirche in Wuthenow oder eine Scheune in Dabergotz abbrannte: Da saßen noch am selben Tage in einem Hinterzimmer der Firma Gustav Kühn die Zeichner und kolorierten und brachten die Bilderbogen heraus. Hier ist der Ursprung der illustrierten Zeitungen, des Fernsehens und der Massenkommunikation. Das alles beginnt in Neuruppin!

Von welcher Ecke her du das betrachtest, Neuruppin ist ganz wichtig. Ohne Neuruppin nicht der heutige Weltzustand, ohne Neuruppin nicht die Massenkommunikationsmittel, ohne Neuruppin nicht New York, und von Fontane und Schinkel und solchen Kleinigkeiten ganz zu schweigen.

Harich ist erschöpft. Laufen und Reden strengen ihn an. Wir gehen ins Hotel zurück. Er nimmt seine Mittagsmedizin, legt sich aufs Bett und fühlt sich sicher. Aber er ist aufgewühlt, er befindet sich in Neuruppin, hier ist er aufgewachsen, und hier ist alles Erinnerung.

Übrigens, erzählt er weiter, wenn ich von Friedrich dem Großen rede, dann, weil das im Erzählen leichter ist. Mein Vater war ein Gegner Friedrich II. Er haßte ihn, er haßte Bismarck und auch Wilhelm II. Für ihn aber waren Friedrich II. und Bismarck die Verhinderer der deutschen Einheit. Bismarck hätte nämlich 1866 versäumt, die österreich-ungarische Monarchie zu zerschlagen und deren deutschsprachigen Teil zu Deutschland zu machen. Das unerfüllt gebliebene Ideal meines Vaters war ein liberales Großdeutschland, das aus der Revolution von 1848 hervorgehen sollte. Die kleindeutsche Lösung empfand er als etwas Mieses, und Bismarck, als den Verwirklicher der kleindeutschen Lösung und damit als den endgültigen Verhinderer der Einheit Deutschlands, genauso mies. Friedrich II. nahm er übel, daß er gegen die österreichische Kaiserin Maria Theresia gekämpft hat; daß er einen zweiten Großstaat geschaffen hat in Deutschland, eine zweite Großmacht in Preußen, und damit die Wiedervereinigung der deutschen Länder, durch die Rivalität zwischen Österreich- und Preußen, erschwerte. Wenn es nur diese eine Großmacht gegeben hätte, hätte die nach und nach die anderen kleinen Fürstentümer schlucken können, und wir hätten dann ein Großdeutschland gehabt mit der Hauptstadt Wien. Das hätte meinem Vater unter der Voraussetzung des Absolutismus des 18. Jahrhunders besser gefallen, und daher war er Friedrich II. gegenüber kritisch. Außerdem war er der Meinung, die Österreicher wären Schlampiers. Ein von Schlampiers regierter Staat ist – auch wenn reaktionär – immer noch besser als ein tüchtig regierter Staat von solchen Preußen und solchen Landgerichtspräsidenten. Preußische Tüchtigkeit und preußische Ordnung, die nun den Deutschen aufgezwungen wurden, waren ihm ein Übel. Ihm wäre es lieber gewesen, wenn sich die Wiener Schlamperei bis zur Ostsee durchgesetzt hätte. Dann liebte er über alles die 1848er Revolution. Daher auch die Fahne schwarz-rot-gold. 1918 sah mein Vater aus der Niederlage die große Hoffnung, daß nun – demokratisch erneuert – Deutschland und Österreich doch wieder zusammenfinden würden zu einem demokratischen Großdeutschland, und er nahm es jetzt den Westmächten übel, daß sie das in den Friedensverträgen von Versailles und Saint Germain verhindert haben. Das waren die Ideen meines Vaters. Und dem wirkte in meiner Schule, also im Neuruppiner Friedrich-Wilhelm-Gymnasium, der stehende Begriff »Friedrich der Große« entgegen. Deshalb, der Einfachheit halber, sage ich »der Große«, und das ist kein weltanschauliches Bekenntnis. Es gibt auch immer noch die Verwechslung mit dem Kaiser Friedrich II., dem mittelalterlichen, dem Hohenstaufer. Man könnte ja den »den Großen« nennen, auch wenn man ihn nicht für sehr groß hält. Die großen Figuren in meinem Geschichtsunterricht waren: Luther, Friedrich der Große, Bismarck und Hitler – die vier. Hitler war in der Neuruppiner Schule nach 1933 der Vollender von allem. Alles, was es an den anderen dreien noch an Schwäche gab, hatte der »Führer« abgelegt. Diese Linie: Luther, Friedrich II, Bismarck gipfelten in Hitler.

Mir ist schwindlig von den ganzen Wilhelms und Friedrichen und Großen. Ich finde mich nicht zurecht, ich unterbreche ihn, und sage, halt an, du bringst mir alles durcheinander! Ich kenne nur den Soldatenkönig aus Stades Roman »Der König und sein Narr«, du weißt doch, der mit der Tabaksrunde, und da geht es um Jacob Paul Gundling. Ich erzähle ihm die tragische Geschichte des Mannes, er hört mir genau zu, und später wird er an Klaus Höpcke, den stellvertretenden DDR-Kulturminister, in einem Brief schreiben: Ich bin kein Gundling! Ansonsten weiß ich nichts über diese ganzen Könige, das macht Harich nicht viel aus, er sagt, das wäre ganz einfach, und er beginnt mit Friedrich Wilhelm, dem Großen Kurfürsten, geboren 1620, gestorben 1688; Kurfürst von Brandenburg von 1640–1688; Herzog von Preußen 1660–1688; und er zählt alle preußischen Könige der Reihe nach auf, mit Geburts- und Sterbedatum, mit Regierungszeiten, mit charakterlichen Merkmalen. Ich fühle, ich breche gleich zusammen, und sage, das ist mir zu schnell und zu viel, ich will das nicht, und er antwortet: Ja, das ist uns in der Schule so eingebleut worden, und wenn das nicht wie aus der Pistole schoß, gab's eins mit dem Stock.

Harich ist Kenner der preußischen Geschichte, er schwärmt für Königin Luise, und er schwärmt von Gretchen Hohmaier, seiner ersten Liebe, und zeigt mir die Villa, vor der er, achtjährig, gestanden und zum Fenster hinaufgerufen hat: Gretchen Hohmaier, komm herunter, ich will mit dir poussieren!

Vor einer Drogerie hält er mich fest und flüstert mir ins Ohr: Die da drin verkauft, mit der habe ich die Tanzschule absolviert, die mochte ich gar nicht, die war nicht mein Typ, die konnte aber am besten tanzen, und ich wollte unbedingt den ersten Platz besetzen. Danach hab ich sie nicht mal nach Hause gebracht, und deshalb plagt mich ein schlechtes Gewissen noch heute ihr gegen-über. Da trau ich mich nicht mehr rein.

Am Abend sitzen wir im Hotel. Harich liebt es, essen zu gehen. Dabei vergißt er seine strenge Diät. Er hat immer großen Appetit, er nascht, wo sich ihm die Gelegenheit bietet, Süßigkeiten, und er weiß ein gutes Mahl sehr zu schätzen. Das allerwichtigste jedoch dabei ist ihm eine süße Nachspeise, die unbedingt dem Menü folgen muß und zu der er sich »hindurchißt«. »Jetzt bin ich am Ziel«, pflegte er zu sagen, und dabei zog er ungeheuer schnell die Schale mit der Kostbarkeit zu sich heran und hielt sie mit beiden Händen fest. Davon bekam keiner etwas ab. Bitte ich, von seinem Teller nur kosten zu dürfen, gestattet er das unter Murren, und erlaube ich mir, einfach mit der Gabel einen Happen zu stehlen, ermahnt er mich sofort: »Wirst du wohl!«

In diesen Tagen spielen wir Flitterwochen. Harich befindet sich, wie schon gesagt, in der Eroberungsphase. Sie war von kurzer Dauer. Bei mir gab's nichts zu erobern. Ich wollte ihn. Aber hier in Neuruppin fühlte er das Bedürfnis, »mir etwas zu bieten«.

Wir unternehmen eine Dampferfahrt durch die Ruppiner Gewässer. Bei aller Schönheit der Natur, mir war das ein gewöhnliches Vergnügen. Harich ist doch so ein vornehmer Mensch, und mich wundert's, mit welcher Freude er den Dampfer betritt. An unserem Tisch sitzen zwei Männer und trinken Bier. Sie sind beschwipst. Die Biergläser rutschen durch das Schaukeln des Schiffes auf der nassen Tischplatte von einer Tischkante zur anderen, und dazu lachen die Männer auch noch laut. Betrübt sitze ich da. Harich genießt die Fahrt, bemerkt nichts von allem, und ich heule. Er kann mein Unglück nicht verstehen. Er glaubt, mir eine große Freude zu machen. In Boltenmühle steigen wir aus. Wir wandern durch den Buchenwald am Binenbach entlang, der nach des Försters Tochter Sabine benannt ist und zu der Friedrich, nur welcher, weiß ich nicht mehr, nach seinen Jagdausflügen geritten kam. Der Bach fließt in den Kalksee. Umschlungen von alten, sich im Wasser wehmütig spiegelnden Buchen und Erlen und dem kleinen Dörfchen Binenwalde, liegt er still und sanft und lockt zum Ausruhen. Aber Harich warnt mich: Dieser See hier ist ja noch viel geheimnisvoller als der Stechlin; der ist ganz tief, und in der Mitte befindet sich ein Strudel, um den ein riesiger Fisch schwimmt. Gerätst du in dessen Nähe, schwupp, bist du weg. Binenwalde kennt er aus seiner Kindheit, Binenwalde ist ihm der schönste Fleck auf der großen Erde.

*

Weißt Du noch, wir wollten doch im Frühling dieses Mal in Binenwalde urlauben. Und ich wollte Dich für mich ganz alleine haben. Niemand sollte uns stören. Aber Du hast Dich einfach davongemacht. Wie gerne säße ich heute mit Dir, umgeben von biertrinkenden Männern, auf einem Dampfer, in dem wir die Ruppiner Gewässer hinauf und hinunter fahren.

*

In Berlin warten auf uns die zurückgelassenen Sorgen, und Neuruppin verblaßt. Ein langer, hartnäckiger, doch vergeblicher Kampf um den Druck des Artikels »Mehr Respekt vor Lukács!« hat seinen Anfang genommen. Die Scheidung schleppt sich dahin, wir ringen um »Harmonie« und haben manchmal Angst um uns.
 Als sich Harich zum festgelegten Scheidungstermin in die Littenstraße begab, war er der Meinung, als freier Mann zurückzukehren. Nach der Verhandlung wollten wir uns im Café am Alexanderplatz treffen. Unruhig verließ ich es, und wie ich so in Gedanken auf dem Platz zwischen den vielen Menschen herumirrte, hörte ich plötzlich seine laute Stimme durch die Menge rufen: Anne, ich bin noch nicht geschieden! Ich lief zu ihm, und er zog mich fest an sich. Die Gegenseite war nicht erschienen. So etwas hätte sich Harich nie gewagt! Er brauche keinen Anwalt, hatte man ihn dort beschwichtigt, das alles ginge sehr schnell und unkompliziert. Beim zweiten Termin wurde ich als Zeugin geladen. Ich sollte eidesstattlich erklären, daß ich Harich liebe und ihm ein Kind schenken wolle. Dort erlebte ich den Rechtsanwalt der Gegenseite, Dr. Gregor Gysi, der mir andeutete, ob ich nicht schon ein bißchen zu alt dafür sei. Er mußte ein bedeutender Anwalt sein, da Harich seinen Namen schon zuvor mit einer

gewichtigen Betonung aussprach. Gysi, eine Hand in der Hosentasche, in der anderen eine Zigarette, trat vor Beginn der Verhandlung an Harich heran. Sie standen einander dort zum ersten und zum letzten Mal im Leben gegenüber, und der junge Mann blies dem Älteren den Rauch ins Gesicht, der ihm mit artig herunterhängenden Armen erzählte, seinen Vater zu kennen. Schuldig, so lautete das Urteil, und Harich nahm es hin. Somit war die andere Seite berechtigt, ihn die Scheidungskosten allein tragen zu lassen, und Gysi sorgte dafür, daß Harich – ich weiß nicht mehr, wie lange – monatlich eine für seine Verhältnisse hohe Summe zur häuslichen Unterstützung an die Zurückgelassene zahlen mußte. Etwas äußerst Ungewöhnliches damals. Gysis juristische Fähigkeit als Scheidungsanwalt konnte Harich nicht genug loben; nicht loben konnte er später dessen Wendigkeit als Politiker, auch wenn er öffentlich sich immer solidarisch zu ihm und der neuen Partei verhielt. Gysi schien das eher peinlich zu sein. Er hat von Harich nichts wissen wollen.

*

Trotzdem haben wir hinterher gelacht, erinnerst Du Dich? Auf dem Nachhauseweg hast Du die eine Zeugin nachgeäfft, die aus dem Deutschen Theater, die Du seit Jahren kanntest, hast mir vorgespielt, wie sie in theatralischer Weise die Richterin samt ihren Schöffen mit einem Gedicht von Schiller erfreute; und Du mußtest das Lachen zurückhalten; und die Parteisekretärin, die Freundin Deiner Frau, wußte genau zu berichten, wie harmonisch Deine Ehe war, ungeachtet Deines schwierigen und unsteten Charakters. Und Du? Bist Du überhaupt gefragt worden? Mein Gott, was für eine Farce, aber eine rechtskräftige Farce! Hast Du Dich nicht an eine andere Zeit erinnert gefühlt? Du keinen Anwalt, und die Bank besetzt mit Zeugen gegen Dich? Ein spießiges Schauspiel, die ganze Sache! Doch die Strafe mit ihrem Ausmaß sollte uns treffen, und das war gelungen, und da verging uns dann das Lachen. Dennoch bin ich Dir nicht davongelaufen, schließlich besaß auch ich keinen Sparpfennig und lebte, wie Du, von einem Monat auf den anderen. Es gab ja immer wieder einen Lohn, und der war so sicher, wie es in jedem Monat einen fünfzehnten Tag gibt.

*

Mein Tagebuch soll mir beim Erinnern helfen, im Friedrichshainer Park am 16.6.1986: »... Meine Zuneigung besteht aus Verantwortung und dem starken Willen, diesen Menschen zu ergründen, in seiner Gedankenwelt wenigstens an der Tür zu stehen, um einen Einblick zu erhaschen, und ich muß es, weil diese Zuneigung, diese Liebe nur mit viel Feingefühl zu erhalten ist. Dieser durchaus schwierige, eigenwillige, komplizierte Charakter zwingt mich auf eine andere Ebene. Ich muß auf der Hut sein, damit ich nicht wieder in einen Sack gesteckt und nach Verwendung wieder verpackt werde. Ich will frei atmen können, das ist die einzige Möglichkeit, mich für immer und bedingungslos festzuhalten ...
Notizen zu W. H.: Ich muß mir darüber im klaren sein und es mir immer wieder ganz sachlich und ohne Emotionen vor Augen führen: W. H. zu heiraten, mit ihm zu leben, das bedeutet, mit dem Rest einer ehemals randvollen Schüssel voll Leckereien auszukommen. Es bedeutet, im Schatten zu gehen! Es wird kein Leben, das sorglos, vergnügt und unbeschwert ist. Luxus wie ein Auto, ein Grundstück, Reisen, nichts davon. Ein geordnetes Leben, den Tag geplant! Ich werde auch allein nicht viel unternehmen, denn mit W. H. zusammensein, bedeutet, ein Kind hüten, es vor Gefahren bewahren, ihm die Angst zu nehmen.«

Harichs Welt und die meine prallten gar nicht so in ihrer Verschiedenheit aufeinander, wie es sich einige Leute vorstellen wollten oder es sich wünschten. Dummerweise ließen wir uns von ihnen stören. Was für behagliche Stunden lebten wir, wenn es nur etwas ruhig in und um uns wurde! Und wenn ich aus meinen Kinderjahren, in denen meine Himmel blau, meine Wiesen voller Blumen und die Menschen gut zu mir waren, erzählen konnte, dann war es zwischen uns so wohlig, als wäre diese längst verklungene Zeit unsere gemeinsame gewesen. Ich erzählte ihm, wie meine Mutter mit meinem Bruder und mir nach dem Krieg aus Schlesien in die Oberlausitz umgesiedelt und in einem Kantorenhaus untergebracht worden war; wie der Kantor mein Papa wurde und wie sein Zimmer mit vollen Bücherschränken ausgefüllt war, wie er am Schreibtisch saß und auf der Schreibmaschine Briefe schrieb, und wie ich ihn dabei stören durfte; wie er mich nachts in einen Leiterwagen steckte und mich zu Dr. Munde brachte, weil ich meinen Arm verstaucht hatte; wie er am Sonntag mit mir zu Zahnarzt Walter fuhr, weil ich unter Zahnschmerzen litt; und wie ich später mitbekam, daß mein Papa nicht mein richtiger Papa war, und wie ich mich nicht mehr getraut habe zu ihm zu gehen, weil ich nicht wußte, wie ich ihn anreden sollte. Ich erzählte ihm von meinem allerersten Freund Alexander, mit dem ich jeden Tag Hochzeit spielte, weil wir unbedingt, wenn wir groß wären, heiraten wollten; wie wir zusammen aufs Klo gegangen sind und ich ihm die Hose herunterzog und wie das Kindermädchen an die verschlossene Tür pochte und schrie, daß das, was wir da täten, Sünde sei; und wie Alexander dann 1957 mit seinen Eltern, die eine Schuhfabrik besaßen, nach dem Westen ging. Ich erzählte ihm von meiner allerbesten Freundin Karin, und wie wir während des Gottesdienstes ins Streiten darüber gerieten, wer von uns beiden die schöneren Salamander-Schuhe anhabe, die uns unsere Tanten aus dem Westen geschickt hatten, und wie wir laut dabei wurden, bis sich jemand zwischen uns setzte; wie wir nach der Schule über die Felder rannten, weil uns die Jungs nach dem Unterricht zu verdreschen drohten; wie wir uns die Lippen mit Himbeerbonbons rot rieben, weil wir uns endlich auch einmal küssen lassen wollten, und wie sie sich als junge Frau das Leben nahm. Ich erzählte ihm von meinem Bruder Peter, der, als ich geboren war, nicht mehr von meinem Bettchen wich und wütend wurde, wenn die Nachbarn kamen und fragten, lebt sie noch?, weil ich so mickrig aussah; wie er im Winter den eisernen Kanonenofen heizte, damit unsere Mutter, wenn sie aus der Fabrik nach Hause kam, nicht frieren mußte; wie er für uns eine Brotsuppe aus Wasser und Griebenschmalz kochte, weil wir Hunger hatten; wie er mich mitnahm, wenn er mit den großen Jungs Schneeschuh fuhr, und wie er später, als er nicht mehr bei uns wohnte, mir jedesmal, wenn er heimkam, etwas mitbrachte. Ich erzählte ihm von meiner stillen und strengen Mutter, die manchmal auf der Mundharmonika spielte, und die mich nicht in die jugendfreien Filme gehen ließ, weil ich dort sehen konnte, wie man sich küßt; wie sie, wenn sie mich beim Lesen erwischte, ausschimpfte und sagte: Hör auf damit, du wirst noch ganz dumm davon; wie sie Jahre danach selber zu lesen anfing und sich dazu aufs Sofa legte und wie sie die kleine rosa Wandlampe anschaltete, und wie gemütlich mir das war, und wie sie mir sagte: Das mußt du auch mal lesen, das ist sehr schön geschrieben, und sie meinte damit Fontane und Hauptmann, Traven und Stendhal und andere mehr. Und wenn wir dann aufs Lesen zu sprechen kamen, erzählte ich Harich, daß ich immer das gelesen habe, was mir guttut, und nicht, was man gelesen haben muß, und daß es dabei bleiben würde.

Aber nach Harichs Auffassung sollte ein gebildeter Mensch ganz bestimmte Bücher der Weltliteratur kennen. Zu diesem Zweck hatte er vor vielen Jahren eine Autorenliste zusammengestellt, die er bei sich bietender Gelegenheit vorzugsweise dem weiblichen Geschlecht anempfahl. In seiner Auswahl stellte er vorrangig deutsche, russische, französische und englische Dichter nebeneinander auf, die aus einem Zeitalter stammten. Daraus lasse sich, so Harich, ersehen, welcher Zeitgeist in jener Ära geherrscht, welcher Dichter mit wem in seiner Zeit gelebt, wer auf wen und wie gewirkt hatte und wer von wem inspiriert worden war. Nach diesem Schema, das er von seinem Vater übernommen hatte, war seine philosophische, belletristische, historische und Sachbuch-Bibliothek sortiert, waren die Autoren nach ihren Geburtsdaten sorgfältig aneinandergereiht.

Gegen seine »Bücherliste« kann ich keine Einwände finden. Aber ich wollte damals nicht nach seinen Auffassungen gebildet, angeleitet, ausgerichtet und zurechtgerückt werden; ich wollte nicht einer Bildungsroutine ausgeliefert sein, die ihm keinerlei Mühe bereitete und die er stets bei jeder Frau, ob nun Geliebte oder nicht, praktiziert hatte; ich wollte mich hier von den anderen unterschieden wissen; ich wollte keine Hausaufgaben machen müssen, ich wollte wenigstens an einem Platz in meinem Leben tun, was mir beliebt, und ich wollte mir das Vergnügen nicht verderben lassen, Bücher nach meinem Verlangen und nach meiner Lust aussuchen und für mich entdecken zu können; ich wollte nicht, daß mir hier jemand hineinredete. Ich verbat mir seine Vorschriften und Einmischungen, weil mich das grundsätzlich rasend macht. Allein deshalb fürchtete Harich meinen Widerstand gegen seine »Bücherliste«.

Aber es wäre vermessen, ich behauptete, seine Kenntnisse und Ratschläge wären mir lästig gewesen. Habe ich doch immer einen klugen Menschen neben mir vermißt, einen, den ich bedenkenlos fragen konnte, und der, ungeachtet meiner Unwissenheit, mich nicht für dumm erklärte. Fand mich Harich nun in Lektüre vertieft, die ihm nicht so vertraut war, umschlich er mich wie ein Kater und fragte scheinheilig, ob das, was ich da läse, auch interessant sei. Es geschah sogar, daß ich ihm eine Geschichte von Schnitzler, den er wenig gelesen hatte, vortragen durfte, was er eigentlich nicht ausstehen konnte. Die Erzählung gefiel ihm, er traute mir »Geschmack« zu, und er beruhigte sich über mein unkontrolliertes Herumgeschmökere, das vielleicht doch nicht so verderblich sei. Wissend um meine Vorliebe für die russische Literatur, fragte er mich, ob ich den »Oblomow« kenne. Ich kannte ihn nicht. Oh, raunte er, das ist etwas Wunderbares, den solltest du kennenlernen! Soll ich dir daraus etwas vorlesen? Ich sage ja, und durch Harich erfahre ich »Oblomows Traum«, und er stimmt mich ein auf einen der schönsten und ergreifendsten Romane. Ich lese und bin ganz für Oblomow, und ich lege das Buch erst beiseite, als es zu Ende ist. Und Harich genießt meinen Genuß und meine Freude an und meinen Kummer um Oblomow, und wir reden die ganzen neun Jahre über Oblomow, über Sachar, über Stolz und über Olga, über die Liebe und über uns, und wir liegen auf dem Sofa und oblomowieren, das heißt: Wir liegen rum und machen gar nichts, oder wir lesen oder reden miteinander oder hören Musik.

Er macht mir Mut zu Beethoven und Bach, und er schenkt mir die Kreutzersonate; wir hören sie uns an, und am Ende, wenn Violine und Klavier sehnsuchtsvoll ineinander verschmelzen, sagt Harich erleichtert: Siehst du, jetzt ist es ihm gekommen, Beethoven kommt's dauernd.

Dann schleicht er sich mit Goethe an mich heran. Außer dem »Zauberlehrling«, »Ich ging im Wald so für mich hin ...« und noch zwei, drei Gedichten kannte ich nichts von ihm. Den »Faust« sah ich, unvorbereitet und ahnungslos, mit sechzehn Jahren im Zittauer Stadttheater, und als der »Osterspaziergang« deklamiert wurde, konnte ich mich endlich entspannt zurücklehnen. Goethe hing ganz oben. Ich weiß nicht, ob ich mich jemals allein an ihn gewagt hätte. Bekam ich den Namen zu Gehör, dann in der Regel mit den Zusätzen: Das ist ganz groß, ganz ernst, ganz schwer, damit kann sich nur befassen, der auch ganz groß ist, und da hatte ich eben Hemmungen. Harich ermunterte mich, den Werther und die Lehrjahre zu lesen, und es bereitete ihm Vergügen, mich dabei zu begleiten und mich in die Zeit Goethes einzuführen. Bei Harich schwanden meine Vorurteile in dem Maße, je mehr ich spürte, wie gerne er über Geschichte, Philosophie, Literatur, Musik und Kunst sprach, und wie er, wenn er etwas erläuterte, alles in einfacher und verständlicher Sprache auszudrücken wußte. Das war eine seiner großen Fähigkeiten. Er bot mir Vorlesung und Seminar zugleich. Ich hörte gebannt zu. Alles offenbarte sich auf einmal als etwas Einfaches, leicht zu Verstehendes. Während er sprach, lebte er zusehends auf, und seine Augen leuchteten noch heller. Ich saß einem schönen Menschen gegenüber, dem es ein

Bedürfnis war, sein Wissen weiterzugeben, das leicht und endlos scheinend aus ihm herausfloß.

Nun mußte ich Jean Paul kennenlernen. Wer diesen Dichter kennt und liebt, weiß um mein Glück, einem Jean-Paul-Lehrer begegnet zu sein. Zuerst ist »Schulmeisterlein Wuz« an der Reihe, und mit dem Katzenberger geht es dann weiter. Anfangs beobachtet mich Harich beim Lesen und wartet gespannt auf meine Fragen, auf meine Begeisterung. Wir sind zusammen, er liest auch, und wenn ich ihn frage: Wölfchen, darf ich dich mal stören? Dann antwortet er: Ich warte darauf, ich bitte dich darum, es gibt nichts Schöneres, als von dir gestört zu werden, na sag, was willst Du wissen? Er hilft mir beim Lesen, und er versteht mich, wenn ich manchmal ungeduldig und wütend auf Jean Paul werde, weil ich seine übermütigen, albernen, ausschweifenden Phantasien, die in grotesken Metaphern münden, nicht verstehe und mit ihnen nicht zurechtkomme. Und wenn ich ihn frage: Hat der dich auch manchmal genervt?, dann sagt er: Ja, na selbstverständlich, Jean Paul kann furchtbar sein, Jean Paul läßt sich nicht schnell lesen, der zwingt einen, seine Mitteilungen genau zu verfolgen, man muß sich mit ihm beschäftigen, er verlangt einem Zeit ab, und er verlangt Mitdenken; aber dann, hat man sich erst einmal durchgebissen, dann ist es etwas Herrliches. Die Jean Paulschen Charaktere bleiben einem unvergeßlich, und man begnet ihnen überall. Er lehrt einen das Beobachten, das Näherhinsehen. Katzenberger, der nur sein wissenschaftliches Ziel sieht, und Nies, der eitle Schriftsteller, werden in unseren Unterhaltungen zu feststehenden Begriffen und Vorstellungen, wenn es darum geht, jemanden mit einem Wort zu charakterisieren. Und dann machen wir unsere Witze, und wir lachen, und das tut mir gut, und ich fühle mich wie gereinigt von dem, was mich zuvor erbost, verdrießt und in Wut gebracht hat, und es wäre alles vergessen für mich, nähme der nächste Tag in ähnlicher Form seinen Lauf, aber der beginnt bei Harich mit vielen Fragen, die er vorübergehend außer acht gelassen hat, und die Hauptfrage lautet zu jener Zeit: Wird sein Lukács-Aufsatz gedruckt werden?

Lukács und kein Ende

Das Manuskript, das er der Redaktion der »Weimarer Beiträge« zugeschickt hatte, lag bereits wenige Tage nach dem 11. Mai 1986 auf dem Tisch der Abteilung Wissenschaft im Zentralkomitee der SED. Von dort erhält Kurt Hager im SED-Politbüro eine Mitteilung, geschrieben am 23.5.1986, in der unter anderem zu lesen ist, Wolfgang Harich habe einen »ziemlich links und polemisch angelegten Artikel bei den ›Weimarer Beiträgen‹ eingereicht. Bei Abwägung aller Umstände sollten wir ihn ohne Teil I und bei Glättung einiger ›Verbalinjurien‹, die ich angestrichen habe, veröffentlichen, zumal Harich in Sachen Nietzsche und Bloch mit seiner Lukács-Verteidigung auf der richtigen Seite steht.

Wenn Harich mit entsprechenden Veränderungen nicht einverstanden ist, sollten wir allerdings von einer Veröffentlichung absehen. Der Vergleich im Teil I der Behandlung von Lukács und Tönnies bei uns, in den das ›Neue Deutschland‹ hineingezogen wird, ist einfach unsachlich. Und das Lukács-Heft der ›Weimarer Beiträge‹ darf man schon aus Gründen unserer Beziehungen zu Ungarn nicht ›Schmähheft‹ nennen. Ich bitte um Deine Meinung. gezeichnet Gregor Schirmer«.

Nun stehe ich vor einem Problem. Georg Lukács und sein philosophisches Werk spielen im Leben Harichs eine, vielleicht sogar die zentrale Rolle.

Wenn ich in meiner Niederschrift dem Bestreben Harichs, Lukács' Vermächtnis zu bewahren, einen bedeutenden Teil widme, und besonders auf seinen letzten Aufsatz, den er über ihn schrieb, eingehe, wird es nicht genügen, zu sagen, er wurde nicht gedruckt. Es ist sicher nicht üblich, einen Aufsatz in seiner gesamten Länge in eine Erzählung, in einen Bericht einzufügen. Ich bitte, es tun zu dürfen. Formulierungen wie: »Mäkelei und Besserwisserei«, »daß man ihn (Lukács) schmäht«, »differenzierendes Betrachten murmelnd« (Lehmann), »Ansammlung von Infamie gegen Lukács«, um die wichtigsten zu nennen, strich Harich in der zweiten Fassung des Aufsatzes. Einen Hinweis möchte geben: Wenn Harich schreibt: »Schon im Nachkriegsjahrzehnt hat der verlegerische Betreuer von Lukács' Werken in der DDR ...«, dann spricht er von sich. Und wenn Lukács geäußert haben soll, Benseler sei sein »schlechtester Lektor«, so war Harich, wie er mir erzählte, nach Lukács' Aussage, sein »bester« Lektor. Daß Harich als Lukács-

Kenner an der neuerlichen Herausgabe einzelner Werke von Lukács ausgeschlossen wurde, war eine der vielen Schmähungen, die ihm bewußt zugefügt werden, und niemanden störte das.

Für die Weimarer Beiträge

Mehr Respekt vor Lukács!

I

Eine Würdigung des Wirkens von Ferdinand Tönnies, anläßlich seines 50. Todestags abgedruckt im »ND«, konnte ich neulich nur mit gemischten Gefühlen aufnehmen.

Tönnies hat sich um manches verdient gemacht; so um die Kritik an Nietzsche, so um die Hobbesforschung. Und nachdem er schon zur Zeit des Sozialistengesetzes Marx als den »tiefsten Sozialphilosophen« zu charakterisieren gewagt hatte, fand er, nach dem ersten Weltkrieg, den Weg in die Reihen der SPD. Als aufrechter Antifaschist ist er im vierten Jahr der Nazidiktatur verstorben. Diesen Gelehrten bei uns geehrt zu wissen, wohl im Zeichen der Koalition der Vernunft, die der Besinnung von Kommunisten und Sozialdemokraten auf gemeinsame Tradition günstig ist, tat mir gut. Trotzdem war ich doch auch erbost. Immerhin ist Tönnies »Gemeinschafts«begriff, weil unmarxistisch gedacht, weil gewonnen aus romantischem Mißverstehen der Aussagen von Morgan und Engels über den Urkommunismus, einst zum Ausgangspunkt reaktionärer Entwicklungen in der deutschen Soziologie geworden. Sie mündeten ein in vernunftfeindliche, schließlich präfaschistische Konzepte. Sie halfen gewiß auch dem »Volksgemeinschafts«schwindel der Nazis den Boden bereiten. Keine Silbe kritischer Distanzierung wies den Leser warnend darauf hin.

Nun erschien der Artikel, ausgerechnet, am 13. April, am 101. Geburtstag von Georg Lukács. Das steigerte meinen Ärger noch. Wo Tönnies drei Spalten mit Bild abbekam, da hätte, fand ich, ein Jahr zuvor Lukács eine ganze Seite zustehen müssen. Die Proportionen stimmten nicht. Und wieso, fragte ich mich, ist der Verfasser des Artikels gar nicht auf die Idee gekommen, erst einmal bei Lukács nachzuschlagen, um sich zu vergewissern, wie Tönnies vom Standpukt des Marxismus-Leninismus aus einzuschätzen ist? Wieso hat das sogar dem Redakteur, als er das Manuskript in Satz gab, ferngelegen? Wo leben wir eigentlich?

Lukács war ein großer Philosoph der Kommunisten, nach meiner Überzeugung der seit Lenins Tod weltweit größte. Ihn im Zentralorgan nicht umfänglicher gefeiert zu sehen als einen ehrenwerten sozialdemokratischen Professor geringen Formats, stimmte mich traurig. Ich kann es, im Gedanken an lange zurückliegende politische Kollisionen, über die ich, leider, nur zu genau Bescheid weiß, jedoch irgendwo noch verstehen. Werden indes gesicherte Erkenntnisse von Lukács – diesesfalls stehen sie in Kapitel VI der »Zerstörung der Vernunft« – nicht ausgewertet, sondern achtlos übergangen, wenn es, aus konkretem Anlaß, darum geht, exemplarisch die Ambivalenz linksbürgerlicher Gesellschaftslehre deutlich zu machen, dann hört jedes Verständnis auf. An den Berührungsängsten, und seien sie historisch noch so plausibel, darf einmal ein errungener Wissensstand keinen Schaden nehmen.

II
Dies muß jetzt und an dieser Stelle gesagt werden. Jetzt angesichts einer Neuerscheinung, die eine Wendung zum Besseren verspricht. Die Wiederentdeckung von Lukács' Vermächtnis im Verlagswesen unserer Republik, vor über einem Jahrzehnt vorbereitet durch eine dankenswerte Initiative Werner Mittenzweis, ist mit dem Reclamband 1120, »Über die Vernunft in der Kultur«, in ein neues Stadium getreten: in das der Angemessenheit. Dokumentiert wird darin Lukács' gesamte Entwicklung, von den ganz frühen Schriften, vor dem ersten Weltkrieg, bis hin zur Gesellschaftsontologie des Achtzigjährigen, mittels ausgewählter Texte, von denen nur zwei in der DDR früher bereits erschienen sind. Besprochen werden soll das Buch hier nicht. Aber hingewiesen sei auf die essayistisch angelegte, des Mannes wie der Sache inhaltlich würdige Einleitung, die der Herausgeber, Sebastian Kleinschmidt, der Auswahl vorangestellt hat. Und gerühmt sei, vor allem, der Überdruß an Mäkelei und Besserwisserei, dem es zuzuschreiben sein dürfte, daß jedwede Beanstandung von Fehlern, in den Anmerkungen, kein anderer vorträgt als Lukács selbst. Außer Zitaten, die dessen Stellungnahmen zu überwundenen eigenen Positionen wiedergeben, fällt da kein kritisches Wort. So, meine ich, gehört sich das. So sollte es weitergehen. Das darf nicht heißen, daß Kritik an Lukács künftig zu verstummen hätte. Sie gehört aber keinesfalls, als ideologische Verdauungshilfe, *verabfolgt von Epigonen, die sich weiser dünken,* in seine Bücher, es sei denn, er selber hätte dies nachgewiesenermaßen legitimiert.

Schon im Nachkriegsjahrzehnt hat die verlegerische Betreuung von Lukács' Werken in der DDR sich vor der im Westen, soweit man ihn da überhaupt herausbrachte, durch ein höheres Maß an Gewissenhaftigkeit und Gediegenheit ausgezeichnet. (Man vergleiche unter diesem Gesichtspunkt etwa den »Jungen Hegel« in der Ausgabe des Europa-Verlages, Zürich 1948, mit der des Aufbau-Verlags, Berlin 1954). Diese gute Tradition setzt, nach der politisch motivierten lange Pause, Jürgen Jahn mit vorzüglichen Textrevisionen fort. Wer unter der sagenhaften Schlamperei der Luchterhand-Edition gelitten hat, darf aufatmen. Aufgeatmet hätte insonderheit Lukács. Der pflegte Frank Benseler, so sehr er ihn sonst mochte, seinen »schlechtesten Lektor« zu nennen. Jahn ist entschieden besser, um von der größeren Sorgfalt, mit der die Korrektoren in der Französichen Straße arbeiten, ganz zu schweigen.

Dennoch bleibt an den hiesigen Ausgaben der »Eigenart des Ästhetischen« (1981) und der »Besonderheit als Kategorie der Ästhetik« (1985) eines auszusetzen: Die von Günther K. Lehmann bzw. Michael Franz verfaßten Nachworte sind so anmaßend wie überflüssig. Selbst weiterführende Gedanken, die sie hie und da, teilweise und sehr bedingt, enthalten, hätten woanders publiziert werden sollen: in Rezensionen, in Aufsätzen, in Essays. Den Lukácstexten beigeheftet, wirken sie nur peinlich, zumal sie da den – doch wohl irrigen – *Eindruck gouvernementalen Erwünschtseins erwecken*. Gesetzt, Lehmann verhielte sich zu Lukács wie, sagen wir, Fichte zu Kant. Hätte denn Verleger Hartknoch nach dem Ableben Kants zu einer Neuauflage der »Kritik der reinen Vernunft« Fichte ein Nachwort schreiben lassen? Und wäre es Fichte lieb gewesen, die Leute glauben zu machen, *er schelte Kant im Auftrag Friedrich Wilhelms III.* einen »Dreiviertelkopf«?

Das sind keine ideologischen, es sind Taktfragen. Ideologisch freilich, desgleichen historisch hapert es mitunter ebenfalls. Die Anhänger der ästhetischen Theorien Bertolt Brechts, nicht zu verwechseln mit den Bewunderern seiner Gedichte und Stücke, haben die Zeit, in der Lukács ungedruckt bei uns blieb, emsig genutzt, ihren Meister als eine Alternative zu ihm aufzubauen, die marxistischen Grundsätzen gemäßer sei. Zu dem Behuf sind die beiden zu Antipoden stilisiert worden, und man redet uns ein, dies seien sie seit Anfang der dreißiger Jahre gewesen. Die Konstruktion ist windschief. Ein junger Dichter kommt für einen nicht unerheblich älteren Philosophen als Antipode schwerlich in

Betracht, ein Neuling auf der Sympathisantenszene erst recht nicht für einen in Klassenschlachten gereiften Parteifunktionär.

Als Lukács 1931 aus Moskau in Berlin eintraf, mit der »Sickingendebatte« im Kopf (respektive im Koffer), zu konsequentem Materialismus bekehrt durch noch unveröffentlichte Marxsche Frühschriften, da hießen die wirklichen, die ihm vergleichbaren Gegenspieler, die er hier im linken Umfeld vorfand, Korsch, Benjamin und Bloch. Brecht, mit seinem Hang zu theoretischem Dilettieren (wobei es ihm zustieß, daß er Theodor Lipps für Aristoteles hielt), stand unter ihrem Einfluß, weshalb Lukács sich vergebens um ihn bemühte. Ernst Bloch saß damals an »Erbschaft dieser Zeit«. Er hat Brecht den Floh ins Ohr gesetzt, gerade Fäulnisprodukte spätkapitalistischer Kultur ließen sich revolutionär »umfunktionieren« (daher Brechts Forderung, nicht ans gute Alte, sondern ans schlechte Neue anzuknüpfen). Walter Benjamin wieder belehrte ihn über vermeintliches Auseinanderklaffen kritischer und genießender Haltung beim Publikum, über die angebliche Hinfälligkeit der Kunstgattung und dergleichen. Auch von der Seite also ward Brecht auf den Modefimmel einer linksbürgerlichen Avantgarde *eingedrillt*, die sich, aufgewühlt von der großen Krise, doch ohne von heut auf morgen ihren mitgeschleppten Snobismus loszuwerden, der kommunistischen Bewegung näherte. Lukács hatte sich der KP gleich bei ihrer Gründung angeschlossen. Ausgeschlossen aus ihr, wegen Beharrens auf ultralinken Dummheiten, war seit 1926 Karl Korsch. Und eben auf Korsch geht noch Brechts sektiererisches Unbehagen an der späteren Volksfrontpolitik, gehen desgleichen seine gelegentlichen Mißverständnisse der Dialektik zurück.

Es ist wahr: Um einzusehen, daß Lukács' materialistisch-dialektische Methode, daß seine Einstellung zum Kulturerbe, seine anspruchsvollen Maßstäbe auch für die Würdigung proletarisch-revolutionärer, sozialistischer Kunst und Literatur immens brauchbar sind, muß man sich an die ihm zu verdankenden Analysen sowjetischer Erzählwerke, namentlich Gorkis, Fadejews, Wirtas, Scholochows, Makarenkos, Beks, Kasakewitschs, halten. Brecht hat er lange unterschätzt. Er hat, als er ihn kennenlernte, ihm offenbar nicht zugetraut, daß die Kraft seiner realistischen Dichtkunst sich in der Praxis des künstlerischen Schaffens gegen die ideologischen Irritationen behaupten werde, denen er in einer entscheidenden Phase seiner Entwicklung ausgesetzt war. So hat Lukács erst unmittelbar nach dem Tode Brechts in dessen reifsten

Stücken das Festhalten an der aristotelischen Katharsis wahrgenommen. Das ändert nichts daran, daß von ihm die tiefe Fragwürdigkeit der Brechtschen ästhetischen Doktrin und ihrer – ich muß das einmal offen aussprechen – pseudo -und antimarxistischen Quellen jederzeit richtig beurteilt worden ist; richtig und obendrein unbestechlich auch bei genauer, von hoher Wertschätzung getragener Kenntnis sowohl der Lyrik Brechts wie seiner reifen dramatischen Produktionen in der »Eigenart des Äathetischen« (1963).

Man mag das alles anders sehen. Mittenzwei, um die Vorbereitung neuerlicher Lukács-Edition bei uns – ich wiederhole mich – sehr verdient, sieht es extrem anders in seiner 1966 entstandenen einschlägigen Publikation; abgeschwächt anders, diplomatisch lavierend anders in den Beiträgen, die er 1974 zu einem Sammelwerk der von ihm geleiteten Forschungsgruppe (Reclamband 643) beigesteuert hat. Dies ist sein gutes Recht. Ja, als Ferment in der nun fälligen Auseinandersetzung, vielleicht sogar als Korrektiv, sind seine Ansichten wertvoll. Entschlössen wir uns, in jene Debatte, die seinerzeit vornehmlich in der Moskauer Zeitschrift »Das Wort« geführt wurde, jetzt neu einzusteigen, um sie, bereichert um die Erfahrung fast eines halben Jahrhunderts, fortzusetzen – was ich begrüßen würde –, dann wären Dialog und Kontroverse mit Werner Mittenzwei um der Sache willen gar nicht zu entbehren. Ob aber Mittenzwei gut beraten war, den von ihm herausgegebenen Reclamband 702, Georg Lukács: »Kunst und objektive Wahrheit«, 1977 mit einem Vorwort zu versehen, das, statt sich auf die gebotene Distanzierung von politischen Fehlern des Autors zu beschränken, dessen ästhetische und literaturtheoretische Errungenschaften vom Standpunkt der Brechtschule aus *bekrittelt*, das ist die Frage. Vielmehr, es war die Frage. Sie ist eindeutig mit Nein zu beantworten, nachdem das schlechte Beispiel, neuerdings unter Einmischung lupenreiner Tui-Ideologie, Schule gemacht hat.

Auf Mittenzweis Vorwort ist Lehmanns Nachwort gefolgt, auf dieses wieder der Anhang des Michael Franz, und der von Franz favorisierte Tui heißt Theodor W. Adorno, derselbe, der Brecht einst als Modell des Tui-Unwesens galt. 264 Seiten nimmt der Lukácstext »Über die Besonderheit als Kategorie der Ästhetik« in der Ausgabe des Aufbau-Verlages, Berlin und Weimar 1985, ein. Angehängt sind ihm, auf den Seiten 268 bis 325, unter der Überschrift »Auf der Suche nach der Vermittlung«, Franz' Auslassungen über »Die dialektische Natur des Besonderen als ästhetisches

Problemfeld in der Sicht von Georg Lukács«. Franz ist glücklich, daß heute »niemand mehr einen solchen individuellen politisch-ideologischen Monopolanspruch auf die Lösung strittiger Fragen geltend machen würde, wie es Lukács zumindestens vorübergehend getan hat« (S. 267). Vorübergehend – das kann man wohl behaupten. Ob Lukács »sich jemals vollständig von seinen neukantianischen und neuhegelianischen Ursprüngen lösen konnte«, für Franz »steht es dahin« (S. 268). Lukács habe sich jedenfalls nie um die Distribution gekümmert, die »den Anteil der Individuen an der Welt der künstlerischen Produkte regelt«, habe z. B. noch nichts von Audio-und Videokassetten gewußt (S. 271 f.). Als Bloch ihn in der Expressionsmusdebatte 1938 kritisiert hätte, habe er damit Lukács »gezwungen, sein Ideal von der Geschlossenheit einer Lebenstotalität zu problematisieren, was leider in ästhetischer Hinsicht keine Konsequenzen zeitigte« (S. 277). Die Beispiele solcher *Unverschämtheit* ließen sich beliebig vermehren. Sie führen dahin, daß Lukács und Adorno als Größen gleichen Ranges behandelt werden (S. 281 ff.). Sie gipfeln in der Feststellung, gegen Lukács sei »Adorno recht zu geben« (S. 305 f.).

Abermals stellt sich die Frage: *Wo leben wir eigentlich?* Ich warte auf die Plechanow-Ausgabe, in der per Nachwort diesem Menschewiken der Fehler angekreidet wird, nicht mit genügend Verständnis in die Tiefen der Gedankenwelt von Mach und Avenarius eingedrungen zu sein und daher hinter dem wackeren Bolschewiken Bogdanow an Einsicht zurückzubleiben. Was schützt uns vor derartigem Wahnwitz? Etwa »Materialismus und Empiriokritizismus«? Wie, wenn Lenin durch anderweitige, dringlichere Parteiarbeit oder durch Krankheit, Haft, Verbannung oder sonstwas daran gehindert gewesen wäre, das Buch zu schreiben? Wären wir dann gegen Machismus gefeit? Wo es geschehen kann, daß Adorno gegen Lukács, und das heißt in diesem Fall: gegen Invarianzen marxistisch-leninistischer Erkenntnis, *ausgespielt* wird, da kann man sich, um wachsam zu bleiben, Konsequenzen ähnlicher Art nicht phantasievoll genug ausmalen. Und sind wir denn gegen Machismus, gegen dessen fortentwickelte Nachfolge wirklich gefeit? Lukács, in seinen letzten Schriften, hörte nie auf, vor einer »Weltherrschaft des Neopositivismus« zu warnen. Unschwer ließe sich beweisen, daß gleichgültige, überhebliche Einstellung zu Lukács dem Vordringen auch dieser Pest förderlich ist. Das Wuchern der Informationsmetapher, die Relativismen, Indeterminismen, Reduktionismen, die das Weltbild der Wissenschaft zersetzen, der Triumph des Behavorismus etwa über die Tierpsychologie, die der Literaturdeutung sich bemächtigende, deren Funktion usurpierende Semiotik, all das und Ähnliches mehr wäre Beweis genug, selbst wenn Vorlieben für Carnap und Wittgenstein nicht so um sich griffen, wie sie es tun. Mit Hilfe des großen Ungarn, der mit Vorliebe deutsch schrieb, könnten wir leicht gegen all das einen Damm errichten. Ohne Respekt vor ihm kommen wir daher nicht aus.

III

Gesagt werden muß dies jetzt und an dieser Stelle. An dieser Stelle, *weil Mäkelei und Besserwisserei* das Lukács-Gedenken 1985 am ärgsten in den »Weimarer Beiträgen« beeinträchtigt haben. Lukács dadurch zu ehren, *daß man ihn schmäht,* von solchem Doppelbeschluß schien der größere Teil dessen eingegeben, was zum 100. Geburtstag des Mannes in den Spalten vorliegender Zeitschrift zu lesen war. Einer nicht endenwollenden Polemik bedürfte es, um detailliert damit ins Gericht zu gehen. Nur ein Punkt, der bedenklichste, sei herausgegriffen.

Günther K. Lehmann stellt in Heft 4/1985 Vergleiche an zwischen Lukács und Bloch, die für den letzteren ersichtlich schmeichelhafter ausfallen. Dabei erkühnt er sich, *zu dekretieren,* Blochs weiterer und reicherer Erbebegriff stünde »uns« näher. Wie äußerst eng Lukács das Erbe faßt, muß Lehmann wissen, da er, wie bemerkt, ja das Nachwort zur »Eigenart des Ästhetischen« geschrieben hat. Als Blochschüler muß er aber auch wissen, daß sein Lehrer diese atembeklemmende, »uns« einschnürende Enge keineswegs nur zugunsten freieren Genusses von Avicenna oder Thomasius, von Karl May oder Johann Peter Hebel zu lockern verstanden hat. Blochs Schatzkästlein ist dermaßen geräumig, daß darin Nietzsche Platz findet. In Band III seines Hauptwerks »Das Prinzip Hoffnung«, Aufbau-Verlag, Berlin 1959, kann man es nachlesen.

Ich will nicht unterstellen, daß auch Lehmann zu denen gehört, die, über *»differenzierteres« Betrachten murmelnd,* gewollt oder ungewollt eine Nietzsche-Renaissance in der DDR herbeireden helfen. Aber Renate Reschke gehört zu ihnen, von der die »Weimarer Beiträge« 1983 einen einschlägigen Aufsatz brachten. Und Eike Middell gehört dazu, dem völlig klar ist, daß sein Bestreben, Nietzsche mit Hilfe der Dichter und Schriftsteller, die er beeinflußt hat, zu retten, nur bei *anhaltender Diskreditierung* des Vermächtnisses von Lukács durchzusetzen sein wird. Zum Jubiläums-Schmähheft lieferte Middell denn auch gleich zwei Beiträge. Der eine, in Form einer Buchbesprechung, will uns weismachen, Lukács habe sich zwar Thomas Mann aufgedrängt, er sei, zu seinem Kummer, bei dem aber auf wenig Gegenliebe gestoßen. Alles, was dieser Geschichtsklitterung nicht in den Kram paßt, wird verschwiegen, so besonders die Würdigung des 70jährigen Lukács durch Thomas Mann, ein Exklusivbeitrag für die im Aufbau-Verlag erschienene Festschrift, Berlin, 1955. Ist sie Middell unbekannt geblieben? Gedeckt von solcherart selbstgeschaffenem Flankenschutz, holt er jedenfalls in seinem Hauptbeitrag, einer *Ansammlung von Infamien* gegen Lukács *zum gezielten Schlag* aus: Die Philosophie sei inkompetent, wenn es gelte, Nietzsches Bedeutung für die Literatur auf den Begriff zu bringen. Einspruch von philosophischer Seite habe nichts zu besagen. Ich fasse mich an den Kopf: Wo leben wir eigentlich? Da gibt es einen, der ernstlich annimmt, das Spiel von 1900 ließe sich mit zeitgemäßen Kulissenwechsel wiederholen, einen, der glaubt, es in unsereinem mit dem hilflosen Windelbach, mit dem versöhnlerischen Alois Riehl zu tun zu haben.

Middell könnte das freilich zu Recht glauben, ließen wir es daran fehlen, uns zu Lukács zu bekennen. »Linkes« Nietzscheanertum hat in der Vergangenheit – und man kennt die Folgen – noch und noch Verwirrung gestiftet. Sollten wir versäumen, uns auf Lukács als Autorität zu besinnen, es stünde uns abermals ins Haus. Wir leben gefährlich am Ende des 20. Jahrhunderts, leider! Der philosophisch dilettierende Scharlatan, der die Losung »Gefährlich leben!« ausgab, würde alles noch schlimmer machen, gewönne er im sozialistischen Land deutscher Sprache auch nur einen Millimeter an Boden zurück. Diesem Unheil gilt es beizeiten zu wehren. Nicht nur dafür brauchen wir Lukács. Aber dafür wahrscheinlich zu allererst. Der Schoß, aus dem Nietzsche kroch, ist fruchtbarer denn je. Mehr Respekt vor Lukács tut not, damit wir das begreifen und daraus die nötigen Konsequenzen ziehen.

Berlin, den 11. Mai 1986, Wolfgang Harich

Es dauerte nicht lange, da fand in der Friedenstraße 8 ein Gespräch zwischen Siegfried Rönisch, dem Chefredakteur der »Weimarer Beiträge«, und Harich statt. Höchstwahrscheinlich mit Instruktionen aus dem Zentralkomitee der SED im Kopf, von denen Harich nichts ahnte, redete Rönisch auf ihn ein, als säße ein schwererziehbares Kind vor ihm. Was ihn, Rönisch, an dem Aufsatz am meisten sorge, seien die »polemischen Ausfälle« Harichs gegen bedeutende Wissenschaftler auf dem Gebiet der Literatur und Philosophie in der DDR. Er solle den Umfang des Aufsatzes erweitern, mit Argumenten anreichern und die »unsachlichen« Formulierungen weglassen. Halte er sich an die Abmachung, so könne der Druck des Aufsatzes noch 1986, in der letzten Ausgabe in den »Weimarer Beiträgen« erscheinen.

Nach dem Besuch gingen wir spazieren und sprachen über Rönisch und seine Forderungen. Ich weiß nicht mehr genau, mir erschien Rönisch eher vorsichtig als unehrlich, und so redete ich wohl Harich zu, sich auf den Vorschlag Rönischs einzulassen. Er lief neben mir und hörte zu und ließ mich ausreden, er sah dabei geradeaus, und plötzlich sagte er: Man hat mir ein Gänschen geschickt! Ich verstand nicht, was er da geäußert und fragte: Was meinst du damit? Nun, entgegnete er, Galilei hatte widerrufen, da schickte man seine Haushälterin mit einem gebratenen Gänschen zu ihm.

*

Ja, ich kann Dir noch heute genau die Stelle des Weges zeigen, auf dem wir gingen, und es klingt so deutlich in meinem Ohr, als hätte ich es erst gestern vernommen. Du glaubtest nicht daran, daß wir uns zufällig begegnet waren. Ich konnte Dir mit nichts beweisen, daß ich allein, ohne anderer Einflüsterung, mich ganz und gar für Dich entschieden hatte. Ich hatte nicht den Auftrag, Dich wider Deine Handlungen zu beeinflussen. Ich nicht! Du meintest, auf diesem Gebiet gäbe es die verschlungensten Wege, da gäbe es kein Geradeaus! Ach, ich weiß, ich wiederhole mich, ich kann es aber nicht genug betonen: Ich wußte nichts von Dir. Du hattest mich viele Jahre dummerweise unwissend über Dich gelassen. Ich hatte keine Vorstellung von der Bedeutung Deines Lukács-Aufsatzes, der mit den Jahren 1956/57 im unmittelbaren Zusammenhang stand! Ich wußte nicht von der rohen Forderung seitens Deiner Vernehmer, Dich wissenschaftlich von Lukács zu lösen, ihn zu verraten! In diese Falle bist Du nicht gegangen; nicht, weil Du die heimtückische Intrige durchschautest, nein, dazu warst Du damals gar nicht fähig. Ich glaube, die Parallele zu dem Vergangenen begriffst Du in ihrem vollen Umfang erst jetzt richtig. Festhalten an Lukács entsprach Deiner politisch-philosophischen Überzeugung, und Lukács ist die empfindliche Grenze in Dir, die Du nicht berühren haben wolltest. Das weiß ich heute! Nur zu jener Zeit fehlte mir das Gespür für die Zerreißprobe, die mit dem Druck des Artikels zusammenhing, der für Dich eine existentielle, eine moralische Notwendigkeit bedeutete. Du hattest vor dreißig Jahren nicht widerrufen, und Du warst nicht bereit, es im nachhinein doch noch zu tun. In Deinem Mißtrauen mir gegenüber lag kein Vorwurf; es war mehr die Ergebenheit, die aus Dir sprach, und das machte mich unsicher und traurig, erweckte Mitleid in mir und band mich noch fester an Dich. Oft genug, wenn ich später auf Dich einredete, weil Du Dich so in Deine Kämpfe verbohrt hattest und nicht merken wolltest, daß etwas nicht stimmte, dachte ich: Du glaubst mir ja doch nicht. Ich weiß, es ging Dir damals gesundheitlich miserabel, und Du hattest Angst vor erneuter Arbeit, und nicht nur vor ihr. Vielleicht ahntest Du in der sich anbahnenden Auseindersetzung, die mit der Lukács-Debatte begann, daß der Streit mit »denen da oben« nicht mehr enden würde. Du schriebst nach der Besprechung mit Rönisch Deinen Essay um. Warum tatest Du das? Dachtest Du an einen bestimmten Brief, den Du damals vor vierzehn Jahren, am 26. August 1972, an Kurt Hager geschrieben und in dem Du ihn darauf aufmerksam gemacht hattest, wie leicht und kostengünstig es wäre, die Werke Lukács in der DDR herauszubringen? Nichts davon erzähltest Du mir, nichts, was Dir vielleicht Hoffnung gab, wenn Du Dich mit dem Artikel über Lukács auf Kompromisse einließest! Laß mich ein paar Stellen aus Deinem Schreiben an Hager zitieren:

»Sehr geehrter Herr Professor Hager!
Gestatten Sie bitte, daß ich mich an Sie vertrauensvoll in einer Angelegenheit wende, die, nach meinem Dafürhalten, für die Kulturpolitik der Deutschen Demokratischen Republik von hohem Interesse ist.
Wie Sie aus den hier beigefügten photokopierten Zeitungsauschnitten ersehen können, wird der philosophische und gesellschaftswissenschaftliche Teil der Produktion des westdeutschen Luchterhand-Verlages aus ökonomischen Gründen eingehen. Dadurch ist eine angemessene Pflege des Lebenswerks von Georg Lukács (1885–1971), der alle seine bedeutenden Werke in deutscher Sprache geschrieben hat, im deutschsprachigen Raum gefährdet ... Die Erwerbung der Rechte würde keinerlei Schwie-

rigkeiten bereiten und die DDR auch keinen Pfennig Devisen kosten. Lukács hat, wie ich zuverlässig weiß, in alle seine Verträge mit dem Luchterhand-Verlag eine die DDR begünstigende Vorbehaltsklausel eingefügt, die – nach Auskunft des ehemaligen Cheflektors dieses Verlages, meines Freundes Frank Benseler – sinngemäß besagt, daß, wenn ein Verlag der DDR die Rechte an einem Buch von Lukács zu erwerben wünscht, sie ihm bedingungslos und ohne Inanspruchnahme einer Lizenzgebühr, geschweige einer Devisenzahlung, sowohl für den Buchmarkt der DDR selbst als auch für den des sozialistischen Auslandes überlassen werden müssen ...

Ich bin mir dessen bewußt, daß das Verhältnis zwischen der DDR und Georg Lukács seit den tief zu bedauernden Vorgängen von 1956 schweren Belastungen ausgesetzt war. Aber ich darf Sie an zwei Tatsachen erinnern, die eindeutig dafür sprechen, daß diese Dinge jetzt der Vergangenheit angehören: 1.) Georg Lukács war in seinen letzten Lebensjahren wieder Mitglied der marxistisch-leninistischen Partei der ungarischen Arbeiterklasse, und er ist vor über einem Jahr in Budapest unter großen Ehrungen von seiten der Partei und des Staates zu Grabe getragen worden, wobei in seinem Trauergefolge auch der Botschafter der UdSSR nicht fehlte. 2.) In der DDR selbst genießen Intellektuelle, die sich im Zusammenhang mit den Ereignissen von 1956 schwerer Vergehen gegen die gesetzliche Ordnung der DDR schuldig gemacht haben, darunter auch meine Wenigkeit, längst wieder das Recht und die Möglichkeit, ihre Arbeiten in Verlagen der DDR zu veröffentlichen bzw. an Zeitungen und Zeitschriften der DDR mitzuarbeiten. – Wenn unter diesen Umständen die Werke von Georg Lukács im Buchangebot der DDR-Verlage auch weiterhin fehlen sollten, so wäre das nach meiner Meinung nicht gerecht. Aber der Gesichtspunkt der Gerechtigkeit kann hier noch nicht einmal entscheidend sein. Wichtiger ist selbstverständlich die Frage, ob eine Neuveröffentlichung von Lukács' Werken der Kultur der DDR nützen oder schaden würde.«

Mit Vorsicht sprichst Du im fortlaufendem Brief von einer lange zurückliegenden Zeit, verweist, »... in aller Bescheidenheit« bei Lukács, auf »zweifellos Gedanken, die problematisch sind ... Die politischen Fehler, die Lukács in seinem Leben unterlaufen sind – bis hin zur Ungarnkrise von 1956 –, stehen auf einem ganz andern Blatt und haben mit den wissenschaftlichen Streitfragen, die hier in Betracht kommen, nichts zu tun.« Lukács, schreibst Du weiter,

»... stark durch seinen Scharfsinn, seine enorme Bildung, seine hochentwickelte Denkkultur und die schöpferische Kraft seines Geistes«, sollte im Kampf gegen »neopositivistische Verirrungen, die sich im Verlauf der letzten Jahrzehnte auch in den sozialistischen Ländern, und hier fast unbemerkt, weil unter dem Tarnmantel politischer Ergebenheitsbekundungen und unverbindlicher Anleihen bei der marxistischen Terminologie der verschiedensten Wissenszweige« als Verbündeter zur Seite stehen. »In der Hoffnung, daß Sie mir dieses Plädoyer für meinen alten Lehrer und Freund, der mir schon viel Kummer bereitet hat, dem ich aber auch unendlich viel Gutes zu verdanken habe, nicht verübeln werden, bin ich mit freundlichen Grüßen Ihr W. H.«

Dieser Brief blieb von Hager unbeachtet, in Deinem Kopf aber war er immer präsent. Mir hattest Du von der »Vorbehaltsklausel« erzählt, doch nicht von dem Brief, den Du vor Jahren verfaßt hattest. Vielleicht glaubtest Du, die Zeit sei nun reif genug, erneut an Lukács und sein Vermächtnis zu erinnern, deshalb Deine Folgsamkeit? Du schicktest die geänderte Fassung des Aufsatzes »Mehr Respekt vor Lukács!« an die Redaktion der »Weimarer Beiträge« zurück. Dort lag er herum, etliche Wochen, ohne Rückmeldung, bis Du, in einem Antwortschreiben vom 18.9.1986, zu Deiner Umarbeitung unter anderem folgendes lesen konntest: »... daß die von Ihnen aufgeworfenen Fragen unseres Verhältnisses zu Georg Lukács von hoher Wichtigkeit für die weitere Entwicklung der Literatur- und Kunstwissenschaft der DDR sind ... und ich schätze Ihren Beitrag für einen solchen Verständigungsvorgang hoch ein. Ich kann aber auch nicht übersehen, daß in einzelnen Passagen eine große Schärfe der Polemik vorherrscht, die, wie ich fürchte, das Gespräch beeinträchtigen würde, da sie zum Teil sehr weittragende Urteile über Personen enthalten, wir aber in der Zeitschrift doch nur weltanschauliche und wissenschaftliche Fragen diskutieren können. Diese Einwände sind Dinge, die gewiß in einer vertrauensvollen Zusammenarbeit ohne großen Aufwand lösbar sind. Ich muß Sie auch davon informieren, daß ich mich bei der wissenschaftlichen Tragweite Ihres Beitrages veranlaßt sah, den Rat und die Meinung einiger Mitglieder unseres Beirates einzuholen. Dies erklärt auch den Umstand der eingetretenen Verzögerung, wofür ich mich in aller Form entschuldigen möchte ... ich kann Ihnen nur versichern, daß ich mich in jeder Phase unseres Arbeitskontaktes bemüht habe, ein aufrichtiger und verständnisvoller Partner zu sein ... Mit freundlichem Gruß Dr. Siegfried Rönisch«.

Das war freundlich ausweichend gemeint, und daß sich die Mitglieder des »Beirates« bis zum Politbüro erstreckten, sei hier nur nebenbei erwähnt. Von Rönisch hörtest Du nichts mehr, und Du standest wieder da, mit Deinen tausend Vermutungen, die Du verschwiegst, und Du schicktest den Aufsatz in die Redaktion der Zeitschrift »Sinn und Form«, die sandte Dir eine Absage ins Haus. Wenig später belästigtest Du mit Deinem Aufsatz die Redaktion »Deutsche Zeitschrift für Philosophie«, deren Chefredakteur Du vor Deiner Inhaftierung gewesen warst, von denen jedoch erhieltest Du die kürzeste und kälteste Abfuhr. Damals glaubte ich, die Uneinigkeiten, die zwischen Dir und den Redaktionen herrschten, lägen in den augenscheinlichen Divergenzen, die den Lukács-Artikel betrafen. Das waren nicht die wirklichen Gründe. Diese sind in einem früheren Zeitabschnitt in Deinem Leben zu suchen. Der Konflikt kommt mir gelegen, und so nehme ich das ständige Ablehnen Deines Aufsatzes jetzt zum Anlaß, auf Deine Herkunft und Deinen Werdegang einzugehen, um Dich, die »umstrittene Figur«, Wolfgang Harich, aus meiner Sicht kennenzulernen. Ich verspreche Dir, mich zu bemühen, objektiv zu sein; das ist sehr schwer, weil ich über Dich vieles, bei weitem nicht alles, herausgefunden habe, von dem Du mir kaum oder gar nichts erzählt hattest. Sei getröstet, es gab bisher keinen Grund für mich, mich von Dir abzukehren.

Eines möchte ich Dir sagen: Es geht mir in meiner Schilderung weniger darum, anhand von Namen, die mit Deinem Leben verknüpft sind, sogenannte »Schuldige« vorzuweisen. Es steht mir nicht zu, Dir zu sagen, wie Du hättest handeln sollen. Nur ist es mir bis heute unverständlich geblieben, wie es möglich war, daß innerhalb der linken Reihen immer wieder treue, wertvolle Mitkämpfer ausgeschaltet worden sind, und ich wüßte gern, wem das gedient hat.

Die fünfziger Jahre in Berlin

Harichs Kindheit ist geprägt von einem bürgerlich-intellektuellen Umfeld, einem Gemisch strengen Preußentums und bohemienhafter Leichtigkeit. Die Mutter, Annelise Harich, geb. Wyneken, ist das Hätschelkind eines willensstarken und autoritären Vaters, Alexander Wyneken, Chefredakteur der »Allgemeinen Königsberger Zeitung«. In dessen Haus verkehrt, was künstlerisch Rang und Namen hat. Annelise ist gebildet und autoritär. Der Vater, Walther Harich, Doktor der Philosophie, Biograph von Jean Paul und E. T. A. Hoffmann, Schriftsteller, Musiker und Journalist, entstammt einer kleinbürgerlichen Familie mit parvenuehaften Bestrebungen. Walthers Mutter ist hochmusikalisch; sein Vater, ein Pragmatiker, der sich den Wünschen seiner ehrgeizigen Frau unterordnet, ist Zeitungsverleger und Papierwarenhändler. In Walther Harich leben das Hochbegabte und Kauzige.

Von Königsberg, wo Wolfgang Harich am 9.12.1923 geboren wurde, ziehen seine Eltern nach Neuruppin, da sein Vater mit dem alten, herrschsüchtigen und konservativen Wyneken, seinem Schwiegervater, nicht auskommen kann. Vom Vater Harich enterbt, weil der Sohn den Familienbetrieb nicht übernehmen will, schreibt der vielseitig begabte Walther Harich erfolgreich Kriminalromane, die ihm und seiner verwöhnten Frau ein standesgemäßes Leben ermöglichen. Künstler und Schriftsteller suchen die Harichs auf, der Umgang mit ihnen wird für das Kind Wolfgang und seine Schwester Gisela zur Selbstverständlichkeit. Walther Harich stirbt 1931. Seinen Roman »Primaner« werfen die Nazis 1933 ins Feuer. Wolfgang Harich ist mit acht Jahren vaterlos. Der Verlust läßt den altklugen Jungen noch schneller erwachsen werden. Die Beziehung, die seine Mutter mit dem jüdischen Arzt Dr. Arthur Jacobi eingeht, ist eine leidenschaftliche, aber gefährliche, und sie wird zerstört durch die Rassengesetze von 1935, die die Diffamierung der Juden legalisieren. Die Ehe mit »Ariern« steht unter Verbot. An ein familiäres Zusammensein ist nicht zu denken. Die Mutter kann weder ganz für die Kinder noch für ihre Liebe da sein.

1939 stirbt Großvater Wyneken, die Leitfigur in der Kindheit Wolfgang Harichs, von dem er aber aufgrund der sich fortsetzenden Alterssenilität schon lange keine Impulse mehr empfangen hat. Wegen politischer Äußerungen gegen Hitler muß Harich das Gymnasium in Neuruppin verlassen; Annelise Harich schickt ihren Sohn nach Berlin. Dort lebt seine Halbschwester, die Journalistin und Lyrikerin Susanne Kerckhoff, eine Tochter aus erster Ehe seines Vaters mit der Cembalistin Eta Harich-Schneider. Die politische und bohemienhafte Atmosphäre prägt den jungen Harich. Ihm gefällt der offene und freie Umgangston in diesen Kreisen, der längst sein eigener geworden ist, wo Humor und geistige Großzügigkeit, gebündelt mit neidlosem Wohlwollen, die Menschen verbinden. Dort fühlt er sich geborgen, das ist ihm vertraute Normalität.

Am Gymnasium fällt er wieder wegen politischer Äußerungen auf, muß die Schule wechseln, geht aber dann lieber zur Universität und hört dort Vorlesungen über Philosophie. Seinen Lebensunterhalt verdient er sich als eine Art Sekretär in der japanischen Botschaft. Seinen Erinnerungen ist zu entnehmen, daß er ein übermütiger phantasievoller intellektueller Hans Dampf in allen Gassen war.

Im Oktober 1942 wird Harich Soldat der Wehrmacht. In den Kriegsjahren, während eines Fronturlaubes, lernt er in Berlin den Antiquariatsbuchhändler Georg Pinske kennen. Von ihm bekommt er unter anderem Lenins »Materialismus und Empiriokritizismus« in die Hand gedrückt. Überzeugt von der Schrift Lenins, wird er Kommunist. Harich entzieht sich dem Kriegsdienst, wo immer sich ihm eine Chance bietet, mit vorgetäuschter Erkrankung, wird wegen unerlaubter Entfernung von der Truppe verhaftet, und entgeht, mit Hilfe seiner Mutter, die sich an ihren Verwandten, General Baron von Kortzfleisch wendet, mit knapper Not der Verurteilung vor einem Kriegsgericht. 1944 desertiert er endgültig und taucht in Berlin in der Widerstandsgruppe »Ernst« unter. Nach dem Krieg engagiert er sich für die kulturelle Wiederbelebung in der zerstörten Stadt Berlin, und schon 1946 wird er Mitglied der KPD/SED.

Neben Paul Rilla, Fritz Erpenbeck und Friedrich Luft gehört Harich sehr bald zu den einflußreichsten Theaterkritikern Berlins; er wird Dozent für Philosophie an der Humboldt-Universität Berlin, arbeitet als Lektor beim Aufbau-Verlag und ist maßgeblich für die soliden und hervorragenden Ausgaben der Weltliteratur zuständig. Mit Ernst Bloch und Arthur Baumgarten gibt er die »Deutsche Zeitschrift für Philosophie« heraus. Dort redigiert er die Werke Georg Lukács' und setzt sich für deren Veröffentlichung ein. Dreimal trifft er mit Lukács zusammen, der ihn philosophisch und politisch ein Leben lang unauslöschlich prägt. Neben Johannes R. Becher und Georg Lukács gehört Harich zu einem der leidenschaftlichsten Verfechter der Einheit Deutschlands. Er fühlt sich durch die beiden Autoritäten in seiner Angst um Deutschlands Teilung verstanden. Das spornt ihn an, seinen Kampf nicht aufzugeben, und er kämpft solange, bis ihn Walter Ulbricht im Herbst 1956 verhaften und zu einer zehnjährigen Zuchthausstrafe verurteilen läßt. Das Ereignis und den Grund der Verhaftung mitsamt der Vorgeschichte, beschreibt Wolfgang Harich in seinem Buch »Keine Schwierigkeiten mit der Wahrheit«. »Am 23. Oktober 1956 brach in Budapest, aus Enthusiasmus über den unmittelbar vorausgegangenen Führungswechsel in Polen, über die Wiederwahl des unter Stalin verfolgt gewesenen Wladislaw Gomulka zum Parteichef, mit einer großen Demonstration der ungarische Volksaufstand aus. Da endlich suchte mich, gleich am nächsten Morgen, in meiner Wohnung ein mir unbekannter Russe auf, der mich fragte, ob ich an einem Gespräch mit Botschafter Puschkin interessiert sei. Als ich das bejahte, händigte der Mann mir eine Telefonnummer aus, bei der ich, wenn ich wolle, anrufen könne, um eine Verabredung zu treffen. Am anderen Apparat meldete sich Voslenski, und wir vereinbarten zum darauffolgenden Vormittag, am 25. Oktober, einen Termin im sowjetischen Botschaftsgebäude Unter den Linden.«

Derselbe Mann hatte Harich wenige Monate zuvor dazu aufgefordert, ihm seine Einschätzung zur politischen Weltlage in Form einer Niederschrift vorzulegen. Der 33jährige Harich traute sich das durchaus zu und machte daraus ein Memorandum, »Studien zur weltgeschichtlichen Situation«. Alles, was ihm im Kopf saß, floß in diese Schrift. In drei Hauptteile gegliedert, behandelt der erste Teil ausführlich die politische Lage, in der sich die kapitalistischen und sozialistischen Länder zu jener Zeit befanden. Hier ein Ausschnitt:

»... Die Feinde des Fortschritts zum Sozialismus, die Herrn der kapitalistischen Monopole, Trusts, Syndikate und Kartelle, können die Durchsetzung dieser historischen Notwendigkeit (Übergang vom Kapitalismus zum Sozialismus, A. H.) für eine kurz bemessene Frist zwar noch hemmen, erschweren und hinauszögern, sie können sie aber nicht mehr verhindern, es sei denn, daß es ihnen gelingt, die Menschheit selbst in den Untergang des kapitalistischen Systems mit hineinzureißen. Diese Gefahr allerdings ist in greifbare Nähe gerückt, da die neuen Produktivkräfte und Verkehrsmittel, die wir der zweiten Revolution zu verdanken haben, zu unabsehbarer Zerstörung von Menschenleben und Kulturwerten mißbraucht werden können. So steht die menschliche Gesellschaft vor der Wahl, ob sie, für immer befreit von jeglicher Ausbeutung und Unterdrückung, die Erde zur menschenwürdigen Heimat umbauen will, oder ob der Planet, auf dem wir leben, bald unbewohnt, von radioaktiven Strahlen vergiftet, durchs Weltall rasen soll ... Wenn der letzte Entscheidungskampf um die soziale Ordnung der Welt zwischen dem kapitalistischen und dem sozialistischen Lager mit den Mitteln eines globalen Krieges ausgetragen würde, so wäre das möglicherweise, ja aller Wahrscheinlichkeit nach mit der Selbstvernichtung der Menschheit gleichbedeutend ...«

Im zweiten, recht kurz gehaltenem Teil, über »Die Aufgaben der Kräfte des Sozialismus« heißt es: »... Die Arbeiterklasse eines jeden Landes muß auf einem besonderen Wege, für den es kein allgemeingültiges Schema geben kann, auf eigenem Wege, der den besonderen historischen Bedingungen und nationalen Traditionen des betreffenden Landes und Volkes entspricht, zum Sozialismus gelangen ...«

Den dritten Teil nennt er: »Das Wesen des Stalinismus«. Aus historischer Sicht analysiert und definiert Harich in nüchterner Weise den Begriff »Stalinismus«.

»Das entscheidende Hemmnis, das die internationale Arbeiterbewegung zu Beginn der zweiten Hälfte des 20. Jahrhunderts daran hindert, die imperialistische Reaktion zu schlagen und auf dem kürzesten und schmerzlosesten Wege die sozialistische Umgestaltung der Gesellschaft im Weltmaßstab herbeizuführen, ist der Stalinismus ... Der Stalinismus ist nicht primär das Ergebnis des Personenkults und er kann nicht aus irgendwelchen negativen Charaktereigenschaften Stalins erklärt werden. Der Stalinismus ist vielmehr ein ganzes System von Verzerrungen der marxistischen Theorie und Praxis, das aus bestimmten historisch-gesellschaftlichen Bedingungen entstanden ist und das seinen ideologischen Ausdruck unter anderem, keineswegs ausschließlich, in Personenkult fand ... Die sozialistische Gesellschaft in der Sowjetunion trägt unvermeidliche Merkmale und Züge eines bestimmten Landes und Volkes, in diesem Falle Merkmale und Züge des alten zaristischen Rußland, in dem es zwar – vom Pugatschowschen Aufstand über die Dekabristen bis zu den Revolutionen von 1905 und 1917 – revolutionäre Bewegungen gegeben hat, die in der Geschichte der Menschheit einzig dastehen, in dem aber niemals demokratische Institutionen existiert haben, die in den Handlungen und Gesinnungen breiter Bevölkerungsschichten verankert gewesen wären. Unter den besonderen Bedingungen, unter denen sich der Aufbau des Sozialismus vollzog, unter den Bedingungen der kapitalistischen Umkreisung der Unterdrückung der unmittelbaren materiellen Bedürfnisse der Massen, der Herrschaft eines hyperzentrierten bürokratischen Apparats, der übersteigerten Furcht vor Spionen und Agenten usw., konnte die Diktatur des Proletariats nicht zugleich eine entfaltete Demokratie für die werktätigen Massen sein, und da mußte sich das demokratische und sozialistische Bewußtsein der Sowjetmenschen in eigentümlicher, widerspruchsvoller Weise mit den unüberwundenen Lebens-und Denkgewohnheiten der russisch-zaristischen Tradition verbinden. Der Stalinismus ist die Theorie und Praxis einer sozialistischen Politik, die das Erbe der antidemokratischen Tradition des alten zaristischen Rußlands angetreten hat und davon infiziert ist. Der stalinistische Personenkult, primär erwachsen aus der extremen, bürokratischen Zentralisierung der sowjetischen Wirtschafts- und Innenpolitik, setzt zugleich die Ideologie des Zarenreichs fort, dessen Herrscher das Amt des weltlichen und geistigen Oberhaupts in sich vereinigen. Die stalinistische Geheimpolizei, primär erwachsen aus Bedingungen der kapitalistischen Umkreisung, bedient sich der Methode der zaristischen Ochrana. Der stalinistische Nationalismus, primär erwachsen aus dem Sendungsbewußtsein des ersten sozialistischen Staates der Welt, gesteigert freilich durch die Reaktivierung eines russisch-nationalistischen Traditionsbewußtsein in den Jahren des zweiten Weltkrieges, ist die direkte Fortsetzung der slawophilen Ideologie ...«

Weiter geht Harich ausführlich und konkret auf »Die Hauptfehler in der Politik der SED« ein, und er weist unter anderem daraufhin: »c) In den Jahren 1950 bis 1953: Pedantische und schematische Nachahmung sowjetischer Formen; insbesondere 1952/53 blödsinnige Repressalien gegen Teile der Bevölkerung (z. B. Entzug der Lebensmittelkarte für Kleinbürger, falsche Behandlung von Groß- und Mittelbauern) im Zeichen der Theorie vom sich verschärfenden Klassenkampf. Infolge wachsende Isolierung der Partei.

... Im Zuge der Entwicklung der Partei zur Partei neuen Typs (die an sich ein Fortschritt war) gleichzeitig wachsende Tendenzen der Einschränkung der innerparteilichen Demokratie, Tendenzen zum Personenkult (nicht nur um Stalin, sondern, besonders 1952, auch um Ulbricht), ungerechtfertigte Parteiausschlüsse en masse, Diffamierung der sogenannten Westemigranten und Verbrechen gegen treue alte Funktionäre wie Beispiel Paul Merker u. a. ...«

Mit der Frage: »Wie kann die Führung der SED verbessert werden?« greift er namentlich Ulbricht rücksichtslos an. Er meint: »1. Walter Ulbricht muß von dem Amt des ersten Sekretärs zurücktreten. Er neigt zur Schönfärberei und zur Verkleisterung von Fehlern, seine theoretischen Analysen sind meist oberflächlich, seine Führungsmethoden – auch nach dem XX. Parteitag der KPdSU – nachweisbar grob, selbstherrlich und anmaßend ...«

Das sind nur Auszüge aus dem Memorandum. Kein Wunder, daß Harich von der Bildfläche verschwinden mußte. Kein Staatsmann wird zufrieden sein, wenn ihm Unfähigkeit vorgeworfen wird.

Aber zurück zum 25. Oktober 1956, an dem sich Harich mit dem Botschafter Puschkin treffen wird, dem Botschafter, dem er das Memorandum anvertraut, das Harich wenige Tage später zur Grundlage seiner Plattform dienen wird. Harich schreibt darüber in seinem Buch:

»Puschkin ging es darum, mich, vor dem Hintergrund des ungarischen Aufstandes und seiner Bekämpfung durch sowjetische Panzer, von weiteren gefährlichen Unbesonnenheiten abzuhalten, und mich namentlich dazu zu veranlassen, die Ideen, die in meinem Memorandum standen, aufzugeben ... Das Gespräch, von Woslenski gedolmetscht, dauerte vier Stunden. Es war ein schlimmes Erlebnis für mich ... Am nächsten Tag erschien abermals der Russe, der mich eingeladen hatte, bei mir und erkundigte sich, ob ich mir inzwischen noch etwas anderes überlegt hätte. Soviel er wisse, habe die Botschaft sich über mich noch kein abschließendes Urteil gebildet. Ich hatte bei der Unterredung mit dem Botschafter bis zuletzt auf die Richtigkeit meiner Analyse der Lage, meiner Vorstellungen darüber, wie sie zu meistern sei, und besonders auf meinen die deutsche Frage betreffenden Vorschläge beharrt, und auch jetzt wich ich, nachdem ich die Sache mit den mir vertrauten Genossen im Verlag beraten und dann noch einmal überschlafen hatte, nicht zurück ... Achselzuckend ging der Mann seiner Wege ... Zu einem vermutlich symbolisch gewählten Datum, am 7. November, beorderte mich auch noch Parteichef Ulbricht zu sich. ... Auf die deutsche Frage kam weder er noch ich zu sprechen. Wie die Partei zu ihr stand, schien kein Problem zu sein. Als ich mich ganz allgemein über unsichere Zeiten ausließ ..., schnitt Ulbricht mir das Wort ab mit dem Ausruf, schlecht sei an dieser Zeit, daß es Verräter gäbe. Lukács, Tibor Déry, Julius Hay und andere in Ungarn, erklärte er, alle seien Verräter. ›Und ich sage Ihnen: Wenn sich hier so etwas bilden sollte wie ein Petöfi-Club, das würde bei uns im Keim erstickt werden.‹ Drei Wochen später bin ich von der Stasi festgenommen worden, und über acht Jahre blieb ich, von da an, meiner Freiheit beraubt.«

Erklärend für sein »unrealistisches Verhalten«, das ihm immer wieder vorgehalten worden ist, schreibt er: »Ich bin nicht starrsinnig, nicht unbelehrbar. Aber seit dem Frühjahr 1956 hatte ich, selber in radikalem Umdenken begriffen, mich von lauter Oppositionellen umgeben gesehen, und der Drang, mich durch Prinzipienfestigkeit ihrer Zustimmung zu meinen Gedanken würdig zu erweisen, bestimmte nachgerade mein Verhalten in weit stärkerem Maße als die – immer brüchiger werdende – Loyalität gegenüber der Parteiführung, der Regierung und unserer sowjetischen Schutzmacht. Gegen Ende Oktober bildete sich, im Zusammenhang mit den Ereignissen in Polen und Ungarn, unter den tonangebenden Oppositionellen, soweit sie mir beruflich nahestanden, eine Art Gruppierung oder Fraktion heraus, mit eigenem Komment, eigener Diziplin. Ich jedenfalls empfand es so und fühlte mich ihr zugehörig. Daher meine Hartnäckigkeit. Eines Zurückweichens vor Puschkin und Ulbricht hätte ich mich vor den Gleichgesinnten geschämt, ganz abgesehen davon, daß ich meine programmatischen Überlegungen ohnehin für richtig, zeitgemäß und vorwärtsweisend hielt.«

Nach der Drohung, die Ulbricht ausgesprochen und von der Harich im Aufbau-Verlag seinen Mitstreitern Just und Janka berichtet hatte, findet sich niemand, der Harich von seinen Aktivitäten abzuhalten versucht. Sie fordern den in der politischen Praxis Unerfahrenen dazu auf, endlich alle Gedanken und Vorschläge für eine entstalinisierte DDR in einer Plattform niederzuschreiben. Ein Führungswechsel steht in Erwägung; an die Stelle von Ulbricht ist ein deutscher Gomulka gewünscht. Vorrangig Walter Janka, Leiter des Aufbau-Verlags, hat dafür Paul Merker vorgesehen. Harich in seinem Buch erzählt: »An seinen Plan mit Merker hielt Janka unbeirrt fest, nachdem ich ihn am 7. November unverzüglich davon unterrichtet hatte, daß ich soeben von Ulbricht verwarnt worden war. Als sei nichts geschehen, fuhr

Janka darin fort, Zöger, Just und mich auf Merker gespannt zu machen, und gemeinsam mit Just mahnte er, wieder und wieder, bei mir die Niederschrift des Entwurfs für unsere Plattform an.«
Zu diesem Zweck lädt Janka Gustav Just und Heinz Zöger, beide Redakteure der Wochenzeitschrift »Sonntag« im Aufbau-Verlag, Wolfgang Harich und Paul Merker am 22. November, am Bußtag, nach Kleinmachnow in sein Haus ein. Merker weiß nicht, mit wem er zusammentreffen wird, er weiß nicht, was ihn an diesem Abend erwartet, er weiß nichts von einer Opposition gegen Ulbricht. Wichtig über Paul Merker zu wissen ist: »Merker«, so Harich in seinem o.g. Buch, »Verfasser des zweibändigen Monumentalwerks ›Deutschland – Sein oder Nichtsein‹, der gewichtigsten Darstellung der Geschichte der Weimarer Republik und des Nazireichs aus kommunistischer Sicht, erschienen 1944/45 im Verlag ›El libro libre‹ in Mexiko, überragte Ulbricht hoch an geistigem Format ... Merker auch hätte Ulbricht sehr gefährlich werden können.«

Viele aus der sogenannten Westemigration in den Ostteil Deutschlands Heimgekehrte gerieten wegen des Verdachts amerikanischer Agententätigkeit in große Schwierigkeiten. Manche kamen ins Gefängnis, wie Paul Merker; manche erlitten die Verbannung nach Sibirien, wie Bernhard Steinberger, der, nachdem er von dort zurückkam, 1956 wieder verhaftet wurde. Merker, seines Postens im Politbüro der SED enthoben, wurde von Ulbricht 1950 nach Luckenwalde versetzt. Dort wurde ihm die Leitung einer HO-Gaststätte zugewiesen. 1952 ließ ihn Ulbricht ohne Prozeßführung gefangennehmen, und noch lange nach Stalins Tod, 1955, in einem Geheimprozeß wegen »zionistischer Agententätigkeit« zu acht Jahren Zuchthaus verurteilen. Im Zuge des XX. Parteitages der KPdSU im Frühjahr 1956 entlassen, lebte er weiter in Luckenwalde, vereinsamt, ausgeschlossen, isoliert. Nur Janka war es von Ulbricht erlaubt worden, den Kontakt mit Merker aufrechtzuerhalten. Harich schreibt: »... Daß dabei persönliche Rachegelüste Ulbrichts mit im Spiel waren, daß dieser auch einen wandelnden Vorwurf loswerden wollte, lag auf der Hand. Denn schon im Frühjahr 1930 hatte, in einer internen Gewerkschaftskontroverse von Komintern und KPD, Ulbricht Merker als Sündenbock geopfert. In der Volksfront sodann, während der Exiljahre in Paris, war Ulbricht von Heinrich Mann öffentlich als machtgeiler Lügner gebrandmarkt, Merker hingegen als ein Freund und Gefährte, der ›dem künftigen demokratischen

Deutschland als Reichskanzler gut zu Gesicht stünde‹, angenommen worden ... Politisch uneins waren Ulbricht und Merker hinsichtlich der Behandlung ›arisierten‹ jüdischen Vermögens. Wo Ulbricht das im Zeichen rassischer Verfolgung Geraubte als kapitalistisches Eigentum ›wie jedes andere‹ betrachtet wissen wollte, da fand Merker Rückgabe oder, zumindest, angemessene Entschädigung unerläßlich für ein Deutschland, das, nach Auschwitz, den Weg zum Sozialismus über eine antifaschistisch-demokratische Ordnung gehen werde – daher der Vorwurf des ›Zionismus‹ gegen ihn, einen Nichtjuden, nachdem die Beschuldigung wegen Agententätigkeit für Noel Field hatte fallengelassen werden müssen«.

Nachdem Merker von dem Puschkingespräch und der Ulbrichtverwarnung an Harich erst an diesem Abend des 21. Novembers erfahren hatte, verstummte er. Die Zusammenkunft in Kleinmachnow reichte nicht aus, ihn wieder in Haft zu nehmen, aber es reichte aus, ihn im Prozeß gegen Harich, Janka, Just und Zöger als Zeuge aussagen zu lassen. Damit hatte Ulbricht sich seiner entledigt.

Bei der Sitzung in Kleinmachnow wird Harich wieder gedrängt, alles in einer Plattform aufzuzeichnen. Noch in derselben Nacht macht er sich an die Arbeit, an die »Plattform für einen besonderen deutschen Weg zum Sozialismus«, die er am 26. November beendet. Am gleichen Tag fliegt er nach Hamburg. Er folgt einer Einladung Hans Huffzkys, des Chefredakteurs der Frauenzeitschrift »Constanze«, der einmal Sympathisant der KPD war, den er lange kennt, der ihn bei seinen Vortragsreisen im Westen unterstützt hatte und der ihm die letzte Reise finanziert. Huffzky, John Jahr und Rudolf Augstein sind Gegner der Teilung Deutschlands. Harich erläutert ihnen die Plattform, erzählt ihnen von dem Gespräch mit dem sowjetischen Botschafter Puschkin und der Verwarnung Ulbrichts. Das macht Augstein sehr nachdenklich, und besorgt versucht er Harich dazu zu überreden, nicht mehr nach Hause zu fahren. Doch Harich will seine Genossen nicht im Stich lassen. Er schreibt: »Er (Augstein, A. H.) werde alles tun, mich finanziell fürs erste zu unterstützen, mir Verbindungen zu schaffen, mich beruflich zu fördern. Ich erwiderte, ich könne nicht einfach einhalten auf dem Weg, den ich beschritten hätte, könne die Gruppe nicht sich selbst überlassen und mich aus dem Staube machen. Außerdem lebten wir im Osten nicht mehr unter Stalin. Die Partei könne auf dessen Methoden nach dem XX. Parteitag nicht mehr zurückgreifen; das sei ein für allemal vorbei. Huffzky unterstützte meinen Standpunkt. Falls ich jetzt die Flinte ins Korn werfen sollte, würde ich mich unmöglich machen. Augstein ließ nicht locker ... Mit bedauerndem Kopfschütteln ließ Augstein Huffzky und mich von dannen ziehen. Erst 16 Jahre später sollte ich ihn wiedersehen ... Ich fuhr nach Hause. Es dämmerte bereits. Kaum hatte ich meine Mutter und meine Freundin begrüßt, wurde bei uns Sturm geklingelt und draußen ›Aufmachen! Kriminalpolizei!‹ gebrüllt.«

Harich und andere werden wegen »konterrevolutionärer Umtriebe« und wegen »Boykotthetze« verurteilt. Damit ist sein wissenschaftlich-politischer Lebensweg unterbrochen. So ergeht es auch anderen. Doch Wolfgang Harich wird bis an sein Lebensende in Schranken gewiesen sein, er wird zum Feind des Sozialismus erklärt. Der erste und letzte große öffentliche, in allen Details vorbereitete, kaum durchschaubare stalinistische Schauprozeß nach dem Krieg in der DDR wird gegen Harich und andere eröffnet. Er greift um sich, läßt viele Ungenannte hinter die Mauern Bautzens verschwinden und veranlaßt eine große Anzahl Menschen, schnellstens die DDR zu verlassen. Der sogenannte Harich-Prozeß soll der Bevölkerung im Ostteil Deutschlands deutlich machen, wie reaktionär und gefährlich bürgerliche Intellektuelle sind; die Inszenierung ist auf Dauerwirkung angelegt. Ulbricht gibt sich als hervorragender Schüler Stalins zu erkennen, der seine Macht zu verteidigen weiß. Es finden sich genügend Nutznießer, die mit Übereifer und großer Bereitwilligkeit das intellektuelle Bürgersöhnchen Harich stürzen helfen. Sein bisheriges Leben wird zu einer Lüge verkehrt.

Wie oben erwähnt, war Harich wegen antinazistischer und pazifistischer Äußerungen vom Gymnasium verwiesen worden. In der Anklageschrift vom 17.12.1956 ist unter anderem folgendes zu lesen: »Deshalb ist er damals nicht zum Abiturium zugelassen worden, hat aber trotzdem, und zwar bereits 1940 bis 1942, fünf Semester als Gasthörer – ohne die dazu benötigte Erlaubnis zu haben – an der Universität Berlin verschiedene Vorlesungen besonders über Philosophie gehört. Auch besuchte er in dieser Zeit die philosophischen Seminare der bürgerlichen, reaktionären Philosophen, der Professoren Dr. Eduard Spranger (nach dem Krieg hatte ihn die Intelligenz der Ostzone als Kulturbundmitglied geworben, A. H.) und Dr. Nicolai Hartmann. Seine politische Entwicklung in dieser Zeit wurde beeinflußt von den bürgerlichen Intellektuellen, die im Hause seiner Halbschwester, Susanne Kerckhoff, verkehrten, die gegen den Faschismus eingestellt waren, und besonders durch den ehemals führenden sozialdemokratischen Funktionär Dr. Theodor Haubach, der ihn damals bereits mit marxistischer Literatur bekannt gemacht hat ... Vollkommen gegensätzlich war in der gleichen Zeit die Beeinflussung des Beschuldigten durch mehrere japanische Diplomaten, denen er Unterricht in deutscher Sprache und Literatur erteilte, im buddhistischen Sinne und durch mehrere Jesuiten-Pater ... im katholischen Sinne ... In verschiedenen seiner Darlegungen über seine persönliche Entwicklung ... hat er seine politische Haltung in stark übertriebener und zum Teil in erlogener Weise dargestellt.« Harichs Versuch, sich vor dem Krieg zu drücken, seine »Diplomaten« erreichten dies über einen gewissen Zeitraum, sein Simulieren von Krankheiten und die ständigen Aufenthalte in Kriegslazaretten sowie sein Desertieren und Untertauchen in den Widerstand gegen die Nazis in Berlin werden in »der ersten Vernehmung durch das Untersuchungsorgan am 29.11.56« in Abrede gestellt: »Auch dieser Abschnitt des Lebens des Beschuldigten ist ... entstellt, maßlos übertrieben und enthält erlogene Begebenheiten.« Trotz des Prädikats »ausgezeichnet«, mit dem Harich die Parteihochschule »Karl Marx« in Kleinmachnow absolviert hatte, mußte er »in seiner eigenhändigen Niederschrift ... und in den Vernehmungen« eingestehen, »in ideologischer Beziehung nicht auf dem Boden des Marxismus-Leninismus gestanden« zu haben. »Sein Intellekt hatte es ihm ermöglicht, sich großes Buchwissen über den Marxismus-Leninismus anzueignen, und er glaubte, daß das Bekanntgeben dieses Wissens, in einem Staat, in dem die Arbeiterklasse den Sozialismus aufbaut, sich lohnen müsse. Harich blieb ein bürgerlicher Intellektueller, der niemals Kontakt mit der Arbeiterklasse hatte, und auch nicht suchte, und sich nur wenig in der Parteigruppe, der er angehörte, an der Parteiarbeit beteiligte. Deswegen, und wegen seiner arroganten Art, alles besser zu verstehen und zu können, hat er in vielen Phasen der politischen Entwicklung die Politik der Sozialistischen Einheitspartei Deutschlands und der Regierung der Deutschen Demokratischen Republik nicht verstanden und kam oft zu ihr in Widerspruch. Im März 1953 (Parteiverfahren in der Sache Hegel gegen Stalin, A. H.) wurde ihm von der SED-Parteiorganisation des philosophischen Instituts der Humboldt-Universität wegen Verbreitung feindlicher Auffassungen, arroganten und anmaßenden Auftretens in ideologischen Diskussionen und wegen Verstoß gegen die Parteilinie eine Rüge erteilt. Kurze Zeit später, im Juli 1953 (Aufsatz über die Kunstkommission, A. H.) verfaßte und veröffentlichte er in der ›Berliner Zeitung‹ einen Artikel, in dem er zum Teil ungerechtfertigte Angriffe gegen die staatliche Kunstkommission vorbrachte.«

Harichs Sturz, und der steht offensichtlich im Mittelpunkt der Prozeßereignisse, signalisiert eine Warnung an alle, die aufbegehren. So schafft sich Ulbricht einerseits Paul Merker endgültig vom Hals und sorgt andererseits für Ruhe im Land: bei den Unruhigen, den Mitdenkern. Im Falle Harich gibt es ein kollektives Einverständnis, den Gestürzten liegenzulassen, ihn bei jeder sich bietenden Gelegenheit aufs neue zu treten und bei der nachkommenden Generation jegliches Interesse an ihm zu unterbinden. Totschweigen ist befohlen, ein uraltbewährtes, erfolgversprechendes Mittel.

Was sich hinter den Mauern in Hohenschönhausen zugetragen hat zwischen den Verhörern und Harich, weiß keiner, niemand war dabei, davon will keiner etwas wissen. Die durchgemachte Pein, einer unberechenbaren Brutalität ausgesetzt zu sein, darüber schweigt Harich ein Leben lang. Die Erinnerung daran nahm er zur Beruhigung anderer mit ins Grab. In Bautzen sitzt er in Einzelhaft. Kein Gefangener, außer dem jeweiligen Kalfaktor oder dem Gefängnisfrisör, hat Zutritt in seine Zelle. Und trotzdem laufen Gerüchte um, wie: er sitze dort sesselweich in weiblicher Gesellschaft, er verpetze seine Mitgefangenen.

*

Nun merke ich, ich bin in großer Hast, übereilig, in die Mitte der fünfziger Jahre hineingeschlittert, bis hin zu Deiner Verhaftung, und ließ dabei einen wichtigen Teil in Deinem Leben – die Zeit nach dem Krieg – mehr oder weniger oberflächlich am Rande erscheinen. Du hast ja recht, mir mein sprunghaftes Erzählen vorzuhalten. Ich bin aber sicher, daß das nicht das letzte Mal sein wird, Du kennst mich, kennst meine Ungeduld. Ich will mich aber an dieser Stelle bemühen, den Faden wieder aufzunehmen. Also, zurück in die Zeit nach der Zerschlagung des Faschismus durch die Rote Armee und die westliche Allianz.

*

Unmittelbar nach dem Krieg beginnt Harich als Theaterkritiker und Feuilletonist. Nach einigem ärgerlichem Hin und Her beim »Kurier« geht er in den Ostteil zur »Täglichen Rundschau«. 1950 gibt er die Arbeit als Journalist auf und beginnt als Lektor beim Aufbau-Verlag. Parallel hält er Vorlesungen an der Humboldt-Universität, und mit Ernst Bloch und Arthur Baumgarten sorgt er für eine anspruchsvolle und diskutierfreudige »Deutsche Zeitschrift für Philosophie«. 1951 erscheint erstmalig nach dem Krieg in der DDR im Aufbau-Verlag eine Heinrich-Heine-Gesamtausgabe in sechs Bänden. Herausgeber ist Wolfgang Harich. Er begnügt sich mit einer Vorbemerkung und stellt der Ausgabe »eine biographische Abhandlung von Franz Mehring, dem bedeutendsten Historiker und Literaturkritiker der alten Sozialdemokratie, dem hervorragenden Vertreter der revolutionären Linken in der deutschen Arbeiterbewegung« voran. Harich begründet seine Entscheidung: »Diese Arbeit ist das Beste, was über Heines Leben und Werk in der ganzen Epoche der Zweiten Internationale geschrieben wurde, und allen bürgerlichen Interpretationen, auch den wenigen wohlwollenden, weit überlegen. Sie weist aber einige Fehler auf, die in den allgemeinen theoretischen Schwächen der Zweiten Internationale wurzeln, und die es zu klären gilt. Der erste Fehler besteht darin, daß Mehring Heines Schrift ›Zur Geschichte der Religion und Philosophie in Deutschland‹ nicht genügend würdigt. Diese Schrift wird von den bürgerlichen Historikern der Philosophie entweder vollständig ignoriert oder als eine belanglose Sammlung witziger Pointen über die großen deutschen Idealisten abgetan. Tatsächlich handelt es sich hier aber um den ersten Versuch, die historisch-gesellschaftliche Funktion der klassischen deutschen Philosophie von Leibniz bis Hegel zu erfassen, ihren revolutionären Kern herauszuarbeiten und gleichzeitig ihre philisterhaften Seiten, ihre Abhängigkeit von der deutschen Misere, ihre idealistische Verschrobenheit zu kritisieren ...«

Fehler, die Harich zu berichtigen, zu erklären versucht, beziehen sich auf die Polemik Heines gegen Platen, den Heine-Börne-Konflikt und Mehrings Rechtfertigung der Tatsache, »daß Heine jahrelang von der Regierung der Juli-Monarchie in Frankreich eine Pension bezog. Freilich darf man bei der Beurteilung dieser Angelegenheit nicht der Reaktion Vorschub leisten, die den Fall triumphierend aufgebauscht und für eine allgemeine Verdächtigung des Charakters und der politischen Haltung von Heine benutzt hat. Der schwere Fehler Heines kann nicht die positive Bewertung des

Gesamtresultats und der gesamten Richtung seines Lebens und Schaffens beeinträchtigen ...«

1956 erscheint »Zur Geschichte der deutschen Philosophie« von Heinrich Heine, Herausgeber und Autor des Vorworts ist Wolfgang Harich.

1952 schreibt Harich seine Dissertation über Johann Gottfried Herder, im selben Jahr gibt der Aufbau-Verlag Johann Gottfried Herder »Zur Philosophie der Geschichte« in zwei Bänden, eingeleitet mit einem Essay »Herder und die bürgerliche Geisteswissenschaft« von Wolfgang Harich, heraus. In seiner Vorbemerkung zur Herderausgabe schreibt Harich u.a.: »Ich möchte nicht versäumen zu erwähnen, daß ich wesentliche Einsichten über die deutsche Aufklärung, von denen ich mich bei der Auswahl der Texte leiten ließ, den Werken von Georg Lukács verdanke, der sich mit seiner Interpretation des deutschen klassischen Kulturerbes und namentlich bei der Zertrümmerung reaktionärer Legenden unvergängliche Verdienste erworben hat. Erst durch die Hinweise in seinen Büchern ›Fortschritt und Reaktion in der deutschen Literatur‹, ›Goethe und seine Zeit‹ und ›Der junge Hegel‹ ist mir die Notwendigkeit einer Auseinandersetzung mit der Herderverfälschung der reaktionären bürgerlichen Geisteswissenschaft bewußt geworden.«

Dieser Ausgabe folgt 1954 beim Aufbau-Verlag die umfassende Herderbiographie von Rudolf Haym »Herder« in zwei Bänden mit einer Einleitung von Wolfgang Harich. In seinem Vorwort zu Hayms Herderbuch schreibt er: »›Herder, nach seinem Leben und seinen Werken dargestellt von Rudolf Haym‹ – das ist der Orginaltitel, unter dem das vorliegende Werk vor etwa siebzig Jahren zum ersten und bisher einzigen Mal erschien ... Die vorstehenden Zeilen wurden im August 1954 geschrieben. In dem Augenblick nun, da ich den vorliegenden Bogen für den Druck fertigmache, erreicht mich die erschütternde Nachricht vom Tode Paul Rillas. Es ist mir in dieser traurigen Stunde, in der Deutschland seinen bedeutendsten zeitgenössischen Literatur- und Theaterkritiker verliert, in der ich selbst den Verlust eines bewunderten und geliebten Lehrers zu beklagen habe, ein Bedürfnis, den Leser ein wenig näher über die Förderung zu unterrichten, die die Neuherausgabe des Herderbuches von Haym durch Rilla erfuhr, und damit den Verstorbenen zu ehren. Paul Rilla hat in den letzten Jahren seines Lebens an dem Plan, die wertvollsten literaturwissenschaftlichen Leistungen des 19. Jahrhunderts mit kritischen Einleitungen ver-

sehen neu herauszugeben, lebhaft Anteil genommen. Seine Ratschläge, die historischen Hinweise, die er gab, die scharfe Kritik, die er bisweilen übte, waren bei den Vorhaben eine in jeder Hinsicht unentbehrliche Hilfe. In einem Gutachten über Hayms Herderbiographie vom 10. August 1953 schrieb er: ›Im Rahmen des Planes, über den Sie mir berichten, verdient die Herderbiographie von Haym, das ist auch meine Meinung, unbedingt Berücksichtigung. Sie gehört zweifellos zu den wenigen bedeutenden Leistungen der bürgerlichen Literaturwissenschaft im letzten Drittel des 19. Jahrhunderts. – Die kritische Einleitung könnte vielleicht davon ausgehen, daß Haym kein abseitiger Gelehrter war, sondern auch als politische Figur eine Rolle gespielt hat: ... Daher in Hayms ›Herder‹ der Widerspruch zwischen einer fortschrittlichen rationalen Gesamtdarstellung und einzelnen Zugeständnissen an die preußische Ideologie der Bismarck-Ära. Im übrigen, wenn die spätere reaktionäre Literaturgeschichtsschreibung an Haym gerade den ›aufklärerischen Liberalismus‹ oder ›die Gedankengänge des rationalen und liberalen Zeitgeistes‹ oder ›das Vorurteil des liberal-mechanischen Zeitalters um 1870‹ bemängelt, so beweist das, wie stark bei ihm noch die echte bürgerliche Tradition hervorbricht. – Ich halte den Gedanken für ausgezeichnet, die Pflege des kulturellen Erbes auch auf die fortschrittliche bürgerliche Literaturwissenschft auszudehnen. Hayms ›Herder‹ ... ein Werk, das man lesen kann, das die Ergebnisse eines ungeheuren Gelehrtenfleißes in einer ebenso soliden wie bündigen sprachlichen Form mitteilt.‹ Die treffenden Äußerungen, die er bei dieser Gelegenheit über Rudolf Haym und sein Herderbuch tat, haben mir zu mancher Verbesserung meiner Arbeit geholfen.«
Und ebenfalls im Aufbau-Verlag erscheint »Rudolf Haym und sein Herderbuch« von Wolfgang Harich. Harich widmet sein Buch Paul Rilla. In der Vorbemerkung des Verlages zu jenem Buch steht u.a.: »Die vorliegenden Arbeiten sind in den Jahren 1953/54 entstanden. Mit Ausnahme des letzten Aufsatzes handelt es sich um selbständige Teile der Einleitung, die Wolfgang Harich für unsere neue Ausgabe der Herderbiographie von Rudolf Haym schrieb. Wenn wir uns dazu entschlossen haben, sie jetzt gesondert als Buch herauszugeben, so aus folgenden Gründen. Einmal beabsichtigen wir damit, die Diskussion über die Frage des Erbes in der Literaturwissenschaft zu fördern ... Zum anderen trägt der Essay über Rudolf Haym, in dem der Verfasser den typischen Werdegang eines deutschen liberalen Intellektuellen des 19. Jahrhun-

derts schildert und eine gründliche Analyse seiner politischen Ideologie und seiner philosophischen Entwicklung gibt, so viel wertvolles, bisher wenig bekanntes Material zu einer kritischen Behandlung der Geschichte der Ideenwelt des preußisch-deutschen Altliberalismus bei, daß diese Arbeit auch für Leser von Interesse sein dürfte, die den Fragen der Herderforschung fernstehen und daher die umfangreiche Biographie nicht zu erwerben gedenken. Der Herderforscher schließlich wird es begrüßen, die ausführliche marxistische Kritik an dem Werk von Haym in einem Band mit einer Studie vereinigt zu finden, die ebenfalls auf Vorzüge und Schwächen des Haymschen Buches eingeht und zugleich eine bisher völlig unbeachtet gebliebene Seite der Beziehung von Kant und Herder hinweist.«

Mit Paul Rilla verliert Harich einen Geistes-, einen Vertrauensgenossen.
Am 10.4.1946, Harich ist 22 Jahre alt, hatte er an den namhaften Literatur- und Theaterkritiker geschrieben. Harichs Pseudonym als Theaterkritiker ist Hipponax.

»Sehr geehrter Herr Dr. Rilla!
Ihr Lob in Nr. 84, Jahrgang 2 der ›Berliner Zeitung‹ vom heutigen Mittwoch, den 10. April 1946 hat mir sehr geschmeichelt, zumal es von einem Kollegen gespendet wurde, den ich für den gewissenhaftesten (was in diesem Metier heißen will: besten) Berliner Theaterkritiker halte, und dessen Ausführungen über Mehring und Marx ich mit weitem Abstand das Vorzüglichste finde, was in den letzten Monaten zu diesem Thema veröffentlicht wurde. Die ungetrübt klare Geistigkeit Ihrer Sprache, sehr verehrter Herr Dr., berechtigt Sie auch dazu, den Schreckensruf ›Hipponax ante portas‹ nicht fürchten zu müssen. Diesem allen zum Trotz möchte ich doch eines feststellen: Meine Parodien schließen niemals eine positive oder negative Bewertung des Betroffenen ein. Es handelt sich um ein Aufspüren und Verdeutlichen stilistischer und sonstiger Gewohnheiten und Besonderheiten. Was den verehrten Kollegen Walther Karsch betrifft, so halte ich einige der Artikel, die er im ›Tagesspiegel‹ geschrieben hat, für ausgezeichnet. So zum Beispiel die Kritik an dem Schauspiel meines Freundes Fred Denger, der nun leider bei mir auch einmal ›am dransten‹ ist, ferner die kürzlich erschienene Buchbesprechung über den neuen Wiechert. Freilich vermisse ich bei Herrn Karsch, ob

er nun ins Schwarze trifft oder daneben haut, die große heiße Leidenschaft zum Theater, die allein den Kritiker berechtigt, empört zu sein, empört aus sehender, wachsamer Liebe. Ich glaube, daß er zuweilen nicht frei ist von Vorurteilen und von Beeinflussung durch andere. Ich mißbillige auch die verletzende Art, in der er bedeutende Schauspieler herunterkanzelt, ohne in der Lage zu sein, zwischen ihren Fehlern und den Fehlern der Regie zu unterscheiden. Ich mißbillige überhaupt jede Polemik, die sich allzu sehr vom Sachlichen entfernt und sich ins Persönliche verirrt. Deshalb kann ich leider auch Ihre Angriffe gegen Herrn Karsch nicht sehr hoch schätzen, obwohl die Art, in der Sie seinen Stil ›fertiggemacht‹ haben, Karl Krausches Format hatte. Wie dem aber auch sei: Ich habe in keiner Weise gegen Herrn Karsch polemisieren wollen, so verärgert ich manchmal über seine Kritiken, vor allem über die Crampton-Kritik war, sondern habe lediglich versucht, sein ABC stilparodistisch ein wenig auf die Schippe zu nehmen. Ich habe gehört, daß Herr Karsch sehr ärgerlich darüber gewesen ist, und mir tut das, offen gestanden, leid. Wie es mir überhaupt leid tut, wenn sich heute persönliche Animositäten zwischen geistige Menschen schieben, die sich als Feinde des Nazismus und aufrechte Demokraten einig sein oder sich zumindest fair und versöhnlich zueinander verhalten sollten. Aus diesem Grunde bedaure ich auch Ihre Angriffe gegen Herrn Karsch. Ich glaube, daß heute allenthalben Kräfte aus dem Dunkel schlüpfen, gegen die nur eine tiefe Solidarität der demokratisch gesinnten Geistesmenschen helfen kann. Es war tragisch, daß zum Beispiel Karl Kraus und Alfred Kerr diesen Kräften gegenüber nicht einig sein konnten. Möge es nicht eines Tages tragisch sein, daß Paul Rilla und Walther Karsch ihnen gegenüber nicht einig sein konnten.

Mit dem Wunsche, daß Hipponax sich, ungeachtet seiner frechen Schnauze, mit beiden einig bleiben möge, verbleibe ich mit bestem Gruße Ihr sehr ergebener Hipponax.«

Die Antwort bleibt nicht aus. Brief von Paul Rilla vom 14.4.46 an Harich:

»Sehr verehrter Herr Harich,
ich darf Sie als den freundlichen Übermittler der an mich gerichteten Hipponax-Epistel ansprechen. Zum Inhalt der Epistel möchte ich bemerken, daß ich glaube, Hipponax irrt ein wenig in

Sachen seiner Karsch-Persiflage. Im Gegensatz zu seinen anderen Parodien enthält sie nämlich neben parodistischen Elementen sehr deutliche polemische Spitzen, z. B. in dem von mir zitierten Satz, in der Tucholsky-Passage und auch in der Bemerkung zu Wegener. Daß Herr K. darüber ›sehr ärgerlich‹ war, wundert mich weniger, als es Hipponax gewundert hat.

Eine ›persönliche Animosität‹ gegen Herrn K. liegt bei mir nicht vor. Ich war früher mit ihm gut bekannt, er war der erste, der mich nach meinem Eintritt in die ›Berliner Zeitung‹ in der Redaktion besuchte. Auch seither hat sich nichts ›Persönliches‹ zwischen uns ereignet. Was vorliegt, ist allein die kritische Praxis des Herrn K.

Mir kam es in meiner Polemik darauf an, den Stil des Herrn K. an einem flagranten Exempel als greulichen Sprach-Dilettantismus zu entlarven. Ich wollte sagen: wer so verkehrt schreibt, kann nicht richtig urteilen, am wenigsten über Sprachkunstwerke, über jede Art von sprachlichem Ausdruck. Und treffen wollte ich die Phraseologie einer Selbstinszenierung, die sich nicht geniert, die verlogensten Provinzallüren einer kritischen Erlebnisdämonie als neueste Berliner Mode zu kreieren. Treffen wollte ich den Kritiker, der sich kraft solchen Bombastes die Exekutive des Scharfrichters anmaßt. Hipponax meint: ›ob er nun ins Schwarze trifft oder daneben haut ...‹ Ich meine: es ist gleichgültig, ob eine solche Kritik ins Schwarze trifft oder daneben. Sie trifft auch ins Schwarze daneben, denn sie ist die Exekutive der Willkür und des Zufalls. Deshalb schrieb ich, Herr K. urteile mit gleicher Erbarmungslosigkeit im Lob wie im Tadel.

Ich finde es sehr anständig von Hipponax, daß er sich Sorgen darüber macht, es könnte aus dem Fall Rilla-Karsch ein zweiter Fall Kraus-Kerr entstehen. (Ich war an dem Fall Kraus-Kerr insofern schmerzlich beteiligt, als ich sowohl mit Kraus wie mit Kerr nahe befreundet war.) Aber ich glaube, ich kann diese Befürchtung zerstreuen. Es wird keinen ›Fall‹ geben. Und ganz gewiß wird Hipponax, soweit es an mir liegt, mit beiden einig bleiben können. Vielleicht läßt sich im Gespräch noch das eine oder andere hinzufügen. Ich denke, eine Gelegenheit dafür wird sich finden. Einstweilen habe ich für den Brief und die darin bekundete Gesinnung zu danken. Mit den besten Grüßen.«

Paul Rilla, im Dezember 1896 geboren, Kritiker, Literaturwissenschaftler, Essayist und Herausgeber, leitete vor 1933 das Feuilleton einer großen Zeitung in Breslau. Er ist 19 Jahre älter als

Harich. Der väterlich-verständnisvolle Ton macht dem jungen Mann Mut, der in den intellektuellen Kreisen der Nachkriegszeit auf Sympathie und auf Ablehnung, auf Bewunderung und auf Verhöhnung stößt. Während der ersten Kriegsjahre hatte er Schutz und ein geistiges Zuhause bei Junyu Kitayama, Professor für Religionsphilosophie gefunden, doch der ist nicht mehr in Berlin. Von Nicolai Hartmann hat Harich sich distanziert, bei ihm fand er kein Gehör für die schrecklichen Erlebnisse, die er als Soldat mit nach Hause gebracht hatte, und die er in einem Brief an die Schriftstellerin Ina Seidel schilderte: »... Die Eindrücke, die ich auf meiner Reise sammelte, waren erschreckend. Warschau, Brest-Litowsk vermittelten mir einen kurzen, aber gründlichen Einblick ... Diese Juden werden – Männer, Frauen Kinder – alle miteinander von der SS und der ukrainischen Wachmannschaft in großen, selbst gegrabenen Massengräbern liquidiert ...« Hartmann entgegnete damals den aufgewühlten Harich etwa, daß das nicht sein Problem sei, aber wenn er ihn fragen würde, ob das Leben überhaupt einen Sinn habe, würde er das wahrscheinlich mit einem Nein beantworten. Das war der Grund, warum sich Harich in den ersten Nachkriegsjahren von seinem Lehrer abwandte und auch gegen ihn polemisierte.

Am 16.4.1946 schreibt Harich an Rilla einen Brief. Hier spricht er seine Zweifel und seine Ängste, die aus seinen Beobachtungen resultieren, aus. Er vertraut dem väterlichen Freund, der sich großzügig zeigt, und er muß ihm alles sagen, was ihn bewegt. Er braucht immer jemanden, mit dem er über alles reden kann. Die Sorge um das geteilte Deutschland läßt ihn Schlimmes ahnen, das trägt er Paul Rilla an, und ein Programm, um das Schlimme zu verhindern, schwebt ihm damals schon vor Augen.

»Sehr verehrter Herr Dr. Rilla!

Vielen Dank für Ihr freundliches Schreiben vom 14.4.1946. Sie haben natürlich vollkommen recht. Ich schreibe Ihnen aber heute nicht deshalb, weil ich die Diskussion über Herrn Walther Karsch fortzusetzen wünsche, sondern aus einem sehr anderen und wichtigeren Anlaß. Um es gleich rundheraus zu sagen: Mir macht die gegenwärtige Entwicklung in Deutschland große Sorgen. Das bohrt Tag und Nacht in mir herum, scheucht mich von der Arbeit und vom Zeitvertreib und läßt mich einfach nicht zur Ruhe kommen. Als ich vor Wochen in der ›Berliner Zeitung‹ Ihre vorzüglichen Ausführungen über Franz Mehring und später über Karl

Marx las, da fiel es mir wie Schuppen von den Augen, und ich dachte: Das ist ein Mann, mit dem man sich unbedingt einmal aussprechen müßte. Aber aus ganz dummen Gründen fand ich keinen Mut, mich an Sie zu wenden. Ich war Ihnen einmal in der Kammer durch meinen verehrten Freund Friedrich Luft vorgestellt worden, aber ich hatte bei dieser Gelegenheit das Gefühl, von Ihnen als ein unbefugt in geistigen Kreisen sich lümmelnder Kurfürstenjüngling oder als etwas ähnliches mißbilligt zu werden. Ich habe öfter solche Gefühle, die sich dann häufig als ganz unberechtigt erweisen, nachdem sie mir etliche Monate lang irgendeine Kommunikationsmöglichkeit versperrt haben. Diesesmal faßte ich erst Mut, nachdem Sie in Ihrer Karsch-Kritik den Hipponax so zärtlich gelobt und zitiert hatten. Ihr freundlicher Brief nahm mir nun heute den letzten Rest von Furcht, und nun ist es soweit, und ich kann Sie nicht länger mit meinen Sorgen verschonen.

Aus Ihren Artikeln über Mehring und Marx habe ich entnommen, daß Sie ganz weit links stehen und sich im Marxismus auskennen. Als ich als Sekundaner die katilinarischen Existenzen meiner Klasse um mich scharte, gab ich mir, ohne eine Ahnung vom Marxismus zu haben, den verworfensten Titel, den es damals gab, und nannte mich Kommunist. Später studierte ich auf der Berliner Universität bei Nicolai Hartmann und Spranger Philosophie, war programmgemäß zwei Semester Kantianer und zwei Semester Hegelianer und rutschte dann durch einen Zufall in ein sehr intensives Feuerbach-Marx-Engels-Studium hinein. Diese Welt war mir merkwürdigerweise von dem japanischen Religionsphilosophen Prof. Dr. Junyu Kitayama erschlossen worden, dessen Assistent ich am Japaninstitut war, und der mich – er war ein erbitterter Gegner der Nazis – zwei Jahre lang vor dem Gestellungsgesuch bewahrte. In dieser Zeit habe ich mit wilder Gier alles an marxistischer (parteipolitischer, philosophischer, nationalökonomischer, parteigeschichtlicher und historischer) Literatur in mich hineingefressen, was ich erraffen konnte. Dies alles war für mich so überzeugend, daß meine, früher nur kokett gemeinte Selbstbezeichnung: Kommunist – nun tatsächlich legitimiert war. Wer mit marxistischem Gedankengut ausgerüstet war, konnte es in den vergangenen Jahren ja einfach nicht lassen, kräftig wider den Stachel zu löcken. So saß ich dann als Soldat bald im Wehrmachtsgefängnis in Torgau und wurde später zu einem Bewährungsbataillon an die Front abgeschoben. Ich war zweimal in Rußland, einmal im großen Donbogen, das zweitemal bei Witebsk mit anschließendem

Zusammenbruch der Heeresgruppe Mitte und Rückmarsch von Bubruisk durch die Pripjet-Sümpfe, über Bialystok und den Narew bis zur ostpreußischen Grenze. Mein ›Fronterlebnis‹ war die Einsicht, daß ein deutsch-russischer Krieg ein Irrtum ist, und daß es nach dem Kriege unsere lebenswichtigste Aufgabe sein würde, trotz allem Geschehenen ein Vertrauensverhältnis zur Sowjetunion herzustellen. Ich desertierte, stellte mich in Berlin einer kommunistisch geführten illegalen Widerstandsgruppe zur Verfügung und war nach der Eroberung Berlins tatsächlich drauf und dran, mich im Enthusiasmus der Befreiung der kommunistischen Partei, dem Kulturbund und ähnlichen ›östlich orientierten‹ Institutionen in die weit geöffneten Arme zu werfen. Mein väterlicher Gönner Paul Wegener, dem ich in der Kammer assistierte, zähmte diesen Ungestüm. Er sagte: ›Ich habe gar nichts dagegen, daß du ein Roter wirst. Aber warte nur noch ein Weilchen, dann merkst du auch, daß das auch nur Nazis sind!‹ (Bitte diskret zu behandeln!) Und wirklich: Nach kurzer Frist war ich, obwohl marxistisch geschult und besten Willens, obwohl seit sieben Jahren freiwillig mit dem lebensgefährlichen Makel behaftet, ein Kommunist zu sein, sehr, sehr ernüchtert. Was war der ersehnte ›Kulturbolschewismus‹ fern von revolutionärem Schwung, was war er heillos verspießert! Schien nicht überall nur ein umgekehrtes Vorzeichen gesetzt zu sein? Waren in den Zeitungen nicht die neuen politischen Inhalte mit Naziterminologie umkleidet? War nicht das System der Hausobleute nazistisch wie das der Blockwalter? Erinnerte nicht das allerorts bekundete Aufbaupathos allzu deutlich an die salbungsvollen Reden meiner alten Pauker? Und war der Antifaschismus nicht unerträglich auf einmal, da er nicht mehr oppositionell, sondern staatserhaltend war? Ich war jahrelang politisch unbeirrbar gewesen, jetzt aber hatte ich eine schwere Gesinnungskrise durchzumachen. Deshalb begrüßte ich alles, was mir geeignet erschien, die neue politische Ausrichtung zu sprengen, vor allem den ›Tagesspiegel‹, der mit seinem kritisch-polemischen Geist die Einöde zu beleben schien. Ich fühlte mich auf einmal als ›Neinsager‹ und westlich ›orientiert‹ und ließ mich frohen Herzens von dem munteren ›Kurier‹ werben. Das ging so bis zu der großen Diskussion um die Vereinigung der beiden Arbeiterparteien, in der immer wieder das Wort ›reaktionär‹ fiel, das mir aus der marxistischen Literatur sehr geläufig war. Ich dachte: Verflucht noch einmal, was ist denn mit mir los? Bin ich denn auch ein Reaktionär? Ich habe dann jede einzelne Phase der innerpolitischen Entwicklung mit erregter Anteilnahme verfolgt und habe gleichzeitig noch einmal die wichtigsten Schriften von Marx und Engels, von Mehring, Rosa Luxemburg und Lenin gelesen und die großen Auseinandersetzungen innerhalb der internationalen Bewegung in mein Bewußtsein rekonstruiert. Ich glaube entschieden, daß ich mich jetzt endgültig aufgefangen und daß ich die innere Ratlosigkeit und Verwirrung dieses ersten Nachkriegsjahres für meine Person überwunden habe. Ein Rezept übrigens für alle, denen es ähnlich geht wie mir: Wer sich von den Leitartikeln Erik Regers in seiner Haltung beirrt fühlt, der lese ›Geschichte und Klassenbewußtsein‹ von Georg Lukács. Das hilft! Es hilft sogar gegen den peinlichen Eindruck, den nach zwölf Jahren braunen Klimbims ›einstimmige‹ Entschließungen, Massenkundgebungen und Aufmärsche verursachen, mit denen ja offensichtlich das deutsche Paradebedürfnis befriedigt werden soll!

Und damit komme ich zum eigentlichen Problem, um das seit Wochen und Monaten immerfort mein Denken kreist, und ich möchte die autobiographischen Enthüllungen abschließen und zu guter Letzt doch noch sachlich werden. Ich bin wie jeder konsequente Marxist tief davon überzeugt, daß die Einheit der deutschen Arbeiterbewegung heute eine unbedingte Notwendigkeit ist. Der Kampf der zweiten und dritten Internationale war in der Vergangenheit in allen Ländern der Erde eine tragische Verirrung. In Deutschland mußte der proletarische Bruderkampf aber besonders schlimme Folgen zeitigen: Wir hatten den ersten Weltkrieg verloren, die Demokratie, die uns als Trostpreis für den verlorenen Krieg in den Schoß fiel, war nur durch die vorübergehende Schwäche ihrer innerpolitischen Feinde möglich. Sie war mit dem Makel einer vermeintlichen nationalen Schmach behaftet und mußte der wiedererstarkenden Reaktion zum Opfer fallen. Die einzige Schutzwehr der Demokratie war brüchig: Die Arbeiterparteien waren in den Bruderkampf verbissen, und hinter ihrem Rücken konnte die Reaktion mit nationalistischen Parolen das enttäuschte, verbitterte und ratlose Kleinbürgertum sammeln und dessen soziale und nationale Ressentiments gegen die Interessen des Proletariats und gegen die Demokratie mobilisieren. Die nationalen und sozialen Ressentiments waren die reaktionären Triebkräfte des Nationalsozialismus. Wir haben wieder einen Krieg verloren, die breiten Massen unseres Volkes sind in ihrer elenden Ratlosigkeit wieder reaktionären Einflüsterungen so hörig wie nur je, und wir benötigen deshalb vor allem eine einige und starke Arbeiterbewegung. (Wobei ich nicht so sehr in den offen organisierten royalistischen und konservativen Parteigruppen der westlichen Zonen eine Gefahr sehe als in der schleichenden, heimlichen Reaktion, die ja längst schon in unseren eigenen Reihen steht!)

Obwohl ich vorbehaltlos dieser Auffassung bin, kann ich weder den Optimismus der Herren Pieck und Grotewohl teilen noch mich zu ihren Methoden bekennen. Die sozialistische Einheit ist gefährdeter denn je, sie ist es nicht zuletzt durch die Verschmelzungspolitik, die in der sowjetischen Besatzungszone betrieben wurde. Man hat durch Versprechungen und Einschüchterungen ein Heer von Mitläufern um sich geschart und wertvolle Kräfte abgestoßen, die sich erst nur gegen willkürliche Methoden zur Wehr setzten und sich in den darob entbrannten Auseinandersetzungen so sehr verbiesterten, daß ihnen nur noch der Rückzug in die Enge des kleinbürgerlichen Schmollwinkels übrig blieb. Sie haben die Sozialdemokraten in West- und Süddeutschland heillos erschreckt und die dortige Entwicklung zur Einheit für Jahre, wenn nicht für immer verzögert. Die wirklichen Probleme wurden nicht ein einziges Mal sine ira et studio erörtert, sie liegen heute tief unter der erbitterten Tagespolemik verschüttet. Die Fronten haben sich versteift. Persönliche Pöbeleien sind das Tagespensum des proletarischen Bruderkampfes wie in alter Zeit. Und das Schlimmste ist, daß in diesem Treiben nicht nur die Einheit der proletarischen Bewegung aufgerieben wird, sondern daß in der Auseinandersetzung immer wieder versucht wird, den Westen gegen den Osten und den Osten gegen den Westen auszuspielen. Da kriecht der deutsche Nationalismus in diesen oder jenen Zonenopportunismus, in westliche oder östliche ›Orientierung‹ und leistet der teuflischen Hoffnung auf einen dritten Weltkrieg Vorschub, nachdem das gleiche Hasardeurspiel aus Intrigantentum und Taktlosigkeit uns schon zwei Weltkriege bescherte. Wenn ich dies feststelle, so wende ich mich damit sowohl gegen Herrn Dr. Schumacher als auch gegen Herrn Pieck und Herrn Grotewohl: Hier polemisiert man gegen die westlichen Alliierten, die in ihren Zonen angeblich die Reaktion stärken, und dort gibt man sich antibolschewistisch. Das Resultat ist: Es gibt heute keinen einzigen deutschen Politiker, der nicht irgendeiner der Weltmächte irgendwie verdächtig wäre. Dabei wäre es unsere Aufgabe, eine linksradikale Einheitsfront des Proletariats zu schaffen, die den revolutionären Schwung des Bolschewismus und die eherne Konsequenz des Marxismus-Leninismus mit dem fairen, freiheitlichen Geist der westlichen Demokratien zu einer höheren Synthese aussöhnt. Dies ist dringend erforderlich im Interesse des Weltfriedens und in unserem eigenen nationalen Interesse. Das sind soweit nur Lamentationen, die gar nichts helfen. Wir müssen unverzüglich ans Werk gehen und folgende Aufgaben erfüllen:

1. Mit den Kommunisten ins Gespräch kommen und sie dazu bewegen, die Pöbeleien einzustellen und in fairen Formen mit den sozialdemokratischen Opponenten die umstrittenen Probleme zu klären,

2. Mit den sozialdemokratischen Opponenten ins Gespräch kommen, ihnen die Berechtigung ihres Protestes gegen die Willkürpolitik des Zentralausschusses zubilligen, sie aber von der Irrtümlichkeit ihres kleinbürgerlichen Programms und von der erderblichkeit ihrer Spaltungspolitik überzeugen. Wir müssen ihnen sagen, daß ihr Protest gegen eine innerparteiliche Diktatur nichts hilft, wenn er dazu führt, daß die Protestierenden sich von ihrer Klasse absentieren, sich selbst mit dem reaktionären Bürgertum verbünden und ihre Klasse jener Diktatur überlassen. Wenn ein ›Kampf um die Freiheit‹ geführt werden muß, so kann und darf er nur in der Einheitsbewegung in täglicher sachlicher Erörterung geführt werden, aber nicht einen prinzipiellen Bruch mit dieser Bewegung heraufbeschwören.

3. Müssen wir bei den Sozialdemokraten der westlichen Zonen für die Einheitsbewegung werben, aber ohne mit dem Holzhammer zu argumentieren, sondern fair, verständnisvoll und streng sachlich.

4. Müssen wir jeden Versuch bekämpfen, eine Weltmacht gegen die andere auszuspielen, der der innerpolitischen Auseinandersetzung einen außenpolitischen Charakter verleiht.

5. Müssen wir sachlich und in kultivierter Terminologie die Argumente widerlegen.

6. Müssen wir alle damit zusammenhängenden Probleme, die heute von der Tagespolitik verschüttet sind, vorurteilsfrei und gründlich diskutieren, die Notwendigkeit der proletarischen Einheit theoretisch und historisch begründen und dabei den vielen Ahnungslosen die Kenntnis des marxistischen Gedankengutes vermitteln, und schließlich müssen wir

7. den Gedanken der Einheit kritisch-polemisch gegen jeden kommunistischen oder sozialdemokratischen Parteiegoismus verteidigen, wobei wir uns nicht scheuen dürfen, beide Lager heftig

zu kritisieren. Aber immer im Dienste der Einheit und immer in einem ruhigen, sachlichen und vornehmen Ton.

Ich halte dies alles für sehr, sehr wichtig und dringend. Geschieht es nicht, so erstarkt im Rücken der hadernden Parteien (und hadern sie nicht schon wieder wie schon vor 1933, wenn auch bald mit neuem Namen?) die Reaktion, und so werden darüber hinaus auf weite Sicht auch die Weltmächte zu unserem Schaden entzweit werden. Es gilt, unverzüglich zu handeln, und ich glaube, daß Sie, sehr verehrter Herr Dr. Rilla, der rechte Mann wären, sich an einem solchen Werk zu beteiligen. Wir Intellektuellen dürfen nicht wieder abseits stehen, wenn Gefahr droht, und die nächste Premiere für wichtiger halten als das Gezänk der Parteien. Unsere Aufgabe ist es, einzugreifen, zu klären und zu versöhnen und im Dienste einer großen Sache zu stehen, für die wir leidenschaftlich Partei ergreifen müssen!

Und nun komme ich Ihnen gleich mit einem praktischen Vorschlag: Ich wurde von Frau von Ossietzky und Herrn Leonhard aufgefordert, maßgebend an der ›Weltbühne‹ mitzuarbeiten, die Ende April/Anfang Mai wieder erscheinen wird. Wie Sie wissen, hat Carl von Ossietzky es, als es schon zu spät war, tief bedauert, daß er sich nicht rechtzeitig und über Parteiengegensätze hinweg mit allen fortschrittlich Gesinnten gemeinsam gegen den Nazifaschismus zur Wehr gesetzt hat. Vielleicht wissen Sie auch, daß in der ›Weltbühne‹ häufig Artikel und Reden von Kurt Hiller abgedruckt wurden, in denen er immer wieder die Notwendigkeit der proletarischen Einheit betonte. Dies sollte uns heute ein Vermächtnis sein. Und so habe ich die feste Absicht, aus der Weltbühne das Gewissen des deutschen Proletariats zu machen und im Sinne der sieben oben gestellten Aufgabe zu wirken. Ich möchte Sie, sehr verehrter Herr Dr., bitten, sich daran zu beteiligen. Ich würde Wert darauf legen, daß außer Ihnen auch Herr Erpenbeck mitmacht. Ich deutete ihm auf dem letzten Ulenspiegel-Abend schon etwas davon an und möchte Sie nun bitten, ihm der Einfachheit halber diesen meinen Brief zu lesen zu geben.

(Sie sehen ihn ja im Hause der Berliner Zeitung!) Herr Leonhard sagte mir, daß an der Weltbühne auch Erich Kästner, Erich Weinert und Axel Eggebrecht mitarbeiten würden. Ich will sehen, daß ich auch noch Werner Fiedler und Friedrich Luft für Besprechungen und Kritiken hineinlotse. Vor allem aber halte ich die oben skizzierten sieben nahen und nächsten Aufgaben für wichtig, und halte es für keinen großen Verlust, wenn die Weltbühne dabei an keck-oppositioneller Schmissigkeit verliert und um der Einheit willen sachlicher, objektiver und vornehmer im Ton wird. Es ist noch nicht abzusehen, ob wir bei starker Betonung des Einheitswillens nicht Schwierigkeiten mit den Engländern haben werden. Wenn ja, so werde ich mich von der Weltbühne zurückziehen und sie den Kärschen überlassen. Ich glaube aber, daß man auch dann nicht die Flinte ins Korn werfen darf, sondern an der einmal gestellten Aufgabe unbedingt festhalten muß. Die Kommunisten erregen nicht zum erstenmale in Deutschland Befremden. Sie haben schon einmal Hunderttausende in die offenen Arme der Reaktion gescheucht, ohne es mit ihrer Starrsinnigkeit eigentlich schlecht zu meinen und ohne sachlich im Unrecht zu sein. Wenn wir ihnen allein heute die Bekundung des Einheitswillens überlassen, so wird unweigerlich aus dem ehrlichen Kampf um die Einheit ein neuer unversöhnlicher Bruderkampf entstehen, der schon heute heftig im Gange ist. Wir müssen uns um der Einheit willen in diesen Kampf einschalten und die abtrünnigen, verstörten und verbiesterten Massen zurückgewinnen mit Verständnisbereitschaft, Sachlichkeit und klarer Erörterung aller ungelösten Probleme. Sollte die Weltbühne aus irgendeinem Grunde diese Aufgabe nicht lösen können, so müßten wir versuchen, für diesen Zweck eine andere Wochenzeitschrift zu gründen, vielleicht mit russischer Lizenz. Auch hier würde mich eine Zusammenarbeit mit Ihnen, sehr verehrter Herr Dr. Rilla, sehr beglücken, und es wäre vielleicht möglich, im gegebenen Falle an die Russen einen solchen Gedanken heranzutragen. Vielleicht über die Berliner Zeitung, jedoch wäre die Zeitschrift ebenso sinnlos, wenn sie in ein parteiamtlich abgestimmtes problemloses Einheitshorn stieße und damit das Mißtrauen der sozialdemokratischen Opponenten nur noch verstärkte. Die Zeitschrift müßte unabhängig und in jeder innerpolitischen Angelegenheit in jeder Richtung hin kritisch sein dürfen.

Ich bitte Sie, sich dies alles einmal durch den Kopf gehen zu lassen, Herrn Erpenbeck diesen Brief zu zeigen und mir dann bald einmal zu antworten. Hoffentlich können wir bald einmal ausführlich darüber diskutieren. Verzeihen Sie mir, daß ich Sie damit so heftig behellige, aber ich mußte mir einmal gründlich die Seele waschen und mir diese ganze Last vom Herzen schreiben.

Mit den herzlichsten, ergebensten Grüßen bin ich Ihr stets getreuer Wolfgang Harich«.

Paul Rilla, der von den Nazis eine Verwarnung zu spüren bekommen hatte, war klug genug, den Brief niemandem zu zeigen. Er konnte nicht wissen, daß seine Vorsicht nicht ausreichte, Harich vor einer Gefängnisstrafe zu bewahren. Die »Weltbühne« zum unabhängigen Blatt mitzugestalten, fand Interesse. Wolfgang Schivelbusch berichtet in seinem Buch »Vor dem Vorhang, das geistige Berlin 1945–1948«.

»Ein Blick auf die Autoren des ersten Jahrganges vermittelt den Eindruck eines unorthodoxen, aus Liberalen und Kommunisten bunt gemischten Blattes: Erich Weinert, Erich Kästner, Herbert Ihering, Axel Eggebrecht, Gert H. Theunissen, Karl Korn, Wolfgang Harich, Karl Schnog, Friedrich Luft, Curt Riesen, Horst Lommer, Günther Brandt, Paul Rilla, Albert Norden, Günther Weisenborn, Paul Merker, Herbert Eulenberg, Egon Erwin Kisch, Fritz Erpenbeck, Kurt Hiller, Edgar Morin, Alfred Kantorowicz, Lion Feuchtwanger, Wolfgang Leonhard, Kurt R. Grossmann, Ralph Giordano, Walther Kiaulehn, Alexander Abusch ... 1947 trocknete das pluralistische Reservoir zunehmend aus. Einer nach dem anderen der im Westen lebenden Autoren stellte die Mitarbeit ein, leise verstummend wie Erich Kästner oder laut protestierend wie Kurt Hiller.«

Am 1. April 1950 geht ein Einschreibebrief von Wolfgang Harich an Paul Rilla.

»Sehr verehrter Herr Rilla!
Hierdurch teile ich Ihnen mit, daß ich – neben meiner Arbeit als Redakteur der Zeitschrift ›Neue Welt‹ – jetzt das Lektorat für Philosophie, Wissenschaft und Essayistik beim Aufbau-Verlag übernommen habe. In dieser Funktion habe ich den Auftrag erhalten, die Herausgabe einer Serie von Auswahlbänden mit den Werken der Klassiker der englischen, französischen, russischen und deutschen bürgerlichen Philosophie zu organisieren ...
Über die Wichtigkeit der geplanten Serie, für deren Erarbeitung der Aufbau-Verlag auch Ihrer Hilfe und Mitwirkung bedarf, braucht man, glaube ich, nicht viel Worte zu verlieren. Was die fortschrittliche Philosophie Englands und Frankreichs im XVII. und XVIII. Jahrhundert und Rußland im XIX. Jahrhundert betrifft, so liegt es auf der Hand, daß wir unbedingt die Aufgabe haben, die Werke der großen materialistischen und revolutionären Denker dieser Länder, die von der traditionellen bürgerlichen Phi-

losophie-Geschichtsschreibung in Deutschland völlig bagatellisiert, verdunkelt, ja verleumdet wurden, allen geistig interessierten, fortschrittlich gesinnten Menschen unseres Volkes, vor allem der Jugend, nahe zu bringen. Im Hinblick auf unsere eigenen nationalen Traditionen sind wir verpflichtet, eine Reihe von Werken der deutschen Aufklärung und der klassischen deutschen Philosophie, die völlig in Vergessenheit geraten und seit vielen Jahrzehnten, teilweise seit Jahrhunderten, im Bücherschrank unserer Gebildeten nicht mehr zu finden sind, auszugraben und neu zu veröffentlichen. (Ich denke z. B. an Georg Forster) ... Als wir uns neulich trafen, konnte ich Ihnen, sehr verehrter Herr Rilla, bereits andeuten, daß die Absicht besteht, Sie mit der Herausgabe und Einleitung der ästhetischen und literaturkritischen Schriften Lessings zu beauftragen. Ich darf Ihnen nun, nachdem ich vom Aufbau-Verlag als Lektor angestellt worden bin, im Namen des Verlages offiziell die Bitte vortragen, diesen Auftrag anzunehmen ...«

Im Januar 1953 liegt ein Themenplan vor, der vorsieht, eine große Anzahl der Weltliteratur herauszubringen. An der Erstellung des Planes hat Harich den hauptsächlichen Anteil, der Verlag zehrt jahrelang davon. 1954 erscheint das erste Buch einer zehnbändigen Gesamtausgabe der Werke Lessings, herausgegeben von Paul Rilla, 1958 liegt der zehnte Band vor. Rilla ist seit vier Jahren tot und Harich seit zirka zwei Jahren eingesperrt im Zuchthaus Bautzen.

Hier noch ein Brief, den ich der Leserschaft nicht vorenthalten möchte. Er verweist auf ein anderes Betätigungsfeld, auf dem sich Harich engagiert, das er wenige Jahre später als gedemütigter Verlierer verlassen muß, den Kampf um die Einheit Deutschlands. Zu dem Zeitpunkt, als der Brief, am 27.5.1952, geschrieben wurde, ist der Verfasser in fröhlicher Stimmung, er wohnt in der Dimitroffstraße.

»Lieber, sehr verehrter Herr Rilla!
Von Herrn Henschel hörte ich, daß Sie wieder in Berlin sind. Ich hoffe, daß Sie sich gut erholt haben und ganz wiederhergestellt sind. Ich wollte Sie eigentlich gestern anrufen, schaffte es aber nicht – wegen der Telefonsperre Ost-West. Leider komme ich nicht mehr dazu, zu Ihnen zu kommen. Ich stecke in Reisevorbereitungen und will Freitag früh nach Westdeutschland fahren: Vortragsreise für den Kulturbund, beginnend in Hamburg, mit

Vorträgen in mehreren Städten über Herder mit anschließender Diskussion über HO-Preise und Probleme unseres Strafvollzugs. Ich wollte Ihnen eigentlich schon vor Wochen nach Heiligendamm schreiben, nachdem ich einmal mit Ihrer Frau telefoniert hatte, die mir unter dem Siegel der Verschwiegenheit Ihre Anschrift gab. Ich schaffte es dann aber doch nicht; denn gerade in den letzten Wochen waren Prüfungen an der Universität, was eine elende Plackerei von früh bis spät bedeutet, mit nächtlicher Lektüre von Klausurarbeiten als Zugabe usw. Dann kam der Schriftstellerkongreß. Ganz nebenbei habe ich – das heißt meine Frau, die energische Isot, geborene Kilian – ein Kind bekommen, bin also jetzt – seit vorigen Mittwoch – nicht nur Doktor, sondern sogar Vater. Es ist eine Tochter, $6\,^1/_2$ Pfund, Stupsnase und ausladender Hinterkopf. Wir haben sie Katharina genannt, erstens ist das ein Name, mit dem man überallhin emigrieren kann, ohne Anstoß zu erregen: Jekaterina, Cathrean, Catérine. Zweitens kann man den Namen je nach Entwicklung modeln: Wird sie ein Hausmütterchen, nennt sie sich Käthe oder Käti, wird sie ein Vamp – Katja oder Katinka, wird sie eine Bardame – Kat oder Kath, wird sie kunstgewerblich mit Bastmatten an der Wand und gedrechselten Holzknöpfen an der Bluse – Kattrin. Außerdem je nach Vogel: Kathrin, Catharina, Katrina, Catarina, Catrina usw. Man kann sie auch ›Trine‹ schimpfen, falls sie sich als Schlampe entpuppt. Kurz: Es ist alles drin. Bei Verheiratung reduzieren sich die allzu vielen ›a‹ in Katharina Harich auf drei, was angeht‹, vorausgesetzt, daß sie keinen Rilla heiratet.

Mit dem Lessing möchte ich nicht drängeln, soll aber doch auf Wunsch unseres Verlagsleiters Janka leise und vorsichtig bohren: Wann können wir etwa mit der Einleitung rechnen? In 4 Wochen? In 8 Wochen? Wir wollen unbedingt noch dieses Jahr mit einigen Bänden der Ausgabe herauskommen. Es wäre schön, wenn Sie sich bald einmal bei Janka oder Max Schröder meldeten und wenigstens so täten, als ob ich ein unerträglicher Quälgeist wäre, der Ihnen seit Wochen keine Ruhe mehr läßt und Sie hartnäckig antreibt ... Gute Gesundheit! Aufwiedersehen und besten Gruß Ihr Wolfgang Harich.«

Harich muß nach dem Krieg Geld verdienen. Mutter und Schwester ziehen nach Berlin, er will sie unterstützen. Seine Freundin Nong Yau liebt den Luxus, und auch er hat Appetit auf ein Schnitzel.
So reibungslos und so freundschaftlich wie mit Paul Rilla geht

es für ihn in seinem beruflichen Engagement nicht weiter. Harichs Offenheit als Kritiker stößt bald auf Ablehnung und Unmut. Er begehrt unter der Ägide Erik Regers beim »Tagesspiegel« mitarbeiten zu wollen. Harich schreibt darüber in seinem Buch »Ahnenpaß«: »Zu der im Sowjetsektor erscheinenden Presse könnte ich jederzeit gehen. Sie sagt mir politisch im wesentlichen auch zu, aber ich mag ihre Sprache nicht und finde die Journalistik schlecht gemacht. Die in den Westsektoren von den Engländern und Amerikanern herausgegebenen Zeitungen sind in der Beziehung entschieden reizvoller. Bereits wenige Wochen nach der Befreiung lerne ich in Wegeners Büro einen Mann kennen, den ich als Schriftsteller außerordentlich verehre: Erik Reger, Verfasser des – in der Nazizeit verbotenen – Romans ›Union der festen Hand‹ (Rowohlt), das seinerzeit in aufsehenerregender Weise die verborgenen Beziehungen des Kruppkonzern zur politischen Reaktion der Weimarer Republik und zum aufkommenden Hitlerfaschismus entlarvt hat. Reger war in der Nazizeit zusammen mit dem Literaturhistoriker Paul Wiegle und dem genialen Literatur- und Theaterkritiker Paul Rilla Lektor des Deutschen Verlages und des Propyläenverlages im Ullsteinhaus Tempelhof. In meinem Beisein setzt er nun Wegener in der Schlüterstraße ein Zeitungsprojekt auseinander, das er den Russen und der KPD unterbreiten möchte, für die er sich anscheinend entschieden hat.

Wegener soll ihn dort protegieren. Dabei aber kommt nichts heraus. Die KPD hat ihre eigenen Redakteure, die langjährige Genossen sind ... Also scheitert Regers Zeitungsprojekt, und es spricht alles dafür, daß ihn dies zum fanatischen Antikommunisten gemacht hat, der er wenig später, unter schmählichem Verrat an seiner linken Vergangenheit, geworden ist.«

Der »Tagesspiegel« erscheint unter der Obhut der Amerikaner, Chefredakteur ist Erik Reger, und er nimmt Harich als Theaterkritiker in seine Redaktion auf. Aber die Amerikaner wollen Harich nicht. Sie haben seinen ausgefüllten Fragebogen auf dem Tisch, aus dem gehen seine Desertion und die Arbeit im Untergrund und seine Mitgliedschaft im Jungvolk hervor. Aus letzterem folgt für den amerikanischen Kulturoffizier Josselson, Harich wäre Mitglied der SS gewesen und daher untragbar für den »Tagesspiegel«. Harich interveniert gegen den Vorwurf. Die Untersuchung dauert lange. Der Bearbeitungsfehler wird korrigiert, »weil ein 1923 geborener junger Mann unmöglich zwischen 1934 und 1938 Mitglied der SS gewesen sein könnte«. Die Hinhaltetaktik läßt Harich zum zwischenzeitlich gegründeten »Kurier« gehen, denn, so Harich: »Inzwischen hat der ›Tagesspiegel‹ unter Reger eine Entwicklung genommen, die es mir ausgeschlossen erscheinen läßt, dort eine mir zusagende politische Heimat zu finden ...« Harich ist Einheitsverfechter, prosowjetisch, Antifaschist und Kommunist; Reger ist prowestlich, Antifaschist und Antikommunist.

Beim »Kurier«, der »... in den Jahren 1945/46, unter Leitung des parteilosen Carl Helferich, noch eine zwar nicht prokommunistische, aber den Sowjets gegenüber verhältnismäßig loyale Linie...« vertritt, wehrt er sich gegen Zensur und Streichungen in seinen Texten. Nicht verziehen wird ihm seine Polemik gegen Ernst Jüngers Schrift »Der Frieden«, die zu veröffentlichen der »französische Zensuroffizier, Oberst Ravoux, verweigert«, die dann aber während dessen Abwesenheit doch im »Kurier« erscheint. Fortan darf Harich an den Redaktionssitzungen nicht mehr teilnehmen, weil er, so das Gerücht, den Auftrag hätte, »den ›Kurier‹ kommunistisch zu unterwandern«.

Ernst Jünger scheint unantastbar. Harich scheren solche Sonderbehandlungen nicht, weder jetzt, als jungen unerfahreren Mann, noch später. Seine offen ausgesprochene Sicht auf Jünger war zum Beispiel einem Heiner Müller unverständlich. Harich schreibt über die Jünger-Debatte im »Ahnenpaß«:

»Im Frühjahr 1946 zirkuliert unter den Intellektuellen eine hektographierte Schrift von Ernst Jünger mit dem Titel ›Der Frieden‹. Jünger ist in den zwanziger Jahren der Prototyp des ›vornehmen‹, ›kultivierten‹, sprachstilistisch hochstehenden Rechtsextremen und Militaristen und als solcher selbstverständlich geistiger Wegbereiter der Hitlerdiktatur gewesen. In der Nazizeit selbst hat er sich, unter voller Bewahrung seiner faschistischen Gesinnung, nur von pöbelhaft-plebejischen Aspekten des Nazitums vorsichtig distanziert, so vorsichtig, daß seine ›Marmorklippen‹, die diese Tendenz aufweisen, mit Goebbels' Duldung zum Bestseller werden konnten. In der Schrift ›Der Frieden‹ nun wird die neue, die Nachkriegsvariante der antikommunistischen Hetze, nämlich die demagogische Gleichsetzung von Nazitum und Kommunismus, von demselben Jünger mit ›niveauvollen‹ Stilmitteln zubereitet, die sie für anspruchsvolle Geister eingängig macht, und es gleichzeitig dem konservativen Flügel der 20.-Juli-Verschwörer, darunter namentlich der deutschen Besatzungsgeneralität um Stülpnagel in Paris, zu dem Jünger engste Beziehungen unterhalten hat, als größtes historisches Verdienst anrechnet, ein Bündnis Deutschlands mit den Westmächten gegen die Sowjetunion angestrebt zu haben.

Ich finde die Jüngersche Schrift so abscheulich und gefährlich, daß ich gegen sie für den ›Kurier‹ einen polemischen Artikel schreibe, in dem ich u. a. anhand von Zitaten Jüngers auch dessen militärische Gesinnung beweise. Der Abdruck dieses Artikels wird von dem französischem Zensuroffizier, Oberst Ravoux, verweigert. Als ich Ravoux daraufhin zur Rede stelle, erklärt er mir klipp und klar, daß er Jüngers persönlicher Freund aus dessen Pariser Besatzungszeit sei und deswegen Angriffe auf ihn im ›Kurier‹ nicht dulde ... Ein weiteres Vorkommnis ähnlicher Art führt dann zu meinem Bruch mit der Zeitung.

Bei einer Geselligkeit der Redaktionsmitglieder lerne ich Rudolf Pechel kennen, den Herausgeber der ›Deutschen Rundschau‹ ... Pechel, entzückt von Nong Yau und begeistert von meinen literarischen Parodien, will mich als Mitarbeiter für die ›Deutsche Rundschau‹ gewinnen. Ich sehe mir diese näher an und stoße auf einen Leitartikel, in dem Pechel das eben erschienene Buch eines Schweizer liberalen Nationalökonomen namens Röpke über den grünen Klee gelobt hat. Dieses Buch verschaffe ich mir. Es behandelt die deutsche Frage und mündet mit seinen Schlußfolgerungen ein in die an die Westmächte adressierte Empfehlung, sich mit dem deutschen Großbürgertum gegen die Sowjetunion zu verbünden, auch um den Preis, daß Deutschland gespalten werden müsse. Das hat Pechel in seinem lobenden Artikel verschwiegen, und genau das ziehe ich in einer Polemik ans Licht, die ich dem ›Kurier‹ zum Druck anbiete. Alle sind entsetzt, eine Veröffentlichung kommt nicht in Frage. Röpke – sagt man – meine es doch gut mit Deutschland, und Pechel sei, weil Opfer des Faschismus, tabu. Das langt mir, diese Art von ›Meinungsfreiheit‹ habe ich satt.«

Im Künstlerclub »Die Möwe« lernt Harich die russischen Kulturoffiziere kennen. Die sind offener und zugänglicher ihm gegenüber. Er ist beeindruckt von ihnen. Sie sind hochgebildet, weitsichtig und großzügig und am kulturellen Aufbau der Stadt Berlin ernsthaft interessiert. »Dymschitz und die anderen Russen ihrerseits schätzen mich anscheinend als Publizist sehr, auch politisch, vor allem wegen meines Angriffs auf Ernst Jüngers ›Frieden‹ im ›Kurier‹ und wegen der längeren Polemik, die ich in der Kulturbundzeitschrift ›Aufbau‹ erst gegen Erik Reger und dann auch gegen Jünger veröffentlicht habe. (In dem Beitrag über Reger habe ich nachgewiesen, daß die Linie des ›Tagesspiegels‹ die linken Überzeugungen desavouiert, denen Reger einst in seiner ›Union der festen Hand‹ verpflichtet gewesen ist, und der Essay über Jünger stellt eine ausführliche und fundierte Fassung der Polemik aus dem ›Kurier‹ dar.)«

Der »Kurier« weigert sich, Harichs »Anti-Röpke-Pechel-Artikel« zu veröffentlichen. Die »Tägliche Rundschau« in Ostberlin, deren Chefredakteur Oberst Kirsanow ist, engagiert Harich und bringt den Artikel heraus. »Pechel« so Harich weiter, »antwortet in der ›Deutschen Rundschau‹ mit einem ärgerlichen Angriff auf mich, der mir einerseits – in stark übertreibender Weise – ›Genialität‹ bescheinigt, mir andererseits aber einen üblen Charakter vorwirft. Da Pechel seinerzeit von den Nazis verfolgt worden ist und jetzt von mir ›verfolgt wird‹, trägt sein Artikel geschmackvollerweise die Überschrift ›Von Himmler zu Harich‹. Als besonders üblen Zug kreidet Pechel mir an, daß ich ›aus dem sicheren Port‹ eines sowjetischen Besatzungsorgans gegen ihn und Röpke polemisiert hätte. Er vergißt dabei die Kleinigkeit, daß ich es vorher aus dem weit weniger ›sicheren Port‹ des französisch lizensierten ›Kurier‹ zu tun versucht habe, was mir nur wegen der dort herrschenden ›westlichen Meinungsfreiheit‹ nicht gelungen ist. Hinter den Kulissen betreibt Pechel dann meinen Ausschluß aus dem Journalistenverband, dessen prominentes Vorstandsmitglied er ist (als Vertreter der CDU). Eines Tages suchen mich daraufhin zwei FDGB-Funktionäre – der Verband ist dem FDGB angegliedert – auf, die mir plausibel zu machen versuchen, daß der Verbandsvorstand um der Erhaltung der Gewerkschaftseinheit willen darauf Wert legen müsse, dem CDU-Mann Pechel eine ihn besänftigende Genugtuung zu verschaffen, und daß daher ich es den SED-Genossen im Vorstand nicht übelnehmen solle, wenn auch sie meinem Ausschluß aus dem Verband wegen meines Angriffs gegen ein Vorstandsmitglied zustimmen. Es sei nur eine taktische Maßnahme, von dem Inhalt meines Artikels seien die Genossen an sich begeistert. Ich bin damit einverstanden, meinen Ausschluß hinzunehmen, füge aber hinzu, daß sie nie mit meinem Wiedereintritt in den Verband würden rechnen können, dem ich dann auch tatsächlich während meiner ganzen journalistischen Tätigkeit nie mehr angehört habe.«

Rudolf Pechel entwirft in seinem Artikel »Von Himmler zu Harich«, ein »Persönlichkeitsbild«, das hilfreich für Schreiber zur

Verfügung steht, wenn es gilt, Harich zu verunglimpfen, lächerlich zu machen und ihn als einen nicht ernstzunehmenden Zeitgenossen dastehen zu lassen. Wolfgang Schivelbusch weist sich gerade im Falle Harich als Exponent dieser Art von Geschichts- und Personenbeschreibung aus.

Ungeachtet seines Besuches bei Harich, 1992/93, wo es ihm möglich gewesen war, einen eigenen Eindruck zu gewinnen und vergangene Ereignisse zu hinterfragen, zieht Wolfgang Schivelbusch in seinem erwähnten Buch Pechels »Persönlichkeitsbild« vor, ohne sich der Mühe zu unterwerfen, die politisch-sozialen Zusammenhänge, aus denen ein solches Klischee entstanden sein könnte, zu erklären. Und er nimmt eben jenen Pechel zur Hilfe, warum auch immer, und läßt ihn sprechen: »... ein reiner Intellekt auf zwei Beinen, eine Art Homunculus, ohne Regulator, ohne Hemmung, ohne Ehrfurcht, intolerant bis ins Letzte, ohne Achtung vor Menschenwürde, vor fremder Persönlichkeit, Überzeugung und Arbeitsleistung, ohne Selbstzucht und Selbstkritik, ohne Herz und Herzensbildung, süchtig nach Streit um des Streites willen, ein Ballspieler mit Gedanken, proteisch wandelbar und überall gut zu gebrauchen, da er keine Gesinnung zu wechseln braucht. Schnell befreundet, schnell verfeindet. Kaltes Feuer, was besonders dann peinlich zu Tage tritt, wenn er sich für etwas einsetzt: Da sprudeln die Phrasen nur so von seinem Munde, er selbst bleibt ganz unbeteiligt ... Er braucht wie alle Substanzlosen einen Gegner, an dem er sich reiben kann ... Alles in allem von amüsanter Bösartigkeit, ein geniales Wunderkind, dem man vieles, selbst seine innere Greisenhaftigkeit nachsehen und dem man Narrenfreiheit gewähren möchte ...«

Im Anhang von Schivelbusch Buchs ist zu erfahren: »Im Nachlaß Rudolf Pechels findet sich ein Dokument mit Harich zugeschriebenen Äußerungen über sich selber, das in diesem Zusammenhang – ungeachtet der Frage der Authentizität – Beachtung verdient. Es stammt von einem Mann namens Willy Huhn, der sich Pechel als Jugendfreund Harichs vorstellte. In einem Brief an Pechel (2.11.1946) bezieht Huhn sich auf Pechels Artikel ›Von Himmler zu Harich‹ und teilt ihm ›zu Ihrer persönlichen Information‹ Passagen einer von Harich im Jahre 1944 verfaßten Selbstdarstellung mit. Darin heißt es: ›Die Klatschbase ist doch tiefer in mir verankert als der Philosoph! Ohne Klatsch und eine morbide Gesellschaft, die ihn mit immer neuem Stoff nährt, möchte ich nicht leben. Es ist alles so schrecklich amüsant. Es ist psychologisch bemerkenswert, daß in einem, bei der Beschäftigung mit amüsanten Klatsch, das Gefühl, selber amüsant zu sein, ins Ungemessene steigt.‹

›Ich kenne Hochstaplertum und Hysterie, offen gestanden, sehr gut als Gefahren meines eigenen Wesens. Und wo ich mich in Zuständen der Depression, die auch mir heiter lächelndem Götterliebling nicht ganz fremd sind, brutal selbst durchschaue, treten mir Hochstaplertum und Hysterie entgegen.‹

Was das Hochstaplertum betrifft, so wäre ich ohne dieses weder je in die Botschaft gekommmen noch der Geheimvertraute Admiral N...s, noch der Geliebte M. T...s geworden. Ich bedarf des Hochstaplertums, um in die ›richtigen Sachen‹ hineinzukommen, weil ich noch so jung bin, um dann aber, wenn ich in den ›richtigen Sachen‹ erst einmal drin bin, zeigen zu können, was ich positiv zu leisten vermag, sei es ... in der Botschaft, sei es als Geliebter, sei es als philosophischer Seminarist ... Ansonsten möchte ich Dich auf die Lektüre von Th. Manns ›Bekenntnisse des Hochstaplers Felix Krull‹ ... verweisen.«

*

Ich möcht so gern mit Dir reden. Bitte, rück doch ein Stück näher zu mir heran. Ich will Dir sagen, was ich dachte, nachdem ich das gelesen hatte: Ich dachte, Dich schon damals gekannt zu haben, aber da war ich ja noch nicht einmal auf der Welt! Und ich dachte an Deine spielerische Freude, jemanden mit Deinen unberechenbaren Gedankenflügen in die Irre zu führen, und wie sich Dein Vergnügen daran steigerte und Du voller Lust noch eins draufsetztest, wenn mit Humor darauf reagiert wurde, als wolltest Du Dich einmal richtig austoben. Ja, der Felix Krull, der hatte es Dir angetan! Du fühltest Dich ihm zärtlich verbunden. Oder? Ist er nicht gar Dein Zeitgenosse? Du wolltest, daß auch ich ihn mag. Du wolltest wissen, wie mir so ein Hochstapler gefällt, und Du wolltest, daß er mich amüsiert. Vielleicht wolltest Du auch, daß ich Dich besser verstehe? Vielleicht hättest Du Dich gern einmal auf die leichte Seite des Lebens begeben, statt immer nur Programme und Pamphlete zu schreiben. Ich mag den Krull noch immer nicht sehr, ich las ihn wieder, als Du nicht mehr da warst, ich halte es mit Thomas Mann nicht lange aus, mir fehlt etwas bei ihm, ich kann es Dir nicht genau sagen. Thackerays Barry Lyndon gefällt mir tausendmal besser, auch wenn das ein ganz durchtriebener Bursche ist! Und ebenso vergnügt hat mich Moll Flanders, und ich würde gern in Ruhe bei Tristam Shandy verweilen, doch Du hältst mich, entschuldige bitte den leisen Vorwurf, davon ab. Warum? Weil ich erst einmal mit Dir fertigwerden will! Aber ich wäre damals nicht auf die Idee gekommen, einen Vergleich zwischen Barry Lyndon und Felix Krull anzustellen! Schade, da wären wir ordentlich ins Debattieren geraten, und ich hätte Dir vorgehalten, daß eben Thackeray im Gegensatz zu Thomas Mann in seinem Land nicht der Kult-Literatur angehört, und in dem Falle läufst Du mit dem Zeitgeist mit. Jetzt, beim Lesen und beim Schreiben und beim Nachdenken über Dich, da kommen mir solche Gedanken, und da merke ich eben wieder, worüber wir nicht gesprochen und wie sehr Du mir fehlst.

So, und nun zu Willy Huhn: Was ist das eigentlich für ein Mensch gewesen, dieser Willy Huhn? Woher kanntest Du ihn? Woher kannte er Dich? Wenn ich Dich nach ihm fragte, hattest Du mir nur mit ablehnender Geste geantwortet. Hattest Du ihn nicht in einem der Lazarette kennengelernt, hattest mit ihm gar im Briefwechsel gestanden? Du sahest Dir die Menschen nie genau an, mit denen Du Dich ins Gespräch einließest! Dein grenzenloses Mitteilungsbedüfnis kannte keine Vorsicht, und war in Dir ein Gedanke zu Ende gedacht oder ausgereift, gab es für Dich nichts eiligeres, als Dein geistiges Produkt dem Nächstbesten darzubieten. Und so hast Du manchesmal in Deinem Leben Perlen vor die Säue geworfen! Deine formulierte Charakterisierung, niedergeschrieben eigens in der Freude des Sich-Selbst-Erkennens, gerichtet an einen Freund, ist an ein armseliges poesieloses Huhn geraten, das nichts versteht von wildblühenden Phantasien und vom eitlen Nachahmungsdrang und der eigenen Überschätzung, wenn man jung und voller Illusionen ist. Wie alt warst Du? 18, 19, 20 Jahre? Aus dieser Zeit liegen Briefe an Ina Seidel vor mir. Du verehrtest sie, sie war für Dich eine große Dichterin. Und weil Du sie, trotz ihrer Nazifreundlichkeit, als Schriftstellerin lobtest, erntetest Du unverständliches Kopfschütteln. Sie und ihr Mann, Pfarrer Heinrich Seidel, waren mit Deinen Eltern gut befreundet. Er sorgte dafür, Deinen Vater auf dem Jerusalem-Friedhof am Mehringdamm zur letzten Ruhe zu betten, in unmittelbarer Nähe E. T. A. Hoffmanns und etwas weiter entfernt von Adelbert von Chamisso. Du warst mit dem Sohn Ina Seidels befreundet, standest mit ihm, der an der Front war, im Briefwechsel. Kannten Willy Huhn und Georg Seidel einander? Lag vielleicht Neid gegen

Dich vor? Du ließest es Dir in Berlin gutgehen? Du drücktest Dich vor dem Krieg? Du warst gegen den Krieg und erst recht gegen Hitler. Erlaube mir also bitte noch einmal abzuschweifen, ich werde auch nicht alle Briefe, die ich ausgesucht habe, vorlegen.

Briefe eines jungen Mannes

»Wolfgang Harich
Berlin-Zehlendorf Freitag, den 28. November 1941
Stubenrauchstraße 10

Sehr liebe, verehrte gnädige Frau!
 Es ist schon sehr lange her, daß ich Ihren letzten Brief erhielt, daß ich mich eigentlich schämen müßte, Ihnen nicht gleich darauf geantwortet zu haben. Aber es kostete viel Zeit und Mühe, bis ich mich endlich in einer Lage wie der augenblicklichen befand: Im neuen, eigenen Hause meiner Mutter, in einem wunderbar eingerichteten großen, eigenen Zimmer, sitzend an dem verpflichtenden Riesenschreibtisch meines Vaters, vor einem großen Bücherschrank, der gefüllt ist mit geordneten Bücherreihen, auf die ich deshalb so stolz bin, weil ich mir fast jedes einzelne Buch im Schweiße meines Angesichts erarbeitet habe: Da steht die kleine Miniaturausgabe (natürlich Erstausgabe) von Calderóns Dramen in deutscher Übersetzung, für die ich ein dreiviertel Monatsgehalt ließ, da steht Thomas Manns Jakob, den ich mir für ein halbes Pfund Bohnenkaffee kaufte nebst seinem neuesten Werk ›Lotte in Weimar‹, das mir eine sehr nette junge Japanerin aus der Schweiz mitbrachte, da steht meine mathematische Encyclopädie und meine philosophische Fakultät, bestehend aus Plato, Aristoteles, Leibniz, Thomas, Descartes, Spinoza, Kant, Fichte, Hegel, Marx, Locke, Schopenhauer, Nietzsche, Spengler, von denen ich Plato, Kant und Schopenhauer am tiefsten verehre, Jean Paul, Balzac, Heine, Goethe, Oscar Wilde ..., und jeder dieser Namen bedeutet für mich (und wohl nicht nur für mich) eine eigene Welt, die man nie ganz und gar erschöpfen kann, selbst, wenn man einen literarischen und philosophishen Riesenappetit hat wie ich, den ich dazu noch höchst diätlos befriedige. Es ist wunderbar hier draußen. Mit meinen Freunden beiderlei Geschlechts gehe ich,

wenn ich Zeit und Lust dazu habe, in einem großen Park spazieren, der hier in der Nähe liegt; und das Zimmer meiner Mutter befindet sich im entgegengesetzten Winkel der Wohnung, so daß sie es nicht merkt, wenn ich eine Nacht durchlese oder schreibe. Seitdem das neue Semester begonnen hat, gehe ich als Gasthörer zur Universität, höre ›Geschichte der Philosophen im Grundriß‹ bei Odebrecht, ›Kant‹ in einer herrlichen Interpretation bei Spranger und ›Ethik‹ bei Hartmann. Die Beschäftigung mit der Philosophie gibt mir großartige Anregungen. Die einzige Erholung, die ich mir beim Nach-Denken und Nacherleben der großen Philosophen gönne, ist Ihr ›Labyrinth‹, das ich mir wieder einmal vorgenommen habe. In diesem Buch herrscht so eine lebensvolle, bunte Atmosphäre, die Sie mit so wundervoller Ironie meistern, daß ich daran den notwendigen Ausgleich habe für die abstrakten Systeme, in die ich zur Zeit vertieft bin. Ich schreibe für mich zur Zeit eine kleine Dissertation, die einen Vergleich zieht zwischen Parallelgedanken bei Leibniz und Schopenhauer. Diese beiden Philosophen sind sich nämlich in einigen Punkten sehr ähnlich, vor allem ist es interessant, daß beide in ganz ähnlicher Weise vom Willen sprechen. Die kleine Arbeit soll ganz voraussetzungslos aufgebaut werden und in großen Umrissen die klarste Interpretation der Gedanken der beiden Großen geben. Dann soll von ›sumpfigen‹ Stellen in der Philosophie beider die Rede sein, die sich nämlich haargenau entsprechen und drittens von dem Willen, der beiden dieselbe Grundlage ist, von der aus der eine zur Frömmigkeit, der andere zum Pessimismus gelangt. Wenn das laufende Semester zu Ende ist, gehe ich noch zwei/drei Monate zur Schule und steige dann im September ins Abitur.
Soviel über meine derzeitigen Beschäftigungen. Entschuldigen Sie nochmals, daß ich solange von mir nichts hören ließ, und erlauben Sie mir bitte, daß ich Ihnen meine Arbeit sende, wenn sie fertig ist.
Die herzlichsten Grüße sendet Ihnen Ihr Wolfgang Harich

Ich begehe hier eine große Indiskretion. Aber ich kann es einfach nicht lassen: Ich lege Ihnen ein Gedicht bei, das Professor Kitayama vor drei oder vier Jahren gemacht hat, betitelt ›Elegie an die irrenden Frauen‹. Er weiß aber nichts davon, daß ich es Ihnen schicke, und ich weiß nicht, ob er es, wenn er es wüßte, billigen würde. Ich habe ein recht schlechtes Gewissen. Aber dieses Gedicht ist so merkwürdig, daß ich es einfach nicht lassen kann!«

»Wolfgang Harich
Berlin Grunewald
Hubertusallee 39

Sehr liebe verehrte gnädige Frau!
Heute erhielt ich Ihren Brief, und ich will es nicht länger versäumen, Ihnen gleich darauf zu antworten ...
Was die ›Westöstliche Begegnung‹ von Prof. Dr. Junyu Kitayama betrifft, glaube ich kaum, daß Sie dieses Buch im Buchhandel noch bekommen werden. Es ist im Februar oder März erschienen in drei Auflagen, die im Mai schon alle vergriffen waren. Wenn Sie einmal Appetit auf dieses Buch haben sollten und Ihre ›Diät‹ läßt dann vielleicht (etwa analog zu einer Obst-und Milchkur, im Rahmen einer ostasiatisch-philosophischen Lektüreperiode) die ›Westöstliche Begegnung‹ zu, dann brauchen Sie mir nur ein Kärtchen zu schreiben, und ich werde Ihnen mein Exemplar dieses Buches selbstverständlich gern und sofort und für eine ganz unbegrenzte Zeit schicken.
Kitayama ist vor allen Dingen einer der seltsamsten Menschen, die mir je im Leben begegnet sind. Ich kenne ihn dadurch, daß er bei meiner Arbeit für das japanische Institut (Unterricht geben, Lektorat, Bibliotheksarbeit) so quasi mein Vorgesetzter ist. Ich hatte erst gar keine Ahnung davon, daß er sich auch schriftstellerisch betätige, bis er mir eines Tages sein neuestes Buch als Geschenk überreichte. Er ist ein außerordentlich vielseitiger Mensch, hat in Japan und Deutschland Philosophie, Literaturgeschichte, Psychologie, Theologie, Jura, Medizin studiert, ist seit Jahren Dozent für Philosophie und vergleichende Religionswissenschaft an der Universität in Marburg, dann ist er japanischer Leiter des Japaninstituts, Leiter der Kulturabteilung und Pressattaché der japanischen Botschaft. In sein Privatleben bin ich deshalb etwas näher eingedrungen, das er mir eines Tages erklärte, er werde jetzt meine Gallenblase behandeln. Er tat es fünfmal nach einer geheimnisvollen Methode. Er vermag einen vollkommen dabei einzuschläfern. Einmal kam ich direkt vom Arzt zu ihm. Er behandelte mich, indem er erst nur seine Hand auflegte und sagte nach einer Weile: ›Sie waren eben beim Arzt und haben eine Spritze bekommen!‹ Ich war verblüfft; denn es stimmte tatsächlich. Sein Fingerspitzengefühl, das jede kleinste Bewegung der inneren Organe verspürt, muß wirklich ganz seltsam und feinfühlig organisiert sein. Das Wunderbarste aber war, daß nach vergeblichen Versu-

chen, die ich bei medizinischen Kapazitäten in Berlin unternommen hatte, Kitayamas Behandlung die einzige war, die tatsächlich verblüffend und nachhaltig gewirkt hat. Ich fühle mich seit der letzten Behandlung wieder wie befreit. Und diese Behandlung ist schon einen vollen Monat her. An diese Behandlung schlossen sich immer nächtelange Gespräche an. Wenn Kitayama erst einmal um 7 Uhr angefangen hat zu sprechen, dann läßt er einen vor 2 Uhr nachts nicht nach Hause. Sein Haus liegt im Schöneberger Stadtpark ... Der Wohnung vorgelagert liegt ein großer Balkon, hoch über dem Schöneberger Stadtpark. Wenn es schönes Wetter ist, legen wir uns mit Zigaretten, Sternrohren und Tee bewaffnet auf Strohmatten, Kitayama zitiert, verschanzt seine boshafte, scharfe Dialektik hinter einem freundlichen Lächeln, von Zeit zu Zeit beobachten wir die Sterne. Oder ich muß ihm einen Traum erzählen, und wenn ich plötzlich abbreche, erzählt er haargenau, wie er war, weiter. Mir ist immer etwas unheimlich zumute, und wenn ich dann anschließend über den braven Innsbrucker Platz zur S-Bahn gehe, glaube ich immer, ich kehre zurück aus der düsteren Zelle mindestens eines tibetanischen Mönchs. Manchmal habe ich auch das Gefühl, daß jener Wunderdoktor aus dem ›Wunschkind‹, auf dessen Namen ich im Moment nicht komme, etwas Ähnlichkeit mit Kitayama gehabt haben müsse ...
Seien Sie herzlichst gegrüßt von Ihrem Wolfgang Harich«

»Wolfgang Harich
Berlin-Zehlendorf Donnerstag, den 7. April 1942
Stubenrauchstraße 10

Sehr verehrte gnädige Frau!
Entschuldigen Sie bitte zunächst einmal den amtlich und leicht blasierten Briefumschlag. Er ist gewiß nicht so gemeint, wie er aussieht, sondern nur eine unvermeidliche Folge des Briefumschlagmangels, der einen unbefugterweise in die streng amtlichen Fächer des Botschaftsschreibtisches greifen läßt. Dieser Brief ist ein Bericht über das erste Zusammensein mit Ihrem Herrn Sohn, der mir wunderbar gefällt ... Wir machten gleich einen Tag, den Donnerstag voriger Woche, aus. Ich hatte aber vergessen, daß ich an diesem Donnerstag eingeladen war zu einer Kindergesellschaft. Ich nahm Ihren Herrn Sohn mit, er wurde herzlich empfangen, hat eine Menge Bowle und Zigaretten konsumiert und sich, wie

ich glaube, sehr wohl gefühlt. Die Gesellschaft wurde gegeben von meiner Freundin Erika, die ich seit einem und einem halben Jahr nicht mehr gesehen hatte. Sie ist die Tochter des Berliner Ordinarius für Theologie, Professor Seeberg. Ich hatte sie als ein wunderschönes junges Mädchen in Erinnerung, aber sie ist inzwischen noch schöner geworden und übertraf sicher die Erwartung, die Ihr Herr Sohn auf Grund meiner Schilderung ohnehin schon hegen mußte. Sie ist mittelgroß und hat eine Figur und Typ von Josephine Baker, außerdem braune Steppenwolfslichter wie Madame Chauchat, ist sehr mondän und kokett, toll angezogen usf.

Nun werde ich von mir erzählen. Sie müssen entschuldigen, daß ich nichts von mir habe hören lassen, seit wir uns in Berlin sahen. Ich möchte Ihnen noch einmal für die reizenden Stunden danken, die Sie so freundlich meiner wenig unterhaltsamen und unreifen Gesellschaft gewidmet haben. Schon am nächsten Tag stürzte ein derartiger Haufen Arbeit über mich herein, daß ich einfach keine Zeit fand, Ihnen zu schreiben. Mit der Botschaft sollte ich einen festen Vertrag bis 31. Dezember 1943 machen. Das bedeutet: An vier Tagen in der Woche 2 Stunden nachmittags Büroarbeit, zwei Jahre in keiner anderen Stadt als Berlin studieren zu können, dagegen aber Gehaltserhöhungsmöglichkeiten bis 250.– Mark monatlich und Freistellung vom Wehrdienst. Das ist eine Sache, die man nicht ausschlagen darf. Das einzige, was hinderlich wirkte, war die Schule. Ich hätte mich ab März systematisch auf das Abitur vorbereiten müssen. Hätte ich das Abitur dann im September bekommen, so hätte ich, um studieren zu können, erst ein halbes Jahr lang studentischen Ausgleichsdienst (8 Stunden am Tag unentgeltliche Arbeit) machen müssen. In diesem Fall hätte ich mich nicht in der Botschaft binden können. Damit wäre auch meine sogenannte uk.-Stellung hinfällig geworden, und es hätte ständig über mir das Damokles-Schwert des Wehrmachtdienstes geschwebt. Ich beendete in den Tagen gerade meine erkenntnistheoretische Arbeit, ein dickes Manuskript, das ungefähr 250 eng beschriebene Schreibmaschinenseiten umfaßt und wandte mich damit an Spranger. Spranger las die Arbeit und fand sie gut, sprach mit dem Universitätsrektor, und es wurde mir die Zulassung zum Studium erteilt. Das geht in besonderen Fällen auch ohne Abitur u. ohne Ausgleichsdienst. Jedoch kann mir die Zulassung bei Faulenzerei jederzeit wieder entzogen werden. Ich muß also in dem Punkte auf der Hut sein. Jedenfalls habe ich das, was ich erreichen wollte, erreicht und fühle mich jetzt als eingetragener stud. phil. et.

theol. und gut bezahlter Beamter der japanischen Botschaft sehr wohl. Ich habe für das nächste Semester belegt ein Kolleg bei Prof. Nicolai Hartmann (Erkenntnistheorie), ein Kolleg bei Prof. Spranger (Hegel), eines bei Prof. Seeberg (Dogmengeschichte), eines bei Prof. Wetzlaff-Eggebert (Klopstock, Lessing, Wieland) und eines bei Prof. Schering (Arbeitspsychologie). Ich werde im nächsten Semester zunächst alle erkenntnistheoretischen Werke lesen, die ich in die Hände bekomme, dann in den Semesterferien mein Buch noch einmal umarbeiten und dann einmal versuchen, was sich damit machen läßt. Ich hoffe, im zweiten Semester in die Seminare zu kommen, und dann fängt das richtige Studium erst an. Ich lese jetzt gerade sehr viel Bücher von Max Scheler, der mich außerordentlich interessiert. Ich liebe diese Art moderner Philosophen, die auswegslos herumirren und in deren Büchern Ansätze zu Schätzen verborgen sind, die man erst durch Systematisierung heben kann. Der Roman ›Die Bauern‹ von Reymont, den ich zur Zeit lese, wo ich gehe und stehe, hat mir allerdings erst wieder klargemacht, daß die lebensvolle Buntheit des epischen Romans doch das Element ist, in dem ich mich am wohlsten fühle. Die Philosophie ist für mich nur eine Schule zur Zucht des Gedankens, weiter nichts ...

Mit den herzlichsten Grüßen verbleibe ich Ihr ergebener Wolfgang Harich

Heute habe ich in alten Manuskripten von mir gewühlt. Dabei stieß ich auf eine Biographie, die ich mit 8 Jahren über meinen Vater geschrieben habe, und auf das Fragment eines Kriminalromans, den ich als Zwölfjähriger schrieb. Ich war sehr gerührt und habe gleichzeitig herzlich gelacht. Es stehen so furchtbar komische Dinge darin, daß ich Ihnen die Sache beinahe einmal schicken möchte. Aber nur, wenn es sie nicht belästigt.«

»Wolfgang Harich
Berlin-Zehlendorf, Donnerstag, den 11. Juni 1942
Stubenrauchstraße 10

Sehr liebe, verehrte gnädige Frau!
Ich erlaube mir hier – in der Botschaft müßte ich schreiben: ›in der Anlage ...‹ – wiedereinmal zwei Gedichte von mir zu senden. Ich selbst habe noch nicht den genügenden kritischen Abstand von ihnen, um sie jetzt schon für absolut schlecht zu halten. Aber

das wird sicher noch kommen. Ich wäre über die Gedichte aber auch glücklich, wenn ich ihre Miserabilität schon jetzt durchschaute; denn es bereitet mir ein großes Vergnügen, endlich wieder einmal etwas anderes zustande gebracht zu haben als Abrechnungen meines von Prof. N. Hartmann infizierten philosophischen Bewußtseins mit Kant. Dieses Vergnügen ist um so größer, als ich mich keineswegs von der Philosophie gelöst habe. Zur Zeit stecke ich über beide Ohren in Hegel drin, während ich mir von Zeit zu Zeit durch Fontane einen frischen Schluck bürgerlich-märkischer Romantik reichen lasse (erst ›Vor dem Sturm‹ und jetzt ›Grete Minde‹). Hegels Phänomenologie ist, glaube ich, das schwerste Buch der deutschen Sprache, aber auch das reichste. Hier läßt ein weitumspannender Mensch den göttlichen Weltgeist in sich zu seinem Selbstbewußtsein kommen, wobei er alles hineinarbeitet. Die Religion des alten Testaments und die Erkenntnistheorie, die Gestalt des Antigones und das Schicksal Hölderlins, die Psychologie und die Schädellehre Lavaters, Kants, wie er sagt, ›schlechte‹ Moralität und Herders ›Ideen‹, den Protestantismus Luthers und die Juristerei, den Staatsgedanken des Absolutismus und Diderots ›Rameaus Neffe‹, Plotins ›Eines‹ und Spinozas Pantheismus. Das ist aber kein bloßes Raritätenkabinett. Sondern alles wird belebt von dem ewigen Pendelschlag der Geschichte. Es gibt nichts Starres in diesem System: Alles fließt und befindet sich in der Entwicklung. Die Dinge wandeln sich und bleiben dennoch mit sich identisch, die Begriffe schillern im Glanze ihrer eigenen Vieldeutigkeit, und die Dualismen lösen sich auf zur Harmonie und zum Frieden. Vielleicht können Sie verstehen, daß es für mich ein unheimliches Gefühl ist, an dem Haus am Kupfergraben vorbeizugehen, in dem dieser seltsame Mann gewirkt hat. Der Vollender des deutschen Idealismus, Deutschlands größter Philosoph, Europas fähigster politischer Kopf und – vielleicht – der Welt größter Religionsversteher: denn alle keimhaften Ansätze seiner Zeit: Goethes Totalitätsstreben, Jean Pauls und Lichtenbergs Humor, Kants exaktes wissenschaftliches Denken, der Romantiker Innigkeit, Herders historisches Bewußtsein und die gegeneinanderwirkenden politischen Kräfte der französischen Revolution, der napoleonischen Zeit, der Befreiungskriege, der Steinhardenbergschen Reform und des Wiener Kongresses, viele andere mehr hat er in sich ausreifen lassen und vollendet. Hegel wird heute noch gar nicht genug gewürdigt. Und dabei hat er gerade uns sehr viel zu sagen. Er gibt eine haargenaue Charakteristik des Nationalsozialismus, den er gar nicht einmal ablehnt, sondern aus dem Ganzen her durchaus verständlich werden läßt; er entwirft in ein paar genialen Zügen ein Bild Kierkegaards, er wirft aber auch die Frage auf, ob Privatkapitalismus oder Kommunismus das richtige seien, er läßt christliche Religiosität und nietzschehaftes wertrelativistisches Anti-Christentum miteinander diskutieren. Er greift überhaupt überall in die Zukunft hinein. Wo er die Welt berührt, verwandelt sich alles in das lautere Gold seines wirklichkeitsnahen Denkens.

Aber eigentlich wollte ich Ihnen ganz andere Sachen erzählen. Ich schreibe diesen Brief, weil vorgestern Ihr Sohn Georg aus Berlin nach Frankreich abgereist ist. Das heißt: Es würde mich nicht wundern, wenn er in fünf Minuten wieder bei uns anriefe und sagte, daß er noch vier Wochen bleiben könne. Ich würde mich sehr darüber freuen, aber ich fürchte, daß er doch abgereist ist ... Ich möchte Ihnen bei dieser Gelegenheit ganz besonders innig danken, daß Sie es so gütig vermittelt haben, daß ich Ihren Sohn kennenlernen durfte. Ich glaube ganz bestimmt, daß wir uns auch in Zukunft nicht aus den Augen verlieren werden. Ich möchte aber über die Ausdruckgebung meiner Sympathie nicht hinweggehen, ohne ein Phänomen herauszuheben, das mir besonders beachtlich zu sein scheint. Ich habe mich immer am begeistertsten (ist dieser Superlativ gestattet?) zu denjenigen Büchern und Menschen bekannt, die mir nicht so viel Neues gaben, als vielmehr mir Zusammenhänge, Gedanken, Paradoxismen, Situationen etc. zu Bewußtsein brachten, die ich nur irgendwie dunkel geahnt hatte, und auf die ich nun dadurch, daß sie ausgesprochen wurden, hingestoßen wurde. Es ist eine verklärte Art des Wiedererkennens. Wenn man ein philosophisches Buch liest, so ist das Wiedererkennen kein Wunder. Ein solches Buch besteht überhaupt immer ausschließlich aus Gedanken, die notwendig wiedererkannt werden müssen, weil sonst das ganze Buch nicht verstanden werden kann. Bei Dichtern begegnet einem dieses Phänomen schon seltener. Derjenige Dichter, in dem ich am stärksten wiedererkenne, ist Jean Paul. Und bei Menschen begegnet es einem ganz selten. Der Zufall wollte es nun, daß ich in letzter Zeit, und zwar fast gleichzeitig, zwei Menschen kennenlernte, in denen ich wiedererkennen konnte. Der eine von diesen beiden ist nun ihr Sohn. (Daß der andere eine Dame, daß das notwendige Medium des Wiedererkennens das ›schöne Gespräch‹ ist und daß sich das schöne Gespräch des Wiedererkennens betreffende Gedicht auf diese

Dame und die mit ihr geführten Gespräche bezieht, geht, glaube ich, aus der dezenten Innigkeit dieses Gedichts hervor, das wohl kaum ein männliches Wesen intendieren dürfte!) Es ist nur eigenartig, was man da wiedererkennt. Keinesfalls sind es Unwesentlichkeiten, Kleinigkeiten, sondern, bei aller Verschiedenheit der Auffassung und Deutung, Wesentliches und Grundlegendes. Wie aber kommt es denn, daß dieses Wesentliche sich erst im Gespräch als Wunder, über das man nicht genug staunen kann, entfaltet? Warum ist es einem nicht viel vorher zum Bewußtsein gekommen? Ich glaube es so deuten zu dürfen: Das Auffällige, worauf man gestoßen wird, ist niemals völlig wichtig. Das, was man schon weiß, was es nicht nötig hat, sich hinter einer schwer überwindbaren Bewußtseinsschwelle zu verstecken, ist das, was alle wissen: Alle, das heißt die anderen, die einen umgeben und in deren Gemeinschaft man selbst mit drinsteckt. Heidegger hat diese anderen sehr treffend charakterisiert als eine quallenhafte Masse, die sich nicht fassen läßt, weil sie, wo man sie zu fassen meint, wie etwas gallertartiges wieder zerfließt. Diese Masse, die die anderen sind und die man selbst ist, nennt er das Man. Will man das Man positiv verstehen als etwas Gutes, das man sich unbedingt erarbeiten will, so ist es der objektive Geist, der Geist, der sich in Kultur, Kunst, Wissenschaft etc. objektiviert hat. Dieser objektive Geist aber hat auch eine Schattenseite: Das Gerede des Man. Das Man offenbart sich in Ibsens Volks›feind‹ als die ›kompakte Majorität‹, als eine Macht, in der wir befangen leben und die uns rücksichtslos und brutal vernichtet, wenn wir aus ihr herauswollen. Wir kleiden uns, wie Man sich kleidet, wir lesen, was Man liest, wir urteilen über Literatur und Kunst wie Man urteilt, wir ziehen uns aber auch vom großen Haufen zurück, wie Man sich zurückzieht. Wir empfinden als empörend, was Man empörend findet. Das Man nimmt in seiner Unauffälligkeit und Nichtfeststellbarkeit uns die Verantwortung ab, und es lähmt uns in der Form konventioneller Gesetze, wo wir auf Entscheidung drängen. Wir können uns immer auf das Man berufen, solange wir kritiklos der Diktatur des Man unterworfen sind. Aber es ist nicht gerade immer gut, was uns das Man da diktiert. Es ist das Unwesentliche, das Alltägliche, das, was eben jedermann angehört. Aber weil das Alltägliche, von dem unser Bewußtsein angefüllt ist, uns vom Man aufgedrängt wird, bei jeder Gelegenheit, wo wir gehen und stehen: Als Parole, öffentliche Meinung, Lehrformel und Phrase, ist es klar, daß das Schöne und Eigentliche, das Wesentliche, das wir als einen

Anflug einsamer Erkenntnis in uns tragen, häufig die Schwelle des Bewußtseins nicht überschreitet. Das Schöne, in dem der Mensch zu seiner eigensten Eigentlichkeit durchstößt, ist immer privater Eigenbesitz. Und deshalb ist es auch unaufdringlich und wird häufig von seinem Träger selbst nicht gemerkt und verstanden. Und ich glaube: Derjenige, der abseits von der Masse des Man aus eigener Kraft das Eigentliche in sich findet und auszusprechen vermag, der ist ein Genie. Und er objektiviert sein Eigenstes in seinem Werk. Uns anderen aber bleibt es, das Eigentliche und Schöne als Urerkanntes und Nur-noch-nicht-bewußt-Gewordenes im Werk des Genies wiederzuerkennen und uns in einer erlesenen Stunde des Genusses daran zum Bewußtsein des Wesentlichen emporzuschwingen. Und manchmal bleibt uns dann noch das Glück, das Eigentliche als Eigenes im andern Menschen wiederzuerkennen. Das Medium einer solchen Wiedererkenntnis ist das schöne Gespräch. Hier gelingt es wenigstens zweien, abseits vom Man, losgelöst von der Fülle seiner objektivierten Flachheiten, das in gemeinsamen Auseinander-Hervorholen zu gewinnen, was das Genie auf sich selbst gestellt und einsam auch von einem Gesprächspartner aus sich hervorzuholen die Kraft hat. Die Phänomene Wiedererkenntnis, Man, schönes Gespräch etc. muß man erlebt haben, und sie lassen sich von einem unbeholfenen Geist schwerlich charakterisieren. Aber ich glaube, daß ich sie wenigstens andeutungsweise getroffen habe, und daß es Ihnen möglich sein wird, sich innerlich aus den hier oberflächlich und fragmentarisch aufs Papier geworfenen Einzelzügen die Strukturganzheit des Wiedererkenntnis-Erlebens, wie ich es verstehe, zu rekonstruieren ...

Gerade klingelt mein Wecker und ruft mich zur Nachmittagsvorlesung. Ich muß mich beeilen, denn ich darf ein so bedeutendes Ereignis, daß Nicolai Hartmann über Aristoteles spricht, keinesfalls versäumen. Das nächste Mal werde ich Ihnen lieber Erlebtes erzählen (die Geschichte mit dem Hochstapler steht noch aus) und mich hüten, Ihnen wieder nichts als eine Verherrlichung Hegels oder die Schilderung eines subjektiven Gefühls a la Christian Buddenbrook zu bieten. ›Schau heimwärts Engel‹ wollte ich Ihnen besorgen, bekam es aber leider nicht. Seien Sie viel tausendmal gegrüßt von Ihrem dankbar ergebenen Wolfgang Harich.

Zum Schluß noch ein langer Brief an Ina Seidel, in dem Harich, bevor er in den Soldatenrock gezwungen wird, das bunte, unbekümmerte Dasein des Verliebtseins schildert. Von seinen Kriegserlebnissen hat Harich in seinem »Ahnenpaß« berichtet. Mit diesem Schreiben an eine teure mütterliche Freundin soll der Seitensprung in die unbeschwerte Jugendzeit Harichs beendet sein. Ich hoffe, die Leserin und der Leser sehen es mir nach, daß ich mit diesen wie auch den kommenden Briefen und Dokumenten, die hier das erste Mal der Öffentlichkeit vorgestellt werden, dem Authentischen möglichst viel Raum geben möchte.«

»Wolfgang Harich
Berlin-Zehlendorf, Mittwoch, den 19. August 1942
Stubenrauchstraße 10

Sehr liebe, verehrte gnädige Frau!
Lange Zeit haben Sie nichts mehr von mir gehört. Mit ›Viel zu tun‹ kann ich mich, obwohl ich wirklich viel zu tun habe, nicht herausreden; denn ich schrieb öfter Ihrem Sohn. Aber Sie sollen nicht denken, daß ich Ihnen mit ihm untreu geworden wäre. Aber ein Brief an Gleichaltrige schreibt sich leichter: Da kann man es sprudeln lassen, wie es will, und darf neugierig darauf, was wohl aus einem herauskommen mag, in sich hineinhorchen. Ich erhielt das letztemal Nachricht von ihm vor einer Woche: eine Karte aus Straßburg, er komme Ende der Woche nach Berlin und werde mich anrufen. Ich reservierte mir Sonnabend/Sonntag und hoffte auf ein paar Stunden harmonischen Wiedersehens; er rief nicht an. Wissen Sie, was er in Berlin wollte? Hat er Urlaub? Oder kommt er etwa, was ich nicht hoffe, nach dem Osten? Hat sich seine Feldpostnummer geändert? Ich weiß nichts, aber wünsche das Beste. Und wenn das Beste nicht in Erfüllung gehen kann, dann wünsche ich doch Erträgliches für ihn und Ruhe und Sorglosigkeit für Sie und Ihren Herrn Gemahl. –
Ich glaube, dieser Brief wird ziemlich lang werden; und das hat seinen Grund. Ich fürchte nämlich, daß ich meinen Geburtstagsglückwunschbrief minder ausführlich und schön werde abfassen können; denn vermutlich werde ich dann in irgendeiner Kaserne sitzen, Angst haben, daß die Tinte in meinem Füllfederhalter verendet, mich über das schlechte Papier und die im Hintergrund herumfluchende Stimme meines Unteroffiziers ärgern.
Ja: Es läßt sich nun nicht mehr länger vermeiden, ich muß, wenn auch nicht gerade zu den Waffen, so doch in die graue Uniform. Es wurden im Juli seitens des OKW ein Haufen Unab-

kömmlichkeitsstellen aufgehoben, darunter auch meine an der japanischen Botschaft, und zu meinem größten Leidwesen erhielt ich denn auch einen Einberufungsbefehl zum 1. August, der mich unbedingt den Lederfauteuils der Botschaft, dem nach Art der mittelalterlichen Scholastiker disputierenden Seminarzirkel meines verehrten Lehrers Nicolai Hartmann, meiner eigenen gemütlichen Bude, den schönen Augen meiner Freundinnen, den Zauberberggesprächen mit Professor Kitayama und last no least – meiner Mutter entreißen wollte. Ich hatte aber insofern Glück, als ich gerade in der Botschaft mit der Bearbeitung einer sehr schwierigen Übersetzung aus dem Japanischen beauftragt war. Es handelt sich um ein in ganz Ostasien sehr berühmtes Werk des japanischen Philosophen Nishida, eines Mannes, der die ganze abendländische Kultur in- und auswendig kennt, ein mathematisch exaktes philosophisches System bewerkstelligt hat, dann zu einem buddhistischen Mystizismus umgeschwenkt ist, in Kyoto auf einem Seidenkissen sitzt und seit – ich glaube – fünf Jahren kein Wort mehr spricht.

(Spranger hat ihn in Kyoto besucht und sagt, es sei sehr schön und unheimlich gewesen!)

Ein Werk dieses Mannes ist nun von vier japanischen Philologen ins Deutsche übertragen worden. Da aber die vier japanischen Philologen nicht ausgesprochen aller Feinheiten der deutschen Sprache kundig sind, wird das Buch gegenwärtig in der Botschaft nach allen Richtungen hin untersucht. Wenn man es liest, glaubt man, daß einem die Gehirnwindungen einzeln herausgeschraubt werden. Aber man liest es. Man ist sogar dafür angestellt. Und nicht nur, daß man es liest, sondern man verbessert es auch. Und ich sitze mit einem japanischen Studenten da, wir studieren es durch und durch, er erläutert mir, teils auf deutsch, teils auf japanisch, den Sinn, und ich formuliere. Dann kommt von Zeit zu Zeit Professor Kitayama hereingerauscht und sagt, es sei alles Unsinn, was wir machen. Der japanische Student verstehe nichts von Philosophie, und ich verstehe kein deutsch. Und dann formuliert er. Und so bekommen wir das furchteinflößende Ding langsam zustande. Wenn es zustandegebracht ist, und das ist in ein paar Tagen, bekommt es Professor Spranger. Er sagt, daß er von Nishida kein Wort verstehe und das alles Unsinn sei. Aber da er einmal vom Tenno einen hohen Orden bekommen hat, muß er ja wohl, ob er will oder nicht. Wenigstens findet das unsere Exzellenz Sakuma, die sehr dafür ist, daß endlich die Brücke von

Osten nach Westen geschlagen wird. Und Spranger und Nishida sind, glaube ich, zwei prächtige Brückenpfeiler. Da ich diese Arbeit noch unbedingt fertigmachen mußte, wurde ich von der Botschaft noch einmal, aber, wie das Wehrbezirkskommando betonte: ›letztlich!!‹ bis zum 1. September zurückgestellt. Und dann geht es zu den Preußen. Bin ich eigentlich sehr traurig darüber? Ich hätte nie gedacht, daß ich diese Nachricht so gefaßt aufnehmen würde. Ich fürchte, daß ich, bei Versäumnis des zwar unangenehmen Militärerlebnisses, um mit Hegel zu sprechen, ›eine Fülle von Realitäten außer mir gelassen‹ hätte. Und das soll man doch nicht. Außerdem: Ich bin nicht kriegsfähig, sondern wegen meiner Ephebenfigur und meiner Gallenblase, meiner Augen und meines Zentners (mit Knochen) nur garnisionsverwendungsfähig – Heimat, Ersatzreserve II B. Wenn man bedenkt, wie Autostraßen, die auf Landkarten als Klasse II B gekennzeichnet sind, aussehen, dann ist das ein ziemlich minderwertiger Tauglichkeitsgrad. Ich komme, soviel ich weiß und soviel mein Einberufungsschein kundtat, zu den Sanitätern. Ich glaube, daß man da eine Menge helfen kann, wenn man sich etwas Mühe gibt. Nietzsche war 70/71 übrigens auch Sanitäter (Womit ich nicht etwa einen Vergleich anschneiden möchte. Erstens bin ich zu bescheiden dazu, und zweitens betrachte ich Nietzsche doch als meinen persönlichen Feind!) Vielleicht wird es mir auch gut gefallen beim Kommiß. Dann ist es gut. Und wenn es mir nicht gefällt, dann wird später einmal meine Weltanschauung, mit den gehörigen Ressentiments durchtränkt, fürs ganze Leben unumstößlich sein. Und das ist auch etwas wert! Wenigstens bin ich zufrieden damit, daß ich die letzten Jahre in Berlin so gut genützt habe. Ich habe mich in die Universität eingeschlichen und mich dort für die ersten Schritte meiner Lebenslaufbahn vorbereitet, ich habe eine Menge mir lieber Menschen kennengelernt, ich habe unendlich viel gelesen und noch viel mehr erlebt und meine diplomatischen Beziehungen bis nach Tschunking-China, Mandschukuo und Japan aufgenommen. Vor allen Dingen aber ist mir ein Geschenk eine Freundschaft geworden, die ich mein ganzes Leben lang halten werde: der Philosoph Hegel. Gerade im letzten halben Jahre habe ich mich tiefer und tiefer in die unerschöpflichen Goldadern seiner Philosophie hineingebohrt. Wer Hegel kennt, kann nie im Leben ganz unglücklich sein. Er ist spröde und wenig zugänglich. Aber wenn man einen winzigen Zugang zu ihm gefunden hat, dann strömt es auf einen ein. Seine ganze Philosophie ist ein gewaltiger Mythos: die Geschichte des göttlichen Weltgeistes, der sich durch die Welt hindurch in einem tragischen Prozeß entwickelt. Die Darstellung dieses tragischen Prozesses in allen einzelnen Stadien ist die Philosophie Hegels. Und wer gefangen ist in diesem gewaltigen Netz des Hegelschen Systems, der ist sicher in einer uneinnehmbaren Festung, aber nicht etwa abgeschnitten von der bunten Fülle der Welt, sondern lauscht beseligt und verständnisvoll dem Herzschlag des Kosmos. Gestern kaufte ich mir gerade als Ergänzung zu meiner schon recht stattlichen Hegel-Bibliothek die ›Dokumente zu Hegels Entwicklung‹, ein Buch, das ich schon einmal vor etwa einem Monat in der Bibliothek des Seminars verschlang, ein Werk der speziellen Hegelforschung, und las wieder Hegels Lyrik. Es war eine schöne und beseligende Stunde. Als Spranger Ende Juli seine Hegelvorlesung schloß, sagte er: ›Ich weiß, daß es einige unter Ihnen geben wird, die Hegel mit Begeisterung aufgenommen haben. Hüten Sie sich, Hegeln zu verfallen. Wer ihm verfällt, ist unrettbar verloren, und wird ihn, sollte er sich jemals wieder von ihm lösen, dann unbeschreiblich hassen und verächtlich machen. Aber eines muß ich zugeben: Eine Hegel-Periode – die nie weniger als zehn Lebensjahre anhält – ist für jeden einzelnen zumindest lebens- und geistfördernd!‹ Ich bin neugierig, ob das auf mich zutreffen wird.

Meine dringende Arbeit an der Botschaft hinderte mich nicht, Ende Juli bis Anfang August 14 Tage in Urlaub zu fahren. Wo und wie ich da war, werde ich Ihnen berichten, weil es sich um eines der schönsten Erlebnisse meines Lebens handelte. Vorausschicken muß ich: Ich befand mich seit Anfang Juni in einem Rivalenkampf mit Professor Kitayama. Es handelt sich um eine Dame in der Botschaft, die dort, als einziges weibliches Wesen mit höherer Stellung, tätig ist: Eine gebürtige Schweizerin, sehr schön, sehr elegant, Monokel, raucht Zigarren, spricht fließend deutsch, englisch, französisch, italienisch, spanisch und japanisch, hat sechs Jahre lang Japanologie, Anglistik, romanische Philologie und Philosophie in Genf, Freiburg, Paris, Berlin und Hamburg studiert, besitzt eine wahnsinnig gemütliche 3-Zimmerwohnung mit einer Bibliothek von etwa 8000 Bänden und diskutiert den ganzen Tag lang über die Kirchenväter, Kant, Klages und Spengler usw. Nebenbei macht sie noch Sonette auf französisch und schreibt an einer Doktorarbeit über ein methodologisches Problem (Induktion und Deduktion) bei den Stoikern und Epikuräern, zu welchem Zwecke sie in vergilbten Papyrusrollen rollt (um nicht zu sagen: blättert). Professor Kitayama und ich waren beide heftig entbrannt, zürnten einander und verachteten uns gleichzeitig gegenseitig, weil der jeweils andere gesinnt schien, wegen eines ›Weibes‹ die auf Plato und Aristoteles basierende Geistesfreundschaft aufs Spiel zu setzen. Das änderte sich nun mit einem Schlage, als ich das Mädchen Anjuschka kennenlernte. Das Mädchen Anjuschka ist eine Deutsche aus Polen, sehr schön und schlank, schwarzhaarig und braunäugig, besitzt einen scharfen, mathematikbeflissenen Verstand, eine Menge gut gegeneinander abgewogener Instinkte und ein Rittergut in Polen. Sie hat erst als Sekretärin auf der polnischen Gesandtschaft gearbeitet, dann nach der Ermordung ihres Vaters durch die Polen dessen Gut geerbt und studiert jetzt in Berlin an der technischen Hochschule und an der Universität Mathematik, Physik und Philosophie. Ihre Götter sind Aristoteles, Leibniz und Einstein. In den Semesterferien fährt sie dann nach Polen auf ihr Gut. Also: Das Mädchen Anjuschka und ich lernten uns in der Universität kennen. Ich erzählte ihr von Hegel, sie erzählte mir von Einstein. Und dann erzählten wir uns beide etwas von Rilke, und endlich erzählte sie mir etwas vom ›Wunschkind‹. Sie befand sich gerade in einer ›Wunschkind-Psychose 4. Stadium‹, das ist eine Prägung von Kitayama. Da dieser für ›Wunschkind-Psychosen‹ Sympathien hat, ihm außerdem braunäugige Mädchen sehr liegen, er außerdem von Einstein mehr weiß als ich und ich, unter unausgesprochenem, aber doch deutlichem Verzicht auf unser gemeinsames Streitobjekt, die alte Herzlichkeit wieder herstellen wollte, nahm ich das Mädchen mit und fuhr zu ihm. Unterwegs in der S-Bahn tranken wir erst einmal Brüderschaft aus einer Flasche Cinzano, die sie in ihrer Aktentasche hatte, und dann kamen wir bei ihm an. Er war gerade dabei, sich Abendbrot zu machen, warf noch zwei Schnitzel und etliche Eier in die Pfanne und kochte zur Feier des Tages Kaffee. Von sechs bis zehn Uhr saßen wir auf seinem Balkon, aßen herrliche Dinge, unterhielten uns und rauchten sehr viel. Ihr Sohn wird ja von der Stimmung eines solchen Abends in K.-scher Atmosphäre berichtet haben. Wir diskutierten so ungefähr alles durch, was uns vor den Lauf kam: Philosophie, Literatur, Mathematik, Physik, Soziologie, Musik. Nach zehn Uhr öffnete der Herr Professor seinen Weinkeller, und auch das Mädchen Anjuschka holte die angebrochene Cinzano-Flasche aus der Mappe. Eine Stunde lang lasen wir uns gegenseitig Gedichte vor. Und dann stritten wir uns ein wenig über unsere gegenseitigen Geschmäcker. Das Mädchen Anjuschka schwärmte für Rilke. Professor Kitayama lächelte nachsichtig und meinte, daß auch dieses eine Entwicklungsstufe sei. Er persönlich bekenne sich seit einem viertel Jahr vor allem anderen zu Fontane und zwar- zu Herrn Ribbeck auf Ribbeck im Havelland. Das Mädchen Anjuschka staunte sehr darüber, und er erläuterte ihr, daß nicht viel los sei mit den Begriffen Rasse etc. Es gäbe eine übervölkische geistige Substanz, die sich bis tief in die vermeintlich intimsten und geheimsten ›Privat‹gefühle der Völker hineinstrecke, und daß es daher komme, wenn er als Asiat bis zu Tränen gerührt werde über des alten Fontane altersresignierende märkische Romantik. Ich habe den Satz ziemlich wörtlich zitiert. Gegen zwei Uhr begannen wir, seine Plattensammlung durchzuspielen. Nur einige griffen wir heraus: Den Anfangschoral aus Bachs Matthäuspassion, das Violinenkonzert von Brahms, Mozarts kleine Nachtmusik und Igor Stravinskis Steppenmelodie. Dann wurde dem Mädchen Anjuschka ein Bad gerüstet, und eine Stunde später kehrte es als Japanerin im Kimono zurück. Auch der Professor und ich zogen uns Kimonos an. Das Grammophon mußte jetzt Geisha-Liederchen liefern, sehnsüchtige Gesänge an den Mond, welcher auf japanisch ›tsuki‹ heißt, ein Wort, das zu ganz eigentümlichen Klangfiguren der zarten, nachtigallähnlichen Geisha-Stimme Gelegenheit gibt. Gegen vier Uhr wurde das Mädchen Anjuschka auf einen Divan in die Bibliothek der Kirchenväter gebettet, während die beiden Herren sich in andere Gemächer zurückzogen. Es war ein wunderschöner Abend. Der Professor und ich begruben die Rivalenaxt bis, so fügte er hinzu, der Streit erneut, aber diesesmal um das Mädchen Anjuschka ausbrechen werde. Dann gingen wir zu Bett.

Als ich am nächsten Tag nach Hause kam, fand ich dort meinen Einberufungsbefehl. Aber zwei Tage später schon hatte die Botschaft meine Zurückstellung bis 1. September erwirkt. Und nach einer weiteren Woche packte mich das Mädchen Anjuschka, stieß mich wie ein Gepäckstück in einen Zug Richtung Posen und kletterte selbst hinterher. Wenn man in Posen aussteigt und zwei Stunden nach Südosten fährt, dann kommt man zu einer Stadt, deren Namen sich nicht aussprechen läßt. Wenn man dann in ein Dogcart steigt und noch eine halbe Stunde mit einem Apfelschimmel nach Süden zuckelt, dann gelangt man auf ein Rittergut, dessen Name früher noch unaussprechlicher war, und das jetzt, schlicht und einfach, Rübenfelde heißt. Hier herrscht das Mädchen Anjuschka über einen stiernackigen deutschen Verwalter namens Linke und dessen Frau, genannt Mäuschen, sowie über eine stattliche Schar polnischer Landarbeiter und Mägde. Nicht zu vergessen die Kühe, Pferde, Schweine, Schafe, Hühner, Enten, Gänse, Ochsen. Alles dies in unübersehbaren Mengen. Und hier 14 Tage mit Sonnenschein und Sternennächten, in einem von Schinkel erbauten Herrenhaus, mit gebratenen Gänsen und den braunen Augen des Mädchen Anjuschka! Ein Tag war wie der andere. Ich werde Ihnen ungefähr erzählen, wie so ein Tag verlief. Wir frühstückten gegen 10 Uhr, und zwar frühstückten wir sehr und ausgiebig, auf einer kleinen Terasse, zu unseren Füßen ein klarer durchsichtiger, grüner Teich, auf dessen Oberfläche eine Schar Gänse und Enten schwammen. ›Die müssen wir nun alle noch essen, wir Armen‹, sagte das Mädchen Anjuschka und bestrich mir ein Stück (selbstgebackenen!) Brotes mit Butter und Honig (!). Hinter dem Teich ragten die alten Bäume des Parks in den lichtblauen Himmel. Kaum hatten wir eine Stunde gefrühstückt, wobei wir eifrigst diskutierten, als auch schon das Dogcart vorgefahren wurde. Wir fuhren über Felder, auf denen geerntet wurde. Ein halbes Stündchen halfen wir mit, dann fuhren wir in den Wald, legten uns auf eine Lichtung in die Sonne und lasen die ›Kritik der reinen Vernunft‹. Das ist sehr schwierig mit Anjuschka, denn sie wirft dauernd Einstein in die Debatte, und davon verstehe ich doch nichts. Zum Mittag waren wir wieder zurück. Severinna, die Magd, hatte ein treffliches Mahl bereitet. Meistens aßen wir Geflügel. Es mußten eben die Enten und Gänse auf dem Teich aufgegessen werden; denn am ersten September kommt die staatliche Geflügelzählung, und deren Ergebnissen mußte vorgebeugt werden. Nach dem Mittag spannten wir wieder das Dogcart an und fuhren zu einem nahen See, nach Santomischel. Dort überließen wir das Pferd zwei Polenjungs, die es uns hüteten, und wir schwammen im See. Im See befindet sich eine Insel, und dort kann man herrlich stundenlang herumtollen, auf die Bäume klettern und ähnlichen Unsinn treiben. Nach dem Baden gingen wir in Santomischel in ein Café Eis essen, bei welcher Gelegenheit wir merkwürdige Zigarettengeschäfte machten. Es war wenigstens immer sehr ergiebig, und die ganze Art unserer schiefen Geschäfte kam mir sehr polnisch vor. Zum Abendbrot waren wir wieder in Rübenfelde, aßen vorzüglich und brauten uns im Anschluß daran eine köstliche Bowle. Und bis ein oder zwei Uhr nachts saßen wir auf der Terasse bei Grammophonmusik, Bowle und selbstgefertigtem Eis und selbstgewachsenen Erd- und Himbeeren.

Einer der nachhaltigsten Eindrücke war Tante Grete, von der mir Anjuschka schon sagenhafte Dinge berichtet hatte. Tante Grete ist die Besitzerin eines Nachbargutes und läßt ihre wachsamen Blicke auf Anjuschka ruhen, die trotz ihrer Jugend, sie ist knapp 24 Jahre alt, schon einen so verantwortungsvollen Posten wie den einer Rittergutsbesitzerin ausübt. Es hieß, daß Tante Grete im September 1939 ihren Hof in eine Festung verwandelt und gegen einen Polenansturm selbständig mit einer Handvoll deutscher Landarbeiter verteidigt habe. Es hieß ferner, daß sie eine Verehrerin von Schopenhauer sei und täglich vor dem Melken der Kühe zu lesen pflege. Und drittens hieß es, daß sie zweimal in ihrem Leben ein Liebeserlebnis gehabt haben soll. Das erstemal vor fünfundvierzig Jahren habe sie einen Herrn Karst, den Eleven des Nachbarguts geliebt, und das habe sich so abgespielt, daß sie in das Dorfgasthaus schlich, wenn Herr Karst sich dort einen genehmigt hatte, und aus seinem Aschenbecher seine Zigarrenasche in ein kleines Seidenbeutelchen sammelte und dieses Beutelchen nachts unter ihr Kissen legte. Das zweitemal habe es sich um einen Vertreter für Kindermilch gehandelt, der vergeblich um ihre Hand angehalten habe.

Als wir zu Tante Grete fuhren und dann bei ihr in der guten, plüschüberwucherten Stube unter der Büste Schopenhauers saßen, mußte ich dauernd an die Geschichte mit der Zigarrenasche denken. Tante Grete trug ein Sommerkleid aus rotem Kattun und darunter Schaftstiefel. Wenn sie mit uns in den Garten ging, in dem alles viel, viel prächtiger gedieh als in Rübenfelde, zog sie sich über das Kattunkleid eine Windjacke. ›Das ist eine wundervolle Windjacke‹, meinte sie, ›als ich im Gebirge war, hat da immer der Hund drauf geschlafen. Also eine wundervolle Jacke ist das – sieh mal Bengel‹, (das war ich) ›da die Fohlen, wie die auf der Koppel rumspringen. Schopenhauer sagt: Wenn man jung ist, hat man einen Willen; wenn man alt wird, hat man keinen Willen mehr. Das sieht man auch bei den Pferden. Das ist die Welt als Wille und Vorstellung. Ich habe aber noch einen Willen!‹ Ihre Schopenhauer-Interpretationen waren herrlich. In jedem Satz kam Schopenhauer vor, und jedesmal sollte er eine Weisheit von der Art: Wenn es regnet, ist es naß, gesagt haben. Am schönsten aber wurde es, wenn sie auf ihre Abstammung von – Grimmelshausen zu sprechen kam. ›Ich bin eine Urururenkeltochter von Grimmelshausen‹, sagte sie, und dann fügte sie verschämt hinzu: ›eine natürliche natürlich!‹ Und dann kam das Schönste: ›Anni, willst du dich mit dem Bengel da eigentlich verloben?‹ Mir blieb ein Stück der mir zur Ehre gebackenen Torte vor Schreck im Munde stecken. ›Ja, natürlich, Tante Grete. Und weißt du warum? Wolfgang ist nämlich ein Urenkel von Schopenhauer!‹ Ich wäre beinahe vom Stuhl gerutscht vor Schreck. Ich wäre am liebsten in die Erde versunken. Die gute Tante Grete so zu verkohlen! ›So, ein Urenkel von Schopenhauer ist der Bengel. Ich dachte doch aber, Schopenhauer war ledig!?‹ – ›Ja‹, antwortete ich verlegen, ›ich bin ein natürlicher Urenkel!‹ Anjuschka hielt sich mit Not und Mühe das Taschentuch vor den Mund. Aber mir war gar nicht lächerlich zumute. Tante Grete fragte unbeirrbar weiter: ›Aber Schopenhauer verachtete doch so die Weiber, denke ich. Er sagt doch einmal: Die schmalen Schultern der Frauen sind nicht schön, und nur ein verrückter Mann kann so was schön finden.‹ – ›Er fand es eben schön. Vielleicht war er auch verrückt, wenigstens einmal im Leben, liebe Tante Grete!‹ erläuterte Anjuschka. ›Wer war denn dann Deine Urgroßmutter, mein Junge?‹ Ich schluckte einen Moment und platzte dann heraus: ›Rahel Varnhagen!‹ Mir fiel im Augenblick nichts anderes ein. ›Wer ist das?‹ – ›Ach, weißt du, das ist so eine berühmte Frau aus der Romantik. Wolfgang sieht ihr übrigens viel ähnlicher als er Schopenhauer ähnlich sieht. Sie war eben dominant und Schopenhauer rezessiv!‹ Mit den Begriffen ›dominant‹ und ›rezessiv‹ hatte Anjuschka übrigens ein neues Stichwort gegeben, das die Situation rettete; denn die Mendelschen Gesetze waren neben Schopenhauer Tante Gretes zweites Steckenpferd. Es hieß, daß sie züchte, wo sie gehe und stehe: Kaninchen, Schweine, Erdbeeren, Bohnen, Rosen, Sonnenblumen und dabei überall ganz neue Rassen entwickelte. Sie berichtete uns nun von ihren neuen Züchtungsergebnissen, und ich konnte wieder freier atmen.

Das war so ein kleiner Überblick über meine sehr schöne Ferienreise. Und nun sitze ich seit dem 12. August wieder in Berlin, arbeite in der Botschaft, fern ist Rübenfelde mitsamt Anjuschka, aber dafür rückt die Soldatenzeit näher und näher ...

So, nun ist dieser Brief, glaube ich, lang genug. Verzeihen Sie meine Ausführlichkeit; aber wenn ich einmal schreibe, dann gehen meine Rappen meistens mit mir durch.

Seien Sie herzlichst gegrüßt von Ihrem Ihnen dankbar ergebenen Wolfgang Harich«

Die Verhaftung

Als sei es unbedingt notwendig gewesen, hatte also Harich gerade noch rechtzeitig, bevor er vom sorglosen Leben Abschied nehmen und in den Krieg ziehen muß, das schönste und allerwichtigste im Leben, den süßen, den verstandraubenden Wahn der Liebe kennengelernt. Für die entflammt er ebenso leidenschaftlich wie für die Philosophie, und als gehöre noch eine dritte Leidenschaften hinzu, nimmt er sich, nachdem der Krieg zu Ende war, der nationalen Frage Deutschlands im Nachkriegsjahrzehnt an. Fest entschlossen, als stünde die menschliche Existenz auf dem Spiel, ist er willens, an der Seite gleichgesinnter Menschen die Geschicke Deutschlands für eine friedliche Zukunft in die Hand zu nehmen. Dieser enthusiastische Mann, der sich der großen Aufgabe verpflichtet fühlt, von der sein Denken auf Gedeih und Verderb beseelt ist, ist jung und gutaussehend, lebenshungrig und übermütig, lustig bis ins Albernsein. Er verliebt sich gern, oft unerwidert, doch unermüdlich, und das ganz wild und ungestüm, und das in einer Tour, und das wird ihm übelgenommen. Er besitzt die Gabe, zu schwärmen und alles Schöne zu genießen, und er schwärmt eine Zeitlang für Stalin und Hannelore Schroth, und: Er kann über sich lachen. Er verehrt und bewundert die schönen Künste, er hält an ihren Werten fest; er ist Ästhet, aber er lehnt entschieden den Ästhetizismus ab. Er ist ein kommunistisch gesinnter, russenfreundlicher, marxistisch denkender humorvoller Lebemann, ein Charmeur, der den Frauen nicht nur die Hand küßt, sondern alle Bücher der Weltliteratur wärmstens empfiehlt. Er ist ungeheuer fleißig, seine eigenen Maßstäbe setzt er hoch an; er ist ehrgeizig, er weiß, was er kann, und er gibt sein Wissen großzügig weiter. Er ist ein vorlauter Diskutant, der kaum eine Antwort schuldig bleibt, gleichwohl er die Leistungen anderer unbefangen und neidlos anerkennt, er sucht sie geradezu. Er läßt sich nicht einordnen, er macht unsicher, er ist unberechenbar, aber nicht berechnend, er ist ungeduldig und dabei verschwatzt. Er wäre gern ein undurchschaubarer, auf verschlungenen Wegen taktierender Diplomat. Das schafft er nicht. Schon der geringste gedankliche Umweg bringt ihn aus seinem Konzept. Weicht er ins Schmeicheln hinüber, bleibt er durchschaubar, weil er kein wirklicher Schmeichler ist. Neid und Niedertracht sind ihm fremd. Er ist voller Ideen, die er ausspricht, wohin er kommt, und was ihn überzeugt, muß durchgesetzt werden; er bildet sich eine eigene

Meinung, er bleibt ihr treu, egal, was andere dazu sagen. Trotz seiner Eigenwilligkeit sucht er die zuverlässige Autorität, die er achten und zu der er aufblicken kann und der er zu folgen bereit ist, aber nicht bedingungslos. Erweist sie sich als schwankend oder gar reaktionär, dann bekämpft er sie. Seine politischen Ziele sind ernsthaft und aufrichtig gemeint. Er entwirft Programme und Denkschriften, die er der Parteiobrigkeit vorlegt, oder er beschwert sich bei ihr mit schonungsloser Kritik über die Unzulänglichkeiten, die sich ihm zeigen, und er glaubt, Einfluß nehmen zu müssen auf den Gebieten, auf denen er sich befähigt fühlt. Er überfordert manch einen mit seiner Bildung und seinen Ansprüchen, am stärksten und in erschreckender Weise Funktionäre und intellektuelle Karrieristen, die ihn mißtrauisch beobachten, die das verurteilen, was ihnen fremd ist, die sich davor fürchten, von ihm als inkompetent entlarvt zu werden. Und deshalb werden ihm Arroganz und Überheblichkeit nachgesagt. Und weil es schwer ist, ihn zu bändigen, wird er mehr und mehr zu einer verdächtigen Figur, mit einem fragwürdigen Leumund, nun auch im Ostteil Berlins. Beweise dafür werden sich finden lassen. Und Harich hat eben auch seine Grenzen. Die zeigen sich da, wo er auf Ignoranz und selbstgefällige Besserwisserei stößt. Dann verlassen ihn seine Kräfte, sein Humor verliert an Fröhlichkeit, ein cholerischer Anfall ist unvermeidbar, er wird gallebitter, und in solchen Augenblicken vergißt er die »gute Kinderstube«; er schreit oder schreibt sich alles von der Seele, was ihm gerade durch den Kopf fährt, hemmungslos, ohne die Folgen zu bedenken. So glaube ich, war der junge Harich, und so ist er mir als Sechzigjähriger begegnet.

Ich kehre zurück in die ersten Nachkriegsjahre. Harich merkt bald, mit welchen Mitteln er in seiner Arbeit angegriffen wird. Doch er läßt sich nicht aus der Fassung bringen. Er weiß sehr gut, die persönlichen Beschimpfungen des Gegners, die von den Inhalten ablenken, beweisen seine Schwäche. »Gehen dem Gegner die Argumente aus, folgt der Faustschlag ins Gesicht«, so beantwortet er die Anfeindung Pechels in einem Artikel. Auf diese Erkenntnis wird sich Harich ein lebenlang besinnen müssen; sie wird für ihn zum unüberwindbaren Hindernis in seinem philosophisch-politischen Wirken, weil es Mühe kostet, sich der Anstrengung zu unterwerfen, aufrichtige Gesinnung gepaart mit Wissen und Verantwortung von Hinterhalt und Abenteuerlust zu unterscheiden sowie Nützliches vom Schädlichen zu trennen.

Die »Tägliche Rundschau« ist sein nun neues Betätigungsfeld. Dort wähnt er sich erst einmal in Sicherheit bei den Genossen und russischen Kulturoffizieren. Bei ihnen fühlt er sich willkommen, geachtet und verstanden. Am 8.7.1947 sendet er an das Zentralsekretariat der SED, Genossen Otto Meier, eine »Denkschrift (über die Notwendigkeit einer sofortigen Intensivierung unserer Presse- und Propaganda-Arbeit in den Westzonen).« Genossen Meier bittet er, die Denkschrift gründlich zu überprüfen und sie anschließend zur Diskussion an den Parteivorstand und das Zentralsekretariat zu übergeben, mit dem Ziel, eine Konferenz stattfinden zu lassen, an der die Redakteure der Zeitungen Ostberlins teilnehmen sollten. Harich versucht im ersten Teil, »Die marxistische Bewegung und die deutsche Nachkriegssituation«, Ursache und Auswirkung des Faschismus sowie die gegenwärtige ideologische Situation im postfaschistischen Deutschland zu erklären, und er vertritt die Meinung, daß nur die marxistische Ideologie die Garantie in sich trägt, einen erneuten Faschismus unmöglich zu machen, bleibt aber gleichzeitig klarsichtig, wenn er schreibt: »... es ist doch eine Tatsache, daß von einer Herrschaft der Arbeiterklasse in Deutschland ebensowenig die Rede sein kann wie von einem Vorrang der marxistischen Lehre vor den bürgerlichen Ideologien. Es ist eine Tatsache, daß die marxistische Bewegung sich in der Ostzone gegen tausend Widerstände, gegen das kompakte Mißtrauen eines großen Teiles der Bevölkerung durchsetzen muß, während sie in den Westzonen vollends in eine zur Zeit mehr oder weniger wirkungslose Oppositionsrolle gedrängt ist.« Er verweist auf die geführte Sprache, die mit einem faschistisch antikommunistisch und rassistisch ausgefüllten Gedankengut jahrelang auf das Denken der Bevölkerung eingewirkt und somit das Bewußtsein einer ganzen Nation geprägt hat, einer Nation, die auf die »göttliche Sendung des ›Führers‹« vertraute. »Druck erzeugt Gegendruck, gewiß, aber so primitiv darf man die Dialektik dann doch wiederum nicht handhaben ... Hier scheint mir das entscheidende Problem zu liegen, das von allen jenen Genossen prinzipiell verfehlt wird, die fassungslos erstaunt sind, daß in Deutschland heute noch, trotz der wahrlich vernehmbar genug mahnenden Sprache der zertrümmerten Städte, ein kompakter Nazismus möglich ist. Wie kommt es denn, daß trotz des Drucks der faschistischen Tyrannei, trotz der unanfechtbaren Legitimität der politischen Ansprüche des klassenbewußten Proletariats, trotz der unanfechtbaren Legitimität der marxistischen Lehre, trotz des tausendfach erwiesenen Bankrotts der bürgerlichen Gesellschaftsordnung, trotz der zertrümmerten Städte, die doch ein einziges unentwegtes Wachrütteln des Gedächtnisses der Massen sein sollten, daß trotz alledem das deutsche Volk bis tief in die Arbeiterschaft hinein nicht nur nicht revolutionär gestimmt, sondern mit bürgerlichen Vorurteilen und Illusionen vollgestopft und zu einem guten Teil sogar ausgesprochen faschistisch verseucht ist? ... Die Frage ist: Mit welchen Widerständen müssen wir in Deutschland rechnen? Und wie können wir mit diesen Widerständen fertigwerden und unsere Sache durchsetzen? ...«

Harich weiß, die Leute lesen westdeutsche Zeitungen und Zeitschriften mehr als die hiesigen. Er will, daß die westdeutsche Bevölkerung eine Zeitung aus dem Osten lesen kann. Aus diesem Grunde sollen ostdeutsche Journalisten im Westen arbeiten, und die Unzulänglichkeiten, die dort der Öffentlichkeit vorenthalten werden, ans Tageslicht bringen. Im zweiten Teil seiner Denkschrift, »Voraussetzung für unsere Presse-und Propagandaarbeit im Westen«, geht er auf die Inhalte antimarxistischer und antisowjetischer »Beweise« westlicher Meinungen ein. Selbst aus dem Bürgertum stammend, warnt er vor dessen ideologischer Stärke. »Man kann heute in Deutschland sagen, man sei Antifaschist, weil der Faschismus ›totalitär‹ gewesen sei, und deshalb müsse man nun konsequenterweise antisowjetisch sein, man kann diesen sonderlichen ›Antifaschismus‹ mit den gleichen blödsinnigen Argumentationen vortragen, die man vorher für den Faschismus geltend machte, – und die gesamte deutsche Bourgeoisie wird das mitsamt ihren englischen und amerikanischen Gouvernanten durchaus in der Ordnung finden. Man kann sich heute ebenso als Föderalist aufspielen, und man kann das damit begründen, daß der Zentralismus zur faschistischen Diktatur gehört habe, – und auch diesen heillosen Unsinn wird jeder für ein Argument halten. Auf diese Weise wird der Faschismus im Westen mit den typischen formalistischen und abstrakten Kategorien des bürgerlichen Denkens (›Totalitarismus‹, ›Diktatur‹, ›Zentralismus‹) abgetan, und indem diese Kategorien zur Diskreditierung der marxistischen Arbeiterbewegung benutzt werden können, erhalten sie wiederum eine zumindest faschistoide Funktion im Klassenkampf. Irrtümer können so blödsinnig sein wie sie wollen – tausendmal widerlegt, werden sie durch kein so gewichtiges Gegenargument aus der Welt geschafft werden, solange sie nur als ideologische Waffe, als Narkotikum zur Einschläferung der Massen oder als apologetische

Rechtfertigung der um ihre Macht kämpfenden Bourgeoisie eine gesellschaftliche Funktion haben. In Deutschland – darüber wollen wir uns nichts vormachen – haben die Irrtümer eine solche Funktion. Es sind Hirngespinste, gewiß, aber der Faschismus dürfte bewiesen haben, daß man die potenzielle Gefährlichkeit von Hirngespinsten gar nicht ernst genug nehmen kann ... Wir müssen uns aber auch darüber klar sein, daß in der Taktik das Bürgertum überlegen zu sein pflegt. Das Bürgertum hat auf weite Sicht überhaupt keine Zielsetzung, solange es existiert, wird es, ganz kurzsichtig und immer nur auf die Vorteile des nächsten Augenblicks bedacht, Eintagsfliegenpolitik betreiben. Aber die taktischen Kniffe und Schliche dieser Politik beherrscht das Bürgertum blendend. Demgegenüber ist unsere Taktik meist primitiv und plump. Wer von uns hätte beispielsweise gedacht, daß es dem Bürgertum so leichtfallen würde, Faschismus und Kommunismus unter dem Sammelbegriff ›Totalitarismus‹ zu subsumieren und auf diese Weise eine überaus wirksame, zugkräftige Demagogie zu entfalten, die die von Hitler niedergeknebelten Freiheitsbedürfnisse der Massen ausgerechnet gegen die Befreier mobilisiert? – Das ist nur ein Beispiel von vielen. Die Geschichte der bürgerlichen Klassentaktik ist die Geschichte der Verlogenheit, der Pervertierung, der Verdrehung, der Verfälschung und der Umwertung aller Werte ...«

Der dritte Teil der Denkschrift, »Vorschläge zur Intensivierung unserer Pressearbeit für den Westen«, ist in dreizehn Punkte unterteilt. Es muß natürlich »sofort« in Angriff genommen werden, und Harich ist ganz in seinem Element, wenn er gleich die Rolle des Kaderleiters übernimmt.

»9. Neugründung einer von der SED zu kontrollierenden Tageszeitung, die eigens für die Westzone bestimmt ist.

a) Format: ›Tägliche Rundschau‹, ›Neues Deutschland‹? ›Die neue Zeitung‹! Gutes Papier, sechs Seiten. Große Auflage. Im Impressum kein Hinweis, daß die Zeitung sowjetisch lizensiert ist. ›Unabhängig und unzensiert‹ würde nicht schaden ... Ruhiges, klares Satzbild, übersichtlicher Umbruch, nicht so unruhig, wie beim ›Neuen Deutschland‹ und der ›Täglichen Rundschau‹. Nach westlichem Muster: Strenge Trennung von Nachricht und Kommentar, nicht einmal fett gedruckte Nachrichten auf der ersten Seite, wie sie ›Der Tagesspiegel‹ hat ...

c) Politische Kommentare. Hier muß der marxistische Gesichtspunkt in eine pointierte bürgerliche Terminologie übertragen werden. Äußerste Vorsicht bei lobender Erwähnung der Ostzone und

SED! Gelegentlich sogar Kritik an der Ostzone und an der SED üben. Wenn man die Ostzone lobt, dann etwa in dem Ton: ›Man muß es der SED schon lassen, daß sie das und das geschafft.‹ Hauptthemen müssen sein: Marxistische Interpretationen der internationalen Lage mit bürgerlicher Terminologie, wie wir sie beispielsweise in ›New Statesman and Nation‹, in Henry Wallaces ›New Republic‹ und in der ›Weltbühne‹ finden, – ferner: Genaues Eingehen auf die Zustände im Westen, in Bezug auf beide Themen schärfste kritische Argumentation. Die besten Leitartikel unserer Zeitungen müssen hier angesetzt werden, sofern ihre Namen als SED-Journalisten bekannt sind, müssen sie unter Pseudonym schreiben. Eventuell müssen einige erstklassige Leitartikler aus anderen Redaktionen herangezogen werden. Ferner: Ständige Veröffentlichung groß aufgemachter Korrespondenzberichte aus dem Westen unter Verwendung von sensationellem Tatsachenmaterial und mit starken kritischen Seitenhieben. Argumentation und Kritik müssen äußerst scharf, aber streng sachlich, ohne einen Ton der Entrüstung, ohne Beschimpfungen des politischen Gegners und in einem eiskalten, geschliffenen Stil gehalten sein. Jedes Wochenende eine Zusammenfassung der wichtigsten politischen Ereignisse der Woche, nach Ländern geordnet und in marxistischer Interpretation, aber mit bürgerlichen Formulierungen. Als politische Leitartikler würde ich vorschlagen: Lex Ende, Dr. K. von der ›Berliner Zeitung‹, Dr. Paul Rilla, Rudolf Herrnstadt, Herbert Gessner, Wolfgang Harich, Alexander Abusch, Dr. Günther Brandt ...«

Mit den fähigsten Journalisten und Schriftstellern will Harich eine niveauvolle Presse schaffen, und die Theater sollen von hervorragenden Theaterleuten zum Ruhm gebracht werden. Er scheut keine Arbeit, keine Mühe. Bertolt Brecht, zurückgekehrt aus dem Exil, pendelt zwischen Zürich und Berlin, er hat sich noch nicht für die Hauptstadt Deutschlands entschlossen, ihm fehlt im Ostberliner Teil, zu dem er sich hingezogen fühlt, eine eigene Arbeitsstätte. Das muß anders werden, meinen Harich und Gleichgesinnte, und gemeinsam mit Künstlern und Schriftstellern setzt sich Harich erfolgreich für das Bleiben Brechts in Berlin ein. An Anton Ackermann sendet er am 17.1.1949 »ein quasi Memorandum über den Fragenkomplex Brecht-Schiffbauerdammtheater-Volksbühne.« Ausführlich legt er darin Ackermann ans Herz, das Theater am Schiffbauerdamm Brecht zu überlassen.

Mit der Parteileitung der Humboldt-Universität, wo Harich Vorlesungen hält, kollidiert er im März 1952. Er verteidigt Hegel gegen Stalin und wendet sich in einer »Hegel-Denkschrift« hilfesuchend an das Politbüromitglied Fred Oelßner. Darüber erzählt Harich in seinem Buch »Keine Schwierigkeiten mit der Wahrheit«: »An der Humboldt-Universität hatte ich, wie gesagt, nach meiner Promotion, von September 1951 an, Vorlesungen über philosophiehistorische Themen gehalten. Was ich da, im obligatorischen Kolleg, über griechische und hellenistisch-römische Philosophie vortrug, paßte bereits nicht in das simple Schema, das, mit autoritativem Nachdruck, vom Chefideologen Andrej Shdanow, für die marxistische Darstellung des Kampfes zwischen Materialismus und Idealismus vorgeschrieben worden war. Doch die Sachkenntnis meiner Kritiker war hier zu gering, als daß sie sich ernstlich auf eine Auseinandersetzung mit mir hätten einlassen können, und der Gegenstand, andernteils, nicht erheblich genug, ›zu weit weg‹, um die Wachsamkeit der Parteioberen auf den Plan zu rufen. Ärgere Schwierigkeiten erwuchsen mir erst daraus, daß eine fakultative Vorlesung von mir über die Jugendgeschichte Hegels, unter Benutzung des einschlägigen Buchs von Lukács, gegen abwertende Urteile verstieß, die, was ich nicht wußte, zur Kriegszeit Stalin höchstpersönlich über die klassische deutsche Philosophie, über Kant, Fichte und besonders Hegel, gefällt hatte, wohl in der Absicht, die auf Lenin zurückgehende Hegelverehrung im Sowjetland zu widerrufen, von der er befürchtet zu haben schien, sie könne im Verteidigungskampf gegen die deutschen Okkupanten dem Wehrwillen der russischen Intelligentsja Abbruch tun.

Die betreffenden Stalinzitate besagen unter anderem, daß der deutsche Idealismus von Kant bis Hegel Ausdruck einer ›aristokratischen Reaktion gegen die Französische Revolution‹ sei. Man hielt mir das vor. Ich wußte es besser und weigerte mich, den Lehrstoff nach dieser grundverkehrten Einschätzung zu modeln. Daraufhin wurden meine Lehrveranstaltungen von der FDJ gestört, und die Institutionsleitung, unter Hollitscher, nahm die – manipulierte – studentische ›Vertrauenskrise‹ zum Anlaß, mich in unerquicklichen ›Diskussionen‹ zu einer Meinungsänderung zu bewegen. Da ich nicht nachgab, folgte ein in die Länge gezogenes Parteiverfahren, das mit einer Parteirüge endete.«

Für mich heißt das: das Parteiverfahren läutete die unverhohlene Hatz auf Harich ein.

*

Erinnerst Du Dich, ich glaube, es war zwischen 1989 und 90. Ich kam nach Hause, Du lagst auf dem Sofa, Du hieltest mir ein paar Blätter entgegen, Du sagtest, lies mal, und Du sahst mich dabei ziemlich niedergedrückt an. Ich setzte mich hin, und nichtsahnend nahm ich einen »Bericht über die Sitzung des Philosophischen Instituts (Mittwoch, den 16.4.1952)« in die Hände und las unter anderem folgenden Dialog:

»Ich hatte bei der Diskussion den Eindruck, als hätten nicht Genossen diskutiert, sondern Feinde. Die Art und Weise, wie vor allem Harich aufgetreten ist, ist unter Genossen nicht vertretbar. Harich hat zu Hoffmann gesagt: ›Haben Sie das und das Buch gelesen? Nein? Na, dann setzen Sie sich hin, und lesen Sie es bitte!‹ Das ist die Methode, wie bürgerliche Professoren einen Marxisten, der nicht Bescheid weiß, blamieren ...«

Erinnerst Du Dich, wie ich anfing zu lachen, wie ich mich über diesen komischen Satz nicht beruhigen konnte, wie ich unfähig war, weiterzulesen? Und wie Du mich verblüfft ansahst? Wie sich allmählich Deine Verspannung löste, als ich mich über die ganze Sache, wie gräßlich es für Dich auch gewesen sein mag, nur noch lustig machen konnte? Und wie ich Dich mit meinem Lachen angesteckt habe, immer mehr, bis wir uns vor Lachen in die Arme fielen und uns die Tränen nur so übers Gesicht liefen? Endlich war der ganze Spuk vorbei! Ich fand Dich ja in diesem Bericht herrlich! Du ließest Dich nicht in die Enge treiben, Du entschuldigtest Dich für Deinen Ton, und in Deiner Stellungnahme, die von Dir gefordert war, gingst Du sofort zum Angriff über. Du drehtest, und dessen warst Du Dir gar nicht bewußt, den ganzen Spieß um, und Du regtest alle aufs neue auf, und sie sagten zu Dir: »Der führt sich auf wie eine Primaballerina!« Laß mich Dir noch schnell etwas daraus vorlesen, also:

»Und Genosse Schrickel«, sagtest Du, »der 14 Tage Zeit hatte, sich mit meinen Thesen (Hegel-Denkschrift, A. H.) zu beschäftigen, hat nicht mit einem einzigen Wort zu meinen Thesen Stellung genommen, sondern statt dessen einen Vortrag darüber gehalten, daß ich ›in Nachbarschaft‹ der Fehler Deborins, ja ›in Nachbarschaft‹ zum Existentialismus stünde, eine Behauptung, die er natürlich nicht begründen konnte, denn sonst hätte er es ja nicht nötig gehabt, immer wieder zu betonen, es handele sich um eine ›Nachbarschaft‹. Über diese Art der Diskussion, die keine Diskussion ist, sondern ein Versuch der Diffamierung, habe ich mich geärgert, und dieser Ärger erklärt meine Erregung. Ich bin

bereit, jeden Fehler zu korrigieren, wenn mir sachlich, mit Argumenten, ein Fehler nachgewiesen wird. Das ist aber nicht geschehen. Ich muß in folgenden Punkten an den Genossen Hager, Hoffmann, (beide waren nicht anwesend, A. H.), Schrickel und Hollitscher Kritik üben, und ich bitte das Institut, daß diese meine Kritik in der abschließenden Stellungnahme berücksichtigt wird:
1. Ich werfe diesen Genossen nationalen Nihilismus auf dem Gebiet der Philosophie vor. Hier handelt es sich um einen allgemeinen Fehler, der in der Arbeit der deutschen Partei auf dem Gebiet der Philosophie überhaupt virulent ist ... Dieser Fehler zeigt sich aber auch darin, daß Genosse Schrickel einen Plan für das Studium der Geschichte der Philosophie entworfen hat, der vorsieht, daß innerhalb eines einzigen Studienjahres die ganze bürgerliche Philosophie von der Renaissance bis zum Jahre 1848 behandelt wird, was bedeutet, daß über Kant, Fichte, Schelling, Hegel und Feuerbach nur wenige Wochen lang gelehrt werden kann, und das in einem Gesamtplan von 5 Jahren Studium Geschichte der Philosophie. Dieser selbe Fehler kommt weiter darin zum Ausdruck, daß der 120. Geburtstag Hegels im vorigen November nicht in einer würdigen Form begangen wurde. Ich bin der Meinung, daß die Genossen Hager, Hoffmann, Schrickel, Hollitscher für diesen Fehler mitverantwortlich sind, und es muß erwartet werden, daß sie zu diesem Fehler selbstkritisch Stellung nehmen.
2. Ich werfe den Genossen Hager, Hoffmann, Hollitscher und teilweise auch Genossen Schrickel vor, daß sie keine konkreten Kenntnisse der Geschichte der Philosophie besitzen. Ich gebe zu, daß es diesen Genossen in der Vergangenheit schwer gefallen ist, Zeit und Ruhe zum Studium zu finden. Ich gebe auch zu, daß diese Genossen gegenwärtig überlastet sind. Aber das hilft alles nichts: Wenn wir das Philosophische Institut der Berliner Universität, an der Fichte und Hegel gelehrt haben, als verantwortliche Genossen leiten wollen, dann müssen wir unbedingt unsere Unkenntnis auf dem Gebiet der Geschichte der Philosophie überwinden. Es geht nicht, daß wir hier selbstzufrieden sind. Ich bin der Meinung, daß die Genossen selbstkritisch zugeben müssen, daß sie keine konkreten Kenntnisse der Geschichte der klassischen deutschen Philosophie besitzen ... Zwischenruf von Hollitscher: Du bist ja größenwahnsinnig! ...
3. Ich werfe den Genossen vor, daß sie hier den Versuch machen, Araktschejew-Methoden zu praktizieren. Die Tatsache, daß die

Veröffentlichung meiner Kritik an Ernst Hoffmann und meiner Verteidigung des Genossen Lukács von der ›Einheit‹ nicht veröffentlicht wird, daß die Veröffentlichung abhängig gemacht wird vom Resultat dieser Diskussion, daß Genosse Hoffmann mir in dieser Diskussion, anstatt sich mit meinen Argumenten sachlich auseinanderzusetzen, Gegnerschaft zu Stalin vorwirft, daß Schrickel mich in ›Nachbarschaft‹ zu Fehlern Deborins bringt und vor allem, daß die Diskussion einfach abgebrochen wird, ohne daß meine Argumente überhaupt diskutiert worden sind. Dies alles sind Versuche, hier ein Araktschejew-Regime einzuführen. Gegen die Versuche wehre ich mich. Mit einer solchen Methode kann man keine marxistischen Wissenschaftler erziehen. Mit so einer Methode erzieht man die Menschen zur Charakterlosigkeit, zur Kriecherei, zur Doppelzüngelei ... Aber ich habe Angst, daß die jungen Menschen ... eines Tages keine marxistischen Wissenschaftler sind, sondern Talmudisten, charakterlose Kriecher und Doppelzüngler. Deshalb protestiere ich gegen die Methode ...«
Und nach langem Hin und Her kommt die Sache auf den Punkt: »Verstehst du denn gar nicht, warum wir uns alle mit deinen sogenannten ›sachlichen Argumenten‹ nicht auseinandergesetzt haben? Nein, das verstehe ich nicht! Aber das ist doch ganz klar. Das hat doch einen Sinn. Das haben sich die Genossen Hoffmann, Hager und ich (Schrickel, A. H.) genau überlegt ... Es handelt sich um die Einstellung des Genossen Harich zur Partei. Es handelt sich um die Einstellung des Genossen Harich zur Sowjetwissenschaft. Es handelt sich um die Überheblichkeit des Genossen Harich und nicht um Hegel. Und was ist inzwischen mit der Diskussion über Hegel? Soll die fortgesetzt werden oder nicht? Nein, diese Diskussion ist abgeschlossen. Es geht jetzt nur noch um dein Verhalten.«

Na, den Satz kennst Du doch? Immer ging es um Dein Verhalten, die Inhalte waren lästig, die wurden schon damals, weil unverstanden, wegen Deines Tones zerschrien. Ich fasse zusammen und nehme, mein lieber Freund, mir Oliver Goldsmith zur Hilfe, der mir aus der Seele spricht: »Und der Mund jener, denen es an Argumenten ermangelt, ist voller Beschimpfungen.« Schon wieder bin ich so sehr abgeschweift.

*

Die Genossen von der Universitätsleitung vergessen die Kritik nicht, die Harich an ihnen nicht nur einmal geübt hatte; sie sind beleidigt und nachtragend, und sie wissen sich von ihm erkannt.

Daraus erwächst ein unaufhörlicher, ansteckender Eifer, sich an Harich zu rächen, ihn auszustechen und ihn, wo immer sich eine Möglichkeit finden läßt, als unglaubwürdig hinzustellen. Er ist ständigen Gängeleien ausgesetzt, die zermürben ihn, und in dem Zustand der körperlichen wie seelischen Schwäche findet ein Bandwurm Zugang in seinen Darm und frißt ihm dort alles weg. Er muß ins Krankenhaus. Der Ärger findet kein Ende. Ein Magengeschwür ist die Folge. Er muß wieder ins Krankenhaus, vielleicht zu seinem Glück, denn da bricht der 17. Juni aus. Brecht steht am Krankenbett, und Harich sagt: Wir müssen das jugoslawische Modell hier einführen, und Brecht sagt: Unsinn, wir stürzen die Kunstkommission, das ist wichtiger, die soll aufhören, die Kunstschaffenden bei uns mit ihrer unerträglichen Formalismusdebatte zu drangsalieren, sonst laufen uns alle Künstler davon. Schreiben Sie, so sagt er, einen Artikel über die unsägliche Kunstkommission, und ich schreibe Gedichte dazu. Gesagt, getan und mit heißen Magenwickeln auf dem Bauch schreibt Harich seinen radikalen Artikel »Es geht um den Realismus«, und schwupp, ist die »Viererbande der Formalismusphase«, Staatssekretär Helmuth Holtzhauer, dessen Hauptabteilungsleiter Oskar Hoffmann, Wilhelm Girnus, Kurt Magritz, ihrer Kritikermacht enthoben, und so etwas vergißt ein guter Genosse dem schlechten nicht, sondern wartet gespannt auf die Gelegenheit, seinem Beleidiger die Schmach heimzuzahlen.

Wenn ich die Briefe Harichs im Nachlaß aus jener Zeit lese, ist mir, als ob die Zeit stehengeblieben sei, und mir scheint, als liefe er sich die Sohlen heiß gegen ein Heer uneinsichtiger mittelmäßiger Bürokratenköpfe, das ihm unverständlich ist, mit dem er einfach nicht fertigwerden kann, mit dem er Zeit und Kraft vergeudet, das ihm Plage und Verdruß bereitet, weil er in den Leitungsetagen auf »Unbildung« und »Ignoranz« stößt, und das findet er »haarsträubend«. Vielleicht war es eifersüchtige Scheu, die der junge, impulsive, zuweilen auch herrische Mann mit seiner Begabung und seinem Talent bei seinen Widersachern hervorrief, die in ihrer Angst um ihre geliebten Posten den hemmungslosen Kritiker, der nicht einmal vor dem Denker Stalin halt machte, lieber beiseitegeschoben hätten, als in führender Position zu sehen.

Ungeachtet aller Schwierigkeiten, ungeachtet des unsympathischen »Persönlichkeitsbildes«, das ihm anhängt und mit dem er zu leben lernt, läßt er sich nicht abhalten, weiter für ein geeintes

Land zu kämpfen. Das treibt ihn um, läßt ihn nicht ruhen, und Harich macht sich zum Knecht seiner Ziele.

Brecht stirbt im August 1956. Harich verliert nicht nur einen geistig Verbündeten, er verliert einen erfahrenen Taktiker, der das Bremsen eigener Courage beherrscht hat. Es gibt niemanden um ihn herum, der ihn stoppt, der ihn warnt, der um ihn besorgt ist. Keiner der Genossen, die sich im undurchsichtigen, stalinistischen Parteiengewebe auskennen, halten ihn ab von seinen »Illusionen«, im Gegenteil, er wird ermuntert, mit dem Feuer des Stalinismus zu spielen. Im nachhinein ist es leicht, über seine »Naivität« herzuziehen und zu höhnen, zumal das in der Regel von den Leuten geschieht, die sich in allen Lebenslagen schadlos zu halten wissen. Harich ist 32 Jahre alt, ein Idealist, guten Glaubens an seine Genossen. Er ist reich an Vorbildern, die gekämpft haben für ein besseres Menschendasein, die dafür verfolgt wurden und dennoch ihren politischen Vorstellungen und Ideen treugeblieben sind. Bei ihnen hat er gelernt, hat sich an deren schonungsloser Polemik, an deren klarer und eindeutiger Sprache geschult, ob bei Heine, Marx, Engels, Belinski oder Lenin, Mehring und Lukács. Sie und noch viele andere mehr sind für ihn maß- und beispielgebend. Er ist gewillt, im Kampf für ein geeintes Deutschland Opfer zu bringen.

Im Oktober bricht in Ungarn der »konterrevolutionäre Aufstand« aus. Georg Lukács wird in seinem Haus festgesetzt. Die Verbindung zwischen Harich und Lukács ist für immer unterbrochen. Noch fühlt er den Verlust nicht. Dann überstürzen sich die Ereignisse unmittelbar um ihn herum: erst das Gespräch mit dem sowjetischen Botschafter Puschkin, dann mit Ulbricht, die Zusammenkunft in Kleinmachnow, die Reise nach Hamburg, die Verhaftung.

Die Verhaftung Harichs und seiner Mitstreiter ist bekannt. Bekannt ist auch sein Dankgeständnis an die Staatssicherheit, ihn beizeiten festgenommen zu haben, da er sonst für den Galgen reif gewesen wäre. Er bezeichnet sich vor den Richtern, hoffend auf ein mildes Urteil, als ein »durchgebranntes Pferd«, das es einzufangen galt. Von diesem Geständnis weiß jeder, der sich mit der Geschichte 1956/57 befaßt hat. Von da an war aus dem »intellektuellen Wunderkind« ein Verräter, ein Feigling, ein Abenteurer geworden. Das war es, was von Harich übrigbleiben sollte.

Je länger ich darüber nachdenke, um so mehr klingt mir Harichs Geständnis wie bittere Selbstironie. Er weiß sehr wohl, was er sich angetan hat! Die Kunde über den Verrat an seinen Genossen bleibt ein unauslöschliches Reizwort, stark genug, seine Fähigkeiten und Leistungen verblassen zu lassen. Sein Name als Autor verschwindet. Sein Geständnis wird ihm ewig nachgetragen, vorgeworfen und aufgewärmt, und die einmal in Umlauf gebrachten Vokabeln werden im Laufe der Jahre mit Selbstverständlichkeit, unüberprüft, übernommen. Sie dienen denjenigen, denen er unbequem ist und bleiben wird. Auch nach der politischen Wende 1989 bleiben in der Regel die Worte »Abenteuerer«, »Dogmatiker« und »Verräter« die gängigsten, da, wo sich mit Harich und seiner Geschichte befaßt wird. Der Spaltung Deutschlands Widerstand zu leisten, war für Harich kein Abenteuer! Der Kritiker wurde Dogmatiker geheißen, weil er den Geist humanistischer Tradition fortzusetzen sich verpflichtet fühlte, und weil es sehr wenige gab, die seiner Argumentation standhalten konnten. Wie kann er ein Verräter sein, wenn die Vernehmer bereits alles wissen und derselben Partei angehören wie Harich? Wenn die Genossen Vernehmer ihm verbieten, über bestimmte Ereignisse und Themen ein Wort zu verlieren? Der Name Brecht durfte nicht fallen, das Wort »Wiedervereinigung« sowie das Gespräch mit Puschkin nicht erwähnt werden. Davon abgesehen: Wie konnte der junge patriotisch gesinnte Harich wissen, daß es den meisten Deutschen egal war, was mit ihrem Land geschieht? Er hat einmal gesagt: Wer sein eigenes Land nicht liebt, kann die Liebe anderer Völker zu ihrem Land nicht verstehen.

Der Schlag gegen das »Bürgersöhnchen« Harich war planmäßig gelungen.

Der »Tagesspiegel« nutzt die Verhaftung Harichs für seine antikommunistische Propaganda, dafür behandelt die Zeitung ihn in einer Meldung vom 8.3.1957, »Der Harich-Prozeß«, etwas milder, aber fehlerhaft, aus jeder Zeile tropft klammheimlich Schadenfreude, die beiden gilt: dem sozialistischen Ulbricht-Regime und dem politisch Verunglückten.

»Vor einigen Tagen wurde Wilhelm Girnus, ein naher Gefolgsmann Walter Ulbrichts, zum neuen Staatssekretär für das sowjetzonale Hochschulwesen ernannt. Jetzt hat vor dem sogenannten Obersten Gericht der ›DDR‹ der angekündigte Prozeß gegen den der ›Konterrevolution‹ beschuldigten ehemaligen Professor für Gesellschaftswissenschaft Wolfgang Harich begonnen. Beides trifft nicht zufällig zusammen, sondern kennzeichnet die Absicht der

SED, die Opposition der Intellektuellen in der ›DDR‹ zu ersticken und vor allem die Universitäten unter Druck zu setzen, wo der Widerstand gegen Ulbricht im besonderen und dem Parteiapparat im allgemeinen seinen gefährlichsten, weil geistigen Ausdruck findet. Von beiden Vorgängen ist der Fall Harich besonders exemplarisch. Der heute sechsunddreißigjährige Harich (32 Jahre, A. H.) war nach dem Krieg als junger Mann, als Schwarm- und Feuergeist, in den Sog der marxistischen ›Heilslehre‹ geraten. Über den ›Kulturbund zur demokratischen Erneuerung Deutschlands‹ und die Rolle eines sich avantgardistisch-boshaft gebenden Theaterkritikers an der sowjetischen ›Täglichen Rundschau‹ stieg er schnell zum Parteitheoretiker auf, der sich gern den Aufgaben eines Paradepferdes widmete. Was ihn dazu befähigte, war immerhin ein wacher Intellekt von erstaunlicher Fassungskraft, der sein resorbiertes Wissen mit deutlichem Zynismus handhabte. Da Harichs Hinwendung zum Kommunismus nie ganz frei von Opportunitätserwägungen blieb, behielt er hier und da eine gewisse Distanz zu dem ideologischen Gebäude, mit dessen Bausteinen er jonglierte. Und in guten Momenten entstand daraus so etwas wie kritische Unabhängigkeit. So wandte er sich 1953 zugunsten einer größeren Freiheit des Künstlers gegen Dogmatismus und das Administrieren im Kunstbetrieb der ›DDR‹; so vertrat er in den sogenannten philosophischen Konferenzen der SED schon vor dem Tode Stalins bemerkenswert unstalinistische Auffassungen über die Rolle der Wissenschaft. Nach der Verdammung Stalins, nach dem Beginn der revolutionären Entwicklungen in Polen und Ungarn, war er einer der ersten, der auch für die ›DDR‹ Konsequenzen forderte. Innerhalb und außerhalb der marxistischen Zirkel wurde er ein spektakulärer Wortführer revisionistischer Ideen, mit denen er den Kommunismus vom Ballast zu befreien und auch für Deutschland wieder zugkräftig zu machen suchte. Er hatte das Pech, daß Ulbricht ganz andere Konsequenzen aus den Ereignissen zu ziehen gedachte, daß für diesen nur die Beharrung auf den stalinistischen Führungsprinzipien in Frage kam. Und Ulbricht schlug schnell zu. Eine Antastung der Lehre war für ihn eine Antastung seines Machtapparats, worin er sich sogar mit Harich in Übereinstimmung befand, nur daß Harich darin eine Notwendigkeit sah, wenn der Kommunismus überhaupt überleben sollte. Verbindungen zum Petöfi-Kreis, dem intellektuellen Zentrum der ungarischen Revolution, wurden zum Anlaß genommen, Harich konterrevolutionärer Umtriebe zu beschuldigen; die

Spionage für den Westen wurde hinzuerfunden. Das alles beweist, daß Ulbricht ein Exempel statuieren will ...«

Die »Neue Zürcher Zeitung« vom 9.3.1957 beschreibt die Ereignisse »Der Prozeß gegen Wolfgang Harich in Ostberlin« aus einem anderen Blickwinkel:

»Vor dem obersten Gericht der DDR in Ostberlin hat heute der Prozeß gegen den Ende November 1956 von der Geheimpolizei verhafteten Dozenten Wolfgang Harich begonnen, der beschuldigt wird, mit Angehörigen des Petöfi-Kreises in Ungarn Beziehungen unterhalten und eine Verschwörung zum Sturz der kommunistischen Ordnung in der DDR angezettelt zu haben. Die von Generalstaatsanwalt Ernst Melsheimer verfaßte Anklageschrift war dem Offizialverteidiger Harichs erst zwei Tage vor der Eröffnung des Prozesses zugeteilt worden. Die Verhandlungen werden hinter verschlossenen Türen geführt. Den Angehörigen Harichs wurde mitgeteilt, daß sie dem Prozeß nicht beiwohnen könnten. Die herrschende Gruppe um Ulbricht gab ferner Anweisung, sowohl die westlichen Pressevertreter als auch Journalisten aus Ländern des Sowjetblocks sowie Korrespondenten kommunistischer Zeitungen des Westens von den Verhandlungen auszuschließen.

Die Gründe, die Ulbricht veranlaßten, das Licht der Öffentlichkeit zu scheuen und eine derart strenge Politik der Geheimhaltung zu treiben, liegen auf der Hand. Jeder selbständig denkende Bürger im Herrschaftsbereich der SED weiß, daß die gegen Harich erhobene Anklage haltlos ist. Die Vorstellung, daß der als jugendlicher Hitzkopf und intellektueller Schwarmgeist bekannte Parteitheoretiker Harich die Macht der von den Sowjets gestützten SED-Führung brechen wollte, wirkt so absurd, daß man selbst in den höheren Parteikreisen nur ironisch darüber spricht. Die Dozenten, Studenten, die intellektuellen Gruppen in der Partei sind sich natürlich darüber im klaren, daß die Parteiführung Harich als einen unter vielen herausgegriffen hat, um nach der ungarischen Erhebung, die in der DDR eine Erschütterung der Macht Ulbrichts zur Folge hatte, ein Exempel zu statuieren.

Hinzu kommt, daß Harich der Parteiführung als ein Mann bekannt ist, von dem nicht ohne weiteres erwartet werden kann, daß er in einem öffentlichen Prozeß einfach das gewünschte ›Geständnis‹ ablegen und von vornherein darauf verzichten würde, von der Möglichkeit eines Protestes gegen seine stalinistischen Ankläger Gebrauch zu machen. So hielt es Ulbricht für ratsam, den Prozeß unter Ausschluß der Öffentlichkeit durchführen zu lassen. Da den Machthabern sachliche Argumente fehlen, griffen sie zu den aus der Zeit der stalinistischen Säuberungsprozesse bekannten Mitteln der moralischen Diffamierung und leiteten gegen Harich eine Verleumdungskampagne übelster Art ein, die sich zuletzt zu einer Rassenhetze im Stil der nationalsozialistischen Propaganda steigerte. Wie im Gespräch aus der Sowjetzone festgestellt werden kann, haben diese Diffamierungsversuche das Gegenteil der beabsichtigten Wirkung hervorgerufen: Harich ist in den Augen der akademischen Jugend durch die Maßnahmen des Regimes zu einem Symbol des Widerstands gegen die Diktatur Ulbrichts geworden.«

Der Prozeß fand hinter verschlossener Tür statt, dennoch wußte der »Telegraf« am 28.3.1957 mit der spektakulären Überschrift »Verbrecher und Idioten, Wolfgang Harichs Anklage gegen die SED-Prominenz« folgendes zu berichten: »›Ich habe nicht damit gerechnet, daß ich es mit einer Bande von Verbrechern und Idioten zu tun hatte.‹ Dies erklärte der kürzlich vom Obersten Sowjetzonengericht zu zehn Jahren Zuchthaus verurteilte Ostberliner Professor Dr. Wolfgang Harich – wie jetzt das Ostbüro der SPD mitteilte – in seinem bisher geheimgehaltenen Prozeß-Schlußwort. Harich hatte sich mit dieser entschiedenen Anklage gegen die führenden SED-Funktionäre gewandt, von denen er irrtümlicherweise angenommen habe, man könnte mit ihnen vernünftig diskutieren oder sie wenigstens als faire und ehrliche Gegner betrachten. Wolfgang Harich betonte in seinem Schlußwort vor Gericht, daß er zwar einen Volksaufstand in der Zone immer noch für möglich halte, aber nicht daran gedacht habe, ihn zu organisieren oder vorzubereiten. Er habe die Situation in der Zone nüchterner und realer eingeschätzt als die Leute, die kraft ihres Amtes dazu verpflichtet gewesen seien.

Er sei, so sagte Harich, kein Feind des Sozialismus: aber dessen Grundlagen bejahen, heiße nicht, die Grundlagen des Zonenstaates so zu lassen, wie sie augenblicklich existieren ... SED-Generalstaatsanwalt Melsheimer habe den Angeklagten Harich, so wird aus der gleichen Quelle berichtet, ›in echter Freisler-Manier‹ behandelt.«

In der Ausgabe des Tagesspiegel vom 28.3.1957 wird ausführlicher berichtet. Dort heißt es weiter: »Harich stellte sodann, von Generalstaatsanwalt Melsheimer immer wieder unterbrochen, seine ›Plattform‹ dar und bekannte sich voll zu ihrem Inhalt. Dann ging er auf den Anklagepunkt über, der ihm Verbindung zum Ostbüro der SPD vorwirft.

›Ich möchte betonen, daß meine mitangeklagten Genossen von meiner Verbindung zu Vertretern der Sozialdemokratischen Partei Deutschlands nichts gewußt haben, und ich alleine trage die Verantwortung dafür. Wenn nun von der Anklagevertretung behauptet wurde, daß ich durch meine Kontaktaufnahme zur SPD in die Hände von Agenten und Spionen geraten sei, so muß ich eine derart absurde und unhaltbare Unterstellung zurückweisen. Erstens bin ich persönlich kein Agent und kein Spion, zweitens kann ich sehr wohl unterscheiden, ob ich mit Agenten und Spionen verhandele, und drittens sind mir von Vertretern des Ostbüros der SPD mit keinem Wort irgendwelche Spionage- und Sabotageaufträge gestellt worden … Von der Anklagevertretung bin ich gefragt worden, was ich mir dabei gedacht habe, als ich den Kontakt mit der Sozialdemokratischen Partei Deutschlands aufnahm. Nun, die Antwort ist nicht schwer: Ich habe mir gedacht und denke dasselbe übrigens auch heute noch, daß die SPD die stärkste sozialistische Partei Deutschlands ist und daß es ohne eine Zusammenarbeit mit der SPD auch keine demokratisch-sozialistische Entwicklung in Deutschland geben kann. Dies und nichts anderes habe ich mir dabei gedacht. Trotz aller Vorbehalte gegen die SPD, die sie aus meinen schriftlichen Aufzeichnungen kennen, erwarte ich von der SPD noch sehr viel für eine demokratische und sozialistische Entwicklung in einem wiedervereinigten Deutschland. Aus dieser meiner Überzeugung heraus kann ich in meiner Kontaktaufnahme zur Sozialdemokratischen Partei Deutschlands kein Verbrechen wider die Interessen des Sozialismus erblicken, denn für mich ist der Sozialismus in Deutschland und somit auch die deutsche sozialistische Bewegung unteilbar und nicht das Privileg einer gewissen Parteiführung.

Von der Anklagevertretung bin ich weiter gefragt worden, was ich mir gedacht habe, als ich meine Plattform an führende Funktionäre der SED herantrug. Ich will auch hierauf antworten: Ich habe niemals die Absicht gehabt, meine Konzeption heimlich, konspirativ und auf fraktionellem Wege in der Partei und in der DDR zu verwirklichen. Dazu bin ich erst später durch die Umstände gezwungen worden, und zwar gegen meinen Willen. Ich habe versucht, mit den führenden Funktionären der SED über meine Plattform zu sprechen, weil ich glaubte, es mit fairen, ehrlichen Menschen zu tun zu haben, mit denen man im Rahmen der Partei vernünftig diskutieren kann. Selbst als ich erkannte, daß eine solche Diskussion mit ihnen nicht möglich ist, habe ich noch immer geglaubt, es wenigstens mit fairen und ehrlichen Gegnern zu tun zu haben, von denen mich zwar vieles trennt, aber mit denen mich noch immer eine gemeinsame weltanschauliche Grundlage verbindet. Ich habe allerdings nicht damit gerechnet, daß ich es mit einer Bande von Verbrechern und Idioten zu tun hatte. Wenn ich das gewußt hätte ...‹ An dieser Stelle griff Melsheimer erneut ein und erreichte es mit einem heftigen Auftritt, daß der Präsident Harich das Wort entzog.«

Zwei Tage später ist in der »Frankfurter Allgemeinen Zeitung« vom Samstag, dem 30. März 1957, zu lesen:

»Harich im Rundfunk? Ostberlin spricht von westlicher Fälschung. Das Zentralorgan der Einheitspartei der Zone, ›Neues Deutschland‹, hat am Freitag den vom Ostbüro der Sozialdemokratischen Partei veröffentlichten Inhalt des Schlußwortes von Harich vor dem Obersten Gericht der Zone als plumpe Fälschung bezeichnet. Eine Tonbandaufnahme dieses angeblichen echten Schlußwortes wurde als ›Wahrheitsbeweis‹ vom Ostberliner Rundfunk am Donnerstagabend gesendet. Danach hat Harich seine tiefe Reue ausgedrückt und dem Staatssicherheitsdienst für seine Verhaftung ›gedankt‹.

In den Berliner Kreisen, die Harich kennen, ist die Meinung unterschiedlich, ob es sich tatsächlich um Harichs Stimme im Rundfunk gehandelt hat. In der Tonbandaufnahme hieß es unter anderem: ›Nun ist es klar, daß der Staatssicherheit zu danken ist, daß sie also unseren Staat vor größerem Schaden bewahrt hat. Aber wenn ich das jetzt sage, nachdem, was ich getan habe, glaubt mir das so ohne weiteres kein Mensch. Aber es ist ein persönlicher Dank. Ich war ein politisch durchgebranntes Pferd, das mit Zurufen nicht mehr aufzuhalten war. Wenn man mich nicht festgenommen hätte, dann wäre ich heute nicht reif für zehn Jahre, die der Herr Generalstaatsanwalt beantragt hat, sondern für den Galgen, und deshalb sage ich auch aus ganz persönlichen Interessen und Gründen der Staatssicherheit dafür, für deren Wachsamkeit, meinen Dank. Jetzt nun will ich sagen, daß ich meine Tat tatsächlich bereue, und daß das so ist, kann ich nicht beweisen. Man kann eine solche Reue nur beweisen in der Freiheit. Die Strafe, die der Herr Generalstaatsanwalt mir zudiktiert hat, erscheint mir also für die Sache gerecht. Aber die Freiheit zu verlieren, ist ganz furchtbar. Aber ich bitte um eine recht milde Bestrafung, damit ich mich als freier Mensch wieder bewegen kann und mich als freier Mensch bewähren kann in der wissenschaftlichen Arbeit und vielleicht auch wieder einmal in der Politik.‹ Harich bat in seinem angeblichen Schlußwort seine Mitangeklagten Steinberger und Hertwig um Verzeihung und um milde Bestrafung der beiden, da er sie erst mit seinen Ideen ›in die große Politik‹ hineingetrieben habe.«

Iring Fetscher, Politikwissenschaftler, veröffentlichte einem Artikel, »Wolfgang Harich und sein Programm«, in er »Deutschen Universitätszeitschrift«, Heft XII/7, 1957: »Harich hat eine schlechte Presse in der Bundesrepublik. Vielleicht, weil man ihm die schnelle Karriere in einer verworrenen Zeit mißgönnt, vielleicht, weil eine geistige Gestalt wie er das einfache Weltbild erschüttert, das sich viele Menschen zurechtgezimmert haben, vielleicht, weil man überhaupt politisierenden Intellektuellen mißtraut ... Wie immer man über die politische Klugheit von Wolfgang Harich denken mag: das von ihm und seiner Gruppe entworfene Programm (abgedruckt in der Frankfurter Allgemeinen Zeitung vom 21.3.1957) zeigt deutlich, daß er die(se) Diskrepanz zwischen theoretischem Anspruch und politischer Praxis durch eine radikale Reform der SED im Stile Gomulkas beseitigen und an die Stelle des jetzigen Terrorregimes ein wirkliches Volksregime setzen wollte. Seine Aktion hat damit, auch wenn sie vorerst völlig fehlgeschlagen ist, die Ehre des deutschen Intellektuellen in der Sowjetzone wiederhergestellt. Es waren ja polnische und ungarische kommunistische Intellektuelle gewesen, die die Reformbewegung in diesen Ländern lange vor dem Oktober 1956 eingeleitet und in der Presse vorbereitet hatten. Schriftsteller, Philosophen, Soziologen, Journalisten, die dem Stalinismus – gerade im Namen eines wirklichen Sozialismus – den Krieg erklärten und deshalb bei ihrem Kampf sich auf ein Ethos stützen konnten, das die stalinistischen Machthaber selbst gefördert hatten und das sich nun revolutionär gegen sie kehrte. Daß die Beschäftigung mit dem jungen Marx, seinem Ethos und seinem Menschenbild zu einer Gefahr für das terroristische Regime werden kann, haben mittlerweile die Machthaber in Pankow erkannt ...

Zweierlei fällt an dem Harichschen Dokument in die Augen: einmal der humanistische Ausgangspunkt der Kritik, von dem wir schon gesprochen haben. Die Sympathie, die Bert Brecht der Gruppe um Harich bezeugt haben soll, ist hier eben so charakteristisch wie die Ablehnung des sowjetischen Vorgehens in Ungarn. Der zweite hervorstechende Zug des Programms ist eine sehr weitgehende Revision der marxistisch-leninistischen Dogmatik. Das kommt unter anderen darin zum Ausdruck, daß Erkenntnisse Trotzkis und Bucharins, Rosa Luxemburgs und Karl Kautskys, ja sogar Fritz Sternbergs übernommen werden sollen. Das Freiheitsproblem wird als zentral erkannt und die Entartung der Sowjetunion zu einem totalitären Staat nicht auf die zufällige Charaktereigenschaft Stalins, sondern auf strukturelle Fehler zurückgeführt. Daraus folgt für Harich die Ablehnung der Vorbildlichkeit der Sowjetunion und die Notwendigkeit der Entwicklung eines eigenen ›deutschen Weges zum Sozialismus‹ ... Er erkennt den Führungsanspruch der SPD in einem wiedervereinigten Deutschland an, indem sie aller Voraussicht nach die stärkste Partei sein werde. Doch hofft er, daß eine entstalinisierte SED sich dann mit der – revolutionär gewordenen – SPD vereinigen werde, um die Spaltung der Arbeiterklasse diesmal in voller Freiheit zu überwinden ... Der globale Ausblick auf einen Weltausgleich zwischen dem entstalinisierten Sozialismus des Ostens, der dem Westen sozialistische Ideen bringt, und dem Westen, der den Osten ›mit demokratischen und freiheitlichen Ideen und Auffassungen beeinflußt‹, rundet das Bild beinahe allzu harmonisch ab.

Worin lagen nun die Illusionen? Mir scheint, vor allem darin, daß er sich über die Machtverhältnisse und den Geisteszustand der herrschenden Gruppe in der Sowjetzone nicht im klaren war, daß er auf eine breite Schicht echter Sozialisten und ehrlicher Patrioten auch unter den ›Pankower Herren‹ glaubte rechnen zu können, während in Wirklichkeit dort eine Clique von Opportunisten und Egoisten am Ruder ist, der es einzig um die Aufrechterhaltung ihrer Macht geht ... Harich glaubte nun allen Ernstes, durch einen Appell an das sozialistische und humanistische Ethos derartig notorische Opportunisten zum Abdanken im Dienste der Sache bewegen zu können. Er verkannte, daß seine Pläne den Interessen dieser Schicht geradewegs zuwiderliefen, und daß der Herrschaftsapparat in der Sowjetzone keinen anderen Zweck hat, als diese Interessen zu wahren. Er verkannte die Tatsache, daß es in einer Tyrannis unmöglich ist, offen und legal die Staatsmacht aus einer Hand in die andere übergleiten zu lassen. Nicht weniger aber wollte er auf dem Wege der Überredung und der Fraktionsbildung in der SED erreichen. Mag sich Harich aber auch immer in den realen Machtverhältnissen getäuscht haben, er hat vor aller Welt den Nerv bloßgelegt, der die empfindlichste Stelle des Ulbricht-Regime bildet. Der Aufschrei des Gerichts hat nicht ihn, sondern das Regime verurteilt, das sich gegen sozialistische Reformprogramme und humanistische Kritiken mit zehn Jahren Zuchthaus verteidigen muß. Unter den jungen, oft idealistisch denkenden Kommunisten der Sowjetzone wird die Verurteilung Harichs, trotz aller verdunkelnden Berichterstattung in der offiziellen Presse, heilsam aufklärend wirken über den Charakter eines Staates, der sich auf Marx beruft, aber die Lehren eines Sorels befolgt.«

Im Dezember 1964 wird Harich aus der Haft entlassen. Wer sich aus freien Stücken mit Harich abgibt, macht sich verdächtig. Nur »Abgesandte« werden sein Haus betreten. Wenige Ausnahmen bestätigen die Regel. Und Harich akzeptiert die Folgsamkeit ehemaliger Freunde und Genossen und Mitarbeiter, genau so, wie er dazu bereit ist, zu folgen, sich erneut politisch zu bewähren und nie mehr eine Gruppe zu bilden. Beim Klang des Wortes »Gruppenbildung« zuckt er zusammen, es wirkt wie ein Peitschenhieb über den Rücken.

Jetzt, beim Schreiben, bewegt mich die Frage: Ist Harich jemals mit Anna Seghers, die er tief verehrte, zusammengekommen? Sie starb 1983 in Berlin. Haben die zwei sich wiedergesehen, wiedergesprochen? Ich weiß es nicht. Und wie ging das mit Helene Weigel weiter? Nur aus der Ferne erledigte er noch dramaturgische Arbeiten. Und warum kein Wiedersehen mit Bloch? Harich verdrängt – und das im wahrsten Sinne des Wortes – Verletzung, Demütigung und Menschen. Getrennt von Freunden, Genossen und der Familie, zustandegebracht durch Intrigen, entscheidet er sich nach seiner Haftentlassung dennoch für die DDR. Für ihn wäre es ein Leichtes gewesen, nach dem Westen zu gehen, seine Peiniger publizistisch anzuprangern, die Verleumdungen, die während der Haftzeit auf die Wege geschickt worden waren, zu widerlegen und seine Themen wie z. B. die Wiedervereinigung Deutschlands, seine Plattform, in der er, unter anderem, die Auflösung der Staatssicherheit fordert, an die Öffentlichkeit zu bringen. Ob die bundesdeutsche Obrigkeit darüber glücklich gewesen wäre, sei dahingestellt. Angenommen, Harich, stillschweigend nach drüben gegangen, hätte sich um eine Professur bemüht, um zu lehren, sein eigentliches Naturell (»Ich könnte den ganzen Tag nur reden«, W. H.), um philosophische Vorlesungen zu halten, dann wäre sein Traum, »jungen Studenten seinen Stempel aufzudrücken« (W. H.) in Erfüllung gegangen. (»Wofür habe ich denn so viel gelesen?«, W. H.) Das war damals noch möglich. Im Strom der 1968er Bewegung mitzurudern, richtungsweisend Einfluß zu nehmen, wäre ihm als Bildungsbürger der alten Schule, wenn auch als Linker, schlecht bekommen. Die junge revolutionäre Garde in der BRD hatte keinen »Bock« auf die alten konservativen Professorenköpfe. Auf keinen Fall wäre Harich dort zur Ruhe gekommen. Doch Ruhe wollte er am allerwenigsten. Er wollte die Lehren des Marxismus den gesellschaftlichen Verhältnissen auf allen Gebieten entsprechend weiter ausarbeiten. Harich klagte, es gibt keine marxistische Ethik. Und mit wem hätte er das am besten tun können? Mit Lukács! Mit seinem Lehrer, seinem politisch-philosophischen Genossen! Er hat nie aufgehört, an Lukács zu denken, an ihm festzuhalten und sein geistiges Erbe zu verteidigen.

Nie mehr mit Lukács zusammengekommen zu sein, gehört zu den schmerzvollsten Strafen, die ihm angetan worden sind! Es gab niemanden um ihn herum, mit dem er sich philosopisch und politisch so verwandt fühlte. Und daß Bloch zu Lukács fuhr und mit ihm wer weiß was beredete und daß Harich still sein mußte, das war eine Qual, das hat er oft genug geäußert! Nur diesen einem Menschen hätte er vertrauen und ihm alles sagen mögen, was damals, 1956/57, wirklich geschehen war mit ihm, nur diesem Menschen, Georg Lukács, wollte er nicht als ein »Denunziant« und »Verräter« in Erinnerung zu bleiben!

Das einstige Trio aus der »Deutschen Zeitschrift für Philosophie« war getrennt worden, war auseinandergegangen durch die Ereignisse jener Zeit, Aussprache nicht mehr möglich. Stille Beschuldigung und Verbitterung hatten den Platz innerer Hochachtung und geistiger Souveränität eingenommen.

Nein, Wolfgang Harich hat sich für die DDR entschieden, für immer. Er will beim Aufbau einer sozialistischen Gesellschaftsordnung mithelfen und dort seine Aufgaben übernehmen. Er will wiedergutmachen, will beweisen, daß er mit beiden Beinen auf der wissenschaftlichen Erkenntnis von Marx, Engels und Lenin steht, und er will beweisen, daß er kein Staatsfeind ist, daß da ein Irrtum vorgelegen hat, und das kann ja mal passieren. Er habe ja nun seine Strafe abgesessen, das ist jetzt vorbei ...

*

Ich hab so viele Fragen, die mich bewegen. Zum Beispiel: Wußtest Du eigentlich, daß Rudi Dutschke mit Bloch zu Lukács nach

Budapest gefahren ist? Daß Dutschke sich von Heidegger abwandte und bei Lukács die Antworten fand, die er suchte? Daß Dutschke dafür von einem Dir wohlbekannten DKP-Genossen angefeindet wurde?

Du hast recht, laß mich erst einmal aus unserer Zeit weitererzählen.

Zeit für Geschichten

Es ist September, ich habe Urlaub, und Erholung tut not. Harich verläßt ungern seine Studierstube, und wenn, dann bloß nicht zu weit weg! Auf keinen Fall an die Ostsee! Vielleicht in die Mark Brandenburg? Da gibt es Kiefern, und ein Arzt muß in der Nähe sein. In der Zeitung finde ich ein Angebot, Pension »Steffen« in Kagar bei Rheinsberg. Harich ruft dort an, regelt alles, und wir fahren nach Rheinsberg und von Rheinsberg mit dem Bus zum Wallitzer Kreuz –, dort werden wir von unserem Gastgeber mit dem Auto abgeholt –, und wir erreichen die Pension ohne Aufregungen. Wir richten uns im zugewiesenen Zimmer ein, es ist sehr eng, das macht uns nichts aus. Wir sind neugierig auf Kagar und möchten es gleich nach unserer Ankunft kennenlernen. Dabei will Harich seinen ärztlich verordneten halbstündigen Spaziergang auskundschaften. Arm in Arm humpele ich neben ihm her, denn mich quält eine Stechwarze am Fußballen. Schimpfte er vor der Reise mit mir, weil ich nicht zum Arzt gegangen war, ist er jetzt still, sieht mich an, schmunzelt und sagt: Die Leute werden denken, was für ein seltsames Paar, dieser alte weißbärtige Mann mit einer so jungen Frau. Na ja, werden die sagen: Aber sie hinkt eben.

Wir urlauben in wilder Ehe. Wir fühlen uns verrucht, und das ist herrlich! Allein der Gedanke macht uns übermütig. Harich bereitet das Frühstück. Er spielt den Diener Sachar, und ich bin seine Herrin, er ist aufregend umständlich, und ich heiße ihn deshalb einen Tölpel.

Auch hier lebt Harich nach einem genau eingeteilten Tagesablauf. Er folgt jetzt seinem Erholungsprogramm. Vormittags ein Spaziergang, allein, oder, wenn ich mitgehe, muß ich schweigen; danach ausruhen. Jeden Tag pünktlich um 12 Uhr geht es in die Pension zum Mittagessen, das wir in Ruhe und in aller Gemütlichkeit einnehmen. Haben wir gespeist, legt sich Harich zum gewohnten Nachmittagsschlaf nieder. Fühlt er sich ausgeruht, steht er um 15 Uhr auf, und wir gehen ins Gasthaus Kaffee trinken, und bis zum Abenbrot verbringen wir die Zeit gemeinsam. Danach folgt nochmals ein Spaziergang, und somit ist der Tag vorbei.

Kagar ist ein altes märkisches Dorf. Abseits liegend, als wolle es sich verstecken, gleicht es einer ungetrübten Idylle. Durch den Ort führt die »Dorfstraße«. Kleine und mittelgroße Häuser, geschmückt mit Blumengärten, säumen den Straßenrand. Hier und da gibt es noch Ställe. Hinter den Häusern schließen sich Feld, Wiese und Wald an. Nichts erinnert an vergangene Armut. Der Pension gegenüber liegt ein großes Bauerngehöft. Hohe Kastanienbäume schützen es vor neugierigen Augen. Wäre nicht das Geschnatter der Gänse und Enten und das Gegacker der Hühner zu hören, so hätte ich geglaubt, niemand lebe mehr darin. Und die zierliche Kirche, gebaut im neugotischem Stil, die wie eine stumme freundliche Wächterin dasteht, und das Pfarrhaus dazu, geben mir das Gefühl, daß es hier an nichts fehlt. In einem kleinen roten Backsteinhaus befinden sich der Lebensmittel-Konsum, die Bibliothek und der Sitz des Bürgermeisters. Und vis-à-vis, in einem niedrigen Häuschen, ist in einer Stube die Post eingerichtet. In die Zimmertür ist ein richtiges Schalterfenster eingebaut, durch das man Pakete reichen und Briefmarken kaufen kann. Die Verkäuferin aus dem Konsum übergibt am Abend dem Postmann ihre Einnahmen, sagt ihm die Summe und fragt: Soll ich dir's vorzählen? Und der Postmann sagt: Nee, wird schon stimmen. Einmal stehe ich abends am Postschalter. Die Poststelle hat täglich von siebzehn bis achtzehn Uhr geöffnet. Ich möchte Briefmarken kaufen, und jedes Mal, wenn der Postmann mir die Briefmarken reichen will, klingelt das Telefon, und er muß seine Arbeit unterbrechen. Als das Telefon das dritte Mal läutet, sagt er: Meine Güte, heute ist aber wieder was los, und er sieht mich stolz an und nimmt den Hörer ab. Im Dorf steht eine Telefonzelle, die oft besetzt ist, dann muß man sich anstellen, um zu telefonieren; es gibt zwei Bushaltestellen, an denen mehrmals am Tag der Bus hält; außer unserer Pension laden zwei Gasthäuser zum Verweilen ein, die während der Sommerferien mit als Kinderferienlager genutzt werden, und so kehren wir mal in diesem oder jenem Gasthof ein, denn Harich will, daß alle etwas von uns haben.

Kagar, umgeben von Wäldern und drei Seen, gefällt uns wunderbar. Es ist ganz still hier. Die Kirchturmuhr schlägt die halbe und die volle Stunde an. In der Mittagszeit ist Ruhe im Dorf. Nur ab und zu gackert ein Huhn, eine Kuh muht träge im Stall oder auf der Wiese, hier und dort zwitschert ein Vogel, und die Katzen liegen faul in Gärten und auf Fensterbrettern herum und wollen überhaupt nicht gestört sein. Und wenn die Sonne scheint, liegt über allem ein sonntäglicher Schleier. Unser Oblomowka.

Der Postmann, die wichtigste Person in Kagar, bringt jeden Morgen das »Neue Deutschland«, und somit ist alles in Ordnung für Harich. Ein, zwei Bücher, mehr hat er nicht eingepackt. Lesen bedeutet für ihn Arbeit. Er hört lieber Radiosendungen. Harich fühlt sich zu Hause. Märkische Heide, märkischer Sand und überall sein Lieblingsbaum, die Kiefer; nichts Fremdes, alles ist ihm vertraut. Das ist es, was er nach all den aufregenden Wochen braucht. Wir gehen viel spazieren, und ist Harich erschöpft, legt er sich auf den Waldboden, ich hinke um ihn herum, suche Pilze, während er, auf einem Halm herumkauend, wer weiß was denkt.

Das Essen bei Steffens schmeckt immer gut, ob mittags oder zum Abenbrot, alles ist reichlich, alles mit Bedacht und appetitlich angerichtet, und das für 7,50 M täglich pro Person. Doch das Allerschönste: In Kagar können wir jeden Nachmittag zum Malzkaffee russischen Zupfkuchen, Harichs Lieblingskuchen, essen. Manchmal wird es ihm schwer ums Herz beim russischen Zupfkuchenessen, denn seine Frau buk so wunderbaren russischen Zupfkuchen und ich nicht. Dann laufen wir wieder und erzählen und werden nicht müde, uns das zu sagen, was Verliebte nicht langweilt. Wir lachen sehr viel, und wir entdecken uns, und ich vergesse zu streiten.

Noch heute könnte ich die Stellen ausfindig machen, an denen Harich mir über Hartmann und Heidegger erzählt, wie er mir Possart vorspielt auf der großen Wiese, wie wir auf der Bank sitzen am Kagarer See und er mit mir über seinen Vater, seinen Großvater und seine weitläufige Familie plaudert. Es ist ein ständiges Sichmitteilen, ein ständiges Bedürfnis, dem anderen von sich zu erzählen, von dem anderen alles zu erfahren. Die kleinen Dinge des Lebens sind ihm genauso interessant und wichtig und erfreuen ihn wie das Nachdenken über philosophische Zusammenhänge. Wir hören nie auf, über unsere Kindheit zu sprechen und uns zu fragen: Habt ihr das auch ...? Wir reden über die erste Liebe, eines seiner Lieblingsthemen, über den ersten Kuß und so weiter. Ich fühle mich geborgen wie lange nicht mehr in meinem Leben. Und wenn ich ihn frage: Sag mal, warst du ein altkluges Kind, so

ständig zwischen den Erwachsenen?, dann geht es los mit dem Ezählen:
Na was, ich wollte immer mitreden. Ich bin so aufgewachsen, daß man nur mitreden konnte, wenn man alles gelesen und gesehen und gehört hatte. Onkel Hähnchen, der Bruder meiner Mutter, Tante Pieps, die Schwester meiner Mutter, der Mann von Tante Pieps, Onkel Gigi, diese drei Leute und mein Vater und mein Großvater, haben dafür gesorgt, daß ich in einer musischen Atmosphäre aufgewachsen bin. Es war absolut shocking, wenn ich sagte: »Das ist von Bach, was da jetzt gespielt wird«, dann sagte meine Mutter oder meine Tante: »Das gibt es gar nicht bei Bach, Orgel und Orchester gleichzeitig, das ist selbstverständlich ein concerto grosso von Händel, du Idiot.« Die hielten mich eben für einen Barbaren und Ignoranten und wiesen mich zurecht. Und wenn man mit sechs, sieben Jahren angefahren wird, weil man Barockmusik immer für Bach hält, weil man da die Differenzen nicht mitkriegt, da kann man nicht mitreden, aber ich wollte mitreden. Deshalb habe ich mir die nötigen Kenntnisse angeeignet. Da gab es Bücher, die man unbedingt gelesen haben mußte. »Was, du bist schon vierzehn und hast die Buddenbrooks noch nicht gelesen? Was denkst du dir eigentlich?« Es wurde das Radio eingeschaltet und gefragt: »Von wem ist das?« Und wenn man nicht sofort nach den ersten drei Takten sagte: »Das ist der zweite Satz aus der und der Sinfonie ...« Ich wurde dauernd in Konzerte geschleift, in jede Opernaufführung, und man mußte von jeder Arie auf Anhieb wissen, welche es war. Ich sage: Das klingt alles sehr hart, und Harich sagt: Ja, so war das, man mußte alles gelesen haben, man wurde zum Lesen angehalten, sonst war man eben unten durch. Man konnte sich im Existenzkampf in dieser Familie nur halten mit Kunstkenntnissen, mit literarischen Kenntnissen und literarischen Urteilen. Heute bin ich ganz dankbar für diese Erziehung, denn Kunstgenuß muß schließlich erworben werden. Wir Kinder wurden mit fünf, sechs Jahren in die Zauberflöte gebracht. Wir fuhren in den großen Ferien immer nach Königsberg zu meinem Großvater. Da holte uns Onkel Hähnchen vom Bahnhof ab, küßte unsere Wangen klebrig, und dann hieß es: »Wann gehen die Kinder nun in die Oper?« Dann wurden wir Kinder zu Onkel Hähnchen in die zweite Etage hinaufgeschickt, und er erzählte uns den Inhalt vom Lohengrin und vom Tannhäuser, von der Zauberflöte und spielte das dabei am Klavier vor und sang alle Arien mit, die Sopran-Arien und die Baß-Arien,

und führte uns in die Konflikte der Oper ein, und damit waren wir erst einmal vorbereitet. Das bereitete ihm großen Genuß, und uns vermittelte es Bildung, und abends ging es dann in die Aufführung, und wir sahen im Königsberger Opernhaus diese Opern. Das war Onkel Hähnchens Bildungsrolle.

Was für ein Mensch war Onkel Hähnchen?

Onkel Hähnchen, also Hans Wyneken, war ein rührender Kauz. Er war der älteste Bruder meiner Mutter Annelise. Er hieß in der Familie »Hähnchen«. Er war Theaterkritiker und Feuilletonchef bei der Königsberger Allgemeinen Zeitung, die sein Vater, Alexander Wyneken leitete. In den zwanziger Jahren warf ihn sein Vater raus, weil er Liebesverhältnisse mit Schauspielerinnen hatte.

Ich unterbreche und sage: Du hast mir doch erzählt, dein Großvater hatte auch ... Doch Harich läßt mich nicht ausreden. Ja, fällt er mir ins Wort, der hatte Verständnis für Liebesverhältnisse, aber auch Verständnis dafür, daß die Objektivität der Theaterkritiken in der Königsberger Allgemeinen Zeitung über jeden Zweifel erhaben sein müßte. Sein Theaterkritiker hatte nicht offensichtlich – und Onkel Hähnchen machte alles offensichtlich – mit Schauspielerinnen zu schlafen. Onkel Hähnchen schrieb dann nur noch Kritiken, vier, fünf Zeilen, für Presseagenturen, das genügte ihm, denn er war im Gegensatz zu seinem Vater absolut anspruchslos, ihm war alles gleichgültig. Ihm genügte ein kleines Zimmerchen. Seine Ansprüche konzentrierten sich auf Kunstgenuß, und der war sein einziger Lebensinhalt. Er pflegte lauter brotlose Künste, saß den halben Tag am Klavier und spielte vor sich hin. Er schrieb Briefe und Postkarten grundsätzlich nur in Form von Schüttelreimen und konnte alle Schauspieler seiner Zeit nachahmen. Er mußte jede Theateraufführung und später jeden Film sehen und alle Konzerte besuchen. Er war lebensuntüchtig, und daß er als Mensch nicht ernstgenommen wurde, das machte ihm ebenfalls nichts aus. Man konnte ihm die größten Beleidigungen an den Kopf werfen, und er sagte: »Sie haben vollkommen recht«, und es war ihm gleichgültig. Nicht gleichgültig war ihm der Unterschied, wie Arthur Nikisch und Furtwängler den Einsatz bei einer Beethoven-Sinfonie machten; das interessierte ihn, wie Paul Wegener den Jago spielt und wie ein anderer den Jago spielt. Das füllte ihn aus.

Je mehr ich über Onkel Hähnchen erfahre, um so liebenswerter wird er mir, und ich weiß, Harich liebte ihn sehr. Ich will natürlich wissen, ob er verheiratet war.

Onkel Hähnchen, fährt Harich fort, brauchte eine Frau vor allen Dingen für das Vierhändig-Klavierspielen. Er heiratete die Tochter eines Studienrats, Waltraut. Sie war eine humorvolle und vernünftige Person. Sie liebte Hähnchen. Doch die Ehe scheiterte, weil sie nicht gut vierhändig spielte. Wenn sie sich verspielte, dann prügelte er sie, zerriß ihr die Kleider und stellte die Beethoven-Büste auf dem Klavier mit dem Gesicht zur Wand. Das war für ihn eine Barbarei. Und er betrog sie, und nicht nur mit Damen, die besser vierhändig spielten. Waltraut wurde das eines Tages zu bunt. Sie schaffte sich einen Liebhaber an, Robert, der ganz prosaisch war. Mit dem zog sie nach Berlin. Sie ging also ihrem Mann durch. Hähnchen fand diese Lösung ganz vernünftig, hielt Robert für den besseren Menschen, viel geeigneter für Waltraut, und Onkel Hähnchen blieb bis 1945 in Königsberg. Nach dem Krieg flüchtete er per Schiff aus Ostpreußen über Dänemark und tauchte 1946/47 in Berlin auf. Er lebte mit Waltraut und deren Mann Robert zusammen, die störten einander nicht, denn er saß in der Ecke am Radio und hörte sich Beethoven-Sinfonien an. Er begann als Theaterkritiker für die Berliner Redaktion der »Welt« zu arbeiten. Die Engländer überprüften ihn, politisch, und Onkel Hähnchen war ja völlig weltfremd. Er wurde also gefragt: »Wie stehen Sie zu den Russen?« und darauf antwortete er: »Ja, wissen Sie, Tschaikowski ist ja ein großer Komponist, aber völlig flach gegen Brahms.«

Bist du mit ihm zusammengekommen, frage ich? Sehr wenig, aber Wolfgang Langhoff, der Intendant des Deutschen Theaters, hielt große Stücke auf ihn. Der war nämlich mal in Königsberg Schauspieler gewesen und schätzte den Kunst- und Sachverstand des Theaterkritikers Hans Wyneken. Er hatte immer einen Platz im Deutschen Theater für ihn, und Langhoff hatte Vertrauen zu mir, weil ich der Neffe von Hänschen Wyneken war.

Und gestorben, wann ist er gestorben, will ich wissen. 1952 oder 1953, ich weiß es nicht genau. Er ging früh Brötchen holen, fiel auf der Straße um und war tot. In seiner Hosentasche fand man eine angebissene Zuckerschnecke. Er naschte gern, und das machte er wohl heimlich, weil das Geld knapp war.

Wir laufen nebeneinander her und denken an Onkel Hähnchen, und dann gehen unsere Gedanken auseinander, solange bis das nächste Wort, die nächste Frage sie wieder zusammenbringt.

Ich lerne die Stadt Rheinsberg kennen und ihr wunderschönes Schloß, das als Sanatorium für Diabetiker eingerichtet ist. Wir bummeln im Schloßpark und am See herum, und Harich führt mich an das Grab von Prinz Heinrich, den er verehrt und der im Schatten des Bruders, Friedrich II. stünde. Wir fahren mit dem Dampfer vom Rheinsberger See nach Flecken Zechlin, und ich muß nicht heulen.

Zwei Wochen verbringen wir in Kagar, und in den nächsten Jahren werden wir immer wieder dorthin fahren und uns erholen, und manche Leute im Dorf sagen, wenn sie uns sehen: Na, wieder hier? Und wir sind dankbar für ihre Begrüßung.

Es war unser erster Urlaub. Er war entscheidend. Wir verstanden uns, wir ertrugen uns, und das auf engstem Raum, wir fühlten Übereinstimmung, wir waren miteinander vertraut, wie man es nur aus frühester Kindheit her kennt, unser Lachen war ein gemeinsames, es war, als lebten wir schon ewig zusammen. So jedenfalls empfand ich Harichs Nähe.

Es gab aber Erlebnisse, die eigenartige Ängste in ihm verrieten, so daß es mir vorkam, als fühle er sich verfolgt und ich über seine Äußerungen verwundert war.

Es war so: Am Tage unserer Ankunft in Kagar spazieren wir abends die Dorfstraße entlang. Wir biegen links auf einen Sandweg ab und erreichen eine große Wiese. Wir überqueren sie und gelangen auf einem schmalen Weg zurück ins Dorf. Linkerhand des Weges erkennen wir ein Haus, erleuchtete Fenster verraten es. Rechterhand endet ein Wald. Es ist dunkel. Wir laufen gemütlich und sind ins Erzählen vertieft. Plötzlich rasselt eine Kette. Ein lautes grauenvolles Hundegebell schlägt an. Ich schreie vor Schreck auf. Zur Besinnung gekommen, seh ich mich um. Harich ist weg. Zaghaft ruf ich nach ihm. Da höre ich ewas rascheln. Ich folge dem Geräusch und finde ihn in einer Mulde am Waldrand wieder. Ich würde gern lachen, es geht nicht. Ich habe weiche Beine. Als ich ihm sage, er sei mir ein schöner Helfer in der Not, hält er mich fest, er zittert und flüstert in mein Ohr: Die wissen doch, daß ich hier bin. Dann, endlich, auf der Dorfstraße können wir über uns lachen.

Am zweiten Abend verlassen wir wieder die Dorfstraße, sicherheitshalber gehen wir auf die entgegengesetzte Seite. Ein Wiesenpfad, auf dem wir versonnen dahinschlendern, führt uns in den Wald. Es wird dämmrig. Wir kehren um. Da entdecke ich ein Fahrrad, das am Waldhang liegt. Oh, sage ich, das ist das Rad von einem Mörder. Erschrocken faßt mich Harich an die Hand und läuft, sich völlig vergessend, im schnellen Schritt, bis wir den Wald hinter uns lassen, mit mir davon. Gefragt, ob er wirklich Angst bekommen habe, sagt er: Man kann nie wissen, das war eine Warnung. Er ist außer Atem. Nachdem er sich beruhigt hat, darf ich ihm vorführen, wie er aussah, als er gerannt ist. Er sieht sich das an, es kichert in ihm, und unser Lachen löst die Aufregung ab.

Während der Zeit in Kagar macht mich Harich auf eine Frau aufmerksam: Sieh sie dir an, die hat eine Stupsnase, die ist nicht zufällig hier. Wer weiß, vielleicht soll sie mich von dir weglocken. Das macht mich hellhörig. Sie ist immer in Kagar, wenn wir dort sind. Später, als wir zu bundesdeutschen DDR-Bürgern umgewandelt worden sind, erzählt sie mir von ihrer Tätigkeit bei der Staatssicherheit. Und noch etwas fällt mir auf: Harich dreht sich nach jedem Auto um.

Arbeit und Alltag

Zurückgekehrt nach Berlin, nimmt Harich seine Beschäftigung wieder auf, als hätte es nie eine Unterbrechung gegeben. Gespannt und voller Erwartung stürzt er sich auf die Post im Briefkasten. Er will für sich sein. Ich begebe mich in die Pufendorfstraße, Kathrin und Ralph warten auf mich.

Und weiter geht es mit Lukács. Kein Blatt war bereit, den Artikel über Lukács zu drucken. Unvorhergesehen kam Hilfe aus Wien. Ein Dr. Reinhard Pitsch, Harich unbekannt, bot ihm in einem Brief vom 20. Oktober 1986 an, seinen Aufsatz in der österreichischen Zeitschrift »Aufrisse« zu veröffentlichen. Er, Pitsch, habe von seinem Freund Stefan Dornuf, erfahren, daß der Aufsatz »Mehr Respekt vor Lukács!« nicht mehr in der Dezembernummer der »Weimarer Beiträge« erscheinen werde, und er wisse auch, daß er, Harich, Erstveröffentlichungen in Westdeutschland ablehne. Er selbst sei Anhänger des marxistischen Denkens von Georg Lukács, vor allem von dessen Spätwerk. Stefan Dornuf, Philosoph und wohnhaft in Westdeutschland, hatte die Bekanntschaft mit Harich in jener Zeit gesucht, Harich hatte sie angenommen.

Das Angebot von Pitsch wies Harich zurück. Ein Druck im Ausland käme für ihn nur dann in Betracht, wenn der Aufsatz nicht in der DDR erscheinen dürfe.

Das hier ist eine interne DDR-Angelegenheit, es geht ihm um die kulturpolitische Einstellung der Parteiführung zu Lukács und um dessen politische Rehabilitation. Ein Druck im westlichen Ausland gäbe nur Anlaß zu Spekulationen über Harich und seine Situation in der DDR. Er möchte eine Entscheidung herbeiführen, will keinen Fehler begehen, will alles mit »denen da oben« absprechen. Er wendet sich am 5. November 1986 in einem Brief an Kurt Hager.

»Lieber Kurt Hager!
Heute wende ich mich an Sie mit der Bitte, eine Entscheidung darüber herbeizuführen, ob ein Aufsatz von mir bei uns, in der DDR, erscheinen soll – und wenn ja, in welcher Zeitschrift – oder in einem linkssozialistischen Organ in Wien oder aber, was mir am angenehmsten wäre, an beiden Orten, mit zeitlichem Vorsprung der DDR- Veröffentlichung. Der Aufsatz trägt den Titel »Mehr Respekt vor Lukács!« Das Orginal des Manuskripts befindet sich bei der Redaktion der ›Deutschen Zeitschrift für Philosophie‹ ... Zur Vorgeschichte der Angelegenheit darf ich Ihnen folgendes mitteilen. Bei dem Lukács- und Bloch-Jubiläum 1985 habe ich mich bewußt sehr zurückgehalten. Mein Taktgefühl verbot mir, den Eindruck zu erwecken, daß nun auch ich den Zeitpunkt für ein volles »Come back« für herangereift hielte. Meine Zurückhaltung fiel mir offen gesagt schwer, als ich feststellen mußte, daß einerseits Lukács mit allzuviel – oft inkompetenter – Mäkelei und Besserwisserei bedacht wurde und sich andererseits bei uns Leute zu Wort meldeten, die Bloch vor Lukács den Vorrang geben. Mein Befremden wuchs angesichts der DDR-Ausgabe von Lukács' Schrift ›Über die Besonderheit als Kategorie der Ästhetik‹, Berlin und Weimar (Aufbau-Verlag) 1985. Ein anmaßendes Nachwort darin, verfaßt von Michael Franz, kritisiert Lukács von rechts und versteigt sich sogar dazu, Adorno gegen Lukács recht zu geben. Das war für mich das Signal, aus meiner Reserve herauszutreten und mich mit einer entsprechenden Beschwerde an den Stellvertretenden Kulturminister Klaus Höpcke zu wenden. Dieser empfahl mir, zu dem ganzen Fragenkomplex einen kritischen Beitrag für die ›Weimarer Beiträge‹ zu schreiben. Das tat ich, nun natürlich unter Bezugnahme auch auf einschlägige Artikel, die anläßlich des Lukács-Gedenkens in dieser Zeitschrift erschienen waren und mir außerordentlich mißfallen hatten. Mitte Mai lag eine erste Fassung meines Aufsatzes den ›Weimarer Beiträgen‹ vor. Am 23. Juni suchte deren Chefredakteur, Kollege Rönisch, mich zu einem Gespräch in meiner Wohnung auf. Er schlug mir vor, mei-

nem Beitrag an Umfang zu erweitern, ihn mit mehr Argumenten anzureichern und einige ihm als unsachlich erscheinende polemische Formulierungen abzuschwächen ... Nach umfangreichen Studien zu der ganzen Thematik habe ich daraufhin in den folgenden Monaten mit zweimaliger Umarbeitung meines Textes, unter Berücksichtigung aller von Rönisch vorgetragenen Änderungswünsche, bei einem Arbeitsaufwand von zusammen vier Wochen allein für die Niederschriften, mir größte Mühe gegeben und eine, glaube ich, gründliche, wissenschaftlich hieb- und stichfeste und im marxistisch-leninistischen Sinne parteiliche Argumentation zuwege gebracht, die zugleich auch lesbar ist und breites Interesse zu finden vermag. Die zweite Fassung legte ich den ›Weimarer Beiträgen‹ bereits Anfang Juli dieses Jahres vor. Danach erschienen zwei neue Lukács-Editionen auf unserem Buchmarkt ... Im Einvernehmen mit den ›Weimarer Beiträgen‹ nahm ich nun, um noch eine positive Bewertung dieser beiden Publikationen mit einzuarbeiten, eine zweite Umarbeitung vor, die zu der neuen, dritten, nunmehr endgültigen Fassung meines Aufsatzes geführt hat. Diese händigte ich Anfang August Kollegen Rönisch persönlich aus, der daraufhin fast sieben Wochen lang nichts mehr von sich hören ließ und mir, auf eine Anfrage meinerseits am 18. September, erklärte, die ›Unsachlichkeit‹ meiner Argumentation sei immer noch Grund für Beanstandungen im Redaktionskollegium und der mir zugesagte Abdruck noch in diesem Jahr, in Heft 11 oder 12, werde daher nicht erfolgen können. Sie werden verstehen, lieber Kurt Hager, daß ich darauf, recht verärgert, das Manuskript zurückzog und es der Zeitschrift ›Sinn und Form‹ anbot. Von dieser erhielt ich nun, in einem vom 20. Oktober datierten Brief, der mich am 31. Oktober erreichte, ebenfalls eine Absage. Professor Max Walter Schulz hat zwar weder gegen den Inhalt meines Beitrages noch gegen dessen polemische Form etwas einzuwenden und hält das Thema für wichtig, fühlt sich aber der streng essayistischen Tradition von ›Sinn und Form‹ so sehr verpflichtet, daß er sich zum Abdruck einer Arbeit, die mit 50 Anmerkungen versehen ist, nicht entschließen kann. Daher empfiehlt er mir eine Umarbeitung, die die Anmerkungen mit in den Text einbringt oder auf sie ganz verzichtet. Zu einer solchen Herstellung einer vierten Fassung, die unter nochmaligem großen Arbeitsaufwand eine rein formale Änderung mit sich brächte, kann ich mich wegen wichtigerer Vorhaben, auf die ich mich bei schwindender physischer Leistungsfähigkeit konzentrieren muß,

unmöglich mehr bereit finden. Sebastian Kleinschmidt, Mitarbeiter von ›Sinn und Form‹, leitete daher, mit meiner Zustimmung, den Aufsatz an die Redaktion der ›Deutschen Zeitschrift für Philosophie‹ weiter. Seinem heutigen Bescheid muß ich entnehmen, daß die Prüfung der Arbeit dort wieder längere Zeit in Anspruch nehmen wird. Mein Kollege Heinz Malorny, mir verbündet in der Bekämpfung Nietzsches bei uns, ist im übrigen der Ansicht, bei der Redaktion der ›DZfPh‹ bestünden gegen meine Person so starke Vorbehalte, daß ich dort schwerlich als Autor willkommen sein werde. In dieser Situation wende ich mich ... an Sie ... Ihr Wolfgang Harich
1 Anlage: Original des Briefes, den Herr Reinhard Pitsch aus Wien am 20. Oktober 1986 an mich gerichtet hat.

PS.: Da die Abfassung meines Beitrages ›Mehr Respekt vor Lukács!‹ im Frühjahr dieses Jahres, mit der Empfehlung, mich an die ›Weimarer Beiträge‹ zu wenden, vom stellv. Kulturminister Klaus Höpcke ausgegangen ist, erlaube ich mir, um diesen nicht zu übergehen, eine Kopie des vorliegenden Briefes zu seiner Information auch an ihn zu schicken.«

Wieder wartet Harich jeden Tag auf Antwort. Er weiß, die ungarische Regierung hat ihrem einst verfemten Philosophen ein Denkmal errichtet; er weiß nicht, was die ungarischen Genossen von den DDR-Oberen denken, die sich noch immer zögerlich zu Lukács verhalten. Mit einer Neubesinnung zu Lukács' in der DDR erhofft Harich eine schrittweise Wiedereingliederung seiner eigenen Person in das öffentliche kultur-politische Leben im Land. Die langen Jahre vergeblichen Ringens darum haben ihn ungeduldig und mißtrauisch gemacht; er will nicht nachgeben, er will durchsetzen, was er als wichtig erachtet, aber er ist undiplomatisch und ungeschickt, er wird wütend, und dabei vergißt er alle seine Befürchtungen, jemals wieder unfolgsam zu sein, denn für umständliche Strategien ist in seinem Kopf kein Platz.

Als er von der »Deutschen Zeitschrift für Philosophie« eine Absage erhält, teilt er das, was er geahnt, am 10. November 1986 sofort Hager mit:

»Lieber Kurt Hager!
Bezugnehmend auf mein Schreiben an Sie vom 5.11.86 darf ich Ihnen im Nachtrag heute noch mitteilen, daß meine Befürchtung sich leider bewahrheitet hat. Chefredakteur Günter Klimaschew-

sky hat über sein Redaktionsmitglied Steffen Dietzsch den Herrn Kleinschmidt von ›Sinn und Form‹ wissen lassen, daß mein Beitrag ›Mehr Respekt vor Lukács!‹ auch für den Abdruck in der ›Deutschen Zeitschrift für Philosophie‹ nicht in Betracht komme. Das Manuskript des Beitrages befindet sich nun wieder bei ›Sinn und Form‹, dessen Leiter, Max Walter Schulz, den ich darum gebeten habe, seine Ablehnung, die ja nur mit einer Formfrage, mit den vielen Anmerkungen zum Text, begründet worden ist, doch noch einmal zu überdenken. Aus Gründen der – bei meiner physischen Verfassung leider nötig gewordenen – Kräfteökonomie sehe ich davon ab, Herrn Klimaschewsky um eine Begründung seiner ablehnenden Entscheidung zu bitten.

Nochmals mit herzlichem Gruß ... Ihr Wolfgang Harich«

Einmal betrat ich Harichs Zimmer. Er lag auf dem Sofa, sein Gesicht war zur Wand gekehrt. Er drehte sich nicht um, als ich die Tür öffnete, und er breitete nicht seine Arme zu meinem Empfange aus, und er krähte mir nicht fröhlich entgegen: Ach, da bist du ja endlich, mein Liebling! Er blieb still, und er besann sich auch nicht, als ich ihn leise beim Namen rief. In die linke Handfläche hatte er seinen Kopf gebettet, die rechte, zu einer Faust zusammengekrümmt, war fest gegen seinen Mund gedrückt. Ich setzte mich zu ihm und fragte, was er habe, und er sagte mir: Immer, vom 23. Oktober bis zum 29. November, werde ich depressiv. Mit dem 23. Oktober nahm alles seinen Lauf, mit dem 23. Oktober begann der ungarische Aufstand, der im November blutig niedergeschlagen worden war. Lukács wurde dann als Staatsfeind in Ungarn aus den Reihen der Partei ausgeschlossen. Am 29.11.1956 wurde ich verhaftet. Ich habe alles vor Gericht ausgesagt, was man damals von mir verlangte. Nur in einem habe ich mich nicht gebeugt: ich habe mich wissenschaftlich nicht von Lukács abgewandt, ich bin ihm immer treu geblieben, als meinem Lehrer, als meinem Verbündeten in der marxistischen Philosophie. Und das hat man mir nie verziehn. Sie wollen nicht, daß ich mich öffentlich zu Lukács bekenne. Es sind dreißig Jahre seither vergangen, und ich werde immer noch dafür bestraft.

Hast du Lukács nie wiedergesehen, frage ich ihn? Nein, nie mehr. Warum hast du es nicht versucht? Das habe ich mich nie getraut. Es gab einen Versuch: Gisela May hatte eine Tournee nach Budapest, da wollte ich mitfahren, um Lukács zu treffen. Einen Tag vor der Abreise bekam Frau May Fieber, und alles wurde abgeblasen.

Erinnere ich mich solcher Stunden, dann sehe ich Harich auf seinem Sofa liegen, es ist eingerahmt von Bücherregalen. Vom Kopfende aus erreicht er mühelos sein Radio, und mühelos kann er nach den Werken Lukács' und Hartmanns greifen, und über beiden hat er für Jean Paul ein Stück Brettlänge eingerichtet, und zum Fußende hin folgen Marx und Engels. Das war sein Fleck, sein Platz, hier schlief er des Nachts, und hier ruhte er am Tage aus; hier flüchtete er hin, hier waren seine Lehrer und Verbündeten versammelt, bei ihnen fand er Halt und Schutz und Kraft gegen Verletzung; bei ihnen holte er sich Gewißheit über Gedachtes, über Geschehenes und Wahrgenommenes; und hier holte ihn Vergangenes ein, das er nie jemandem anzuvertrauen vermag.

Wenn ich das alles wieder vor mir sehe, wird mir erneut bewußt, wie wenig ich ihm wirklich helfen konnte und wie wenig ich von ihm in Erfahrung gebracht habe. Seine Haltung gebot, still zu sein, nicht zu fragen. Mir war oft, als bekämpfe er etwas in sich, was er abzuschütteln nicht imstande war, als fühle er sich von irgend jemandem genötigt, weiterhin zu büßen, als müsse er noch immer etwas gutmachen. Er war ein verlassener Mensch, ausgestoßen aus dem kultur-politischen Leben der DDR. Damit konnte er sich nicht abfinden. Er wehrte sich dagegen, ausgesondert zu sein, und wußte genau, wenn er nachgäbe, würde er nicht weiter leben können; er wollte aber weiterleben und sich mit der Führung des Landes, mit den Nachfolgern Ulbrichts, der ihn einst wegen »Konterrevolutionärer Umtriebe« verurteilen ließ, bis aufs Messer streiten. Dieser Vorwurf bohrte in ihm, und deshalb wollte er keine Ruhe geben, und weil er trotz allem Kommunist geblieben war und der Antifaschismus bei ihm stets Priorität hatte, war es ihm selbstverständlich, die Reaktion im Lande abzuwehren und aufzudecken, wo immer sie sich ausbreitete und zeigte. Er machte sich zum ungebetenen, verhaßten Mahner einer unsicheren Regierung, die sich vom Zeitgeist überholt fühlte, und in ihrer Erstarrung sich dennoch integer und tolerant zeigen wollte, aber unschlüssig darüber, wie das in die Tat umzusetzen wäre, ohne ihrem internationalen Ansehen als sozialistischer Staat zu schaden.

Harich sah das kritisch, und er sagte es auch, ungeachtet der eigenen Kritik, die er der Regierung, die sich sozialistisch nannte, unverblümt entgegenhielt. Als Alleinkämpfer, er wollte sich des »Abweichlertums« nicht mehr beschuldigen lassen, blieb ihm nichts anderes übrig, als sich mit der Parteiobrigkeit gutzustellen, wenn er weiterhin Einfluß nehmen wollte auf die Geschicke der

DDR, und er hütete sich streng davor, als Außenseiter, als Oppositioneller vom Westen vereinnahmt zu werden. Und weil er sich nicht hilfesuchend an den Westen wandte, war er nie ein richtiger Oppositioneller. Für dieses scheinbar unklare, widersprüchliche Verhalten in seinem Leben erfuhr Harich mehr Verachtung als Verständnis.

Freimut Duve, damals SPD-Politiker und Publizist, zum Beispiel, hatte ihn um die Zeit seines Geburtstages angerufen, mag sein, er wollte ihm gratulieren. Ich kenne den genauen Grund nicht, doch vermute ich, Duve bot Harich, den Lukács-Artikel betreffend, Hilfe an. Harich wehrte ab, weil das eine DDR-interne Angelegenheit sei. Da bemerkte ich seine Unsicherheit. Oft schien er mir unschlüssig zu sein und nicht zu wissen, wie er sich verhalten sollte. Einerseits erzählte er jedem, mit dem er ins Gespräch kam, seine Sorgen, und die waren eben zu der Zeit das Nichtdrucken seines Lukács-Artikels und die stille Duldung des Nietzsche-Kults in der DDR von seiten der »Oberen«; andererseits aber floh er vor Menschen, die sich ihm näherten; Angst und Mißtrauen erwachten; etwas hieß ihn Verdacht schöpfen, dann verhielt er sich widersprüchlich, aus dem Ja wurde ein Nein. Damit verärgerte er manch einen, der ihm ehrlich wohlwollte. Treu, loyal und zuverlässig »denen da oben« zu sein, war für Harich zu einem unabdingbaren Gesetz geworden. Der Vorwurf einer »Gruppenbildung« sollte sich nicht wiederholen, und um dem zu entfliehen, trug er Sorge dafür, daß Sympathisanten und Freunde sich von ihm abkehrten. Aber er wußte auch, wie brüchig das Band der Freundschaft sein kann, er hatte Berechnung und Oberflächlichkeit kennengelernt, er wußte sich an Gehässigkeit und Feigheit zu erinnern.

*

Ja, mein Freund, Du warst unzufrieden mit Deinem Los, und da gab es noch anderes, was Dich innerlich grämte. Das waren die Nationalpreise, die an achtbare Künstler und Schriftsteller verliehen wurden. Daß nun auch Heiner Müller ausgezeichnet wurde zu jener Zeit, das konntest Du nicht nachvollziehen. Ach, da wunderst Du Dich, daß ich das mit Heiner Müller und seinem Nationalpreis nicht vergessen habe? Doch, doch, doch, Du warst sehr ärgerlich darüber. Du hofftest schon lange heimlich darauf, für Dein Jean-Paul-Buch eine so hohe Auszeichnung zu erhalten, für

Dein Werk über Jean Paul, in dem nach Deiner Meinung mindestens drei Habilitationsarbeiten steckten. Du glaubtest, die Zeit sei reif, auch Dir Anerkennung zu gewähren. Das wäre ein Zeichen der öffentlichen Versöhnung zwischen der Partei und Dir gewesen. Und Du wolltest, daß auch ich mit Dir in Saus und Braus leben konnte! Was meinst Du, ob sich damals andere Künstler und Dichter und Denker über die Auszeichnung Müllers geärgert haben? Vielleicht einige, Hacks bestimmt! Aber es hätte einen Intellektuellenaufstand gegeben, wärest Du der Ausgezeichnete gewesen! Das war nicht möglich! Das, was Du gesagt und geschrieben hattest in Deinem Leben, mußte untauglich sein, für immer! Nein, nein, das hättest Du begreifen müssen! Und meinst Du nicht, daß dieses Preisverteilen ...? Sag mal, war es nicht Stalin, der gesagt hat: Man muß die Intelligenz kaufen oder vernichten? Und wer hatte vorgeschlagen, nur die Poeten zuzulassen, die dem Staat nützlich sind? Cicero oder Sokrates oder Cato oder wer? Wo habe ich das nur gelesen? Was lachst Du? Wie bitte? In Platos »Staatsvertrag«, sagst Du? Ach so, na ja, ist ja auch egal. Nimm es mir nicht übel, aber die DDR war doch der geeignete Boden für Karrieristen, die wenigsten haben sich mit der Ideologie, die sie zu vertreten vorgaben, identifiziert. Wie sah denn das Ende aus? Nach dem Motto: Feiger Hund, laß mich hintern Baum. Das war auch so ein Spruch meiner Mutter. Hör mal, ich denke mir ... nein, nein, laß! Ich muß mit dem Lukács fertigwerden, nach dem kommt ja alles noch viel schlimmer!

*

Während Harich sich weiterhin nicht entmutigen ließ, seinen Lukács-Artikel doch noch in einer geeigneten Zeitschrift unterbringen zu können, hatte ein anderer Verfasser mehr Glück. In »Sinn und Form« war von Heinz Pepperle der Aufsatz »Revision des marxistischen Nietzschebildes« zu lesen. Dieser Artikel, der nicht, wie angekündigt, ein Anti-Nietzsche, sondern ein Pro-Nietzsche-Aufsatz war, trieb Harich in eine derartige Erregtheit, daß ihm nichts anderes einfiel, als sofort und so heftig wie nötig darauf zu reagieren. Das nahm ihn ganz und gar in Anspruch.

In einem Brief vom 27.11.1986 teilte Kurt Hager Harich mit, er habe seinen Artikel von der »Deutschen Zeitschrift für Philosophie« angefordert. »Sobald ich ihn gelesen habe, werde ich Ihnen meine Meinung mitteilen.«

Von »Sinn und Form« (1.12.1986) erhielt Harich erneut eine Absage. Chefredakteur Max Walter Schulz schrieb außerdem: »... Wie ich höre, sind Sie dabei, sich an einem Anti-Pepperle zu delektieren. In diesem Zusammenhang hörte ich auch schon die Meinung des Rias; dort findet man den Pepperle-Artikel über Nietzsche wieder einmal recht doktrinär. So marschieren eben die Kolonnen über das weite Feld, widereinander – durcheinander. Die Eule der Minerva ist längst ausgeflogen. Die Toten werden gezählt, aber der Kampf geht weiter, wie in der Alexanderschlacht. Nun ja, das ist gewiß viel zu episch und viel zu allgemein. Das Hildebrandslied wird nie verklingen: Speerspitze gegen Speerspitze ...« Er, Max Walter Schulz, habe den Artikel den »Weimarer Beiträgen« zurückgeschickt, und die Redaktion werde sich ›ihre Meinung bilden ... wenn Herr Rönisch wieder im Lande ist‹.«

17.11.1986 aus meinem Tagebuch: »Schlimme Tage, seit der letzten Eintragung, gesundheitlicher Abfall; psychische Belastungen nehmen nicht ab, immer noch keine Entscheidung über den Druck seines Artikels, Brief an Hager, wartet auf Antwort; Dr. Malorny hat drei Stunden Aufzeichnungen über Nietzsche notiert, um in die Nietzschediskussion einzusteigen; heute kommen Turley und Berthold, um mit WH über den Artikel zu sprechen und wie man ihn veröffentlichen könnte; Wolfgang ist sehr schwach und ich bin in Sorge! Am 20.11.1986 Trauung.«

Nach der Scheidung im Oktober 1986 bemühte sich Harich schleunigst um einen Heiratstermin. Er habe es deshalb so eilig, rechtfertigte er sein Drängen der Frau im Amt gegenüber, weil er glaube, nicht mehr lange am Leben zu sein, und deshalb müsse er das alles schnellstens hinter sich bringen. In meinem Kopf tummelten sich derweil Phantasiegebilde, und ich träumte von einem Hochzeitstag, an dem die Sonne scheint; in einem neuen Kostüm, vielleicht mit einem Hut auf dem Kopf, sah ich mich am Arme Harichs eine Treppe hinuntergehen, und ich sah, wie die Menschen unseretwegen stehenblieben. Ich wünschte mir so sehr, einmal nicht aus Wut, sondern vor Glück zu schreien. Aber es war ein naßkalter Novembertag, stürmisch und grau. Ich bestellte mir rote Rosen und holte sie früh am Hochzeitstag ab. Ich trug mein zehn Jahre altes Kleid, und Harich zog seinen dreißig Jahre alten Anzug an, seinen Hochzeitsanzug, in dem er alle seine Frauen, ich war die fünfte, geehelicht hatte. Er paßte noch immer in die Hose und in das Jackett hinein, nur unten, um die Hosenbeine herum, sah es verdächtig eng aus; zu sagen wagte ich nicht viel. Der Anzug, so meinte er, sei für den Anlaß gut genug, der sei überhaupt noch nicht abgetragen und erfülle seinen Zweck. Bevor wir in das Taxi stiegen, lief er um das Auto herum, murmelte etwas vor sich hin, und als wir beim Standesamt in der Warschauer Straße anhielten, stolperte er beim Aussteigen aus dem Wagen. Er war aufgeregt. Jugendliche, die gerade vorbeikamen, blieben stehen und lachten über uns. Zu warten brauchten wir nicht. Wir wurden gleich in den Vermählungsraum hineingeschoben, und wir sagten zu allem Ja. An Musik kann ich mich nicht erinnern. Anschließend fuhren wir zu einem Fotografen. Der machte, als hätten sich alle verabredet, auch nicht viel Federlesen mit uns. Auf dem Heimweg, der am Lenin-Denkmal vorbeiführte, deutete Harich an, es wäre doch schön, wenn Lenin meinen Rosenstrauß bekäme und so an unserem Tag teilnehmen könnte.

Ich hieß den Taxifahrer anhalten, und ich legte meine schönen dunkelroten Rosen direkt auf die großen Füße Lenins und ließ ihn an unserem Festtag teilnehmen. Für eine Hochzeitsfeier reichte unser Geld nicht. Ich weiß nicht einmal mehr, ob ich meinen Kindern von unserem Heiratsplan erzählt hatte. Wir waren allein. Das Hochzeitsmahl, Roulade, Rotkraut mit Klößen, hatte ich für uns im Restaurant Baikal am Leninplatz bestellt. Dazu kam es nicht mehr. Harich fühlte sich, trotz Faustan-Tabletten, so elend, daß er sich außerstande sah, mit mir Essen zu gehen. Ich machte Milch warm, und wir aßen Haferflocken mit ganz viel Rosinen darin. So saßen wir uns gegenüber in Harichs Arbeitszimmer in der Friedenstraße 8, als frischgetrautes Ehepaar. Er überreichte mir ein kleines Hochzeitsgeschenk, ein Buch aus seiner Bibliothek, Hamsuns »Victoria«. Da, auf der ersten Seite steht: »Meiner Anne! Das war's, worauf Dein erster Blick in meiner Wohnung fiel, am 28.2.86. Aber leben sollst Du in der Geschichte unserer Liebe, und glücklich sein – mit mir, neben mir, auch nach mir! Zum 20.11.1986 Wolfgang.«

Nach dem Nachmittagsschlaf wollte er alles wiedergutmachen. Er ging in die Käthe-Niederkirchner-Straße zum Lindebäcker, um Kuchen zu holen. Der Tisch war gedeckt, der Tee gekocht, ich saß und wartete, da rief Frau Linde an und sagte mir, meinem Mann ginge es schlecht, er liege bei ihr auf zusammengerückten Stühlen in der Café-Stube, er lasse grüßen und ich solle ihn abholen. Und so fand ich mein Wölfchen pulsfühlend in der Konditorei. Wir schlichen nach Hause und gaben das Hochzeitfeiern endgültig auf. Sein Hochzeitsanzug hatte seinen Zweck zum letzten Mal erfüllt. Mein Kleid trug ich danach nie wieder. Am nächsten Tag stand ich um fünf Uhr morgens auf und ging zur Arbeit ins Krankenhaus. Harich setzte sich an seinen Schreibtisch und arbeitete weiter über Nicolai Hartmann.

*

Du denkst nicht gern zurück an diesen Tag, Du hast nie darüber sprechen wollen, Du kamst Dir hilflos und ärmlich vor, und ich konnte Dich nicht zum Lachen bringen, als ich Dir beim Haferflockenessen sagte: »Er hat sie doch geheiratet, was soll denn noch geschehen!« Da bliebst Du ernst. Mein Lachen empfandest Du vielleicht als Trost für Dein Unvermögen, mir an diesem Tage etwas Außergewöhnliches »zu bieten«. Nein, mein Liebling, es war dennoch ein schöner Tag, und Du hast Deinen Ring bis zum Ende getragen. Ich sehe Dich, wie Du manchmal, wenn Du verlegen oder aufgeregt warst, ihn rum und rum drehtest an Deinem Finger. Wußtest Du, daß Bucharin seiner Anna »Victoria« geschenkt und daß der Roman die schönste Liebesgeschichte für ihn war? Als ich das las, war mir warm ums Herz.

*

Ein paar Tage später, am 9. Dezember, feierte ich das erstemal gemeinsam mit Harich seinen Geburtstag. Ich kann nicht feiern, ich kenne es nicht aus meiner Kindheit und hatte mir angewöhnt, den Tag meiner Geburt nicht wichtig zu nehmen. Doch für Harich war dieser Tag bedeutsam. Er erwartete viele Glückwünsche, und er sehnte sich nach Geschenken wie ein Kind. Ein kleiner Kreis Gratulanten fand sich zusammen: seine Schwester, die nie ihren Mann mitbrachte, und seine Lektorin. Ein Pärchen, langjährige Freunde, gesellte sich überraschend hinzu, und meine Kathrin war dabei und gab mir Schutz. Ich fühlte mich unwohl, fühlte mich begutachtet. Harich konnte sich sowieso nur auf ein bis zwei Menschen konzentrieren. Es mußte immer ein Thema besprochen werden, und wenn möglich, dann sprach er, es sei denn, seine Gesprächspartner erwiesen sich als anregend, dann konnte er zuhören und strapazierte sich bis an die Grenze seiner Kräfte. Unterbrochen, abgelenkt zu werden oder gar nur Herumgeplappere anhören zu müssen, war ihm etwas Gräßliches. Dann bereitete er seinen Rückzug vor, er sah zur Uhr, er fühlte sich gar nicht gut, und das ließ er alle deutlich erkennen. Was ihn nicht interessierte, ermüdete ihn oder war ihm Zeitverschwendung. Mich strengte das anfangs an, und ich schlug drei Kreuze, wenn alles vorüber war, auch weil ich mir einbildete, fürs Gelingen verantwortlich zu sein.

Wie mit dem Geburtstag erging es mir mit allen anderen Festtagen im Jahr.

Harich war der Mittelpunkt geworden, wonach sich alles ein- und ausrichtete. Das betraf auch das Weihnachtsfest, das Fest, das ich mir alle Jahre wegwünsche und doch herbeisehne, in das ich, je näher es heranrückt, Erwartungen hineinlege, die sich selten verwirklichen, und jedes Jahr graut mir aufs neue davor. Harich kam in die Pufendorfstraße. Er brachte Geschenke mit, eingepackt in gewöhnliches braunes Packpapier, zugebunden mit Paketschnur oder verklebt mit breitem Klebstreifen. Es gab immer Schallplatten oder Bücher, nie etwas anderes. Er nahm Platz in meinem großen Ohrensessel, wir setzten uns dazu. Meine Kinder wollten, wie jedes Jahr, »Die Weihnachtsgans Auguste« hören, das lehnte Harich ab, weil die arme Gans der Tierquälerei ausgesetzt sei, und da es sich nicht schickt, am Heilig Abend zu streiten, fügten wir uns. Er hatte seine Bibel mitgebracht, die schlug er auf, und mit befangener Stimme begann er zu lesen: »Es begab sich aber zu der Zeit, daß ein Gebot vom Kaiser Augustus ausging, daß alle Welt geschätzt würde ...« usw. usf. Danach legte er das schwere Buch zur Seite, das er für uns hierher geschleppt hatte, erhob sich, stellte den Plattenspieler an, und wir hörten den ersten Teil des Weihnachtsoratoriums. Als das verklungen war, war es mucksmäuschenstill, und mir klopfte das Herz. Ich wagte nicht, meine Kinder anzusehen. Womöglich hätte ich aus lauter Freude oder Verlegenheit lachen müssen. Für Harich waren es Minuten der Andacht, die ihm heilig waren, und er scheute sich nicht, sie uns an diesem Abend zu offenbaren. Er suchte ein Stück Kindheit, suchte einen Hauch seiner heilen Welt, die ihm unwiederbringlich verlorengegangen, uns aber fremd war, in unsere Stube hineinzuzaubern. Trotzdem nahmen wir es ihm übel, daß wir die »Weihnachtsgans Auguste« nicht hören sollten. In den kommenden Jahren setzten wir uns durch, wir legten die Schallplatte wieder auf, erfreuten uns an der Geschichte, und wir freuten uns auf den Moment, wenn Harich die Bibel aufschlug und zu lesen begann, und er war nicht mehr befangen und wir auch nicht mehr, und kaum war der erste Teil des Weihnachtsoratoriums zu Ende, rief er: Wo sind die Geschenke? Und dabei erhoffte er sich ganz für sich allein einen großen Karton mit Marzipan, am liebsten aus Königesberg, von dem er überhaupt nichts abzugeben braucht, und deshalb schnell ein »schönes Weihnachten« wünschte und dann ein übereiltes: ach, das ist für mich? Nein, das nicht, das da; dann ein ungeduldiges Rascheln und Reißen von dünnem und festem Papier, ein heimliches Da- und Dorthinsehen, ein verständnisvoller oder beschwichtigender Blick, und nachdem die Überraschungen viel kleiner ausfielen als gewünscht und sich jeder darüber beruhigt hatte, wurde endlich gegessen; und waren wir fröhlich genug, wurden die Teller abgeleckt, und ich vergaß nicht, wie alle Jahre wieder, zu schimpfen, weil ich das Fest allein vorbereitet hatte.

Am 31. Dezember 1986 war mein letzter Arbeitstag. Ich hatte mein Arbeitsverhältnis aufgelöst. Ich wollte und sollte zu Hause bleiben, und ich freute mich aufs Ausschlafen. Um 13 Uhr trafen wir uns an der Stelle im Park, an der wir uns vor einem Jahr begegnet waren. Der letzte Tag im Jahr wurde zu unserem Gedenktag. Stets machten wir uns getrennt auf den Weg zu dem kleinen Hügel, auf dessen Höhe Harich seinen Hut zum Gruße gezogen und ich ihm gesagte hatte, daß ich mich freue, ihn zu sehen. Pünktlich um 13 Uhr wollte jeder von uns den Gipfel erreicht haben. Beide kamen wir aus entgegengesetzter Richtung, ein jeder sah zuerst den Kopf des anderen. Erschien ich nur zwei Minuten später, dann schrie Harich mir übermütig entgegen: zu spät, du kommst zu spät! Er schloß mich in seine Arme, und wir beteuerten einander, nichts bereut zu haben. Im neunten Jahr bat er mich, zu Hause bleiben zu dürfen. Seine regelmäßigen Spaziergänge hatte er in den letzten Wochen, die ihm noch zum Leben blieben, aufgegeben. Er war müde geworden.

Doch die Silvesterabende in jenen Jahren ließen mich bald unzufrieden werden. Ich wollte mich schön machen und mit Harich ein Konzert hören, ich wollte mich mit ihm zeigen, ich wollte wahrgenommen werden, und ich wollte mit ihm in einem Restaurant sitzen, ich wollte genau um 24 Uhr nicht allein sein, wünschte mir Besinnlichkeit und meinetwegen auch ein bißchen Wehmut. Ganz heimlich wünschte ich mir meine Kinder dazu, weil ich wollte, daß wir einmal ganz fest zusammen wären. Ich habe mir diese Wünsche nie erfüllen können, und Harich erfüllte sie mir auch nicht. In den ersten beiden Jahre sahen wir in der

Studiobühne des Maxim-Gorki-Theaters »Ein Gespräch im Hause Stein über den abwesenden Herrn von Goethe« von Peter Hacks mit Karin Gregorek und gingen anschließend nach Hause. Und da fühlte ich mich immer vom Leben ausgeschlossen. Ich habe ihm manchesmal heftige Vorwürfe gemacht, aber nichts damit erreicht. Ich wollte, daß er Konzertkarten besorgte, ich wollte diese Mühe als Anerkennung, als einen Dank bekommen. Ich bekam ihn nicht. In den darauffolgenden Jahren – ich hielt es nicht lange ohne Arbeit aus – ging ich frühmorgens zum Dienst ins Krankenhaus, legte mich deshalb beizeiten ins Bett und verschlief, unterstützt von einer Schlaftablette, den Beginn des neuen Jahres. Wenn ich Harich etwas nachtrage, dann sind es die verschlafenen Silvesternächte – und daß er nicht mehr die Kraft aufbringen wollte, mit mir nach Weimar zu fahren.

*

Du brauchst gar nicht »aber Anne« zu sagen, das mußte auch mal raus!

*

Auf einmal war ich nur noch Hausfrau, und das war nichts und für die Menschen um mich herum noch weniger als nichts. Nur für Harich war das ein berechtigter Zustand. Kathrin und ich wohnten noch immer in der Pufendorfstraße. Ralph war ausgezogen. Harich ging nach dem Frühstück in die Friedenstraße, um zu arbeiten, und kehrte gewöhnlich am Abend zurück. Mein großes selbständiges Kind rannte jeden Morgen los, um pünktlich an seinem Ausbildungsplatz zu erscheinen. Und ich? Ich hatte viel Zeit. Ich konnte machen, was ich wollte, nur wußte ich nicht, was ich wollte. Wie oft hatte ich in den letzten Jahren, wenn ich erschöpft von der Arbeit dasaß, in mich hineingestöhnt: nie bleibt mir Zeit und Muße, etwas für mich zu tun. Ich seufzte den Jahren nach, die eintönig vergangen waren, und ich jammerte über meine unerfüllten Träume. Jeder ernsthafte Versuch, nur einen Traum, ein Vorhaben in die Tat umzusetzen, scheiterte an meiner »Laß-sein«-Mentalität. Ich wollte die französische Sprache erlernen. Dreimal begann ich einen Kurs. Nie habe ich durchgehalten, weil ich einfach zu faul war, konsequent zu lernen. Lieber klebte ich fest an meiner Mutter- und Berufspflicht, mit der entschuldigte und rechtfertigte ich meine Schwächen, ich tobte gegen sie, weil sie mich an allem hinderte. Dabei blieb es, ich flüchtete in bequeme Tagträume, und ich schwebte mit ihnen auf und davon. Von klein auf wuchsen in mir zwei Wünsche heran: Ich wollte wie jedes Kind einmal berühmt werden, und ich wollte so bald wie möglich heiraten; ich wünschte mir viele Kinder und einen guten Mann dazu; den wollte ich verwöhnen, und dafür würde der mir immer dankbar sein. Im Gegensatz zu dem ersten Wunsch wurde der zweite verständnisvoll genährt in der katholischen Erziehung, die mir beizeiten große Furcht vor der Sünde einflößte und die mich im Beten und Beichten ausbildete. Und weil ich ein »hübsches Mädel« zu werden versprach, gab es wenig Grund zur Sorge um mich. Ich glaubte, mein Talent werde entdeckt, und den Bräutigam werde mir der liebe Gott vorbeischicken. Meine Sehnsucht nach Berühmtwerden interessierte niemanden. Nie hat mir jemand gesagt, daß ich lernen müsse und wie wichtig das im Leben sei. Aber kaum hatte ich das Backfischalter hinter mich gebracht, in dem sich das Berühmtwerdenwollen und das Heiratenwollen noch die Waage hielten, da fragten die Leute im Dorf: Hast du schon einen festen Freund? Und wenn ich sagte: nicht so richtig, dann hörte ich sie sagen: Warte nicht zu lang, sonst bleibst du sitzen, und sie zeigten mit dem Finger auf diese oder jene im Dorf, die keinen mehr abbekam, weil sie zu eingebildet und zu wählerisch und ihr keiner gut genug gewesen war oder, und das war noch viel schlimmer, weil die oder jene schon mehr als einen gehabt und sie deshalb nun keiner mehr nehmen wollte. So heiratete ich, um ja noch einen abzukriegen, mühelos und ohne Überlegung den ersten besten Mann und bekam wenige Monate später mein erstes Kind. Meine Aufgaben waren festgelegt, der Schritt ins eingeschränkte Leben war unüberlegt getan, und damit war alles in der gewünschten Ordnung. Jetzt, nach zwanzig Jahren, saß ich da, dazu erzogen und daran gewöhnt, mich um das Wohl meiner Familie und das Wohl anderer Menschen zu kümmern, und nun fühlte ich mich nutzlos. Womit sollte ich die Leere, die mich umgab, ausfüllen? Das zu erlernen wurde ich durch Harichs Lebensform gezwungen. Es blieb mir gar nichts anderes übrig.

Zunächst also entpuppte sich meine Vorfreude auf das Zuhausesein als ein Trugbild. Von mir zurechtfabriziert, fiel es nach wenigen Wochen in sich zusammen. Hineingeraten in einen undefinierbaren Status, wußte ich nicht mehr, wer und was ich bin. Ich war ja nicht einmal Harichs Köchin! Nie hätte ich in seiner Wohnung »herumwirtschaften« und nie hätte dort eine

Waschmaschine stehen dürfen! Er brauchte eine Frau, die für ihn da und erreichbar war, die ihm zuhörte, wenn es ihn danach drängte, über seine Arbeit, über seine Probleme zu sprechen; eine Frau, die sich ihm widmete und in deren Gesellschaft er sich wohlfühlen, sich entspannen, unterhalten und ablenken konnte, ganz im alten Stil; den Stil, den vorrangig sein Großvater, aber auch sein Vater zu pflegen wußten. Wenigstens das wollte er aus vergangener Zeit erhalten, wollte er für sich gerettet haben! Ausgeschlossen aus meinem eigenen Arbeitskreis, nahm ich mich mit einem Mal wie verloren wahr und wußte nicht mehr, welche Rolle ich spielte, und ich konnte nicht begreifen, was ich mit mir angerichtet hatte. Ich machte mir alles ganz schwer, weil mir der Mut und die Leichtigkeit fehlten, den Platz ungeniert anzunehmen, der mir durch Harich großmütig angeboten worden war, nämlich: mich darauf erst einmal auszuruhen und zu besinnen, mich einmal um mich selbst zu kümmern, vielleicht daran Genuß zu finden, daß weniger Arbeit befreiend sein kann, um anderes Schönes zu entdecken, an dem ich mich einfach nur erfreuen könnte. Ich ließ ungenutzt Zeit vergehen, ehe ich mich besann, welche Chancen für mich in Harichs egoistischem Kalkül steckten. Mein Egoismus war langweilig und reizlos, er verlangte von Harich mehr Zeit und Hingebung an mich. Ich mußte ganz und gar umdenken lernen. Nach und nach erfuhr ich die Freiräume, in die er mich hineingeschubst hatte, die ich immer mehr zu schätzen wußte und aus denen ich immer wieder gern zu ihm zurückkehrte. Ich fand meine verlorengegangene Sicherheit und Ruhe wieder, weil ich dazu ermuntert wurde, mich ohne Scheu draußen in der Welt zu bewegen, und das zu sagen, was ich denke und zu wissen glaube. Und wenn ich »da wieder mal alles durcheinanderbrachte«, so machte das überhaupt nichts.

*

Du meinst, ich schweife wieder einmal ab? Ja, ja, Du mit Deinem »wieder«! »Elisabeth, die Suppe ist wieder mal ungenießbar!« Ich bitte Dich, laß mich abschweifen! Ich übertreibe? Nein, bestimmt nicht, und wenn? Ich sehe die Dinge heute so, und dabei bleibt es! Was wußtest Du davon, wie erlösend es für mich war, einen Menschen neben mir zu haben, der nicht an mir herumkrittelt und herummäkelt, der mich nicht mißtrauisch beobachtet und mir argwöhnische Fragen stellt; der höchst selten um Erlaubnis bittet, einen Einwand erheben zu dürfen. Das war neu für mich!

Und wie lange es dauerte, bis ich das begriffen hatte! Wie lange, bis ich dem Großzügigen vertraute! Ich brauchte mich bei Dir nicht zu verstellen! Ich brauchte nicht mehr zu lügen! Und: Ich brauchte vor Dir überhaupt keine Angst zu haben! Aber ich hatte eben einen unübersehbaren Makel: Ich besaß keinen eigenen Spielplatz. Und das störte auch Dich, und dieser kahle Flecken bedrohte unser Zusammensein existentiell. Außerdem glaube ich, meine Eifersucht auf Deine Verflossenen galt mehr ihrer Unabhängigkeit und ihrem eigenständigen Tun, denn damit hast Du ja angegeben, und nicht ... Ach, was mir so alles durch den Kopf geht, was ich Dir damals nicht sagen konnte. Dabei glaubtest Du doch immer, mein Leben an Deiner Seite sei ein einziges Opfer! Nun fällt mir ein, ich bin ja doch wieder zum Französisch-Kurs gegangen! Das paßte Dir aber nicht, wenn ich abends das Haus verließ! Erinnerst Du Dich? Ja, und Du entmutigtest mich, indem Du mir prophezeitest, in meinem Alter könne man keine Fremdsprache mehr erlernen, und Du sträubtest Dich, mit mir Vokabeln zu lernen! Oh, das hat mich geärgert! Ich hätte Dir antworten sollen, daß Alter sehr selbstsüchtig macht. Aber letztlich lag es an mir! Wenn ich wirklich gewollt hätte, wäre Dir nichts anderes übriggeblieben, als mich mit Deinem gern gebrauchten Satz an die Tür zu begleiten: Was soll ich tun, ich bin ein armer, alter, kranker Mann. Und ich, ich war gern schwach, weil ich mich eben zu wohl bei Dir fühlte. Aber heute würde ich in diesem Fall anders handeln, jawohl! Was lachst Du? Du meinst, ich würde doch wieder zu faul sein?

*

Nun weiter: Ungeachtet meiner Bedenken über die neuen Aufgaben als Hausfrau erwies sich Harich, wenn man seinen Gewohnheiten Achtung zollte, als ein unabhängiger und selbständiger Ehe- und Hausmann. Es wurde ihm nachgesagt, er sei ein verwöhntes Bürgersöhnchen, es wurde ihm nachgesagt, er sei ein Haustyrann. Vielleicht war er das in jungen Jahren. Wollte er mir gegenüber, wenn ich mich widerspenstig zeigte, den Tyrannen spielen, machte ich ihm vor, wie er augenblicklich aussehe, und aus der Tyrannei wurde eine Komödie. Harich hungerte nach Verwöhnung und nach Beachtung genau so wie ich. Aber er brauchte keinen Luxus, um zu arbeiten; der einzige Luxus auf den er beharrte, war, ungestört arbeiten zu können; und er bedauerte nicht sein »Schicksal«, und er heischte nicht nach Mitleid, und er verstand sich in allen Lebenslagen einzurichten. Allein deswegen hatte ich große Achtung vor ihm.

Ich habe Harich als einen Verfechter des Feminismus kennengelernt, und das verschwieg er mir sehr lange. Es behagte ihm, mich mit der altbewährten Frauenrolle im Einklang zu sehen. Er sagte: Hausarbeit ist gleichzusetzen mit Berufsarbeit, das heißt, sie muß honoriert werden. Als als ich kein eigenes Geld mehr verdiente, habe ich nie um Geld bitten müssen! Nie! Ich habe immer nur gesagt: es reicht mir nicht! Wenn es alle war, besaßen wir beide nichts mehr! Er war sparsam, aber nicht geizig. Allerdings brauchte mich Harich nicht für seine Hausarbeit. Er ließ sich seine Wohnung reinigen, er sortierte seine Schmutzwäsche, die »sein Wäschemann«, ein Familienbetrieb, zum Waschen abholte; er nähte seine Löcher nicht nur in den Hosentaschen zu, sondern sorgte dafür, daß seine Hemden nicht knopflos blieben, weil ich solche Dinge gern auf den kommenden Tag verschob! Er heizte seinen Ofen im Winter jeden Morgen, die ganzen neun Jahre. Aus dem Keller holte er die Kohlen, zehn große Brikett pro Tag, die er mit Hilfe einer Kohlenzange in den Eimer genau abzählte, dabei rutschten ihm die Briketts aus der Zange heraus, das Bücken und das Greifen fielen ihm schwer, er war ungeschickt, doch hätte er nie die Kohlen mit der Hand angefaßt, und wenn die ihm hundertmal aus der Zange entglitten. Erleichtert sah er zu, als Kathrin oder Ralph oder ich ihm später die Kohlen im Flur stapelten. In seiner Wohnung war es stets kühl, und in der Küche und im Bad war es eiskalt, da fehlten die Öfen, und seine Räume zum Hof hinaus waren im ganzen Haus die einzigen, in die keine Doppelfenster eingebaut worden waren. Der Wind zog tüchtig hinein.

Bald ging Kathrin ihren eigenen Interessen nach, und da übernahm ich ihre Stelle. Und Harich ließ ab von seinen Prinzipien. Er wurde nachgiebig, mild und schwach, und er war froh, wenn ich zum Staublappen griff. Später, als uns die »soziale Marktwirtschaft« das Leben versüßte, kamen »seine Harzkes« zu ihm, ein zuverlässiges Ehepaar, das sich um all seine Wünsche kümmerte. Ich glaube, höchstens achtmal in den neun Jahren habe ich ihm, weil er sich morgens zu schwach gefühlt hatte, den Ofen heizen dürfen. Er wollte sich nicht von mir bedienen lassen. Nur wenn ihn seine Kräfte verließen, gab er nach, dabei beunruhigt, er könne mir lästig werden. Meine Hilfe belohnte er mit innigem Dank. Noch am letzten Morgen seines Lebens heizte er seinen Ofen. Daß er jede Arbeit mit einem gewissen Eigensinn ausführte und ihm jegliche Störung oder gar ein hilfreicher Rat in den Abgrund eines unübersehbaren Chaos zu stürzen vermochte, sei hier am Rande erwähnt. Betonen will ich: Nach jedem Mittagessen, das wir späterhin zu Hause einnahmen, ergriff Harich meine Hand, hielt sie mit beiden Händen fest und küßte sie, und das machte er in aller Ruhe und liebevoll, und er sagte: Es hat gut geschmeckt, mein Liebling, ich danke dir für die Mühe. Und er dankte mir auch, wenn es Haferflocken mit Milch und Rosinen oder Fertiges aus einer Tüte oder einem Glas gab. Suchte ich mich dafür zu entschuldigen, sagte er: Die Hauptsache ist, ich habe etwas Warmes in meinem Magen.

Erhob sich Harich vom Schreibtisch, um sich dem Alltäglichen zuzuwenden, philosophierte es in ihm übergangslos weiter: Putzte er Schuhe, gab er sich nur dieser Beschäftigung hin, und kochte er Tee, dann machte er nichts weiter als Teekochen. In sich vertieft, widmete er sich der Tätigkeit, die ihn gerade beanspruchte, und er redete dabei vor sich hin und gab seinen Fragen eine Antwort. Er liebte es über alles, ungestört in seinen vier Wänden umherzulaufen und das, was er eben tat, so zu tun, weil er es eben so wollte. Jede überflüssige Fragerei war ihm lästig, war ein Eingriff in seine Intimsphäre, und ein cholerischer Anfall wäre unvermeidbar die Folge gewesen. Genügsam, dabei vergnüglich, behütete er seinen verbliebenen Besitz. Er hütete seine Beziehung zu den Dingen, die ihn umgaben; hegte und pflegte mit gleichmäßiger Sorgfalt seine Habe, weil er mit allem etwas erlebt, weil mit allem etwas erinnerbar war. Er liebte den Mottenkugelduft, der aus seinem vollgestopften Kleiderschrank hinausströmte, dessen Stärke er mit Genugtuung prüfend beschnüffelte, weil er die Garantie dafür war, die Motte könne hier drinnen keinen Schaden anrichten, er achtete alles, was darin hing. Er fühlte sich mit der aus der Mode gekommenen Garderobe verbunden, trug sie weiter. Anfangs fragte ich einmal: Was hast du für eine Jacke an? Du siehst komisch darin aus. Da antwortete er sehr laut: Das spielt überhaupt keine Rolle, ob ich damit komisch aussehe, die ist jetzt auch mal dran mit Tragen, und die andere muß ausstinken! Die andere hing wochenlang im Flur und mahnte, mich nicht mehr einzumischen. Er freute sich diebisch, wenn er mir beteuerte, diesen schwarzen und diesen grauen Samtpulli trage er schon seit dreißig Jahren. Von Zeit zu Zeit stand er vor seinem Schuhregal. Drei Reihen, vollgestopft mit Schuhen. Doch er trug stets dieselben, und er brachte es nicht fertig, sich von den herumstehenden,

den geschenkten, den gesammelten, den zu großen oder den zu kleinen Fußwerken zu trennen, da er nicht wissen konnte, ob doch noch sein »Kommunismus ohne Wachstum« in die Praxis umgesetzt werden würde. Für alle Fälle stünden hier genügend Reserven für Bedürftige bereit. Von Zeit zu Zeit betrachtete er seine benutzten Schuhe, nahm das eine oder andere Paar heraus, besah es sich und sprach zu ihm: Jetzt bist du mal dran, und er brachte es zu »seinem Schuster« um die Ecke in die Büschingstraße, den er so »rührend« fand und den er immer fragte, ob er genug zu tun habe. Er wollte, daß der Schuster von seiner Arbeit gut leben konnte. Harich unterstützte ganz bewußt das Privatunternehmen, wo immer sich ihm eine Möglichkeit bot. So den »Frisör-Salon Herget« in der Bötzowstraße, für ihn eine reizvolle Kombination, weil der Laden von einer blonden Schönheit, nämlich Frau Herget, geführt wurde, die ihm das Haar und den Bart abschnitt. Frau Herget hat sich in beiden Systemen bewährt, ihr Geschäft floriert, und sie hat ihre Schönheit und das Wort »Frisör« erhalten.

Infolge meiner Unfähigkeit, mir das Leben nach eigenem Ermessen sinnvoll und befriedigend zu gestalten, hielt ich mich, bis ich mir wieder eine Arbeit suchen wollte, an Harichs Stundenplan. Ich holte ihn mittags in der Friedenstraße ab, und wir gingen gemeinsam zum Essen ins »Bötzow-Stübl«. Dort fanden sich immer dieselben Gäste ein; da wurde »Guten Tag« gesagt, ein bißchen erzählt und wieder auseinandergegangen. Es war eine »Stammrunde«, die alle dem Rentenstand angehörten, und für sie war Harich ein Rentner, und weiter nichts. Er stellte mich ihnen vor als seine »Neue«, sie nickten mir gleichgültig zu, ich war ihnen egal. Ich erinnere mich an eine alte, kleine zierliche Frau, das Fräulein Schmidt. Sie aß dort täglich zu Mittag. Sie sprach mit leiser, zittriger Stimme, ihr Wesen war fein und artig. An ihr hing Harich mit besonderer Anteilnahme, weil er vermutete, in ihrem Leben müsse es eine leidenschaftliche, doch unglückliche Liebe gegeben haben. Wie gerne hätte er die ganze Liebesgeschichte erfahren, denn Liebesgeschichten waren ihm etwas Herrliches!

Der Heimweg aus dem »Bötzowstübl« forderte Harich zu schwerwiegenden Entscheidungen heraus, die Verführungen in sich trugen, mit denen er freudig kokettierte. Bog er, um nach Hause zu gelangen, links in die Käthe-Niederkirchner-Straße ein, führte ihn der Weg am Lindebäcker, seinem »Pornoshop« vorbei, und es verlangte ihn heiß nach Kuchen. Dann stand er am Schaufenster und schnupperte und sog den warmen Kuchenduft tief ein. Aber Frau Linde unterlag Stimmungen, die einem die Vorfreude auf das duftige Flair einer Backstube, das Kuchenaussuchen und das Kuchenansehen, was einer gewissen Ruhe und Besinnlichkeit bedarf, zu verleiden drohten. Und stand er im Laden, und Frau Linde war verstimmt, dann blieb ihm kaum Zeit, auch nur drei Stück Kuchen gemütlich auszusuchen, und das war kein Genuß! Ging er jedoch geradeaus die Bötzowstraße entlang, lockte die Pipersche Eisdiele mit der schönen Frau Piper und ihren zwei hübschen Töchtern. Also: Harich entschied sich lieber für zwei Kugeln Eis und sah die schöne Frau Piper mit ihren großen braunen Augen, und manchmal dazu ihre entzückenden sehr jungen Töchter. Dann gab es kleine Scherze, ein Gekicher und ein lustiges »Auf Wiedersehen«. In der Bötzow-Ecke kaufte er in Fischers Schreibwarenladen Schreib -und Blaupapier und Schreibmaschinenbänder, und beim Drogisten Ahlschläger erwarb er gleich drei, vier Flaschen »Odorex«, ein geruchloses Deodorant, das durfte nie ausgehen, genau wie der Tee, die Milch usw. Und wie er zu Hause in seinen vier Wänden mit all seinem Hab und Gut eine Beziehung lebte, faßte er alles, was ihm draußen begegnete, was er wahrnahm, wenn er das Haus verließ, in seine Welt zusammen, bestückte sie mit Phantasie, und fügte seinem Alltag, der ihn immer auf den gleichen Wegen gehen ließ, eigene, ihn erfreuende, von ihm erdachte Abwechslungen ein. Oh, er suchte, er liebte das Geheimnisvolle, das Abenteuerliche! Dann ließ er das Jungenhafte, was mir an ihm so lieb war, zu seinem Recht kommen. Er zeigte mir seinen »Schleichweg«, der an dem Haus vorbeiführte, in dem früher die »Tägliche Rundschau« saß und wo er tätig gewesen war, auf dem er zu seinem Kohlenhändler in die Immanuelkirchstraße, Ecke Prenzlauer Allee gelangte, um dort für den Winter die Kohlen zu bestellen. Er lief mit mir im Park auf seinem »Lieblingsweg«, der ihn an Waldpfade im märkischen Sand zwischen märkischen Kiefern erinnerte. Er lief um den großen Ententeich und fühlte sich geehrt, wenn der stolze Schwan ihm entgegensah und neben ihm herschwamm, bis Harich ihn wieder verließ, um seinen zeitlich abgemessenen Spaziergang fortzusetzen. Sein täglicher Weg, seit langem von ihm unabänderlich festgelegt, führte in ein eingemauertes Rundell, dessen Kreis er auslief wie einen begrenzten Gefängsnishof, den er ungehindert verlassen konnte, und es war, als ob er sich jeden Tag aufs neue seine Freiheit ins Bewußtsein rief. Er fühlte sich, sobald er das Haus verließ, beschattet.

Pläne und Projekte

Jetzt bitte ich darum, in das Jahr 1964, genauer gesagt, in den Monat Dezember, in dem Harich aus der Haft entlassen wird, zurückkehren zu dürfen.

Von Bautzen wird er mit einem Auto abgeholt, die Fahrt endet in Berlin, Friedenstraße 8. Dort lebt seine Mutter. Die Reise führt über den Alexanderplatz. Sein Begleiter ist stolz auf die herrliche Architektur, die auf und um den Alexanderplatz herum entstanden ist, und er sagt: »Diese Pracht wäre ohne unseren antifaschistischen Schutzwall nicht denkbar«, und Harich denkt: wie furchtbar, und das alles wollte ich verhindern. Er kehrt mit leeren Händen zur Mutter zurück. Sein Kopf aber ist gefüllt mit den Schriften Jean Pauls und anderem mehr, und überhaupt, er hat viele Pläne und ist guter Hoffnung, sie umsetzen zu können. Er will jetzt alles wiedergutmachen, bereut hat er lange genug. Über Jean Paul durfte er im letzten Jahr seiner Haft arbeiten und forschen, eine Art Ersatztherapie nach einem erlittenen Herzinfarkt. Das Ereignis verschwiegen die zuständigen Ärzte. Die Einweisung in ein Haftkrankenhaus fand nicht statt. Bei Jean Paul aber fand Harich alles, was seinem kranken Herzen nur guttun konnte. Allein die Vorstellung: Harich, in seiner Zelle sitzend, liest Jean Pauls erste Satire »Lob der Dummheit«. Wie mag da sein Herz gehüpft sein vor Freude an der nicht »realitätsfremden« Erfahrung, die er bei Jean Paul bestätigt findet: »Die Mächtigen und Reichen sind es am meisten, welche die Ausbreitung der Dummheit besorgen und die ... der Weisheit verhindern. Ein Reicher ist selten an etwas anderm als an Geld reich ... Wenn er nun keinen Verstand hat, wie soll er den Verstand des andern schätzen und wie ... in der Austeilung der Ämter, der Belohnungen usw. mehr Rücksicht auf die Weisen als auf die nehmen, die er weder verachten noch beneiden kann?« So wird Harich später in seinem Buch über die revolutionäre Dichtung Jean Pauls schreiben: »Verfolgung, die der Kluge, Aufgeklärte auf sich zieht, bleibt dem Dummen erspart. Er hat keine Feinde«, und Jean Paul weiter zitierend, heißt es: »Er ist gewohnt, vor denen zu kriechen, die auf fremde Schande ihre Ehre gründen und in den Erniedrigungen anderer die Beweise ihrer Größe suchen.«

Aber jetzt ist er nicht mehr ein- und weggeschlossen. Er ist wieder mitten drin im Getriebe des Lebens, und das heißt für ihn: erst einmal muß er sich heiß verlieben. Das klappt mit Gisela May, der Schauspielerin und Brechtinterpretin. Die ist sein Typ. Die hat gerade Liebeskummer, und die Weigel sagt ihr: Nimm dir den Harich, der hat acht Jahre lang gesessen, der ist scharf wie eine Rasierklinge. Sie überlegt ein bißchen, aber nicht zu lange. Und der Freigelassene stürzt sich leidenschaftlich, voll guten Glaubens in die Liebe und in seine ausgiebigen Jean-Paul-Studien. Er zieht in die Dachkammer der May, seinen Elfenbeinturm. Er hält fleißig an Jean Paul fest. 1968 erscheint in Leipzig und Frankfurt Main, Suhrkamp Verlag, »Jean Pauls Kritik des philosophischen Egoismus«. Nebenbei betreut er, philologisch, die von Werner Schuffenhauer herausgegebene Werkausgabe Ludwig Feuerbachs. Er arbeitet nicht systematisch und schon gar nicht zurückgezogen nur an Jean Paul. Das geht nicht. Es ist eine viel zu aufregende Zeit. Das revolutionäre Feuer, entfacht durch die studentischen Bewegungen, tobt hinter Stacheldraht und Mauer, es droht europaweit, ja weltweit auszubrechen. Die verheißungsvollen Erhebungen, die er gezwungenermaßen auf Distanz beobachtet, fordern ihn zum Um- und Nachdenken und zum Einmischen in das Geschehen heraus; es beeinflußt seine Sicht auf Jean Paul, den zeitbezogenen Dichter und Gesellschaftskritiker, und auch er, Harich, muß sich zu den Ereignissen seiner Zeit äußern, das geht nicht anders für ihn. Auf welche Möglichkeit kann er zurückgreifen? Mit der Philosophie sei es für ihn vorbei, hatte man ihm vor der Entlassung aus dem Zuchthaus gesagt. Er vergißt die Anordnung, er will seine Kritik an der revolutionären Ungeduld, die er zu erkennen meint, eingreifend zum Ausdruck bringen.

Ich greife zu einem Brief, geschrieben am 19. November 1969, gerichtet an den Akademie-Verlagsleiter, Dr. Werner Mußler:

»Sehr geehrter Herr Dr. Mußler!

Bezugnehmend auf unsere letzten beiden Gespräche möchte ich Ihnen zunächst sehr herzlich für Ihr freundliches Angebot danken, mit mir einen Vertrag über ein neues Buch zu schließen. Ich habe darüber nachgedacht und will Ihnen heute auf diesem Wege mitteilen, zu welchem Ergebnis ich gelangt bin. Von der Abfassung einer Feuerbach-Biographie möchte ich aus folgenden Gründen absehen:

1.) Das Interesse an Feuerbach ist, wie der geringe und stockende Absatz unserer Feuerbach-Ausgabe zeigt, nicht so groß, daß es gerechtfertigt wäre, an den buchhändlerischen Erfolg einer neuen

Biographie über diesen Denker nennenswerte Erwartungen zu knüpfen.

2.) Sollte das Buch nicht bloß eine Wiederholung und Konkretisierung dessen bringen, was die Klassiker des Marxismus ... bereits geäußert haben, so müßte der Abfassung ein ausgedehntes Studium der Religionsgeschichte überhaupt und der christlichen Theologie im besonderen vorausgehen, das meinen Interessen und Neigungen gänzlich fernliegt.

3.) Seit nun mehr fünf Jahren stecke ich, im Zusammenhang mit der Arbeit an besagter Ausgabe, viel zu tief und anhaltend in Feuerbach ›drin‹, als daß ich schon den nötigen Abstand hätte, um über ihn als Marxist, und das heißt: kritisch, schreiben zu können. In meinem Buch ›Zur Kritik der revolutionären Ungeduld‹ kommt dies zum Beispiel, wie Sie sicher bemerkt haben werden, darin zum Ausdruck, daß ich jetzt selbst, unter dem Einfluß ständiger Feuerbach-Lektüre, zum Psychologisieren, zur Erklärung ideologischer Phänomene aus bloßem ›Wunschdenken‹ usw., neige, was in Anbetracht dieses bestimmten Themas vielleicht verzeihlich ist, mich aber zum Feuerbach-Biographen vorderhand nicht recht tauglich macht.

4.) Mir ist an weiterer guter Zusammenarbeit mit Dr. Schuffenhauer so sehr gelegen, daß ich ihm, solange unsere Ausgabe nicht abgeschlossen ist, auf keinen Fall als Feuerbach-Experte ins Gehege kommen möchte ...

(Selbstverständlich bedeutet dies keineswegs, daß ich nicht gerne bereit wäre, Dr. Schuffenhauer bei seiner Gesamteinleitung zur Feuerbach-Ausgabe beratend und redigierend zur Seite zu stehen, vorausgesetzt, daß er das von sich aus wünscht.)

Was Arbeiten über andere Themen anbelangt, so halte ich es für das Richtigste, Ihnen drei Vorschläge zu unterbreiten, die sich mit bereits in Gang befindlichen Studien bzw. Ausarbeitungen von mir decken und zu denen umfangreiches, wenn auch noch fragmentarisches Manuskriptmaterial bereits vorliegt.

Da sind zunächst meine recht ausgedehnten und in der Ausarbeitung schon vor Jahren weit gediehenen Studien über Jean Paul ... Der größte Teil meiner einschlägigen unveröffentlichten Manuskripte betrifft die drei unbekanntesten Romane Jean Pauls, die ›Unsichtbare Loge‹, den ›Hesperus‹ und den ›Titan‹, die ich unter dem Titel ›Jean Pauls Revolutionsdichtung‹ im Zusammenhang und mit breit ausgeladener Interpretation der gesellschaftlichen und literarhistorischen Entwicklungsprozesse, die zu ihnen

hingeführt, in ihnen ihren Niederschlag gefunden haben, darzustellen versuche. Das Buch, das sich hieraus entwickeln ließe, würde, wie ich überzeugt bin, nicht nur eine frappierend neuartige Jean-Paul-Deutung zu bieten haben, sondern auch neues Licht auf die Goethe-Zeit überhaupt werfen ...
Ferner: In meinen Schubläden liegen drei Manuskriptfragmente – das umfangreichste mit 150 Schreibmaschinenseiten – und zahlreiche noch unausgearbeitete Notizen und Exzerpte zum Thema ›Widerspruch und Widerstreit. Ein Beitrag zur Klärung des Verhältnisses von Logik und Dialektik‹. Der Unterschied zu einschlägigen Schriften von Stiehler und anderen besteht a) darin, daß ich von einer sehr umfassenden, gründlichen, ins Detail gehenden kritischen Analyse der sogenannten ›transzendentalen Dialektik‹ Kants, insbesondere des Antinomienkapitels in der ›Kritik der reinen Vernunft‹, ausgehe und erst von da her zu Fichte, Schelling und Hegel gelange, b) in der Gegensätzlichkeit der Resultate (die Widerspruchslogik der klassischen deutschen Philosophie erscheint bei mir als etwas rein Idealistisches, das nicht zum progressiven Gedankenerbe gehört – womit gesagt ist, daß ich jetzt, allerdings mit subtileren gedanklichen Mitteln und auf einem höheren Niveau philosophiegeschichtlicher Bildung, in diesem bestimmten Punkt ähnliche Ansichten vertrete, wie ich sie einst, vor vielen Jahren, an Rugard Otto Gropp u.a. als ›ultralinks‹ und ›sektiererisch‹ abgelehnt habe. Sie sehen: Nicht ungestraft nimmt man ›Gelegenheit zum Nachdenken‹, wie sie mir beschieden gewesen, ausgiebig wahr.)...
Schließlich. Bis ungefähr zum Ende des ersten Drittels ist ein umfangreicher Essay von mir über Hegels Bild der Philosophiegeschichte gediehen, der sich von einschlägigen Arbeiten anderer dadurch unterscheidet, daß er a) die gesamte Entwicklung der philosophischen Historiographie von der Antike bis Hegel in die Darstellung mit einbezieht. b) die Besonderheit der Leistung Hegels auf diesem speziellen Gebiet aus den umfassenden Zusammenhängen seines Systems her verständlich zu machen versucht, wobei insbesondere den Parallen und wechselseitigen Bedingtheiten von ›Wissenschaft der Logik‹ und ›Geschichte der Philosophie‹ nachgegangen wird, und c) die Kritik an Hegel zum Anlaß nimmt, affirmativ die Grundsätze marxistischer philosophischer Historiographie zu entwickeln. Das Ganze hatte ursprünglich eine kurze Einführung zu der Ausgabe von Hegels Philosophiegeschichte im Akademie-Verlag werden sollen, war dann aber für

diesen Zweck viel zu breit und umfangreich geraten, so daß ich die Arbeit daran nach 139 eng beschriebenen Schreibmaschinen-Seiten abbrach. Jetzt könnte ich sie wieder aufnehmen, mit dem Ziel, daraus ein Buch über die Methodologie der Philosophiegeschichte zu machen ...

Außer diesen schon weit gediehenen Manuskripten kann ich mit Skizzierungen und Notizen zu Arbeiten über folgende Themen aufwarten: zu einer kritischen Auseinandersetzung mit Karl Korschs ›Marxismus und Philosophie‹, zu einer Abhandlung über das Thema ›Wie ist Anthropologie marxistisch möglich?‹ und zu einer Kritik am Schichtungsgedanken in der Ontologie Nicolai Hartmanns.

Das wär's. Es wird das Beste sein, wenn Sie diesen meinen Brief zunächst einmal den zuständigen Kollegen im Akademie-Verlag, namentlich Dr. Schubard, zur Kenntnis geben ...

Ich hoffe, daß Sie inzwischen meine Arbeit ›Zur Kritik der revolutionären Ungeduld. Eine Abrechnung mit dem alten und dem neuen Anarchismus‹ gelesen haben und daß sie Ihnen einigermaßen gefällt – unabhängig davon, ob sie sich für den Akademie-Verlag eignet oder nicht. Ich habe mittlerweile, von Enzensberger und Michel gedrängt, eine Kurzfassung dieser Arbeit aus in sich gekürzten Teilen der Kapitel ... des Ihnen vorliegenden Manuskripts zusammengestellt und sie der Redaktion des ›Kursbuch‹ zum Vorabdruck überlassen. Selbstverständlich ist, den Vorschriften entsprechend, das Büro für Urheberrechte davon in Kenntnis gesetzt worden, dem ich im übrigen auch einen Fahnenabzug zugehen lassen werde; einen weiteren Abzug erhalten Sie ... In den redaktionellen Anmerkungen am Schluß dieses Heftes wird folgendes vermerkt werden:

›Der Aufsatz von Wolfgang Harich, Kritik der revolutionären Ungeduld, wurde vom Autor aus in sich gekürzten Teilen einer größeren Auseinansetzung mit dem alten und dem neuen Anarchismus zusammengestellt, die demnächst erscheinen wird.‹

Von dem umfangreichen Anmerkungen-Teil des Ihnen vorliegenden Manuskripts ist in der Kurzfassung aus Raumgründen nur sehr wenig übriggeblieben ...

Was das ungekürzte, Ihnen vorliegende Manuskript anbelangt, so habe ich es bis jetzt noch keinem westdeutschen Verleger angeboten, auch nicht dem Suhrkamp-Verlag, der das ›Kursbuch‹ ja verlegerisch betreut. Ich werde auch keine Schritte in dieser Richtung unternehmen, sondern erst einmal abwarten, wie der Aka-

demie-Verlag nach Prüfung des Manuskripts diese Angelegenheit beurteilt.
Mit freundlichen Grüßen Ihr Wolfgang Harich
PS: Selbstverständlich bin ich gerne bereit, den zuständigen Redaktionen des Akademie-Verlages und natürlich auch Ihnen auf Wunsch Kostproben aus den oben genannten Manuskripten von mir vorzulegen.«

Wie ich Harich kenne, schickte er seine »Kostproben« dem Akademie-Verlag, der soll genau wissen, was ihn bewegt, und was er vorhat, zu publizieren. Wer arbeitet freiwillig unbeachtet vor sich hin? So bescheiden ist ein Harich nicht. Er wird eines anderen belehrt. Weder der Akademie-Verlag noch ein anderer will das Buch »Kritik der revolutionären Ungeduld« drucken. Auf »Schleichwegen«, als ein vom Autor geduldeter Raubdruck, erscheint es 1971 in Basel. Verlegerin Inge Feltrinelli bringt das Buch 1972 in Mailand heraus. Harich würde sicher noch mehr schreiben wollen in der Zeit der »68er«, in der so viel geschieht, und sich's rauben lassen, wenn sich's nur andere getrauten. Mutmaßend, in seinem Land nicht mitreden zu dürfen, greift er zu einem anderen Mittel, er schreibt Briefe, in denen er sich zu gegenwärtigen Diskussionen und Ereignissen äußert. Es sind druckreife Essays, und ich verdächtige ihn, darauf gehofft zu haben, daß solche Art von Briefen nicht im privatem Besitz verschwinden, sondern, egal in welcher Form, in die Öffentlichkeit gelangen. Zwei solcher Briefe fand ich in seinem Nachlaß. Der eine, 24 Schreibmaschinenseiten lang, gerichtet am 28. Mai 1968 an Serena, behandelt einen Artikel von Robert Havemann, »Sozialismus und Demokratie«, der in der dänischen und tschechoslowakischen Presse veröffentlicht wurde. Harich übt in seinem Brief scharfe Kritik an dem aus dem Zusammenhang gerissenen Zitat von Rosa Luxemburg, daß »Freiheit immer die Freiheit des Andersdenkenden« sei, das von Havemann lobend in seinen Artikel übernommen wird.
Im zweiten vorliegenden Brief, 18 Schreibmaschinenseiten lang, gerichtet an ein Fräulein Pries, geschrieben am 10. November 1970, setzt er sich mit dem Konflikt zwischen Israelis und Palästinensern auseinander. Und dann, 1973, erscheint in »Sinn und Form«, Heft 1, Harichs berüchtigter Essay, »Der entlaufene Dingo, das vergessene Floß«, ein Verriß von Heiner Müllers Inszenierung »Macbeth« im Deutschen Theater. Mit diesem Essay

bietet sich endlich die Möglichkeit, öffentlich auf Harichs Kritik, in dem Fall, gegen modernistische Theaterinszenierungen einzudreschen; Prügel erhält er von den Anhängern Heiner Müllers, der »Avantgarde« der DDR. Aber auch die Obrigkeit, der Harich allmählich ungemütlich wird, ist mit der Prügelei einverstanden, was nicht unbedingt heißen muß, daß sie gleichzeitig mit der Müller-Inszenierung zufrieden war. »Jean Pauls Revolutionsdichtung. Versuch einer neuen Deutung seiner heroischen Romane« erscheint 1974 in Berlin und Reinbek.

Es gibt, wie mit jeder von Harichs verfaßten Schrift, die er veröffentlichen will, Ärger und Aussprachen im Verlag. Auf die Jean-Paul-Thematik gehe ich an anderer Stelle ausführlicher ein, sie zieht sich bis zum Ende der achtziger Jahre hin.

Die Aufbruchzeit der 68er Bewegung geht einher mit dem Umweltbewußtsein, und als Harich mit der Veröffentlichung der Erkenntnisse des »Club of Rome« über die globale Umweltzerstörung und deren bedrohliche Folgen für die Menschheit konfrontiert wird, stürzt er sich auf ein neues politisches Feld, studiert sorgfältig die dazu erscheinenden Bücher, um seine eigenen Erkenntnisse über die ökologischen Zustände und ihre wachsenden Gefahren für die menschliche Existenz in die Öffentlichkeit zu bringen, nachdem der »Club of Rome« in seiner Studie errechnet hatte, daß bei anhaltender Ressourcenverschwendung ein ökologischer Zusammenbruch weltweit voraussichtlich 2030 eintreten würde. In großer Eile, Harich ist bereits schwer krank, bringt er unter mühevoller physischer Anstrengung, gemeinsam mit Freimut Duve, sein Buch »Kommunismus ohne Wachstum. Babeuf oder der Club of Rome« bei Rowohlt 1975 heraus. Die DDR-Verlage, für deren Publikum er schrieb, waren zu einer Veröffentlichung nicht bereit, auch zu keinem späteren Zeitpunkt. Er glaubte, der DDR-Führung die Augen öffnen zu müssen, die aber verlangte nicht danach und verstand nicht die Problematik in ihrem Ausmaß, geschweige Harich in seiner eindringlichen Argumentation, die für Null-Wachstum und ein asketisches Lebensniveau plädierte.

In der Bundesrepublik stieß die Schrift, bei aller Kritik, auf größeres Interesse. Im August 1975 war die erste Auflage in einer Höhe von 8000 Exemplaren verkauft; im Oktober desselben Jahres folgten nochmals 3000. Seither ist das Buch vergriffen. Rund fünfundzwanzig Jahre nach Erscheinen nehme ich es zur Hand und lese die Innenseite des Umschlages:

»An der weltweiten Diskussion um die Grenzen wirtschaftlichen Wachstums, um die Grenzen der Ernährbarkeit und Belastbarkeit dieser Erde, ausgelöst durch den ›Club of Rome‹, haben sich Vertreter der kommunistischen Staatenwelt kaum beteiligt. Allzusehr schien die Vorstellung von einer Begrenzung des wirtschaftlichen Wachstums der zentralen Hoffnung des Marxismus zu widersprechen: Die Entfaltung der Produktivkräfte wurde als letztlich unendlich angesehen. Der marxistische Philosoph und Literaturwissenschaftler Wolfgang Harich hat sich schon seit vielen Jahren intensiv mit Fragen des dialektischen Verhältnisses zwischen Gesellschaft und Natur beschäftigt. Die Anstöße, die vom ›Club of Rome‹ und anderen ausgingen, intensiver über das Wachstum nachzudenken, hat Harich in sechs Gesprächen mit Freimut Duve diskutiert. Harich setzt sich mit der Wachstumsdiskussion des Westen offensiv auseinander. Er unterzieht die Thesen des Malthus erneut einer marxistischen Würdigung, er überprüft den Weg, den die Wirtschaftspolitiker kommunistischer Staaten bei uneingeschränktem Wachstum vorzeichnen müssen. Wohl kaum ein marxistischer Philosoph verfügt über eine so intensive Kenntnis der Literatur, die sich mit den ›Grenzen des Wachstums‹ befaßt. Und keiner ist bisher denjenigen seiner marxistischen Kollegen, die in den Warnungen des ›Club of Rome‹ ausschließlich ›reaktionäre Machenschaften‹ sehen, wenn auch verständnisvoll, so doch außerordentlich entschieden entgegengetreten. Harichs Argumentation bricht in die Tabu-Zonen aller orthodoxen Marxisten ein ...«

Mit Beendigung dieser Arbeit hatte Harich endgültig seinen Elfenbeinturm verlassen. Er mußte sich dringend einer Herz-Bypass-Operation unterziehen. Seit langem litt er an einer schweren Angina pectoris. Ihm wurde geraten, sich nicht in der Charité operieren zu lassen, da dort die hygienischen Zustände angeblich nicht der Norm entsprächen. Ohne Zeitverlust begab er sich nach Genf in die Clinique de Genolier, Kanton Waadt, eine Privatklinik. Wer ihm das eine einredete und das andere vorschlug, weiß ich nicht. Jürgen Manthey, damals Lektor beim Rowohlt-Verlag, war es, der sich rührend und mit großer Geduld um ihn bekümmerte und alles Erschwerende von ihm fernhielt. Die Operation bezahlten der Rowohlt-Verlag und Rudolf Augstein. Während der Operation, die Prof. Dr. Charles Hahn erfolgreich durchgeführt und die unter einer Unterkühlungsanästhesie stattgefunden hatte, erblickte Harich zu seiner Überraschung eine große, dicke Fliege, die zielstrebig auf seinen geöffneten Brustkorb zuzusteuern drohte. Die hat man hier reingelassen, wird es ihm durch den Kopf gegangen sein, und er konnte sich nicht zurückhalten, besann sich auf seine noch vorhandenen Französischkenntnis, deutete mit den Augen auf den Saboteur und sagte: »Vorsicht, da ist eine Fliege, das ist nicht hygienisch!«

Als er sich wiederhergestellt glaubte, erhielt er die Nachricht vom nahen Tod seiner Mutter, die in der Intensivstation im Krankenhaus Friedrichshain lag. Er fuhr, noch immer geschwächt, nach Berlin. Er wollte zu seiner Mutter. Als es so weit war, wagte er nicht, seine letzte Vertraute, die einzige »Nicht-Fremde« im Leben, die während seiner Haftzeit zwei Herzinfarkte überlebte, nun an Schläuche und Maschine gebunden, wiederzusehen. Seine Mutter, die kluge, starke, selbstbewußte Frau, die sich mit ihm gemeinsam in heiteren Stunden damit ein Vergnügen bereitet hatte, an Schriftsteller – und zwar ganz nach beider Geschmack – den Literatur-Nobel-Preis zu verleihen, und bei diesem Spiel mit ihrem Sohn ins haltlose Witzeln geraten war, befand sich auf einmal in einem hilflosen, erbarmungswürdigen Zustand. Sie würde für ihn nicht mehr dasein in der Zukunft. Das ertragen zu müssen, überstieg seine Phantasie. Er besaß nicht die Kraft, an ihr Krankenbett zu treten. Aber wenn er mir von ihr erzählte, dann erinnerte er sich einer humorvollen, alle Lebenslagen ertragenden Frau, die mit den Frauen, die Harich geliebt und ihr ins Haus gebracht hatte, im herzlichen und großmütigen Einvernehmen gestanden und dafür Anhänglichkeit und Verehrung geerntet hatte.

Das ökologische Problem ließ Harich nicht mehr los. Er begann die ZK-Abteilung für Wissenschaften mit Eingaben zu belästigen und forderte ein wissenschaftliches Gremium, das sich mit diesen Fragen auseinandersetzen müsse. Unermüdlich schrieb Harich an die verschiedensten »Organe« in der DDR.

Die letzte endgültige Fassung seines Testaments legte er am 11. Januar 1995, an meinem Geburtstag, nieder. Darin äußert er den Wunsch, nach seinem Tod eine Neuauflage von »Kommunismus ohne Wachstum. Babeuf oder der Club of Rome« mit dem gesamten Briefwechsel, den er mit den Behörden in der DDR, mit der Bundesanstalt für Arbeit und anderen Institutionen in der BRD, geführt hatte, herauszugeben. Es muß ihm ein Bedürfnis gewesen sein, noch einmal die Folgen für alle Menschen bei zunehmender Zerstörung der Erde vor Augen zu führen. Eine

Neuauflage mit der Vorgeschichte seines kurzzeitigen Weggehens aus der DDR in den Westen und seiner Rückkehr ist mir nach seinem Tod nicht gelungen. Ich erhielt nur Absagen. Es ist auch Georg Fülberth, renommierter Professor für Politologie in Marburg, nicht gelungen, die zum größten Teil unbekannten Denkschriften, Programme, Briefe, die Harich in seinem Leben verfaßt hatte, zu veröffentlichen. Kein Verlag fand sich dazu bereit.

Ein umfangreicher Briefwechsel aus den Jahren 78/79 liegt vor mir und findet sein Ende, bis er sich gedrängt fühlte, die DDR für einige Zeit zu verlassen.

Am 3. Juni 1978 schreibt er an das Ministerium für Kultur und schlägt vor, in das Verlagsprogramm der DDR die wichtigstens Bücher, die sich gegenwärtig mit den Umweltfragen und ihren Folgen auseinandersetzen, schnellstens und in hohen Auflagen herauszubringen. Es handelt sich um Autoren wie: Gordon Rattray Taylor: »Das Selbstmordprogramm«; Dennis Meadow u.a.: »Grenzen des Wachstums«; Mihailo Mesarovio und Eduard Pestel: »Menschheit am Wendepunkt«; Herbert Gruhl: »Ein Planet wird geplündert«: E. F. Schumacher: »Small is beautiful« (deutsch: Die Rückkehr zum menschlichen Maß. Alternativen für Wirtschaft und Technik); Jost Herbig: »Das Ende der bürgerlichen Vernunft«; Wolfgang Harich: »Kommunismus ohne Wachstum? Babeuf und der Club of Rome«. Er begründet seine Vorschläge, die Bevölkerung ideologisch darauf vorzubereiten, die »Verantwortung für das Leben und Überleben kommender Generationen in den Mittelpunkt« zu stellen.

Einen Monat später, am 5. Juli, erhält Harich eine klärende Antwort:

»Sehr geehrter Herr Harich!
Ihre an den Stellvertreter des Ministers für Kultur Klaus Höpcke gerichtete Eingabe vom 3. Juni 1978 ist mir zur Beantwortung übergeben worden.
Im Ergebnis der Nachprüfungen dürfte es genügen, kurzgefaßt auf folgendes hinzuweisen:
Bei den vorgeschlagenen Büchern handelt es sich wohl kaum um seriöse wissenschaftliche Werke, sondern in der Mehrzahl um mittelmäßige Wissenschaftsjournalistik. Diese ist mit ausgesprochener – und nicht einmal mit guter – spätbürgerlicher Ideologie durchsetzt.

Der Sozialismus allgemein, der VIII. und der IX. Parteitag der SED besonders, orientieren auf Wirtschaftswachstum. Ohne Wirtschaftswachstum ist keine Einheit von Wirtschafts- und Sozialpolitik möglich. Die von Ihnen vorgeschlagene Literatur aber orientiert auf das Null-Wachstum. Die Ökologie-Problematik ist dabei nur angehängt, nicht primär.

Die Geschichte der Wissenschaften ist voll von pessimistischen Stimmen, die den wissenschaftlich-technischen Fortschritt und gesellschaftlichen Fortschritt jeweils als das Ende oder den Untergang der Menschheit bezeichnen. Das wohl bekannteste Beispiel ist Malthus. Die im Fahrwasser des ersten Club-of-Rome-Berichts schwimmenden Wissenschaftsjournalisten sind ›moderne‹ Malthusianisten.

Es besteht kein Grund, schlechte spätbürgerliche Ideologie bei uns ›in großen Auflagen herauszubringen‹ ... Der Beirat für Umweltschutz beim Ministerium der DDR – ich hatte selbst Gelegenheit an einer Tagung teilzunehmen – nimmt sich mit hoher Verantwortung aller wichtigen ökologischen Fragen an.

Ich sehe keinen Grund von den Hauptfragen unserer Zeit, wie vom Kampf um die Einstellung des Wettrüsten und um die Abrüstung, abzulenken und eine allgemeine ›Volksdiskussion‹ über die Ökologie-Problematik zu führen.

Mit freundlichen Grüßen Karlheinz Selle, Stellvertretender Leiter der Hauptverwaltung«

Fortlaufend richtet er Briefe an Klaus Höpcke, dem Harich ausführlich seine Erkenntnisse darlegt, ihn zu überzeugen sucht, mit dem er alle seine Vorhaben abspricht, ihn über alle Kontakte mit anderen Menschen, ob im Inland oder Ausland unterrichtet, unterrichten muß; handelt es sich um Vortragsreisen ins kapitalistische Ausland oder um Interviews mit westlichen Journalisten. Harich erweist sich als folgsam, denn nur so glaubt er, etwas erreichen zu können, und er vertraut Höpcke, er wähnt sich verständnisvoll und freundschaftlich von ihm behandelt.

Allmählich wird es für Harich jedoch unerträglich, folgsam zu sein. Hartnäckig, von seinem Denken und Handeln überzeugt, erhebt er das ökologische Problem zur Priorität, es wird zur Lebensaufgabe. Ihm will er seine verbliebenen Kräfte ganz und gar widmen, und er läßt sich durch nichts beirren. Je mehr Widerstand er von allen Seiten her spürt, um so unnachgiebiger verhält er sich. Die ganze Debatte spielt sich hinter verschlossenen Türen ab, und

dem korrekten Harich liegt daran, »die da oben« wie eine heilige Familie zu schützen. Von dem Zerwürfnis, das sie miteinander haben, soll niemand erfahren. Auszüge aus einem zwölfseitigen Brief an Klaus Höpcke vom 8. Juni 1978:
»9.) Meine Realitätsblindheit vor zwei Jahrzehnten und, wie Sie meinen, jetzt wieder.

Natürlich bin ich nicht dagegen gefeit, daß sich gewisse Denkwege und Verhaltensmuster bei mir wiederholen, und in diesem Sinne stimmt es möglicherweise, daß ich wieder, wenn auch anders als damals, ›im Verfolgen bestimmter Gedanken völlig blind geworden bin für die wirkliche Situation um mich herum‹. Aber ich habe mir die Fähigkeit bewahrt – oder sie inzwischen neu erworben –, einen solchen Vorwurf nicht einfach, bös werdend, beiseite zu schieben, sondern ihn zum Gegenstand ernster, selbstkritischer Reflexion zu machen. Frucht solcher Reflexion sind meine Zweifel, meine Fragen, meine bloß hypothetischen – nicht apodiktischen – Thesen. Lesen Sie sich diese Stelle meines Briefes an Sie jetzt, ich bitte Sie darum, unter diesem Gesichtspunkt noch ein zweites Mal durch. Haben Sie dies getan, dann gestehe ich Ihnen: Ja, hinsichtlich der ›wirklichen Situation um mich herum‹ mag ich tatsächlich realitätsblind geworden sein. (Ich füge hinzu: was die jetzige, momentane Situation, vielleicht auch, was die Perspektive der nächsten 5 oder 10 Jahre betrifft). Aber: Es existiert halt nicht nur das um mich herum, d. h. die unmittelbare Umgebung der DDR, sozialistische Staatengemeinschaft. Es gibt auch die Realität der sich in den kapitalistischen Metropolen überschlagenden Verschwendung und Umweltzerstörung sowie die Realität der sich dort zum politischen Widerstand dagegen formierenden und organisierenden umweltbewußten Kräfte und die diese Entwicklung vor Jahren schon richtig prophezeiende These Erich Honeckers auf dem VIII. Parteitag, daß die Aufgabe des Umweltschutzes in Zukunft an Bedeutung immer mehr zunehmen würde. Hinsichtlich dieser Realitäten glaube ich, alles andere als blind zu sein. Und auf diese Realitäten wenigstens publizistisch Einfluß zu nehmen, wollen Sie mir verwehren, wenn Sie mir von dem POCH-Interview dringend abraten, d.h., prinzipiell gesehen, mich, als ökologisch fundierten Zukunftsforscher, nicht nur innerhalb der ›Situation um mich herum‹, sondern auch für den kapitalistischen Teil der Welt mundtot zu machen gedenken. (Im übrigen war natürlich auch Kassandra in bezug auf die ›Situation um sie herum‹ realitätsblind, insofern, als sie von Appollo dazu verurteilt worden war, tauben Ohren zu predigen. Nichtsdestoweniger traf ein, wovor sie gewarnt hatte, und zwar durchaus ›um sie herum‹, im belagerten Troja nämlich. Gegolten hatten ihre Warnungen insbesondere der Hereinnahme des bekannten hölzernen Pferdes, das voller Feinde steckte.) Und erinnert, lieber Klaus Höpcke, die DM-West als Zweitwährung bei uns nicht mitunter auch Sie an das trojanische Pferd? Ich weiß es nicht, und Sie brauchen mir mit keiner Silbe darauf zu antworten. Doch ich müßte mich hinsichtlich der Realität Ihres Charakters, Ihrer Vernunft, Ihrer Prinzipienfestigkeit sehr täuschen, falls dem nicht so wäre. Und damit wäre ich auch wieder realitätsblind für etwas ›um mich herum‹.«

Am 20.11.1978 schreibt er erneut an Klaus Höpcke, und ein fünf Seiten langer Brief liegt bei Harich noch im Normbereich.

»Lieber Klaus Höpcke!
Ich habe nochmals meinen Brief vom 4.11. an Sie in der Kopie durchgelesen und bin dabei Seite 2, Zeile 6 von oben, auf das bös klingende ›Nun langt es mir!‹ gestoßen. Zurücknehmen möchte ich diesen Ausruf nicht, auch nicht abschwächen, wohl aber, im Hinblick auf meine bevorstehende Hamburgreise, noch rechtzeitig verhüten, daß Sie falsche Schlüsse ziehen. Enttäuschung und Resignation werden mich nicht dazu bewegen, die Deutsche Demokratische Republik bei Gelegenheit dieser Reise illegal zu verlassen. Sie können die absolute Gewißheit haben, daß ich – es sei denn, es ereile mich vorher der Tod – am Abend des 30. November 1978 nach Berlin, Hauptstadt der DDR, zurückkehren, mich am darauffolgenden Tag telefonisch in Ihrem Sekretariat zurückmelden und auch für den 4. Dezember, 9 Uhr früh, im Akademie-Verlag anberaumten Termin wahrnehmen werde. Ich bitte Sie, mir das zu glauben.
Dies vorausgeschickt, habe ich heute aber noch etwas anderes auf dem Herzen. Ihre Mitarbeiterin, Frau ..., legte mir neulich, als ich mir die Reisepapiere für Italien bei ihr abholte, eine von Ihnen unterfertigte schriftliche Direktive vor. Durch deren Unterzeichnung meinerseits sollte ich mich dazu verpflichten, im Ausland jederzeit den Standpunkt der DDR zu vertreten und nach Rückkehr einen in neun Exemplaren abzufassenden Bericht über meine Reise vorlegen. Ich war etwas konsterniert, denn meine langjährige Freundin Gisela May hat, wie ich weiß, vor keiner ihrer vielen

Auslandstourneen, die sehr häufig sogar mit Interviews für bürgerliche Medien – und das oft in heiklen politischen Situationen – verbunden gewesen sind, einen derartigen Revers zu unterzeichnen brauchen. Und auch von mir ist nach meinen Reisen nach Wien (1974), Genf (1975), Salzburg (1976), Irschenhausen-Linz-Starnberg (1978) nichts dergleichen verlangt worden, wobei ja immerhin gleich die erste Reise, die nach Wien, neben dem Dienstauftrag des Akademie-Verlages, den es beim Globus-Verlag zu erledigen galt, Interviews über mein Jean-Paul-Buch für die Wiener ›Volksstimme‹ und für die Fernsehserie ›Titel, Thesen, Temperamente‹ des Hessischen Rundfunks der BRD zum Zwecke hatte. Wieso also, fragte ich mich, jetzt auf einmal eine solche Verschärfung der Bedingungen, von denen mir die Genehmigung einer Reise ins kapitalistische Ausland abhängig gemacht wird?

Da die Italienreise neulich für mich privat von größter Bedeutung war – als einzige Chance, den Konflikt mit meiner österreichischen Lebensgefährtin beizulegen – und da meine italienischen Gesprächspartner, die Professoren Maldonado und Veca, gewiß keinen Wert darauf legen, daß ihre Theorie der Bedürfnisse, über die sie mit mir ein Fachgespräch zu führen wünschten, diskret behandelt werde, fiel es mir nicht allzu schwer, jene Direktive zu unterschreiben. Aus den besagten privaten Motiven hätte ich in dieser Situation alles unterschrieben. Nach meiner Rückkehr befragte ich jedoch Bekannte, die oft ins kapitalistische Ausland reisen, ob auch sonst in der DDR das Abverlangen derartiger Unterschriftsleistungen üblich ist. Frau Kirchenrätin Christa Grengel, von der ökumenischen Abteilung des Bundes der Evangelischen Kirchen in der DDR, meinte zu mir, dies sei nicht auszuschließen; sie könne es aber aus eigenen Erfahrungen und denen ihrer Amtsbrüder nicht bejahen, da die Kirche, wegen strikter Trennung vom Staat, wohl eine Sonderstellung einnehme. Der Schriftsteller Heiner Müller versicherte mir auf mein Befragen, so etwas hätte es vor vielen Jahren einmal gegeben; es sei aber schon längst nicht mehr Usus, und von ihm fordere man solche schriftlichen Verpflichtungen vor seinen Reisen nie.

Die Präzedenzfälle Gisela May und Heiner Müller und auch die bisher gegenüber mir selbst geübte Praxis genügen mir, um Ihnen, lieber Klaus Höpcke, mein Befremden über die mir in Ihrem Namen durch Frau ... auferlegte Verpflichtung zum Ausdruck zu bringen. Ich fühle mich, um es ganz offen zu sagen, seit der Italienreise im Vergleich mit anderen Kulturschaffenden jetzt diskriminiert. Und schon aus diesem Grunde werde ich eine solche Direktive vor künftigen Auslandsreisen nicht mehr unterschreiben, auch nicht vor meiner nun bevorstehenden Reise nach Hamburg. (Übrigens haben sowohl Frau Grengel als auch Heiner Müller sich damit einverstanden erklärt, daß ich mich in dieser Sache auf sie und ihre Auskünfte Ihnen gegenüber berufe.)

Freilich haben Sie vor meinen Reisen nach Salzburg, zu Robert Jungk und dessen damaligem Gast, dem amerikanischen Biophysiker und Zukunftsforscher John R. Platt, im September 1976, und nach Starnberg und Irschenhausen, zu Carl Friedrich von Weizäcker und Jost Herbig, im März 1978, mich in mündlicher Form ebenfalls um Berichterstattung über die Ergebnisse der betreffenden Gespräche gebeten. Diesem Wunsch bin ich damals, teils schriftlich, teils mündlich, gerne nachgekommen, nachdem ich den genannten Gesprächspartnern jeweils gleich zu Beginn der Begegnung Grüße von Ihnen ausgerichtet und sie über die erbetene und beabsichtigte Berichterstattung an Sie unterrichtet hatte. Nach meiner Rückkehr habe ich dann jeweils Ihnen erzählt, daß ich mich so und nicht anders verhalten hätte, und Sie hatten dagegen auch nicht das geringste einzuwenden. Dementsprechend fühlte ich mich kürzlich in Italien berechtigt, mit Tomás Maldonado analog zu verfahren, d. h. über meine Berichterstattungspflicht nicht im unklaren zu lassen. Ob er diese Information auch an Professor Veca weitergegeben hat, weiß ich nicht, und mein Besuch bei der Familie Feltrinelli war ja rein privater Natur.

Ich lege nun Wert darauf, zu betonen, daß, falls ich Ihnen auch über das bevorstehende Hamburger Kolloquium Bericht erstatten soll – wozu ich grundsätzlich durchaus bereit bin –, ich dies dem einladenden Herausgeber des aktuell-Magazins ›Technologie und Politik‹, Herrn Freimut Duve, ebenfalls vor Beginn der Gespräche mitteilen und ihm anheimstellen werde, seinerseits die übrigen Diskussionsteilnehmer (es werden etwa 15 Wissenschaftler sein) davon zu unterrichten. Darüber hinaus halte ich es in diesem Fall, in Anbetracht des Umstandes, daß es sich diesesmal nicht, wie seinerzeit bei Jungk, v. Weizsäcker, Herbig, Maldonado und Veca, um Gespräche unter vier bis höchstens sechs Augen handelt, sondern um eine erweiterte interne Redaktionssitzung, die, von allem Politischen ganz abgesehen, Urheberrechts- und Konkurrenzgesichtspunkte zu beobachten haben dürfte, für angebracht, es in das Ermessen von Herrn Duve zu stellen, daß er mich von der Erörterung etwaiger diskret zu behandelnder Tagesordnungspunkte im

Hinblick auf meine Berichterstattungspflicht ausschließt. Daß er von einem derartigen Angebot Gebrauch machen wird, halte ich für sehr unwahrscheinlich. Aber ihm in dieser Art freie Hand zu lassen, werde ich fairerweise nicht versäumen. Selbstredend werde ich umgekehrt auch Sie dann auf eine eventuelle Lückenhaftigkeit meines Berichts aufmerksam machen.

Zum Schluß noch ein Wort zu der, wie mir scheint, wichtigsten Forderung jener Direktive: zu der Erwartung, daß ich jederzeit den Standpunkt der DDR vertreten würde. Ich habe es bei allen meinen bisherigen Fachgesprächen im kapitalistischem Ausland ... nicht daran fehlen lassen, als loyaler Bürger der Deutschen Demokratischen Republik aufzutreten. Aber ich habe nichtsdestoweniger auch, wo immer die behandelte Thematik es verlangte, im Sinne meines Ihnen bekannten Konzepts eines wachstumslosen, homöostatischen Kommunismus argumentiert, und eben dieses Konzept deckt sich nun einmal nicht mit den in der DDR herrschenden Auffassungen, auch dann nicht, wenn man, wie ich, die Frage, wo der Durchbruch zu einem Kommunismus solchen Typs zuerst erfolgen werde, offenläßt und folglich damit keine direkte Kritik an der wachstumsorientierten Wirtschaftspolitik der DDR und ihrer Verbündeten verbindet. Um sich zu überzeugen, wie meine einschlägige Theorie offiziell in der DDR beurteilt wird, brauchen Sie, lieber Klaus Höpcke, sich nur im ›Marx-Engels-Jahrbuch‹ I / 1978 den Aufsatz von Rolf Dlubek, S. 17 ff., besonders S. 41 f., anzusehen. Ich frage Sie konkret: Schließt die Erwartung, daß ich im kapitalistischen Ausland jederzeit den Standpunkt der DDR vertrete, auf meiner Seite die Verpflichtung ein, daß ich meinen einschlägigen Ansichten abschwöre bzw. sie bei mir behalte und mir den am angeführten Ort von Dlubek präzisierten Standpunkt zu eigen mache? Wenn ja, dann werde ich gerade in Hamburg den Forderungen jener Direktive nicht Genüge leisten können, und in Hamburg am wenigsten; denn das Heft 12 von ›Technologie und Politik‹, das die Grundlage der dortigen Diskussion bilden soll, steht meinen Überzeugungen relativ um vieles näher als die Theorien, die von Robert Jungk oder gar von C. F. von Weizsäcker vertreten werden. Auch aus diesem ideologischen Grunde werde ich jene Direktive, wenn sie mir jetzt abermals vorgelegt werden sollte, nicht unterschreiben können.

Drei aktuelle Vorkommnisse, die mir dies unmöglich machen, kommen noch hinzu. Erstens hieße es, Positionen verleugnen, die ich im Mai dieses Jahres in einem Interview für den ›Kölner Stadtanzeiger‹ verfochten habe und von deren Richtigkeit ich nach wie vor überzeugt bin, wenn ich jetzt die Absetzung des satirischen Lustspiels ›Die Flüsterparty‹ von Rudi Strahl vom Spielplan des Berliner Maxim-Gorki-Theaters sowie die darauf bezugnehmenden Äußerungen des ersten Sekretärs der Bezirksleitung Berlin der SED, Konrad Naumann, und des Parteisekretärs des Gorki-Theaters in der ›Berliner Zeitung‹ vom 3. November 78 verteidigen wollte. Ich kann das unmöglich tun, und zwar um so weniger, als eine persönliche Bekannte von mir, Mitglied der SED, nur mit Not und Mühe und unter Praktizierung psychologisch-pädagogischer Tricks ihre fünfzehnjährige (!) Tochter davor zu bewahren vermochte, der durch Doppelwährung und Intershops bei uns begünstigten Prostitution anheimzufallen. Es ist eine sozialistische Position, von der aus es in dieser Frage für Strahl kein Tabu gab.

Zweitens: Ich bin nun einmal Gegner der sogenannten friedlichen Nutzung der Kernenergie. Zwar betrachte ich dies als ein globales und nicht als ein DDR-spezifisches Problem, und mit diesem Argument pflege ich Versuchen entgegenzutreten, die KKWs zum Gegenstand irgendwelcher gegen die DDR sich richtender Agitationen zu machen. Aber wenn eines der – nach meiner Meinung – wichtigsten und zu großer Zukunftshoffnung berechtigenden historischen Ereignisse der Gegenwart wie die Volksabstimmung in Österreich, die jüngst die Inbetriebnahme des Atomkraftwerks Zwentendorf verhindert hat, in unseren Massenmedien völlig ignoriert wird, dann kann ich das nur aufs tiefste mißbilligen und es im übrigen für eine Dummheit halten, mit der unsere Medien ihre eigene Glaubwürdigkeit und damit das Vertrauen der Bevölkerung zu Partei und Staat untergraben.

Drittens lehne ich den motorisierten Individualverkehr sowie die aus ihm sich ergebende Zunahme des Straßenverkehrsnetzes aus Umweltschutzgründen entschieden ab und bin daher auch erklärter Gegner des Baus einer neuen Autobahn zwischen Berlin und Hamburg, wie er erst vor wenigen Tagen zwischen der DDR und der BRD vereinbart wurde.

Wohlgemerkt werde ich diese meine Positionen in Hamburg nicht auf irgendeiner öffentlichen Veranstaltung oder in irgendwelchen Massenmedien vertreten. Ich fahre lediglich zu einer internen erweiterten Redaktionssitzung einer Fachzeitschrift, unter – mir zugesicherter – diskreter Behandlung meines Aufenthaltes. Ich habe auch nicht die Absicht, auf dieser Sitzung oder in Gesprächen am Rande die eben angeschnittenen heiklen Fragen

von mir aus zur Sprache zu bringen. Wenn diese Fragen aber von anderen Teilnehmern an mich herangetragen werden sollten, werde ich dem nicht ausweichen, sondern meine Meinung dazu zum besten geben, und die weicht in diesen konkreten Punkten vom Standpunkt der DDR so sehr ab, daß die Abgabe einer schriftlichen Verpflichtung, jederzeit diesen Standpunkt zu vertreten, für mich nicht in Betracht kommt.
Ich halte es für fair, Ihnen, lieber Klaus Höpcke, dies schon jetzt, rechtzeitig, in aller Unmißverständlichkeit zur Kenntnis zu geben und damit die Bitte zu verbinden, mir die nochmalige Unterzeichnung besagter Direktive zu ersparen.
Am Donnerstag, dem 23. November, werde ich mir erlauben, bei Ihren Mitarbeiterinnen, Frau ... und Frau ..., vorzusprechen. Ich wäre aufrichtig dankbar, wenn mir dann die Ausreisepapiere nach Hamburg und der Valutascheck für den Kauf der Fahrkarten ohne weiteres ausgehändigt würden. Mit freundlichen Grüßen Ihr Wolfgang Harich«

Für Harich spitzt sich die Lage zu, und zwar um so mehr, je ungeduldiger er darauf dringt, die neuesten Erkenntnisse über Studien ökologischer Veränderungen und deren Folgen in die Öffentlichkeit der DDR bringen zu wollen und: je offener er darauf besteht, in den Wissenschaftskreis mit einbezogen zu werden, der sich den Fragen der Umweltprobleme widmet, desto mehr glaubt er daran, daß seine Mitarbeit unerwünscht ist. Resigniert wendet er sich am 31.12.1978 abermals an Klaus Höpcke:

»Lieber Klaus Höpcke!
Zum Jahreswechsel ist es mir ein Bedürfnis, Ihnen und Ihrer Frau für 1979 alles nur erdenklich Gute zu wünschen. Ich verbinde damit meinen aufrichtigen Dank für Ihre Bemühungen, meine ›grünen‹ Ambitionen ins wissenschaftliche Leben unserer Republik zu integrieren und sie so womöglich auch der Politik der DDR, namentlich deren langfristiger Vorausplanung, nutzbar zu machen, auf diese Weise aber auch mir aus der tiefen existenziellen Krise, die ich Ihnen im Juli anvertraut hatte, herauszuhelfen. Daß Sie dabei nicht recht vorangekommen sind, daß man Sie vielmehr ›oben‹ mit immer neuen Terminen hinhielt und recht unverbindlich vertröstete, ist nicht Ihre Schuld. Im Gegenteil: Vor dem Hintergrund anderweitiger Versuche, mich gleichzeitig, koste es was es wolle, in den Elfenbeinturm der Literaturwissenschaft

zurückzuzerren, unterstreichen Ihre Mißerfolge nur, wieviel Sie für mich und mein Anliegen riskiert haben dürften.

Es fällt mir unter diesen Umständen sehr, sehr schwer, Dinge zu äußern – oder gar zu tun ... Und bedenken Sie bitte: Schon Anfang Juni 1977 hatte Prof. Banaschak, nicht nur Chefredakteur der ›Einheit‹, sondern immerhin auch Sekretär des Zentralkomitees, mir fest zugesichert, daß ich noch im Laufe desselben Jahres in eine Kommission für Zukunftsforschung, Ökologie usw. einbezogen werden würde. Jetzt ist das Jahr 1978 vorbei, und abermals ist nichts dergleichen geschehen. Niemand kann es mir verargen, wenn ich nach alledem an nichts mehr glaube, auch nicht daran, daß Anfang Januar endlich ›jemand kommt‹. Ich fürchte, es wird niemand mehr kommen ... Seien Sie überzeugt: Nur höchst ungern verließe ich die DDR ...« Und Harich deutet einen Schritt an, der ihm schwergefallen sein muß.

Höpcke rät ihm in einem am 14. Januar 1979 handschriftlich verfaßten Brief von einem solchen Vorhaben ab. Eine Kommission für Umweltfragen, später in das Ministerium für Umweltfragen umfunktioniert, war ins Leben gerufen worden. Er, Harich, könne an den Sitzungen teilnehmen, privat jedoch, so riet man ihm, solle er Begegnungen vermeiden, er wisse ja, in welchem »Ruf« er stehe.

Bald darauf wecken ihn Telefonanrufe, die sich in der Nacht häufig wiederholen, aus dem Schlaf. Die Anrufer beschimpfen ihn in ordinärer Weise, sie scheinen sich in einem Kneipenmilieu aufzuhalten. Bei irgend jemandem war die Geduld zu Ende. Das versteht Harich sehr schnell. Er bekommt Angst. Er fühlt sich bedroht und auf brutale Art hinausgeekelt. Er muß eine Entscheidung treffen: entweder er flüchtet in die Zurückgezogenheit, das kann er sich nicht vorstellen; oder er begeht Selbstmord, das bringt er mit sich nicht fertig; oder, er muß das Land verlassen. Das ist der beste Ausweg aus seiner verfehlten Mission, die Parteioberen zu Grünen zu bekehren. Und da ist auch noch Eva, die ihn an ihrem gemeinsamen Hochzeitstermin hat sitzenlassen und die er gern zurückerobern möchte. Aber in der Hauptsache will er sich im Westen der Umweltbewegung anschließen, allein die hat für ihn Priorität. Und so schreibt er am 8. März 1979 an Erich Honecker:

»Hochverehrter Herr Vorsitzender!
Unter schmerzlichem Bedauern, aber auch nach reiflicher Überlegung habe ich mich zu dem Entschluß durchgerungen, an Sie

das Ersuchen zu richten, mich aus der Staatsangehörigkeit der Deutschen Demokratischen Republik zu entlassen und es mir schon in nächster Zeit zu ermöglichen, in den kapitalistischen Teil des deutschsprachigen Raumes überzusiedeln ...«

Im Westen

Wer riet ihm, sich nicht »aus der Staatsangehörigkeit zu entlassen«? Gab es doch noch eine Spur Anstand um ihn herum? Ohne Verzögerung erhält er am 12. März 1979, drei Tage später, und das ist wirklich unglaublich, seine Invalidität bestätigt, erhält ein Langzeitvisum unter Beibehaltung der Staatsbürgerschaft der DDR und in großzügiger Geste seinen Doktortitel, der im Zuge seiner Verurteilung als »Konterrevolutionär« kassiert und ihm nach der Haftentlassung nicht wieder zurückgegeben worden war. Er scheidet in Frieden mit der DDR-Obrigkeit, und eindringlich gemahnt, sich anständig der DDR gegenüber zu verhalten, darf er gen Westen ziehen.

In Wien angekommen, gilt es, schnellstens seine finanzielle Angelegenheit zu erledigen, nämlich die Beantragung einer Invalidenrente. Da er nie etwas auf die lange Bank schiebt, macht er sich daran, den Behörden, im ersten Fall der Botschaft der Bundesrepublik in Österreich, am 12.4.79, mitzuteilen, ihm bei seinem Anspruch auf eine Rente hilfreich zur Seite zu stehen.

»... Soweit ich unterrichtet bin, habe ich nach dem in der Bundesrepublik Deutschland geltenden Recht nun einen Anspruch darauf, daß eben dieser Staat jetzt die Zahlung einer Invalidenrente in DM an mich übernimmt ... Daher bitte ich Sie zu prüfen, wie hoch diese im vorliegenden Teil bemessen sein wird, und mich wissen zu lassen, ab wann ich mit entsprechenden Geldüberweisungen auf mein Girokonto rechnen kann ... Worum ich Sie, Herr Botschafter, meine Damen und Herren, zunächst ersuche, ist eine – sich auf besagte Rentenfrage beziehende – Rechtsauskunft. So halte ich es nicht für ausgeschlossen, daß Sie in Bonn bei Ihrem Bundesministeruim für Justiz rückfragen werden. Sollte das der Fall sein, so würde ich Sie bitten, meinen beiden an diesem Ministerium tätigen persönlichen Bekannten, Herrn Ministerialdirektor Harald Kirchner (mit dem mich gemeinsame Vorliebe für Fontane verbindet), besonders aber Herrn Georg Maier, früherer

Stellvertreter des Pressereferenten der Ständigen Vertretung der Bundesrepublik in (bzw bei) der DDR, dessen Gastfreundschaft zu genießen ich in Berlin mehrmals das Vergnügen hatte, herzliche Grüße von mir ausrichten zu wollen.«

Es geht nicht so einfach über drei Ecken und herzliche Grüße. Hier mußte akribisch nachgewiesen werden, wann und wo gearbeitet und wieviel verdient worden war. Das übersteigt Harichs Vorstellungskraft von der Beschaffung einer Rente, und in Valentinscher Manier und Wortklauberei kämpft er um sein Recht.

(7.4.79, Wien) »... Ich wurde verwiesen an die Bundesversicherungsanstalt für Angestellte mit dem Sitz in Berlin (West) Ruhrstraße 2«, wundert Harich wieder an die Botschaft der BRD zurück. »Tatsächlich bin ich aber während der letzten 14 Jahre meiner Berufstätigkeit (1965-1978) gar kein Angestellter gewesen, sondern gehörte zur freischaffenden Intelligenz, arbeitete auf Honorarbasis und führte einen dementsprechenden um vieles höheren Sozialversicherungsbeitrag ab. Davor befand ich mich acht Jahre und drei Wochen lang (1956 bis 1964) in Strafhaft. Von einem Angestelltenstatus konnte bei mir lediglich zwischen 1945 und 1956 die Rede sein, und da wiederum hatte ich als Universitätslehrer – zeitweilig und unter anderem – nach Ihren Begriffen sogar den Status eines Beamten ...« Harich ist nicht imstande, die Formulare der BfA auszufüllen, da ein Teil seiner Papiere, wenn überhaupt, in seiner Berliner Wohnung zwischen Büchern und all seinen zurückgelassenen Sachen herumliegt. Er schreibt seinen Lebenslauf, genau datiert auf, und nun sollen die Mitarbeiter der BfA eintragen, was sie für nötig halten. Er ahnt Fallen und Gefahren, und da wird die ganze Angelegenheit für ihn zu einem Politikum. An den Konsularattaché der Botschaft der BRD in Österreich gehen deutliche Worte: »... Die Auskünfte, die Sie mir am 16.5.79 mündlich erteilten, haben für mich einige alte, bekannte Fragen abermals offengelassen und andere, unerwartete neu aufgeworfen.« Harich bittet um eine Unterredung mit einem »geeignet erscheinenden Diplomaten seiner politischen Abteilung«. Und weiter: er bittet im ersten Punkt »um ein klärendes Wort zu den folgenden Fragekomplexen«, indem er seinem Adressaten deutlich macht, daß ihm, Harich, an der Freundschaft mit den DDR-Oberen sehr viel läge, vor allem für den Fall, daß sich in der ökologischen Frage eine Entwicklung abzeichnet und seine Hilfe eventuell in der Zukunft gefragt sein könne. »... Läßt es sich da nicht vermeiden, daß die Bundesrepublik Deutschland mich zu Schritten drängt, die unweigerlich einen definitiven und unheilbaren Bruch zwischen der DDR und mir zur Folge hätten, und daß von meiner Bereitschaft, solche Schritte zu tun, die Zahlung einer Invalidenrente an mich durch die Bundesversicherungsanstalt abhängig gemacht wird? Ein solches Junktim fände ich sowohl unwürdig angesichts des Kampfes, den wir ›Grünen‹ für die Erhaltung des Lebens auf der Erde führen, als auch völlig unvereinbar mit den wesentlichsten Passagen der ›Regierungserklärung zur Lage der Nation‹, die jüngst Herr Bundeskanzler Helmut Schmidt vor dem Bundestag in Bonn abgegeben hat.

2.) Als loyaler Bürger der DDR kann ich mir unmöglich die Rechtsauffassung der Bundesrepublik zu den Fragen der Nationalität und der Staatsangehörigkeit zu eigen machen. Ich möchte aber diese Auffassung, auch wenn ich sie, übereinstimmend etwa mit diesbezüglichen Äußerungen des Generalsekretärs der Vereinten Nationen, inhaltlich ablehne, gerne wenigstens als in sich logisch stimmig verstehen und, gegebenenfalls, Dritten gegenüber verständlich machen können. Dazu sehe ich mich beim besten Willen jedoch nicht imstande. Denn die Bundesrepublik setzt deutsche Nationalität mit einer – von ihr postulierten – ›einheitlichen Staatsangehörigkeit aller Deutschen‹ gleich, ohne dabei das Deutschtum der Elsässer, der Südtiroler, der Siebenbürger Sachsen usw. zu beachten – um von der Sprache, der Kultur, der geschichtlichen Vergangenheit unseres Gastlandes (soweit dessen slowenische, kroatische und ungarische Minoritäten außer Betracht bleiben) ganz zu schweigen. Wie reimt sich das? Offenbar rekurriert die Bundesrepublik auf den Umstand, daß sie selbst sowie die DDR und Westberlin einst Bestandteile des 1871 gegründeten Deutschen Reiches gewesen sind (für das, nebenbei bemerkt, dessen Begründer, Otto von Bismarck, den Namen ›Deutschland‹ wohlweislich nicht in Anspruch nahm, ebensowenig wie später die DDR sich den Namen ›Volksrepublik Deutschland‹ zulegte). Erkennt man nun diesen Umstand als historische Begründung für das Postulat jener ›einheitlichen Staatsangehörigkeit aller Deutschen‹ an und leitet man daraus, so wie es die Bundesrepublik tut, die Behauptung ab, daß es eine DDR-Staatsangehörigkeit überhaupt nicht gäbe, dann dürfte doch logischerweise von einem Bewohner der DDR nicht verlangt werden, daß er auf diese seine ja sowieso nicht existierende Staatsangehörigkeit erst einmal zu verzichten hätte, bevor er in den Genuß von Rechten kommt, die sich aus jener ›einheitlichen‹ ergeben. Und genau dies ist der Widerspruch, den ich jetzt am eigenen Leib zu spüren bekomme, nachdem ich mich in meiner Rentenangelegenheit am 12.4.79 auf bundesdeutsches Recht berufen habe. Für die Explikation der Argumente, die diesen Widerspruch aufzulösen geeignet sind, wäre ich der Botschaft der BRD in Wien aufrichtig dankbar.

3.) Bei unserem Gespräch am 16.5. boten Sie, Herr Konsularattaché, mir die Ausstellung eines Passes der Bundesrepublik Deutschland an unter der Bedingung, daß zugleich ich den Paß, den die Deutsche Demokratische Republik mir ausgestellt hat – und der laut Eindruck ihr Eigentum ist –, bei Ihrer Dienststelle hinterlege. Als Sie hinzufügten, dies würde, namentlich der DDR gegenüber, geheim gehalten werden, gab ich zu bedenken, daß ich mich dadurch eo ipso der Gefahr aussetze, für Geheimdienste Ihres Staates erpreßbar zu werden. Sie wiesen diese Äußerung von mir sofort entschieden zurück. Ich unterstelle, daß Sie sich dabei absolut aufrichtig verhielten. Verstehen Sie bitte aber auch mich. Mein Mißtrauen kommt ja nicht von ungefähr. Als ich mich 1956 in einer sehr krisenhaften Situation der politischen Entwicklung an die Bezirksleitung Berlin einer im Bonner Bundestag vertretenen, damals zugleich aber auch in allen vier Sektoren Berlins zugelassenen Partei wandte, um mit ihr rein politische Angelegenheiten, vor allem die Einheit Deutschlands betreffend, zu erörtern, wurde ich, arglos, wie ich war, unverzüglich in einen ›Ost-Büro‹-Kontakt hineingeködert, den mir dann die Sicherheitsorgane und die Justiz der DDR, nach dem ich von ihnen verhaftet worden war, als eine gegen die DDR gerichtete geheimdienstliche Tätigkeit vorwerfen konnten. Das – unter anderem – war der Grund dafür, daß ich anschließend mehr als acht Jahre meines Lebens, vom 33. bis zum 42. Lebensjahr in Strafhaft verbringen mußte. Es ist, wie Sie zugeben werden, nach solcher Erfahrung kein Wunder, daß ich allergisch reagiere, wenn ein bundesdeutscher Beamter mich jetzt, 1979, abermals zu einem gemeinsam geheimzuhaltenden Verstoß gegen gesetzliche Bestimmungen der DDR zu animieren sucht. Unwillkürlich lege ich mir die Frage vor: Damals befanden wir uns im Kalten Krieg – gehört der jetzt wirklich der Vergangenheit an? Und tun die Behörden der Bundesrepublik wirklich schon alles in ihrer Macht Stehende, um Rückfälle in ihn auszuschließen? Auch für eine Antwort auf diese Fragen wäre ich der Wiener bundesdeutschen Botschaft zu Dank verbunden ... Gestatten Sie mir zum Schluß noch eine letzte Bemerkung ...« Harich geht hier nochmals auf seine Erkrankung und auf seine politischen Ziele, die ihn nach Wien geführt haben, ein.»... Ich bitte Sie daher, mir dahingehend zu helfen, daß vorliegender Brief an Sie, samt seinen Anlagen, der letzte sein und bleiben möge, den ich in meiner Rentenangelegenheit an irgendeine bundesdeutsche Behörde oder Körperschaft richten muß. Und vergessen Sie nicht, daß ich aus Regionen komme, denen man häufig und gerne Bürokratismus vorzuwerfen pflegt! Welche Gelegenheit für die Bundesrepublik, sich da im friedlichen Wettstreit der Systeme löblich hervorzutun!!«

Es wird nicht der letzte Brief sein, den Harich wegen seiner Rentenangelegenheit dem Botschafter zukommen läßt. Erhardt Eppler, Egon Bahr, Anke Fuchs, um nur allgemein bekannte Namen zu nennen, werden von der Invalidenrente-Problematik nicht verschont, auch nicht Bundeskanzler Helmut Schmidt.

Die vielen Briefe rauben ihm Zeit. Er ist ständig von einer Stadt in die andere unterwegs, um Vorträge zu halten oder an Versammlungen oder Konferenzen der Grünen teilzunehmen. Er habe, so sagte er mir einmal, oft nur mit dem Koffer in der Hand gelebt.

Während seines Aufenthaltes in Österreich und in Westdeutschland stößt der mittellose Harich auf Entgegenkommen und Ablehnung. Als Gast- und Geldgeber erweisen sich diejenigen, die in ihm den politisch engagierten Wissenschaftler achten und den Gerüchten, die Harich unentwegt begleiten, kein Gehör schenken. Das sind in der Hauptsache die Professoren für Kunstgeschichte Jutta Held und Norbert Schneider in Osnabrück, das sind der Wissenschaftler und Publizist Jost Herbig und seine Frau Barbara, das ist der Physiker und Ingenieur Götz Heidelberg in Starnberg, und ist das einstige Trio Jürgen Heinrichs, Volker Fröbel und Otto Kreye vom Starnberger Institut zur Erforschung Globaler Strukturen, Entwicklungen und Krisen e.V. In Wien sind es die Freunde um die Wirtschaftshistoriker Hannes Hofbauer und Andrea Komlosy. Bei Verwandten, den Röders in Wien, den Kreiselmaiers in München, findet er immer einen Platz zum Ausruhen, ein Stück Zuhause. Bei ihnen weiß er sich gern gesehen und gelitten. Und alle haben etwas Gemeinsames, die Freunde und Verwandten: Hier empfangen ihn kluge, großzügig denkende Menschen, die weder Neid noch Mißgunst gegen ihn hegen, hier findet er Aufmerksamkeit und Achtung, und hier kann er aussprechen, was er denkt, hier wird herzlich gelacht, hier läßt es sich gut verweilen, in der soliden gutbürgerlichen Atmosphäre, die ihm so vertraut ist und in der es keiner Rechtfertigungen für sein Tun und Handeln bedarf.

Aber es gab auch die ihn niederdrückende Seite in seinem Leben: Aus Briefen und Einladungen der verschiedensten Institutionen und politischen Gruppierungen, aus seinem unsteten Leben im Wechsel von einer Stadt in die andere – wie aus einer Adressenliste von 1979–81 hervorgeht – ist zu entnehmen, mit welcher Kraft und Intensität Harich bemüht war, Einfluß auf die Friedens- und Umweltbewegung zu erreichen, gleichzeitig in ihr einen sozialen Halt und eine politische Heimat zu finden. Während dieser Arbeit sieht er sich mit seiner Vergangenheit konfrontiert. Er stößt auf Vorurteile, oder er muß gar Geringschätzung erfahren.

Was war geschehen? Als Harich nach dem Westen gegangen war, hatte sein Aufenthalt in den Medien hohe Wellen geschlagen. Es schien nötig zu sein, an seinen schlechten Leumund, der durch seine Bücher über Jean Paul, seine »Kritik an der revolutionären Ungeduld« und sein »Kommunismus ohne Wachstum« ein wenig in Vergessenheit geraten war, zu mahnen und an seinen zweifelhaften Charakter zu erinnern, dem kein Vertrauen geschenkt werden könne. Just zu der Zeit, 1979, erscheint in der BRD Stefan Heyms Buch »Collin«. Heym berichtet in seinem Schlüsselroman, »... über den Konflikt von 1956/57, geschöpft aus Mitteilungen Jankas, die nicht nur berühmte Tote, wie Helene Weigel und Paul Merker, verleumden, sondern auch meinem Ansehen wieder sehr abträglich waren«. So berichtet Harich in seinem Buch »Keine Schwierigkeiten mit der Wahrheit« (S. 236 ff.). Über die nationale Frage findet der Leser bei Heym kein Wort. »... Heym hält sich akkurat an das Tabu ... und er tut dies auch noch mit der Prätention, Tabus zu brechen.« Havelka, der positive Held, ist Janka; Collin, der »ambitiöse Neurotiker«, mit »zweifelhafter Vergangenheit« stellt Harich vor. »Immer wieder bin ich im Westen darauf angesprochen worden, ob ich 1956 wirklich an der Abendgesellschaft im Hause Bechers teilgenommen hätte ... Aber viele Leute haben mich gar nicht erst gefragt, sondern still ihr Teil gedacht! Wie viele haben, wenn sie mich sahen oder von mir hörten, mich mit dem charakterlosen Lumpen ›Collin‹ gleichgesetzt!

Am unangenehmsten für mich war, daß, dem vorausgehend, im Februar 1978 Wolf Biermann, für glaubwürdig gehalten wegen seiner Ausweisung aus der DDR, mich in der Hamburger ›Zeit‹

scharf attackiert hatte: ›Wir kennen den Genossen Janka, alter Kommunist und Spanienkämpfer ... Er hat uns berichtet, daß Harich nicht einmal ein kleiner Ganove ist. Um kleiner Vorteile willen hat Harich Menschen denunziert und dafür gesorgt, daß Walter Janka ... nach Bautzen kam. Harich hat nicht nur die Kommunistenehre verletzt, sondern auch die Ganovenehre. Kein anständiger Geldschrankknacker, Zuhälter oder Schwiegermuttermörder würde Harich die Hand geben.‹«
Ich denke, das reicht, um sich vorstellen zu können, wieviel Kraft es Harich gekostet hatte, mit dieser üblen Nachrede leben und in der Öffentlichkeit auftreten zu können. Harich nimmt die Veröffentlichung der Schrift Heyms nicht als puren Zufall. Heym operiere, so Harich, mit dem Mythos des Rausgeschmuggelten, des Unerlaubten, des mutigen Autors, der sich Schwierigkeiten mit der Macht aussetzt, die ihn sogar mit einer Geldstrafe verärgert. Höchst erstaunt war Harich darüber, als sich die Redaktion des »Neuen Deutschland« 1989, in der sogenannten Revolutionsphase der DDR, dazu entschloß, erstmalig seit ihrer Herausgabe als Tageszeitung einen Fortsetzungsroman in ihr Programm zu nehmen. Ausgerechnet entschied man sich für »Collin« von Stefan Heym. Mit seinem Werk sollte die DDR-Bevölkerung über ihre Vergangenheit endlich die Wahrheit erfahren. »Die friedfertigen Rebellen sollten durch Lektüre beider Machwerke (und »Schwierigkeiten mit der Wahrheit« von Walter Janka, 1989, A. H.) in die erwünschte Richtung gelenkt werden ... Ihnen sollte eingeredet werden, die große untadelige Figur des politischen Märtyrers, des stalinistisch Verfolgten heiße Walter Janka, in ›Collin‹ Havelka. Punkt.« (»Keine Schwierigkeiten mit der Wahrheit«, S. 239 ff.). Die Entscheidung des ND bestätigte dann auch Harichs Vermutung, die er gegen Heyms Buch hegte, als er nach dem Westen gegangen war.

Doch selten kommt ein Unglück allein. Harich suchte nach Liebe, er fand sie nicht. Er lernte viele Frauen kennen, darunter eine Reihe Prominente, und er war ständig dazu bereit, sich zu verlieben. Er war ein orgineller Denker mit einem umstrittenen Ruf, aber er besaß nichts, weder Geld noch Rang noch Titel. Und weil er eben nichts besaß, war er für die Frau, für die er sich interessierte, nichts mehr als eine interessante, eine geistreiche Abwechslung, abseits der Öffentlichkeit.

Trotz großer Anstrengungen gelang es Harich nicht, eine materiell unabhängige Existenz in der BRD aufzubauen, ohne sich als

Dissident dort niederzulassen. Das war aussichtslos. Die BfA teilte ihm in einem Widerspruchbescheid am 26. Mai 1981 u.a. mit: »... In Ihren hierzu abgegebenen Stellungnahmen haben Sie eindeutig abgelehnt, von der Möglichkeit Gebrauch zu machen, einen Antrag auf Anerkennung als DDR-Flüchtling zu stellen. Bei dieser Sach- und Rechtslage mußte Ihrem Widerspruch der Erfolg versagt bleiben ...«

Die DDR und Nietzsche

Als Geflohener, als Verfolgter sich anzubiedern, kam für ihn nicht in Betracht.

Enttäuscht und einsam, müde und niedergeschlagen, kehrte er Ende 1981 in die DDR zurück. Aber hier wollte ihn keiner, auf ihn wartete niemand, es gab kein freudiges Willkommen. Kühl und engherzig verhielten sich die, von denen er Hilfe erwartet hatte.

In seiner Wohnung in der Friedenstraße lebte sein Neffe, und in seiner Ausweglosigkeit lief er zu Katharina Harich, seiner einzigen Tochter. Sie fand ihn sitzend auf der Treppe vor ihrer Wohnungstür, mit einem Blumenstrauß und einer Flasche Wein im Arm. Mit ihrem Vater wußte sie nichts anzufangen. Seit vielen Jahren unterhielten sie überhaupt keinen Kontakt mehr. Katharina Harich hatte sich von ihrem Vater abgewandt, hatte sich in jeder Beziehung von ihm gelöst. Sie vertraute mehr dem Havemann-Biermann-Kreis, in dem Walter Janka ein- und ausging, und der war gegen Harich, und wer sich mit Harich abgab, stand auf der falschen, der verdächtigen, der Verräterseite. Der Versuch, mit ihrem Vater ins Gespräch zu kommen, ihm wenigstens in der Not helfend zur Seite zu stehen, hätte für sie vielleicht Ablehnung in ihrem Freundeskreis bedeutet. Ich weiß es nicht. Die Verachtung Harichs nach seiner Inhaftierung wurde wie ein Vermächtnis durch Helfershelfer fortgesetzt, die nicht einmal vor seinem Kind Halt gemacht hatten. Harich wußte nicht, wohin. Er war ein Bettelnder geworden. So nahm ihn mal Frau Rosenberg auf, eine kluge und belesene Frau, die im Nachbarhaus in der Friedenstraße wohnte und die früher bei Frau May die Wohnung sauber gehalten hatte. Sie konnte ihn gut leiden, wegen seines Humors und seiner Geradlinigkeit, und sie fühlte mit ihm, wegen seines zerrissenen Lebens. Ein anderes Mal logierte er bei Anneliese Hädicke, die ihn schon vor der Abreise zur Operation unterstützt und ihm viele Laufereien abgenommen hatte. Sie verkehrte in Harichs ehemaligem philosophischen Zirkel in der Dachkammer bei Frau May, machte Harich mit seiner späteren Frau Gisela bekannt. Frau Hädicke und ihr Freund Hans Noak nahmen Harich in ihrer Wohnung auf. Er war kein unkomplizierter Gast.

Er pochte darauf und setzte durch, wieder in seine Wohnung in der Friedenstraße acht einziehen zu können. Dort stand in einem Zimmer all seine Habe. Mit seiner Rückkehr, so schien es, brachte er seinen Verwandten Enttäuschung und Ärger ins Haus. Ungeklärt waren seine finanziellen Verhältnisse. Als Invalide erhielt er etwas über 200.– Mark. Peter Hacks setzte sich erfolgreich für die Zahlung einer Intelligenzrente (800.– Mark) an Harich ein. 1975 hatte er für die Aufnahme Harichs in den Pen-Club plädiert. Dieses Anliegen scheiterte an Wolf Biermann und Otto Gotsche, die dagegen stimmten.

In welcher Phase befand sich das geteilte Deutschland Ende der 70er, Anfang der 80er Jahre? Harichs Weggang aus der DDR und seine Rückkehr, so mein Erinnern, fallen in die Zeit, in der die DDR und die BRD sich der Annäherung und Entspannung verschrieben hatten. Das gemeinsame Interesse an der Abrüstungspolitik ließ die Deutschen zusammenrücken. Der Friedenswille drängte Vorurteile beiseite, aber nicht nur der Friedenswille trug die anziehende Kraft in sich. Im Land DDR breitete sich unaufhaltsam vernehmbare Unzufriedenheit aus. Mit der Honecker-Ära zog das Konsum-Denken ein, Theorie und Praxis in der Wirtschaftspolitik klafften auseinander, die Bedürfnisse der Bevölkerung wuchsen, ein befriedigtes Bedürfnis rief ein anderes hervor, und es wuchs auch das Bestreben der Angestellten in den Institutionen verschiedenster Wissenschaftsgebiete und der Kulturschaffenden nach internationalem Gedanken- und Erfahrungsaustausch. Demzufolge drängten immer mehr Wissenschaftler und Künstler danach, ins westliche Ausland fahren und sich frei bewegen zu dürfen, sie waren der Gängelei und der Entmündigung durch die Parteiobrigkeit müde. Das Reisendürfen in Richtung Westen sollte der inneren Entspannung dienen. Und auch manch braver Bürger, der eine Tante im Westen ausfindig machen konnte, durfte sie besuchen.

Steht jene Entwicklung, die Ost-West-Annäherung, im Widerspruch zu Harichs politischem Anliegen? Entspannung, Annäherung? Ja! Ideologische Anbiederung? Nein!

Als Harich aus dem Westen heimgekehrt und an die Tür wissenschaftlicher Institutionen zu pochen gewagt und um eine angemessene Betätigung zu bitten sich erlaubt hatte, fand er die Genossen im ZK der SED mit einem Problem konfrontiert: bedeutende Geisteswissenschaftler der DDR hatten denen ihre heimliche Liebe zu Friedrich Nietzsche offenbart und sich zu ihr bekannt. Kapazitäten der Philosophie- und Literaturgeschichte, politisch zuverlässig und fähig, Friedrich Nietzsche, selbstverständlich marxistisch, differenziert zu beurteilen, waren oder machten sich in jener Phase der Ost-West-Annäherung offensichtlich rar. Harich, zum Alleingänger abgerichtet, der nie mehr »eine Gruppe bilden« wollte, schien da der rechte, der zuverlässige Mann zu sein. Wohl oder übel auch der Mann, der gegebenenfalls den empörten Widerspruch aushalten wird, der ausgenutzt und geopfert und von niemandem bedauert werden wird.

Was von der Literatur und der Philosophie vergangener Epochen gehört in das geistige Kulturerbe eines sozialistischen Landes einbezogen, bewahrt, neu entdeckt zu werden? Voraussetzung ist: humanes Gedankengut. Von wem sollte, weil reaktionär, Abstand genommen werden? Wie ein roter Faden durchziehen diese Fragen Harichs Schriften. Sie tragen, sozialistische Prinzipien und Ziele ernstnehmend, unüberhörbar Existentielles in sich. Seine Grenzen sind nach genauer und strenger Beurteilung abgesteckt, und der jeweilige Kanon, ob in der Philosophie, Literatur und Geschichte, stellt ein umfangreiches Erbe dar. Das ist nachzuprüfen in seinen editorischen Vorschlägen und Exposés, geschrieben im Laufe seines Lebens für den Aufbau- und Akademie-Verlag. Über diese Arbeit, die Harich geleistet hat, wird geschwiegen. Seine Editionsvorschläge, wären sie bekannt, wären sie verwirklicht worden, hätten das Bild des »Dogmatikers« ins Wanken gebracht; sie hätten einen weitumspannenden exzellenten Kenner der Philosophie- und Literaturgeschichte zur Geltung gebracht.

Jetzt war er wieder bereit, sein Bestes zu geben. Gregor Schirmer, Klaus Höpcke und auch Lothar Berthold legten Harich nahe, ein urteilfähiges Nietzsche-Buch zu schreiben. Harich nahm das Anliegen der Obrigkeit als einen Auftrag, wenn nicht gar als einen Parteiauftrag, an, den er verantwortungsvoll verinnerlichte. Erneut ließ er sich, ausgehend davon, Nützliches zu leisten, mit den Genossen ein. Harich, mit beiden Füßen fester denn je auf dem

Boden der marxistisch-leninistischen Lehre stehend, machte sich ans Werk. Wieder einmal wird er sich gesagt haben: Euch werd ich's zeigen! Mit dem Auftrag im Kopf wird Harich auf eine geistige Entwicklung in seinem Land gestoßen, die er mit der Methode des »Dagegensteuerns« noch aufzuhalten glaubt, und wenn das nicht helfen sollte, so werde er das mit der »Dampframme« tun, wie er es einmal zu Klaus Höpcke geäußert haben soll.

Bereits am 26. Juli 1982 schreibt er einen 13 Seiten langen Brief an den Akademie Verlag, z. H. Hermann Turley, friedfertig und, wenn ich es so nennen darf, konziliant. Dieser Vorgang gehört zur unbekannten Vorgeschichte zu seinem 1987 erschienenen Nietzsche-Essay, mit dem er auf gnadenlosen Widerstand in der deutschen Intelligenz stieß. Es ist eine jahrelange zermürbende Kraftprobe zwischen dem orthodoxen Marxisten und Antifaschisten Wolfgang Harich und den sich in Toleranz übenden Parteiideologen.

»Lieber Herr Kollege Turley!

Gestatten Sie bitte, daß ich die Denkschrift zur Nietzsche- ›Rezeption‹, die ich Ihnen zugesagt hatte, in die Form eines an Sie gerichteten persönlichen Briefes kleide. Mir scheint dies zweckmäßig zu sein, da ich im folgenden ein Arbeitsvorhaben plausibel machen muß, dem ich mich im Grunde kaum noch gewachsen fühle ... Wenn ich mich gleichwohl vor einigen Monaten nach langer, langer Zeit mit Nietzsche wieder zu beschäftigen begonnen habe, so ist das auf folgende Umstände zurückzuführen. Bald nach meiner Heimkehr aus dem kapitalistischen Ausland (Österreich, BRD) suchte ich im Dezember 1981 den Stellvertreter des Leiters der Abteilung Wissenschaften beim Zentralkomitee der SED, Herrn Professor Dr. sc. jur. Gregor Schirmer, auf. Ich erklärte ihm, unter anderem, daß ich, in den Grenzen meiner Leistungsfähigkeit als schwerbeschädigter Invalidenrentner, gerne wissenschaftlich noch etwas arbeiten würde, und fragte ihn, auf welchem Gebiet ich, nach seiner Meinung, hierbei noch Nützliches würde leisten können. Schirmer antwortete: ›auf dem Gebiet der Geschichte der Philosophie‹. Darüber habe ich in den Wochen und Monaten danach, konkreter ratsuchend, mit mehreren Bekannten und Freunden diskutiert, deren Erwägungen und Vorschläge mich aber meist allzu sehr in den ›Elfenbeinturm‹ verwiesen. Einzig Gertraude Wieland, eine ehemalige Kollegin aus dem Akademie-Verlag, seit einiger Zeit tätig bei der Editionsabteilung des Zentralinstituts für Philosophie der AdW, hatte einen Gedanken, der auf aktuelles Engagement abzielt. Sie meinte, das Beste, was ich bisher geleistet hätte, habe sich thematisch immer im Grenzgebiet von Philosophie- und Literaturgeschichte bewegt, weshalb ich ihr prädestiniert dafür erschiene, über Nietzsche zu arbeiten, einen erzreaktionären Philosophen, der ideologisch desorientierend besonders auf Schriftsteller und literarisch interessierte Intellektuelle wirke. Zeitgemäß sei die Wahl dieser Thematik insofern, als sich derzeit im Westen, von Italien und Frankreich ausgehend, Tendenzen einer Art Nietzsche-Renaissance abzeichneten ...

Jedenfalls erklärte Schirmer mir, als ich Ende Mai 1982 bei ihm ein weiteres Mal vorsprach und bei der Gelegenheit meine Zusammenkünfte mit den Kollegen Wieland und Malorny erwähnte, daß er selbst von der Materie zwar so gut wie nichts verstünde ... Wenn ich in fundierter, wissenschaftlich seriöser Weise dabei mithelfen wolle, so sei das zu begrüßen. Ähnlich äußerte sich später der Stellvertreter des Ministers für Kultur und Leiter der Hauptverwaltung Verlagswesen und Buchhandel der DDR, Klaus Höpcke ...

Was ich im Zuge meiner Recherchen bisher über eine angebliche Nietzsche-Renaissance in Italien und Frankreich erfahren konnte, ist eher vage und nebulös. Ich muß mich da noch um weitere Informationen bemühen und eventuell auch das Gespräch hierüber mit Kollegen Tomberg suchen. Es könnte in der Zukunft geschehen, daß die imperialistische Reaktion versucht, die globalen Menschheitsprobleme, wie sie zu Beginn der siebziger Jahre der ›Club of Rome‹ ins Bewußtsein gerückt hat, durch einen großangelegten Völkermord in der Dritten Welt zu ›lösen‹. Dies könnte ideologisch unter anderem durch einen Rückgriff auf Nietzsche vorbereitet werden, und Nietzsche könnte in diesem Zusammenhang unter Umständen eine noch größere Rolle spielen als in der Vorgeschichte des italienischen Faschismus, einfach deswegen, weil seine Lieblingsmarkierung als ›guter Europäer‹ und seine Distanzierung von deutschtümelndem Nationalismus ihn als prädestiniert erscheinen lassen, nunmehr den geistigen Ahnherrn eines westeuropäischen oder gar atlantischen übernationalen Faschismus und Rassismus abzugeben. Daß die derzeitige Nietzsche-Renaissance dem Vernehmen nach ein ›linkes‹ Vorzeichen trägt, hindert dies durchaus nicht. Im Gegenteil: Nietzsche ist stets mit der Prätention und Attitude eines Rebellen aufgetreten. Und hat der Nietzsche-Enthusiast Mussolini seine Laufbahn nicht etwa auch schon ›links‹, nämlich als ›Sozialist‹, begonnen? Wirrköpfen, die in den APO-Jahren auf Bakunin schworen und Netschajew nacheiferten, ist im übrigen manches zuzutrauen. Wenn man überdies um Nietzsches Aversion gegen die Antisemiten weiß (die freilich eher konkurrenzbedürftig gewesen ist) und sich dabei vergegenwärtigt, daß heute die Aggressivität Israels die Speerspitze jenes künftigen Völkermords bildet, dann schließt sich der Kreis. Versteht sich, daß es mir nicht an gutem Willen fehlt, den Anfängen einer derartigen Entwicklung nach Kräften wehren zu helfen. Wo Linke sich auf Nietzsche ›besinnen‹, will ich tun, was ich kann, ihnen die Dummheit und Gemeingefährlichkeit der Verirrung zu Bewußtsein zu bringen.«

Am 28. Juli 1982 schreibt Harich den begonnenen Brief weiter und führt u.a. aus:

»Es fragt sich indes, ob meine Angst vor einer von vornherein auf Veröffentlichung festgelegten schriftstellerischen Betätigung nicht gesellschaftlichen Interessen und Erfordernissen, denen eine Nietzsche-Forschung in der DDR Rechnung zu tragen hat, entgegenkommen könnte. Indem ich dies zu bedenken gebe, komme ich jetzt auf die objektiven Schwierigkeiten zu sprechen, die ich auch sehe. Nietzsche ist der schlechthin menschenfeindlichste, reaktionärste, überdies am meisten den Krieg verherrlichende Ideologe, den die Geschichte kennt. Niemand sonst hat die arbeitenden Menschen aller Länder und Zeiten, die Armen, Ausgebeuteten, Unterdrückten, angefangen von der Sklaverei der Antike bis zum modernen Industrieproletariat, mit gleicher Unverfrorenheit verachtet und geschmäht und für immer niederzuhalten empfohlen. Eine Nietzsche-Rezeption kann in einem sozialistischen Land daher gar nicht in Betracht kommen, falls unter »Rezeption«, dem Wortsinn gemäß, ›Annahme‹, ›Aufnahme‹, ›Übernahme‹, also etwas, was einer Erbeaneignung nahekäme, verstanden wird. Nietzsche-Forschung kann vielmehr hier immer nur auf Bekämpfen, Entlarven, Anprangern hinausführen und muß, vor allem, den Zweck im Auge haben, eine überzeugende Legitimation dafür zu schaffen, daß Werke dieses Autors im Machtbereich von Arbeiter- und Bauernstaaten nie gedruckt und verbreitet werden ... Nun fragt es sich doch aber – wenn es sich so verhält –, ob nicht eine Konstellation denkbar – wenn nicht sogar voraussehbar wahrscheinlich – ist, in der wir uns befinden und davor hüten müssen, Nietzsche durch dessen öffentliche Bekämpfung erst interessant und diskussionswürdig zu machen und damit jener oben erwähnten derzeitigen Nietzsche-Renaissance womöglich erst voll zum Durchbruch zu verhelfen, ob es nicht vielmehr ratsam bleiben mag, der Bekämpfung eine unauffälligere, diskretere, aber eben deswegen desto wirksamere Form zu geben.«

Harich macht in diesem Brief darauf aufmerksam – nachdem er sein Vorgehen gegen Nietzsche in philosophischer wie in philologischer Weise beschreibt – was geschehen könnte:

»Nun stellen Sie sich, lieber Herr Turley, aber bitte einmal konkret vor, was eine derartige Abrechnung mit Nietzsche und dessen Verehrern, geschrieben mit der Brillanz, deren ich als Autor manchmal fähig bin, verknüpft mit meinem ohnedies sensationsumwitterten Namen, unter Umständen auslösen könnte: einen ganz und gar nicht erwünschten Nietzsche-Rummel, noch angefacht etwa durch den empörten Widerspruch feingeistig gestimmter liberaler Seelen vom Schlage eines Hermlins! Ich habe es einmal erlebt, daß ein inhumanes, mich schmerzendes und anekelndes Literaturwerk, das ich durch eine glanzvolle Polemik zur Strecke zu bringen gedachte, gerade dadurch erst ins Gerede gebracht worden ist, und daß sein Verfasser, Heiner Müller, der einzige war, der mir dafür ein freundliches, ja dankbares Wohlwollen bewahrte. Aus dieser Erfahrung habe ich gelernt, und ich bin inzwischen – es hat lange gedauert – verantwortungsbewußt genug geworden, keinen Anlaß dafür bieten zu wollen, daß eine ähnliche Sensationsmache sich in größeren Dimensionen und zum Ruhme eines weit gefährlicher inhumanen Ideologen, eben Friedrich Nietzsches, geistigen Urhebers folgenreicher Passagen aus ›Mein Kampf‹, wiederholt!«

Dem Brief legt Harich einen Editionsvorschlag für einen Sammelband bei, in dem vierzehn kritische Schriften zu Nietzsche vereinigt sind.

»V. Der Band soll den Kampf gegen das Erbe Friedrich Nietzsches und gegen heutige Versuche, es wiederzubeleben, auf eine möglichst breite Grundlage stellen. Seine Spannweite reicht daher von den hervorragendsten einschlägigen Arbeiten marxistischer Autoren (Mehring, Plechanow, Lukács, H. Günther) bis zu einem dezidierten Konservativen wie Eduard von Hartmann, der seinerzeit N.s antidemokratische Haltung ›rühmend anerkannt‹ und gleichwohl die daraus erwachsende Menschenfeindlichkeit verworfen und philosophische Grundtheorien N.s in ihrer wissenschaftlichen Unhaltbarkeit und Absurdität scharfsinnig kritisiert hat.

Der Band vereinigt in sich, bei streng chronologischer Anordnung der in ihm enthaltenen Texte, philosophische und soziologische Stellungnahmen aus einer Zeit, da auch bürgerliche Ideologen es noch wagen konnten, auf Nietzsches Gemeingefährlichkeit hinzuweisen und ihn als Scharlatan anzuprangern, mit mehr oder weniger bekannten Publikationen der eben aufgeführten Marxisten. Dabei wird manch Verschollenes und Vergessenes – vergessen zumal deshalb, weil die Traditionswahl der Bourgeoisie es aus dem Bildungsbesitz zu verdrängen wußte – nach langer Zeit zum ersten Mal wieder zutage gefördert und erweist sich oft als frappierend interessant, ja mitunter sogar als aktuell.«

Ahnte Harich den ideologischen Dammbruch, der nur wenige Jahre später mit dem ökonomischen Zusammenbruch weltweit zum Ende einer politischen Epoche führen sollte? Warum blieben seine Vorschläge unberücksichtigt? Den Band hätte er gern zusammengestellt. Das zu unternehmen, wurde er nicht aufgefordert, die Arbeit wurde wahrscheinlich keinem anderen Wissenschaftler übergeben, und es ist bedauerlich, daß der Band heute nicht zur Verfügung steht.

Das Schweigen seitens des Akademie-Verlags zeigte ihm, seine gründlich überlegten Ansichten und Vorschläge werden in einem Aktenschrank achtlos herumliegen und somit als Grundlage für eine Diskussion in einer gemeinsamen Runde von Wissenschaftlern nicht in Betracht kommen. Vorstellbar auch, die Editionsvorschläge für einen Sammelband mit Anti-Nietzsche-Stimmen sind überhaupt nicht besprochen worden. Was spielte sich zwischen der Führungsetage der Partei und den tonangebenden Wissenschaftlern im Bereich der Philosophie und Literatur ab? Was wollten »die da oben« wirklich von Harich? Oder andersherum: Was versprach sich Harich von denen? Ließ er sich für eine bestimmte Strategie aufbauen? Brauchten sie wieder ein »Pferd, das durchbrennen« soll, um es anschließend in der Öffentlichkeit zu züchtigen?

Harichs Einschätzung zum Thema Nietzsche, nehme ich an, war Hager und seinen unmittelbaren Mitarbeitern wichtig. Seine Ergebenheit der Regierung, der Partei gegenüber, seine politisch-philosophische Unabhängigkeit in der Meinungsbildung vereint mit durchdachter marxistischer Analyse und Bewertung, war ihr Kalkül. Sie wußten, er würde keinen Millimeter von seinen Positionen, wenn er die erst einmal errungen, zurückweichen; sie glaubten sich sicher, mit dem Namen Harich spekulative Unruhe in die Reihen der Wissenschaftler und der Intelligenz hineinzutragen. Auch das war einbezogen in ihr Kalkül, so heute meine Vermutung, die so weit geht, daß er gebraucht wurde für eine Auseinandersetzung, die die Parteioberen offen zu führen sich nicht mehr wagten. An ihre Stelle gedachten sie ihren zurechtgezimmerten, für alle Fälle dienstbaren »Denunzianten« und »Dogmatiker« zu postieren; und die Antipathie, die Harich von allen Seiten her entgegengebracht wurde, an der er unfreiwillig gute Vorarbeit geleistet hatte, verhieß den Plan aufgehen zu lassen.

Harich war unfähig, Hinterhälte und Intrigen, obwohl er die immerzu fürchtete, zu durchschauen. Seine Gedanken hatten keinen Platz für Falschheit, sie zeigte sich ihm erst dann, wenn ein Versprechen uneingehalten blieb. Er litt eben nicht nur an einer Herzerkrankung, er litt an der Wortgläubigkeit. Er glaubte an das geschriebene, an das gesprochene, an das versprechende Wort der Autorität. Und in seiner Vereinzelung, die er zu durchbrechen suchte, krallte er sich an die Autorität, an die er den ideologischen Werteverfall, den er im sozialistischen Teil Deutschlands erkannte, herantrug. Nur die Autorität besaß die Macht des Verbots. Das hatte sie ihn erfahren lassen. Doch mit wem sonst sollte er sich zusammentun? Er hatte niemanden. Er brachte es nicht fertig, sich zurückzuziehen. Er war aufmerksam gemacht worden auf eine Spur, die er für zugeschüttet hielt. Plötzlich nahm er sie wahr, freigefegt, für jedermann begehbar. Von überreizten Phantasien heimgeholt, die durch mangelnden Kontakt mit seiner Umwelt noch mehr ins Fiebern gerieten, unterbrach er ständig seine Arbeit über Nicolai Hartmann, und er schrieb weiterhin unablässig in aufgewühlter Erregung und Sorge Briefe und Eingaben. Pflichtvergessen und pedantisch nannte er die beim Namen, die er als Fürsprecher Nietzsches zu erkennen wähnte. Vorrangig die am Katheder Stehenden beschuldigte er der verantwortungslosen Verbreitung menschenfeindlicher Ideologie. Das wollte er verhindern, er konnte das nicht, er durfte das nicht. Hatte er vor seiner Zuchthausstrafe vor einem überfüllten Auditorium maximum in der Humboldt-Univesität Berlin – »man ging zu Harich«, erzählte mir Edith Scholz, damals Journalistin für Kunstgeschichte – gestanden, so blieb ihm das Lehren nach der Inhaftierung verboten, ein merkwürdiges Verbot für einen Antifaschisten, einen Kommunisten und einen Marxisten! Was fehlte ihm, um in einem sich sozialistisch heißenden Land vertrauenswürdig befunden zu werden? Alle, die davon wußten, und diejenigen, die geistige Freiheit und

Pluralismus einzufordern vorgaben, fanden sich in dem Fall einverstanden mit der ungeliebten Macht! Und weil das so war, griff Harich zur spitzen Feder, die er eben auch zu führen wußte, die gefürchtet war, und in Selbstvergessenheit entfloß dem Hilfsmittel manch bitteres Wort aufs Papier. Ausgerechnet in der Brecht-Buchhandlung Friedrichstraße, Nietzsches »Ecco homo«, in einer Prachtausgabe im Schaufenster zu sehen, veranlaßte Harich, an Willi Stoph zu schreiben, nachdem seine Vorschläge von 1982, den Umgang mit dem Erbe Nietzsches betreffend, vom Akademie-Verlag ignoriert worden waren. Seine Reaktion auf die Auslage in der Brecht-Buchhandlung, über die er mir erzählt hat und über die er beim Erzählen lachen mußte – er hat bei der Polizei darüber eine Anzeige gemacht –, ist von vielen verlacht worden; verlacht von denen, die in allen Zeiten fromm dienen, ohne Gefahr zu laufen, und die nur im Schutze des »Gruppengeistes« mutig ihre Stimme erheben. Ob mir Harichs Schreiberei sympathisch ist oder nicht, ist zweitrangig für mich geworden. Ich habe den Grund seiner Verhaftung und die daraus entstandenen Vorwürfe gegen ihn im Kopf, und kann sein rasantes Vorgehen gegen bestimmte geistig-idelogische Erscheinungen verstehen. Wenn Harich vor fünfunddreißig Jahren der Spaltung Deutschlands entgegentreten war und dafür eingesperrt worden ist, so trat er jetzt mit der gleichen Vehemenz dem aufkeimenden Neofaschismus entgegen. Der Faschismus reduziert sich nicht auf das Hakenkreuz, den Heil-Hitler-Ruf und Rassismus. Das sind die für jeden bekannte Zeichen, auf die die meisten Leute mit Ekel reagieren; sie reagieren auf den sogenannten »Pöbel«. Das ist eine Seite der Medaille. Der heutige Faschismus ist viel diffiziler, viel schwieriger erkennbar, ich meine damit die intellektuelle Seite, die bereits in viel mehr Köpfen sitzt, als es manche wahrhaben und sich eingestehen mögen. Nichts wäre für mich befreiender, stellten sich meine Beobachtungen als Trugschluß, ja stellte sich Harichs Prophezeihung, die er in der Nietzsche-Renaissance befürchtete, als Irrtum heraus.

Am 22.12.1985 schrieb Harich an Willi Stoph:

»Hochverehrter Herr Ministerpräsident!
Hiermit möchte ich Sie dringend darum ersuchen, wirksam den in Gang befindlichen Bestrebungen entgegenzutreten, in der Deutschen Demokratischen Republik eine Renaissance des Erbes von Friedrich Nietzsche herbeizuführen. Es handelt sich um eine

ressortüberschreitende Angelegenheit. Sie betrifft mehrere Ministerien; zumindest die für Kultur, Volksbildung, und Hoch- und Fachschulwesen; wahrscheinlich aber auch, wegen einschlägiger rechtlicher Fragen, welche die Einhaltung der Verfassung der DDR (Artikel 6, Absatz 5; Artikel 18, Absatz 1) berühren, das Ministerium der Justiz; möglicherweise sogar auch die Sicherheitsorgane. Im Hinblick auf das daraus erwachsende Kompetenzproblem wende ich mich an Sie als den Regierungschef. Außerdem habe ich zu Ihnen persönlich in der zur Klärung anstehenden Frage besonders großes Vertrauen, nachdem ich mit höchstem Interesse und tiefer, freudiger Zustimmung Ihre im ›Neuen Deutschland‹ Nr. 299, Seite 4, wörtlich zitierten Ausführungen auf der jüngsten Arbeitstagung des Nationalen Rates der DDR zur Pflege und Verbreitung des deutschen Kulturerbes, eines Organes des Ministerrates, vom 20. Dezember 1985, zur Kenntnis genommen habe. Ich darf Ihre Worte hier wiedergeben. Sie sagten u.a.: ›Tatsache ist und bleibt: Während die herrschende imperialistische Ideologie und Kultur der reaktionären Traditionslinie des Erbes verpflichtet ist, sehen wir unsere Aufgabe darin, alles Große und Edle, Humanistische und Revolutionäre in Ehren zu bewahren und weiterzuführen.‹ Und: Eine der wesentlichsten Erfahrungen dieser Beratung besteht darin, ›daß wir für den Umgang mit Erbe und Tradition immer die Frage ihres Bezuges zur Gegenwart und Zukunft gestellt haben, ihres Beitrages für eine Welt des Friedens und der Menschlichkeit, ihres Beitrages für die weitere Gestaltung der sozialistischen Gesellschaft in der DDR.‹ Diese Ihre klaren, eindeutigen Feststellungen geben mir die Gewißheit, daß ich mich mit meinem Anliegen an Sie, verehrter Herr Ministerpräsident, nicht vergebens wenden werde ... Was mich betrifft, so habe ich mich, als Kenner sowohl der europäischen Philosophiegeschichte als auch der Weltliteratur, besonders der deutschen Literatur, ausgewiesen durch Leistungen in Lehre, Forschung, Edition und Eigenpublikation, schon seit langem natürlich auch eingehend mit Nietzsche beschäftigt. In den Jahren 1982 und 1983 widmete ich mich nochmals seinen Werken und auch einem erheblichen Teil der Sekundärliteratur über ihn, mit Einschluß der neuesten. Ich verbürge Ihnen, Herr Ministerpräsident, mein Wort als Wissenschaftler darüber, daß es an dem negativen Urteil solcher bedeutenden Marxisten wie Franz Mehring, Georg Lukács, Hans Günther und anderer über Nietzsche, und wahrlich nicht zuletzt am Wort Ihres Vorgängers im Amt, des unvergessenen Mitbegründers der SED und langjährigen Regierungschefs der DDR, Otto Grotewohl, zu diesem Punkt, auf einer seinerzeitigen Kulturkonferenz der SED, auch heute keinerlei Abstriche geben kann. Im Gegenteil, die heutige prekäre Weltlage zwingt dazu, Nietzsche, diesen Künder der ›blonden Bestie‹ und des Herrenmenschentums, diesen Verherrlicher des Krieges als eines Selbstzwecks, durch den jede Sache geheiligt werde, den Mann, von dem die SS die Parole ›Gefährlich leben!‹ übernahm, jetzt noch negativer einzuschätzen als je zuvor ... Seit meiner Rückkehr aus dem Ausland, 1981, habe ich mich, obwohl ich nicht gesund bin und mir in der schöpferischen Arbeit andere, erfreulichere Themen sehr viel wichtiger sind, immer wieder darum bemüht, der Gefahr einer Nietzsche-›Renaissance‹ bei uns entgegenzuwirken. Ich tat es in Gutachten für den Akademie-Verlag; in Briefen an den Stellvertreter des Ministers für Kultur, den Leiter der HV Verlage und Buchhandel, Herrn Klaus Höpcke; in Briefen an den Leiter des Goethe-und Schiller-Archivs in Weimar, Prof. Hahn; in zahlreichen Gesprächen mit zuständigen Wissenschaftlern und interessierten Intellektuellen; schließlich auch in einer Eingabe an den Minister für Kultur, Herrn Hoffman. Zu Ihrer näheren Information, verehrter Herr Minister, füge ich dieser meiner Eingabe an Sie die Dokumente dieser Aktivität, soweit sie mir noch vorliegen, hier in der Anlage bei. Weiteren einschlägigen Schriftverkehr könnten Sie, bei Bedarf, bei Klaus Höpcke, dem ich leider nicht immer mit Kopie geschrieben habe, und beim Akademie-Verlag anfordern lassen ...«

Immerhin, diesesmal muß Harich nicht wochen- oder monatelang auf eine Reaktion warten. Am 27. Januar 1986 ließ ihn Hager folgendes wissen:

»... Ich teile voll und ganz Ihren Standpunkt, daß diese Aktivitäten schädlich sind und unter allen Umständen verhindert werden müssen. Ich werde die dazu erforderlichen Maßnahmen veranlassen ... Die Verbreitung des Werkes dieses erzreaktionären Vorläufers faschistischer Ideologien wäre ein schwerer Fehler und würde der DDR auch im Ausland Schaden bringen. Leider sind schon Publikationen und öffentliche Äußerungen (siehe »Sinn und Form«) erfolgt. Diese Tatsache führt mich zu der Überlegung, ob es nicht doch zweckmäßig wäre, einen Sammelband mit Aufsätzen aus Arbeiten von Mehring, Lukács und anderen vorzubereiten. Er könnte für die Auseinandersetzung mit der Philosophie Nietzsches nützlich sein. Sie schlagen vor, Nietzsche bei uns völlig totzuschweigen, müssen wir aber nicht mit den Einflüssen aus dem Westen und dem Schaden rechnen, der bereits bei uns an Universitäten und durch Verlagspublikationen angerichtet wurde? Kommt vielleicht der Mitarbeiter der Akademie der Wissenschaften, Malorny, für die Zusammenstellung eines solchen Bandes infrage? Für Ihre Meinung wäre ich Ihnen sehr dankbar.«

Nach einem so freundlichen und ermunternden Brief mußte ein Wolfgang Harich neuen Mut schöpfen, mußte er bei der Vorstellung, er werde nun endlich gebraucht, seine »Meinung« sei wieder gefragt, und man wäre ihm »dankbar«, aufleben. Dreißig Jahre liegen seit seiner Verhaftung zurück, seit dreißig Jahren bemüht er sich zu beweisen, daß er zuverlässig mit beiden Füßen auf dem Boden des Marxismus-Leninismus stehe, daß er mehr denn je Verfechter einer sozialistischen Gesellschaftsordnung ist, aber irgend etwas macht er falsch, aber was, das versteht, das begreift er nicht. Übereifrig, ohne die Folgen zu bedenken, entwirft er einen Feldzug gegen das Nietzscheanertum. Ohne Umschweife legt er Kurt Hager seine Strategie dar, von dem er annimmt, ihn endlich überzeugt zu haben.

Am 30.1.1986 schreibt er an Kurt Hager:

»Lieber Kurt Hager!

Haben Sie vielen Dank für Ihr freundliches Schreiben vom 27.1. Es stimmt mich sehr froh. In puncto Nietzsche fällt mir jetzt förmlich ein Stein vom Herzen. Und daß Sie nun gar mich in dieser Sache um Rat fragen, erfüllt mich mit so tiefer, dankbarer Genugtuung, daß ich es noch gar nicht fassen kann. Ich beeile mich, Ihnen zu antworten.

Für ideal hielt ich folgendes Vorgehen:

1.) Erster Schritt: Interne, diskrete Selbstverständigung zu dem Zweck, einen harten Kern marxistischer Nietzsche-Gegner aus Philosophie, Literatur und, nicht zu vergessen, Kulturpolitik zu schaffen ...

2.) Zweiter Schritt: Knallharte öffentliche Verdammung Nietzsches »ex cathedra«, am besten auf dem Parteitag, am besten durch Sie. Dies scheint mir aus folgenden Gründen dringend nötig:

»a) Ohne ein Machtwort der Partei ist dem von Ihnen apostrophierten ›Schaden, der bereits bei uns an den Universitäten und durch Verlagspublikationen angerichtet wurde‹, kein Einhalt mehr zu gebieten;

b) Unser differenzierendes Herangehen neuerdings auch an problematische Gestalten deutscher Geschichte und Kultur, das im Falle Luthers, Friedrich II. von Preußen, Bismarcks u.a. voll zu bejahen ist, das uns politisch stärken, unser Geistesleben bereichern kann, hat den unerwünschten Nebeneffekt von Irritationen bei Freunden und Gegnern. Freunde werden vom Sog eines kritiklosen Liberalismus gegenüber beliebigen reaktionären Überlieferungen ergriffen. Gegner machen sich das zunutze in der Hoffnung, eine Atmosphäre schaffen zu können, in der alles möglich wird. So muß eine Grenze gesetzt, ein Pflock eingerammt werden: »Bis hierher und nicht weiter!« Der Fall Nietzsche bietet uns eine einzigartige Gelegenheit, genau das jetzt zu tun. Jeder in der Welt wird verstehen ..., daß Kommunisten mit Nietzsche nichts im Sinn haben; ganz im Gegenteil!

c) Die neugegründeten Nationalen Forschungs-und Gedenkstätten Berlin, zuständig für die Literatur und Kunst des 20. Jahrhunderts, brauchen unbedingt, wenn ihre Arbeit nicht schwammig und rückgratlos werden soll ... ein endgültiges Nein zu Nietzsche...Das ist die Voraussetzung für ein differenzierendes Bild all der großen Begabungen, die teils an Nietzsche zuschanden gingen – wie Richard Dehmel –, teils im Widerstand gegen ihn, in qualvoller Lösung von ihm erst zu sich selbst fanden – Thomas Mann –, teils trotz beachtlicher gesellschaftlicher Leistung bei jeder affirmativen Äußerung ihren unheilbaren, unfreiwillig komischen Übermenschen-Tick verrieten – wie Carl Sternheim usw. usf.«

Der Parteitag, so Harich, soll ausgewertet werden, der »harte Kern« soll »ausschwärmen« und sich an die«Schadstellen begeben« Er ruft zur »Wachsamkeit gegenüber Lehrveranstaltungen an Hoch-und Fachschulen« auf. »Ein Nietzschebefürworter sollte als Dozent nicht geduldet« werden.

Er fordert »Verstärkung der Pflege progressiver humanistischer Überlieferungen. Da gäbe es noch viel zu tun ... Uns fehlen z. B. die große ›Ästhetik‹ von Friedrich Theodor Vischer – die Marx so wichtig fand, daß er sie exzerpierte – und Hermann Lotzes ›Geschichte der Ästhetik in Deutschland‹, beide von der Bourgeoisie aus dem Traditionsbewußtsein verdrängt. Wie wäre es, wenn Prof. Dr. Wolfgang Heise und Frau Dr. Renate Reschke sich daran editorisch und mit marxistischer Kommentierung versuchten ...« Wieder schlägt er einen Sammelband mit Arbeiten kritischer Autoren gegen Nietzsche vor: Plechanow, Hans Günther und Lukács und »... Ferdinand Tönnies, von denen unser ›mün-

diger Bürger‹ auch noch nie eine Zeile vorgesetzt bekommen hat...
Bleibt das Problem derjenigen SED-Genossen, die zwar in der
Nietzschefrage eine im Prinzip durchaus richtige, parteiliche Einstellung haben, jedoch gegenüber Lukács an Berührungsängsten
leiden und deswegen von Nietzscheanhängern so leicht zu entwaffnen sind. Diesen Genossen sollten Beispiele aus der Parteigeschichte ins Gedächtnis gerufen werden, in denen schon früher
politische und ideologische Gegnerschaft auseinanderklafften:
Lenin und Plechanow zum Beispiel waren im Bezug auf die Stellung zur Revolution von 1905 politische Gegner, was nicht hinderte, daß sie im Kampf gegen den Machismus übereinstimmten,
quer durch die politischen Fraktionen, philosophisch auch gegen
die Machisten in den Reihen der Bolschewiki (im Kampf gegen
Bogdanow bestand der Unterschied lediglich darin, daß Plechanow ihn mit ›Herr‹ anredete). Daran läßt sich die Frage knüpfen:
Warum soll denn ein politischer Gegner – oder einer, der's mal
war – nicht als Philosoph ein sehr schätzenswerter Marxist sein?«

Harich verweist auf die nicht mehr ganz der Zeit entsprechenden Nietzschekritik bei den o.g. Autoren, sie reiche nicht mehr
aus: »Aber nicht, weil es irgendwelche neuen Erkenntnisse gäbe,
die uns nötigten, sie abzuschwächen; ganz im Gegenteil! Die
›Links‹nietzscheaner warten heute mit Legenden auf, von deren
Blödsinnigkeit sich Mehring, Lukács und Günther noch gar keinen Begriff machen konnten, weil sie damit noch nicht konfrontiert waren. Ich nenne nur die ›philologische‹ Legende, die da
besagt, daß Nietzsche, an sich ein ehrenwerter Humanist, nur
durch seine böse faschistische Schwester ins Reaktionäre verfälscht
worden sei und daß die neue Edition, von Colli und Montinari,
es erlaube, das falsche Bild endlich zu korrigieren ... 1.) Sie (die
marxistische Nietzschekritik, A. H.) rechnet nicht ab mit dem
geschworenen Feind der Frauenemanzipation;

2.) Sie läßt Nietzsches geradezu satanischen Rassismus außer
acht; offenbar deswegen, weil sich bei ihm philosemitische Äußerungen finden, über denen sein Haß auf die farbigen Völker vergessen wurde, der aber heute, im Zeichen unserer Solidarität mit
dem Befreiungskampf der Völker der Dritten Welt, als etwas
besonders Schändliches gebrandmarkt werden muß. (Nebenbei
bemerkt braucht man sich den vielgerühmten Philosemitismus
Nietzsches nur einmal genauer anzusehen ... z. B. sagt Nietzsche
einmal sinngemäß: ›Ja, die Juden, die sind wundervoll, die haben
Geist und haben Geld. Die müßten sich nun noch mit dem ostel-

bischen Junkern vermischen, das ergäbe dann die Herrenrasse, die berufen wäre, Europa zu beherrschen‹!)

3.) Vernachlässigt wird – man sollte es nicht für möglich halten, aber es ist so – von Mehring, Lukács und Hans Günther Nietzsches extrem reaktionäre Rolle bei der Verherrlichung des Krieges als Selbstzweck. Das tritt bei diesen bedeutenden Marxisten, aus ihrer Zeit heraus verständlich, hinter der Polemik gegen Nietzsche als Feind der Arbeiterklasse zurück. Nietzsche greift, beispielsweise, im ›Zarathustra‹ die Unterscheidung zwischen einem gerechten und ungerechten Krieg auf und gibt ihr die folgende Wendung: ›Ihr sagt, die gute Sache sei es, die sogar den Krieg heilige? Ich sage euch: Der gute Krieg ist es, der jede Sache heiligt!‹ Allein wegen dieses Ausspruchs muß Nietzsche heute in Grund und Boden verdammt werden, ohne Pardon, und das muß heute überhaupt die wichtigste Begründung für seine totale und endgültige Ablehnung sein!!!

4.) Lukács arbeitet mit unübertrefflichem Scharfsinn, mit genialer Handhabung seines ideologiekritischen Seziermessers die Momente der Kontinuität heraus, die Nietzsche mit den reaktionären Ideologien Schopenhauers und Wagners verbinden. Dabei versäumt er aber ... darauf hinzuweisen, daß in einer Kernfrage der Humanität, nämlich gegenüber der Alternative Mitgefühl oder Grausamkeit, zwischen Schopenhauer und Wagner auf der einen und Nietzsche auf der anderen Seite ein Gegensatz besteht, wie er krasser nicht gedacht werden kann. Und eben in dieser Frage hatte unser Karl Marx ... für Schopenhauer eine stille Vorliebe. Verstehen Sie mich nicht falsch ... aber es ist wichtig heute, angesichts zunehmender Gefühllosigkeit gegenüber Grausamkeit und Brutalität, unserer vor den Bildschirmen hockenden Jugend mit aller Klarheit einzuschärfen: Der Begründer des wissenschaftlichen Sozialismus steht nicht nur mit Goethe (›Edel sei der Mensch, hilfreich und gut‹), er steht sogar auch mit dem reaktionären, pessimistischen Schopenhauer (›Nichts empört so im tiefsten Grunde unser moralisches Gefühl wie Grausamkeit‹) Seite an Seite gegen Nietzsche, der das menschliche Gefühl verächtlich gemacht, die Abtötung des Gewissens gepredigt und in höchsten Tönen die ›schöne‹ Grausamkeit gefeiert hat ... Kurz, ich bin dafür, unter den genannten Voraussetzungen und mit der vorgeschlagenen Erweiterung, für den Antinietzsche-Sammelband. Ich bin auch sehr dafür, daß Malorny den Band betreut ... Ich sitze an einer sehr anspruchsvollen und schwierigen Arbeit, über Nicolai Hartmann, die meine Kräfte auslastet und die ich, à la longue, für wichtiger halte als alles, was mit dem ekelhaften Nietzsche zusammenhängt.«

Harich bedankt sich nochmal herzlich bei Hager dafür, daß er eine Meinungsäußerung von ihm erbeten habe.

Im darauffolgenden Monat, am 18.2.1986, bekommt Hager eine schriftliche Information:

»Genosse Klaus Höpcke übergab mir 2 Briefe zu Deiner persönlichen Information von
Wolfgang Harich an Genossen Höpcke vom 25.1.86 und
Wolfgang Harich an Genossen Stephan Hermlin vom 28.1.86
Aus diesem Brief ist ersichtlich, daß W. Harich Genossen Hermlin ganz schön attackiert.

W. Harich hat seine Arbeiten zur Biographie Nietzsches aufgegeben.

Die Gründe dafür sind nicht ganz klar. K. Rätz«

Seit dem Brief vom 30.1.1986 bleibt es still zwischen Hager und Harich. Am 4. Juni 1986 geht abermals ein eindringlicher Brief an Hager, mit dem die Vorgeschichte zu der gesamten Nietzsche-Diskussion endet, aus der dann Harichs Aufsatz »Revision des marxistischen Nietzsche-Bildes?« und später das Buch »Nietzsche und seine Brüder« hervorgegangen sind.

Als ich Wolfgang Harich kennenlernte, saß er, trotz der vielen Alarmbriefe, die er geschrieben, doch im »Elfenbeinturm« und arbeitete bereits seit drei Jahren über seinen Lehrer Nicolai Hartmann. In seiner geliebten Arbeit, in der es um den Versuch einer Synthese zwischen Hartmann und Lukács geht, ließ er sich immer wieder stören, um für Georg Lukács, Jean Paul und gegen Nietzsche zu streiten.

»Lieber Kurt Hager!

Die Nietzschefrage bereitet mir leider nach wie vor Sorge. Deshalb erlaube ich mir, mich, anknüpfend an unseren Briefwechsel vom Jahresbeginn, heute nochmals an Sie zu wenden.« In dem fünfseitigen Schreiben geht Harich auf eine Neuerscheinung »Die SED und das kulturelle Erbe«, Dietz-Verlag, ein, und gibt, noch hellhöriger geworden, seine Enttäuschung über einige Formulierungen zum Ausdruck. Es heißt da: »... Es sind Nuancen. Aber seit der scheinbar so wenig besagenden Differenz zwischen der

Leninschen und der Martowschen Formulierung im § 1 des Statuts, London anno 1903, wissen wir doch, was alles in Parteitexten hinter Nuancen stecken kann ... Ganz unverhältnismäßiges Lob spenden Haase und seine Mitarbeiter auf S. 429 auch dem von Stephan Hermlin 1976 im Auftrag der Akademie der Künste herausgegeben ›Deutschen Lesebuch‹, das, wie sie meinen, ›ein glanzvolles Panorama der nationalen humanistischen und revolutionären literarischen Tradition‹ darbietet. Hermlin, offenbar verführt durch seinen für Inhalte oft blinden Sprachästhetizismus, hat in diese Sammlung Nietzsches Gedicht ›An den Mistral‹ aufgenommen, dessen Verse 7 bis 9 einst wichtig gewesen sind für die ideologische Vorbereitung der faschistischen ›Vernichtung lebensunwerten Lebens‹ ... Humanistische Tradition? Revolutionäre Tradition? ›Das Lesebuch vereinigt deutsche Stimmen des Humanen‹, erklärt Hermlin in seinem Geleitwort. Ich kann darüber nur den Kopf schütteln.

Vor solchem Hintergrund bitte ich Sie, lieber Kurt Hager, den Unmut zu sehen, in den mich nun ein Brief versetzt, den ich, mit dem gedruckten Kopf des Ministeriums für Kultur, mit dem Datum des 2. Juni, heute von Klaus Höpcke erhalte. Es geht darin um den Plan der Nationalen Forschungs- und Gedenkstätten Weimar, bei der Rekonstruktion ihres Gästehauses, des ehemaligen Nietzsche-Archivs, die Räume, in denen Nietzsche zuletzt gelebt hat und gestorben ist, zu ›gestalten‹, unter anderem durch Aufstellung der Nietzschebüste Max Klingers (von 1904). Am 8. Oktober 1985 hatte ich eine Eingabe an den Minister für Kultur, Dr. Hans-Joachim Hoffmann, gerichtet mit der dringenden Bitte, dieses Vorhaben zu vereiteln. Ich erhielt einen abschlägigen Bescheid Anfang November. Eine Kopie meiner Eingabe und die Antwort des Ministers fügte ich dann den Anlagen bei, mit denen ich mein Gesuch an den Vorsitzenden des Ministerrats der DDR, Herrn Willi Stoph, Mitglied des Politbüros des ZK der SED, am 22.12.85 versah. Auf dieses Gesuch und die Beilagen haben dann Sie mir am 27.1.86 überaus freundlich und mit lebhafter Zustimmung geantwortet. Sie kündigten an, gegen die schädlichen Aktivitäten, die auf die Herbeiführung einer Nietzsche-Renaissance in der DDR abzielen, die erforderlichen Maßnahmen zu veranlassen. Ich mußte annehmen, daß damit jener Plan der NFG Weimar gestorben sei. Dem Schreiben Höpckes an mich entnehme ich jetzt, daß das nicht der Fall ist. Ich füge das Schreiben hier mit bei. Es scheint mir zu beweisen, daß eine Empfehlung von Ihrer

Seite bei der zuständigen Stelle weiter unten gar nicht angekommen ist oder von ihr nicht voll verstanden wird.

Die Sache wird, meines Erachtens, dadurch nicht besser, sondern eher noch schlimmer, daß DDR-Bürger zu besagten Räumen keinen Zugang haben sollen, es sei denn, es handelt sich um Wissenschaftler, die Studienzwecken nachgehen. So etwas kann doch nur böses Blut schaffen, und das bei allen Beteiligten. Leute wie Malorny oder ich werden sich darüber ärgern, daß da die Büste steht, und Nietzschefreunde darüber, daß sie sie nicht sehen und bekränzen dürfen, daß das ›mal wieder‹ den Ausländern vorbehalten bleibt, (wie die obere Etage im Restaurant des Hotels ›Metropol‹, wo gegen Devisen gespeist wird). Und was soll man sich unter jenen ›Studienzwecken‹ vorstellen, was unter der ›Auseinandersetzung‹ mit Nietzsche, für die Professor Dr. Manfred Buhr und seine Mitarbeiter geeignete Materialien in jene Räume zu schaffen versprochen haben? Malorny erzählt mir, Buhr hätte diese Aufgabe zwar übernommen, stünde aber nun der Frage, wie sie gelöst werden könne, ziemlich ratlos gegenüber. Und wie auch nicht? Soll etwa der Jugendstil Van de Veldes mit Transparenten überdeckt werden, auf denen Aussprüche Otto Grotewohls und Johannes R. Bechers gegen Nietzsche zu lesen sind? Oder will man Vitrinen aufstellen, in denen Bücher von Mehring, Lukács und Hans Günther gezeigt werden, worin Polemiken gegen Nietzsches Philosophie zu finden sind? Erinnern darf ich Sie bei der Gelegenheit noch einmal an die Denkschrift vom 30. Januar 1986, die ich Ihnen zur Beantwortung Ihres Schreibens vom 27. Januar übermittelt habe. Es war sicher verfrüht und übereilt, daß ich darin ein internes Selbstverständigungs-Kolloquium noch vor dem XI. Parteitag vorgeschlagen habe. Aber an den sonstigen darin geäußerten Gedanken möchte ich doch festhalten und Sie bitten, sie sich jetzt, nachdem der Parteitag vorbei ist, nochmals anzusehen. (Sicherheitshalber füge ich Ihnen hier noch eine Kopie dieser Denkschrift bei. Sie brauchen Sie mir nicht zurückzuschicken, ich habe noch einen zweiten Durchschlag.)

In diesen Zusammenhang möchte ich Ihnen aber, auch auf die Gefahr hin, leicht intrigant zu erscheinen, eine Information nicht länger vorenthalten, die vielleicht erklärt, worauf das Stocken der fälligen internen Abrechnung mit ›linker‹ Nietzschenachfolge bei uns zurückzuführen ist. Es gibt bei uns einen ›Rat für Grundfragen der ideologischen Klassenauseinandersetzung zwischen Sozialismus und Imperialismus‹. Die Philosophie ist darin vertreten durch die Herren Professoren (...) Mit (...) ist da, wie man so sagt, ein Bock zum Gärtner gemacht worden. Denn (...) befürwortet Nietzsche. Er tut das in einem solchen Maße, daß er für eine Neuedition von Nietzsches ›Unzeitgemäßen Betrachtungen‹, die, unbegreiflicherweise, beim Reclam-Verlag Leipzig vorbereitet wurde, eine Einleitung bzw. ein Nachwort verfaßt hat, worin Nietzsches ›Übermensch‹ als Vorahnung dessen gefeiert wird, was den Marxisten als der ›neue Mensch‹ des Sozialismus/Kommunismus vorschwebt ...

Das schreibt nicht nur der Bürger Harich an den Staatsmann Hager. Es schreibt auch ein alter Mann an einen noch älteren. Es hat, long, long ago, tiefgreifende Konflikte zwischen uns gegeben (die von meiner Seite nur zu bereuen sind). Aber hätten wir uns je träumen lassen, daß wir irgendwann noch einmal zur Verteidigung von Selbstverständlichkeiten fest würden zusammenstehen müssen? Es gibt keinen lieben Gott im Himmel, und der Regen fällt von oben nach unten. So, genauso selbstverständlich sollte es sein, daß Nietzsche für Sozialisten einfach indiskutabel ist, daß es für ihn in einer sozialistischen Gesellschaft keinen Millimeter Raum geben darf. Plötzlich ist das nicht mehr selbstverständlich. Das muß uns alte Männer, die noch zu Füßen von Hermann Duncker gesessen haben, auf die höchste Alarmstufe bringen. Mögen unsere Jugendträume ein bißchen übertrieben gewesen sein, heilig müssen sie uns bleiben, bis zum letzten Atemzug, und ihnen sind wir es schuldig, unseren Lebensrest, die uns noch verbliebenen Energien mit aller Beharrlichkeit dafür zu nutzen, daß in gewissen Kern- und Grundfragen der ideologischen, der philosophischen, der kulturellen Entwicklung die Weichen richtig gestellt bleiben und daß eine Kerntruppe von jungen Marxisten da ist, die auch nach uns unbeirrbar dafür sorgt, daß sie nicht ins Rutschen geraten. In diesem Sinne können Sie fest auf mich bauen. Ihr Wolfgang Harich«

Was mag einen Klaus Höpcke bewegen, Harich darüber zu berichten, was in der Nationalen Gedenkstätte in Weimar für Pläne vorliegen? Höpcke kannte Harich sehr gut. Manche Stunde haben sie gemeinsam diskutiert, und Harich hat, wie er mir erzählte, auch besprochene Tonbänder bei ihm zurückgelassen. Für mich war Höpcke der Talleyrand in der DDR, vielleicht ein Lob für ihn, ich weiß es nicht. Ich hatte das Gefühl, Harich ist von Höpcke für bestimmte Interventionen aktiviert worden. Aber Harich schätzte Höpcke, wegen seiner großen Bildung, weil er ganz bescheiden lebte und die Kohlen aus dem Keller holte, und weil er einmal heimlich durch die Hintertür des Hauses in der Friedenstaße gekommen war, um ihm zu seinem Geburtstag zu gratulieren; und inoffizielle Briefe an Harich zeugen von privatem Mut. An solchen Sachen hielt sich Harich fest, mir war eher, da wußte einer, wie Harich zu beschmeicheln ist und wie die eigene Person in der Zukunft im rechten Licht dastehen könnte.

Und dann trat das ein, was Harich lange befürchtet hatte: In »Sinn und Form« erschien, wie bereits erwähnt, von Heinz Pepperle, Heft 5/1986, ein Aufsatz mit dem Titel »Revision des marxistischen Nietzschebildes«. Der wurde als eine Anti-Nietzscheschrift angekündigt, und eine Diskussion über ihn sollte möglichst vermieden werden. Harich jedoch las ihn als ein geschmeidiges Pro-Nietzschepamphlet. Nachdem er jahrelang die Ideologen in der DDR auf die Gefahren einer Nietzsche-Renaissance im sozialistischen Teil Deutschlands, und über die Grenzen hinaus weltweit, aus seiner Sicht hingewiesen und mit Warnschriften überhäuft hatte, gerät er in eine nicht mehr anzuhaltende Entrüstung. Wieder seine Arbeit über Nicolai Hartmann beiseite legend, schreibt er seinen berüchtigten Anti-Nietzsche-Essay.

Als wäre es gestern, sehe ich ihn, wie er zur Bibliothek läuft, und wie er Bücher über Bücher dort bestellt und nach Hause trägt. Am Vormittag schreibt er, am Nachmittag liest er über und von Nietzsche, und es geht jetzt nur um Nietzsche. Er greift häufiger als gewohnt nach seinen Faustan-Tabletten. Er arbeitet bis an den Rand seiner Kräfte, macht sich unaufhaltsam zum Sklaven seiner Gewißheit, seiner Überzeugung, und auch seiner Unfähigkeit, nicht begreifen zu wollen, daß er vom allgemeinen Zeitgeist, den er sehr wohl erkennt und durchschaut, überrannt werden wird. Er fragt nicht: Schade ich mir? Lohnt der Aufwand? Werde ich überzeugen können? Sein Imperativ heißt: Das darf nicht sein! Das darf sich nicht wiederholen!

Das Vorhaben, in der Weimarer Forschungs- und Gedenkstätte, neben Goethe und Schiller, unweit des Konzentrationslagers Buchenwald, dem »Urheber der faschistischen Ideologie« (W. H.) einen Ehrenraum zu gewähren, dieses Vorhaben in die Wirklichkeit umgesetzt zu sehen, übersteigt sein Vorstellungsvermögen. Darüber hinaus erschreckt ihn die Befürchtung, die Schriften Nietzsches könnten erneut Unheil und Verwirrung in den Köpfen unwissender und ratloser Menschen stiften. Nietzsches Schriften, die Lieblingslektüre Mussolinis und Hitlers, ins humanistische Kulturerbe mit einzubeziehen, diese Vorstellung war ihm genauso unbegreiflich und unerträglich wie manch Überlebendem des Holocaust und der KZ-Höllen in Deutschland erneut Aufmärsche von Neonazis sowie Schändung jüdischer Gräber.

Ein ganzes Jahr später, in Heft 5/87 wird die Erwiderung Harichs auf Heinz Pepperles Aufsatz in »Sinn und Form« veröffentlicht werden. Ich greife jetzt vor: Harich löste einen Skandal aus. Der letzte Satz im veröffentlichten Essay ist der Aufruf, Nietzsche besser »ins Nichts« fallen zu lassen. Der Leser kann nicht erfahren, welche Beweggründe Harich im abschließenden, ungedruckten Kapitel des Aufsatzes, der sich mit dem Vorhaben in Weimar auseinandersetzt, für ein solch vernichtendes Urteil anführt. Und damit war es Hager und seinen Genossen gelungen, den Mann an den Pranger gestellt zu sehen, und es geschah genau das, was gewünscht war. Der Aufruf gegen Nietzsche empörte die Intellektuellen im Osten und Westen Deutschlands und deren Nachsager. Unbeachtet aber blieben Harichs Argumente, die sich auf die menschenfeindliche Ideologie Nietzsches beziehen, deren Wirkung ihren Höhepunkt im faschistischen Deutschland hatte und dort in die Tat umgesetzt worden war. Ihm wohlgesinnte Menschen schüttelten verständnislos mit dem Kopf und fanden Harichs Bedenken nun doch übersteigert, überzogen, krankhaft. Denjenigen, die in dem Zusammenhang zum ersten Mal mit dem Namen Harich in Berührung kamen, blieb nichts weiter übrig, als in ihm einen übereifrigen, übriggebliebenen, stalinistischen Dogmatiker zu erkennen. Diejenigen aber, die ihn seit Jahren haßten, denen er immerzu im Wege war, ließen schadenfroh Öl in das neuentfachte Feuer gegen ihn gießen.

Wie gesagt, das war nur ein Vorgreifen, noch ist der Aufsatz nicht gedruckt, bis es dazu kam, galt es Hürden zu überwinden.

Tagebuch, Berlin, am 21.2.1987:
»Der Anti-Nietzsche-Artikel laugt Wolfgang völlig aus, aber er ist brillant geschrieben und überzeugt; von M. W. Schulz eine Absage über den Druck des Artikels, ohne ihn zu kennen, ohne ihn gelesen zu haben. Ein kurzes Telefonat mit K. H., und er besitzt die Sicherheit, Harich eine Abfuhr zu erteilen. Lothar Berthold und Hermann Turley vom Akademie-Verlag besuchen Harich, Frage nach der Arbeit an Nicolai Hartmann und über seine Position zu Nietzsche, ich empfinde den Besuch als eine Art

›Krankenbesuch‹. Im März wollen sie wiederkommen, und Harich bildet sich ein, von ihnen Unterstützung zu haben.«

Tagebuch, Berlin, am 19.3.1987:
»Der Nietzsche-Artikel ist fertig, Max Walter Schulz druckt ihn nicht ganz, nur den 1. und 2. Teil, also nicht die Kritik an Pepperle. Am 11.3.1987 Brief an Honecker, und wieder warten, wieder Spannungen, Sorge, Depressionen. Wolfgang fiebert seit ein paar Tagen. Ihn pflegen ist anstrengend, seine Pedanterie ist für mich sehr schwer zu verkraften, fühle ständiges Mißtrauen gegen mich. Er wirft mir Aggression und Hohn vor, ihm wäre angst. Ich weiß nicht, was ich falsch mache, bin unsicher, fühle mich auch irgendwo ausgebeutet, möchte meine Ansprüche auf ein Minimum senken, kann aber nicht. Ich weiß nicht, was werden wird. Wenn die beiden Artikel nicht gebracht werden, dann will Wolfgang seine Arbeit niederlegen. Arbeiten muß ich sowieso. Das Geld reicht nicht. Ich weiß nicht, wie ich das alles schaffen soll. Ich möchte alt sein, um zu wissen, es kommt nichts mehr. Habe ich wieder einen Fehler gemacht, oder bin ich nicht in der Lage, mir das Leben einfach zu gestalten?«

Es ist langweilig darüber zu schreiben, wenn einer mit Fieber, besser, mit erhöhter Temperatur, im Bett liegt. Eine Krankenschwester hat es nicht gern, wenn von ihren Angehörigen jemand erkrankt. Sie will nach ihrer Arbeit ihre Ruhe haben. Ich gebe zu, wenn Harich mit 37,2 Grad C im Bett lag, erschütterte mich das nicht sehr.

Nein, sagte er, mit einer Krankenschwester habe ich mir das ganz anders vorgestellt: die kommt dann ans Bett und faßt einen sanft auf die Stirn, fühlt den Puls und fragt besorgt, na, wie geht es dir, mein Lieblichg? Soll ich dir einen Tee kochen? Statt dessen sagt sie einem: komm mal ins Krankenhaus auf die Intensivsta-tion, dann weißt du, wie gut es dir geht.

Ich muß zur Nietzsche-Problematik zurück, das macht mir auch keinen Spaß. Und jetzt würde Harich sagen: Das muß aber sein!

Am 2. April 1987 erhält Harich Antwort von Erich Honecker. Der Brief trägt das Datum: 1. April 1987. Das kann Harich nicht ernst nehmen, das ist ein Aprilscherz, er muß sich verhöhnt fühlen. Ein Brief, geschrieben am 1. April, an dem Tag, an dem die Menschen einander fröhlich »foppen«, sich in »den April« schicken, der kann nur verlogen sein. Für ihn ist das Datum besonders boshaft und gemein. Und ich behaupte: Vorkommnisse dieser Art treiben alte Verletzungen ins Gedächtnis und bringen ihn in haltlose Wut, die er verbergen will, die aber dann an anderer Stelle ausbricht.

Und Harich liest den Brief, den Hager für Honecker entworfen hatte.

»Lieber Wolfgang Harich!
Sie haben an mich die Bitte gerichtet, Ihnen auf kulturpolitischem Gebiet, bei der Pflege des humanistischen Kulturerbes, in Philosophie und Literaturgeschichte den Einfluß, der Ihren Fähigkeiten und Kenntnissen, Ihren Leistungen und Erfahrungen und nicht zuletzt Ihren marxistisch-leninistischen Überzeugungen entspricht, zu gewähren. Sie können versichert sein, daß Ihre Mitarbeit auf diesen wichtigen Gebieten von uns begrüßt und gewünscht wird ... Besonders hoffen wir, daß Sie als ein profunder Kenner des Werkes von Jean Paul dazu beitragen werden, seinen 225. Geburtstag am 21. März 1988 gebührend zu würdigen. Das Ministerium für Kultur wird sich mit Ihnen über die Gestaltung des Jubiläums verständigen.« Honecker weist nochmals auf die eigenständige Entscheidung der Redaktionen hin, die die Veröffentlichung von Manuskripten betreffen. Weiter schreibt er: »Ich meine, daß keine Vorurteile gegen Sie bestehen und die alten Geschichten erledigt sind. Wie gesagt: Wir wünschen Ihre Mitarbeit auf kulturpolitischem Gebiet und hoffen auf eine fruchtbare Zusammenarbeit zwischen Ihnen und den entsprechenden kulturellen Institutionen.

Über Ihr Schreiben habe ich Genossen Hager verständigt ...«

Glaubt Harich wirklich, Honecker habe ihm geschrieben? Hager war es, der das Schreiben am 1. April aufsetzte:

»Lieber Erich!
Ich bitte um Entschuldigung, daß ich Dir erst heute den Entwurf einer Antwort an Wolfgang Harich vorlege. Ich habe mir noch einmal ein dickes Bündel des Schriftwechsels mit Harich in den letzten Jahren angesehen und auch die Stellungnahmen der Redaktionen bzw. des Ministeriums für Kultur und der Abteilung Kultur des ZK zu verschiedenen Vorgängen. Ich schlage Dir die beiliegende Antwort vor, weil es mir nicht zweckmäßig erscheint,

daß Du auf Einzelheiten des Briefes eingehst. So nimmt Wolfgang Harich gegen eine Nietzsche-Renaissance Stellung. In dieser Frage hat er vollkommen recht...In der Zeitschrift Sinn und Form erschien ein ausführlicher Artikel eines unserer Philosophen gegen die Nietzsche-Renaissance. Anstatt diesen Artikel zu begrüßen, wollte Harich in ziemlich grober Weise dagegen polemisieren, was natürlich völlig unklug gewesen wäre. Deshalb hat die Redaktion seine Polemik nicht gebracht. Wir werden weiter bestrebt sein, zu verhindern, daß die antihumanistische Philosophie Nietzsches in Lehre, Forschung und Publikationen bei uns einen Niederschlag findet, denn das wäre eine Beschädigung des antifaschistischen Ansehens der DDR ... Was den Lukács-Artikel angeht, so wurde dieser abgelehnt, weil sich Harich weigerte, einige namentliche Ausfälle gegen Wissenschaftler der DDR zu ändern. Er zeigte sich nicht kooperationsbereit. Mir hat er den Lukács-Artikel geschickt, aber bevor ich ihm antworten konnte, hat er den Artikel in einer österreichischen Zeitschrift veröffentlicht, die den Vorgang gegen uns ausschlachtet ... Mit sozialistischem Gruß Kurt Hager«

Harich teilte bereits Honecker mit, daß sein Lukács-Artikel seit dem 4.12.1986 im Büro Hager läge. In einer internen Hausmitteilung vom 5.1.1987 ist folgendes zu lesen:

»Anruf von Wolfgang Harich
W. Harich wollte Genossen Hager informieren, daß sein Artikel im Ausland erscheint und zwar im Januar in ›Aufrisse‹ Wien. Es ist eine linkssozialistische Zeitschrift. Und in der BRD ›Kultur und Gesellschaft‹ Köln, ein Nachdruck (Februar).
W. Harich möchte vorschlagen:
– daß evtl. eine Zeile zugesetzt wird
– Vorabdruck mit Genehmigung der im Aufbau-Verlag erscheinenden Zeitschrift ›Weimarer Beiträge‹ oder
– dieser Aufsatz war ursprünglich bestimmt für ›Weimarer Beiträge‹ bzw. ›Sinn und Form‹, oder er möchte nicht so unanständig sein und schreiben, daß die Zeitschrift ›Weimarer Beiträge‹ usw. diesen Aufsatz nicht bringen wollte.«

Mein Eintrag ins Tagebuch am 5.1.1987 lautet:
»Die gleichen Sorgen vom Jahr 86 werden in das Jahr 87 mitgenommen. Der Artikel erscheint im Januar 87 in Wien ›Aufrisse‹ und der Zeitschrift ›Demokratischer Kulturbund‹ über André Müller (Ausspruch von A. Müller: Von dir drucke ich alles, ohne

es gelesen zu haben). Darüber ist W. H. einerseits froh, andererseits ist noch keine Entscheidung von K. Hager gekommen.

Heute Anruf im Büro Hager, mit der Anfrage: Was für ein Vordruck soll kommen? Im Auftrage der ›Weimarer Blätter‹, oder nicht? Er schluckt Faustan, Faustan, Faustan, damit ihm die Aufregung keinen erneuten Herzinfarkt bereitet,

W. H. sitzt mit größter Intensität an seinem Gegen-Nietzsche-Artikel, liest Bücher über Bücher, und wieder steht die Frage: Wird er gedruckt werden?«

Sein Drängen, den offiziellen Status als Philosophie- und Literaturhistoriker wieder einnehmen zu können, wurde immer stärker. Die übelste Verachtung, ihn totschweigen zu wollen, durchbrach er mit seinen Briefen. Es war die einzige Taktik, die er durchschaute, die er fürchtete und die er mit Hilfe eines fortdauernden Briefwechsels mit »denen da oben« zu verhindern sich vorgenommen hatte. Für ihn gab es keinen anderen Ausweg; stehenzubleiben, hieße, sich aufgeben, er hatte sich zum Durchhalten verurteilt. Seine Briefe, Eingaben und Pamphlete, geschrieben in unmißverständlicher Sprache, ließen die Empfänger nicht gleichgültig. Sie wußten, er war im Recht, und sie kannten Harichs Unberechenbarkeit, sie mußten ihn aushalten, dazu diente ihnen Willkür und Doppelzüngigkeit. Die Entscheidung, einen Aufsatz von Harich zu veröffentlichen oder nicht, ist, wie ich heute denke, davon abhängig gewesen, ob der Aufsatz eine Angriffsmöglichkeit auf seine Person gestattet, ohne dem Ansehen der DDR-Oberen zu schaden. Auf diese Weise bot sich die Chance, die Welt und vor allem die BRD vom pluralistischen Meinungsstreit in der DDR zu überzeugen. Das ist an dem Essay »Der entlaufene Dingo, das vergessene Floß« sowie an dem Essay »Revision des marxistischen Nietzsche-Bildes?« erkennbar. Den Lukács-Artikel zu drucken hieße, der Kritik Harichs, die das Verhalten der DDR-Wissenschaft zu Lukács widerspiegelt, recht zu geben und ihr zuzustimmen. Ihn deswegen zu verdreschen, weil er sich für den marxistischen Philosophen und sein Werk eingesetzt hatte, wäre womöglich nicht nur den ungarischen Genossen gegenüber peinlich gewesen. Harich war nicht der einzige Lukács-Verehrer. Vielleicht waren das die Beweggründe, die zu einem Verbot, den Lukács-Artikel zu drucken, beitrugen. Er bietet nicht die gewünschte Gelegenheit, den »stalinistischen Dogmatiker«, Wolfgang Harich, vorzuführen, und deshalb mußte der »unsachliche Ton« herhalten.

Wie es auch gewesen sein mag, eines kann ich behaupten: Harich überwachte sich selbst mit despotischer Strenge, doch mit der gleichen Strenge nahm er die politisch-gesellschaftlichen Tendenzen seiner Zeit wahr und ging namentlich streng mit denen ins Gericht, die ideologisch-politische Verantwortung übernommen hatten, ihr indes nicht nachzukommen gedachten.

Wollte ich sein Vertrauen, seine Zuneigung, auch seine Lebensenergie erhalten, mußte ich ihn seinen eingeschlagenen Weg unaufhaltsam gehen lassen, und ich war glücklich, ihm ab und zu mit einem Rat oder einem Hinweis zur Seite stehen zu können.

Es ist Mai. Harich wartet auf entscheidende Maßnahmen nach dem vorhergegangenen Briefwechsel. Nachdem er Heinz Malorny, der im Auftrage des führenden Philosophen der DDR, Manfred Buhr, zu ihm geschickt worden war, stundenlang Hinweise für ein differenzierendes Nietzsche-Bild gegeben hatte, bestand er nun darauf, auch das Gutachten zu diesem Buch schreiben zu können. Doch der Akademie-Verlag rührt sich nicht.

Tagebuch, Berlin, am 6. Mai 1987:
»Unsere Kraft nimmt immer mehr ab, Spannung, Zermürbung zerstören uns langsam, mir geht es nicht gut, mein Magen schmerzt. Meine Mutter ist da, bin froh, sie fühlt sich seit langer Zeit wohl bei mir. Sie lernt Harich kennen. Wir haben Mai, noch kein entscheidendes Wort von Honecker, von Hager ganz zu schweigen, auch vom Akademie Verlag kein Zeichen, obwohl Berthold zusicherte, Harich das Gutachten über Malornys Buch schreiben zu lassen und Harich will es schreiben, er will es erzwingen.

Harich war von Prof. Steiner eingeladen. Er erzählte ihm ausführlich über den Hergang der Nichtveröffentlichung seines Lukács-Artikels, beklagte sich, wie er von allen Institutionen ausgeschlossen wird; für mich kaum noch zu ertragen, Wolfgang vertraut sich jedem an, es erscheint mir wie ein verzweifelter Hilfeschrei, den jeder hört, nur keiner hilft ihm, man sieht zu, wie er sich quält. Mit diesem Besuch verbindet Harich wieder Hoffnungen, glaubt, einen Mitstreiter gefunden zu haben. Aus Wien ist definitiv festgelegt, entweder im Mai oder im Juni wird der Lukács-Artikel in den »Aufrissen« erscheinen.«

Mein Eintrag vom 6. 5.1987, 18 Uhr 30: »Jetzt telefoniert Wolfgang Harich mit Gisela May, endlich wieder Kontaktaufnahme,

gut für W. H. Das Buch über Brecht von Mittenzwei liest er mit
Begeisterung; ebenfalls Kontaktaufnahme mit Mittenzwei.«

In dieser aufreibenden Zeit liest Harich die große Brecht-Biographie von Werner Mittenzwei. Es tut ihm gut, vom Verfasser als Theaterkritiker im Nachkriegsdeutschland nicht übergangen worden zu sein. Nach dem Gespräch mit der May sagt er: Die May lenkt wieder ein! Sie hat uns in die Courage eingeladen! Erleichtert nimmt er die Einladung in ihre Vorstellung an. Es ist die erste Annäherung seit Harichs Trennung von der anderen Frau. Der Krach darüber ist vergessen. Richtig ernst gemeint ist ein Krach zwischen den beiden nie, das Krachen gehört dazu, sie tragen sich beide nichts nach, denn das ist viel zu anstrengend.

Es war nicht unser erster Theaterbesuch. Um die große Inge Keller auf der Bühne zu erleben, lud mich Harich in die Kammerspiele, in Ibsens »Gespenster« ein. Da wollte ich ihm auch etwas »bieten«, und schlug ihm vor, mit mir in die Volksbühne zu gehen, die ich bevorzugte wegen der herrlichen Molière- und Hauptmann-Inszenierungen und wegen der ungezwungenen Atmosphäre. Ich hatte für uns »Der eingebildet Kranke« ausgesucht und mir nichts dabei gedacht. Ich freute mich, wieder ein Stück von Molière kennenzulernen, denn an der Aufführung des »Geizigen« vergnügte ich mich bestimmt viermal. Aber Harich legte in den eingebildeten Kranken seine Deutung hinein, er glaubte, eine pädagogische Taktik meinerseits herausgefunden zu haben. Während wir dem Spiel zusahen und ich mir nur eines wünschte, ihm möge die Aufführung gefallen, rückt er mit einemmal nahe an mich heran und tuschelt in mein Ohr: Findest du, daß ich dem ähnlich bin?

Aber jetzt gehen wir zusammen in die »Mutter Courage«, ins Berliner Ensemble. Ich hole ihn in der Friedenstraße ab. Seit dem Nachmittagsschlaf hat er nicht mehr gearbeitet. Er muß ausgeruht bleiben. Seine Kräfte hebt er für den Theaterabend auf. Es darf nichts dazwischengeraten. Auch er hat die Courage lange nicht mehr gesehen. Als ich an seiner Tür steh, schnürt er sich gerade den verwickelten Gürtel seines Trenchcoats fest zu, und auf den Kopf seinen Hut setzend, den er sogleich mit dem Zeigefinger übermütig aus der Stirn zurückschiebt, auf halbacht sozusagen, sieht er mir verwegen in die Augen. Er vergißt dabei Frau Schmitzel nebenan, knallt kühn die Korridortür ins Schloß, und die Treppe hinuntergehend singt er laut: Das Frühjahr kommt, wach auf, du Christ. Es geht ihm gut, seine Augen leuchten noch heller, er ist fröhlich, er ist ganz jung. Auf dem Weg ins Theater klärt er mich über die negative Rolle der Mutter Courage und die positive Rolle der Kattrin auf. Der erste Brechtabend in meinem Leben. Ich bin hingerissen vom Spiel. Ich kann nicht genug kriegen von der Lebendigkeit, die auf der Bühne stattfindet, vom Bühnenbild und von der ansteckenden Kraft, die aus dem Spiel auf mich herunterströmt. Ich bin begeistert von der May. Alle sind großartige Schauspieler. Ich möchte nicht, daß der Abend zu Ende geht, ich möchte schrein: Bleibt hier! Mich überkommt ein dankbares Gefühl, ich habe eine Gänsehaut, mir ist zum Heulen, und meine Kehle ist wie zugeschnürt. Das Gefühl verläßt mich nicht, es kehrt auch später wieder, wenn ich dorthin gehe, weil mir nach Brecht ist, den mir Harich an diesem Abend auf seine Weise nahezubringen versteht.

Nach der Vorstellung gehen wir dieses Mal nicht in ein Restaurant. Er weiß genau, die May wird ihn noch heute abend anrufen, und da muß er zu Hause sein. Er wird sie loben und wird ihr sagen, sie sei hervorragend gewesen, und er kann es nicht erwarten, sie zu fragen, wie sie die »Neue« findet, die sie, und das weiß er, von der Bühne genau in Augenschein genommen hat. Die May versteht ihren alten Freund, alles andere ist vergessen, und jetzt können sie in gewohnter Vertrautheit alles in Ruhe betratschen, sie haben miteinander noch immer ihre Geheimnisse.

Einladung ins Gästehaus an der Spree

Und dennoch glaube ich, in den Monaten, vielleicht sogar in dem Jahr, am meisten gelitten, am meisten gezweifelt zu haben. Harichs Egozentrik machte mich zeitweise ratlos. Ich fühlte mich unfähig zu verstehen, was in dem Mann vorging, um den sich alles drehen mußte und der mich manchmal mißtrauisch ansah, wenn ich seinen Interventionen skeptisch entgegentrat. Je geborgener ich mich in seiner Nähe fühlte, weil ich gern seinen Ausführungen zuhörte, weil sie mich anregten und mir Freude bereiteten, je mehr ich spürte, daß ich nicht genug davon bekommen konnte, weil ich wünschte, mit ihm ununterbrochen zusammenzusein, um so neidischer sah ich ihm nach, wenn er sich von mir abkehrte, wenn er sich an seinen Schreibtisch setzte, um sich ohne mich in seine geistigen Gefilde, in seine geistige Welt zu versenken und er mich dazu überhaupt nicht brauchte. Er besaß etwas, was wenige Menschen besitzen: Er hatte ein Ziel im Leben, an dem hielt er fest, es war ihm unentbehrlich, ja lebensnotwendig geworden, ein Ziel, das ihn antrieb und erschöpfte, ihn zufrieden machte und zweifeln ließ und das ihm für die unsäglichen Mühen ein ruhiges und sicheres Gefühl, manchmal, und wer kann das wissen, in der Stille einen inwendig jubelnden Triumph zu schenken vermochte, trotz aller eingetretenen Unbill auf dem eingeschlagenen Weg. Sein Vorhaben war ein gesellschaftliches, das bestimmte sein Dasein, und das war mir fremd, daß einer hauptsächlich für ein gesellschaftliches Vorhaben lebte. Ich bewunderte all die Jahre seinen Fleiß, seine Beharrlichkeit, seine Gewissenhaftigkeit und seine beständige Energie, mit der er sich täglich an seinen Schreibtisch begab. Gleichzeitig fühlte ich mich von ihm alleingelassen. Es war Futter für meinen »Nicht-gut-genug-sein-Komplex«, und ich legte es aus als »Nicht-genug-geliebt-zu-werden«. Bei jeder Gelegenheit attackierte ich seine intellektuelle Welt. Vor allem die der Künstler, von denen er meinte, die müssen im Wohlstand und Luxus leben, um etwas leisten zu können, und: damit die in der DDR blieben. Ich führte Stellvertreterkriege. Ich stichelte und höhnte, es gäbe hier bald mehr Künstler und Dichter als Arbeiter, und ich fragte ihn, wer die alle bezahlen soll. Ich verfluchte alles, was zur privilegierten Schicht gehörte. Es widersprach meinem Gerechtigkeitssinn, ich war für Gleichheit und Vorbildwirkung. Es brachte mich zur Weißglut, wenn er über die Verteilung und Klassifizierungen der Lebensmittelkarten nach dem Kriege erzählte, und wie es ihm selbstverständlich sein konnte, daß Künstler viel fetter und besser essen mußten als eine Arbeiterin, die zwei, drei und noch mehr Kinder zu ernähren hatte. Ich dachte an meine Mutter und machte ihm, wovon ich nichts ahnte, sehr bekannte Vorwürfe: Was bildest du dir überhaupt ein, du intellektueller bürgerlicher Pinkel? Und du willst Kommunist sein? Ich habe davon eine andere Vorstellung! Du denkst, wenn man vom Kommunismus singt und spricht, ist man gleich ein Kommunist? Wie ist es möglich, im Sozialismus Millionär zu werden? Mein Lohn reicht nur für den laufenden Monat, und ich bin auch für den Sozialismus! Wie können sich Leute einfach erheben und bestimmen, wer viel und wer weniger braucht? Bonzen konnte ich noch nie ausstehen. Und jetzt bin ich mit so einem zusammen, der die nicht so scheußlich findet wie ich!

Mit Harich einen Krach zu entfachen, brauchte es nicht sehr viel. Er wehrte meine Kritik, die ich ihn an den Kopf warf, nicht ab, sondern hörte sich alles an, und manchmal sah er mir, während ich tobte, schmunzelnd zu, und somit fiel mein Ärger in sich zusammen. Meine Welt war, glaube ich, ganz schön durcheinandergebracht, und meine Stimmungen, die ich weder beherrschen noch erkennen konnte, wenn sie mich überfielen, machten alles noch schlimmer. Die änderten sich von einem Augenblick zum anderen. Dann rief es abwechselnd aus mir: Ich liebe dich, ich bin mit dir unglücklich, ich hasse dich, ich will dich nicht verlieren. Wer soll daraus klug werden? Und wer hält das aus? Harich hielt das aus, und im Gegensatz zu mir plagte er sich nicht herum. Der sich selbst gestellten Aufgabe verpflichtet, kehrte er sich vom Alltag ab. Ich hätte ihm nur zu glauben brauchen, daß er mich mochte, daß er froh war, mich gefunden zu haben, um mich in Ruhe von ihm abwenden zu können. Seine Beteuerungen reichten mir nicht. Und ich vergaß ungerechterweise Harichs Fähigkeit, sich einer Sache, der er sich annahm, uneingeschränkt zu widmen, sie zu genießen, in sie einzutauchen, sich in ihr zu verlieren. Aber das fand alles in den sicheren vier Wänden unserer Wohnstätte statt, und ich wäre auch so gern mal mit ihm im Wald spazierengegangen oder im See geschwommen oder im Winter Ski gelaufen oder im Sommer mit dem Fahrrad gefahren, solche einfachen, aber schönen Dinge hätte ich mir dazugewünscht. Doch nichts davon! Nicht mit einem Wolfgang Harich! Immer nur zu Hause, und dann Lukács, Lukács, Lukács, oder Hager, Höpcke, Schirmer.

Endlich hält Harich den Brief in der Hand, den er lange ersehnt; dieser trägt das Datum vom 11.5.1987 und die Unterschrift Hagers, der ihn am 18.5.1987 um 15 Uhr zu einem klärenden Gespräch im Gästehaus des ZK der SED an der Spree erwartet. Harich glaubt sich am Ziel und bittet darum, mich mitnehmen zu dürfen; er fühle sich, wegen seines Herzleidens, dann sicherer. Sein Wunsch wird ihm erfüllt.

Die Tage davor sind unruhig, geheimnisvoll und spannungsgeladen. Wir sagen niemandem etwas davon, jedenfalls ich nicht. Wer weiß, was dann passiert. Harich bereitet sich auf die Aussprache mit Hager vor, als gelte es einschneidende, sein bisheriges Leben betreffende Veränderungen nicht im Vorfeld unbedacht zu verderben. Seine Phantasie inszeniert die Begegnung im voraus. Er führt Selbstgespräche mit seinem Widersacher. Er richtet sich auf einen Dialog ein, den er später nicht so führen kann, wie er es sich vorgestellt und der nicht den Erfolg mit sich bringen wird, den er sich gewünscht hat. Wie für alle bedeutenden Tage, die vom alltäglichen Geschehen abweichen, wird auch für diesen ein Zeitplan erarbeitet, der auf einen Zettel niedergeschrieben und auf den Tisch gelegt wird. Es beginnt mit dem Aufstehen am Morgen. Ausnahmsweise weckt ihn der Wecker. Morgentoilette und Frühstück sind im Zeitplan berücksichtigt, und nach vorgegebener Stunde nimmt er je eine Faustan-Tablette, werden die Medikamente, wird das Mittagessen eingenommen, wird der Nachmittagsschlaf gehalten. Nichts darf den Ablauf stören oder gar durcheinanderbringen. Seine Gedanken sind auf das Ereignis konzentriert, alles andere interessiert ihn an diesem Tage nicht. Er möchte viel aussprechen dort. Ich begleite Harich das erste Mal zu einem Zusammentreffen mit »denen da oben«. Mitfahren, dabeisein hieß, ihn nicht im Stich zu lassen. Seiner ständigen Begleiterin, der Angst, vermag er sich immer schwerer zu entziehen. Ich sollte nun da sein, sollte ihm helfen und, wenn nötig, eine Faustan-Injektion geben, damit er sich vor einem eventuellen Infarktgeschehen davonschlafen könne. Es kam nie zu akuten Situationen. Seine Faustan-Dosierung, schon hundertmal ausprobiert, half ihm über alles Schwierige hinweg. Seine Aufgeregtheit übertrug sich auf mich, und mein Herz begann zu klopfen, als wollte es zerspringen.

Ein Taxi wird bestellt, und kaum haben wir uns hineingesetzt, da faßt Harich nach meiner Hand und küßt sie, und er sagt mir: Ich danke dir mein Liebling, daß du mich nicht allein läßt. Und jedesmal, wenn ich ihn später zu einer schwierigen Begebenheit oder zu einer Veranstaltung begleitete, erlebte ich diese zärtliche Geste aufs neue, die nie in Routine verkam.

Ein Stück vom Gästehaus entfernt bitten wir den Taxifahrer anzuhalten. Wir sind zu früh da. Wir laufen auf und ab, glauben uns beobachtet. Wir müssen lachen, aber das tun wir vorsichtig, wir sehen uns nicht an dabei. Harich sieht dauernd auf seine Uhr, und pünktlich um 15 Uhr öffnet er die Tür des Gästehauses. Wir stehen im Foyer, eine Genossin empfängt uns. Sie bittet uns Platz zu nehmen. Sie geht uns irgendwo anmelden. Sie ist freundlich. Alle, die hier hin und her laufen, die uns im Vorübergehen unverbindlich zunicken, sind freundlich, und alle sehen so zufrieden aus; um uns her lächelt es, und alle sind sich irgendwie ähnlich. Eine undurchsichtige Höflichkeit umgibt uns. Wir müssen nicht lange in ihr verweilen. Die Genossin holt uns von unserem Platz ab. Sie begleitet uns an eine offenstehende Tür. Dort steht ein kleiner Mann. Es ist Kurt Hager. Auch er ist freundlich und nicht unsympathisch. Er bittet uns, einzutreten. Ein großer runder Tisch, bezogen mit grauem Sprelakat, an dem uns zwei Genossen erwarten, füllt das Zimmer aus. Die Tür wird leise geschlossen, und wir dürfen uns einen Platz auswählen. Hager setzt sich, mit seinen beiden Begleitern, uns gegenüber hin. Ich sitze wie auf einem Nadelkissen. Die Tür wird geöffnet. Die Genossin vom Foyer kommt noch einmal herein. Sie bringt Kaffee und Tee und gießt allen etwas in bereitstehende Tassen. In der Mitte des Tisches steht ein Teller mit Kuchen, genauer: er ist geschmückt mit Petits fours. Mir ist unwohl. Ich bemerke, der Kuchenteller ist vom Sitz aus nicht ohne weiteres zu erreichen. Harich, der Kuchen so gern ißt, den die Freude darauf blitzartig alles Bedrohliche vergessen läßt, kann das nicht hindern. Seine Augen sind auf den schwer erreichbaren Kuchenteller gerichtet. Er muß jetzt essen, und deshalb steht er auf, beugt seinen Oberkörper der Verlockung entgegen, und mit ausgestrecktem Arm angelt er sich ein Stück herunter. Nachdem ihm das gelungen ist, fragt er, ob ich, wie er, auch darauf Appetit habe. Ich nicke zustimmend. Er angelt nochmals und sagt: Petits fours, das war Hitlers Lieblingskuchen. Und während er sich noch ein zweites zum ersten Stück hinzulegt, fragt er die Gegenseite, dabei den Teller in deren Richtung schiebend, ob auch sie davon möchte. Stumm beobachten die drei ihren unbeschwerten Gast, sie lehnen sein Angebot ab. Ungeachtet dessen, Harich genießt; ein Genuß, der zwei Vorteile in sich birgt: erstens, der vorbeugend wirkt, denn er darf hier auf keinen Fall hungrig werden, das würde ihn schwächen, und das muß unter allen Umständen vermieden werden, und zweitens: der ihm gleichzeitig eine Galgenfrist ermöglicht, um über den ersten Eindruck nachdenken zu können.

Nach über dreißig Jahren begegnen sich Hager und Harich wieder, und Harich kann sich nicht zurückhalten, ihn daran zu erinnern, daß sie vor vielen Jahren gemeinsam in dessen Wohnung Bratkartoffeln mit Spiegeleiern gegessen haben, und daß das Mahl von ihm, Hager, eigenhändig für sie beide zubereitet worden war. Jetzt aber sitzen die Macht und die Gelehrtheit einander gegenüber. Bestrebt, alles auszusprechen, was sich in seinem Kopfe seit langer Zeit angestaut hat, redet sich Harich freimütig das von der Seele, was er in zahllosen Briefen erklärt und was er für diese Stunde wohlüberlegt eingeübt hat. Die drei hören ihm reglos zu. Die Beisitzer notieren fleißig. Ich suche nach Reaktionen im Gesicht der Gegenseite, und ich frage mich: Begreifen die den Mann überhaupt, der hier so sicher und zwanglos spricht und ihnen dabei offen und gerade in ihre Gesichter sieht? Und Harich macht sich, wie immer, in seiner Offenheit angreifbar, verletzbar, durchschaubar, ausnutzbar, und er zeigt sich ihnen als einer, der seine Erkenntnisse mit unverbrüchlicher Überzeugung ausspricht, der sich mit seinem Denken und seinem Urteilsvermögen identifiziert und: der an seinen Idealen festhält, als gelte es, ein gegebenes Versprechen niemals zu brechen. Er legt ihnen seine Meinung zu Lukács dar und betont, es sei lange an der Zeit, sich seiner zu erinnern. Er erinnert an Jean Paul und dessen seit Jahrzehnten vernachlässigtes Erbe und bittet darum, in die Vorbereitungsarbeit des Jean-Paul-Jubiläums mit einbezogen zu werden. Eindringlich warnt er, Nietzsche verharmlosen zu wollen mit dem Argument, er sei von den Nazis mißbraucht worden. Von Mißbrauch, sagt er, könne keine Rede sein, Nietzsche habe die Ideologie, derer die Nazis bedurften, die ihnen bei ihren Schandtaten ein gutes Gewissen machte, hergestellt. Er beruft sich auf Sandvoss, der 1966 in seinem Buch »Sokrates und Nietzsche« sagt: »Jedesmal, wenn der Nietzschekult einen Höhepunkt erreicht hatte, folgte mit Sicherheit eine Weltkatastrophe«, und knüpft daran, eindringlich mahnend, in tiefer Besorgnis, die Prognose, daß, wenn das von Nietzsche Gedachte noch ein drittes Mal über die Menschen triumphieren sollte, sich dies im endgültigen Akt ihrer Selbstvernichtung ereignen würde. In der Auslöschung jedes menschlichen Lebens auf unserem Planeten könne Nietzsche dann zum »Endziel seines Erlöserwillens und seiner Selbstvergottung« gelangen. Erregt nimmt Harich noch einmal Sandvoss zur Hilfe und zitiert aus dessen Buch von 1969 »Hitler und Nietzsche«: »Nietzsche ist von der Mitverantwortung für die entsetzlichen Leichenberge der Konzentrationslager, für alle Unmenschlichkeiten und Grausamkeiten des Hitlerismus nicht zu entbinden. Er war ihr ideologischer Wegbereiter und hat das Klima mitgeschaffen, in dem sie möglich wurden. Ihn von dem Geschehenen trennen und freisprechen heißt neuen Mord, neue Grausamkeiten und neuen Terror heraufbeschwören.« Dem ist, so Harich, nichts abzuhandeln, in einer Zeit, in der der Neofaschismus sein Haupt erhebt. Er holt Luft und sagt sein »so«, das bedeutet, er hat seine inneren Hemmungen überwunden, die Angst ist vergessen.

Ich bin erleichtert. Harich lehnt sich zurück und wartet auf Reaktionen seines Gegenüber. Hager, der Antifaschist, bleibt ruhig. Es gibt keine hitzige Diskussion. Ihre Gesichter sind und bleiben ausdruckslos. Es ist schwer zu sagen, welche Gedanken in ihren Köpfen herumkreisen, sie würden sie nicht preisgeben, und ich empfinde deren Ausdruckslosigkeit ekelhaft und provokant, und mir ist, als verberge sich hinter ihr eine sie verbindende Mißgunst, gemischt mit Unverständnis diesem Mann gegenüber, der nicht müde wird, an das Nicht-Vergessen zu mahnen. Und heute glaube ich, es ging nicht darum, Harichs Erkenntnisse in der kultur-politischen Entwicklung der DDR und die damit zusammenhängenden Bedenken und Sorgen, die er ihnen mitzuteilen sich verpflichtet fühlte, zu verstehen, sich mit ihnen auseinanderzusetzen oder sie zu widerlegen, sondern darum, diesem beizubringen, daß ihn eigentlich niemand will, und wenn er sich schon aufdränge und gelitten wäre, dann solle er sich gefälligst fügen. Schließlich erwähnte man den Namen Hermlin und den Brief, den Harich an ihn geschrieben hatte, weil dieser in einem Interview behauptete, in der DDR gäbe es keine unterdrückten Manuskripte. Die grobe Art, mit der Harich Hermlin beschimpft, hatte jenen veranlaßt, sich Beistand vor dem »Briefeschreiber« bei seinem Freund Erich Honecker einzuholen. Noch einmal bekräftigt Hager die Eigenständigkeiten der Redaktionen, und wenn er, Harich, einen solchen Rundumschlag gegen »unsere Wissenschaftler in der DDR« veranstalte und deshalb die Mitarbeiter aus den Akademien der Wissenschaften ihn mieden, dann brauche er sich nicht zu wundern, wenn sein Lukács-Artikel nicht gedruckt werde; der Nietzsche-Artikel jedoch könne nur ohne den dritten Teil erscheinen. Diese Entscheidungen decken sich bemerkenswerterweise mit denen der Redaktionen, und Harich mußte sich fügen, wenn er nicht umsonst gearbeitet haben will.

Warum, fragt Hager Harich, er denn an Honecker schreibe, das habe so etwas Denunziatorisches an sich, es käme ja doch alles auf seinen Schreibtisch zurück. Ein gelungener Seitenhieb, an Harich ausgeteilt, hier, am Ort der Aussprache. Nach diesem kleinen Ausfall gegen den Gast geht Hager ins Plaudern über, er spielt den loyalen Staatsmann. Er tut, als kenne er z. B. Eike Middell nicht, mit dem Harich ein Gespräch wegen der Nietzsche-Diskussion anstrengt, und er wundert herum über dessen eigenartigen Vornamen. Man einigt sich darüber, daß Malornys Buch über Nietzsche von Harich begutachtet werden soll, und Hager fragt, ob

Harich mit Hacks zusammenkäme, weil ihn dieser ebenfalls wegen kulturpolitischer Entwicklungen attackiere. Dies erwähnt er in gemütlicher Art und Weise, als sei es selbstverständlich, daß man das mit ihm tun kann. Harich verneint, und schwört mit Hacks keine Gruppe zu bilden, schon deshalb, weil dieser rauche und ihm der Umgang mit Rauchern schädlich sei. Alle drei lächeln fad, und das »klärende Gespräch« findet damit sein Ende. An sein schweres Amt erinnernd, sagt Hager an der Tür: Er wünsche sich manchmal wie Schulmeisterlein Wuz Lehrer in einem Dorf zu sein. Seine beiden Genossen sehen gerührt auf ihn herab, und mit diesem bescheidenen Geständnis, das seinen heimlichen Traum verrät, entläßt er uns.

*

Mein Gott, Wölfchen, wieviel Falschheit umgab Dich! Um Dir Deine Wünsche, Deine Hoffnungen, Deine Ziele wachzuhalten, phantasiertest Du Dich immerzu durch die Realität hindurch. Weißt Du noch, wie wir an der Spree entlangliefen? Wir wußten nicht, wie wir das, was wir eben erlebt hatten, einschätzen sollten. Wir wußten nicht, was sich abgespielt hatte zwischen der Macht und Dir, es war so unwirklich, als wir aus dem wichtigen Haus heraustraten.

Soll ich Dir sagen, woran mich das heute erinnert? Ist es nicht wie eine Wiederholung, eine zweite Aufführung des politischen Theaters auf der Bühne der Justiz aus dem Jahre 1956/57, als Ulbricht Dich kommen ließ? Das Gespräch bei ihm war die wohlüberlegte Einleitung zu dem unvergeßlichen und beeindruckenden Lehrstück, an dem dann wenige Wochen später ein ganzes Land teilnehmen durfte. Warum hast Du keine Parallele dazu erkannt, gerade Du, der immer in geschichtlichen Analogien denkt? Ja, ja, aber unterbrich mich nicht, ich weiß noch, vor dem 18.5. besuchte Dich Deine Lektorin. Sie hatte Deinen Nietzsche-Artikel gelesen. Ihren Rat befolgend, hattest Du diesen nochmals umgearbeitet und abgeschrieben und Du hattest darauf gehofft, wenn Du auf sie hörtest, dann werde das zu einem sicheren Ergebnis führen. Du glaubtest, sie käme im Auftrage des Akademie-Verlags. Ich hingegen glaube, sie war so eine Art Puffer zwischen Dir und dem Akademie-Verlag, deutlich gesagt, sie besuchte Dich als Gesandte des Verlags, aber ihr spieltet beide Privatbesuch. Als Gesprächspartnerin war sie Dir sogar angenehm, Besuche bei Dir waren rar. Du brülltest sie ab und zu an, sie rührte sich nicht, und im nachhinein hörtest Du doch auf sie. Schließlich war Lothar Berthold ihr Vorgesetzter, und dem galt Deine Achtung. Natürlich erhielt auch er, als er Dich einmal mit Hermann Turley besuchte, eine heftige Abreibung, weil er nicht Deinen Vorstellungen entsprechend gehandelt hatte. Aber ich habe die beiden, Prof. Dr. Lothar Berthold und Dr. Hermann Turley gesehen, und ich bin sicher, sie hegten weder gehässige noch herablassende Gedanken gegen Dich, wenn Du sie in Deiner hilflosen und verzweifelten Wut anschriest. Vor allem Berthold, der erschrocken und ratlos vor Dir stand, als Du ihm zum Abschied nicht die Hand reichtest, dafür aber Turleys herunterhängende Hand ergriffst und sie höchst aufgeregt schütteltest und ihm erklärtest, nur ihm Aufwiedersehn sagen zu können; gleichzeitig jedoch entschuldigtest Du Dich bei Berthold, weil Du eben jetzt so unhöflich zu ihm sein müßtest. Deine Wutausbrüche waren echt und ohne Berechnung. Aus ihnen floß ein quälender Gram, den Du ansonsten tapfer im Versteck hieltest. Und wenn Du jemanden so unverhohlen Deine Meinung ins Gesicht geschleudert hattest und es Dir egal war, ob Du dafür gehaßt wurdest oder nicht, liebte ich Dich noch mehr.

*

Im Mai oder im September fuhren wir jedes Jahr, später auch in beiden Monaten, in die Ferien. Harich gewöhnte sich sehr schnell an die Arbeitspausen, die er unbedingt benötigte, auf die er sich freute und die er zu genießen verstand. Wenige Tage nach der Begebenheit im Gästehaus an der Spree machten wir uns auf den Weg nach Ahrenshoop. Kagar mußte ausgebucht gewesen sein, und die Ostsee war nur ein Ersatz, der nie mit dem märkischen Sand und der märkischen Heide und der märkischen Kiefer hätte konkurrieren können. Harich verabscheute im Gegensatz zu mir das Wasser, es gruselte ihn davor. Und wenn die Sonne direkt auf die Erde niederschien, wenn weit und breit keine Bäume zu sehen waren, die bereitstanden, ihn unter ihr schattenreiches Laubdach aufzunehmen, überkam ihn die Sehnsucht nach einem kühlen, dunklen Erdenloch, um sich darin, wie ein Maulwurf, vor der erbarmungslosen Glut retten zu können. Ein Herzkranker meidet, will er keinen Schwächeanfall erleiden, die Sonnenstrahlen, und Harich lief ihnen aus dem Weg, wo sich ihm eine Gelegenheit bot. Blieb die natürliche Hilfe aus, spannte er seinen großen schwarzen japanischen Schirm auf, der die Hitze auf Kopf und Nacken eindämmen und das Erweitern der Blutgefäße mindern sollte. Und nur darauf kam es an und nicht auf das, was vorübergehende und nachgaffende Leute über ihn denken mochten: das interessierte ihn am allerwenigsten. Dorthin zu fahren also, wo am Firmament die Sonne leuchtet und das Meer blau ist und der Reiseweg ein anderer sein wird als der ins vertraute Märkische, verlangte von ihm ein seelisches Um- und Einstellen auf etwas Unerfreuliches. Er sah sein tägliches Gleichmaß gefährdet, das ihm so unermeßlich teuer auch im Urlaub war. Nun galt es für ihn, sich auf das Äußerste, auf »das Schlimmste, was einem überhaupt passieren konnte«, einzurichten. Dabei beobachtete ich meinen in sich gekehrten Sonderling, der mich lustig machte, der mich rührte, der mir nicht fremd war, dem ich oft genug im Leben und in Büchern begegnet, und der jetzt ganz nahe bei mir lebte, und der mir in bestimmten Situationen lieb wie ein Kind war. Er verargte es mir nicht, wenn ich ihn neckte und sagte, er sei jetzt wie Belikow, der Mensch im Futteral, der überall Katastrophen entstehen sah und nur daran dachte, daß ihm nichts passiere; oder wenn ich ihn Schmelzle nannte, weil er sich, wie der Feldprediger gegen irgendein Unheil, das überall lauert, absichert.

Im allgemeinen war sein Leben bisher reich genug an herein- und umstürzenden Katastrophen gewesen, und immer wieder die Lehren darausziehend, wollte er, wenn es einrichtbar war, auf alles vorbereitet sein. Dann suchte sein Gedächtnis nach ähnlichen Ereignissen in der Geschichte, und er fragte sich: Wie war das mit dem, und wie mit jenem? Wie hat er sich verhalten und was war dann mit ihm geschehen? Er hielt es für wert, alles Unmögliche in Erwägung zu ziehen, weil vielleicht das Unmögliche doch möglich sein könnte, und er sagte: Man muß sich auf alles, was einem im Leben widerfahren kann, einstellen können. Er dachte in geschichtlichen Gleichnissen, und er lebte auch mit ihnen, und sie dienten ihn als hilfeleistende Überlebensstrategie. Hatte er sich aber mit einer Sache abgefunden, zeigte er sich friedlich und einsichtig, und er war gefaßt darauf, mit allem, was ihn bedrängen und verdrießen zu wollen schien, fertig zu werden. Den wahren Ärger behielt er für sich, und daß vieles anders gekommen ist auf seinem Lebensweg, als die geschichtliche Erfahrung und die menschliche Anständigkeit ihm geraten, darüber schwieg er.

Unsere erste Etappe ist Rostock. Harich fühlt sich verantwortlich fürs Gelingen unserer Fahrt. Wir sitzen gemütlich im Zug, und er registriert anfangs noch die Haltestationen. Doch wir geraten wie immer, wenn wir uns selbst überlassen sind, ins Erzählen, und Harich vergißt die Katastrophen. Mit einem Mal stellt er fest, der Zug steht. Er schreckt hoch, sieht aus dem Fenster und ruft: Wir sind da! Wir müssen aussteigen. Sofort greifen wir nach unseren Sachen und verlassen eilig das Abteil. Ich sehe mich auf dem Bahnhof um und denke: Der Rostocker Bahnhof hat sich aber verändert. Wir gehen ein Stück weiter, da sehe ich das Ortsschild, ich lese: Greifswald. Wölfchen, sage ich, wir sind nicht in Rostock, wir sind in Greifswald! Um Gottes willen, ruft er laut, laß den Zug anhalten! Lauf schnell an die Tür, die steht noch offen! Wir brauchten nur einzusteigen, statt dessen unterwerfe ich mich seiner Umständlichkeit, wir kehren um, dorthin, wo wir hergekommen sind. Ich renne, um uns zu retten, los. Harich will auch rennen, besinnt sich plötzlich, daß ihm das schädlich, wenn nicht gar lebensbedrohlich sein könnte. Ruckartig drosselt er sein Tempo, sein Gesichtsausdruck ist verstört, mit starrem Blick fixiert er die noch offenstehende Tür, auf die er sich selbstbremsend zubewegt, und jetzt sieht er wieder einem aufgescheuchten Hahn ähnlich. Auf unseren Plätzen angelangt, lehnt er sich zurück, schüttelt mit dem Kopf, fühlt seinen Puls und sagt: Daß mir so etwas passieren kann! Es ist nicht zu fassen!

Von Ribnitz-Damgarten fahren wir mit dem Bus nach Ahrenshoop, nein, genauer nach Niehagen. Harich verbrachte im berühmten und begehrten und eigentlich nur für Künstler vorgesehenen Ahrenshoop in den fünziger Jahren seinen ersten Urlaub mit Isot Kilian, seiner Ehefrau und Schauspielerin, und später auch mit Gisela May. Frau May fand das nicht so schön, daß Harich mit mir dorthin fuhr, wo er mit ihr war, und er beruhigte sie, indem er ihr erklärte, daß das nicht das richtige Ahrenshoop und somit etwas völlig anderes sei. Unser Ferienquartier, bei der Familie Franz, war mir bekannt, weil ich dort vor einigen Jahren mit einem Freund geurlaubt hatte. Das machte Harich nicht viel aus. Ich ließ meine Verflossenen nicht in einem Glorienschein weiterleben. Er hatte es da leichter.

In der Vorfreude auf die Zeit in Ahrenshoop spann meine Phantasie mir die herrlichsten Bilder zurecht. Sie zeigten uns beide am Strand, vergnügt und ausgelassen, und was es noch so alles Schönes gibt. Mit ihm wollte ich das haben. Aber mein Traum mit Harich am Meer erfüllte sich nicht. Umsonst war sein Mühen, er konnte die See nicht leiden, und ich lief oder saß ohne ihn im

Sand. Ich sehe ihn noch, weil ich ihn dazu drängte, zum Strand hinuntergehen. Die See tobte ein bißchen, und Harich drehte sich, als befürchtete er, von einer Welle für immer und ewig erfaßt zu werden, angewidert um. Allein der Anblick quälte ihn. Wir wohnten am Bodden, dort hielt er sich auf und absolvierte seine Spaziergänge. Ich begleitete ihn, das ließ ich mir nicht nehmen. Er fühlte sich nicht wohl und sehnte sich nach Hause. Dazu schmerzte ihn der Anblick betonierter Straßen, die dem einstmals idyllischen Ort mehr und mehr seine ursprüngliche Schönheit rauben.

Ein einziges Mal liefen wir an der See entlang. Die ruhte an dem Tag, und Wolken bedeckten den Himmel. Er erzählte mir viel über Johannes R. Becher, von seiner Morphinsucht, von dem ungewollten Mord an seiner Freundin. Er kam sehr ins Erinnern, besonders an seinen Ferienaufenthalt in den vierziger Jahren in Ahrenshoop. Er zeigte mir die Villa, in der Prof. Seeberg gelebt und bei dem er Vorlesungen über Theologie in Berlin gehört hatte und der ein Freund seiner Eltern war. Und er erzählte von schönen jungen und hochinteressanten Mädchen und seinem hoffnungslosen Verliebtsein in alle. Ich hörte gar nicht richtig zu. Ich lief neben ihm her, am Meer, das ich so liebe, und dabei erging es mir so sehr gut.

*

Du kannst Dich nicht mehr erinnern? Das glaube ich Dir. Etwas Grundsätzliches fehlte uns. Wir waren dort nicht allein. Katja, eine Bekannte von mir, verbrachte mit ihrer Mutter zur selben Zeit dort ihren Urlaub. Aber Du wolltest mit niemandem zusammensein, unsere gemütliche Zweisamkeit war gestört, Dein Mißtrauen erwacht. Wir bemühten uns um Harmonie. Du hast nur mir zuliebe nicht geklagt. Erinnerst Du Dich, wie ich Dich einmal zurechtwies, als Du mir nach einem Krach erklärtest, Du strebtest nach einer ausgeglichenen und harmonischen Beziehung? Was, entgegnete ich Dir? Harmonie? Bei mir gibt es keine Harmonie!! Wenn ich das Wort schön höre, wird mir übel! Sieh Dir doch die Leute an, die so harmonisch durch die Welt laufen! Das stimmt bei denen am allerwenigsten! Weißt Du, was sich da in den Stuben abgespielt hat, bevor die so harmonisch heraustreten? Komm mir nicht mit Harmonie! Und Du sahst mich an, als wärest Du erleichtert, ja fast dankbar, nicht mehr nach diesem Zustand streben zu müssen. Um mich zu ärgern, schriebst Du in einen dicken Weltatlas, den Du mir schenktest und in dem ich mich nie zurechtfinden werde: »Und vergiß nie, Harmonie!« Nicht um Harmonie, sondern um Offenheit hätten wir uns bemühen sollen. Oder waren Deine Gedanken noch zu oft im Gästehaus an der Spree?

Mit Dir zusammenzusein, egal wo, war mir immer wichtig. Meine Vorstellungen wichen eben von den Deinen manchmal ab. Aber Du kannst mir nicht vorwerfen, ich hätte mich nicht auch um- und eingestellt auf Dich! Gegenüber von Franzens war ja die wunderbare gemütliche Fischerkneipe, in der wir so oft gesessen und in der wir uns so lange über alles Mögliche ausgetauscht haben. Und die Bank unter der großen Kastanie, auf der wir abendelang saßen und nie mit dem Erzählen fertig wurden?

Ich muß Dir noch was erzählen. Die Mutter des oben genannten Freundes war in den fünfziger Jahren eine Schauspielerin im Berliner Ensemble, Katja Petters. Als sie ihren Jungen bekam, verließ sie das Theater. Sie fuhr jahrelang nach Ahrenshoop zur Familie Franz. Und Franzens mochten sie, wie ich, sehr, eine lebensfrohe und im Alter immer noch wissensdurstige lustige Frau, die bescheiden lebte, ihr Geld für Reisen sparte und, wie eine große Dame, Zigarillos rauchte. Weißt Du, was sie mir, noch immer amüsiert, erzählte, als sie davon erfuhr, daß ich mit Dir zusammen bin? Sie weilte auch Anfang der fünfziger Jahre in Ahrenshoop, als Du dort mit Isot, Deiner Frau, und vielen anderen Künstlern zur Erholung warst. Während Isot Kilian mit ihren langen spitzen roten Fingernägeln aus Versehen ihrem kleinen Jungen, Christian, die aufgeblasene Ente, damals eine Seltenheit, kaputtstach und er darüber bitterlich weinte, saßest Du an der Rückseite eines Strandkorbes, bis über den Kopf eingehüllt in einen Bademantel, und schriebst oder lasest darunter irgend etwas für dich Wichtiges. Von dem ganzen Treiben wolltest Du nichts wissen, und Isot war sauer auf Dich.

Ich glaube, ich hatte mir zu wenig Zeit für Dich genommen, ich ließ Dich zuviel allein, denn ich lief stundenlang an der See entlang, zu der es mich immer zieht, weil es sich so schön neben ihr daherträumt, bei der ich mich so frei fühle und die mich zufrieden sein läßt. Du hast nie verstehen können, das einem so etwas wohltut.

In der Friedenstraße

Wir wohnten noch immer getrennt. Harich bemühte sich um eine größere Wohnung für uns und Kathrin und meine Mutter. Sie sollte nach Berlin ziehen, ich brauchte dann nicht in einer Tour bis in die Oberlausitz, bis an die tschechische Grenze zu fahren, und die Belastung, daß sie allein da unten lebe, wäre mir genommen. Zum Wohnungsamt, wo er des öfteren stundenlang hätte herumsitzen müssen, ging er nicht. Jetzt gab es wieder einen Grund mehr, um Briefe an das Büro Hager zu schreiben. Das blieb nicht der einzige, denn die monatlichen Zahlungen von 400,– M aus dem Kulturfonds, die er als Vorschuß für die Arbeit über Nicolai Hartmann erhielt, fielen immer wieder aus. Ich wollte wieder arbeiten und suchte nach einer Halbtagsstelle. Wir benötigten das Geld. Harich beanspruchte für sich persönlich äußerst wenig. Ich kann nicht haushalten. Ich besitze nicht die Gabe, geschickt mit Geld umzugehen. Es vermehrt sich nicht bei mir, es geht mir aus. Damals brauchte ich nicht an morgen zu denken. Meine Mutter, die sparsame und zugleich großzügige, sagte immer zu mir, ich käme nie zu etwas, wenn ich so »herumusche«, und ich verstand nie, zu was »ich kommen« sollte. Harich hingegen fand das, so lange ich mich über Geldmangel nicht bei ihm beschwerte, sympathisch. Er meinte, der Prolet und der Aristokrat hätten etwas gemeinsam: beide geben ihr Geld bis auf den letzten Pfennig aus. Sein Großvater Wyneken lebte in Saus und Braus, besaß am Monatsende deshalb nicht eine Mark, und Harich tat es ihm nach. Alle Ausgaben legte er auf die eine Seite, und der Rest wurde »verpraßt«. Komm, wir gehn jetzt prassen, sagte er, und er lud mich ein in die Pipersche Eisdiele in der Bötzowstraße. Dort aßen wir einen »Schwedeneisbecher«, und war Geld übrig, gab es für mich einen doppelten Eierlikör über mein Vanilleeis dazu.

Eines Tages sagte Harich: Wir bekommen hohen Besuch! Heidi Urbahn de Jauregui aus Montpellier! Oh, das ist eine hochgebildete, eine ganz feine Gelehrte. Sie ist Germanistin und Essayistin. Sie lehrt klassische Literatur. Ihre Götter sind Hegel, Goethe, Heine, Thomas Mann und Peter Hacks. Und ich sagte: Ach du lieber Himmel!

In jedem Frühsommer weilte Heidi Urbahn de Jauregui für einige Tage in Berlin. »Sinn und Form«, »Neue Deutsche Literatur« und »Theater heute« waren die Zeitschriften, für die sie schrieb, und die sich gern mit ihren Essays, aus Frankreich gesendet, schmückten. Zu ihrem Freundeskreis in Berlin hatte sie auch Harich erwählt, der wiederum wußte, daß sie zu Hacks ging, und dann sagte er: Mal sehn, was es aus der Richtung Neues gibt.

Frau Urbahn de Jauregui versäumte nie, Harich mit ihrem Besuch zu beehren. Sie brachte ihm jedesmal Lübecker Marzipan mit. Sie wußte von seiner Freude darüber, hielt ihm lachend die Konfektschachtel entgegen, und dann sagte er: Meine liebe verehrte Heidi Jauregui, das wäre doch nicht nötig gewesen, ich danke ihnen von ganzem Herzen. Aber Sie wissen, das echte Marzipan kommt aus Königsberg. Und war sie aus dem Haus, aß er sofort alles auf.

All die Jahre erwartete er Heidi Urbahn de Jauregui mit Freude. Nahte die Zeit ihres Besuchs, lief er unruhig, ständig auf seine Uhr sehend, immer wieder auf den Balkon, bis er sie endlich auf der Straße erblickte. Sie kommt, sie ist pünktlich, sagte er. Sogleich begab er sich zum Sofa, holte unter einer Wolldecke eine Kanne hervor, die mit Tee gefüllt und zum Warmhalten dort eingepackt worden war. Der stülpte er nun eine alte, leicht zerflederte Teehaube über und stellte sie, griffbereit, auf den Beistelltisch neben seinem Sessel. Gleich mußte es klingeln. Bereit, sofort nach dem Läuten die Tür zu öffnen, postierte er sich direkt dahinter. Das Läuten an der Tür und das Öffnen derselben, das alles glitt so in einander über, daß er manchmal vor Schreck zusammenzuckte, wenn er den Besuch, den er ja erwartete, plötzlich vor sich stehen sah. In seine eingeübte Unternehmung war er so vertieft und versonnen, daß ihr Ende ihn zuletzt doch noch überraschte.

Um sorgsam und in aller Ruhe Besuch empfangen und sich innerlich darauf einstimmen zu können, mußten die Voraussetzungen dafür geschaffen werden. Schon vor dem Nachmittagsschlaf räumte er seinen Schreibtisch sorgfältig auf, nichts verriet der mehr. Bis um 15 Uhr legte er sich hin, denn für 16 Uhr hatte sich der Besuch angemeldet. Wieder und wieder sah er in sein Notizbuch, vergewisserte sich, ob der Tag auch der richtige war, ob er sich auch nicht geirrt habe. Um halb vier begann er den Tisch zu decken, dann kochte er den Tee und das wiederholte sich immer auf die gleiche Art und Weise: Er schüttelte die Teebüchse, selbstverständlich in dem Fall die für die angenehmen Gäste, kräftig durch und fragte mich: Wie viele Tassen trinkst du? Und ich antwortete: Na eine. Ich, rechnete Harich weiter, trinke zwei und die Jauregui bekommt auch zwei, macht also fünf. Ich hatte nicht die Möglichkeit mehr zu trinken. Es paßten nur fünf abgemessene Tassen Wasser in die Teekanne hinein. Eine größere besaß er nicht. Jede Tasse einzeln bis an den Rand mit Wasser gefüllt, goß er in den Wasserkessel und vergaß nie, nach jeder vollen Tasse den Wasserhahn wieder zuzudrehen. Danach zählte er fünf gehäufte Löffel Tee in die vorher mit heißem Wasser vorgewärmte Teekanne ab. Während der ganzen Zeit durfte ich ihn nicht ansprechen, weil er sich sonst hätte verzählen können. Vergaß ich zu schweigen, so wußte er angeblich nicht mehr, ob er bei zwei oder drei gewesen war, und die ganze Sache begann von vorn. Während das Wasser im Kessel auf dem Herd stand, rührte er sich nicht von der Stelle, ließ ihn nicht aus den Augen, ging nie aus der Küche, weil mit solcher Unvorsicht die Katastrophe vorherbestimmt gewesen wäre. Es handelte sich um einen Pfeifkessel, der bei kochendem Wasser so laut und schrill pfiff, daß es im ganzem Haus zu hören war. Er aber stand sicherheitshalber am Herd, wartete darauf, bis das Pfeifen des Kessels seinen Höhepunkt erreicht hatte, übergoß mit zufriedenem Gesicht die schwarzen Blätter, die sich nun in aller Ruhe entfalten konnten. Oh, war das manchmal ein bitteres Getränk! Und war der Besuch gar unpünktlich, dann hatte die Bitterkeit des Gebräus eine Stufe erreicht, die nur mit viel Milch und Zucker auszugleichen war. Aber Harich war ein echter Teetrinker, und seine Gäste hatten keine andere Wahl. Kaffee gab es in seinem Haushalt nicht. Nun kam es vor, daß dem Eingeladenen der Tee mundete und dieser bald ausgetrunken war und Harichs Rechnung fehlschlug. Den Vorgang beobachtete er mit zunehmender Unruhe, aber nicht aus Geiz; jetzt war es an mir, erneut Tee zu kochen. Das traute er mir nicht zu. Er sah mir wehmütig nach, wenn ich mich, mit der Teekanne in der Hand, aus dem Zimmer in die Küche begab. Er konnte mir unmöglich folgen, weil man den Gast nicht allein sitzen läßt.

An solch einem Nachmittag, den er in Gesellschaft mit »Arbeitskollegen«, ob nun erfreulich oder nicht oder mit Freunden verbrachte, egal, ob so oder so, einen Vorteil trug dieser immer in sich: an dem Nachmittag blieb das Knäckebrot im Schrank verschlossen. Freiwillig und voller Lust lief er entweder in seinen »Porno-Shop«, zum Lindebäcker, um Kuchen zu holen, oder in die Lenin-Kaufhalle, um Kekse auszusuchen. Diese wählte er, so wie er den Tee, also in »guten« und »langweiligen« unterschied, nach sympathischen und unsympathischen Gästen aus. Das Einholen der süßen Beilagen bewerkstelligte er am liebsten allein. Das war eine Gelegenheit, um heimlich vorher naschen zu können.

Allein die Vorfreude auf den Anblick und den Duft der vielen Süßigkeiten in den Regalen machten ihn zum Kind, das danach verlangt, einmal im Leben alles in Besitz nehmen zu können. Ich weiß, wie er, alles genau betrachtend, ganz bei der Sache war. Bitte nicht stören, verhieß seine Konzentration. Er suchte unedles und edles Gebäck aus. Er arbeitete nach einem geheimen System, das er mir nicht verraten hätte, bis ich ihn einmal ertappte: die unedlen Kekse deckte er mit einer Schicht edler zu. Diese kleine Falle, sehr geschickt vorbereitet, stellte er manchmal jenen Gästen, die nicht in hoher Gunst bei ihm lagen, oder aus anderen Beweggründen. Und saß man dann beisammen, begann er, dabei auf das Naschwerk weisend, das vom Tische her lockte, mit den Honneurs, ließ den Gast höflich zu Worte kommen, er indessen nahm sich in rascher Folge ein Stück Edles nach dem anderen von der sorgfältig hergerichteten Schicht herunter, und steckte sie heiter gestimmt, weil der Plan gelungen war, in seinen Mund. Den Anstand beachtend, ließ er einen kleinen Rückstand übrig. Das Unedle war mitlerweile schon sichtbar geworden. Dann aber wurde es Zeit für ihn. Er sagte zu seinem Gast: Langen Sie doch bitte zu, verfolgte die Hand, die zum Keks griff, sah den edlen Rückstand schwinden, fand sich damit ab und wandte sich, das Thema an sich reißend, endgültig seinem Gesprächspartner zu. War die Teestunde vorüber und der Gast gegangen, dann redeten wir über ihn und über das, was gesagt worden war. Er wusch und trocknete das Geschirr ab. Das sind meine Gäste, sagte er, mit denen will ich dir keine zusätzliche Arbeit machen. In Wirklichkeit ängstigte er sich um seine verbliebenen Schätze aus Großvaters und Mutters Zeiten. Ich saß derweil auf dem Küchenstuhl, beobachtete, wie er umständlich herumhantierte, und wenn ich zuviel redete, dann sagte er plötzlich: Anne, sei jetzt still. Das überfordert mich. Ich kann mich nicht gleichzeitig auf zwei Dinge konzentrieren.

Aber nun saß Heidi Urbahn de Jauregui, die ich respektvoll beäugte, einfach und bescheiden Harich gegenüber. Und da gab es selbstverständlich den wunderbaren Kuchen vom Lindebäcker, den er für sie geholt hatte. Anfangs wagte ich kaum, Luft zu holen. Ich lächelte, als wollte ich mich für mein Nichts-weiter-sein entschuldigen. Die erste Begegnung mit der mir so treuen Heidi ist festgehalten in meinem Tagebuch am 27.6.87: »...Wolfgangs Besuch, Heidi Urbahn aus Frankreich, war gestern hier. Ich kann den Gesprächen zwischen den beiden nicht viel abgewinnen, sie sind zu spezifisch, ich verstehe nichts davon, es belastet mich viel mehr, weil dummerweise ein Minderwertigkeitsgefühl auftritt. Bemüht sich Frau Urbahn, mich in ein Gespräch mit einzubeziehn, antwortet Wolfgang für mich. Will ich mal was sagen, unterbricht er mich oder überhört es. Er ist ein Mittelpunktmensch, mich macht das unsicher. Ich fühle mich ausgeschlossen, nicht dazugehörig. Abends waren wir im Babylon und sahen uns ›Karl Valentin‹ an. Mit Fachkommentaren wird anschließend darüber gesprochen, als könnte man nicht ganz normal darüber reden. Ich war der Initiator, kann aber anschließend nicht mitreden, als würde ich es nicht verstehen, dabei liebe ich den Schauspieler und Komiker so sehr. Er stellt doch das Volk dar, ich glaube gar nicht, daß sie vom Volk viel verstehn, theoretisch sicher, aber wirklich? ... Bin heute morgen mit wahnsinnigen Kopfschmerzen aufgestanden, die kommen sicher von meinen inneren Konflikten. Für mich ist wichtig, meinen eigenen Weg zu finden und dabei die geistige Quelle, sprich Wolfgang, auszuschöpfen, aber nur, was mir guttut und womit ich umgehen kann ...«

Mit Heidi Jauregui habe ich es mir unnötigerweise schwer gemacht, denn sie verhielt sich mir gegenüber stets sacht und gab mir das Gefühl, mit mir, also mit Harichs Wahl, einverstanden zu sein. Aber dieser Besuch gehört eben zu den ersten beeindruckenden Erlebnissen, die mich anfangs im Zusammenleben mit Harich verstörten. Inzwischen lernte ich andere Freunde Harichs kennen, die mich akzeptierten, so wie ich war, und allmählich empfand ich das Zusammensein mit Harich und seinen Freunden als ein Geschenk, weil sich diese Stunden, unwiederbringlich in ihrer Weise, abhoben von meinem beruflichen Alltag, den ich durch sie leichter bestehen konnte als heute.

Ich überwand meine Scheu, ich stellte Fragen, und ich hörte auf, mich meiner Unwissenheit zu schämen, die mir ja erst durch Harich bewußt geworden war. Und wenn Harich sagte: Heidi Jauregui aus Montpellier hat sich wieder gemeldet, dann freute ich mich auf das Zusammensein mit ihr. Natürlich wurde sie eingeweiht in die Probleme, mit denen sich Harich herumschlug, und es ging selbstverständlich um Nietzsche, und im Disput mit der Jauregui konnte er ihr nicht genug Nietzsches schädlichen Einfluß auf Literaten, auch auf einen Thomas Mann, auseinandersetzen. Nun muß man nicht denken, daß Heidi Urbahn de Jauregui, still, zart und fein, wenn sie mit Harich zusammensaß, von seiner Kritik verschont wurde. Stellte sie ihm Gegenfragen oder vertrat eine

Meinung, die ihn aus der Fassung brachte, dann kam es schon mal vor, daß er heftig mit beiden Händen auf die Sessellehne schlug und sagte: Wer hat Ihnen das eingeflößt! Sich auf sein weibliches Gegenüber besinnend, faltete er seine Hände zusammen, sah, um Verständnis bittend, zur Zimmerdecke empor und sagte einlenkend: Also, meine hochverehrte liebe Heidi Urbahn de Jauregui, ich bitte um Entschuldigung, aber ich muß Ihnen sagen, ich wundere mich sehr! ... Aber die Jauregui blinkerte beim ersten lauten Ton leicht mit den Augen und sah ihn tapfer und unverdrossen an, entschlossen, durchzuhalten und sich kein Wort entgehen zu lassen. Außerdem: Sie hat Humor und eine Schwäche für intellektuelle Sonderlinge, die beste Voraussetzung, mit solchen Ausbrüchen fertig zu werden. Das, was er ihr an Anregung in kurzer Zeit vermittelte, war ihr wichtiger als ein unerwarteter Aufschrei, den sie, mit dem Gewinn vergleichend, gelassen hinnahm.

Kaum hatte uns die gute Heidi verlassen, da empfahl mir doch Harich, den Felix Krull zu lesen, der leicht und amüsant wäre. Die Sonne schien und ich sollte mich, versehen mit »einem guten Buch«, auf eine Bank im Park setzen und Thomas Mann lieben lernen. Mich deuchte eher, Harich wollte mich beschäftigt sehen oder mir aus meiner Unbildung heraushelfen. Ich folgte und las. Doch mich erfaßte weder der große Dichter, noch berührte mich der große Dichter, noch brachte mich der große Dichter zum Lachen. Auf meiner Bank hielt ich es nicht mehr aus. Ich war verstimmt, und das wahrscheinlich schon längere Zeit. Jetzt brach alles hervor. Verärgert, weil er mich schon einmal enttäuscht hatte und weil er mir nun aufgedrängt worden war, kehrte ich in Harichs Stube zurück. Als ich dort dem Bildungsbürger gegenübertrat, gestand ich ihm unverblümt, daß ich mit »seinem großen Thomas Mann, den man unbedingt gelesen haben muß, der so wunderbar, so köstlich und so humorvoll sei«, nichts anfangen könne, weil ich bei ihm nichts zum Lachen fände, mir seine schönen Sätze nichts gäben, mir eher als seelenlose Konstruktion erschienen. Auf Harichs »aber« entgegnete ich kategorisch: Hamsun sei viel lebendiger, der wolle nicht humorvoll sein, der ist es eben, und von den Russen wolle ich gar nicht erst reden, denn bei denen fände ich alles. Erschrocken sah mich Harich an, als ich so über sein hochgeschätztes Idol herzog. Er habe doch nicht beabsichtigt, mich so zu erzürnen, habe nicht wissen können, mich zu quälen, und wenn ich mit dem Dichter nichts anzufangen wisse, dann solle ich es um Gottes willen bleiben lassen! Ich hätte das ja alles ruhig mit ihm besprechen können, so wie wir es später taten. Nein, argwöhnisch unterstellte ich ihm überhebliches Denken gegen mich. Armer Harich, doch es war so! Er stritt nicht mit mir, er widersprach mir nicht, er wehrte mich nicht ab, er hörte zu. Auf den Inhalt, nicht auf den Ton kam es ihm an. Erregt und dabei laut über etwas zu diskutieren, war auch seine Art, für mich ein Glück. Das Thema Thomas Mann war damit noch lange nicht abgeschlossen, doch blieb ich bei meiner Meinung. Ich wollte kein nachplapperndes Weib sein.

*

Kannst Du Dir vorstellen, daß Krull damals überhaupt nicht zu meiner Stimmung paßte; vielleicht war mir an dem Tag nach etwas Gefühlvollerem zumute und nicht nach einer narzistischen Selbstdarstellung, wenn auch im ironischem Sinne; ich sah keinen Grund, ausgerechnet das Buch zu lesen. Wahrscheinlich wollte ich an dem Tag gar nicht lesen, so etwas darf es doch wohl geben? Vielleicht wollte ich auch gar nicht lachen? Vielleicht, mein Lieber, war mir an dem Tag sehr nach Dir. Ich kenne Deine Antwort: Ja, na dann hättest Du mir das sagen müssen, woher soll ich das wissen?

*

Aus Wien schreibt Reinhard Pitsch, der sich für den 8.7. und 10.7.87 bei Harich zu einem Besuch angemeldet hat. Er lädt Harich nach Wien zu einem Leo-Kofler-Kolloquium ein und teilt mit, der Lukács-Artikel erscheine in diesem Monat in den »Aufrissen«.

Tagebuchnotiz ohne Datum:
»Seit dem Gespräch mit Hager hat sich noch nichts getan, es war nur eine Sache, die vom Schreibtisch als erledigt abgelegt werden mußte. Man will Wolfgang nicht in der DDR. Am liebsten wäre ihnen, er ginge nach Wien oder in die BRD. Wolfgang sitzt jetzt wieder an seinem Nicolai Hartmann. Schlage ihnen mit deinem Buch auf den Kopf, hab ich ihm gesagt ... Meine Gemütsstimmung hat sich wieder beruhigt, und ich fühle mich wohl. Im Oktober beginne ich wahrscheinlich mit meiner neuen Tätigkeit, so habe ich ein Ziel und genieße den Sommer in Ruhe. Nur was mit unserer Wohnung geschieht, das steht in den Sternen. Am

Mittwoch, wenn Pitsch da ist, wird es sich entscheiden, ob wir nach Wien fahren. Lieber Gott, mache es möglich, wegen Wolfgang, sein Name muß wieder an die Oberfläche, ob man es hier will oder nicht.«

Nach dem Gespräch mit Hager im Gästehaus an der Spree mußte man sich mit Harich beschäftigen. Einen Monat danach, am 19.6.87, geht eine Hausmitteilung, geschrieben von Prof. Schirmer, an den Genossen Hager:

»Lieber Genosse Hager!
Entsprechend Deinem Hinweis habe ich in der Angelegenheit Wolfgang Harich bisher noch keine konkreten Schritte ausgelöst. Inzwischen ist Wolfgang Harich sehr rührig, schreibt Briefe und verbreitet eine etwas subjektive Sicht des Gesprächs bei Dir. Bei der Zeitschrift für Philosophie dringt er darauf, seinen Lukács-Artikel unverändert noch in Heft 10 zu veröffentlichen, weil er damit den Schriftstellerkongreß im November ›beeinflussen‹ möchte. Ich halte es für ratsam, noch vor den Ferien folgendes einzuleiten:
1. Den Lukács-Artikel veröffentlichen wir nicht. Für die Zeitschrift für Philosophie ist er noch weniger geeignet als für die Weimarer Beiträge. Begründung:
– Der Artikel sagt nichts Konstruktives zu Lukács, sondern beschränkt sich auf Polemik mit angeblichen Lukács-Gegnern. Das Anliegen von Harich selbst – nämlich Lukács für uns aufzuschließen – wird dadurch nicht erreicht. Wir würden Harich imgrunde einen schlechten Dienst erweisen, wenn wir den Artikel brächten.
– Der Artikel enthält so scharfe Angriffe, daß die Zeitschrift für Philosophie den Angegriffenen die Möglichkeit geben müßte, zu antworten. Darauf will die Redaktion sich nicht einlassen. Ein solcher Streit wäre unproduktiv.
– Es ist bei der Zeitschrift für Philosophie nicht Usus, Artikel nachzudrucken, die schon im westlichen Ausland veröffentlicht wurden.
2. Anstelle der Veröffentlichung des Artikels wird Harich die Gelegenheit gegeben, seine Auffassung zu Lukács in einer Dikussionsrunde darzulegen, die von den Redaktionen der Deutschen Zeitschrift für Philosophie und der Weimarer Beiträge veranstaltet wird. Es werden die von Harich angegriffenen Genossen und

einige weitere Wissenschaftler eingeladen, die über Lukács gearbeitet haben und imstande sind, die von uns zum 100. Geburtstag Lukács' und den Thesen der USAP eingenommene Position zu verfechten. Die Dikussionsrunde sollte 10–12 Teilnehmer nicht überschreiten. Sie verfolgt nicht das Ziel, den Artikel von Harich zu verteidigen oder zu verwerfen. Das Ziel ist vielmehr, konstruktiv-kritisch unsere Position zu Lukács zu beraten. Dazu soll Harich einleitend sprechen.

3. Genosse Erich Hahn erhält den Auftrag, dafür zu sorgen, daß Wolfgang Harich produktiv in die Vorbereitung und Durchführung der Konferenz ›Sozialistische Gesellschaft und philosophisches Erbe‹ in Leipzig am 12. und 13.1.1988 einbezogen wird. Auf dieser Konferenz geht es nicht um die einzelnen Perioden oder Denker. Vielmehr soll der Versuch gemacht werden, die Philosophiegeschichtsschreibung der DDR unter dem Aspekt ihrer Rolle im geistigen Leben der DDR zu analysieren und die weiteren Aufgaben auf diesem Gebiet herauszuarbeiten. Insofern paßt Harichs Anliegen in diese Konferenz hinein. Er könnte zur Vorbereitung des Arbeitskreises 1 »Philosophiegeschichtsschreibung in den geistigen Kämpfen unserer Tage« herangezogen werden und dort sprechen.

Der möglichen Absicht Harichs, die Tagung auf eine Pro-Lukács und Anti-Nietzsche-Diskussion zu reduzieren, kann jedoch nicht gefolgt werden.

4. Genosse Manfred Buhr wird angehalten, endlich den schon lange bestehenden Auftrag zu erfüllen, eine interne Diskussion über das marxistisch-leninistische Nietzsche-Bild durchzuführen. Es geht dabei um eine Verständigung unter Marxisten, um das Ausstreiten unterschiedlicher Positionen zu Nietzsche, um eine Einigung auf der Grundlage Deiner diesbezüglichen Bemerkungen auf dem Kongreß des Kulturbundes. Eingeladen werden Philosophen und Literatur- und Kunstwissenschaftler, die sich in letzter Zeit zu Nietzsche geäußert haben, darunter auch Harich. Ich halte es nicht für ratsam, Schriftsteller und Künstler einzuladen.

5. Um Wolfgang Harich aus seiner Isolierung herauszubringen, erhalten die Genossen Hahn und Buhr den Hinweis, dafür zu sorgen, daß er zu geeigneten wissenschaftlichen Veranstaltungen eingeladen wird und ein lockerer, aber ständiger Kontakt zu ihm unterhalten wird. Ein entsprechender Hinweis könnte auch dem Kulturbund gegeben werden.

Eine direkte Mitgliedschaft Harichs in einem unserer Gremien ist m. E. problematisch, wäre aber weiter zu überlegen, weil er dadurch stärker an uns gebunden werde könnte (im Kulturbund?, in einer Arbeitsgruppe des Rats für Philosophie?, in der Akademie der Künste?).

Es wäre zu überlegen, ob wir Harich bei Gelegenheit eine Ehrung zuteil werden lassen, z. B. im Zusammenhang mit dem Geburtstag von Jean Paul oder dem 65. Geburtstag Harichs. Zu denken wäre an einen Dr. hc. oder an eine Auszeichnung im Kulturbereich.

6. Genosse Lothar Berthold wird beauftragt, Wolfgang Harich das Manuskript des Nietzsche-Buches des Genossen Malorny zur Verfügung zu stellen, damit Harich dazu seine Meinung äußern kann.

Ich bitte um Zustimmung dafür, daß ich die entsprechenden Schritte einleiten kann.«

Bisher weiß und merkt Harich nichts von den oben zitierten Vorschlägen an Hager. Dafür erhält er, so in meinem Tagebuch festgehalten am 3.7.87 »... von der Sparkasse eine Mitteilung, daß sein Konto überzogen sei. Büro Höpcke hat wieder einmal nicht das Geld überwiesen, eine kleine Schikane, nicht das erste Mal. So können wir es uns nicht leisten, mit Pitsch in ein nettes Lokal zu gehen. Wolfgang geht mit ihm allein in den ›Spreewald‹, ich sei angeblich wo anders verabredet.«

Tagebuch, Berlin, am 16.7.87:
»Gestern war seine Lektorin bei uns zu einem allgemeinen Gespräch, wie wir es oft mit ihr gemeinsam tun. Sie ist die einzige, die Wolfgang in uneigennütziger Art hilft, ihm sagt, wie er schreiben soll, und sich von ihm in keiner Weise einschüchtern läßt. Ihre kluge, sachliche und verständliche Art in der Unterhaltung ist für mich immer sehr lehrreich. In einem kurzem Gespräch vor der Haustür gestand sie mir, daß man sie vor W. H gewarnt hätte, weil er ein Verräter sei. Ich komme nicht mehr zur Ruhe, ich kann mit niemandem darüber sprechen, deshalb muß ich mich unbedingt mit ihr in Verbindung setzen. Sie ist der Meinung, daß man alle Gespräche auf ein Tonband aufnehmen muß, es ginge zuviel an Mitteilungen und Gedanken verloren. Nun will ich an W. H. das ›Unternehmen‹ herantragen, seine Memoiren auf einem Tonband festzuhalten und sie zu verschließen. Man hat Wolfgang Harich zum Verräter gerichtet, damit man ihn von allen Seiten

meidet, ihn isoliert; auf seine Qualitäten verzichtet man in so einem Fall gern.«

Dr. Heinz Malorny, Philosoph, Mitarbeiter der Akademie der Wissenschaften, hatte die schwere Aufgabe übernommen, ein differenzierendes Buch über Nietzsche zu schreiben. Er kam zu Harich in die Friedenstraße, der für ihn Tee gekocht und Kuchen geholt hatte. Jener glaubte an einen Verbündeten, einen ihm gleichgesinnten, dieser schrieb im Auftrage eifrig alle die Anregungen, die er von jenem erhielt mit. Und später? Als das Manuskript fertig war? Was für ein Theater, wenn Harich, um das Malorny-Manuskript bittend, beim Akademie-Verlag anrief, weil er unbedingt ein Gutachten zu schreiben gedachte, und es ihm ja zugesagt worden war im Gästehaus an der Spree. Urlaub, Kur, Versammlung, Krankheiten waren die üblichen Ausreden; kein Zugang in den Raum, wo es sich befand, kein Schlüssel da! Keiner besaß den Ehrgeiz, es zu wissen. Es war nicht zu finden! Harich ließ sich nicht abschütteln, er machte eine Meldung an Hager. Mit einemmal war es auffindbar. Dann lag es vor den Augen des unerbitterlichen Zensors in Sachen Nietzsche. Er las und fand und beurteilte: zu Nietzsche-freundlich, nicht kritisch genug, nicht sattelfest in der Argumentation, es fehlten die neuesten Publikationen. Er schickte das Gutachten an den Akademie-Verlag. Nichts rührte sich mehr.

Tagebuch, Berlin am 1.8.1987:
»Gestern, den 31.7. war W. H. bei Prof. Schirmer zu einer Aussprache, da sich bis zum heutigen Tag weder Prof. Hahn noch das Ministerium für Kultur bei ihm gemeldet hat. Es geht einmal um die Vorbereitung eines Literaturkongresses und eines Philosophiekongresses, an deren Vorbereitung W. H. unbedingt teilnehmen will. Außerdem sollte eine interne Lukács-Diskussion stattfinden, bei der W. H. einen Vortrag hält. Vom Kulturministerium erwartet er eine entsprechende Jean-Paul-Ehrung, die im März 1988 fällig ist. Auf seine Anschreiben der benannten Stellen hat sich noch keiner gemeldet. Prof. Schirmer lehnt die Veröffentlichung des Lukács-Artikels ab, Grund: grober Rundumschlag. Unser Wohnungsproblem werden wir ohne Hilfe Schirmers lösen, unter diesen Umständen ist W. H. nicht willig, um Hilfe zu bitten. Er ist sehr deprimiert und hat erkannt, daß eine Wiedereinordnung in das berufliche Leben und die damit verbundene Einsetzung

entsprechend seiner Qualifikation in Philosophie und Literatur für ihn nicht in Frage kommt. Pitsch schickte ihm die ›Aufrisse‹ mit seinem Artikel und mit einem passenden Nachwort über die Stellung W. H. in der DDR. Dornuf widmete ihm in der genannten Zeitschrift einen Artikel. Wie wird alles weitergehen? Im November fahren wir nach Wien, bin gespannt, ob man mich mitfahren läßt. Mich wundert nichts mehr hier.«

Tagebuch, Berlin, am 19.8.1987:
»Nach dem Besuch bei Prof. Schirmer ›durfte‹ W. H. Heinz Malorny über sein Gutachten berichten, welches für Malorny nicht gut ausfiel. W. H. ist der Meinung, es sei ein schlecht geschriebenes Buch, außerdem fachlich falsch, außer dem 13. Kapitel. Nur, das Buch ist in Satz gegeben, da das erste Gutachten von einem anderen Autor gestellt worden ist. Jetzt ist natürlich klar, warum es so ein Theater um dieses Manuskript gegeben hat. Weiterhin rief gestern Herr Scholz (Büro Höpcke) an, um zu fragen, wie weit die Jean-Paul-Ehrung vorbereitet sei und wie weit unser Wohnungsproblem gelöst ist. Mit unserer Wohnung: ich kann das Wort schon nicht mehr hören, ich komme mir völlig ausgestoßen vor, denn bei Wolfgang habe ich keine Ecke für mich und bei mir bin ich Kathrin im Wege. Ich weiß überhaupt nicht, wie ich die Wohnungsrenovierung bezahlen soll, bei Wolfgang finde ich kein Verständnis für unsere Mittellosigkeit. ›Laß mich damit in Ruh, ich habe meine Probleme!‹ Im Augenblick geht es mir wieder sehr schlecht, und ich habe keine Kraft mehr, alles zu überspielen. Bei niemanden kann ich mich aussprechen, ich bin, wie schon immer, allein mit allem. Bin auch wieder froh arbeiten zu gehen, dann bin ich wenigstens für ein paar Stunden abgelenkt. Gestern war ich mit Ralph zusammen, ja, ich muß ihn tun lassen, was er will, er ist erwachsen und dann finden wir wieder zu einander.

W. H. ist fleißig, arbeitet, bis ihn seine Kräfte verlassen, für mich bleibt nichts!!!«

Ich will nicht, daß die ganze Hin- und Herzerrerei mit »denen da oben« unser Dasein vergiftet. Ich wehre mich dagegen, daß die sich immer mehr zwischen uns drängen, immer mehr Platz auch in meinem Kopf einnehmen. Ich will die nicht, ich mag die nicht, ich kann die nicht ausstehen! Ich wollte am liebsten, Harich schriebe nie mehr einen Brief an diese Leute. Ich habe Angst um uns, ich habe Angst um mich. Ich will nicht immer mit ihm über die anderen reden, das bringt mich in Wut! Ich will unsere Nähe zurückhaben, mich verlangt danach, ich will das Schöne zwischen uns, das mich zufrieden macht, nicht eingehen lassen. Ich will ihm eine Freude machen, vielleicht will ich mich wichtig tun. Ich verkünde, es noch einmal mit Thomas Mann versuchen zu wollen.

Romane las Harich schon lange nicht mehr. Dazu reichten die Zeit und auch seine Kraft nicht aus. Mich in ein Buch, womöglich noch von einem seiner Favoriten, versunken zu sehen, war ihm etwas Beruhigendes und Anheimelndes, und: er ließ es sich nicht entgehen, immer wieder zu fragen, an welcher Stelle ich sei und wie ich es fände. Er las im Geiste noch einmal mit, es bedeutete für ihn Wiederholung und Erinnerung, und er war erfreut, wenn ich ihm etwas hervorhob, was ihm nicht so aufgefallen war. Ach, sieh mal an, sagte er, das ist mir gar nicht so bewußt, das hab ich überlesen.

So begann ich, mich ein zweites Mal in den Zauberberg zu vertiefen. Vor einigen Jahren, das heißt vor der Zeit mit Harich, glaubte ich bei Thomas Mann das zu finden, was ich suchte, etwas Bestimmtes, das ich nicht imstande war auszudrücken. Unvoreingenommen verfolgte ich die Reise Castorps nach Davos, verfolgte die Schilderung der Sanatoriumsgäste, die zunehmend lebendiger vor meine Augen traten. Doch irgendwann legte ich das Buch, weil es mir nicht das gab, was ich suchte, beiseite. Ich fühlte mich mehr und mehr aus dem Geschehen ausgeschlossen, ich verstand die Handlung nicht mehr. Das also soll Thomas Mann sein, fragte ich mich? Eine einzige Überlegung des Dichters blieb mir unvergeßlich im Gedächtnis haften: sinngemäß sagt er, daß das Leben im Alter rückblickend dann lang und reichhaltig erscheine, wenn es immer wieder aus der Gleichmäßigkeit gerissen worden ist, wenn man Ziele verfolgt und der Orte genug gewechselt habe. Das gleichmäßige Dasein hingegen schrumpfe am Ende zu einem kleinen Stück Leben zusammen. Das erschreckte mich, ich überdachte mein Leben, in dem weiter nichts los gewesen war, und die Leere, die ich zu erkennen glaubte, ist mir seitdem nicht aus dem Kopf gewichen.

Ich begebe mich also mit Hans Castorp nochmals auf die Reise, die mir jetzt etwas vertraut ist, und das gefällt mir. Harich ist bei mir, und ich teile ihm mit, wo ich mich gerade befinde und wer gerade in den Speisesalon eintritt. Er fragt dauernd nach Madame Chauchat, weil die so sinnlich sein soll, wegen ihrer Lungenkrankheit, und das regt mich auf, und außerdem scheint sie mir zu überladen beschrieben. Einmal muß ich ihm sagen, daß er wie Herr Wesal sei, daß er mich an ihn erinnere in seiner Hypochondrie; auf den konnte er sich gar nicht mehr besinnen, so wie ihm Nies im Katzenberger nicht den Eindruck hinterlassen hatte wie mir; und Harich nimmt mir den Vergleich nicht übel, im Gegenteil, es amüsiert ihn. Aber dann muß ich ihm etwas gestehen, und ich bitte ihn, mich nicht zu verspotten: Ich vertraue ihm an, daß ich Frau Stöhr, was mich nicht auszeichnet, ähnlich sei, weil mir, wenn ich wütend bin, manchmal die Wörter im aufgeregtem Zustand durcheinandergeschüttelt herausplatzen; es passiert mir auch ohne Wut. Frau Stöhr nennt zum Beispiel die Eroica von Beethoven Erotica, und dafür behandelt Thomas Mann Frau Stöhr, die gern mitreden möchte, mit Häme, und ich fühle mich angegriffen, weil es mir eben gelegentlich auch so ergeht wie ihr. Natürlich kennt Harich sie noch genau, und er will sich mit mir über sie amüsieren, der Bildungsbürger! Er besinnt sich. Augenblicklich geht es ja um mich. Und er lacht mich nicht aus, als ich ihm meinen Vergleich offenbare. Aber er darf mit mir über mich lachen, ich weiß, er wird mich nie verhöhnen. So mancher Streit brach danach in sich zusammen, wenn ich sprachlich korrigiert werden mußte und wenn er mich in seine Arme nahm und mir dabei zärtlich ins Ohr sagte: Entschuldige, mein Liebling, aber jetzt bist ein wenig »Frau Stöhr«.

Leider, auch beim zweiten Anlauf, Thomas Mann zu verstehen, erwies ich mich als unfähig. Dr. Behrend sind alle Klischees eines Mediziners angehängt. Ich finde ihn langweilig und übertrieben dargestellt, es bildet sich für mich keine Figur heraus, meiner eigenen Phantasie bleibt kein Raum; außerdem habe ich keine Lust, eine Abhandlung über die Anatomie und Physiologie der Lunge zu lesen, erst recht nicht über irgendwelche abgehusteten Auswürfe, vor denen ich mich sehr ekel. Die philosophisch-literarischen Dialoge versteh ich nicht, und ich bin unschlüssig, will der Dichter mich was lehren oder will er mir zeigen, was er alles weiß? Verärgert stecke ich den Zauberberg zurück ins Regal und denke: elitärer Pinkel! Schreibst für den Bildungsbürger und gibst an dabei. Und ich erinnere Harich an seine Forderung an Kunst und Literatur, verständlich zu sein. Macht nichts, dafür konnte ich Harich zu mir herüberziehen und ihn von seinen Hager und Nietzsche und wie die anderen Affen alle heißen, wegholen. Das war mir viel viel wichtiger! Nicht nur Harich gab sich unentwegt

Irrtümern hin, die er sich oft genug bereitet hatte, ich irrte mich noch mehr, wenn ich glaubte, ihn von den fortlaufenden Interventionsattacken abhalten zu können.

*

Soll ich Dir mal was sagen? Na, was? Sag schon! Hättest Du Dich lieber an Deinen Stuhl gebunden und alles, alles, alles, was Du für wichtig hieltest, in Deine Schreibmaschine hineingeschmettert! Ohne Vorsicht und ohne Rücksicht auf andere. Mag sein, daß sich heute dafür noch niemand interessieren will! Du bist eben eine unzeitgemäße Erscheinung! Na und? Eigentlich wolltest Du nicht schreiben, Du wolltest lieber Vorlesungen halten. Du hast Deine Lebenszeit unnütz verbraucht und hast Dich dabei verbrauchen und verunglimpfen lassen, und das hast Du denen wirklich leicht gemacht! Du glaubst gar nicht, wie schwer es mir fällt, über diese blöde Nietzscheangelegenheit zu schreiben, auch wenn die mir ganz besonders am Herzen liegt und für mich der eigentliche Anlaß ist, über Dich und letztendlich auch über uns zu erzählen. Du weißt, ich stehe, was Nietzsche betrifft, ganz und gar hinter Dir. Ich stoße jedoch auf unerfreuliche Zeugnisse Deinerseits. Während Du mit aller Kraft bemüht warst, den einen im Grab zu lassen, um die Menschheit vor seinen Ideen zu schützen, schaufeltest Du unermüdlich an Deinem eigenen! Du hast mir nie Deine Briefe an »die da oben« gezeigt. Vielleicht hätte ein Hinweis von mir allem einen anderen Klang verliehen. Nimm es mir nicht übel, bei der Gelegenheit muß ich Dir etwas sagen: Du benutztest oft in Deiner Rage Worte und Formulierungen, die den Zeitgeist, in dem Du groß geworden bist, verrieten. Ich meine nicht die Worte »Dekadenz« oder »Entartung«, die mag ich, an richtiger Stelle eingesetzt. Nein, ich meine solche, wie »ausmerzen«, »liquidieren« oder »schädliche Elemente«; das hätte ich Dir gern beim Lesen Deiner Briefe, die ich erst nach Deinem Tod kennenlernen durfte, gesagt. Doch ob eine mildere Formulierung Dir das alles erspart haben würde, bezweifle ich. Hätte ich Dir überhaupt helfen können? Hättest Du das zugelassen. Ich glaub es nicht. Du weißt genau, ich liebe, ich achte Deine Geradlinigkeit, aber, Du warst nicht nur ungeschickt, sondern leider verbittert, verbittert über eine elende Macht, der Du Dich ausgeliefert fühltest, von der Du Dich nicht lösen konntest, an die Du Dich klammertest, obwohl Welten Dich von ihr trennten! Verzeih mir, wenn ich es wage, einen weiteren Brief an Kurt Hager, geschrieben am 27.8.1987 zu veröffentlichen.

»Lieber Kurt Hager!
Von den Festlegungen, die Sie bei unserer Unterredung am 18. Mai 1987 getroffen haben, wird, wenn die Dinge so weiterlaufen sollten wie bisher, nur eine von den Zuständigkeiten ernst genommen und verwirklicht werden: Mein Aufsatz ›Revision des marxistischen Nietzschebildes?‹ wird voraussichtlich in Heft 5/1987 (September) von ›Sinn und Form‹ erscheinen. Mit allem anderen liegt es sehr im argen. Hier die Einzelheiten:
Sie hatten festgelegt, daß ich in die Vorbereitung der Philosophiehistorikerkonferenz ›Sozialistische Gesellschaft und philosophisches Erbe‹, die im Januar 1988 in Leipzig stattfinden wird, einbezogen werden soll. Ich habe dies Herrn Dr. Prof. Erich Hahn, dem Vorsitzenden des in dieser Angelegenheit federführenden Rates für Marxistisch-Leninistische Philosophie, in Briefen vom 21. Mai und 9. Juni dieses Jahres mitgeteilt und ihn um eine einschlägige Unterredung gebeten. Als ich von Hahn bis Mitte Juli noch keiner Anwort gewürdigt worden war, wandte ich mich an Prof. Dr. Schirmer. Dieser empfing mich in seinem Büro am 31. Juli und gab mir einen ausweichenden, hinhaltenden Bescheid, dem ich aber immerhin entnehmen mußte, daß der Fragenkreis, der auf der Konferenz behandelt werden soll, bereits hinter meinem Rücken, ohne daß man mich als Berater hinzugezogen hätte, in einem Sinne eingegrenzt worden ist, der dem, was ich für wichtig und zeitgemäß halte, nicht entspricht.
Sie hatten festgelegt, daß ich vor den Redaktionskollegien der ›Deutschen Zeitschrift für Philosophie‹ und der ›Weimarer Beiträge‹ einen internen Vortrag über die Bedeutung von Georg Lukács halten soll. Ich habe dies Prof. E. Hahn ebenfalls in meinen Briefen vom 21. Mai und 9. Juni und desgleichen den zuständigen Chefredakteuren Dr. Rönisch (›Weimarer Beiträge‹) und Dr. Klimaschewsky (›DZfPh‹) mitgeteilt und sie gebeten, das Nötige zu veranlassen. Bis heute ist auch in dieser Hinsicht nichts erfolgt. Und auch in dieser Frage verhielt sich Prof. Schirmer am 31. Juli ausweichend. Seinen diesbezüglichen Darlegungen konnte ich nur entnehmen, daß auch hier versucht wird, Ihren Intentionen zuwiderzuhandeln, sie abzubiegen: Ich soll lediglich vor Wissenschaftlern sprechen, die sich, wie Vera Wrona, speziell mit Lukács befaßt haben. Worauf es mir ankommt – und Sie schie-

nen das zu akzeptieren –, ist aber etwas anderes: daß die Veranstaltung der beiden Redaktionskollegien einen ressortüberschreitenden, interdisziplinären Meinungsstreit einleitet, in dessen Verlauf dann die marxistisch-leninistische Philosophie gewisse Literaturhistoriker von der Verirrung abbringen, Lukács von rechts, von den Positionen Blochs, Benjamins, der Frankfurter Schule und des Neopositivismus aus, zu bekämpfen und sich dabei sogar bis zur Einbeziehung Nietzsches in unsere Erbepflege zu versteigen – wie dies anhaltend geschieht.

Sie hatten, in ausdrücklicher Bekräftigung einer mir am 2. April zugegangenen Anregung Generalsekretärs Erich Honecker festgelegt, daß ich an der Vorbereitung eines würdigen und angemessenen Jean-Paul-Gedenkens 1988 (225. Geburtstag am 21. März 88) maßgebend beteiligt werden soll, und hatten mir, ebenso wie schon vorher der Generalsekretär, angekündigt, daß das Ministerium für Kultur sich in dieser Angelegenheit alsbald mit mir in Verbindung setzen werde. Als bis zum 2. August 87 nichts dergleichen erfolgt war, wandte ich mich dieserhalb an Kulturminister Dr. Hoffmann. Gestern endlich erhielt ich von Herrn Scholz, Mitarbeiter der Hauptverwaltung Verlage und Buchhandel, den Bescheid, daß das Ministerium erst durch mich von diesem Interesse des Generalsekretärs erfahren habe und sich nun überhaupt erst eine Konzeption zu den Modalitäten des Jean-Paul-Gedenkens erarbeite; wohlgemerkt: auch hier wieder, ohne vorher meine Meinung dazu einzuholen, ohne mich zu dieser Erarbeitung der Konzeption von vornherein hinzuzuziehen. (Daß die Jean-Paul-Frage zu einem Politikum ersten Range durch die Naziumtriebe in dem Geburtsort des Dichters, im fränkischen Wunsiedel, geworden ist – im Zusammenhang mit dem Tod und Beisetzung des Hitlerstellvertreters Heß –, ist keinem der zuständigen Kulturfunktionäre bisher in den Sinn gekommen. Auch zu diesem Punkt hätte ich Gravierendes zu sagen; z. B. dies, daß in Wunsiedel, 32 Jahre nach Jean Pauls Geburt, auch der Student und Burschenschaftler Karl Ludwig Sand, Mörder des russischen Staatsrats und deutschen Dichters Kotzebue, geboren worden – ein Hintergrund, dessen Brisanz, meine ich, von uns von vornherein wohldurchdacht werden muß! Jean Pauls ›Kriegserklärung gegen den Krieg‹ etwa, seine ›Friedenpredigt für Deutschland‹ u. dgl. erhalten jetzt ein ganz neues Gewicht!)

Sie hatten festgelegt, daß ich das Manuskript Heinz Malornys, ›Die Philosophie Friedrich Nietzsches‹, für den Akademie-Verlag begutachten soll. Um dieses Manuskript hatte ich mich seit Februar 1987 vergebens bemüht. Unter den windigsten Vorwänden – es sei im Schreibtisch einer Sekretärin verschlossen, die sich auf Urlaub befinde und deren Schlüssel man nicht finde, usw. usf – war es mir vorenthalten worden trotz feierlicher Zusagen des Verlagsleiters Prof. Berthold, es mir zu lesen zu geben. Erst Mitte Juni erhielt ich es. Alle meine Befürchtungen haben sich bestätigt. Es ist von unbeschreiblicher Niveaulosigkeit, einfach Schutt, Müll. Es wimmelt dabei von den gefährlichsten politischen Instinktlosigkeiten. Es macht Nietzsche von seinem privaten Dasein her sympathisch; es macht ihn interessant durch zahllose verführerische Zitate; es erklärt ihn zum Vorläufer des Gedankenguts der Grünen und Alternativen; es hebt – welch gefundenes Fressen für unsere ›Junge Gemeinde‹ – hervor, daß er zwischen der von ihm bekämpften christlichen Kirche und der menschlichen Größe Jesu sehr wohl zu differenzieren gewußt habe, usw. usf. Mein ausführliches Gutachten, datiert vom 17. Juni 87, ist, offenbar auf Geheiß von Professor Manfred Buhr, vom Tisch gefegt worden. Gegen meinen dringenden und umfangreich begründeten Rat soll der Druck fortgesetzt werden, soll die Auslieferung im September bereits erfolgen; ein für Nietzsche schamlos machendes Inserat im Buchhändlerbörsenblatt kündigte das Erscheinen bereits an. ICH KANN DAVOR NUR WARNEN! ICH SCHLAGE VOR, DEN DRUCK SOFORT ZU STOPPEN UND JEDE WEITERE ENTSCHEIDUNG VON EINER KOLLEKTIVEN BERATUNG, DIE MEIN GUTACHTEN GEBÜHREND MIT IN BETRACHT ZIEHT, ABHÄNGIG ZU MACHEN. ERST DIESE BERATUNG SOLLTE EINE DER DREI MÖGLICHKEITEN BESCHLIESSEN: ENTWEDER – UNVERÄNDERTE VERÖFFENTLCHUNG (FALLS ALLE MEINE EINWÄNDE WIDERLEGT WERDEN SOLLTEN): ODER UMARBEITUNG DES MANUSKRIPTS DURCH DEN AUTOR VON GRUND AUF UND IN ALLEN TEILEN; BESONDERS, WAS DIE SKANDALÖS FALSCHEN UND GEFÄHRLICHEN SEITEN 1–90 BETRIFFT: ODER GÄNZLICHE UND ENDGÜLTIGE BEENDIGUNG DES GANZEN PROJEKTS, WAS, NACH LAGE DER DINGE, DAS ALLERBESTE WÄRE. Ich habe Malorny bereits angefleht, das Manuskript zurückzuziehen. Er hört nicht darauf. Sein Autorenehrgeiz läßt ihm keine Ruhe, und sein Vorgesetzter Buhr stärkt ihm offenbar den Rücken.

Sie hatten festgelegt, daß ich weiter an meinem Buch über Nicolai Hartmann arbeiten soll. Es liegt jetzt ein – noch unfertiges – Manuskript von 300 Schreibmaschinenseiten vor, enthaltend 6

Teile der geplanten 11 Teile, und den Anfang des 7. Teils. Ich habe dieses Ergebnis meiner bisherigen Arbeit heute dem Verlagsleiter Professor Berthold aushändigen wollen. Nachdem er mich aber hat wissen lassen, daß Malornys Nietzschebuch ohne Berücksichtigung meines ablehnenden Gutachtens unter allen Umständen so, wie es ist, erscheinen wird, habe ich jede Beziehung mit dem Akademie-Verlag so lange abgebrochen, bis diese Entscheidung noch einmal zur Disposition gestellt wird. Nach den Erfahrungen, die ich gemacht habe, kann es mir nicht zugemutet werden, meine Arbeit einem Verlag anzuvertrauen, dessen philosophische Produktion von Herrn Professor Buhr kontrolliert wird. Buhr hat sich in der Nietzschefrage als ideologisch unzuverlässig entlarvt. Daß er außerdem, wie das von ihm herausgegebene Wörterbuch beweist, unfundierte Vorurteile gegen die Ontologie im allgemeinen, gegen Nicolai Hartmann im besonderen hegt, wäre nicht schlimm; mein Buch will sich mit diesem Vorurteil sehr sachlich und sorgfältig auseinandersetzen. Aber schlimm sind Buhrs ignorante Voreingenommenheiten gegen die Gesellschaftsontologie des späten Lukács – gegen sie hat er sogar den Schwätzer Wilhelm Raymund Beyer, zu einer Zeit, als das Werk im ganzen noch gar nicht vorlag, mobilisiert –, und persönlich unzumutbar ist für mich, wie Buhr sich zu mir verhält. Buhr hat es von Mitte Juni bis zum heutigen Tag nicht ein einziges Mal für nötig befunden, sich mit mir und den anderen Gutachtern zusammenzusetzen, um die in meinem Gutachten enthaltenen Einwände gegen Malornys Nietzschebuch Punkt für Punkt durchzugehen; er hat noch nicht einmal Malorny dazu aufgefordert, sein Buch im Gespräch mit mir gegen meine Einwände zu verteidigen. Der Umgang mit Menschen wie Buhr und Berthold, denen ich nichts als Offenheit, Aufgeschlossenheit, Hilfsbereitschaft, Freundlichkeit entgegengebracht habe, ist für mich einfach unerträglich geworden. Wenn ich das Buch über Nicolai Hartmann fortsetzen soll, muß ich den Verleger wechseln. Aber täte ich dies, blieb ich immer noch wehrlos Herrn Minister Klaus Höpcke ausgeliefert, bei dem Frau Buhr als philosophische Hauptberaterin wirkt und mit dem ich mich wegen seiner ideologischen Unzuverlässigkeit in der Nietzschefrage und anderen Unzumutbarkeiten im November auch bereits überworfen habe. Was soll ich tun? Können sie, lieber Kurt Hager, mir einen Zugang zum Dietz-Verlag eröffnen, auf den, soweit ich sehe, Höpcke und Buhr keinen Einfluß haben? Aber die philosophische Produktion von Dietz steht wieder unter der Kontrolle von Erich Hahn, und der scheint mich so wenig ausstehen zu können oder von solchen Berührungsängsten mir gegenüber erfüllt zu sein, daß er mir nicht einmal auf Briefe, die ich an ihn richte, antwortet. Ich bin wirklich tief, tief ratlos und bitte Sie, mir aus dieser Situation herauszuhelfen. Vorläufig stelle ich hiermit meine Arbeit an dem Buch über Nicolai Hartmann, obwohl sie mir sehr viel Freude macht und ich von ihrer Nützlichkeit überzeugt bin, ein. Ich will nichts Zweckloses tun, nichts, wovon ich von vornherein weiß, daß es an den gegen mich herrschenden Voreingenommenheiten scheitern muß.

Bei alledem bewahrheitet sich Ihr Ausspruch vom 18. Mai, daß die Parteiführung gegen mich nichts habe, daß das aber ›weiter unten‹ möglicherweise noch nicht bekannt geworden sei, in allerstärkstem Maße. Es gibt nun aber rechtliche Grundlagen dafür, dem rigoros abzuhelfen. Die Amnestie zum bevorstehenden 38. Gründungstag der DDR verheißt allen, die vor dem 7. Oktober 1987 verurteilt worden sind – und dazu gehöre ich doch wohl auch – gleichberechtigte Wiedereingliederung in die Gesellschaft unter Berücksichtigung ihrer beruflichen Qualifikationen. Ich kann mich nach dem, was ich Ihnen hier geschildert habe, beim besten Willen nicht als meiner beruflichen Qualifikation entsprechend gleichberechtigt behandelt fühlen; immer noch nicht, obwohl meine Straftat seit dem Dezember 1974 verjährt ist. Bitte stellen jetzt Sie, lieber Kurt Hager, Überlegungen an, wie mir zu meinem Recht verholfen werden kann. Ich will, wenn mir dazu verholfen wird, nichts anderes tun, als in den oben geschilderten Fragen den wiedererlangten kulturpolitischen Einfluß dazu zu benutzen, das für Partei, Staat und Gesellschft Nützliche zu fördern und Schädliches abwenden zu helfen. Das gilt für die Fragenkomplexe Lukács, Nicolai Hartmann, Nietzsche und Jean Paul, für die ich wie kein anderer in unserer Republik fachlich zuständig bin, gleichermaßen.

Ich fahre jetzt auf Urlaub – meinen Nerven nach dem Erlittenen dringend nötig – und will mich vom 29. August bis 12. September in der Nähe von Rheinsberg aufhalten ...

Ich vertraue darauf, daß Sie bis zu meiner Rückkehr Entscheidungen getroffen haben werden, die die unhaltbaren Dinge, die Ihnen oben von mir geschildert worden sind, ein für allemal aus der Welt schaffen. Dies ist um so nötiger, als ich im November ins Ausland fahren will, einer Einladung der Stadt Wien folge leistend, die vom 13. bis 15.11.87 ein Colloqium zu Ehren unseres jetzt 80jährigen alten Kollegen und Freundes Leo Kofler, eines Wiener Ehrenbürgers (aber wohnhaft in Köln), veranstaltet wird. Auf meinen Vorschlag an Professor Schirmer werden die Wiener noch einen zweiten DDR-Kollegen zur Teilnahme einladen: Prof. Dr. Schliwa von der Akademie für Gesellschaftswissenschaften beim ZK der SED. Zu den Anregern und aktiven Gestaltern des Kolloquiums in Wien gehören dieselben Leute, die meinen – in der DDR nach wie vor unterdrückten – Aufsatz ›Mehr Respekt vor Lukács!‹ veröffentlicht haben (Zeitschrift ›Aufrisse‹, Heft 2/1987); er ist dort, ohne mein Verschulden, mit der Beanstandung der Tatsache abgedruckt worden, daß ich in der DDR ausgegrenzt werde, weil ich als ›zu dogmatisch‹ eine ›schlechtliberale pluralistische Kulturpolitik störe‹. Was sollen Professor Schliwa und ich den Wienern antworten, wenn sie in uns dringen, auf diesen Vorwurf zu reagieren? Hierzu fehlen mir die Argumente, auf die gestützt ich überzeugend bestreiten könnte, in der DDR ausgegrenzt zu werden. Und in welche Lage brächte ich den Kollegen Professor Schliwa, wenn ich, bestenfalls nur mit den Achseln zu zucken wüßte?

Im Vertrauen darauf, daß Sie eine Lösung finden werden, die meinem Anliegen gerecht wird und zugleich Partei und Staat zum Nutzen gereicht, verbleibe ich mit herzlichem Gruß Ihr Wolfgang Harich.«

Noch eine Reise in die Vergangenheit

Es ist Herbst, Zeit, um nach Kagar zu fahren. Herr Steffen hat kein Zimmer mehr frei. Er quartiert uns bei seiner Nachbarin, Frau Schlenk, ein. Das Zimmer ist etwas größer, das gefällt uns. In der Diele stehen ein Kühlschrank und ein Kocher, das alles können wir benutzen. Auf der gegenüberliegenden Seite gibt es noch ein Zimmer für Urlauber, aber wir sind fast immer allein dort. Ein großer und ein kleiner Bücherschrank, beide verschlossen, halten unsere Neugier in den nächsten Jahren, die wir dort sein werden, wach. Jeden Morgen sieht Harich an der Bücherreihe »Die Geschichte der Arbeiterbewegung«, herausgegeben vom Akademie-Verlag, entlang, die wecken seine Neugier, doch der Schrank bleibt zu. Frau Schlenk läßt uns nicht darin herumwühlen. Vom Fenster aus sehe ich in einen Kuhstall, es riecht so schön nach warmem Kuhmist, die Kühe muhen, ich höre ihre Ketten rasseln, wunderbar. Zu Steffens in die Pension gehen wir zum Mittagstisch und zum Abendbrot. Alles ist gut. Harich hat mir den Grünen Heinrich in mein Gepäck gelegt, den ich hinter dem Haus auf einer großen Wiese, unter einem Baum im Liegestuhl lesen werde. Manchmal hole ich noch einen Liegestuhl für ihn dazu, und er legt sich hinein, und wir sind zusammen, und er denkt, wenn ich ihn nicht dabei unterbreche, an Hager und seine Genossen und wie es wohl mit ihm, mit uns weitergehen wird, und dann fragt er wieder, wie weit ich bin, und ich frage ihn, ob er sich an den Mann im Keller erinnert, der sich einbildet, alle bedeutenden Ereignisse werden aus seinem Keller heraus durch ihn gelenkt und geleitet.

Wir sind wieder ganz beieinander. Nichts, außer seinen Gedanken, denen er nicht entrinnen kann, stört uns, und wir haben Zeit, zu reden und zu erzählen und uns auszuruhen von dem, was uns wie ein endloser Albtraum verfolgt. Zukünftiges zu besprechen ist für uns schwer, und so wenden wir uns an das Vergangene, das Unveränderliche, vor dem wir uns nicht zu ängstigen brauchen.

Konnte Harich von seinem Großvater, seiner Mutter, seinem Vater erzählen, dann verblaßte die Gegenwart und das längst Verschwundene nahm neben ihr Platz, und als ich ihn fragte, welche seiner Großeltern er lieber hatte, die in Allenstein oder die in Königsberg, dann brauchte ich nur noch zuzuhören:

Die Großeltern in Königsberg, beginnt Harich, sind die Eltern meiner Mutter, und da ich im Hause meines Großvaters zur Welt kam, sind sie mir näher, vertrauter, und die Erinnerungen an ihn und seine Familie sind durch die Erzählungen meiner Mutter immer wieder aufgefrischt worden. Mich faszinierte das sehr, vor allem mein Großvater, ein widerlicher, aber ein imposanter Mensch. Die Wynekens waren sehr viel feiner als die Harichs, und das waren sie, weil sie aus Niedersachsen stammten. Sie gehörten zu den den sogenannten »hübschen Familien«. Die »hübschen Familien« waren Familien, die, ohne formell adlig zu sein, am Hannoverschen Hof verkehren durften, und sie hießen »höfische Familien«, niederdeutsch »hübsche Familien«. Sie durften bei Hofe verkehren aufgrund ihrer hohen Posten: als Superintendenten oder Oberlandesgerichtspräsidenten. Mein Urgroßvater, Friedrich Wyneken, ein liberaler Mann, war, glaube ich, Landgerichtspräsident in Celle oder in Hildesheim. Er hatte sehr sehr viele Kinder, wie das damals üblich war, zwölf an der Zahl und alle von einer Mutter. Der älteste Großonkel von mir ist 1832 geboren, in dem Jahr als Goethe starb; mein Großvater war der Jüngste von den Zwölfen, geboren 1848 im April, also im Revolutionsjahr. Die männlichen Nachkommen ergriffen alle lukrative und feine Berufe. Der älteste Bruder, der 1832 geborene, der wurde zum Beispiel Bankier in Petersburg, wurde dort geadelt und Kammerherr des Zaren. Die Familie flüchtete 1910 aus Petersburg, und von seinem Sohn existiert ein Brief von 1918, in dem er schreibt, mit dem Kammerherrn wäre es ja nun vorbei, aber er gebe in einer Schule Deutschunterrricht, und das einzig Gute, was die Revolution gebracht hätte, wäre, daß er nun ganz frei und ungehemmt mit seiner Nadjeschda zusammenleben konnte. Gesellschaftlich gesehen war sie vorher unter seiner Würde. Er ging dann nach Brüssel, als kleiner Bankangestellter. Im II. Weltkrieg kam der russische Patriot in ihm durch und er endete als Vorsitzender der Belgisch-Sowjetischen Freundschaft. Und einer von den Brüdern wurde General, einer wurde Generalsuperintendent, so in dieser Art. Die Töchter heirateten, soweit sie überhaupt geheiratet wurden, in den Adel. Aus diesem Grund ist zum Beispiel einer meiner Onkel der letzte Hofmarschall der Hohenzollern gewesen: das war Baron Lutz von Müldner und Mühlenheim. Er war Adjutant des Kronprinzen im I. Weltkrieg. Der Kronprinz leitete die Heeresgruppe vor Verdun. Nach dem Zusammenbruch ging Lutz von Müldner und Mühlenheim mit seinem hohen Herrn, wie er ihn nannte, nach Wieringen ins Exil nach Holland. Von da hat die Familie Wyneken immer noch engste Beziehungen zu dem Kaiser im Exil in Holland gehalten. Da gingen die Briefe hin und her. Ein anderer Onkel war der General Kannengießer. Er war Ausbilder der türkischen Truppen vor dem I. Weltkrieg und schlug Churchill bei Gallipoli. Darüber schrieb er ein Buch. Als General a. D. beschäftigte er sich mit der Ahnenforschung seiner Familie, saß in Neustrelitz oder in Neubrandenburg und kam dort bei einem Bombenangriff ums Leben. Er schrieb über seine Familie ein Buch, »Die Kannegeters«, die Kannengießer, es gibt einen Sonderdruck daraus: »Die Wynekens«

Dann habe ich einen Vetter gehabt, Neffe meiner Mutter, das war der General von Kortzfleisch, der befehligte die Truppen in Berlin-Brandenburg, die Reserve-Truppen, im II. Weltkrieg ... jedenfalls, das war eine stinkfeine Familie. Der jüngste Sproß, Alexander Wyneken, mein Großvater, galt eigentlich als etwas suspekt, weil er den niedrigen Beruf des Journalisten ergriffen hatte. Nachdem er aber viel Erfolg hatte und viel Geld verdiente, besann man sich seiner wieder. Mein Großvater Alexander Wyneken war Vierteljude. Er hatte eine jüdische Großmutter namens Caroline Stieglitz und deren Bruder, glaube ich, oder Vetter, war Heinrich Steglitz, ein unbegabter, nicht sehr fleißiger Dichter, der so um 1830 starb. Die Stieglitz waren Juden aus Arolsen. Seine Frau Charlotte wollte ihn aufrütteln zu großen Taten, zu dichterischen Leistungen und verfiel auf die Idee, daß die Erschütterung über ihren Tod ihn zum großen Dichter läutern würde. Und Charlotte stieß sich einen Dolch ins Herz zum Entzücken der gesamten romantischen Schule. Heinrich jedoch blieb ein mittelmäßiger Schriftsteller. Es war ein Sensationsfall, das kann man nachlesen bei Georg Brandes: Hauptströmungen der Literatur im 19. Jahrhundert, Kapitel über Charlotte Stieglitz. Brandes gilt als hervorragender Literaturhistoriker, nur – nach Thomas Mann – ist er das größte Klatschmaul unter den Literaturhistorikern, und solche Klatschgeschichten lagen ihm sehr.

Ja, und dann gab es in der Familie einen jüdischen Händler aus Arolsen, der ging Ende des 18. Jahrhunderts nach Rußland und wurde dort als Bankier in Petersburg irrsinnig reich, trat zur russisch-orthodoxen Kirche über, verleugnete sein Judentum und finanzierte die russische Eisenbahn. Das setzte sein Sohn, Alexander Stieglitz, fort. Es war eine der reichsten russischen Familien, die es überhaupt gab bis 1918. Die Stieglitzens kommen in Curd von Schlötzers »Petersburger Nächte« vor, mein Großvater Alexander Wyneken hat ihm mit seinen eigenen Erinnerungen geholfen.

Als Alexander von Stieglitz starb, waren etliche Millionen Rubel nicht testiert, und mit dem Geld gründete man eine Zeichenschule. Die existiert in Leningrad heute noch. Ich habe 1948 auf einer Reise nach Rußland den Dichter Jewgenij Schwarz, den Verfasser des »Schatten« und des »Drachen« kennengelernt; ein ganz besonders lieber Mann. Der holte uns vom Bahnhof ab. Nachdem ich mit ihm ein bißchen warm geworden war, hatte ich zu ihm gesagt: »Sagen Sie mal, es ist mit etwas peinlich, aber ich habe hier russische Verwandte gehabt aus der Zeit vor der Revolution, und die heißen Barone Stieglitz.« – »Was«! sagte er da, »Sie kommen von den Stieglitz!« und nahm mich gleich in die Arme, und ich sagte: »Ja, es ist mir etwas peinlich, weil das doch große Ausbeuter waren.« Da sagte er: »Das war damals. Das gehörte zum guten Ton!

Natürlich waren sie schreckliche Ausbeuter.« Jewgenij Schwarz kannte die ganz genau und zeigte mir das Museum, das ungefähr unserem Zeughaus ähnelt. Er sagte: »Das war das Stadtpalais Ihrer Ahnen, ganz abgesehen von den Gütern auf der Krim.« Die lebten also in Saus und Braus und gehörten zur Haute-Volée des Zarismus. Und da war noch so ein Vetter meiner Mutter, der nun aber wieder Wyneken hieß. Er war der letzte zaristische Militärattaché in Wien vor dem 1. Weltkrieg. Das ging immer so durcheinander, das spielte überhaupt keine Rolle, der kam dann nach Königsberg zu Besuch, und beim Mittagessen sagte er: »Wir werden jetzt in Wien ein Süppchen gegen Euren Kaiser brauen.« Das wurde dem nicht übelgenommen.

Mein Großvater Wyneken, der selbst eine Zeitlang in Rußland gelebt und sich als Bankier hatte ausbilden lassen, hatte seine russische Staatsangehörigkeit vergessen. Die Deutsche Volkspartei wollte ihn zu den Reichstagswahlen als Kandidaten aufstellen. Vierzehn Tage vor der Wahl kamen Beamte zu ihm und sagten: »Herr Wyneken, das geht leider nicht. Sie sind russischer Staatsangehöriger.« – »Ach, Gott, das habe ich ja ganz vergessen! Auch jetzt noch nach der Revolution! Bin ich vielleicht ein Bolschewist!?« – »Also, im Grunde genommen ja. Wir müssen Sie leider von der Liste der Reichstagsabgeordneten streichen. Das geht nicht, daß ein russischer Staatsangehöriger in den deutschen Reichstag gewählt wird.« Nachdem er Jahrzehnte in Königsberg gelebt hatte, beantragte er wieder die deutsche Staatsangehörigkeit.

Es ist Mittagszeit. Wir sitzen im Gasthaus bei Steffens und warten auf die »Forelle nach Müllerin-Art«. Als wir sie, appetitlich zubereitet, serviert bekommen, zeigt mir Harich, wie ein Fisch filetiert wird. Geschickt befreit er die Forelle von ihrer Gräte, und jetzt ist er für mich wieder ein Weltmann; und wie ich ihn dabei beobachte, muß ich an die Geschichten mit seinen vornehmen Vorfahren denken, und ich denke: Du bist einer ihrer letzten Sprößlinge aus einer langen Ahnenreihe, einer von denen, die gelernt haben, jede Lebenslage in Würde zu tragen, die ihrer Noblesse nicht verlustig gehen, die auch du in dir trägst und die sich nie verliert, auch jetzt nicht, hier in Kagar, in der Gaststube von Steffens, beim Filetieren der Forelle; ja, denke ich, du tust mir gut, dein ganzes Wesen tut mir gut, ich fühle mich wohl darin, du entrückst mich in eine Zeit, die einen großen Reiz auf mich ausübt, und ich lerne bei dir, das Großbürgerliche nicht pauschal zu verachten. Ich sehe Harich zu, wie er die Gräte auf einen extra Teller legt, und in mir denkt es immer noch schöne Gedanken, die ich ihm gerne sagen möchte, das geht jetzt nicht. Meine Forelle, von mir zerlegt und zerstückelt, wird kalt. Der Großvater Wyneken beschäftigt mich auf dem Nachhauseweg weiter, und als wir in unserem Zimmer sind, will ich von dessen herrlichen Leben in Rußland mehr wissen. Ich wäre gern eine reiche Adlige, eine russische natürlich.

Harich hält seinen Nachmittagsschlaf. Ich sitze am Kagarer See auf der Bank und lese. Pünktlich zum Tee sind wir wieder beisammen. Ich kuschel mich in einen Sessel hinein, und ich will wissen, wie sein Großvater nach Rußland gekommen war:

Nun, da war das Königreich Hannover. Die Wynekens waren bei Hofe zugelassen, waren infolgedessen ganz streng welfisch gesinnt. Dann kam der schreckliche deutsch-deutsche Krieg. Hannover wollte kapitulieren, doch die Preußen ließen das nicht zu, sondern schlugen es kurz und klein und machten es zur preußischen Provinz. Der letzte Hannoveranische König, der übrigens blind war, ging nach Wien ins Exil. Und noch heute behaupten die Welfen, also wie Herr Gaus und Herr Augstein, daß das unrechtmäßig war, und sie sind sehr ärgerlich auf die Preußen. Die ganze Familie Wyneken empörte sich darüber ebenfalls und hielt zu dem blinden König. Kurz darauf kam es zum Krieg 1870/71. Für meinen Großvater stand fest, daran nimmt er nicht teil; das ist ein preußischer Krieg, mit dem will er nichts zu tun haben. Er ging, zweiundzwanzigjährig, nach Genf und studierte dort Nationalökonomie. Er wohnte bei einer geizigen Wirtin. Jedesmal, wenn er morgens ein Stück Zucker in den Kaffee nahm, sagte sie zu ihm, um zu verhindern, daß er noch ein zweites Stück nahm: »Mein Herr, der Zucker zuckert sehr stark«. Alexander Wyneken war ein Mensch, der sich ein Leben lang vor allem Unangenehmen drückte. Das gab es nicht, daß da ein Krieg ausbrach und er in den Krieg zog. Er stieg dann in London ins Bankfach ein – die Stieglitzens besaßen natürlich auch eine Filiale in London – und siedelte anschließend nach Petersburg über. Dort gewöhnte er sich die feine russische Lebensart an, nämlich viel Geld einzunehmen, es um sich zu werfen und immer alles bis auf den letzten Pfennig auszugeben, Tee aus Teegläsern zu trinken und das Osterfest wichtiger zu nehmen als Weihnachten. Das war die schönste und größte Zeit seines Lebens, da in Petersburg, Anfang der siebziger Jahre. Aber irgendwie nahm es ein seltsames Ende. Er wollte wohl ein

Ballettmädchen heiraten und die schicke Petersburger Hofgesellschaft wandte sich von ihm ab. Er ging nach Breslau, und dort brach seine Begeisterung für die Kunst aus. Er war Brahms-Anhänger und rang sich unter Qualen zum Anhänger Richard Wagners durch, und er wurde Musikkritiker in Breslau, was nun für die Familie Wyneken das letzte war.

Die Königsberger Pressefamilie, Simon-Sonnemann, wurde auf ihn aufmerksam. Sonnemann war ein Demokrat, der in den Memoiren August Bebels erwähnt ist. Er gründete in Deutschland das demokratische Blatt, die »Frankfurter Zeitung« , die es bis in die Nazizeit blieb, nicht zu verwechseln mit der »Fankfurter Allgemeinen Zeitung«, sondern die »Frankfurter Zeitung«, die es ja nicht mehr gibt. Die war damals die feinste Zeitung. Die Nachfolgerin des alten Sonnemann, die Therese Simon-Sonnemann, seine Erbin, fand, die Familie brauche neben diesem demokratischen Blatt noch ein nationalliberales, ein weiter rechts stehendes, um auch diesen Markt noch auszuschöpfen. Um das Jahr 1874/75 existierte in Königsberg das Bedürfnis nach einem Kommunalblatt. Von einem gewissen Hausbrandt gegründet, wurde es zu einer richtigen Zeitung durch die Initiative von Gustav Simon, Bankier und Schweizer Konsul in Königsberg, einem Glied der Familie Simon-Sonnemann. Der hochmusikalische Gustav Simon finanzierte das Unternehmen. Ihm fielen die Kritiken meines Großvaters in Breslau auf, und er holte ihn nach Königsberg und sagte: »Aus diesem Kommunalblättchen von Herrn Hausbrandt machen wir jetzt ein richtiges Blatt: ›Die Königsberger Allgemeine Zeitung‹, und Sie werden mein Chefredakteur!« Das war er dann, 53 Jahre lang, von 1875 bis 1928, Chefredakteur und Verlagsleiter der »Königsberger Allgemeinen Zeitung«. Alle politischen Konjunkturen machte er mit. Seinen König von Hannover, es hing zwar noch ein Bild von ihm über seinem Schreibtisch, hatte er inzwischen vergessen. Er rannte mit fliegenden Fahnen zu Bismarck über, und er folgte der Politik von Bismarck und dessen Nachfolgern, von Fürst Bülow und Hohenlohe und schließlich Bethmann Hollweg, und er war ganz Liebkind bei Ludendorff und in den zwanziger Jahren bei Stresemann. Er paßte sich der allgemeinen Linie der Bourgeoisie an, und war dann, gegen Ende seines Lebens auch dafür, sich mit den Nazis gutzustellen. Er machte alles mit. Mit achtzig Jahren hörte er auf zu arbeiten, bezog eine opulente Pension, behielt sein Auto und seinen Chauffeur und seine Mätresse und eine große Wohnung und starb 1939, mit

91 Jahren. Das war im Frühjahr, im April, da sagte meine Mutter: »Jetzt bricht der zweite Weltkrieg aus, denn mein Vater hat sich sein Leben lang vor allem Unangenehmen gedrückt.«

Ich unterbreche Harich und sage ihm, daß mir das nicht sehr sympathisch ist, und ich will endlich etwas über seine Großmutter erfahren. Ja, gibt Harich zu, manches an ihm ist unsympathisch, anderes wieder ... also, er war ein Kunstliebhaber und alles, was nach Königsberg kam und dort Konzerte gab, dirigierte und sang, wurde bei ihm im Hause aufgenommen. Das waren Richard Strauss und Arthur Nickisch und Artur Schnabel, die großen Pianisten und die großen Schauspielerinnen vor allen Dingen. Er war ein Freund von Ernst Possart, er war ein Freund von Mitterwurzer und von Kainz, und die verkehrten alle bei ihm im Haus. Und seine Frau, meine Großmutter Anna Wyneken, geborene Müller, das war eine Schauspielerin. Mit ihr sank er ganz tief unter das Niveau der Familie, und er heiratete Anna Müller erst viel später, er hielt sie als seine Mätresse.

Und warum heiratete er sie nicht, red ich dazwischen, und er sagt, warte ab, jetzt komme ich zu den Müllers. Das war eine Schauspieler-Dynastie: Müller-Fabricius. Und die waren, so lange man denken kann, Schauspieler, Schauspieler, Schauspieler und zwischendurch ein Maler. Das war eine reine Künstlerfamilie. Jedenfalls – meine Urgroßmutter zog durch die Lande mit ihren beiden Töchtern. Sie war Schauspielerin, Witwe eines Sängers und hatte zwei Töchter, meine Großtante und meine Großmutter Müller. Meine Urgroßmutter spielte als Schauspielerin, endete als großherzoglich mecklenburgisch-schwerinsche Hofschauspielerin in Schwerin und erhielt von dem mecklenburgischen Herzog eine Pension bis an ihr Lebensende. Ihre eine Tochter war Sängerin, Soubrette, die begabtere, aber nicht so hübsche. Und die Unbegabtere mit der weniger schönen Stimme, aber hübschere, war meine Großmutter. Die nähte die Kleider, die Kostüme, für ihre Mutter und ihre Schwester und lernte immer all deren Rollen mit in der Hoffnung, eine von denen wird mal krank, so daß sie einspringen kann. Und tatsächlich – einmal war ihre Schwester krank, und da ist sie von einer Stunde zur anderen eingesprungen als Adele in der Fledermaus. Das war ihr großes künstlerisches Erlebnis, und sie hat auch recht gut abgeschnitten, und alle bewunderten dieses Fräulein Müller, daß sie das so schnell geschafft hat und ihre große Schwester ersetzen konnte, und die kam nun bei ihren Rundreisen durch Deutschland und den verschiedenen Engagements eines Tages auch nach Königsberg ans Königsberger Opernhaus. Alexander Wyneken verliebte sich in sie. Er hatte im Königsberger Opernhaus eine ständige Loge – nur für sich. Nach dem Abendbrot sah er zur Uhr und sagte: »So, in zehn Minuten wird die und die Mozart-Arie gesungen, ich geh mal rüber.« Ging ins Opernhaus in seine Loge, hörte sich die Arie an, und spazierte wieder zurück. Jedenfalls wimmelte da meine Großmutter irgendwann rum, die hatte ihrer Schwester was am Kleid genäht, einen Saum gekürzt oder was-weiß-ich; mein Großvater sagte: »Entzückend!« und stellte ihr nach, nahm sie mit in sein Haus, machte sie zu seiner Geliebten, konnte das aber unmöglich seiner Mutter mitteilen, dieser feinen Wyneken in Hildesheim, sie durfte davon nichts wissen, geschweige denn eine Heirat, das kam überhaupt nicht in Frage. Und Anna Müller schenkte ihm ein Kind, das war Onkel Hähnchen, von dem ich dir erzählte, und nach sieben Jahren wieder ein Kind, die wurden alle unehelich geboren, weil meine Großmutter für ihn und für die Familie Wyneken nicht ebenbürtig war. Es war schon schlimm genug, daß er Journalist geworden war, nun noch eine Schauspielerin heiraten, das war das letzte! Und was, frage ich, war Besonderes an ihr, daß der Großvater bei ihr blieb?

Meine Großmutter war an sich eine fröhliche, eine ganz bezaubernd hübsche, witzige, amüsante Frau mit Sinn für Kunst, aber auch für das Varieté und das Kabarett und für die leichte Muse. Leider war ihr Leben dadurch verdüstert, daß ihr Mann, der große Alexander Wyneken, immer noch Mätressen nebenher hatte und sie unter seinen Eskapaden sehr litt. Sie war eine humorvolle Frau. Zu seinem 60. oder 65. Geburtstag hat sie ihm ein Geschenk gemacht. Im »Don Juan« endet die Leporello-Arie mit »... aber in Spanien tausendundeine ...« oder so ähnlich. Und in Form eines Portemonnaies, aufknüpfbar und ausziehbar wie eine Ziehharmonika, hatte sie die Bilder seiner sämtlichen Geliebten, mit denen er sie betrogen hatte, hineingetan und am Anfang in Goldschnitt die Anfangsworte der Leporello-Arie und zum Schluß »Aber in Spanien – Punkt – Punkt – Punkt« geschrieben. Das legte sie ihm zum Geburtstag auf seinen Schreibtisch.

Ich bin müde vom Zuhören. Wir gehen hinaus, wir laufen umher, wir spazieren über die große Wiese ins Dorf zurück. Es ist der Weg, den wir am ersten Abend gegangen und wo uns der furchtbar laut bellende Hund erschreckt hatte. Auf der Wiese bleibt Harich stehen und setzt sein Erzählen fort:

Du mußt wissen, einer seiner Hauptfreunde war der Münchner Generalintendant Ernst von Possart, er war der Inbegriff des üblen Komödianten alten Stils. Der kam immer nach Königsberg zu Besuch. Jedesmal wurde an die Litfaßsäule angeschlagen: »Zum unwiderruflich letzten Mal wird Ernst von Possart rezitieren«. Dann fragte mein Großvater ihn: »Aber lieber Ernst, warum das letzte Mal?« Darauf Possart: »Die Leute sollen nicht sagen, warum rezitiert Possart noch?, sondern sie sollen sagen: Warum rezitiert er nicht mehr?« Er ging mit meinem Großvater zu einem Begräbnis. Mein Großvater lief mit markigem Schritt hinter dem Sarg her, Possart zog ihn am Ärmel und sagte: »Langsam, langsam, lieberrr Frrreund, ein gebrrrochener Mann geht langsam.«

Es gibt nichts Schöneres für Harich, als jemanden nachzuahmen, das kann er wunderbar. Und weil wir ganz allein auf der Wiese sind, weit und breit keine Menschenseele zu sehen ist, spielt er mir weiter den Possart vor. Sein Bühnenjubiläum, erzählt er, wurde gefeiert in München – er war ja königlich-bayrischer Generalintendant. Es war sein 60. oder 70. Geburtstag. Man hatte auf der Bühne einen Thronsessel aufgebaut, auf dem er sitzen sollte, um die Huldigungen an seinem Ehrentag entgegenzunehmen. Und dann hat er zwanzigmal mit seinem Theater geübt, daß er unter seinem Widerstreben auf die Bühne gedrängt wird. Sie mußten ihn immer drängen, und er sagte aus Bescheidenheit: »Nein! nein! ...« Als er dann schließlich oben war, breitete er seine Arme aus und rief: »Nein! Zu Euch! Zu Euch, da zieht's mich hin!« und ging wieder hinunter, wurde aber doch wieder hinaufgedrängt in den Sessel. Er übte seine tiefe Bescheidenheit. Und Harich spielt das voller Übermut, wir müssen dauernd lachen, ihm laufen dabei die Tränen über seine Wangen, und mir bleibt die Luft weg, und aus lauter Freude über unsere Freude und über das Komische, in das wir uns immer mehr hineinsteigern, sage ich, spiel das nochmal, und er macht mir das so lange vor, bis wir uns endgültig ausgelacht haben.

Possart war der Freund meines Großvaters, aber er war auch befreundet mit Cosima Wagner. Im Hause Wagner ist er empfangen worden, in Bayreuth. Er hat den ganzen Ehestreit mitgemacht. Du mußt wissen, Hans von Bülow war doch erst verheiratet mit Cosima Liszt, und die ging ihm durch zu Wagner. War Hans von Bülow bei uns eingeladen, durfte nichts mehr von Wagner gespielt werden.

Die Geschichten über seinen Großvater waren endlos, und

manchmal sagte ich: Hör auf, das kenne ich alles schon! Du und dein Großvater! Eigentlich ist der furchtbar! Dann nickte Harich und sagte: Ja, na angenehm war der nicht gerade, politisch war der stinkkonservativ und opportunistisch. Seinen Opportunismus zum Beispiel trieb er so weit, daß er, ging er wählen, sich mit beiden Fäusten auf seinen Kopf schlug und sagte: So, jetzt schlage ich mir den letzten Rest menschlichen Anstand aus meinem Schädel und begebe mich zur Wahl. Schlimm, nicht wahr? Ja, der war so, der war nicht immer angenehm.

Nein, antisemitisch war er nicht, beantwortet Harich meine Frage! In ihm floß ja jüdisches Blut, etwas verdünnt, das heißt, die Wyneken waren jüdischer Abstammung. Ihre besten Freunde waren Juden, die besten Künstler waren Juden und die besten Pianisten waren Juden. Den Antisemitismus der Nazis, den blendete er aus. Ihm waren die Nazis zu roh, sie hatten »keinen vornehmen Stil«. Als 1931 die Wahlsiege der Nazis zutage traten, da fand er auf einmal den Hitler doch recht tüchtig. Seinen Nationalliberalismus schränkte er ein und bog nach rechts. Da war er 81 Jahre alt, und wie du siehst, er ging immer noch mit der Zeit. Ich erinnere mich, wie mein Großvater mit meiner Mutter und uns Kindern im Auto durch Königsberg fuhr. Es war 1933. Da stand auf einem Laden mit weißer Schlemmkreide daraufgeschmiert: Kauft nicht beim Juden! Er befahl dem Chauffeur anzuhalten und sagte: »Das ist ja unerhört! Die Juden dürfen handeln, womit sie wollen!« und sagte zu meiner Mutter: »Du steigst jetzt aus, gehst zu dem Polizisten und machst eine Anzeige, und wenn du das nicht tust, dann mache ich das!« Die Formulierung: »Die Juden können handeln, womit sie wollen« zeigt, daß er den Nazi-Antisemitismus in Kategorien aus seiner Jugendzeit nachvollzog, die bei ihm die Ghetto-Vorschriften aus der Zeit vor der Judenbefreiung wachriefen. Er hatte die Stein-Hardenbergschen Reformen im Kopf, die ja noch seine Eltern als Kinder erlebt hatten.«

Die Frage, warum Harich einer ihn bestimmenden Autoritätshörigkeit unterlag, warum sie für ihn wie etwas Unentbehrliches zu sein schien, ist, denke ich, ohne die Existenz und den Einfluß des Großvaters auf den heranwachsenden Sprößling kaum zu beantworten. Die Autorität der Mutter war eine andere. Sie stand mit den Kindern allein da, trug die Veranwortung, durfte nicht versagen, und in ihrer Angst darum und in ihrer Unsicherheit waren liebevoller Schutz und Zärtlichkeit, Drohung und Strafe ihre Hilfsmittel. Der Großvater aber ist die unangefochtene Autorität, auf den sich die Familie einzustellen hat und nach dem sich alle auszurichten haben, und in dieser selbstverständlichen und in sich ruhenden Autorität wächst der kleine Harich auf, ihr kann er vertrauen, weil sie verläßlich ist; er fühlt sich zu ihr hingezogen, und bei ihr widerfährt der kindlichen Arglosigkeit kein Unglück, trotz des absoluten Gehorsams, den sie ihm abverlangt, weil er bei ihr lernt, sich vor ihr nicht zu fürchten; weil sie ihm erlaubt, sich mit ihr gleichberechtigt und ungeheuchelt auseinandersetzen zu dürfen, ohne ihrer Sicherheit und Zuneigung verlustig zu werden; weil sie den jungen Widerstandsgeist gedeihen läßt; weil sie ihn zur Leistung fordert, dafür lobt oder tadelt; weil sie ihm keine Verletzungen zufügt, auch dann nicht, wenn er fehlschlägt; weil diese Autorität einhergeht mit umfangreicher beispielgebender Bildung, und mit gutem Humor, der, undenkbar ohne Verstand und Großzügigkeit, über jegliches Spießertum erhaben ist.

So bleibt der vornehme geschmackvolle Großvater, Liebhaber der schönen Künste und Lebemann, der ihn geprägt und nie an Anziehung verloren hat, die unwiderstehlich imposante Erscheinung aus frühester Kindheit, von dem er sich geliebt, geachtet und ernstgenommen fühlt und der ihn mit Marzipan verwöhnt, der mit ihm, als er noch ein Knirps war, im Briefwechsel gestanden hat, und von dem er später unbewußt den Schreibstil und den resoluten Durchsetzungswillen annahm. Aber auch die galante Art, spitz, humorvoll und geistreich zu plaudern, der Liebe wegen die herrlichsten Dummheiten zu begehen und der großartigen Schwäche fähig, sich in Selbstironie preiszugeben, übertrug sich vom Großvater auf den Enkelsohn. Bis zum eigenem Ende lebte in ihm die Liebe zu dem alten Wyneken weiter, als ein ewiger Trost im Erinnern, und wenn er von ihm erzählte, dann leuchteten seine Augen, als hätte er just in diesem Moment etwas ganz Neues an dem alten Mann entdeckt, als hätte er ihn eben erst richtig erkannt.

*

Würdest Du mir zustimmen, wie ich mir Deine Autoritätshörigkeit, aus der sich letztlich Deine Wortgläubigkeit genährt hat, zu erklären versuche? Und mir ist, als brauchtest Du, der selbst in sich autoritär ist, die Autorität ein Leben lang, als suchtest Du sie immer, die vorbildliche, um Dich geistig mit ihr und an ihr messen zu können, und Du erwartest von ihr Aufgaben und Du vertrautest ihr, und Du hattest sie ja auch gefunden, in Deiner Jugendzeit vor dem Krieg und danach, als er zu Ende war. Autoritäten wie Kitayama, Nicolai Hartmann, Kästner, Rilla, E. Engel, Seghers, Weigel, Brecht, Lukács, Bloch, Becher, und Du brauchtest Dich ihrer nicht zu schämen, und Du brauchtest Dich nicht davor zu fürchten, von ihnen Unheil zu erfahren, und sie hätten Dir Mißgeschicke und Fehler verziehen.

Dann standest Du der anderen Autorität gegenüber, die aus der Arbeiterklasse erstanden war und deren Führung Du bejahtest, die Dir Achtung abverlangte und die Du in Deiner Begeisterung idealisiertest. Mit dieser Autorität aber beginnt in Deinem Leben eine Erfahrung, auf die Dich niemand vorbereitet hat. Die andere Autorität kann Dich nicht begreifen, weil Du einer Schicht entstammst, deren Lebens- und Denkweise ihr fremd sind. Die geistige Überlegenheit, mit der sie konfrontiert wird, bereitet ihr Angst. Das willst Du Dir lange nicht eingestehen. In ihrem Klassenkampf gegen das kapitalistisch ausbeutende Bürgertum bleibst Du, der bourgeoise Intellektuelle, auch wenn Du Dich, und viele andere, noch so leidenschaftlich kommunistischer Ideen verschreibst, in der Regel ein Chancenloser, ein Klassenfeind.

In Sartres »Schmutzige Hände« findet diese Art Tragödie ihren Ausdruck. Es wundert mich nicht, wenn das Stück, nach dem Krieg in Westberlin aufgeführt, als antikommunistisch von der ostberliner Kritik angeprangert worden ist. Ich wüßte nicht, daß Sartre, wenn auch kein Kommunist, antikommunistisch war. Leider konnten auch die Ulbrichts den bürgerlich gebildeten Menschen nicht ausstehen; sie mußten alles besser wissen, weil sie sich in ihrem Kampf gegen den kapitalistischen Feind von Verrat umgeben sahen. Auch Du erschienst denen wie ein Phänomen, für sie nicht faßbar und begreifbar, das sie loshaben wollten. Voreingenommen, kurzsichtig, pauschal vergraulten sie, zum Teil in ihrer Unwissenheit und Unsicherheit, aber auch in ihrer Machtgier, die Blochs, die Koflers, die Mayers (Hans) und viele, viele andere mehr. Bürgerliches Denken und Widerspruch mußte gebrochen werden. Sie trugen bedauerlicherweise dazu bei, das eigene Land der geistigen Verarmung anheimfallen zu lassen, sie schwächten damit ihre eigene Position in der Bevölkerung und im Ausland. Darin liegt ihr großes Versagen.

Wie die Ulbrichts gehandelt haben, darüber habe ich von Dir erfahren. Miterlebt habe ich die Militärparaden, jährlich am 1. Mai und am 7. Oktober, zum Tag der Republik; miterlebt habe ich die Turn- und Sportfeste, zu denen die Jugend zusammengeführt wurde. Mir hat das wunderbar gefallen in Leipzig beim Sportfest, zuvor war ich drei Wochen im Trainingslager, wir waren wie eine große Familie. Habe ich Dir das noch nicht erzählt? Erinnern kann ich mich, wie stolz die Parteiführung und mit ihr auch das Gros der Bevölkerung war, wenn unsere Spitzensportler bei den Weltmeisterschaften als Sieger hervorgingen und eine Medaille nach der anderen mit nach Hause brachten. Der Jubel war groß, und die Lobeshymnen über die Errungenschaften im Sozialismus gaben einem für kurze Augenblicke das Gefühl: Wir sind die größte DDR der Welt. Aber Spaß beseite. Der sportliche Wettkampf ist für mich ein politischer. Nicht von ungefähr ist er im Hitler-Deutschland mit macht- und prunkvoller Demonstration vor der Welt in die Höhe getrieben und von Millionen Menschen enthusiastisch gefeiert worden. Ulbricht und seine antifaschistischen und kommunistischen Genossen sind genau in dieser Zeit aufgewachsen, sind von ihrer Tradition, ihrer Sprache, ihrem Geist geprägt. Sie kämpften, ihr Leben dabei aufs Spiel setzend, gegen den Faschismus. In friedlicher Absicht führten sie ihre Arbeit nach dem Krieg fort, mit vertrauten Mitteln, vertrauter Tradition, in gewohnter Sprache. Das alles konnten sie nie richtig ablegen. Sie haben damit unfreiwillig der Reaktion gedient, nämlich: die unkorrekte Gleichstellung von Kommunismus und Faschismus in die Köpfe der Menschen zu suggerieren. Du hast diese These abgelehnt.

Nebenbei bemerkt: Es wundert mich auch nicht, das Victor Klemperer mit seinem Buch »LTI« (Lingua Tertii Imperii), Sprache des Dritten Reichs, geschrieben 1949, es nicht einfach hatte, seine Schrift im antifaschistischen Teil Deutschlands zu veröffentlichen. Und es wundert mich sehr, dieses Buch im Kampf gegen einen erneuten Faschismus als Pflichtlektüre nicht in den Schulen zu wissen. Für mich ist es das wichtigste politische Buch geworden, mit dem Satz: »Sprache, die für dich denkt«, und das mich wachsam sein läßt, von welchem Zeitgeist ich beherrscht werden soll. Und ich frage Dich: Warum hast Du mich nie darauf aufmerksam gemacht?

Entschuldige bitte, ich bin wieder so abgeglitten vom Thema, doch Du weißt nicht, wie mich all diese Fragen bewegen, weil ich einfach nicht glauben will, daß alles umsonst gewesen sein soll!

Ich wollte Dir noch etwas sagen zu der Autorität, die Du so umgarnt, mit der Du so gerungen und gegen die Du verloren hast.

Ich denke mir, sie wollte sich ihre eigene Intelligenzschicht nach ihren Maßstäben heranbilden, eine, die folgsam war, die sie nicht zu fürchten hatte und von der sie annahm, nicht durchschaut zu werden, und darin liegt, glaube ich, gleichermaßen wieder eine Tragödie. Bedenke doch bitte, was für geistige Größen im Rampenlicht während der sogenannten »Revolution« von 1989 gestanden haben! Aber weil die Autorität in der DDR Deine politischen Genossen waren, die es mit Lenin und Marx und Engels hielten, und diese Klassiker ja auch dem Bildungsbürgertum angehört hatten, standest Du in loyaler Treue an ihrer Seite, bis zu ihrem Untergang. Nicht einmal das war denen recht!

Von Deinem Großvater Wyneken bin ich jetzt doch ganz schön abgewichen, Du kennst ja meine Schwäche, ich springe von einem Thema zum anderen, und das kannst Du nicht leiden, doch das geht nun mal nicht anders, ich will versuchen, Dich zu verstehen, das habe ich doch am Anfang gesagt, und ich will auch ein bißchen mit Dir reden. Es bleibt nicht aus, auch über anderes nachzudenken.

Wenn die Partei nicht ruft

Wir sind wieder in Berlin. Zu Hause angekommen, öffnet Harich als erstes den Postkasten. Briefe fallen ihm entgegen. Ich bin überflüssig und gehe in die Pufendorfstraße, dort wartet Kathrin auf mich.

Tagebuch, Berlin, am 14.9.1987:
»Am 12.9.1987 sind wir aus Kagar zurück. Post von Prof. Hahn und Prof. Buhr endlich angekommen. Am 15.9. 10 Uhr wird Prof. Hahn einen Besuch abstatten und mit Wolfgang über die Philosophiekonferenz im Januar 1988 sprechen. Am 16.10. um 10 Uhr eine interne Nietzsche-Diskussion. Heute besucht W. H. Inge von Wangenheim im Regierungskrankenhaus. Warum ich nicht dabei bin? Er hätte es vergessen!«

Gern wäre ich mitgegangen, zu Inge von Wangenheim, die Harich verehrte und achtete, und die so phantastische Bilder malte, wie zum Beispiel in ihrem Buch über ihre Zeit in Kalkutta. Statt meiner nahm er ein Foto von mir mit, das reichte aus, seine Neue mußte er ihr unbedingt zeigen. Mich wurmte der Ausschluß, und mir war, als verheimlichte er mir Wichtiges, und mein Gefühl hat mich damals nicht getäuscht. Der folgende Brief zeigt, was er mir zu jener Zeit zu verschweigen gedachte: Er beabsichtigte, mit Inge von Wangenheim unter vier Augen etwas Bedeutsames zu besprechen, etwas, das lange schon seine Gedanken beschäftigt haben mußte. Die Briefe von Hahn und Buhr, auf die Harich lange gewartet hatte, lösten, als er sie las, Zuversicht aus. Der vorherige Ärger, die Klagen über oberflächliches und kränkendes Verhalten ihm gegenüber, waren wie weggeblasen. Er wurde noch mutiger und schritt nun zum Äußersten, was er nicht mehr aushielt, Hager zu verschweigen. Im Brief vom 23.9.1987 teilt er seine Freude Hager mit, »daß ich inzwischen, am 15.9. von Professor Dr. Erich Hahn, Mitglied des ZK der SED, einer ausführlichen Unterredung gewürdigt worden bin, die in einer angenehmen Atmosphäre und im Geist sehr weitgehender sachlicher Übereinstimmung stattfand.« Professor Dr. Manfred Buhrs Einladung »zu einer internen Diskussion zum Thema ›Nietzsche und die Folgen‹ am 12.10.87 in das von ihm geleitete Institut für Philosophie der Akademie der Wissenschaften« lassen ihn an eine gleichberechtigte Wiedereingliederung in die Gesellschaft ernsthaft glauben. Aus diesen beiden eingeforderten Reaktionen von Hahn und Buhr schließt Harich: »Damit ist ein wesentlicher Teil der Festlegung, die Sie am 18. Mai im Gespräch mit mir getroffen haben, erfüllt.«

Das veranlaßt ihn zu gestehen: »Dies erleichtert es mir, den seit langem von mir gehegten Vorsatz, mich um Aufnahme als Kandidat in die Reihen der Sozialistischen Einheitspartei Deutschlands zu bewerben, nunmehr zu verwirklichen. Um Sie über den Schritt, den ich jetzt tue, zu informieren, erlaube ich mir, eine Kopie meines einschlägigen Schreibens an die SED-Grundorganisation des Akademie-Verlages hier in der Anlage beizufügen. Eingedenk der Bestimmung des Parteistatuts erwarte ich dazu selbstverständlich keinerlei Äußerung von Ihrer Seite. Gestatten Sie mir aber bitte, Ihnen ein Wort der Erläuterung zu dem dritten der von mir in dem Schreiben dargelegten Motive zu sagen. Mein Wunsch, auf den Gebieten, für die ich kompetent zu sein glaube, am Meinungsbildungsprozeß der Partei als deren Mitglied teizunehmen, schließt zwei Bedürfnisse ein: a) die Weitergabe meiner Kenntnissse, Erfahrungen und wissenschaftliche Überzeugungen auf den Gebieten der Philosophie und Literaturwissenschaft an einen Kreis hierfür geeigneter Schüler bei gleichzeitigem

Tonbandmitschnitt meiner Ausführungen; b) eine gleichzeitige Einflußnahme auf den selben Gebieten auf unsere Verlagsproduktion, die, wie ich glaube, bis jetzt reiches und auch hochinteressantes humanistisches Erbe, das noch gänzlich unausgeschöpft ist, vernachlässigt (einschlägige konkrete Vorschläge und Gutachten von mir liegen z.T. seit Jahrzehnten dem Akademie-Verlag vor).

Es versteht sich, daß im Vordergrund meiner Tätigkeit weiterhin aber die schriftstellerische Arbeit stehen wird ... Meine Arbeit an dem Buch über Nicolai Hartmann schreitet zügig fort. Die Aufsätze über Lukács und gegen Nietzsche, die ebenfalls recht arbeitsaufwendig waren, sind in den letzten anderthalb Jahren noch hinzugekommen, nebst einem umfangreichen Schriftwechsel hierüber. Alles in allem kann ich behaupten, noch nie als Autor so fleißig gewesen zu sein wie jetzt als Invalidenrentner. Wenn ich neben dem Schreiben nun auch noch einmal wöchentlich zwei, drei Stunden lang zu Schülern spräche und außerdem Ratschläge für unsere Verlagsproduktion erteilte, wäre mein Invalidenstatus etwas paradox. Ich würde ihn daher jetzt gerne meinen Ärzten gegenüber zur Disposition stellen, falls sich bis zu meinem Eintritt ins reguläre Rentenalter (ab Dezember 1988) die Möglichkeit einer im Sinne meiner geschilderten Wünsche sinnvolle Berufstätigkeit ergäbe, ohne daß mir daraus wesentliche materielle Einbußen erwüchsen. Eine solche Tätigkeit könnte ich mir sowohl bei der Akademie für Gesellschaftswissenschaften beim ZK, wo Unterrichtung von Schülern in allgemeiner Geschichte der Philosophie bis jetzt nicht stattfindet, als auch irgendwo im Rahmen der AdW vorstellen. Ich wäre Ihnen dankbar ... darf ich Ihnen heute nicht nur einen herzlichen, sondern auch einen Kommunistengruß entbieten. Ihr Wolfgang Harich.«

Ähnlich berichtet Erich Hahn über das Zusammentreffen in Harichs Wohnung am 15.9.1987. Hahn hinterläßt am 21.9.1987 für das Büro Hager eine »Aktennotiz«; dort ist u.a. zu lesen: Er »habe Wolfgang Harich die Angebote unterbreitet, im Problemrat Geschichte der Philosophie sowie in dem Arbeitskreis 4 der wissenschaftlichen Konferenz ›Sozialistische Gesellschaft und philosophisches Erbe‹ mitzuarbeiten ... Wolfgang Harich schlug vor, sich an dem Arbeitskreis mit einem Beitrag zu den Möglichkeiten progressiver philosophischer Strömungen im geistigen Leben des Imperialismus zu beteiligen. Wolfgang Harich äußerte die Meinung, daß die beabsichtigte Konferenz eine ›totale Zerschmetterung‹ Nietzsches und ein ›totales Bekenntnis‹ zu Georg Lukács verabschieden müsse ... Im Laufe des Gesprächs äußerte Harich die Überlegung, sich um Wiederaufnahme in die SED zu bemühen. Er bat mich, dies nicht als offizielle Mitteilung anzusehen ... Das Gespräch verlief in einer sachlich-kollegialen Atmosphäre. Meiner persönlichen Meinung nach sollten wir an dem Bemühen, Wolfgang Harich in das philosophische Leben der DDR wieder stärker zu integrieren, festhalten. Dabei ist allerdings in Rechnung zu stellen, daß Wolfgang Harich mit seinen sehr zugespitzten Positionen die Zusammenarbeit belasten und erschweren wird.«

Den letzten Schritt in dieser Angelegenheit, der Harich die gleichberechtigte Wiederaufnahme in den Wissenschaftsbereich unter Berücksichtigung der jeweiligen beruflichen Qualifikationen garantieren sollte, ist der Brief vom 23.9.1987, gerichtet »An die Sozialistische Einheitspartei Deutschlands/ Kreisleitung Akademie der Wissenschaften der DDR/ Grundorganisation Akademie-Verlag«.

»Liebe Kollegen!

Hiermit ersuche ich um Aufnahme als Kandidat in die Reihen der Sozialistischen Einheitspartei Deutschlands. Drei Motive sind dafür vor allem maßgebend: 1.) Ich bejahe uneingeschränkt das Programm und das Statut der Partei und deren Beschlüsse; 2.) Ich möchte bezeiten dafür vorsorgen, daß ich nicht eines Tages als sogenannter ›heimatloser Linker‹ sterbe, sondern daß, wenn es einmal so weit sein wird, bei niemanden der geringste Zweifel darüber bestehen kann, wie ich, nach weit zurückliegenden Irrungen und Wirrungen, gedacht und wo ich gestanden habe; 3.) Ich glaube, auf den Gebieten, für die ich mich zuständig fühle (Philosophie, Literaturwissenschaft), am Meinugsbildungsprozeß der Partei als deren Mitglied besser und wirksamer teilnehmen zu können denn als Außenstehender. (Besonders Diskussionen einerseits über das Vermächtnis von Georg Lukács, andererseits über die Einschätzung Nietzsches haben mich in den letzten Jahren und Monaten in dieser Überzeugung bestärkt.) ... Ich war Mitglied der KPD seit 1946 und der SED von deren Gründung bis 1956. Im Zusammenhang mit meiner Verurteilung wegen Staatsverbrechens wurde ich 1957 aus der Partei ausgeschlossen. Seit Dezember 1974 gilt meine Straftat als verjährt. Mit Rücksicht auf mein Herzleiden, das sich bei emotionalen Belastungen sehr zu verschlechtern pflegt, bitte ich mir hochnotpeinliche Befragungen über meine Vergangenheit so weit wie irgend möglich zu ersparen.«

Auch ich lese die Briefe zum ersten Mal, die hier auszugsweise oder vollständig der Öffentlichkeit vorgelegt werden; aber wie sind mir die Inhalte vertraut! Ich wußte um sämtliche Anliegen, die Harich permanent an die Parteiführung richtete. Jahre sind seither vergangen. Es verändert sich nichts in mir, wenn sein alter Kampf noch einmal vor meinen Augen aufgefrischt und lebendig wird: Es ist der Wolfgang Harich, wie ich ihn kennen und achten gelernt habe, es ist die Klarheit und Deutlichkeit, die Dinge beim Namen zu nennen, und es ist die Kompromißlosigkeit in entscheidenden Situationen, die ihn nicht ans Ziel gelangen ließ und mit der er sich ein Leben lang gefesselt hielt. So, wie er an die Verantwortlichen im Lande schrieb, genauso sprach er es zu Hause aus. Diese Briefe, die ich nun Jahre nach seinem Tod in Ruhe und mit Unterbrechungen lesen kann, zeigen mir das ganze Ausmaß seiner seelischen Verfassung. Das zu erkennen, war mir damals nicht möglich, in den emotionsgeladenen Unterhaltungen und Debatten, in denen wir uns so oft ratlos gegenübergestanden und ich hauptsächlich intuitiv reagierte, weil ich zu etwas anderem überhaupt nicht fähig war. Und das war gut so. Und es ist auch gut so, viel später zu begreifen, in welch aussichtslose Hoffnungen sich Harich hineingesteigert, und wieviel unnötige Kraft es ihn gekostet hatte, an ihnen festzuhalten. Zweifel zerstört, Verzweiflung raubt Kraft, und verzweifelt war er oft genug darüber, abgeschottet von allem in der Friedenstraße sitzen zu müssen, hoffend und wartend auf ein gnädiges Zeichen aus dem Büro Hager oder dem Büro Höpcke oder von einem anderen Genossen der Wissenschaften. Und mit dem Warten und mit dem Hoffen machte sich Unruhe breit in unseren vier Wänden, die durch Harichs Bestrebungen, sich der verordneten Isolation zu widersetzen, ausbrach und anhielt, die ich nun beim Formulieren, beim Nachlesen, beim Nachdenken besser verstehe, denn auch die ist ein Teil meines Lebens, in das ich unvorbereitet hineingezogen worden war, mitten in die Aufregungen und Vorbereitungen auf Diskussionen, mitten in das viele Hin- und Her in der Auseinandersetzung mit den Mächtigen und in das endlose Spekulieren Harichs über das, was sein und über das, was geschehen könnte. Er setzte vieles bei mir voraus. Er vergaß, wo ich herkam. Er verheimlichte mir Dinge, bei denen er meinen Widerspruch befürchtete. Verwirrt und den rätselhaften Problemen nicht gewachsen, fand ich für mich keine Muße, in Ruhe mein Beobachtetes, mein Wahrgenommenes zu ordnen. Natürlich habe ich seine unterwürfige, seine ergebene Art damals nicht verstehen können. Es paßte nicht zu ihm, es paßte nicht zu seinem rebellischen Wesen, es paßte nicht in mein Bild, das ich mir von ihm gemacht hatte, innerlich war er nicht frei, und das tat mir leid. Ich fühlte deutlich zwei Kräfte, denen er ausgesetzt war: Unrecht und Mißbrauch. Genaues konnte ich mir nicht erklären. Ich fühlte ihn unfähig, sein aus der Bahn geworfenes Leben in eine andere Richtung zu lenken, und zwar: weg von »denen da oben«!

Er kämpfte um seine berufliche, politische und moralische Rehabilitation. Hager und seine Leute durchschauten sein Anliegen und fürchteten seinen Anspruch; sie suchten, immer mehr von Harich in die Enge gedrängt, nach Auswegen. Wie aber sollte man den Leumund, der Harich begleitete, umformulieren? Käme da nicht ein Stück Geschichte beider Teile Deutschlands, die lange festgeschrieben war, die lieber unberührt bleiben sollte, ins Wanken? Er verlangte nach seinem persönlichen Status quo vor 1956/57 nach geduldig ertragener Buße, und er verlangte von der Partei-und Staatsführung, ihr Versprechen, den Sozialismus auf der Basis der Pflege des humanistischen und demokratischen und antifaschistischen Erbes aufzubauen. Das verlangte er, das war das andere Ziel, deshalb lebte er in der DDR. Doch bei allem Widerstand und Widerspruch, den er leistete, nahm er Rücksicht auf die Führung der DDR, nichts davon sollte nach außen dringen. Sein Befinden von 1986/87 ist gekennzeichnet von einer ewigen selbsttrügerischen Gläubigkeit der Parteiobrigkeit gegenüber und von der Unfähigkeit, auf sich selbst acht zu geben.

Natürlich wußte ich von seinem Begehren, der Partei wieder angehören zu dürfen; ich wußte von seinem Bestreben, die Grundlagen humanistischer Bildung zu erhalten, zu vermitteln; ich wußte von seiner Angst vor erneuten Kriegen und brutaler Zerstörung unserer Erde, und ich wußte von seinem heißen Begehren, endlich, endlich wieder vor Studenten lesen zu dürfen. Ich wußte von seiner Gelehrtheit und seinem Talent, mit Leichtigkeit scheinbar Unverständliches gedanklich Schritt für Schritt ganz einfach aufzurollen, und ich wußte von seiner Gabe, für alles Beispiele aus der Geschichte anzuführen oder mit Vergleichen ein Problem zu veranschaulichen. Er war ein Künstler im Vergleichefinden, dem es in der Regel nicht an Humor mangelte. Er durfte von seinem umfangreichen Wissen nichts weitergeben; er durfte von seiner genialen Fähigkeit zu lehren keinen Gebrauch machen. Und das alles widerfuhr ihm in dem Land, das er sich zum Leben und Wirken ausgesucht hatte, ausgerechnet in dem Land, das sich auf seine Fahne Gemeinsamkeit geschrieben hatte und dem soviel daran lag, junge Menschen zu allseitig gebildeten Persönlichkeiten auszubilden. Aber was wußte ich wirklich darüber, wenn einem ständig das Wort Berufsverbot vor Augen steht? Und was soll ein Mensch tun, wenn er nur eine Tätigkeit ausüben kann? Wenn er nur Studiertes und Gedachtes aufzuschreiben, auszusprechen und weiterzugeben vermag?

Harich war ein fleißiger Mensch, ohne Arbeit kein Leben. Entweder sah ich ihn schreibend am Schreibtisch sitzen oder lesend und denkend auf dem Sofa liegen. Ich glaube, es ist unmöglich, einem wahren Philosophen das Nachdenken über die Dinge an sich und die Ereignisse um ihn herum zu verbieten. Verbieten kann man ihm, seine Meinung öffentlich kundzutun. Entweder man ist Philosoph oder man ist keiner. Ich glaube, man kann nicht einfach Philosoph werden, genausowenig, wie man nicht einfach ein Komponist oder ein Maler werden kann; der eine ist erfüllt von Musik, im anderen entstehen Bilder, und ein Philosoph – auch das, so denke ich, ist eine angeborene Begabung – philosophiert immer, egal, was er tut: beim Spazierengehen, beim Einkauf von Süßigkeiten, beim Teekochen, beim Schuheputzen oder beim Beobachten einer schlafenden Katze. Und ein wahrer Philosoph, in sich vertieft und fern von gewöhnlichen Bedürfnissen, ist ein seltener, ein schöner Anblick. Weltfremd scheint er, wird er beim Herumwälzen seiner Gedanken gestört. Er weiß, das Leben kann furchtbar unbequem sein, er flieht zurück zu dem »Ding an sich«, mit dem kennt er sich aus. Über das »Ich« und das »Dasein«, über das »Wie« und über das »Warum«, über alles, was uns umgibt und was uns ungewöhnlich erscheint, das sind ihm die liebsten Fragen, und anders habe ich Harich nicht kennengelernt.

Nur, so gemütlich, wie das Bild von mir beschrieben ist, sah es in seinem Inneren nicht aus. Sein Zustand glich eher einem dampfausstoßenden Wassertopf, der sich nur durch das Anheben des Deckels beruhigen läßt. Jeder geschriebene und abgeschickte Brief war ein unbewußtes Dampfablassen, bis es von neuem in ihm zu brodeln begann. Ein in sich gekehrtes Philosophieren war ihm längst unerträglich geworden.

Sein großes Verlangen ist, über Kant zu lesen. Es ist ihm wichtig. »Ich beginne Kant von hinten zu lesen, eine solche Vorgehensweise bringt dem Hörer die Kantsche Philosophie näher, er wird dann den Anfang seiner Philosophie besser verstehen können.« Eine Konzeption dafür trägt er lange, lange in seinem Kopfe, er ist innerlich und geistig auf ein Berufsleben eingestellt. Eine Hürde gilt es noch zu überspringen: Er muß aus seinem Invalidenstatus heraus. Er trennt sich von seiner Kardiologin, die ihn nach der Haftentlassung jahrelang behandelt hat. Ich traue ihm zu, auf eine Überweisung in das Regierungskrankenhaus spekuliert zu haben. Er war sicher mehr als ich darüber erstaunt, von der Empfehlung an einen der internistischen Chefärzte im Krankenhaus im Friedrichshain zu lesen. Hoffend, von ihm ein gesundheitliches Gutachten erstellt zu bekommen, das ihm die volle Arbeitsleistung bestätigen soll, findet er sich zu einem Vorgespräch bei seinem von oben her befohlenen Arzt im Krankenhaus am 12.10.1987 ein. Er bereitet Harich darauf vor, daß der Vorgang der Entinvalidisierung nicht so schnell gehe, wie er sich das vorstelle, es müßten verschiedene Untersuchungen durchgeführt werden. Harich versteht das sehr gut. Der Weg der Invalidisierung vor der zeitweiligen Ausreise in die BRD war in drei Tagen erfolgt. Die Umkehrung dessen war mit anderen Zielen verbunden, da liefen die beiderseitigen Interessen auseinander.

Glasnost und Perestroika?

Inzwischen war Harichs Artikel »Revision des marxistischen Nietzschebildes?« in »Sinn und Form« Heft 5/87 erschienen. Er hatte den Titel von Heinz Pepperle übernommen und nur mit einem Fragezeichen versehen. Die Ausgabe war im Nu vergriffen; die Leser waren über den Inhalt des Artikels und den Autor empört. Harich beeindruckte das wenig. Er sagte: Das macht nichts, die Hauptsache, der Artikel ist gedruckt. Sinngemäß äußerte er einmal: Er setze sich nur dann hin und schreibe, wenn er feststellt, daß es keinen anderen gibt, der das, was zu dem Thema gesagt werden muß, so formuliert, wie es seiner Meinung nach gesagt werden muß.

Außerdem stand die seit langem anberaumte Nietzschediskussion am 16.10.1987 in Aussicht. Das beschäftigte ihn viel mehr.

Harich bereitete sich mit größter Sorgfalt darauf vor. Die Abneigung gegen ihn war ihm bewußt; bewußt war ihm die Störung, die er anderen in ihrem Denken zumutete; er setzte sich darüber hinweg. Er sagte: Ich weiß, daß ich die alle sehr verärgere, aber es muß sein.

Tagebuch, Berlin, am 10.10.1987:
»Am 16.10.1987 findet die Nietzsche-Diskussion statt. Buhr wollte mit W. H. eine halbe Stunde davor etwas besprechen. W. H. läßt sich darauf nicht ein. Auf eine Einladung seitens W. H. reagierte Buhr nicht, er scheint Heimlichkeiten vorzuhaben.
Anfang Dezember 1987 findet eine Lukács-Dikussion statt.«

Tagebuch, Berlin, am 19.10.1987:
»Am Freitag, dem 16.10. fand die ›interne Nietzsche-Diskussion‹ statt. W. H. hatte man ins Präsidium gesetzt. Buhr ist ..., Middell ein ... W. H. stand allein da, oder aber einige getrauten sich nicht, sich zu seiner Meinung durchzuringen, oder aber man wollte ihm zeigen: du brauchst nichts mehr zu sagen, auf dich hört keiner mehr, scher dich in deine Stube.
Heute morgen erfuhr Harich von Malorny, daß dessen Buch doch käme, Harich sollte sein Gutachten zurückziehn, es wäre günstiger. W. H. gleich einen Brief an Hager geschrieben, mit dem Inhalt, daß er unter diesen Bedingungen nicht in die Partei eintritt.
Wir haben kein Geld! Ich muß Silber verkaufen!«

Weil ich keinen Sinn für Institutionen habe, weiß ich nicht immer genau, wo alles stattgefunden hat. Erzählte ich Harich zum Beispiel, daß eine Bekannte von mir im Ministerium arbeitet, fragte er sofort: Was heißt hier im Ministerium, in welchem, bitte? Wenn ich ihm entgegnete: Na, im Ministerium eben, dann schlug er die Hände zusammen und sagte: Im Ministerium! Mein Gott! Im Ministerium! Es gibt verschiedene Ministerien! So etwas muß man doch wissen! Weil mich das nicht interessierte, hielt er mich für eine Anarchistin.
Ich glaube, wir fuhren am 16.10.1987 in die Akademie der Wissenschaften, Leipziger Straße. An diesem Ort trafen sich die tonangebenden Philosophen und Literaturwissenschaftler der DDR. Der Auftrag lautete, ihre verschiedenen Positionen über den Umgang mit Nietzsche als geistig-kulturelles Erbe zu äußern,

darüber zu diskutieren, um gemeinsam in der fatalen Angelegenheit eine bekömmliche Lösung zu finden. Und das alles zusammen ausgerechnet mit Wolfgang Harich, der, wegen seiner Interventionen in der Nietzsche-Frage, die erst durch ihn zu einer Frage geworden war, die Schuld daran trug, daß sich die Wissenschaftler mit ihm an einen Tisch setzen mußten, um über eine Sache zu debattieren, die für sie beantwortet und daher unnötig war, weil sie sich in ihr längst einig geworden waren. Und das in einer Zeit, in der die Hoffnung auf Glasnost und Perestroika die Herzen vieler Menschen hier im Land höher schlagen ließ!

*

Du warst doch auch für Glasnost und Perestroika und Toleranz? Wer bestimmt die gesellschaftlich-politische Transparenz, wer bestimmt den gesellschaftlich-politischen Umbau, und wo zum Beispiel liegt die Grenze zwischen einem Prinzip und der Toleranz? Und noch etwas: Schließen geistige Großzügigkeit und das Festhalten an Grundsätzlichkeiten einander aus? ... Nein, ich bleibe beim Thema! Also: Du jedenfalls galtest mit Deinem Standpunkt zu dem Thema »Nietzsche und die Folgen« als intolerant, als dogmatisch, als zurückgeblieben und so weiter. Du ließest keinen Zweifel an Deiner Meinung aufkommen. Aus unmittelbarer Nähe weiß ich, bevor Du Dich schriftlich zu einer Thematik geäußert und Dich festgelegt hast und Dich der Gefahr aussetztest, öffentlich angegriffen zu werden, Du Deine Aussage zuvor hundertmal von allen Seiten her überprüftest, ohne darauf zu achten, irgend jemandem gefällig zu sein oder Anklang erheischen zu wollen. Du vertrautest auf Dich, Dein Wissen und Deine Überzeugung. Selbstverständlich erhofftest Du Zustimmung zu erfahren, also bitte, zeige mir einen Menschen, frei von Eigennutz, frei davon, auf Anerkennung zu verzichten!

Ich hab Dich bewundert, wenn Du Dich auf den Weg machtest und Deine Meinung ungefragt offenbartest, sie denen aufdrängtest. Verantwortlichkeit trieb Dich dorthin, das lasse ich mir nicht ausreden, und das war es, was mich neben Dir sicher machte, auch wenn ich noch so aufgeregt war, und das waren wir beide, als wir mit einem Taxi dorthin fuhren, in das Haus Akademie der Wissenschaften, in dem es kahl aussah und in dem es kalt zuging. Erinnerst Du Dich, wie wir im Fahrstuhl mit Prof. Hermann Klenner und Prof. Eike Middell zusammentrafen? Und wie Du mich ihnen vorgestellt hast und sie mir die Hand geben mußten? Wie Du mit Middell ins Gespräch kommen wolltest, dabei zu ihm hochsahest und der Dich abblitzen ließ in seiner ganzen Größe und Wucht? Das ergab eine verlegene Stimmung, die anhielt, bis wir in irgendeiner Etage ausstiegen. Alles Freundlichsein war falsch, das meine und das Deine, sei ehrlich! Du weißt ja nicht, wie mir damals bei der ersten Diskussion mein Herz geklopft hat; es klopfte schon deshalb, weil die Abneigung gegen Dich, die mir wie abgesprochen vorkam, mich verletzt hat.

Die Tische waren zu einer U-Form zusammengerückt. Ich saß an der Wand, dem Quertisch, dem Podium, das heißt, Prof. Manfred Buhr mit einem größerem Abstand gegenüber. Sehr günstig für mich. Geschickterweise ließ Dich Buhr neben sich Platz nehmen. Das zeigte sich als ein großer Vorteil für ihn, so konnte er alle seine Schäfchen mit den Augen dirigieren; er war zufrieden mit seiner Herde, und Du saßest da und wehrtest Dich gegen die für Dich viel zu schwammigen Ansichten über Nietzsche, und Du verlorest jegliches Gespür für Diplomatie. Grundsätzliche Übereinstimmung kam nicht zustande. Und wenn gesagt wurde: Nietzsche sei doch kein Faschist gewesen, und Du darauf sagtest: Diese Theorie ist genau so richtig, aber auch genau so blödsinnig, wie eine etwaige Behauptung, Jesu sei kein Katholik oder Protestant, Rousseau kein Jakobiner gewesen; nicht einmal Marx war Marxist, und er selbst hat einmal betont: »Je ne suis pas Marxiste«, worauf es ankommt: die Faschisten waren Nietzscheaner, dabei sei nicht nur an Hitler zu denken, sondern auch an sein Idol Mussolini, der einmal linksradikal und gleichzeitig Nietzscheaner war, dann wurde Dir übertriebene und überzogene Denkweise vorgehalten.

In der Pause nahm sich Prof. Moceck Deiner an. Er war ja auch so freundlich, Du glaubtest, er sei ein Freund, weil er Dich zuvor besucht und sich in »die Höhle des Löwen«, wie er es so nett ausdrückte, gewagt hatte. Du ließest Dich wieder einmal beeindrucken. Ich sah euch dort sitzen, ich sah, wie Du mit ihm lachtest. Du schienst zufrieden, mitten in jener Gesellschaft, von der Du akzeptiert werden wolltest, die Dich indes verabscheute.

Ich glühte vor Aufregung und vor Wut. Es gab nicht einen, der mir glaubwürdig oder sympathisch erschien. Ich habe danach gesucht. Ich haßte die ganze selbstzufriedene Runde, die mir so eitel vorkam, und die es irgendwie genoß, Harich hintenanstellen zu dürfen. Ich habe mich nicht geirrt, damals, und die Erinnerung daran ekelt mich aufs neue. Und glaub es mir: Alle diese Wissenschaftler hatten mit Dir nichts Gemeinsames. Sie strebten hinaus aus der marxistischen und strebten hinein in die Frankfurter Schule, dort brauchte nicht gegen den Kapitalismus gekämpft zu werden, und davor wolltest Du die alle bewahren!

Während der Pause, ich konnte ja mit Dir nicht reden, ging ich hinaus in den Flur. Ich brauchte Luft, sehr viel frische Luft. Dort gesellte sich Prof. Erich Hahn zu mir. Und weil Du so unmäßig in der Diskussion warst, glaubte ich, Dein Verhalten rechtfertigen zu müsssen. Ich sagte zu dem Philosophen: Die Jahre der langen Haft und der Isolation, die Jahre, die Du ausgeschlossen aus dem Wissenschaftskollektiv lebtest, hätten Dir die Fähigkeit geraubt, gelassener und loyaler aufzutreten, Du hättest den Anschluß verloren, das müsse berücksichtigt werden. Er antwortete mir, das sei ein »interessanter Gedanke, darüber müsse man sich einmal unterhalten«. Ein Satz, der sich mir unvergeßlich eingeprägt hat, weil ich mir einbildete, wirklich einen interessanten Gedanken geäußert zu haben, mit dem ich Dir in Deiner Situation hätte helfen können. Später begriff ich, daß ich einer der abgedroschensten Phrasen, die dazu dient, ein Gespräch schnellstens beenden zu wollen, auf den Leim gegangen war. Wenn mir heute jemand sagt: das sei interessant, was ich da sage, werde ich mißtrauisch und denke sofort an das Gespräch im Flur der Akademie der Wissenschaften zu Berlin. So war das mit der ersten Diskussion über »Nietzsche und die Folgen«. Furchtbar! Als wir nach Hause fuhren und ich zu Dir sagte, ich hätte keinen Dir gleichgesinnten Genossen ausfindig machen können, Du habest dort keine Freunde und weshalb Du überhaupt dahin gingest, da antwortetest Du mir: Das muß sein, man muß ihnen Nietzsche aus dem Kopf schlagen, es komme nicht darauf an, Freunde zu gewinnen, sondern darauf, daß ich ihnen das sage, was ich zu wissen glaube, und daß sie umdenken.

Das Protokoll über die Diskussion »Nietzsche und die Folgen« liegt auf meinem Tisch, es ist ein Rollenspiel, so kommt es mir auch heute wieder vor, und Harich bleibt der Unbelehrbare, dem nicht zu helfen ist, von dem sich alle nur angewidert abwenden.

Egal, ob Erfolg oder nicht, der Anfang war gemacht; im Dezember sollte es mit der Diskussion über Lukács weitergehen.

Nicht weiter ging es mit Harichs Entinvalidisierung. Ein

Gespräch nach Harichs Besuch bei seinem neuen Arzt ist in meinem Tagebuch festgehalten, es zeigt, wie es ihm, wenn er von dem Arzt nach Hause kam, ging, und in welchen Streit wir dann manchmal gerieten.

*

Tagebuch, Berlin, am 23.10.1987:
»Habe gestern Friedel von Wangenheim kennengelernt.
Harich hatte heute Termin bei ... Um 16 Uhr rufe ich bei ihm an.
Ich: Ich bin's.
H.: Ach, du bist's, guten Tag, Anne (vorwurfsvoll).
Ich: Was hast du denn?
H.: Na, ich bin depressiv, außerdem ist ja heute der Tag (vorwurfsvoll).
Ich: Wir hatten uns doch gestern geeinigt, daß das nun endlich vorbei ist!
H.: Aber man hört ja nicht auf, mich daran zu erinnern, man hat mir heut im Krankenhaus wieder eine Nummer mit 56 hingestellt, und der ... steckt mit denen unter einer Decke, der macht mit (tobender Wutausbruch)
Ich: Jetzt höre damit auf, ... hat Wichtigeres zu tun, als sich nur mit dir zu beschäftigen, bilde dir nicht ein, man hat nur dich den ganzen Tag im Kopf, du bist hysterisch und verrückt!
H: Ja, das will man ja, das man sagen kann, der ist verrückt!
Ich: Es reicht mir, denkst du, nur du hast Sorgen, ich habe nur dich, und das ist sehr wenig (aufgelegt).
So ist es schon hundertmal gegangen. Sein paranoider Wahnsinn nimmt mir die Kraft. Ich weiß nicht, ob es richtig ist, wenn ich so hart bin, aber mein Selbsterhaltungstrieb kommt durch.
Seit drei Tagen arbeite ich in der Poliklinik, ich bin ebenfalls deprimiert, mit wem kann ich darüber sprechen, ich habe keinen MENSCHEN, DER DAS VERSTEHT: Und wem könnte ich mich anvertrauen? Niemandem!!!! Was habe ich mit mir angerichtet!«

Reise nach Wien

Ich hatte in einer Poliklinik angefangen zu arbeiten. Erst war ich froh, überhaupt eine Halbtagsstelle genehmigt zu bekommen, war froh, arbeiten zu gehen, und dann war ich unglücklich über die Arbeit, die ich dort verrichten mußte: Rezepte stempeln, und an mehr kann ich mich nicht erinnern. Die Kolleginnen dort waren alle eingearbeitet, hielten an ihrem Schema, an ihren Tätigkeiten ehrgeizig fest und wollten davon nichts abgeben. Mir fiel es schwer, mich zu beschäftigen. Verunsichert saß ich herum. Ich war ein anderes Arbeiten gewöhnt. Manchmal wurde ich in ein Zentrallabor zur Blutabnahme geschickt. Dort gefiel es mir besser. Die Laborantinnen waren offen zu mir, sie freuten sich über meine Hilfe, und ich konnte mit ihnen reden und lachen. In der Poliklinik merkte ich, ich saß ganz »unten«; ich merkte, daß ich mich mit meiner Bereitschaft, Berufliches fallenzulassen, übernommen hatte, und das fügte sich zu den mir immer noch fremden, mir ungewohnten Themen und Diskussionen, die mich anstrengten und mir manchmal zuviel waren und denen ich in Harichs vier Wänden nicht ausweichen konnte. Wollte ich wirklich nur für Harich dasein? Wußte ich, was das bedeutete? Hatte mich meine Phantasie nicht auf zu romantische Pfade geführt, auf denen wir uns beide einredeten, bescheiden und genügsam zu sein, auch das wäre groß?

Ich war unehrlich. In Wirklichkeit wollte ich für ein paar Stunden weg von ihm, um mich von seinen Sorgen zu befreien, und ich mußte Geld verdienen. Aber in meiner Arbeit wollte ich wichtig sein, und nun heulte ich um meine verlorengegangene Wichtigkeit, um meinen eingebüßten Status, den ich mir immer wieder aufs neue in meinem Beruf erarbeiten mußte, bedingt durch mehrere Ortswechsel in meinem Leben. Jetzt mußte ich erneut von unten beginnen, ich hatte nichts mehr zu sagen, ich konnte nun nirgendwo mehr mitreden! Ich war unfähig, mich zufriedenzugeben, war unfähig, das Angenehme meiner Situation zu erkennen, und ich spitzte oft genug den Krach zwischen uns zu, und es gab einen oder sogar zwei Momente, wo ich glaubte, jetzt kippt alles um. Das durfte nicht geschen! Davor hatte ich Angst! Aber mit Harich konnte ich mich richtig auskrachen, er liebte ja die Versöhnung. Und weil wir uns schön fanden, weil wir uns immer wieder gerne ansahen, und weil wir uns nichts nachtrugen, überstanden wir die merkwürdigen Verstimmungen. Wir fanden im Lachen zusammen, und im Lachen erlösten wir uns aus der Verunsicherung. Nach jedem Krach fingen wir von vorne an, bis es wieder soweit war, weil ja das Wohnungsproblem nicht gelöst war, weil das mit Nietzsche und Lukács und Hager und Höpcke und dem Akademie-Verlag immer weiterging, weil ich es manchmal nicht mehr hören konnte, und weil ich glaubte, auch ein Recht auf ein anderes Leben zu haben, und das sollte mir Harich erfüllen, der dazu überhaupt keine Lust verspürte, weil er ganz andere Ziele verfolgte. Und um die zu erreichen, sollte ich da sein, nur da sein. Ich wollte nicht glauben, wie wichtig ich ihm war, ich wollte nicht glauben, wie wichtig ihm das Gespräch mit mir war, und daß ich ihm bei aller Unwissenheit half, was ich wiederum nicht begreifen wollte, und so ging das hin und her und her und hin.

Und einmal habe ich ihm gesagt: Solange ich mich mit dir streite, liebe ich dich, liegt mir an dir; in dem Augenblick, in dem das aufhört, bist du mir gleichgültig geworden. Und so tröstete sich Harich im Zank mit mir, einsichtig betrachtete er meine Streitsucht unter dem Gesichtswinkel meiner Liebe und Aufmerksamkeit ihm gegenüber.

Endlich hatten wir Aussicht auf eine gemeinsame Wohnung, in einem Neubau am Leninplatz. Sitzt man in einem Flugzeug und fliegt über den Leninplatz, heute heißt er Platz der Vereinten Nationen, sieht man zwei Neubaukomplexe: Der eine, und das war Ulbrichts Idee, zeigt sich als ein S, der andere stellt ein U dar, und dazwischen steht bzw. stand das Lenin-Denkmal. An das eine Ende vom U wurde angebaut, und dahinein sollten wir ziehen dürfen. Aber Harich wollte in Wirklichkeit nichts davon wissen. Die Vorstellung an einen Umzug ließ er gar nicht erst aufkommen. Wir redeten nicht über die Wohnung am Leninplatz, die befand sich noch im Bau, und außerdem sollte in Wien ein Leo-Kofler-Kolloquium stattfinden, das interessierte uns mehr, jedenfalls Harich, denn er war dorthin eingeladen worden, von Reinhard Pitsch. Der Termin rückte immer näher. Mit einem Mal fand er, er habe nichts Ordentliches mehr zum Anziehen, und das stimmte. Da rief zum Glück Frau May an und meinte, er hätte ja bald Geburtstag, ob er nicht was brauchen könnte. Er wünschte sich einen Anzug. Frau May schickte ihre Sekretärin mit einem Scheck vorbei. Mit der allergrößten Selbstverständlichkeit steckte er den Scheck in seine Brieftasche, und wir machten uns auf den Weg in ein Kaufhaus. Und dort, Abteilung: Exquisit, suchte

Harich nach einem Anzug für sich, und er ließ sich nicht hineinreden von der Verkäuferin. Er fühlte, wie ein Händler, prüfend die Stoffe, nahm vom Ständer mehrere Modelle, zog sich an und zog sich aus; wie ein Modell lief er hin und her und fragte mich, wie ich ihn so fände, und er zog mich in seine Kabine und meinte, er habe zu kurze Beine, er sei ein Sitzriese wie Goethe und Lukács, und ich sagte ihm, die Hosenbeine könne man kürzen lassen, und wir hatten einen Riesenspaß dabei. Das ganze Umgeziehe strengte ihn nicht an. Er war so ausgelassen und fröhlich, weil er, bei aller Bescheidenheit, es sehr genoß, solide und geschmackvoll gekleidet zu sein. Jetzt lebte der alte Wyneken, der Lebemann, in ihm auf. Und weil mir ein Mann im weißen Oberhemd besonders gut gefällt, suchten wir noch eins dazu aus; und als ich ihn fragte, ob das nicht zu viel Geld sei, was wir da ausgeben, sagte er: Ach, was, die May können wir ruhig etwas schädigen, das macht ihr gar nichts aus, und er legte obendrein noch einen edlen Schlips dazu.

Harichs neue Garderobe hing im Schrank, und die entscheidende Zustimmung aus dem Büro Höpcke lag auf seinem Tisch: Ich durfte ihn nach Wien begleiten. Seit ich neben Harich lebte, mußte ich etwas anderes geworden sein. Ich erzählte ihm, wie ich vor Jahren eine Absage erfuhr, als ich nach Trier reisen und eine meiner Tanten besuchen wollte, nämlich die, mit der ich im Briefwechsel stand, und die uns von jeher mit herrlichen, gutriechenden »Westpaketen« beglückt hatte, die für meine Mutter eine ungeheure Unterstützung bedeuteten, und wie meine Mutter uns dabei immer nüchtern hielt und gesagt: Es ist nicht alles Gold, was glänzt. Ich erzählte ihm, wie meine Mutter mit mir 1959 nach Trier gefahren war zu eben jener Tante und wie sie zu mir sagte, als sie uns am Bahnhof abholte, ich sei aber recht stramm, und wie mich das gekränkt hatte; wie sie in allen Läden, in die sie mich mitnahm, erklärte, ich käme aus der Ostzone und ich dafür Bonbons bekam; und wie diese Tante, die eine Krankenschwester war, mich nach meiner Schulzeit in England als Krankenschwester ausbilden lassen wollte; wie ich bei einer anderen Tante in Trier, die an der Mosel ein Gasthaus besaß, in der Küche mithalf, und wie sie mich zu ihren Stammgästen rief, weil die eine aus der Ostzone sehen wollten, und wie die mich ausgefragt nach Ernst Thälmann und Lenin und anderem mehr, und wie ich mich tapfer verteidigt hatte, und wie die komischen Leute zu mir sagten, wir wären alles kleine Russen da drüben. Und dann habe ich ihm von einer anderen Tante, der Schwägerin meiner Mutter, erzählt, die in der Nähe von Koblenz wohnte, und die mir zu jedem Geburtstag zwei oder drei Pullover schickte; wie mein Cousin mit amerikanischen Soldaten Gitarre spielte und wie ich zum ersten Mal in meinem Leben ausgerechnet von einem amerikanischen Soldaten geküßt worden bin, und wie ich zu Hause immer geweint habe, wenn aus dem Radio das Lied »Good bye Johnny, good bye« erklang, und daß der amerikanische Soldat gar nicht Johnny hieß, sondern Eddy.

Harich interessierte sich ganz genau dafür, welche Eindrücke in mir lebendig geblieben waren. Im stillen gab er zu, in Sorge zu sein, daß ich, wenn ich erst einmal im Westen sei, vielleicht gar nicht mehr mit ihm zurückfahren wollte. Abgesehen von der unterschwelligen Sorge, die er sich selbst bereitete und die völlig unbegründet war, befriedigte es ihn, zu wissen, daß ich, außer für eine Tagesreise nach Prag, noch nie im Ausland war, und daß ich mit ihm meinen ersten längeren Flug erleben würde. Ich erzählte ihm, wie ich ein einziges Mal in meinem bisherigen Leben von Berlin-Schönefeld nach Heringsdorf an die Ostsee geflogen und wie ich mich im Geiste eine Gangway hinauf- und hinunterlaufen sah, mit einem Hut auf dem Kopfe, daß mir aber die Wirklichkeit ein kleines Flugzeug bescherte, an dem eine Art Hühnerleiter hing, auf der ich in in die Maschine hinein- und aus ihr herausgeklettert bin.

Dann war es so weit.

Wir sitzen im Flugzeug nach Wien und ich verlasse mich ganz und gar auf Harich, meinen Weltmann. Ich flüstere ihm ins Ohr, daß in mir große Angst sitze, und er mauschelt mir in das meine, bei ihm säße die auch; das beruhigt mich und macht mich mutig, und das vereint mich aufs neue mit ihm. Die Leute, die um uns herumsitzen, sehen gelassen und gleichgültig aus, und die meisten sind mit einer Zeitung beschäftigt, sie alle scheinen nicht ängstlich zu sein.

In Wien am Flughafen ist von Reinhard Pitsch keine Spur. Seine Mutter steht da, sie fährt uns in seine Wohnung. Dort ist es gemütlich. Wir haben alles, was wir brauchen: ein Sofa und Bücher. Pitsch sehen wir die ganze Zeit nicht. Von einem Zusammentreffen mit Leo Kofler ist keine Rede mehr. Ich bin viel zu aufgeregt, weil ich nicht weiß, was mich hier erwartet und wie die Menschen, mit denen Harich zusammenkommen wird, auf mich reagieren werden. Ich bin die Neue, aber sonst nichts weiter. Ich fühle mich wie auf einem Laufsteg, und ich weiß nicht mehr zu sagen, war es Harich, den ich neben mir spürte, oder waren es mehr seine Freunde und Verwandten, die mich an die Hand nahmen.

Was mir sofort auffällt: In dem Bezirk, in dem wir wohnen, verschandeln unübersehbar große Werbeplakate an Häuser-und Bretterwänden das Straßenbild; viel Buntes leuchtet überall. Im Lebensmittelladen finde ich nicht einmal Quark; alles ist überfüllt, alles so unübersichtlich. Ich bin gehemmt und traue mich kaum zu sprechen, weil ich dann sofort als eine Fremde erkannt werden könnte. Nachts sind die Straßen hell erleuchtet, jedenfalls in den besseren Bezirken der Stadt. Das erste Mal in meinem Leben sehe ich Bettler. Die Menschen laufen achtlos an ihnen vorüber, das verstehe ich noch nicht.

Ich lerne Harichs Großkusine Hilde Röder und ihre Tochter Sabine kennen. Hilde, klein und zierlich, ist in ihrem Wesen jung und mädchenhaft geblieben. Neugierig betrachtet sie mich, sie ist mir von Anfang an gut, und das bleibt so. Sabine, groß und schwarzäugig, läßt sich Zeit, sie gibt sich lässig, ich bin von ihrer Schönheit beeindruckt, sie wirkt ungeheuer selbstbewußt auf mich, ich muß sie dauernd ansehen. Und beide sind sofort mit Harich im vertrauten Gespräch. Es geht lebhaft und ungezwungen und völlig natürlich zu. In mir freut es sich, und ich bin ihnen dankbar. Es wird viel gelacht und gespottet. Meine anfängliche Scheu schwindet langsam. Ich fühle mich willkommen, besonders von Hilde Röder. Ich kann mit ihr reden, sie reagiert auf mich, und Harich ist froh darüber. Ein Dackel rast in einer Tour aufgeregt durch die Wohnung hin und her, und er bellt dazu, und Hilde sagt zu ihm: Waldi, tu doch nicht so blöd! Sie liebt ihn sehr. Für uns ist ein besonderes Essen zubereitet, ein Tafelspitz. Für mich ist alles neu und fremd und ungewöhnlich.

Wir sind eingeladen bei Hannes Hofbauer und Andrea Komlosy. Sie sind enge Freunde aus der Zeit, in der Harich in Wien geweilt und im Forum Alternativ mitgewirkt hatte. Andrea und Hannes sind die gastfreundlichsten Menschen, die ich kennengelernt habe, direkt und zuverlässig. Wie oft habe ich den Satz von ihnen gehört: Und wann du in Wien bist, da bist's herzlich bei uns eingeladen. Als mich Harich ihnen vorstellt, da gibt es keine andere Hürde als die österreichische Sprache, die sie schnell sprechen, und der ich kaum folgen kann, aber ansonsten: Ich bin halt da, und da brauchts nicht drüber geredet zu werden. So sind sie, die beiden, und sie haben anderen Freunden Bescheid gesagt: Der Harich kommt heute zu uns, und das Zimmer füllt sich allmählich; es gibt da noch welche, die den Harich wiedersehn wollen, die wissen wollen, wie es ihm geht und was er so macht, und sie sitzen auf dem Fußboden um ihn herum, und ich finde das unvergeßlich schön. Mir ist, als herrsche hier eine grundsätzliche Einigkeit, das gibt mir das Gefühl, nicht allein zu sein, und wie sie mit Harich reden und ihm gegenüber auftreten, das tut mir gut, und es tut mir für ihn gut. Mir begegnen alle mit Offenheit und Interesse. Ich erlebe mich gleichberechtigt aufgenommen, und mein Eindruck sagt mir, daß es hier nicht vorrangig um berufliche Qualifikationen geht, sondern darum, wo man politisch steht. Und das ist der große Unterschied, den ich zwischen den meisten Menschen in Ost und West, die ich im Laufe der Jahre durch Harich kennengelernt, beobachtet habe. Das Wort »links« ist mir erst bei ihm geläufig geworden, das war da, wo ich lebte, nicht einer solchen Wichtigkeit unterworfen. Wir lebten im sozialistischen Teil Deutschlands, in dem sich diese Art von Fragen erübrigt hatten. Oder? Durch Harich habe ich mich erst bewußt als »linksstehend« verstanden, und politische Nähe und Zusammengehörigkeit lernte ich bei seinen Freunden im Westen kennen.

Wir sind zu Gast bei Peter Huemer und seiner Frau, und abermals nehme ich wohltuend wahr: ein herzliches Zusammensein, auch wenn Meinungen und Ansichten nicht immer übereinstimmen. Frau Huemer wird am nächsten Abend mit dem Ferdinand-Tönnies-Preis ausgezeichnet und lädt uns dazu ein. Wir gehen hin. Wo das genau stattfand, weiß ich nicht mehr, aber ich treffe dort auf einen Teil der Wiener Schickeria. André Heller hält die Laudatio. Er redet sehr lange. Ich bemühe mich zu verstehen, wovon er spricht, es gelingt mir nicht. Der Saal ist übervoll. Ich beobachte die Menschen und begreife endlich, als ich an mir heruntersehe, warum ich mich so unwohl, so fremd fühle. Ich, in meinem grauen Rock und gelben Pullover und Halbstiefeln, passe nicht hierher, das geht nicht mit mir. Ich sehe in die Gesichter, und die schauen vornehm geradeaus, und ihre Kleidung ist sehr elegant. Harich, auf einen Stuhl geflüchtet, hat mich allein gelassen. Ich bin fehl an diesem Ort und wünschte mich auf der Stelle weg. Vorsichtig, dabei bemüht, niemanden zu berühren, husche ich unauffällig aus der Menge und drücke mich dicht an die Wand, und mir ist das alles wie ein dummer Traum. Die Veranstaltung ist vorbei. Harich sucht mich, ich zupfe ihn am Ärmel, schlucke meinen Verdacht für immer herunter und sage ihm, daß ich es hier scheußlich fände und irgendwie sehr eigenartig; er stimmt mir zu und ist erleichtert, daß mich das alles sehr nervt und überhaupt nicht beeindruckt. Wir fahren nach Hause. Die stinkfeine, kalte Atmosphäre bleibt unvergeßlich für mich, sie hat auch hier in meinem Land Einzug gehalten

*

Ich kann mich bemühen, wie ich will, es gelingt mir nicht, über den ersten Wienbesuch so zu erzählen wie über die anderen Begebenheiten. Nicht einmal, nachdem ich die eine Bedrückung ausgesprochen habe, nämlich die, daß Du an Eva denkst. Ich hätte Deinem Satz, die Wienerin sei sehr elegant, mehr Gehör schenken sollen. Von welcher Wienerin hast Du gesprochen? Von der, die Geld hat? Nein, ich will nicht unnötig herumhadern und zusammenphantasieren erst recht nicht. Daß wir im Burgtheater waren und ich Nestroys »Umsonst« sehen konnte, daß Du mir Schloß Schönbrunn gezeigt und ich im Stefansdom war, der mir einen solchen Eindruck machte, daß mir augenblicklich die Tränen in die Augen schossen, das alles ist doch viel wichtiger als meine dummen Eitelkeiten. Oder? Ich habe auch nicht vergessen, wie Du auf einen schofligen Freund im Restaurant wartetest, der dann, nach langer Verspätung gleich wieder ging. Ich holte Dich dort ab und fand Dich in enttäuschter Stimmung vor. Und Du zeigtest mir in einem chinesischem Restaurant, wie Du mit Stäbchen essen kannst, und ich fand wieder einmal, Du bist wirklich ein Weltmann. Du erklärtest den mich wundernden Umstand, daß wir die einzigen Gäste dort waren, damit, das wären nur Scheinrestaurants, in Wirklichkeit werde von hier, das heißt, von China aus, die permanente Revolution vorbereitet, und Du zeigtest auf einen Teppich, unter dem Du eine Falltür vermutetest, und unter der, im tiefen Keller, würde es revolutionär zugehen und wir müßten uns hier unauffällig verhalten, sonst verschwänden wir durch die Falltür für immer. Und bei der Gelegenheit fiel Dir ein, wie Rolf Hochhuth, mit dem Du zusammen irgendwo an einer Bar saßest, plötzlich zu Dir sagte: Herr Harich, drehen sie sich nicht um, der Mann, der jetzt zur Tür hineinkommt, der hat es auf mich abgesehen; ich gehe jetzt unauffällig zur Toilette und flüchte von dort durch das Fenster aus dem Lokal; wenn nötig, halten Sie den Mann auf, und dabei drückte er Dir Geld in die Hand. Erinnere ich mich richtig, von da an bist Du ihm nicht wieder begegnet? Und Du lachtest so, als Du mir das erzähltest.

Wien ist schmeichlerisch schön, es hat so einen eigenen Schwung, den man glaubt, aushalten zu können. Noch immer ist mir, als hätte ich dort eine Prüfung bestehen müssen. Ich war froh, in der Nacht, im unbeleuchteten Berlin nach Hause zu kommen, und ich dachte: Es ist zwar sehr dunkel hier, aber irgendwie normal.

Schriftsteller sprechen über Harich

Wien verschaffte Harich nur eine kurze Verschnaufpause, eine Ablenkung. Zurückgekehrt, bekam er die ersten empörten Reaktionen auf seinen Nietzsche-Essay.

Gisela May rief an und sagte, wir sollten sie besuchen kommen. Harich zeigte sich ihr im neuen Anzug. Sie ging um ihn herum und sagte: Du siehst wirklich gut darin aus! Und Harich tat bescheiden und fragte: Findest du? Und dann mußte er ihr erklären, warum er gegen Nietzsche sei, und sie wußte das alles nicht und war sehr erstaunt darüber, und sie gab ihm recht, denn ihr wurden seine Ausführungen allmählich zu viel; sie meinte, er könne doch das alles ein bißchen anders sagen, dann würde auf ihn nicht so geschimpft werden, aber dazu hatte er keine Lust, allein der Gedanke regte ihn auf, und als sein Puls zu rasen anfing, sah sie zu mir und sagte sie: Mein Gott, das ist ja alles furchtbar, ein Glück, daß er Dich hat, ich könnte das nicht! Sie bestellte ein Taxi, das uns schnellstens nach Haus fuhr.

Und dann geschah etwas Sonderbares. Ich spreche vom X. Schriftstellerkongreß der DDR, der vom 24.11.-27.11.1987 in Berlin stattfand und vom Fernsehen der DDR übertragen wurde. Zu dem Anlaß waren aus aller Welt Schriftsteller angereist. Der Verbandsvorstand der Schriftsteller hatte sich, laut Protokoll, dazu entschlossen, den Staatsratsvorsitzenden der DDR, Erich Honecker, Mitglieder des Politbüros des Zentralkomitees der SED und weitere ranghohe Genossen aus den verschiedenen Ministerien sowie namhafte Schriftsteller im Präsidium Platz nehmen zu lassen. Kurt Hager und Klaus Höpcke zählten zu den auserwählten »Freunden und Genossen«. Stephan Hermlin erinnerte in seiner Eröffnungsrede an den ersten Schriftstellerkongreß nach dem Krieg – an dem auch Wolfgang Harich teilgenommen und dort gesprochen hatte –, und er erinnerte an sich: »Ich kam damals als Eingeladener aus Frankfurt am Main, ich war der vielleicht jüngste Teilnehmer und gehörte auf Wunsch der Veranstalter sogar zu den Rednern.« Am Ende seiner Einführung äußerte er: »In den vergangenen Jahren waren wir uns nach langem Zögern ziemlich einig darüber, daß der Literatur eine wesentliche Aufgabe bei der Vermenschlichung des Menschen zufällt. Ich wünsche mir, daß darüber gesprochen wird.«

Danach ergriff Hermann Kant das Wort. In seiner Rede streute er ganz nebenbei ein Lob an Kurt Hager ein, der »über Kafka so respektvoll wie meines Wissens kein Politiker vergleichbaren Ranges« vor der Akademie der Künste so befreiend gesprochen hatte. Und im Tone, als sei er abschweifig geworden, fuhr er fort: »Doch halt, jetzt sollte ja nicht von Freunden, sondern von Pech und Schwefel die Rede sein. Nach denen schmeckt mir ein Beitrag in ›Sinn und Form‹, dessen Verfasser uns zwar vor Nietzsche bewahren möchte, die Gelegenheit aber nutzt, mühsam erreichte Kulturpositionen in Frage zu stellen. Es geht um unseren Umgang mit Geschichte und kulturellem Erbe und schwieriger Kunst, und da man diesen Aufsatz mehrfach als eine Wegweisung für unseren Kongreß mißdeutet hat, sei klipp und klar erklärt, daß wir mit derlei Polpotterien nichts zu schaffen haben. Niemand braucht zu besorgen, es gehe hier künftig nun, weil Untern Linden wieder eine alte Bronze steht, rückwärts nach Preußen hin.«

Nach dem beruhigenden Hinweis Kants folgte ein Beitrag von Hermlin, der ausschließlich der Person Wolfgang Harich und seinem Aufsatz in »Sinn und Form« gewidmet war. Er teilte den Zuhörern nicht mit, warum sich Harich sträube, Nietzsche aus dem humanistischen Erbe auszuschließen. Hermlin gab in seinem Beitrag zu, daß er kein Nietzsche-Experte sei, dennoch fragte er sich, »was ein solcher anachronistischer Müll im Jahre 1987 in der Zeitschrift unserer Akademie zu suchen hat.« Er versäumte nicht, zu erwähnen, »aus Solidarität mit dem damals abgesetzten Chefredakteur Peter Huchel« den Redaktionsbeirat der Zeitschrift »Sinn und Form« verlassen zu haben, und er rief eigene finstere Zeiten in Erinnerung: »Die Äußerungen Harichs haben natürlich auch etwas Komisches. Glaubt er im Ernst, wir hätten so viele mit unsinnigen Diskussionen vertane Jahre vergessen, Jahre, die uns niemand zurückgibt, Diskussionen, in denen wir von Kulturfeld-

webeln unter Verweis auf dieses oder jenes ›humanistische Element‹ Gnade für den einen oder anderen Künstler zu erwirken suchten? Es gibt einige Künstler und Schriftsteller der DDR, die sich damals mit Ignoranten und Berserkern zu schlagen hatten ...«
Er schloß seinen Vortrag: »Mancher mag denken, ich hielte mich zu lange mit diesen Nonsens auf und mit jemandem, der, was das Politische angeht, sich unter Sozialismus immer nur eine Art Kriegskommunismus, ein System der Repression vorzustellen vermochte. Aber herostratische Naturen sind keine Unikate und nicht zu verachten. Wo eine solche Stimme sich erhebt, warten andere auf ihren Einsatz. Es ist die Stunde der gebrannten Kinder. Auch ich bin ein gebranntes Kind.«
Die mutige Stimme der Opposition hatte sich zu Wort gemeldet. Honecker, Hager, Höpcke, die Antifaschisten im Saal hatten die Stimme vernommen. Sie blieben stumm. Die Verachtung ex kathedra traf nicht das Erbe Nietzsches, sondern Harich. Das, was er von der Führung eines sozialistischen Staates verlangte, traf ihn selbst. Dafür hatte er eigens den Weg gebahnt, hatte die Ideen zu einer erfolgreichen Inszenierung geliefert, nun saß er fassungslos über den Ausgang seiner Bestrebungen da.

*

Heute ist der 5. September 2003. Ich habe mir die Broschüre über den Schriftstellerkongreß in der Bibliothek ausgeliehen (Aufbau-Verlag Berlin und Weimar, 1988). In einem gebe ich Hermlin recht: Du hast ihm wirklich einen unsinnigen Brief geschrieben, wenn Du ihm sagst: »Verschonen Sie uns, bitte, künftighin mit kulturpolitischen Ratschlägen, Herr Hermlin! In Fragen des Kulturerbes, das der sozialistischen Gesellschaft anstünde, sind Sie inkompetent! Und hüten Sie sich vor allem, über Dinge mitreden und mitbefinden zu wollen, für die einzig die marxistisch-leninistische Philosophie und Literaturwissenschaft zuständig ist!«
Wen, mein Lieber, meintest Du mit »uns«? Ist es das »Uns« Deiner langjährigen Sehnsucht? Ist es das »Uns«, in dem Du wieder aufgenommen zu werden hofftest? Ich fand den Brief in Deinem Nachlaß. Ich wünschte, Du hättest ihn nie geschrieben, ebenso den Brief an Hager, in dem Du in einer Art Kriegsstrategie loslegtest und ihm Anweisungen erteiltest, wie man am besten die Nietzschesüchtigen entwöhnen könnte. Solcherart Briefe von Dir, losgelöst von Deinem gesamten Lebenslauf gelesen, können nur

mit Unverständnis, wenn nicht gar, entschuldige bitte, mit Abscheu wahrgenommen werden.

Hermlin greift Dich namentlich an. Indirekt stellt er Dich vor aller Welt als einen Verbrecher aus Ruhmsucht vor. Wie konntest Du das alles aushalten? Wie konntest Du das aushalten, daß sich niemand an Ort und Stelle solidarisch, bei aller Meinungsverschiedenheit mit Dir, zu Dir bekannte? Da ist er wieder, der Satz, der mir einfällt, den Du als junger Mann geschrieben hast: Gehen dem Gegner die Argumente aus, folgt der Faustschlag ins Gesicht Aber: Was hältst Du davon, wenn Hermlin und Kant, und zwar im Namen vieler, die der Intelligenzschicht angehörten, Dich einfach fertigmachen wollten? Warum? Vielleicht diente der Schriftstellerkongreß als Generalprobe für das geplante Schauspiel, dessen Premiere, zwei Jahre später, im »Deutschen Theater« aufgeführt wurde? Was siehst Du mich an? Natürlich denke ich heute so! Jetzt, bei dieser Aufführung jedoch dientest Du als Sündenbock, auf dem herumgeprügelt wurde, um den Anti-Gorbatschowianern im Politbüro eine Warnung zu erteilen, aus der eindeutig zu vernehmen war, daß sich ein Teil der Intelligenz, vielleicht der um Stephan Hermlin herum, oder gar im Politbüro, nicht mehr bevormunden lassen wollte. Daß das unter Vorschiebung Deiner Person geschehen konnte, dazu hattest Du reichlichst selbst beigetragen. Dich zu opfern, fiel beiden Seiten leicht, verärgert hattest Du sie zur Genüge. Ja, mein Lieber, und vielleicht waren »die da oben« zu jener Zeit schon die Unterlegenen? Was wußten wir, was sich dort wirklich zutrug? Und heute meine ich, spätestens von da an, nachdem Hermlin und Kant Dich mit dem feigen Einverständnis der eigenen Widersacher zum Freiwild erklärt hatten, hättest Du aufhören, hättest Du alles begreifen müssen, was mit Dir geschehen war! Warum hast Du mir die Broschüre nicht gezeigt? Hattest Du Angst, ich könnte Dich weniger lieben? Hermlin dreht alles um, und er versucht einleitend auf eine spätere Gelegenheit, eben die, die zwei Jahre später eintreten wird, Dich, auf dem Schriftstellerkongreß als Lukács-Verräter zu enttarnen, nur weil Du an Lukács Kritik geübt hattest vor langer Zeit. Was hat Kritik mit Verrat zu tun? Er greift Deinen empfindlichsten Nerv an! Der X. Schriftstellerkongreß war wie geschaffen dafür, Dir, Deinem Denken, Deiner Gesinnung in aller Öffentlichkeit den Garaus zu machen, wie 1956/57! Und damals ging es auch nicht allein um Dich! Aber Du warst eben unverbesserlich und unbelehrbar, und gerade Du hättest die Zusammenhänge erkennen müssen, daß Du Dich zum zweiten Male benutzen ließest, gerade Du, der mich gelehrt hat, in Zusammenhängen zu denken. Warum bist Du nicht ein bißchen mißtrauisch geworden? Du wußtest doch lange genug, daß es nicht mehr um die Verteidigung der Lehren von Marx, Engels und sonst jemandem ging, sondern daß man sich gern ihrer entledigen wollte, um als die wahren, die unterdrückten Reformer im Land vor der Welt da draußen dazustehen. Du hättest begreifen müssen, daß Du zum Sündenbock für die unzufriedene Intelligenz gebraucht wurdest, und Du hast Dich dafür zur Verfügung gestellt, hast Dich vor den Karren spannen lassen, hast dabei, wie so oft in deinem Leben, Perlen vor die Säue geworfen. Oder hast Du Dich etwa unwissend gestellt? Wie bitte? Was sagst Du? Du hättest Perlen neben die Säue geworfen? Das ist ja alles noch schlimmer!

Nach so vielen Jahren fällt es leichter, das Spiel zu erkennen, bei dem Dir so viel kostbare Zeit verlorengegangen war, die Du nutzten wolltest, um den alten Menschheitstraum, dem eines besseren Lebens für alle, ohne Kriege, erfüllt zu sehen. Und nun sagst Du mir wieder: Ja, also, wenn man sich im Leben für eine Sache, für ein Ziel entschieden hat, dann darf man die Auseinandersetzung nicht scheuen, und wenn sich Fehler einschleichen, dann muß man darauf hinweisen, ob das nun paßt oder nicht, das ist nun mal so!

David Binder reagierte auf den Schriftstellerkongreß in der New York Times mit der Überschrift: »Seltsame Bettgenossen, Marxisten umarmen Nietzsche.«

Prof. Dr. theol. Hanfried Müller veröffentlichte in den »Weißenseer Blätter«, 12/87, ein Pamphlet: »Das geht auch uns an.«

»Am 24. November 1987 gegen 19.30 wurde der Bildschirm der aktuellen Kamera zum Tribunal. Das Delikt: Schmähung Nietzsches; der Delinquent: Wolfgang Harich; Ankläger und Richter: Stephan Hermlin: das Urteil: ›reaktionäre Rückwärtswendung in Richtung erledigter Positionen‹; Beweismittel: Aufsatz des Reaktionärs in ›Sinn und Form‹, Heft 5, 1987, S. 1018–1053 zum Thema: ›Revision des marxistischen Nietzschebildes?‹

Der Prozeß fand öffentlich statt: Vor dem Plenum des Schriftstellerkongreßes der DDR.

Was geht uns das an?

Schwerlich können wir tolerieren, daß die Toleranz von Toleranzforderern eben dort ihre Grenze findet, wo es gilt, die Wahrheit zu tolerieren. Makaber erscheint es uns, wenn Antidogmatiker ›dogmatisieren‹ als ›Dogmatiker‹ mit ihren geistigen Gegnern umgehen, und dabei Töne anschlagen, deretwegen sie den Meinungsstreit, wie er in den fünfziger Jahren geführt wurde, oft über Gebühr verurteilen. Es kann uns nicht kalt lassen, wenn der offene geistige Kampf um bessere Erkenntnis, den wir wollen, sich selbst diskreditiert, indem dabei die durch die Geschichte gewonnene Einsicht diskriminiert und mundtot gemacht wird. Aber all das ist nicht die Hauptsache. Nicht um die Form, sondern um die Sache geht es. Nichts gegen klare Worte, auch wenn sie hart klingen! Nichts gegen gerechte Urteile, auch wenn sie streng sind! Kein Einspruch, wenn man Nietzsche einen Reaktionär nennt und eine Nietzsche-Renaissance eine ›reaktionäre Rückwendung in Richtung erledigte Positionen‹ bezeichnete. Hermlin aber – und nicht nur er – sagt das Gegenteil ...«

Auf drei Aussagen von Hanfried Müller möchte ich nicht verzichten: »... Nietzsche war Antidemokrat. Wir aber haben begriffen, daß die Massenverachtung der erste Schritt zur Massenvernichtung ist. Nietzsche verherrlichte den Krieg. Wir aber wissen mit Bertolt Brecht: Was den Frieden gefährdet, darf nicht geduldet werden. Nietzsche war Antisemit und Antichrist. Wir Christen sind ein wilder Reis, der auf die Wurzeln Israels gefropft ist: aus noch tieferen Gründen als denen der Humanität können wir keine Antisemiten sein. Uns scheidet von Nietzsche weniger sein Atheismus als viel mehr sein Antihumanismus. Es trennt uns nicht von Heinrich Heine, daß er in seinem Weberlied Anstoß nahm an der Göttlichkeit eines Gottes, der kein Ohr zu haben schien für das Elend seiner Geschöpfe. Es trennt uns aber von Friedrich Nietzsche, daß er sich empört gerade über die Menschlichkeit unseres Gottes, der sich der Elenden erbarmt. Barmherzigkeit war ihm ein Schimpfwort, und Mitleid war ihm ein Skandal. Nietzsche war Antihumanist par excellence! ...«

*

Hager verstand Hermlins Drohung. Er wußte, der Dichter Stephan Hermlin ist der Vertraute Erich Honeckers, der ihn achtet, weil er ein Dichter und ein Freund aus der kommunistischen Jugendzeit ist. In der Hausmitteilung vom 25.11.87 an Honecker ist zu lesen:

»Lieber Erich!

Auf dem X. Schriftstellerkongreß hat Genosse Hermlin gefordert, daß wir uns ein neues Verhältnis zu Nietzsche erarbeiten sollten, um damit die differenzierende Erbe-Aneignung zu fördern. Er hat dabei besonders auf die Sprachkunst und Dichtung Nietzsches hingewiesen, die Philosophie und Ideologie jedoch nur am Rande erwähnt (von der leider mehr als eine Verbindung zum Faschismus reicht).

Die Stellung des Marxismus und der revolutionären Arbeiterbewegung zu Nietzsche ist jedoch schon immer eindeutig, und dabei sollte es auch bleiben.

Ich übermittle Dir die Kopie eines Artikels des Mitarbeiters der Akademie der Wissenschaften Heinz Malorny sowie einer Diskussion, die an der Akademie der Wissenschaften im Oktober in Anwesenheit von Wolfgang Harich stattfand. Die Tatsache, daß Harich dabei übertrieben hat mit seinen Forderungen, was Nietzsche und sein Werk angeht, ändert nichts daran, daß in dieser Diskussion doch die Grundpositionen zu der antihumanen Philosophie und Ethik Nietzsches deutlich hervorgehoben wurden.

Es wäre zu überlegen, ob, um auf die nach dem Beitrag Hermlins zweifellos sich entwickelnde Diskussion einzuwirken, durch eine Arbeitsgruppe eine Stellung zu Nietzsche (›Nietzsche gehört nicht zu unserem kulturellen Erbe‹) erarbeitet werden sollte. Mit sozialistischem Gruß Kurt Hager.«

Ich weiß nicht, wer Harich über die Reden, die Kant und Hermlin während des Schriftstellerkongresses gehalten haben, unterrichtet hat. Wir besaßen kein Fernsehgerät. Ich weiß nur, er erzählte mir, Kant habe ihn als Polpot bezeichnet und Hermlin habe »Furchtbares« über ihn gesagt. Er trug das »Furchtbare« mit sich herum. Das schwebte zwischen uns. Wir getrauten uns nicht, laut darüber zu reden. Das »Furchtbare« ließ ihn immerzu mit dem Kopf schütteln, als wollte er etwas loswerden, und das »Furchtbare« bohrte herum in seiner dünnhäutigen Seele, die sich dafür an seinem Körper, an seinem Wohlbefinden rächte. Pflichtgemäß setzte er sich an den Schreibtisch. Die Hartmann-Konzeption mußte zu Ende gebracht werden. Mit der Arbeit stand er in der Schuldigkeit des Akademie-Verlags. Bei aller Liebe zu ihr, plagte er sich oft mit und in ihr. Es fiel ihm schwer, sich darauf zu konzentrieren. Die äußeren Umstände nagten an ihm. Tauchte er aus der geistigen Konzentration zurück in das Alltägliche, stürmte das verdrängte »Furchtbare«, die Schmach, die ihm angetan wurde, in ihn zurück. Bedrückt sah er mich an. In solch einem Zustand verhielt er sich nie launisch, mürrisch oder grob zu mir. Im Gegenteil, er suchte, nahe bei mir zu sein. Ein Außenstehender hätte nichts bemerkt. Und dann verschwand das »Furchtbare« wie eine vorübergehende Krankheit: Hatte ihn ein Unheil getroffen, suchte er nach dessen Ursachen – er selbst rechtfertigte sich nie –, packte es nach reiflicher Überlegung dem Überstandenen hinzu und machte sich aufs neue daran, das zu sagen, was gesagt werden muß.

Jean-Paul-Ehrungen

Mit wenig Hoffnung begab sich Harich am 1. Dezember 1987 zum Aufbau-Verlag. Dort hoffte er, sich in einer Dikussion für eine stärkere Beachtung der Werke Georg Lukács' durchsetzen zu können. Der Schriftstellerkongreß wirkte noch frisch in den Köpfen der Teilnehmer. Ich saß dabei. Die Form der Debatte blieb kühl, aber höflich. Mit Klarheit wurde Harich mitgeteilt, sich von geistigen Göttern wie eben Lukács lösen zu müssen. Die Sockel für Vorbilder seien überflüssig geworden. Harich blieb ruhig in seinen Ausführungen. Er war nicht aufgeregt, er war ernst und nachdenklich, als wir nach Hause fuhren. Er konnte auch hier nichts ausrichten.

Es blieb dabei, der Aufsatz »Mehr Respekt vor Lukács!« wurde nicht gedruckt. Das bedeutete für Harich, er brauchte nirgendwo an einer Konferenz oder Tagung teilzunehmen, er hatte als marxistischer Philosoph keine Chance gegen die, die sich anschickten, auf die nun leergeräumten Sockel ihre neuen Götter zu setzen. Die kamen aus der Frankfurter Schule, das waren keine Kommunisten und sturen Marxisten, die suchten im kapitalistischen Dasein das Gute und die hatten keine Schwierigkeiten mit Nietzsche. Und doch hörte Harich nicht auf, an Hager zu schreiben und ihm zu sagen, mit welcher Unkenntnis seines Erachtens das philosophische Erbe in die Öffentlichkeit gebracht wurde.

Tagebuch, Berlin, am 2.3.1988:
»Seit dem 23.2.1988 wohne ich in der Friedenstraße 8, mit Wolfgang unter einem Dach. Die letzten Monate vergingen wie im Fluge, mit vielen vielen Aufregungen, Sorgen und Ängsten.

In drei Wochen ist der 225. Geburtstag Jean Pauls, und es hat sich noch nichts gerührt. W. schrieb an Honecker.«

In dem ganzen Tumult mußte der Umzug zustandegebracht werden. In der oberen Etage in der Friedenstraße 8 lebte ein alleinstehender Mann. Harich meinte, es wäre doch wunderbar, wenn ich da oben einziehen könnte, ich hätte dann eine Wohnung für mich, er käme nach seiner Arbeit zu mir, das wäre fabelhaft. Ich ging also zu unserem Hausnachbarn und fragte, ob er vielleicht in eine Neubauwohnung ziehen möchte. Er war sofort damit einverstanden, wies mich daraufhin, daß seine Wohnung unbedingt instandgesetzt werden müsse, das sollte mir nicht viel ausmachen. Erst einmal waren wir beide sehr erleichtert. Nun mußte nur noch die dreifache Tapete von den Wänden gerissen werden, ein Maler kommen und das Problem wäre gelöst. Es löste sich nicht so einfach, da wir kein Geld für einen Maler parat hatten. Und wieder war es Gisela May, die uns großzügig unterstützte. So kletterte ich die Leiter hoch und runter, riß die Tapeten ab, und manchmal glaubte ich, darunter begraben zu werden. Harich kam ab und zu hoch, um nach mir zu sehen; er blieb einen Moment lang stehen, schüttelte mit dem Kopf, sagte, paß auf, stürze da ja nicht ab, drehte sich um und ging hinunter in seine Wohnung. Der Umzugstermin trieb zur Eile an, zwei Maler kamen jeden Abend, ich kochte Essen, besseres als wir aßen, die nahmen alles selbstverständlich an, bedankten sich nicht, und mein Eindruck war, daß sie mich nicht leiden konnten, weil ich einen alten Mann hatte, den ich ihrer Ansicht nach, wahrscheinlich, weil er reich war, ausnutzte.
Meine Mutter zog vier Wochen später nach Berlin. Sie wohnte nun zusammen mit meiner Kathrin in der Zweiraumwohnung. Die Dreiraumwohnung tauschte der Nachbar in eine Zweiraumwohnung um, so daß der gesamte Ringtausch uns ein gutes Gewissen hinterließ. Meine Mutter konnte wieder jemanden am Abend sagen, daß es Zeit sei ins Bett zu gehen, und am Morgen konnte sie am Bett ihrer Enkeltochter stehen und sagen, daß es Zeit sei, endlich aufzustehen.
Ich besaß meine eigenen vier Wände, alles gehörte mir. Ich konnte herumlaufen und brauchte auf niemanden Rücksicht zu nehmen. Der Telefonanschluß von meinem Vormieter wurde mir weggenommen, dafür erhielt ich einen Anschluß an Harichs Telefon. Ich kam mir reich und wohlhabend und aufgeräumt vor, und

mir war, als wäre ich endlich »zu etwas gekommen«. Wir lebten nun ruhiger und friedlicher und ausgeglichener. Zu meiner Arbeit in die Poliklinik ging ich nicht mehr. Ich wollte etwas anderes machen, etwas, worauf auch Harich stolz sein konnte, meinte ich. Ich kam auf die Idee, das Korrekturlesen zu lernen. Ich würde ihm helfen und zu Hause arbeiten können und wäre immer in seiner Nähe. Das alles gab mir und ihm eine schöne Vorstellung. Sofort suchte er nach passenden Büchern in seiner Bibliothek und legte mir aus einer alten Hölderlin-Ausgabe einen Band mit Briefen auf den Tisch und wies mich in die Zeichen der Korrekturarbeit ein. Das bereitete ihm Vergnügen, und ich war erfüllt von einem beseeligenden Zusammengehörigkeitsgefühl. Da oben zu sitzen an meinem Schreibtisch ließ mich wichtig sein und beglückte mich. Aber irgendwie war es mir nicht vergönnt, mich einzurichten und mein Eingerichtetsein zu genießen. Lange dauerte der Zustand des Zufriedenseins nicht an. Zwei Stockwerke unter mir saß Harich an dem Versuch einer Hartmann-Lukács-Synthese und dem Versuch, Nietzsche aus der humanistischen Erbepflege auszuschalten, an dem Versuch, Jean Paul einen gebührenden Platz in der Literaturwissenschaft zuzuweisen, an dem Versuch, Georg Lukács die verdiente Anerkennung zu erschreiben. Er bildete sich ein, das alles als aufgenommenes Parteimitglied, als Genosse, erreichen und durchzusetzen zu können. Und die vielen Versuche störten meine Idylle immerzu und sie brachten ständig Unruhe in seine und in meine Stube. Ihn hielt es am Leben, mich zermürbte es. Eines half uns, an Harichs Zankäpfeln nicht zu zerbrechen: wir wollten uns nahe sein, und so huschten wir wie zum Trotz in innige und ausgelassene Stunden hinein, in denen wir die Sorgen vergaßen. Und da ich mich zwischen den Zuständen himmelhoch jauchzend zu Tode betrübt bewege, bewegte ich mich abwechselnd am Rande des Grabes oder mitten auf einer grünen Wiese voller Margeriten.

Tagebuch, Berlin, am 6.3.1988:
»Wolfgang liegt seit dem 4.3.88 im Krankenhaus. Ich bin krank vor Angst. Er will nicht dort bleiben. Ich hoffe, morgen kann ich ihn wieder rausholen.«

Begab sich Harich auf den Weg zu seinem neuen Arzt, sagte er mir, er ginge zu seinem Vernehmer, und er schluckte vorher Faustan-Tabletten, weil es ihn aufregte, dorthin zu gehen; weil dieser keine Anstalten machte, ihn richtig zu untersuchen; weil dieser sich ihm gegenüber ausweichend verhielt und eintönige Fragen stellte. Immer kehrte Harich still und nachdenklich von ihm zurück.

Es war am 4.3.1988, als er sich zum anberaumten Termin in ärztliche Behandlung begab. Wir hatten vereinbart, daß ich ihn abholen werde. Als ich ankam, war er nicht mehr da. Er war auf die kardiologische Intensivstation eingewiesen worden. Ich sprach mit seinem Arzt, den ich kannte, der sah mich besorgt an, zog verlegen an seinem Schlips und sagte mir, ich wisse ja, wie krank mein Mann sei, es bestehe der Verdacht eines Infarktes, er müsse hierbleiben. Ich ging zu meinem Mann, der so krank sein sollte. Er lag im Bett, ganz gerade, artig und ergeben und sah mir hilflos entgegen. Er sagte: Da hast du's. Er suchte nach einer Erklärung für das, was mit ihm geschehen war, er fand sie nicht. Als ich ihn am nächsten Tag besuchte, hieß er mich ganz nahe an seinen Kopf kommen. Er flüsterte mir ins Ohr, wie unangenehm und unheimlich hier alles sei, und wie ein anderer Arzt, der bei ihm die Anamnese erheben wollte, zu ihm gesagt habe: Na, dann erzählen sie mal, warum saßen Sie denn im Gefängnis? Da habe er ihn angebrüllt: Junger Mann, was erlauben sie sich, ich liege hier nicht, um verhört, sondern um behandelt zu werden! Er fühlte sich überrumpelt und eingesperrt. Er fühlte sich beobachtet, und die alten, nie ruhenden Verfolgungsängste machten sich in ihm breit und ließen sich nicht mit Vernunft zügeln.

Am folgenden Tage besuchte ich ihn vormittags in der Klinik. Dort sprach ich mit der Stationsärztin. Wir kannten uns. Sie wunderte sich darüber, daß das mein Mann war, und ich fragte sie, was sie von seinem Zustand und seinem Infarkt hielte. Sie nahm das EKG, sah den Streifen entlang und sagte: Tut mir leid, ich seh hier keinen Infarkt. Ich hütete mich davor, Harich über das Gespräch in Kenntnis zu setzen. Beim Abschied steckte er mir unauffällig einen Zettel in meine Hand, zusammengeknüllt, den ich draußen lesen sollte. Er hatte mir folgendes aufgeschrieben:

»6. März 88, 9 Uhr 15
Liebste Anne!
Ich habe die ganze Nacht kein Auge zugemacht – obwohl ich in Abständen immer wieder klingelte und nacheinander 1 Radedorm, 1 Dormutil und 2 Faustan bekam.
Die Sehnsucht nach Dir ging mir nicht aus dem Kopf und woll-

te mir fast das Herz zerbrechen. Ich werde daran sterben, an der Trennung von Dir. Ich, mein wundes Herz, kann sie nicht ertragen. Bitte, sprich mit den Ärzten und mit Schirmer vom ZK, evtl. mit Rätz, Büro Hager. Zwei Möglichkeiten sehe ich: entweder sofortige Überführung in die Friedenstraße, zu Dir, zu uns, oder Einweisung von uns beiden (mit Dir als Hilfe) in ein Appartement ins Regierungskrankenhaus. Benutze aber zusätzlich die Gehässigkeiten gegen mich in »Sinn und Form«, Heft 1/1988, auch zur Begründung: daß ich auch dadurch emotional so stark und mich krankmachend belastet sei. Lasse nichts unversucht! Ohne Dich kann ich nicht sein, ich gehe daran kaputt. Es umarmt Dich in Liebe immer Dein W.

Ich lief nach Hause. Ich ängstigte mich um ihn. Ich wußte, so quengelige Patienten sind den Schwestern lästig, besonders nachts, und ich wollte nicht, das er quengelt, und ich wollte, daß alle gut zu ihm wären. Am Abend holte ich ihn raus aus der Klinik, die er auf eigene Verantwortung verließ. Langsam gingen wir durch den dunklen Park nach Hause. Er legte sich auf sein Sofa, zufrieden darüber, dem Unheimlichen entflohen zu sein.

Am nächsten Tag setzte er sich, als sei nichts geschehen, an die Arbeit. Er fühlte sich nicht krank. Mit dem Arzt, der ihn eingewiesen hatte, hatte er sich nichts mehr zu sagen. Harich begriff: Es gab kein Interesse an einer Entinvalidisierung. Nie wieder wurde darüber gesprochen. Er erhielt eine Überweisung in die Poliklinik Friedrichshain zu Frau Dr. Kühnel. Sie kannte ihn nicht, und er mußte sich bei ihr durchsetzen. Und er mußte, trotz Termin, lange im Warteraum sitzen. Er nahm es geduldig, aber innerlich erbost, hin. Er wußte, von wem er zu ihr geschickt worden war. Alles jedoch ließ er sich nicht gefallen. Als Frau Dr. Kühnel es wagen wollte, seine vielen Medikamente zu reduzieren, weil sie meinte, da könnte man einsparen, da schlug Harich mit der flachen Hand auf ihren Schreibtisch und schrie sie an: Frau Kühnel, an mir wird nicht gespart, das geschieht schon an anderer Stelle! Sie bekam die stromgeladene Grenze zu spüren, hielt Abstand zu ihr, und sie vertrugen sich. Sie belächelte ihn, weil er sorgfältig alle restlichen Tabletten zu Hause abzählte und genau errechnete, wieviel er von jeder Sorte bis zum nächsten Termin voraussichtlich brauchen werde, und er vergaß nicht dazuzuschreiben, was er aus eigener Tasche an Heilmitteln dazu kaufte. Sie fragte mich einmal, ob er zu Hause Langeweile habe. Ich entgegnete ihr, auch er arbeite, nur sei dies seine Art von nachweisbarer Zuverlässigkeit, dem Staat, dem Gesundheitswesen nur so viel abzuverlangen, was er, um am Leben, um gesund zu bleiben, unbedingt benötige.

Er überprüfte vor ihr, ob sie alles richtig aufgeschrieben habe, und in der Apotheke verglich er genau anhand seiner Medikamentenliste, ob ihm die richtigen ausgehändigt oder ob welche vergessen oder zuviel oder gar die verkehrten hingelegt wurden. Die Frauen in der Apotheke amüsierten sich darüber. Harich machte seine Scherze und ließ sich dabei nicht beirren. Einmal kam er völlig aufgelöst und erschöpft von seinem Arztbesuch nach Hause. Nachdem er zwei Stunden lang im Warteflur hatte sitzen müssen, und langes Sitzen strengte ihn sehr an, ging er, sich schon schwach fühlend, doch noch in die Apotheke. Dort stellte der Apotheker fest, Frau Kühnel hatte vergessen, die Rezepte zu unterschreiben. Ohne Unterschrift durfte er kein rezeptpflichtiges Medikament ausgeben. Unbedacht bat er Harich, noch einmal wegen der fehlenden Unterschriften zu ihr zu gehen. Das überstieg Harichs Geduld. Das war zuviel von ihm verlangt. Er schlug mit seinem schwarzen japanischen Schirm auf die Rezeptur und schrie: Wenn Sie mir nicht auf der Stelle meine Arznei geben, schlage ich ihnen mit meinem Schirm die ganze Apotheke kaputt. Der Leiter der Apotheke, Dr. Miriam, versuchte ihn zu beschwichtigen, setzte ihn auf einen Stuhl und ging selbst hinüber zu seiner Kollegin, das Versäumnis einzuholen.

Es gab indes ein tatsächliches Motiv, Harich in die Klinik einweisen zu lassen, ihn »aus dem Verkehr zu ziehen«, wie er es nannte; sein Verdacht: Der Geburtstag Jean Pauls stand vor der Tür. Am 21. März 1988 jährte er sich zum 225. mal. Harich hatte sich mit seiner umfangreichen Arbeit als kenntnisreicher Jean-Paul-Forscher erwiesen.

Es bleibt mir an dieser Stelle nichts anderes übrig, den Leser und die Leserin noch einmal um Verständnis zu bitten, wenn ich, um mich der Jean-Paul Problematik zuwenden zu können, abermals in die Vergangenheit, in der sie ihren Anfang hat, zurückkehre.

Harich schreibt in seinem Buch »Keine Schwierigkeiten mit der Wahrheit«:

»Nachdem ich sieben Jahre abgesessen hatte, ließen mein liebenswürdiger Vernehmer und einer seiner Vorgesetzten mich ihnen vorführen, um mir zu eröffnen, daß ich beruflich von der

Philosophie ganz würde Abschied nehmen müssen. Aber ich hätte ja auch Germanistik studiert, und ich solle mir da ein Thema aussuchen, an dem ich da meine Befähigung erproben könne ... Ärgerlich darüber, daß im März 1963 das ›Neue Deutschland‹ mit keiner Silbe des 200. Geburtages von Jean Paul gedacht hatte, wählte ich mir dessen Vermächtnis zum Forschungsgegenstand, mit dem Vorsatz: ›Euch werd ich's zeigen‹. Ich beabsichtigte, auf marxistischer Grundlage die einschlägigen Forschungen meines Vaters fortzusetzen ... Mit meiner Themenwahl zeigte sich die Stasi zufrieden ...«

Anfang Januar 1964 begann Harich im Zuchthaus Bautzen über Jean Paul zu arbeiten. Bis zu seiner Entlassung aus der Haft im Dezember 1964 las er fast das gesamte Werk sowie den Briefwechsel des Dichters und erarbeitete dazu Niederschriften. Problematisch wurde es, als Harich aus der Haft kam und beruflich »eingegliedert« werden sollte. Wohin mit ihm? Zuerst beabsichtigte man ihn in der Staatsbibliothek anzustellen. Dort sollte er auf Kärtchen für die jeweiligen Bücher kurze Inhaltsangaben verfassen. Das lehnte er ab, weil Helene Weigel ihn ans Berliner Ensemble rief und ihn zum Dramaturgen haben wollte. Das wurde vereitelt. Die geplante Isolierung wäre in einem solchen Umfeld ausgeschlossen. Der Akademie-Verlag wurde sein Arbeitgeber. Harich war gerade ein knappes viertel Jahr aus der Haft entlassen, da legte er dem Akademie-Verlag, z. H. Herrn Dr. Mußler, ein Exposé über Jean Paul und sein Werk, verfaßt am 29. Februar 1965, vor.

»Zu Fragen der Jean-Paul-Forschung und -Edition, Vorschläge und eigene Pläne«
»I. Zur Vorgeschichte dieses Exposés.
Im Herbst 1963 wurde mir in der StVA Gelegenheit zu wissenschaftlicher Arbeit gegeben ... Man stellte mich ... von manueller Arbeit frei, ermöglichte mir, mir aus meiner Privatbibliothek eine große Anzahl Bücher kommen zu lassen, stellte mir Schreibzeug und Papier zur Verfügung und ließ mich in aller Ruhe und Konzentration in meiner Zelle arbeiten ... In dem Maße aber, wie ich nun tiefer und tiefer in das Lebenswerk dieses wahrhaft gewaltigen deutschen Dichters und Denkers eindrang, bin ich – mit kritischen Vorbehalten in bezug auf gewisse Aspekte seiner religiösen und philosophischen Anschauungen und ohne, nach Art meines Vaters, der Goethefeindschaft des späten Herders und Börnes

anheimzufallen – zu seinem glühenden Anhänger geworden. Ich kann heute ohne Übertreibung sagen, daß ich dem Jean-Paul-Studium in meinem letzten Haftjahr eines der herrlichsten Bildungserlebnisse meines ganzen bisherigen Lebens verdanke, und in der Jean Paul-Forschung und -Edition sehe ich nunmehr eine der vordringlichsten Aufgaben, deren die marxistische Germanistik in der DDR, wegweisend und vorbildhaft für ganz Deutschland, sich annehmen sollte. Jeder Marxist, der sich wirklich umfassend und ernsthaft und dabei unbefangen mit dem Erbe dieses großen Deutschen beschäftigt, wird unweigerlich – des bin ich gewiß – zu dem gleichen Resultat gelangen ...

Es ist aber ein Anachronismus, daß nur diese beiden Romane Jean Pauls nach 1945 in der DDR neu erschienen sind, (»Siebenkäs« und »Flegeljahre«, A. H.) denn der sozialistischen Gesellschaft haben die heute so gut wie vollständig vergessenen ›heroischen Romane‹ des Dichters noch sehr viel mehr zu sagen. In der ›Unsichtbaren Loge‹, im ›Hesperus‹ und im ›Titan‹ geht es jedesmal um eminent politische Probleme, um Probleme der demokratischen Revolution, nämlich um die Frage, wie unter den gegebenen historischen und sozialen Bedingungen der deutschen Kleinstaatsmisere des ausgehenden 18. Jahrhunderts die Errungenschaften der Französischen Revolution auf Deutschland übertragen werden könnten, und jedesmal versucht Jean Paul in diesem Zusammenhang, Idealbilder menschlich vorbildhafter deutscher Revolutionäre zu gestalten, heroische Jünglinge, bzw. heroische Frauengestalten, die auf Grund ihrer hohen sittlichen Qualitäten, ihres himmelstürmenden Idealismus, ihrer genialen Geistesart und zutiefst demokratischen, freiheitlichen Gesinnung berufen wären, diese weltgeschichtliche Leistung zu vollbringen und in Deutschland ein neues Zeitalter der Vernunft und Menschlichkeit heraufzuführen. Dabei werden Fragen aufgeworfen, die dem bürgerlichen Leser im 19. Jahrhundert, einem Leser, der den Desillusionierungsroman etwa Flauberts als ergreifend wahrheitsgetreuen Spiegel der eigenen Daseinsproblematik empfand (und empfinden mußte), naturgemäß gänzlich ferngelegen haben, die aber für den heutigen Leser in den sozialistischen Ländern, und in erster Linie in der DDR, die Bedeutung eines hochaktuellen ›Tua res agitur‹ haben. Nur an zufälligen, überwindbaren Bildungslücken der Literaturwissenschaftler, Verlagslektoren usw. kann es liegen, wenn der sozialistische Leser diese ›heroischen Romane‹ Jean Pauls, die im Zeichen der Französischen Revolution das edle Pathos des ›Werther‹ und des ›Hyperion‹ mit grandiosem Humor und sieghaftem Optimismus verbinden, die zugleich den liebenswürdigen Menschentypus Tom Jones-Egmont zu einem Revolutionär umformen, immer noch nicht für sich entdeckt hat ... Man muß sich dies vor Augen halten, um zu begreifen, was es bedeutet, daß die Brief-Abteilung der Berendschen Gesamtausgabe faktisch das einzige nennenswerte Ereignis in der Jean-Paul-Pflege der DDR seit 1950 ist. Eine Volksausgabe der gesammelten Werke Jean Pauls, die sich etwa dem im Aufbau-Verlag erschienen mehrbändigen und zum Teil vollständigen Editionen Lessings (Rilla), Heines (Harich bzw. Kaufmann), Schiller (Abusch), Kleist (Deiters), Storm (Gold-ammer), E. T. A. Hoffmann (Mayer), Goethe (Berliner Ausgabe), Raabe (Goldammer), Thomas Mann usw. würdig zur Seite reihen würde, gibt es bis dato nicht, ja es gibt noch nicht einmal eine auch nur das Wesentlichste enthaltende mehrbändige Auswahl. Das ist um so befremdlicher, als der Aufbau-Verlag nun bereits dazu übergegangen ist, Eichendorff in einer mehrbändigen, nahezu vollständigen Edition herauszubringen, obwohl wir es hier mit einem Dichter der Romantik zu tun haben, der, bei aller Köstlichkeit seines ›Taugenichts‹ und vieler Gedichte, verglichen mit Jean Paul doch nur ein Zwerg ist ... Stattdessen erscheinen immer wieder fragwürdig zusammengestoppelte Jean Paul-Anthologien in kleinen Bändchen, die der Bedeutung der Sache keineswegs angemessen sind. Dieser Zustand ist, man muß es offen sagen, blamabel und auf die Dauer unhaltbar ... Nicht besser steht es offenbar mit den Publikationen über Jean Paul in der DDR. Biographien oder Monographien über ihn existieren bei uns nicht. Die Vorworte und Einleitungen zu einzelnen seiner Werke, die bei uns in den letzten 20 Jahren herausgekommen sind, haben in der weit überwiegenden Mehrzahl der Fälle nur geringen Wert. ... Was mich betrifft, so könnte ich in diesem Rahmen nur den einen oder anderen begrenzten Beitrag leisten, und auch das nicht unter Einsatz der ganzen Person, sondern nur nebenberuflich, da ich in der Hauptsache ja mit den Philosophischen Studientexten befaßt sein werde. Dennoch glaube ich, daß meine eigenen Pläne nicht völlig uninteressant zu sein brauchen, falls die von mir vertretene Auffassung ... Mein Wunsch geht dahin, daß der Akademie-Verlag dabei helfen möge, eine derartige Diskussion zustandezubringen, und mich zu aktiver Teilnahme, zur Unterbreitung meiner Ideen hinzuziehen.«

In meiner Hand halte ich ein Buch aus dem Jahre 1952, »Jean Paul – Dämmerungen«, herausgegeben von Herbert Scurla, das als viertes Werk in der Sammlung »Nationales Erbe« vom Verlag der Nation erschien. Das Einleitungswort hat Harich mit wenigen Fragezeichen versehen. Aber eine Stelle findet seine absolute Anerkennung: »Wer aber in ›Wuz‹, im ›Freudel‹ und ›Fälbel‹ die liebevolle Kleinmalerei biedermeierliche Enge des Lebens- und Gesichtskreises und die breite und gefühlvolle Schilderung bedrängter Kleinbürger, schrulliger Käuze und sonderlicher Pechvögel als das Wesentlichste Jean Paulscher Dichtung beurteilt und den Dichter nur als einen Meister der Idylle und es in zahllosen Farben schillernden Humors anerkennt, sieht an der gesellschaftlichen Bedeutung Jean Paulschen Schaffens vorbei.«

1966 brachte der Aufbau-Verlag in der Reihe »Lesebücher für unsere Zeit« ein Jean Paul-Lesebuch in die Buchläden der DDR, herausgegben von Wolfgang Hartwig. Hartwig stimmt mit Börnes berühmter Liebesmelodie für Jean Paul seine Einleitung zum Lesebuch an: »Jean Paul war kein Schmeichler der Menge, kein Diener der Gewohnheit ... Er sang nicht in den Palästen der Großen, er scherzte nicht mit seiner Leier an den Tischen der Reichen. Er war der Dichter der Niedergeborenen, er war der Sänger der Armen, und wo Betrübte weinten, da vernahm man die süßen Töne seiner Harfe.« Und Hartwig endet: »Als Sohn des Volkes hatte Jean Paul stets den Weg zum Herzen der einfachen Menschen gesucht, deren ›Tränen er trocknete, deren Herzen er erfreuen wollte‹. Leider hat das Volk bei Auseinandersetzungen um seine Dichtungen bis heute abseits gestanden; so konnte sein Werk nie zum dauernden Besitz jener Schichten werden, dem es eigentlich zugeeignet war. ›Aber eine Zeit wird kommen, da wird er allen geboren‹, hatte Ludwig Börne verheißen. Vielleicht, daß wir Mut, Geduld und Liebe aufbringen, das bedeutsame, von humanistischer Gesittung und realistischer Formkraft geprägte Lebenswerk Jean Pauls für unsere Zeit zu nutzen.«

Mit dem Ansinnen, an Jean Paul zu erinnern, seiner Bedeutung gerecht zu werden, stand Harich 1963 also nicht allein da. Eine treue Lesergemeinde blieb Jean Paul immer erhalten. Doch das, was sich Harich vom Akademie-Verlag versprach, trat nicht ein.

Im Kopfe Harichs wuchsen Pläne, das lag nun mal in seinem Wesen, und er nahm an, auf seine Mitarbeit im Verlag würde schon gewartet, er brauche nur dort zu erscheinen und alles ginge weiter wie früher, vor seiner Inhaftierung.

Seine erste philosophische Arbeit nahm seinen Anfang mit der philologischen Bearbeitung der Feuerbachausgabe. Für eine solche Arbeit, er nannte sie »Krümelkackerei«, die er nebenbei bewältigte, war er der rechte Mann. Doch daß Harich offiziell sich wieder der Philosophie widmen könne, erwies sich als Trugschluß. Nur werden seine Arbeiten immer philosphische sein: die Beurteilung und die Kritik an der Studentenbewegung der 60er Jahre finden ihren Niederschlag auch in seiner Jean-Paul-Rezeption; die Auseinandersetzung mit ihr ist kein geistiges Nebenprodukt, das für sich steht, sondern »da greift ja eins ins andere über«, wie er zu sagen pflegte.

Als Harich an seiner Arbeit über Jean Paul saß, lebte er mit Gisela May zusammen. Das waren gute und sichere Bedingungen für ihn, um ungestört arbeiten zu können. Er erzählte mir zweimal die folgende Begebenheit: Aus irgendeinem Grund rief bei ihm eine Frau an – er hatte mir auch den Namen genannt, ich habe ihn aber vergessen –, und im Gespräch mit ihr fiel der Name Günter de Bruyn. Es stellte sich heraus, daß sie ihn sehr verehrte, regelrecht für ihn schwärmte, daß sie ihn gerne kennenlernen wolle. Harich, für solch weibliche Zustände Verständnis empfindend, entgegnete ihr, er müsse aber den Betreffenden fragen, ob er ihr die Telefonnummer geben dürfe usw. Auf diesem Weg sollen Harich und de Bruyn zusammengefunden haben. Und natürlich kamen sie auf Jean Paul zu sprechen, und es ist, da de Bruyn ein Jean Paul-Kenner ist, anzunehmen, daß er für Harichs Arbeit an jenem Dichter großes Interesse zeigte. Das muß Harich hoch erfreut haben. Er vertraute ihm seine schriftliche Arbeit an, die er ihm mit nach Hause gab, damit de Bruyn sie in Ruhe lesen könne. Was damit geschah, bleibt im dunkeln. Erhellend ist ein Brief von de Bruyn an Harich, geschrieben am 17.1.1972, indem de Bruyn Begeisterung ausdrückt für das, was er von Harich über Jean Paul gelesen hat. Von einem eigenen Vorhaben über Jean Paul zu schreiben, kann ich kein Wort in dem Brief finden, zu lesen ist indes, daß sich de Bruyn auch auf die nächsten Teile freute, und Harich hatte, in seinem grenzenlosen Mitteilungsbedürfnis und in seiner unberechenbaren geistigen Großzügigkeit nichts Besseres im Sinn, als sie dem Dichter, der ihn so gelobt, zur Kenntnis zu geben. Und so hat er sich immer verhalten. Ich kenne es nicht anders von ihm. Diese Gabe kann nicht verwechselt werden mit der allgemein menschlichen Neigung zum Tratsch, der auch ein Harich mit Lust frönte und die ihm von denjenigen unter die Nase gerieben wird, die das Wichtige vom Unwichtigen nicht zu unterscheiden imstande sind.

Günter de Bruyn erzählt später in »Aus einem Lebensbericht«, veröffentlicht in »Sinn und Form«, Heft 4/1996, von seiner Reise nach Bayreuth, die ihm zum 150. Todestag Jean Pauls von der DDR genehmigt worden war, wie er Harich kennengelernt und wie er sich mit ihm entzweit hat:

»... Die Vorgeschichte dieser Entzweiung hatte zwei Jahre zuvor damit begonnen, daß eine helle, nicht nur der Lautstärke wegen an eine Trompete erinnernde Stimme telefonisch bei mir angefragt hatte, ob ich denn wirklich, wie in der Berliner Gerüchteküche verlaute, über Jean Paul zu veröffentlichen gedenke, und wenn ja, so wäre aus Konkurrenzsorge zu fragen, worum es sich handle; sein, also des Anrufers, Thema seien die sogenannten heroischen Romane, die aber bald nicht mehr so heißen würden, denn nach Kenntnisnahme seiner grundlegenden, übrigens dickleibigen, Arbeit würde ein anderer Name gebräuchlich werden: Romane der Revolution.

Auch wenn der Anrufer seinen Namen verschwiegen hätte, wäre er mir nach den ersten Worten schon gegenwärtig gewesen, denn die gehobene, Widerspruch schon vor dem Lautwerden vernichtende Stimmlage, mit der der blutjunge Hochschullehrer in überfüllten Hörsälen der Universität Unter den Linden im Namen von Marx und Stalin den mir verehrten Nicolai Hartmann in den Sumpf bürgerlichen Ungeistes verdammt hatte, war mir mehr als zwanzig Jahre lang in Erinnerung geblieben; auch hatten in der Staatsbibliothek die hilfreichen Damen, die den erstaunlich wohlerhaltenen Nachlaß Jean Pauls betreuten, mir leicht verärgert von dem Jean-Paul-Interpreten erzählt, der nicht einen Blick auf die Handschriften geworfen hatte. Da ich seine Sorgen durch die Mitteilung zerstreuen konnte, daß ich an keinem wissenschaftlichen Werk, sondern an einer erzählenden Biographie arbeite, die erst in ein bis zwei Jahren fertig sein würde, ging er schnell zu Fachfragen über, deren Erörterung ihm so viel Freude machte wie mir. Beide waren wir Einzelgänger, seit Jahren mit einem als abseits geltenden Thema beschäftigt und selten auf einen Menschen gestoßen, der unsere Interessen teilte oder auch nur verstand ... So folgte ich seiner Einladung, vielleicht schon am selben Tag ... Da wohnte auch die Schauspielerin Gisela May, die damals mit Brecht-Liedern den Höhepunkt ihres Ruhmes erreichte – und bei ihr der Gesuchte, Wolfgang Harich, der mich mit schmetternder

Stimme begrüßte und seiner Lebensgefährtin erklärte, nun habe er endlich einen, den seine Ausführungen über den fränkischen Dichter, dem er DDR-Heimatrechte beschaffen wolle, nicht so langweilen würden wie sie.

Und so war es tatsächlich. Ich langweilte mich niemals, bei unserm gemeinsamen Thema so wenig wie bei allen anderen Problemen, über die ich belehrt wurde und ins Staunen geriet. Solange es um Jean Paul ging, fiel ich von einer Verwunderung in die nächste, weil ich von einem anderen Autor als dem mir bekannten hörte und mir die Romane interpretiert wurden, die mir wie Wunschvorstellungen eines politischen Agitators erschienen wären, hätte ich sie nicht an den Namen der Helden wiedererkannt. Der Interpret hatte, wie mir bald klar wurde, in ihnen nur das, was er gesucht hatte, gefunden und alles, was die Schlüssigkeit seiner Thesen gestört hätte, beiseite gelassen. So war ein neuer Jean Paul nach Harichs Bilde entstanden, der Individuelles und Künstlerisches verloren hatte, aber dafür in das sozialistische Erbe haargenau paßte: ein fortschrittlicher Philosoph und leidenschaftlicher Revolutionär.

Daß ein Mann, der so wenig Sinn für die Dichtung hatte, an Jean Paul geraten war, hatte biographische Gründe ... Erst als er Jahre später durch dogmatische Ausfälle gegen moderne Dramatik und gegen Nietzsche noch einmal auf sich aufmerksam machte (und damit sogar Hermann Kant Gelegenheit gab, sich mit einer gegen Harich gerichteten Rede als Liberaler zu geben), wurde für jedermann deutlich, daß er die Stalinverehrung, mit der er seinen Aufstieg begonnen hatte, nie überwinden konnte, weshalb er für die Partei, die inzwischen subtilere Methoden entwickelt hatte, wie ein Gespenst aus ihrer Vergangenheit wirkte und deshalb unbrauchbar geworden war ...«

*

Das schreibt er, nachdem Du tot bist, Du kannst nichts mehr dazu sagen, und »Sinn und Form« nimmt es an, das paßt zusammen; und das gibt mir recht in all meinen Vermutungen, daß es noch genügend Leute gibt, die daran interessiert sind, Dich als einen untragbaren Zeitgenossen der Zukunft zu übergeben.

Ausgerechnet Werner Mittenzwei hält in seinem Buch »Die Intellektuellen, Literatur und Politik in Ostdeutschland von 1945 bis 2000« immer noch alte Klischees fest, die Dir anhaften, die

Dich als aktiven Zeitgenossen uninteressant, wenn nicht gar lächerlich machen. Bei Mittenzwei finde ich die zwei Seelen, die ich bei Ehm Welk so unvergeßlich anschaulich gefunden: Herr Faßmann und Herr Laßmann, die einander abzuhalten trachten, sich für etwas eindeutig zu entscheiden. Herr Faßmann schätzt und weiß die Bedeutung Deiner Arbeit im geistigen Nachkriegsdeutschland zu würdigen und kann sich an Deiner Courage des Widerspruchs, an Deiner ungewönlichen Intelligenz, an der Selbstverständlichkeit, eine eigene Meinung zu haben und diese laut zu verkünden, begeistern. Herr Laßmann hingegen will es nicht verderben mit der allgemeinen Betrachtung, die über Dich im Umlauf ist. Er vergißt nicht, Dich als »naiv«, einen »Halodri« zu preisen, er spricht hier mit Bloch, Dich einen »kühn verallgemeinernden Philosophen« zu nennen, und das Wort »Abenteurer« gebraucht er fünfmal in bezug auf Dich. Bei aller Sympathie und Verehrung für Mittenzwei, wenn ich solche Sachen lese, dann ist mir, als würde er für das eigene Handeln und Verhalten in jener Zeit Rechtfertigung suchen.

Noch mal zu de Bruyn: Du hattest mir erzählt, wie grob Du mit de Bruyn umgegangen bist, das hast Du nun davon. Du hattest zu ihm, so erinnere ich mich, gesagt, sein Buch wäre ein Sch..., also entschuldige, ich kann das Wort hier nicht ausschreiben. Erst beklagtest Du Dich, es gäbe keine Biographie über Jean Paul, und als sich einer fand und sich der Aufgabe annahm, da kriegtest Du einen Wutanfall! Warum? Weil er Jean Paul ganz anders sieht als Du? Hat Dir de Bruyn was anderes einreden wollen, hattest Dich provoziert gefühlt? Du meintest, es wäre eine Auftragsarbeit gewesen, um Deine eigene Arbeit zu desavouieren? Oft lese ich über den Vorwurf an Dich, Du seiest zu einer Freundschaft nicht fähig gewesen. Das äußert Günter de Bruyn in seinem besagten Text »Aus einem Lebensbericht«, und das meint auch Werner Mittenzwei in seinem letzten Buch »Zwielicht«. Mein Gott, Freundschaft! Das ist ein oft benutztes Wort! Du suchtest nicht nach der üblichen Art Freundschaft, Du suchtest nach geistiger Verwandtschaft, um nicht zu sagen Übereinstimmung. Weil die Grundsätzlichkeiten, und das war die Voraussetzung für eine Begegnung, übereinstimmen mußten, um weiter darauf aufzubauen und sich im Detail darüber »zu fetzen«, aber nicht persönlich anzufeinden. Es handelte sich ja da um ein gemeinsames gesellschaftliches Anliegen, und nicht um den gemeinsamen Bau einer Datsche. Das beste Beispiel dafür wäre Georg Lukács. »Freundschaft« bedeutete für

Dich Arbeit und Austausch von Gedanken, bedeutete, offen die eigene Meinung zu sagen, Kritik auszusprechen, ohne dabei ins Schwitzen zu geraten, den anderen zu verlieren oder wegen Meinungsverschiedenheiten nicht gelitten, nicht geliebt zu werden. Um der Ziele wegen suchtest Du den Freund. Nur so konnte es geschehen, wenn die Gegensätze groß waren und die Nachgiebigkeit nicht nachließ, daß aus dem Freund ein Feind, aus dem Feind ein Freund wurde, das entschied die Situation, die Intelligenz und menschliche Größe des Freund-Feinds.

Ein Beispiel für die Denkart und den Umgang mit einem für Dich teuren Abtrünnigen ist ein Telegramm an Ernst Bloch zu einem 90. Geburtstag 1975, das Du an ihn gerichtet und das mir freundlicherweise Eginhard Hora, Lektor beim Hanser-Verlag zugesandt hat.

»Lieber Ernst, in der Hölle, Abteilung Kommunisten, warten Brecht, Eisler und Lukács vorwurfsvoll auf Dich. Ihnen unter die Augen zu treten, möge Gott, milder gestimmt dank Thomas Müntzers Fürsprache, Dir noch lange ersparen. Für mich bleibt die Trennung von Dir ein chronisches Leiden, verschlimmert durch häufiges Lesen Deiner Bücher, gemildert durch den Zorn über Dein Weggehen aus Gegenden, die ohne Dich ärmer sind, als sie sein müßten. Es wird schwer sein, dies bis zu Deinem 150. Geburtstag wieder einzurenken. Trotz Bitterkeit darüber grüße ich Dich zu Deinem 90. Geburtstag in Verehrung und Liebe Dein Wolfgang Harich«.

Du hattest ja bekannterweise, und das brachte Dir keine Lorbeeren ein, Bloch zu Deinem philosophischen Gegner erklärt, das änderte für Dich nichts daran, dem alten Genossen und großen Gelehrten gegenüber Anstand und Achtung zu wahren.

Ich merke, mich zieht's auf Abwege, ich nehme sofort den Jean-Paul-Faden auf. Aus den vielen Briefen, ist ersichtlich: Du hattest ständig Verdruß mit Deinem Arbeitgeber, dem Akademie-Verlag, der ja auch ein »da oben« hatte. Und bevor das Buch über Jean Paul erscheinen konnte, gab es Gespräche mit Dir, Verwarnungen an Dich und Protokolle über Dich. Es gibt einen Schiedsvertrag und einen Verlagsvertrag über die Veröffentlichung Deines Buches über Jean Paul, und Du bist unentwegt damit beschäftigt, daß dieser eingehalten wird und: Du mußtest Grund genug dazu haben, um zu meinen, daß irgend jemand daran interessiert war, die Veröffentlichung hinauszuzögern. Ich nehme mir Zeit für Jean Paul und für Dich, weil ich sehe, daß es bereits in den Jahren nach

Deiner Haftentlassung einen unehrlichen und unfairen Umgang mit Dir gab. In einem Brief, vom 29.11. 1973 an den Verlagsleiter Dr. Werner Mußler beschwerst Du Dich ausführlich über eigenartige Verzögerungen, bei der Veröffentlichung Deines Jean-Paul-Buches. Mich fasziniert Deine Kenntnisse im Druckgewerbe, und es gefällt mir, daß Du Dir nichts vormachen läßt, auch wenn es sich um rein technische Dinge handelt. Und das gerade von Dir zu erfahren, wo Du doch nicht einmal in der Lage warst, einen Nagel in die Wand zu klopfen. Die ganzen Schereien, die zwischen dem Verlag und Dir stattgefunden haben, zeigen mir, Du solltest keinen Erfolg haben, weder hier noch im Westen. Daß Du eigenständig dafür sorgen wolltest, daß Dein Buch in der BRD wahrgenommen wird, darüber war die Leitung des Akademie-Verlages, wahrscheinlich mit Unterstützung der Büros Hager und Höpcke, sehr verärgert. Wenn Du davon erzähltest, mit welch geringer Auflage das Buch in der DDR auf den Markt gekommen war, brodelte augenblicklich die heruntergeschluckte Wut in Dir hoch.

Erinnerst Du Dich noch an die Vorwürfe, die Du an den Verlagsleiter Mußler in einem Breif vom 12. Mai 1974 sandtest?

»Sehr geehrter Herr Dr. Mußler!

Die folgenden Tatsachen lassen mich, wenn ich Sie im Zusammenhang betrachte, zu der an Gewißheit grenzenden Vermutung gelangen, daß eine wohlüberlegte Regie dafür sorgt, die Verbreitung und Resonanz meines o.g. Jean Paul-Buches in der DDR auf ein äußerstes Minimum zu begrenzen!

1. Noch im Sommer 1974 (Juni) hatten Sie mir für die erste Auflage 5000 Exemplare Auflagenhöhe in Aussicht gestellt. Kurz vor unserem Vertragsabschluß ließen Sie mich dann durch die Überredungskünste von Frau Kolesnyk dazu bewegen, einer Erstauflage von nur 2000 Exemplaren zuzustimmen.

2. Als Ladenpreis pro Exemplar hatten Sie mir 20,- M zugesichert. Ende Februar, Anfang März 1974 unterrrichteten Sie mich davon, daß es notwendig sei, den ursprünglich vorgesehenen Preis bis annähernd 30,- M zu erhöhen, und setzten schließlich 28,50 M pro Exemplar fest. (Nebenbei bemerkt, ist dadurch der bisher wohl einzig dastehende Fall eingetreten, daß die Orginalausgabe eines DDR-Buches fast doppelt so viel kostet wie die westdeutsche Lizenzausgabe.)

3. Schon vor Vertragsabschluß hatten Sie mir, auf eine diesbe-

zügliche Bitte hin, zugesichert, daß ein Blindband meines Buches auf der Leipziger Frühjahrsmesse 1974 ausgestellt werden würde – bei einem Titel, der etwa zwei Monate nach der Buchmesse erscheinen wird, eine durchaus übliche Maßnahme ... Tatsächlich hat es aber einen Blindband meines Buches auf der Leipziger Messe nicht gegeben ... Abgesehen von dem groben persönlichen Vertrauensbruch, der in der bewußten Nichteinhaltung eines mir zweimal gründlich gegebenen Versprechens liegt, handelt es sich hier offensichtlich um eine Verletzung des § 12 unseres Vertrages ...

4. Weder im April noch im Mai 1974 hat der Akademie-Verlag in der monatlichen Literaturbeilage des ›Neuen Deutschland‹, dem wichtigsten, am meisten verbreiteten Organ für Buchwerbung in der DDR, ein Werbeinserat für mein Buch veröffentlicht.

Auch hier liegt ein eklatanter Verstoß gegen § 12 unseres Vertrages vor ...

Die angeführten Handlungen bzw. Versäumnisse sind um so empörender, als sie sich gegen die Interessen eines Autors richten, der zu den festen freien Mitarbeitern des Akademie-Verlages gehört und außerdem dem Verlag im Zusammenhang mit der Überlassung der Rechte an dem o.g. Werk zu einer lukrativen Deviseneinnahme verholfen hat. (Nur am Rande sei vermerkt, daß der Akademie-Verlag mir gegenüber vertragsbrüchig geworden ist, als mein Jean-Paul-Buch, das spätestens Ende April 1974 ausgeliefert werde sollte, bis zum heutigen Tage noch nicht im Buchhandel erhältlich ist.)«

Vielleicht sollte das Buch mit Erscheinen gleichzeitig untergehen? Warum in all den Jahren keine Neuauflage? Ich will Dich nicht aufs neue aufregen, lehn Dich wieder zurück.

*

Harichs Buch »Jean Pauls Revolutionsdichtung« erfährt in der BRD Achtung und Anerkennung. Erwähnt seien nur die Namen Wolf Lepenies, Fritz J. Raddatz, Wolfram Schütte; Rudolf Augstein bezweifelt in ironischer Weise Harichs Ansichten über Jean Pauls revolutionären Geist, ohne dabei die Leistung des Autors in Frage zu stellen. An Verrissen fehlt es nicht, so zum Beispiel von Friedrich Sengle.

Günter de Bruyns Buch »Das Leben des Jean Paul Friedrich

Richter«, 1975 im Aufbau-Verlag erschienen, findet auch in der BRD Anerkennung, mehr aber noch, im Gegensatz zu Harichs Buch, in der DDR. Jochen Golz, Herausgeber des »Titan«, der in seinem Nachwort mit keinem Satz Harichs Arbeit zur Jean-Paul-Forschung erwähnt, schreibt in seiner Rezension zu Harichs Buch, die recht kurz und anständig ist, dann doch noch: »... die einseitige, gelegentlich auch unsachliche polemische Auseinandersetzung mit der Klassik, die forcierte Erhöhung Jean Pauls auf Kosten zentraler klassischer Werke (des ›Wilhelm Meister‹ zum Beispiel) durchzieht das ganze Buch ...«

Genau das ist der fragwürdig gebliebene, der dunkle Punkt in der gesamten Geschichte, die es um Harichs Buch gegeben haben muß! Ein Kapitel mußte er herausnehmen, nämlich das, in dem er sich mit dem »Goethekult« auseinandersetzt.

Wer kann darüber Auskunft geben? Klaus Höpcke, der vermutlich tiefere Einblicke in die »Geschäfte« haben könnte, weiß nicht, wo dieses Kapitel abgeblieben ist, so jedenfalls wurde mir berichtet. Harich mußte sich mit den Schikanen, die um das gesamte Projekt Jean Paul entstanden, abfinden, vergessen konnte er sie nicht. Doch weiß der Teufel, wo er die Kraft hernahm, er schreibt weiter für den Akademie-Verlag Editionsvorschläge, zum Beispiel:

»1. Edition von Standardwerken der Ästhetik, Literaturwissenschaft und philosophischen Historiographie sowie klassischen Biographien über Dichter und Denker der Vergangenheit;

2. Veröffentlichung von Georg Lukács' Werken in der Deutschen Demokratischen Republik.«, (1977), oder: »Exposé für die Edition einer Sammlung von Texten des sozialutopischen Erbes« (1977). Diese wohldurchdachten Arbeiten, vorgeschlagen von einem »Dogmatiker«, verschwanden in den Schubladen des Akademie-Verlages, oder aber es wurde sich ihrer ohne Aufhebens bedient.

Aber jetzt schreiben wir das Jahr 1988. Der Versuch, auf irgendeine Weise Harichs Einmischungen in Gedenkveranstaltungen zu Ehren Jean Pauls zu vereiteln, war mißlungen. Er war und wurde nicht lebensbedrohlich krank. Er ließ nicht nach, auf das Versprechen, das ihm gegeben worden war, zu pochen. Er fühlte sich im Recht, und da sich nichts um den Namen Jean Paul herum rührte, die Zeit aber immer näher rückte, schrieb er am 29. Februar 1988 an den Staatsratvorsitzenden der DDR. (Kursives = Unterstreichungen von Honecker)

»Lieber Erich Honecker!
Auf mein Schreiben an Sie vom 10. März 1987 erhielt ich von Ihnen am 2. April 87 eine Antwort, in der Sie mir versicherten, daß von der Partei meine Mitarbeit auf den wichtigen Gebieten der Philosophie- und Literaturgeschichte, bei der Pflege des humanistischen Kulturerbes, begrüßt und gewünscht werde. Wörtlich fügten Sie hinzu: ›Besonders hoffen wir, daß Sie als ein profunder Kenner des Werkes von Jean Paul ...‹ Mündlich wurde dies von Kurt Hager in einer Aussprache mit mir, die am 18. Mai stattfand, ausdrücklich bekräftigt.
Ich habe danach monatelang vergebens darauf gewartet, daß jemand vom Kulturministerium sich bei mir melden werde. Auch Anfragen von mir ..., datiert vom 2. August und vom 17. September, fruchteten nichts. Erst in einem Brief vom 5. November stellte der Minister mir in Aussicht, daß in Berlin ein würdiges Jean-Paul-Gedenken stattfinden würde, mit dessen Vorbereitung die Akademie der Wissenschaften und die Akademie der Künste befaßt seien. *Heute, drei Wochen vor dem Gedenktag, zeichnet sich mit aller Deutlichkeit ab, daß sich da gar nichts tun wird. Und feststeht, daß jedenfalls ich von keiner der zuständigen Stellen in dieser Angelegenheit zu Rate gezogen worden bin ...* Der umfangreichste Teil meiner wissenschaftlichen Lebensleistung ist zu eng mit der Jean-Paul-Forschung verknüpft, als daß nicht der *Verdacht nahe läge, ich wolle das bevorstehende Jubiläum benutzen, mich in den Vordergrund zu drängen. So war ich schon im Begriff, völlig zu resignieren.* Leider haben sich mittlerweile bestimmte ideologische Diskussionen, das Erbe betreffend, in eine Richtung entwickelt, die es mir verbietet, Zurückhaltung zu üben, wenn ich nicht der Reaktion Vorschub leisten will.
Es ließe sich beweisen, daß in der Hauptverwaltung Verlage und Buchhandel des Kulturministeriums, in den für Philosophie und Literaturgeschichte zuständigen Zentralinstituten der Akademie der Wissenschaften und, vor allem in der Akademie der Künste einflußreiche Kräfte am Werk sind, die leichten Herzens die Mißachtung des humanistischen Erbes von Jean Paul in Kauf nehmen, falls sie damit erreichen können, daß meine Isolation sich bis an mein Lebensende fortsetzt, daß ich aus dem Kulturleben unserer Republik definitiv verschwinde – als Unperson. *Und was stört diese Leute so an mir? Ich halte, getreu meinen marxistisch-leninistischen Überzeugungen, unbeirrbar an den Errungenschaften von Franz Mehring und Georg Lukács fest ...* Das ist es, was mir, gekop-

pelt mit Furcht vor meiner fachlichen Überlegenheit, den Haß windiger Modefans, blasierter Ästhetizisten und Morgenluft witternder Reaktionäre zuzieht ...

In der Hoffnung, daß Sie, lieber Erich Honecker, *sich für das Erbe des großen Jean Paul, den niemand gehässiger geschmäht hat als Nietzsche, tatkräftig einsetzen und bei der Gelegenheit mir Genugtuung verschaffen werden, verbleibe ich* ... W. Harich«

Am 10.3.1988 geht von der Abteilung Wissenschaft des ZK eine Hausmitteilung an Kurt Hager.

»Lieber Genosse Hager!

Das Zentralinstitut für Literaturgeschichte der Akademie der Wissenschaft hat uns darüber informiert, daß im Rahmen der jährlich stattfindenden Frühjahrsberatung zur Forschung über die klassische deutsche Literatur an den Nationalen Forschungs- und Gedenkstätten Weimar in diesem Jahr (23.3.88) ein Tag Jean Paul gewidmet ist. Das Thema der Beratung lautet: ›Zum literaturgeschichtlichen Standpunkt Jean Pauls‹.

Es werden drei einleitende Beiträge gehalten ...

Die Abteilung Kultur sollte dafür sorgen, daß Wolfgang Harich eingeladen wird und daß er dort auftreten kann.«

Und am 11.3.1988 schreibt Hager an den Minister für Kultur:

»Lieber Genosse Hoffmann!

Wie ich Dir schon sagte, hat sich Wolfgang Harich an den Generalsekretär gewandt, um seine Enttäuschung darüber zum Ausdruck zu bringen, daß in Sachen Jean Paul nichts geschehen ist. Zu Deinem Vorschlag eines Kolloquiums erhalte ich die beiliegende Mitteilung von der Abteilung Wissenschaften. Ich wäre sehr dafür, daß Wolfgang Harich zu dieser Beratung eingeladen wird und die Möglichkeit erhält, auch dort aufzutreten. Das wird aber nur gehen, wenn von Dir mit den Nationalen Forschungs- und Gedenkstätten Weimar sofort eine Absprache erfolgt.

Ich bitte Dich, Wolfgang Harich über diesen Vorschlag umgehend zu verständigen und darauf hinzuweisen, daß wir es gern sehen würden, wenn er trotz der Kürze der Zeit in Weimar auftreten könnte.

Sollte das nicht möglich sein, so wäre immer noch ein entsprechender Kreis beim Aufbau-Verlag oder an der Akademie der Künste in nächster Zeit denkbar sowie ein Artikel von Wolfgang

Harich im ›Sonntag‹. In jedem Fall muß man aber wahrscheinlich einige Widerstände überwinden.

Übrigens habe ich in meiner Jugend mit großem Vergnügen ein Büchlein von Jean Paul über das Schulmeisterlein Wuz gelesen, und ich wollte damals, da mich diese Lektüre so interessiert hat, unbedingt Lehrer werden. Vielleicht läßt Du prüfen, ob es nicht doch denkbar ist, daß man zu Ehren dieses etwas zu Unrecht vergessenen Dichters eine kleine Auswahl von Werken bei Reclam oder anderswo herausbringt.«

Tagebuch, Berlin, am 18.3.88:
»Am 16.3. gegen 13 Uhr Anruf von Büro Höpcke: In Weimar findet am 22.3. 88 ein Jean-Paul-Kolloquium statt, W. H. ist dazu eingeladen. Irgendwann soll noch im Aufbau-Verlag eine Jean-Paul-Gedenkfeier sein, zu der ebenfalls W. H. eingeladen sei, mehr nicht. Das ist also die Einbeziehung in die J. P. Ehrung.

Gestern schrieb W. H. nochmals einen Brief an Honecker persönlich, der mit Vorschlägen für eine würdige J.P.-Ehrung beinhaltet ist und brachte diesen per Taxi zum Gebäude des Staatsratsvorsitzenden. Nun wartet Wolfgang den ganzen Tag auf einen Anruf, um Fragen, die man haben könnte, zu beantworten. Übrigens: Vom 9.3. bis 16.3. wurden die Tage so eingerichtet, daß Wolfgang bis 17 Uhr immer telefonisch zu erreichen war. Mir selbst geht es gesundheitlich schlecht, unsere finanzielle Lage verbittert mich immer mehr, und somit zerstört sie unser Leben. Heute verkaufe ich wirklich das Silbertablett und die Kelle.«

Am 21. März 1988, es ist der Geburtstag Jean Pauls, spricht Harich zu dessen Gedenken, allein in seinem Zimmer sitzend, einen Text auf ein laufendes Tonband. Sein Vortrag ist schleppend, er holt immer wieder Luft, er kommt nicht in Fluß, aber er bricht seine Rede, die er zu halten sich vorgenommen hatte, nicht ab. Sein zweites Ziel, Jean Paul in die Erbepflege mit einzubeziehen, erreicht er nicht.

Tagebuch, Berlin, am 6.4.1988:
»Gestern Besuch von Prof. Schirmer; Jean-Paul-Aufnahme in das kulturelle Erbe wieder einbauen; welche philosophischen Schriften sind wichtig, um von Nietzsche abzulenken.«

Als Prof. Schirmer Harich in der Friedenstraße aufsuchte, saß ich dabei. Ich erinnere mich nur daran, daß Harich ungehalten und Schirmer ratlos war. Ich stand im Korridor vor dem Gast, und ich hätte ihn am liebsten angefleht, endlich meinen Mann zur Ruhe kommen zu lassen und mit dem Verschaukeln seiner Person ein Ende zu machen. Schirmer sagte mir, wenn ich Hilfe brauchte, solle ich mich an ihn wenden. Ich brauchte seine Hilfe nicht, schon gar nicht, um mit Harich fertig zu werden. Für ihn schien mir alles hoffnungslos, und meine Wünsche gingen viel mehr dahin, ihm zu helfen, ihn zu beruhigen, ihn dazu überreden zu können, sich nicht mehr einzumischen, sondern sich hinzusetzen, um seine Zeit für seine Arbeit zu nutzen und dabei auch ein bißchen mehr an mich zu denken. Er ließ sich da in nichts hineinreden. Er ruderte weiter gegen den Strom seiner Zeit, unverstanden, verhöhnt, bedauert.

In der Aktennotiz über das Gespräch zwischen Harich und Gregor Schirmer am 5.4.1988 schreibt Schirmer:

»... 2. Jean Paul
Ich habe Wolfgang Harich erklärt, daß wir sein Bedauern teilen, daß Jean Paul eine so geringe Rolle im geistigen Leben der DDR spielt.

Seine Vorschläge in seinen zwei Briefen an den Generalsekretär werden wir so weit wie möglich aufnehmen, ungeachtet dessen, daß dafür der 225. Geburtstag Jean Pauls versäumt wurde.

Wolfgang Harich sieht Jean Paul auf einem ähnlichen Platz wie Schiller und Heinrich Heine. Er erklärte, er wolle sich nicht intensiver mit Jean Paul beschäftigen; Nietzsche und Lukács seien ihm viel wichtiger. Er habe nur Vorschläge gemacht. Daß diese Vorschläge nicht aufgegriffen werden, führe er zurück auf eine falsche Einschätzung Jean Pauls und auf das Bestreben, ihn – Harich – niederzuhalten.

Einen Artikel für die Zeitschrift ›Sonntag‹ will er nicht mehr schreiben. Auch an dem Kolloquium in Wiepersdorf hat er kein sonderliches Interesse gezeigt. Er halte das Kolloquium für unangemessen. Wir sind so verblieben, daß er von der Vorbereitung auf Wiepersdorf informiert wird und selbst entscheidet, ob er teilnehmen möchte.

Ich schlage vor, daß die Abteilungen Kultur und Wissenschaften Maßnahmen einleiten, um die Forschung zu Jean Paul zu verstärken und den Dichter stärker ins geistige Leben der DDR

einzuführen. Dabei könnten auch Vorschläge von Harich aufgegriffen werden:
– Benennung einer Straße von Berlin nach Jean Paul (›es gibt 5 Goethe-Straßen, 4 Schiller-Straßen, 3 Heine-Straßen, x andere nach Dichtern benannte Straßen, aber keine Jean-Paul-Straße, obwohl Paul lange Zeit in Berlin gelebt hat‹)
– Bildung eines Jean-Paul-Arbeitskreises im Kulturbund (anstelle des Vorschlags, eine Gesellschaft zu gründen)
– Aufnahme von Jean Paul in den Deutschunterrricht der Schulen. Harich schlug vor, eine Jean-Paul-Ausgabe anzustreben ähnlich der Berliner Schiller-Ausgabe.« Und dann kommt Schirmer in seinem Bericht auf einen anderen Komplex zu sprechen:
»3. Es kamen Fragen zur Sprache, die mit der Überwindung der Isolierung Harichs zusammenhängen. Diese Isolierung ist nach der Kontroverse mit Pepperle und Hermlin praktisch noch stärker geworden.

Harich sieht ringsum nur Feinde, die Nietzsche einschleusen und Lukács beseitigen wollen sowie ihn – Harich – ausschalten wollen. Seine schlimmsten Feinde seien Stephan Hermlin, Klaus Höpcke, Manfred Buhr und Manfred Naumann. Aus dem Kulturbund ist er im Zorn ausgetreten, weil er in dessen Buchladen die Ecce-homo-Ausgabe entdeckt hat.

Ich habe versucht, ihm seine Mitverantwortung an seiner Isolierung klar zu machen. Er lebt nach dem Prinzip ›viel Feind, viel Ehr‹ und ›wer nicht absolut für mich ist, ist gegen mich‹. Er sieht alle Dinge durch das Prisma ›Für Lukács – gegen Nietzsche‹, wobei er selbst absolut festlegt, wer gegen Lukács und für Nietzsche ist. Dabei entwickelt er ein durchaus treffsicheres Gespür für geistige Prozesse in unserem Land und für deren politische Relevanz.

Harich möchte sich zu einigen philosophisch-historischen Themen, über die er etwas wichtiges zu sagen hat, im kleinen Kreis von 1 bis 3 Philosophen äußern und die Gespräche auf Tonband zu unserer Verfügung aufzeichnen.

Ich habe diesen Vorschlag aufgegriffen und ihm versprochen, kompetente Philosophen zu ihm zu schicken, die mit ihm über solche Themen diskutieren.

Ferner werde ich die entsprechenden Genossen daran erinnern, daß sie seit längerem den Auftrag haben, Harich zu bestimmten Veranstaltungen einzuladen.

Harich selbst habe ich gesagt, daß er solche Einladungen auch

annehmen muß (zur Leipziger Konferenz über das philosophische Erbe ist er trotz Einladung nicht erschienen).
Auch der Kulturbund sollte trotz oder gerade wegen Harichs Austritt, Verbindung mit ihm aufnehmen und ihn zur Zurücknahme des Austritts bewegen.
Seine Aufnahme in die Partei betreibt Harich weiterhin. Er wolle nicht als ›heimatloser Linker‹ sterben.«

Ein paar Tage später, am 13.4.1988, ist in einer Hausmitteilung an Hager folgender Nachtrag zu lesen:

»Was seine (Harichs) Mitgliedschaft in der Partei betrifft, komme ich immer mehr zu dem Standpunkt, daß er aufgenommen werden sollte. Zu erwägen wäre, wie ein solcher Schritt ankommt
– bei einer Reihe von Genossen Schriftstellern
– in der Öffentlichkeit (wahrscheinlich Reaktion des Gegners: ›SED ist offen für Dogmatiker und Linkssektierer‹).
Für seine Aufnahme spricht, daß Harich tatsächlich das Beste für die Partei und den Sozialismus will, daß er in seiner Grundorganisation eine politische Heimat hätte und nicht zuletzt auch besser diszipliniert werden könnte.«

Der Akademie-Verlag schickt am 20.4.1988 zwei Mitarbeiter in die Friedenstraße, die von Harich wissen wollen, was nach seiner Meinung in die Editionsplanung der Jahre 1988–1991 aufgenommen werden müßte. Harich konnte einer solchen Frage nicht widerstehen, brannte die doch seit Jahren auf seiner Seele. Ich saß dabei und glaubte auch an ein ehrliches Interesse. Das Gespräch wurde auf Tonband aufgenommen. Ich war von Harichs Darlegungen gebannt. Viele Namen kannte ich nun aus den Unterhaltungen mit ihm. Er äußerte sich ungezwungen, sprach leidenschaftlich und engagiert, hielt am Thema fest, ließ sich kaum unterbrechen und machte kein Hehl daraus, daß er sich ohne Umschweife über alles, was ihm wichtig war, äußern wollte.

»Als Vorbemerkung: Sie müssen davon ausgehen, daß ich nicht mehr viel Zeit habe. Meine Herzoperation ist zwölf Jahre her. Ich bin ja von meinen Kenntnissen her im Akademie-Verlag für zwei Redaktionen zuständig, nämlich für die Philosophie und die Literaturwissenschaft, und einiges, was ich hier vorzuschlagen habe, gehört zur Literaturgeschichte. Angesichts dieser Lage erscheint es mir wichtig, daß ich die Planung dieser beiden Redaktionen kennenlerne und daß dort noch Änderungen möglich sind, evtl. Veränderungen der Prioritäten, wie sie jetzt gesetzt sind; z. B. Prioritäten bei Reclam: Dilthey oder Adorno/Horkheimer mit der ›Dialektik der Aufklärung‹. Es gibt Dinge, die vorher drankommen müssen ... An erste Stelle setze ich die Ethik, entsprechend Hinweisen Erich Hahns auf der Philosophiekonferenz. Man muß davon ausgehen: Es gibt keine marxisitsche Ethik. Es gibt Studientexte zur marxistisch-leninistischen Ethik, Äußerungen von großen Marxisten, die unter systematischen Gesichtspunkten angeordnet sind, es gibt ›Ethik und materialistische Geschichtsauffassung‹ von Kautsky aus dem Jahre 1906, wo er noch ein anständiger Mensch war, trotzdem ein sehr primitives Buch, nur sehr bedingt brauchbar. Zum heutigen Problem der Verhältnisse ›Werte der sozialistischen Gesellschaft und allgemeine Werte‹ sagt es überhaupt nichts. Es gibt Einzeluntersuchungen, und es gibt Fragmente der Vorarbeiten zur eigenen geplanten ›Ethik‹ bei Lukács, und natürlich im Gesamtwerk von Lukács sehr viel verstreut über Ethik in seiner ›Ästhetik‹, in seiner ›Ontologie des gesellschaftlichen Seins‹ – immer wieder die Frage in Klammer – es ist erkennbar, was Lukács in der Ethik gewollt hat, z. B. in seinem Essay über ›Minna von Barnhelm‹; dort wird über ethische Wertkonflikte etwas gesagt, das ist aber alles Stückwerk.

Hermann Turley: Warum stellen Sie diesen Komplex an den Anfang? Ist das nur aus unserer nationalen Sicht, oder vor allem auch aus der internationalen Sicht, die dieses Thema so aktuell und nennbar macht?

W. H.: Beides. Bei meinem Vorhaben scheint dies mir das Dringlichste zu sein, allem anderen voraus. Jetzt möchte ich gerne ausgearbeitete nichtmarxistische Ethiken zur Diskussion stellen, damit man überhaupt eine Grundlage hat über das, worüber man diskutiert und wovon man sich absetzt.

Wenn wir von der Geschichte der Philosophie ausgehen, kommen natürlich in erster Linie in Frage die ethischen Aspekte der Rechtsphilosophie von Hegel und die Ausführungen zur Ethik bei Feuerbach, besonders beim späten Feuerbach; da steckt überall etwas drin, das muß ausgewertet werden, das ist aber sehr lange her, obwohl wir immer wieder darauf zurückgreifen müßten. Ich meine, wir brauchen Veröffentlichungen von ein, zwei Bänden nichtmarxistischer Ethik, die folgende Forderungen erfüllen müssen: Sie müssen irreligiös sein, sie müssen humanistisch sein, sie brauchen nicht sozialistisch sein, sie dürfen nicht militant antikommunistisch sein ... Da denke ich an Friedrich Jodl und an Nicolai Hartmann ... als Vertreter materialistischer Philosophie noch im 20. Jahrhundert. Ich meine Jodls Schrift ›Kritik des Idealismus‹ postum 1920, ein Werk, von dem ich behaupten möchte, daß, wenn Lenin es gekannt hätte, er dem Verfasser um den Hals gefallen wäre. Ein großartiges Werk! ... eine kleine Schrift, völlig vergessen; und andererseits ›Teleologisches Denken‹ von Nicolai Hartmann ... wo am massivsten die materialistischen und atheistischen Tendenzen seiner Philosophie zutage treten, sehr leicht verständlich ... Es ist so: Es kam damals die ethische Bewegung auf, eine Bewegung in Amerika, die eine nichtreligiöse Begründung der Moral anstrebte. Das hat übergegriffen auf Deutschland, ist hier in den Sog der Arbeiterbewegung geraten. Lilly Braun (›Im Schatten der Titanen‹) und ihr Mann, der sich ebenfalls mit ethischen Dingen beschäftigte, wollten das mit der Arbeiterbewegung zusammenbringen. Jodl hat sich dem verweigert (harmlose Distanzierung von der Arbeiterbewegung) ... Die marxistischen Studientexte zur Ethik also neu einfließen lassen, aber bereichert um Kautsky, der bei uns noch gänzlich unbekannt ist, und bereichert um die verstreuten Äußerungen von Georg Lukács, wobei es sich zum Teil darum handelt, einfache Zitate aus seinem Werk herauszunehmen und auch die hinterlassenen Fragmente aus den Vorarbeiten zur Ethik zu bringen ...

Das zweite Projekt: In der Ästhetik herrscht ja eine verfahrene Situation. Ich habe diesen Band ›Ästhetik der Kunst‹ vom Dietz Verlag gelesen, und auf der anderen Seite kenne ich die große ›Eigenart des Ästhetischen‹ von Lukács ... Um eine Analogie zu schaffen, sollte man die große ›Ästhetik‹ von Friedrich Theodor Vischer herausbringen, als das wichtigste ästhetische Werk zwischen der Hegelschen ›Ästhetik‹ einerseits und der ausgearbeiteten marxistisch-leninistischen Ästhetik bei Lukács andererseits; wobei es immerhin ein Werk ist, das Marx exzerpiert hat, und zwar sehr ausführlich ... Das Werk Vischers in unsere Ästhetikdiskussion hineinzubringen – es ist nächst Hegel die einzige inhaltsbezogene Ästhetik – ... wäre ein Vorstoß zur kritischen Aneignung eines Erbes, das vollständig vernachlässigt wird bei uns, nämlich das liberale Denken der zweiten Hälfte des 19. Jahrhunderts. Wir kennen die klassische deutsche Philosophie und springen dann meistens ins 20. Jahrhundert hinüber; oder wir rehabilitieren Richtungen wie die Romantik, wie den Expressionismus usw. ...

es gibt noch Tertium datur, es gibt noch humanistisches, rationelles Denken dazwischen.

Das dritte Projekt: Seit langem schwebt mir das Projekt einer Hegel-Ausgabe vor, die ich mal nennen möchte: Glockner, ›Die Ausgabe der Freunde des Verewigten‹, ergänzt mit Dingen, die später erst zutage gekommen sind, und in anderer Bandfolge, aber nicht historisch-kritisch, sondern im Gegenteil mit moderner Zeichensetzung und Orthographie. Dieses Projekt habe ich bereits gemeinsam mit Gottfried Stiehler dem Akademie-Verlag 1965/66 vorgeschlagen. Die Ausgabe kam aber nicht zustande, da sie lt. Buhr unwissenschaftlich sei und wir Hegel auf dem neuesten Stand der Philologie – Hoffmeister, Nicolin, Pöggeler –, herausbringen müßten, was Devisen kostete und Hegel unlesbar macht, und was den Nachteil hat, daß das nicht der Hegel ist, wie er in seiner Zeit gewirkt hat; sondern in seiner Zeit wirkte er auf Feuerbach, auf die Junghegelianer, auf Marx und Engels in der Ausgabe des Vereins der Freunde des Verewigten. Wir stellen also Hegel in der zweiten Hälfte des 19. Jahrhunderts, in der Zeit, als sich der Marxismus herausbildete, lebendig dar, und nicht mit irgendwelcher Philologie. Es müßte beim Akademie Verlag der Schriftwechsel liegen ... dann habe ich zur Probe die ›Rechtsphilosophie‹ mir vorgenommen und ein Muster geschaffen, wie man die in modernisierter Weise herausgeben könnte. Das müßte auch noch da sein. Ich weiß nicht, ob der Klenner es in seiner Ausgabe der ›Rechtsphilosophie‹ benutzt hat ...

T. E.: ... warum wollen Sie modernisiert und verändert in der Zusammenstellung und noch einiges dazu? Meine Frage, wenn es das Anliegen ist, Hegel in der Form vorzustellen, wie er gewirkt hat, wie Sie's ausgeführt haben, und das ist ja ein legitimes Anliegen und legitimiert auch eigentlich allein die Ausgabe, müßte man ihn so bringen, wie ihn die alte Ausgabe geboten hat – ohne weitere Zusätze –, weil man ja dann auch schon wieder etwas verändert, was man erklären müßte, und nun fragt sich's, warum man das tut, warum man dann auf die alte Ausgabe zurückgeht? Wäre dann nicht im strengen Sinne ein Reprint die legitimste Form?

W. H.: Nehmen wir mal so ein schwieriges Werk wie die ›Phänomenologie des Geistes‹, die wird schon außerordentlich viel verständlicher, wenn sie nach Duden mit der modernen Zeichensetzung gelesen wird. Vieles an der Dunkelheit Hegels geht weg, soll weggehen, denn wenn man sich ansieht, wie seine Zeichensetzung und Orthographie war – vor allen Dingen die Zeichensetzung –

die war nicht anders als die seiner Zeitgenossen Goethe und Jean Paul auch. Man macht also Hegel dort, wo er sehr schwierig ist, verständlicher, man nimmt ihm den Nimbus oder das Abschreckende der Unverständlichkeit mit Duden ... Hegelforscher müssen natürlich bei Meiner in die Schule gehen und den alten Glockner, so wie er war, kennen ... Wir schreiben nicht mehr Sein mit y, denn es stiftet Verwirrung. Heidegger hat es wieder übernommen, es wird da etwas hineinmystifiziert.

Das vierte Projekt: Ich schlage vor, von Rudolf Haym ›Die Romantische Schule‹ zu machen ... Was ich jetzt sage, ist auch ein Wort für das Ohr von Herrn Schneider, wobei ihm nicht alles gefallen wird. Rudolf Haym gehört meiner Meinung nach im Ganzen zu unserer progressiven humanistischen Tradition. Er ist vielleicht der Größte im Grenzgebiet der Philosophie-und Literaturgeschichte der zweiten Hälfte des 19. Jahrhunderts. Ich selber habe über ihn ein Buch geschrieben, habe seinen ›Herder‹ herausgebracht, und das bedurfte damals einer Durchsetzung. Ich hatte positive Gutachten von Lukács, Rilla und Hans Mayer, damit ging's schließlich. Es ist aber nie weitergegangen mit Haym. Ich habe dann nochmal seine Schopenhauerkritik herausgebracht, in der steht, ein tieferer Sturz des deutschen Denkens sei nicht vorstellbar; noch tiefere Stürze erfolgten bei Nietzsche. Haym ist ein wichtiger Mann, ein glänzender Stilist, von dem man ungeheuer viel lernen kann, z. B. wie man gutes Deutsch schreibt; hervorragend sein Buch über Wilhelm von Humboldt, hervorragend seine Essays, außerordentlich interessant, wenn auch problematisch, sein Buch über Hegel ... Aber warum ›Die Romantische Schule‹? Ich sehe bei uns ideologische Fehlentwicklungen, die es, nur wenn man sie als solche erkennt, überhaupt faßbar machen, daß es zu so etwas wie der Nietzschediskussion bei uns hat kommen können. Den Ausgangspunkt dieser ideologischen Fehlentwicklung sehe ich dort, wo Mitte der siebziger Jahre darauf Kurs genommen wurde, das Erbe der Romantik in die Erbepflege mit einzubeziehen. Es gab eine Konferenz ... das ist alles gut und schön, nur hätte damals gegengesteuert werden müssen, sofort, mit Rudolf Haym. Wenn eine Frau ... bei uns das ›Athenäum‹ herausbringt und über Friedrich Schlegel schreibt und ihn wesentlich positiv wertet, dann kommen bestimmte Gesichtspunkte, die die Liberalen im 19. Jahrhundert hatten und die wir doppelt und dreifach haben müßten, gar nicht zur Geltung. Schon die Frage: Was ist Friedrich Schlegel im Vergleich zu Lessing? Ein windiger Bursche;

das sind die Gesichtspunkte von Rudolf Haym, dabei sehr subtil, sehr differenzierend, sehr schön geschrieben und bis heute das Standardwerk über die frühe Romantik. Zur ›Romantischen Schule‹ eine Einleitung, aber keine von rechts ... damit wird die liberal-romantische Mafia von Links in Frage gestellt ... Wenn eine solche Einleitung sich nicht schaffen läßt, wenn keiner da ist, der sie zu schreiben gewillt wäre, dann ohne Einleitung ... Vielleicht wird sich im Verlauf einer kritischen Auseinandersetzung darüber ein Mann wie Hacks zu Wort melden, dem wir diesen glänzenden Essay über den Meineiddichter Friedrich Schlegel zu verdanken haben ...

H. T.: Nachdem Koll. E. mitbekommen hat, in welche Richtung Ihre Vorstellungen gehen, die wir natürlich an Hand eigener schon vorhandener Konzepte noch mal überprüfen sollten, würde ich es doch für richtig halten, daß wir zu einem gegebenen Zeitpunkt den Koll. Harich in Kenntnis setzen über Aspekte, die wir ja in unserem langfristigen Perspektivplan fixiert haben ... meine Zwischenfrage zu Beginn: Sind es nationale oder internationale Aspekte? Ich habe auch das Gefühl, daß die Probleme der Ethik ...

T. E.: Zu Ihrer Frage am Anfang, in welche Richtung unsere Überlegung zur Edition verläuft: Im wesentlichen konzentriert sie sich auf die Aufklärung, die klassische deutsche Philosophie, die Antike, im ganz verschwindendem Maße das Mittelalter, und die Lücke des 19. Jahrhunderts wollen wir füllen, soweit es Lohnendes bietet.

W. H.: Ich würde gern in die Planung einsehen, um zu prüfen, ob man offene Türen einrennt, und um Prioritäten anders zu setzten. Ich sehe einen Mißstand bei uns im folgenden: Die bürgerlichen liberalen Leute aus der Generation von Marx und Engels sind vernachlässigt worden, weil sie eben nicht Marx und Engels sind, und weil sie aus verschiedenen Gründen mit ihnen nichts zu tun haben wollten. Dadurch ist ein riesiges Erbe ins Hintertreffen geraten, was sich mit Fragen beschäftigt, mit denen sich Marx und Engels gar nicht beschäftigen konnten, weil sie andere Bedürfnisse zu befriedigen hatten, nämlich Theoriebedürfnisse der Arbeiterbewegung. Dann klafft eine große Lücke, dann heißt es plötzlich, im 20. Jahrhundert geht es los mit dem Zeitalter des Imperialismus und der proletarischen Revolution. Da orientieren wir uns‹ doch mal auf die Leute, die politisch links gestanden haben ... Es bleibt also eine große Lücke, und dadurch entstehen falsche

Prioritäten; dann greift man zu Dilthey – er war Irrationalist –, dann zu Horkheimer und Adorno – eine Vernunftkritik, die in Irrationalismus einmündet und in Antikommunismus ...«

Die Begeisterung an der Thematik war seinem Gesicht abzulesen, und angesteckt von der erregten Debatte, riet ich ihm, als die beiden Herren vom Akademie-Verlag seine Wohnung verlassen hatten, den Tonbandmitschnitt abzuschreiben und den Text dem Verlagsdirektor zu bringen. Es sollte nicht undokumentiert bleiben. Ich war mißtrauisch geworden und damit wachsamer. Die vielen konsequenzlosen Gespräche hatten längst meine eigenen Verdächtigungen geweckt.

Harich mußte sich nach dem Gespräch hinlegen, es hatte ihn sehr angestrengt. So setzte ich mich, zwei Etagen höher, an meinen Schreibtisch und schrieb vom Band das Gesprochene mit der Schreibmaschine auf. Danach korrigierte er den Text. Am nächsten Tag fuhr ich zum Akademie Verlag und gab das Protokoll, gekürzt nach Tonbandmitschnitt, im Sekretariat des Verlagsleiters ab. Das gab uns das Gefühl, die ganze Sache könne nun nicht mehr im Sande verlaufen.

Doch unser Gefühl täuschte uns. Auch der Genosse Schirmer hüllte sich nach seinem Besuch bei Harich in Schweigen, obwohl vereinbart war, daß er sich telefonisch am 17.5. bei Harich melden werde. Versprochen ist versprochen, und da sich diesbezüglich nichts ereignete, rief Harich in seinem Büro an. Zufällig hielt ich mich in seinem Zimmer auf. Nach meiner Tagebuchnotiz meldete sich ein Dr. Ihme. Das Gespräch wurde sofort unterbrochen, danach kam weder ein Rückruf am gleichen Tag noch eine Entschuldigung. Ich sagte ihm, daß ich das Benehmen für eine Flegelei hielte und dies mir der beste Beweis dafür liefere, daß die alle nichts mit ihm zu tun haben wollen, daß er sie alle reichlichst nerve und daß man ihn auf solche Art loshaben möchte. Darüber setzte sich Harich hinweg, und am nächsten Tag, am 18.5.1988, begab er sich an seinen Schreibtisch und schrieb an Erich Honecker einen 6 Seiten langen Brief. Diesen Brief schickte Honecker am 30.5.1988 mit Unterstreichungen (= kursiv) in das Büro Hager. Wieder will ich einige Stellen zitieren:

»Lieber Erich Honecker,
Gestatten Sie bitte, daß ich Sie heute nochmals mit meinen Anliegen behellige. Die mir aufgezwungene Isolierung nötigt

mich zum Briefeschreiben. Manche halten dies für eine Neurose. Vielleicht haben sie recht. Doch die Ursachen hierfür sind woanders zu suchen als in einer von Natur aus abnormen Gemütsverfassung.

Vor einem Jahr hat Kurt Hager, ganz im Sinne Ihres an mich gerichteten Schreibens vom April 87, mir versichert, seitens der Partei-und Staatsführung bestünden gegen mich keine Einwände mehr und meine Mitarbeit auf kulturpolitischem Gebiet sei erwünscht. Inzwischen ist die Amnestie in Kraft getreten, die bestimmt, daß vor dem 7. Oktober 1987 verurteilte DDR-Bürger gleichberechtigt entsprechend ihrer beruflichen Qualifikation wieder in die Gesellschaft ... Zu diesem Personenkreis gehöre auch ich, wobei, überdies, meine Straftat seit Dezember 1974 verjährt ist. *Bei Berücksichtigung meiner Qualifikationen wäre es keineswegs abwegig gewesen, mein Ansehen sichtbar anzuheben, etwa durch Berufung zum Ordentlichen Mitglied der Akademie der Wissenschaften.* Meine Leistungen würden dies vollauf rechtfertigen. Offenbar ist dergleichen indes von niemandem auch nur in Erwägung gezogen worden. Im Gegenteil, ich werde weiterhin diskriminiert.

Sie selbst, lieber Erich Honecker, sind Zeuge dafür, wie meine Bemühung, zum 21. März 88 ein würdiges Jean-Paul-Gedenken zustande zu bringen, an Widerständen im Ministerium für Kultur sowie in der Akademie der Wissenschaften und der Akademie der Künste gescheitert ist. Ihre ausdrücklichen Wünsche wurden dabei empörend desavouiert, und mir wurde eine tiefe Kränkung zugefügt. Auch verstieß man gegen den Vorrang des *progressiven* Erbes. Diesen Punkt bitte ich nicht mißzuverstehen. Hermann Kant hat, auf dem X. Schriftstellerkongreß, mir zu Unrecht die ›Polpotterie‹ vorgeworfen, mühsam errungene Positionen preisgeben zu wollen. Stephan Hermlin irrt sich, wenn er meint, die DDR werde von mir ›streng getadelt, weil sie zu bedeutenden, problematischen Gestalten der Vergangenheit wie Luther, Friedrich der Große und Bismarck ein neues Verhältnis gewinnt‹. *Ich finde, beispielsweise Ingrid Mittenzweis Buch über Friedrich den II. vortrefflich und freue mich, voller Dankbarkeit, die namentlich Ihnen gilt, über die Wiedererrichtung seines Reiterstandbilds unter den Linden.* Doch die Staatsmänner und Militärs der preußischen Reformzeit stehen uns halt näher als der Alte Fritz, *und wenn Jean Paul der wichtigste literarische Wegbereiter dieser Reformer – und der analogen in den Rheinbundstaaten – gewesen ist, dann sollte er nicht deswegen schnöde mißachtet werden, weil ich das herausgefunden und in die diesbe-*

züglichen historischen Beweise zehn Jahre Forschungsarbeit investiert habe. Da stimmen dann die Proportionen nicht.

Der wichtigste ideologische Wegbereiter der faschistischen Diktatoren, Mussolinis und Hitlers, war Friedrich Nietzsche. Die Art, wie man auf meinen Kampf gegen die Nietzsche-Renaissance reagiert, liegt auf derselben Linie wie das Versäumnis in Sachen Jean Paul und hat dieselben Gründe. *Nur mit Mühe habe ich erreichen können, daß meine Polemik gegen die Verharmlosung und Beschönigung Nietzsches durch Heinz Pepperle in ›Sinn und Form‹, Heft 5/87, abgedruckt wurde ...*

Die Großzügigkeit auch gegenüber problematischem Erbe muß, *meine ich, hier ihre Grenzen haben.* Sie haben die Angriffe, denen ich wegen meiner unversöhnlichen Haltung zu Nietzsche auf dem X. Schriftstellerkongreß ausgesetzt war, miterlebt. Die Medien des Westens triumphierten. Sie feierten dies als ›Glasnost‹. Um die Einbeziehung Nietzsches in die Erbepflege in der DDR durchzusetzen, empfehlen sie – *so z. B. der SFB in einer einstündigen gegen mich gerichteten Sendung vom 24. März 88* – eine Taktik der ›kleinen Schritte‹ ...

Hinsichtlich meines Lebensrestes, den ich, trotz Herzkrankheit, möglichst produktiv verbringen möchte, verkenne ich folgende Schwierigkeit nicht. *Meine Verurteilung 1957 war politisch notwendig und juristisch einwandfrei begründet. Die Straftaten, die ich 1956 begangen hatte, sind dabei aufs engste verknüpft gewesen mit analogen politischen Fehlern meines Lehrers und Meisters Georg Lukács. Zu meiner Reue gehört, daß ich Lukács' damaligen politischen Einfluß auf mich bedauere und, dementsprechend, sehr kritisch beurteile. Aber: Ich habe deswegen doch nie aufgehört, Lukács als Gelehrten, als Theoretiker zu bewundern, an seinen Errungenschaften festzuhalten, sie in meiner eigenen Arbeit auszuwerten und mich dazu auch freimütig zu bekennen. Auf Kulturpolitiker in unserem Mittelbau und, mutmaßlich, auch auf Experten bei unseren Sicherheitsorganen mag dies seit Jahrzehnten irritierend wirken.* Für daraus resultierendes Mißtrauen bringe ich ein gewisses Maß an Verständnis auf. *Die Angelegenheit hat heute jedoch dadurch einen neuen, veränderten Stellenwert, daß die gewohnte und geduldete Mäkelei an Lukács, von jenen Funktionären unbemerkt, allmählich in die Unart umgeschlagen ist, den Mann von rechts zu kritisieren, seine Errungenschaften über Bord zu werfen, sie preiszugeben zugunsten reaktionärer bürgerlicher Ideologien und Theorien. Daß ich davon mitbetroffen bin, ist ein – untergeordneter, verhältnismäßig unwichtiger – Teilaspekt* eines umfassenderen, viele Aspekte der sozialistischen Kultur berührenden Mißstands. *Weil ich mitbetroffen bin, kann es mir aber auch nicht verargt werden, daß ich den Mißstand in seinen größeren Dimensionen besonders klar erkenne und alles in meiner Macht Stehende tue, ihn beheben zu helfen. Wenn ich hierbei wenig Unterstützung finde, so hat das naheliegende Gründe.* Noch schädlicher als alles Übrige, worüber ich mich bei Ihnen beklage, ist es und bleibt es trotzdem. Der Kampf um die Bewältigung der oben erwähnten Globalprobleme muß, soll ihm Erfolg beschieden sein, durch eine weltweite Offensive zur Rettung und Weiterentwicklung der humanistischen Kultur flankiert werden. Hierfür haben Kommunisten nächst den Lehren ihrer marxistisch-leninistischen Klassiker auf dem Gebiet der Philosophie und insonderheit hinsichtlich aller kulturtheoretischen, ästhetischen und auch moralischen Fragen nichts Besseres aufzubieten, nichts Gewichtigeres in die Waagschale der geistigen Auseinandersetzungen unserer Zeit zu werfen als das gewaltige Gedankenvermächtnis von Georg Lukács. *Und nicht zuletzt deutschen Kommunisten fällt die Verpflichtung zu, sich darüber restlos klar zu werden ...*

Zum Schluß noch ein Wort zu demjenigen Anliegen, daß mir am meisten am Herzen liegt. *Das Staatsverbrechen, das ich 1956 begangen habe, kann durch nichts ungeschehen gemacht werden. Ich kann daher keinerlei Rehabilitation beanspruchen, juristisch nicht und politisch schon gar nicht. Aber ich bejahe uneingeschränkt das Parteiprogramm und das Statut der SED. Und ich möchte nicht als heimatloser Linker in die Grube fahren. Wenn es einmal so weit sein wird, darf es bei Freund und Feind nicht den geringsten Zweifel darüber geben, wo ich gestanden habe.* Und bis es so weit ist, möchte ich auf den Gebieten, von denen ich mehr zu verstehen glaube als viele andere, als Kommunist unter Kommunisten, beteiligt am kollektiven Meinungsbildungsprozeß der Partei, eingebunden in ihre Disziplin, noch ein paar Jahre Weichen in die Zukunft stellen helfen. *Deshalb habe ich bei der Grundorganisation der SED im Akademie-Verlag, bei dem ich ›angebunden‹ bin, den Antrag gestellt, mich als Kandidaten aufzunehmen ... Im März erhielt ich von der BPO den niederschmetternden Bescheid, daß wegen meines Umstrittenseins es der Parteileitung nicht zugemutet werden könne, den Genossen der BPO meinen Antrag vorzulegen.* Die Kampfabstimmung, zu der es dann kommen würde, wäre weder für die Partei noch für mich ratsam und hilfreich.

Nach Lage der Dinge erschiene es mir wenig sinnvoll, wenn Sie die-

sen Brief, sei es selbst befürwortend, zur Erledigung nur wieder an Kurt Hager weiterleiten. Selbst wenn ich bei ihm eine mir gegenüber sachliche, unbefangene, vielleicht sogar freundliche Haltung unterstelle, kann *ich mich nach meinen Erfahrungen in den letzten 2 ¹/₂ Jahren doch nicht des Eindrucks erwehren, daß er fällige Entscheidungen vor sich herschiebt und ihm wichtige Dinge aus der Hand gleiten. Ich kann aber auch nicht mit letzter Sicherheit ausschließen, daß partielle Meinungsverschiedenheiten mit mir ihn zögern lassen, sich bei Anfeindungen, denen ich im Westen wie auch hierzulande ausgesetzt bin, hinter mich zu stellen. Bei unserer Unterredung vor einem Jahr wußte er über Lukács nichts anderes zu sagen, als daß er ihn für einen ›politischen Dummkopf‹ hielt. Im Licht dieser Äußerung kommt es mir, nachträglich, sehr bedenklich vor, daß Kurt Hager im März 1985 dem Kolloquium anläßlich des 100. Geburtstages von Georg Lukács fernblieb ...*

In Anbetracht dessen drängt sich bei mir die Frage auf, ob es pure Nachlässigkeit ist, wenn Kurt Hager meine im September 87 an ihn gerichtete Bitte, mir in geeigneter Form wieder die Ausbildung von Schülern zu ermöglichen, bis heute keiner Antwort für würdig befunden hat und daß jetzt, seit Ende März, die Abteilung Wissenschaft beim ZK diese Angelegenheit mit einer mich nervlich zermürbenden Taktik des Hinhaltens behandelt ... Mit kommunistischem Gruß Ihr Wolfgang Harich«

Mit dem Brief an Honecker hatte sich Harich wiede einmal seinen Ärger von der Seele geschrieben, hatte sozusagen »Dampf abgelassen«. Unserer geplanten Reise nach Kagar stand nichts mehr im Wege, zumal die Leitung des Akademie-Verlags versprochen hatte, uns mit einem Auto dorthin zu bringen. Der Bitte, die Harich geäußert hatte, wurde zugestimmt, weil er für die Gutachtertätigkeit, die er für den Verlag ausgeführt hatte, kein Honorar empfangen durfte. Harich mangelte es immer noch an Geld, stünde es nicht in meinen Aufzeichnungen, ich hätte es vergessen, wie so vieles andere auch.

Seelenzustände

Das Reisen war für Harich nie eine Freude, fiel ihm aber zunehmend schwerer. Es beruhigte ihn zu wissen, in aller Gemächlichkeit zu unserem Urlaubsziel gefahren zu werden. Doch einen Tag zuvor wurde ihm mitgeteilt, der Verlag müsse Benzin sparen, er müsse zusehen, wie er dahin käme. Lothar Berthold, der Verlagsleiter hielt dennoch sein Versprechen ein. Er holte uns mit seiner Frau ab, die uns chauffierte. Ich bin sicher, zwischen Frau und Mann hat es darüber eine Auseinandersetzung gegeben, denn Frau Berthold sagte während der Fahrt kaum ein Wort. Mir tat das alles leid, denn das war ihr gemeinsamer freier Sonnabend, der mit uns verfahren worden war. Und: Ich bin sicher, Lothar Berthold war über Harichs Brief an Honecker unterrichtet.

Tagebuch, Kagar, am 6.6.1988:
»Heute morgen gegen neun Uhr wurde Wolfgang ans Telefon unserer Gastgeber gerufen. Schirmer gab ihm Auskunft darüber, daß sein Brief an Honecker auf seinem Tisch liege; am 21.6., 14 Uhr, wird Wolfgang wahrscheinlich – vielleicht – dort sein, ich kann mitkommen. Es werden zwei Wochen unter spekulativen Vermutungen sein.«

Es war ein unruhiger Urlaub. Ständig ging es um Schirmer und Honecker und immer noch um Jean Paul und was geschehen würde, wenn wir nach Hause zurückgekehrt sein werden. Vom Staatsratvorsitzenden erwartete Harich Gerechtigkeit, und darauf bauend, bemühte er sich, seine Hoffnung zu beherrschen. Ich sollte von dem, was er sich selbst eingeflüstert, nicht alles wissen. Doch ich kannte ihn nun gut genug, um zu erkennen, wie er sich auf etwas ganz Bestimmtes konzentrierte, wenn er stumm und geradeaussehend neben mir herlief oder auf seinem Bett liegend angestrengt vor sich hinbrütete. Dann ließ ich ihn in Ruh und hielt meinen Mund und zog mich zurück. Ich wollte nicht lästig sein und ihn nicht stören. Sprach Harich doch aus, was ihn bewegte, ließ ich mich auf seine Vermutungen ein und behielt meine Zweifel für mich. Ich hatte gelernt, ihm in dieser Hinsicht nicht zu widersprechen. Darauf reagierte er mißtrauisch und verletzt. Manchmal wußte ich nicht genau, wie ich mich verhalten sollte und ich fühlte mich hinausgedrängt. Dann lief ich über Wiesen voller Blumen, und ich pflückte meinem Liebsten wunderschöne

Blumensträuße. Am liebsten wäre ich eingetaucht in die Wiese und ich sagte dauernd vor mich hin: Mein Gott, ist das schön! Mir war, als ob die Wiese mit den vielen Blumen in mein Innerstes hineinzog, um mich von Traurigkeit und Unzufriedenheit zu befreien; mir war, als weckte sie alles Schöne in mir, und sie ließ mich eine Zeitlang ungestillte Wünsche vergessen, und ich fühlte mich auf eine ganz sonderbare stille Weise beglückt. Harich freute sich über die Blumen, die ich ihm entgegenhielt. Doch war mir, als sei er mehr darüber erleichtert, mich in heiterer und aufgeräumter Stimmung zu sehen. Er fand die Blumen fabelhaft, und er vergaß sie gleich wieder. Ich sagte in einer Tour: Sieh doch mal richtig hin, sind die nicht herrlich, die erinnern mich an meine Kindheit. Das war es nämlich, was mich so froh gemacht hatte! Er sagte: Ja, ja, die sind wunderbar. Und so erzählte ich ihm, wie ich als Kind auf Wiesen umhergelaufen war und meine Mutter mit Margeritensträußen eine Freude machen wollte; wie ich auf dem Friedhof vom Komposthaufen die unverblühten Stiefmütterchen gerupft und sie meiner Mutter gebracht hatte und wie sie die Augen gen Himmel hob, wenn ich ihr sagte, woher die waren; und wie ich ein anderes Mal zu meinem »Papa« lief mit den Stiefmütterchen vom Friedhof und wie der mich hochhob auf seinen Arm und mit mir zu seiner Frau ging, die dann die traurigen Blumengesichter mit ihren dünnen glatten Stielen in eine Vase steckte. Dann erzählte ich ihm von meinem »Papa« und dem Friedhof, auf dem ich oft allein spielte, geschützt durch Steinmauern, die mir damals ganz hoch erschienen, auf die ich nicht klettern durfte, weil es eine Sünde wäre, die Gott da oben nicht entginge.

Erwachte in Harich das Bedürfnis, sich aus seinem Gedankenlabyrinth zu lösen, dann sah er nicht mehr nach vorn, sondern zurück; es dauerte nicht lange, und er ließ sich einholen von dem, was einmal war, und er erzählte die alten Geschichten, ich hörte zu, und ich war wieder ganz nahe bei ihm. Wie sollte es auch anders sein? Die Zukunft war ungewiß, also blieb uns beiden nur die Vergangenheit, in die wir uns immer wieder bereitwillig begaben.

In Kagar hielt ich mich gern auf, in dem kleinen, überschaubaren Dorf, das so einfach und still war und so viel Gleichmut und Behaglichkeit ausströmte. Mich überkam nie das Gefühl der Langeweile. Ein bißchen anders hätte ich es doch haben wollen, hätte mir noch mehr Abgeschiedenheit gewünscht, wenn wir beispielsweise in einem kleinen Bungalow, ganz für uns allein, gewohnt hätten. So mußte ich mir immer ein Plätzchen suchen, an dem ich mich unbeobachtet fühlen konnte. Wenn ich mit solchen Nörgeleien anfing, wurde Harich ziemlich kategorisch und meinte: Das hier wäre alles gut genug. Das ärgerte mich, doch ich hielt Ruhe, weil ich mir undankbar und anmaßend vorkam.

Gegen meine Mißstimmungen halfen mir meine Tagträume, in die ich flüchtete, mein altes, von klein auf mir so vertrautes und schönstes Spiel vom Leben in einer anderen Zeit. Wenn wir in Kagar weilten und ich allein über Wiesen und durch den Wald zu den Seen ging, setzte ich meine Phantasien fort. Bis ins kleinste Detail malte ich mir mein Woanderssein aus, und in meinen Einbildungen gibt es überhaupt keine Kümmernisse. Das Leben ist leicht und die Menschen sind gut, sie helfen mir, und mir gelingt alles, was ich mir so oft vorgenommen und nie zu Ende geführt habe. Mir war, als besäße ich heimlich eine Kraftquelle, die ich niemandem verriet. Wie von einer Reise nach Hause kommend, kehrte ich zu Harich zurück, und wir nahmen unser Gespräch wieder auf, als wäre es nicht unterbrochen worden und ein tiefes Zusammengehörigkeitsgefühl spülte meine Tagträume hinweg.

Ich ließ Harich gern bei seinen liebsten Erinnerungen verweilen, und wenn ich ihn fragte, wie seine Eltern sich kennengelernt hatten, holte er Luft und es ging los:

Meine Mutter, als die geboren worden war, wurde ja von vornherein von ihrem Vater ganz in Beschlag genommen. Das war sein Kind. Er sagte: »Die gebe ich nicht mehr her, niemandem, die dressiere ich ganz auf mich, die wird die Stütze meines Alters.« So hat er sie vom Säuglingsalter an als ein Privateigentum betrachtet. Das fing damit an, daß – von der Brust der Mutter entwöhnt –, sofort ihr Kinderbettchen in seinem Schlafzimmer aufgestellt wurde. Dort schlief sie, das war ihm überhaupt nicht lästig. Er bewachte sie auf Schritt und Tritt. Sie durfte niemals alleine auf Gesellschaften ausgehen. Entweder ist er mitgegangen, oder er hat sie abgeholt, oder sein Diener wurde geschickt. Er wollte nicht, daß sie jemals heiratete. Sie war nur für ihn da. Er ließ sie im Haus erziehen; es wurde eine französische Gouvernante eingestellt; sie wuchs zweisprachig auf, und sie sprach ihr Leben lang französisch so gut wie deutsch. Sie bekam keinen Haß auf ihren Vater, der sie von der Schule und von anderen Vergnügungen abhielt, dazu war sie zu gemäßigt und zu vernünftig. Später besuchte sie eine Privatschule. Er ließ sie aber nicht das Abitur machen. Sie äußerte den Wunsch, berufstätig werden zu wollen, doch er fand das unsinnig: »Ist doch schön, wenn du hier bei uns bist und nachmittags den Tee eingießt, die Besuche empfängst und mit mir Reisen machst.« Er machte sehr viele Reisen mit ihr, er kleidete sie elegant ein, sie wurde gehalten wie ein Prinzeßchen, aber eben immer, immer unter Verschluß. Und als sie darauf beharrte, berufstätig zu werden, nahm der Vater sie von der Schule und ließ sie Stenographie und Schreibmaschine lernen und machte sie, siebzehnjährig, mitten im 1. Weltkrieg, zu seiner Redaktionssekretärin, seiner Privatsekretärin und seiner ständigen Begleiterin auf Reisen. Er war ja Vorstandsmitglied des Deutschen Zeitungsverlegerverbandes, eine Zeitlang auch dessen Vorsitzender, und da hatte er seine Versammlungen, und da reisten sie zusammen hin. Damit war meine Mutter nach 1945 die ideale Mitarbeiterin von Fritz Erpenbeck am ›Theater der Zeit‹. Wie lernten nun meine Eltern sich kennen? In der Königsberger Wohnung in der Tragheimer Pulverstraße 23/24 wohnte zwei Stock höher die Pianistin Frau Arnheim, und die gab Hauskonzerte. Ende 1922 ging meine Mutter, zwei Treppen höher, zu einem der Hauskonzerte. Ihr Vater kam nicht auf die Idee, sie, im selben Haus, abholen zu lassen. Das war sein großer Fehler. Denn da war mein Vater eingeladen, ein junger Dichter und Musiker, geschieden von Eta Harich-Schneider in München, und der musizierte nun mit Frau Arnheim. Für meine Mutter war ein Künstler, ein Musiker und ein Dichter, etwas Kostbares, und sie flogen aufeinander und haben einen Gang um das Karree gemacht, unbewacht vom alten Wyneken, und waren zwei, drei Tage später verlobt. Vater Wyneken versuchte alles dagegen zu tun. Zuerst machte er einen ungeheuren Krach, dann ging er zu meinem Vater und sagte: »Ich zahle Ihnen eine Abstandssumme, wenn Sie von meiner Tochter lassen. Außerdem beschaffe ich Ihnen unter den Königsberger Honoratiorentöchtern eine andere, die viel hübscher und reicher ist.« Die Liebe war stark genug, und mein Vater war unbestechlich. Anfang März 1923 wurde in Allenstein, dem Wohnsitz der Eltern Harich, geheiratet. Die Harichs waren Zeitungsverleger, aber auf kleinerem Niveau. Sie waren Emporkömmlinge, und Mutter Harich war gesellschaftlich ungeheuer ehrgeizig. Daß sie nun mit Alexander Wyneken verschwägert war, zählte zum größten Tag ihres Lebens. Und da saßen nun Mutter Harich und Vater Wyneken und spielten vierhändig Klavier, und meinem Vater waren viele seiner Sünden vergeben. Sie mochten ihren Sohn nicht, sie hatten ihn enterbt, weil er sich geweigert hatte, die Firma zu übernehmen. Stattdessen war er freier Schriftsteller geworden, somit ein verkommenes Subjekt und Verräter an der Familie. Meine Mutter mochte die Harichs nicht, da gab es verschiedene Konflikte, und Alexander Wyneken wurde damit besänftigt, daß Walther Harich und seine junge Frau in die Wohnung in die Tragheimer Pulverstraße zogen, in ein Zimmer, und Walther Harich an der Königsberger Allgemeinen Zeitung Artikel schreiben konnte. Die war ihm eigentlich zu rechts, aber Alexander Wyneken hatte das Prinzip: Was an Nachrichten gebracht wird und wie die Leitartikel aussehen, das bestimme ich. Und er bestimmte es von seinem nationalliberalen Standpunkt aus, zum Teil seines recht reaktionären Standpunkts, aber im Feuilleton nur das Radikale.

Das Feuilleton in der KAZ war also radikal, und das war es, was meinem Vater die Mitarbeit an der KAZ erleichterte. Mein Vater stand ja politisch viel weiter links, er war ein linksbürgerlicher Demokrat. Er konnte dann mit einigermaßen gutem Gewissen dort mitarbeiten. Es war dringend nötig für ihn, daß da Geld einkam, 1923 war das Jahr der Inflation. Er verdiente sich damals Geld als Caféhaus-Geiger, er geigte mit im Königsberger Opernorchester, schrieb Artikel für die KAZ, und in den Nächten zu Hause schrieb er an seiner großen Jean-Paul-Biographie. Als ich geboren wurde, im Dezember 1923, war er gerade beim Durcharbeiten von Jean Pauls ›Levana oder Erziehlehre‹. Zwischen meinem Vater und meinem Großvater gab es schwere politische Auseinandersetzungen, zwischen dem Standpunkt des Nationalliberalismus und dem Standpunkt des linksbürgerlichen Demokratismus. Es gab zweitens schwere Auseindersetzungen über Goethe und Jean Paul. Mein Großvater war ganz eingeschworen auf Goethe. Seine Götter waren: Luther, Bismarck, Goethe, Richard Wagner und merkwürdigerweise Heinrich Heine. Die literaturhistorischen Differenzen zwischen meinem Vater und meinem Großvater bestanden also in der Kontroverse über Goethe und Jean Paul. »Der Bengel will da meinen Goethe stürzen, indem er da über Jean Paul eine Biographie schreibt.« Das nahm er ihm übel. Aber der eigentliche Krach setzte mit einem Artikel über die Farben Schwarz-Rot-Gold ein. Aus irgendeinem Jubiläumsanlaß hatte mein Vater eine Artikelserie über die Geschichte der Bannerfarben geschrieben, die vor 1918 aus den Farben Schwarz-Weiß-Rot zusammengesetzt waren. Die Serie war zu links, und da hörte die Radikalität in der KAZ auf. Mein Vater brachte seine Arbeit zur »Hartungschen Zeitung«, und das war ein Verbrechen:

Er war zum Feind, zum Erzfeind übergegangen. Es folgten solch unerträgliche Spannungen, daß meine Eltern sich eine eigene Wohnung nehmen mußten. Mein Vater durfte sich im Grunde im Hause seines Schwiegervaters nicht mehr blicken lassen.

Für meine frühe Kindheit und noch bis in die Schuljahre hinein wurde mein Großvater Wyneken wichtiger für mich als mein Vater. Um uns Kinder kümmerte sich mein Vater nur am Rand. In seinem Schreibzimmer durfte er nicht gestört werden. Er hatte eine tiefe, tiefe Abneigung gegen alles, was an Unappetitlichkeiten mit kleinen Kindern zusammenhing. Er machte mit uns immer dieselben Scherze. Wir Kinder waren ihm nicht so wichtig wie seine Arbeit. Während mein Großvater in dem Moment, als ich anfing zu schreiben, mir alle zwei Wochen einen Brief schrieb. Ich mußte mich dann hinsetzen und ihm auch einen Brief schreiben, und das tat ich gern. Leider gibt es die Briefe nicht mehr. Durch meinen Vater wurde meine Mutter politisch ein wenig nach links gerückt. Was den literarisch-ästhetischen Geschmack betrifft, hielt sie den Glauben meines Vaters, eine Jean-Paul-Renaissance einzuführen, für vollkommen unsinnig, und sah mein letztes Jean-Paul-Buch als sehr ehrenwert, aber völlig sinnlos an. Sie war durch ihren Vater ganz auf Goethe eingeschworen.

Meine Eltern wechselten ihren Wohnsitz 1926 nach Berlin-Tempelhof. Mein Vater gehörte zu den Literaten, die in den zwanziger Jahren das Romanische Café frequentierten, vom Volksmund das Café Größenwahn genannt. Meine Mutter nahm mich an die Hand und ging mit mir ins Romanische Café, um meinen Vater abzuholen. Der saß dort mit Ina Seidel, Alfred Döblin und Arnold Zweig, den ich schon als kleiner Junge, außerhalb des Cafés kennengelernt hatte. Mein Vater interessierte sich am Berliner Leben für alles, und er schrieb für den »Hannoverschen Anzeiger«.

Es ist im Grunde so: Mein Vater war so vielseitig interessiert, daß er verzettelt war. Er war Literaturhistoriker, und er war Kriminalschriftsteller, er war Geiger, und er war Journalist, er war ein großer Sportler, er lief wunderbar Schlittschuh, er machte trotz eines erheblichen Bauches die Riesenrolle am Reck, er hatte sich im Krieg die Leidenschaft für Pferde angewöhnt, und er hatte merkwürdige Ehrgeize: Er hatte den Ehrgeiz, mal als Jockey in einem Rennturnier zu siegen; er hatte aber auch den Ehrgeiz, mit den Philharmonikern das Brahmsche Violin-Konzert zu spielen und gefeiert zu werden als Violin-Virtuose; er hatte den Ehrgeiz, mit seinem ostpreußischen Familienroman »Der Aufstieg« Thomas Mann zu übertreffen – das alles wollte er. Das war zuviel, er hatte sich übernommen. Er war vielleicht der vielseitigste Schriftsteller der zwanziger Jahre, aber auf jedem Gebiet gab es drei, vier Leute, die ihn übertrafen, und dann wurde seine Arbeit 1931 jäh unterbrochen durch seinen frühen Tod, so daß er heute als Schriftsteller vergessen ist. Mein Vater gehörte zu den wenigen Intellektuellen der Weimarer Republik, die von früh auf die Nazis nicht nur lächerlich fanden, sondern sie ernst nahmen und Angst vor ihnen hatten. Denn: Bis 1922, Anfang 1923 lebte er in München, hatte dort Hitler in seinen allerersten Anfängen beobachtet und mit ihm die damaligen Münchner Schriftsteller. Feuchtwanger – mit seinem Roman »Erfolg«, und mit der Figur des Robert Kutzner, des Führers der wahrhaft Deutschen mit dem indischen Fruchtbarkeitsemblem in der Fahne, – der nahm die Nazis ernst, die sind, sagte er, gefährlich! Klabund nahm sie ernst, Brecht nahm sie ernst, der junge Brecht, der ja in Feuchtwangers »Erfolg« auftritt. »Erfolg« ist die Geschichte Münchens aus den Anfängen der Hitlerzeit. Brecht heißt da Kaspar Pröckel und tritt gitarrespielend und dichtend auf. Weiter: Mein Vater hatte damals Erfolg mit seinen Unterhaltungsromanen. Wir wurden wohlhabend, und meine Eltern kauften in Wuthenow bei Neuruppin eine Villa am See. Wir zogen 1928 dorthin, und 1929 setzte die große Arbeitslosigkeit ein, die war auch in Neuruppin spürbar. Dann kam der große Wahlsieg der Nazis, und mein Vater entschloß sich, die Unterhaltungsschriftstellerei aufzugeben und mit seinem Roman »Primaner« gegen den Rechtsextremismus anzukämpfen.

Kurze Zeit später besuchte Hitler Neuruppin. Mein Vater ging mit uns dorthin, mit meiner fünfjährigen Schwester und mit mir, ich war sieben Jahre alt. Die Hauptstraße von Neuruppin war dicht gesäumt von Menschen, die auf Hitler warteten. Dann nahm mein Vater uns zur Seite und sagte: ›Nun habt ihr euch den mal angesehen, nun merkt euch den, das ist der böseste Mensch, der auf der ganzen Welt lebt, und wenn der an die Regierung kommt ...! Merkt euch den, laßt euch von dem nicht einwickeln!‹ Das werde ich nie vergessen, bis auf den heutigen Tag habe ich mich immer wieder daran erinnert.

Mit dem Umzug nach Wuthenow nimmt mein Vater immer mehr Gestalt für mich an, und ich weiß noch, wie ich ihn einmal fragte: ›Sag mal, Papa, du übst hier immer und übst hier immer, wann kannst du denn nun endlich mal Geige spielen?‹ Da lachte er und sagte zu mir: ›Solange man auf Erden lebt, kann man das nie, da muß man erst tot sein; und dann als Engel im Himmel, da kann man es richtig. Hier, was man hier auf Erden macht, ist alles unvollkommen.‹ Mein Vater war ein gläubiger Mensch. Sein letztes, was er spielte, was er übte, war das große Brahmsche Violin-Konzert in der Interpretation von Fritz Kreisler. Er hatte sich die Schallplatte angeschafft, und er spielte sich immer auf dem Koffergrammophon ein Stück Schallplatte vor, stellte das wieder ab, versuchte dann, es Kreisler in der Interpretation gleich zu tun, und hat auch oft mit meiner Mutter zusammengespielt. Wir haben nach seinem Tod sein Geigenpult im Wohnzimmer stehen lassen mit dem Violin-Konzert von Brahms darauf, aufgeschlagen an der Stelle, die er zuletzt geübt hatte. Die kostbarste Geige, die mein Vater besaß, war seit seiner Jugend eine echte Klotz. Er mochte sie aber gar nicht so gern, er mochte viel lieber eine billigere Geige, der Ton war schöner. Die war gebaut von seinem Freund Julius Levin, dem Geigenlehrer von Marlene Dietrich. Das war ein merkwürdiger Mann. Der baute Geigen und braute selber Tinte und schenkte immer Tinte zu Weihnachten und verlangte von meinen Eltern, daß sie seine Tinte benutzten.

So ging das ohne Unterbrechung mit Harich und seinen Erzählungen. Mit jedem Namen, den er nannte, fiel ihm ein anderer ein, purzelten erneut Bilder und damit Begebenheiten in seinem Kopf herum, doch hielt er die Folge des Erzählens ein, manchmal bis zur Erschöpfung; dann brach er ruckartig ab und sagte: Anne, es ist mir jetzt zuviel, ich muß aufhören! Er mußte sich hinlegen, das tat er ohne Umschweife, und wenn es am Straßenrand war. Er griff nach seiner Notfalldose und nahm das Medikament ein, das er augenblicklich für richtig erachtete. Hielt ein Autofahrer an und fragte, ob hier Hilfe nötig sei, dann sagte er: Vielen herzlichen Dank, ich muß mich nur ausruhen, ich bin herzkrank! Der Fahrer nahm den sonderbaren Menschen nun verwundert wahr, der da so selbstverständlich, aber doch mit sehr viel Würde am Straßenrand lag. Sobald sich Harich wohler fühlte, pflegte er sein Erzählen fortzusetzen, doch überschätzte er sich das eine oder andere Mal und sagte: Nein, es geht nicht, es hat keinen Sinn, das Sprechen beim Laufen hat mich zu sehr angestrengt, ich habe es wieder mal vergessen. Beide warteten wir, bis sich sein Herz beruhigt hatte, lagen stumm nebeneinander, und jeder dachte, was er gerade dachte; in solchen Minuten, in denen die Angst um Harich in mich drang und mich dabei die innigsten und anhänglichsten

Gefühle durchzogen und ich mir einbildete, das alles fließe wortlos zu ihm hinüber, und wenn ich mich in solchen Minuten an ihn vorsichtig wandte und fragte: Wölfchen, was hast du jetzt gedacht?, so konnte es geschehen, daß er mir darauf geantwortet: Also, ich muß dir sagen, ich werde doch noch mal an Hager schreiben. Und wenn ich ihm dann gestand, daß wir augenblicklich sehr aneinander vorbei gedacht und gespürt haben und wie so etwas möglich sei, so sagte er: Ja, also, nach Nicolai Hartmann gibt es keine absolute seelische Übereinstimmung, dummerweise streben die Menschen unaufhörlich danach, aber dieser Zustand sei unerreichbar. Das ärgerte mich, weil ich glaubte, ihn eben gespürt zu haben, dann mußten wir lachen über unsere nicht zu vereinbarenden Seelenzustände und darüber, daß man denkt, was man gerade denkt, und wie komisch das ist, und dann stimmten unsere Seelen doch ein wenig überein.

Tagebuch, Kagar, am 14.6.88:
»Gestern, am 13.6.88, kam die Nachricht von Berthold, er könne uns nicht abholen, wir sollten ein Taxi bestellen und die Rechnung an den Verlag schicken. Wolfgang, der sowieso schon den ganzen Tag darauf wartet, daß irgend etwas passiert, sieht dies als ein schlechtes Zeichen in bezug auf den 21.6. Ich habe ebenfalls Bange davor, denn ich nehme an, man wird ihn ein für alle Mal in die Schranken weisen.«

Von diesem Tage an stand alles, was sich um Harich herum ereignete, im ungünstigen Licht. Am 13. eines Monats eine Absage zu erhalten, bedeutete nichts Gutes, und ich las von Hamsun »Das letzte Kaptitel«. Harich machte seine Spaziergänge und nahm wenig um sich herum wahr. Prallte die Sonne auf seinen Kopf und seinen Nacken, spannte er den großen schwarzen japanischen Schirm auf und ging, nicht ahnend, daß er mir ein wenig Spitzweg vor Augen führte, die Dorfstraße entlang, auf den Waldrand zu. Ich lief neben, vor oder hinter ihm. Da fühlte ich mich oft wie ein Kind, losgelöst und unbeobachtet und nach draußen geschoben aus der Welt der Erwachsenen. Auf nichts brauchte ich zu achten: ich sang vor mich hin, das alles bemerkte er nicht, ich wartete auf ihn, wenn ich zu schnell gegangen war, ich drehte mich wie im Tanz, das störte ihn nicht, ich konnte sein, wie ich bin, es ging mir trotz seiner Sorgen gut bei ihm.
Bis zur Heimreise hatten wir noch eine Frist von fünf Tagen.

Die füllte Harich nicht mit Griesgram aus, er ließ sich ganz schnell zu Späßen und Albernheiten verführen.

Einmal sagte ich zu ihm, als wir so einig-getrennt daherliefen: Sieh mal, was hier für ein herrlicher dicker Kater im Garten liegt. Sogleich erhellte sich sein Gesicht. Er gesellte sich zu mir, beugte sich über den Gartenzaun, betrachtete mit tiefster Bewunderung den Kater, der sich um uns nicht kümmerte, uns überhaupt nicht beachtete, denn es lagen, auf dem Fenstersims und der Treppe, Katzen, die er alle in Sicherheit zu wiegen beabsichtigte, dabei eine jede nur darauf lauerte, von ihm erobert zu werden. Ich sah auf den ruhenden, selbstbewußten Kater mit seinem schwarz-weiß gefleckten Gesicht und seinem herrlich langen Schnurrbart, ich sah seine Augen, die so verwegen und die so siegessicher Ausschau hielten und sagte: Du, Wölfchen, das ist Freimut! Ach du lieber Himmel, wenn das Duve wüßte! Er hatte mir von ihm erzählt, daß die Frauen einst ganz verrückt nach ihm waren. Und wenn wir wieder nach Kagar kamen, so fragten wir uns: Ob Freimut noch da ist? Und wir sorgten uns um ihn, wenn er einige Tage verschwunden war. Und wenn mir Harich berichtete: Freimut liegt wieder, umgeben von seinen Frauen, im Garten, waren wir beruhigt und suchten die nächste Gelegenheit, um ihn erneut bewundern zu können. Dann bestaunten wir Freimut, der abfällig wegsah, wenn er uns nur vernahm, und wir mußten, je weniger wir imstande darüber waren, uns dieses anziehende Phänomen zu erklären, immer mehr lachen. Freimut aber hatte keinen Humor, auch er verstand uns nicht; wir lockten und warben um ihn, auf so etwas ließ er sich nicht ein; wir fanden ihn unwiderstehlich, er uns langweilig, und er reagierte nicht einmal auf uns, wenn wir ihn mit seinem berühmten Namen gut zuredeten.

Zwischen all den kleinen Erlebnissen, zwischen all dem Geplauder über das, was uns gerade einfiel, zählte Harich still, ganz für sich, die Tage bis zur Abfahrt nach Berlin. Er dachte an Honecker und an den Brief, den er an ihn geschrieben, er glaubte an eine ihn erlösende Entscheidung, herbeiführt mit Hilfe des Staatsratvorsitzenden. Wieder mal sprachen wir über Honecker, da kamen wir auf seine Freude über die schönen Lieder, die in unserem Land gesungen wurden, zu sprechen. Ich erinnerte Harich an die Jugendfestspiele und an Monika Herz und ihren Schlager: Ja wir sehn uns in Berlin, in Berlin sehn wir uns wieder. Ich erzählte ihm, wie Honecker voller Stolz bei dem Lied im Takte mitgeklatscht, weil alle fröhlich waren, weil sie so schön sang und weil man munkelte, er hätte sie, die Herz, in sein eigenes geschlossen. Das interessierte Harich um so mehr, war ja hier, seitens der Staatsführung Erotik im Spiel, die unerklärlicherweise bei Politikern so schwer vorstellbar ist. Als ich fragte, ob ich ihm die Herz vormachen solle, sagte er: ja, mach mal. Ich ballte meine Hand zur Faust, hielt sie wie ein Mikrofon vor meinen Mund, sang da hinein, klatschte im Takt in die Hände, drehte mich im Kreis und sah Harich dabei frisch, fröhlich, heiter lächelnd über die Schulter hinweg an. Ich gab mir große Mühe, ihm eine Vorstellung von Monika Herz, die er nicht kannte, zu geben. Er lag auf dem Bett, ich spielte und sang, und ihm liefen vor Lachen die Tränen übers Gesicht, und er rief: Nein, ist das herrlich, nein, das ist zu spießig! Als Zugabe sang ich: Kleiner Vogel, wo singst du heut? Kleiner Vogel, ich kann nicht schlafen! Harich, in die gerührte Seele Honeckers versetzt, war von Monika Herz begeistert, da sang ich ihm noch ein Lied vor aus dem Repertoire der Sängerin, ein klassisches, das ihn besonders erfreute: Ich ging im Walde so für mich hin, und nichts zu suchen, das war mein Sinn. Und so spielten wir übermütig wie Kinder, und so lachten wir das weg, was uns beschwerte.

Bald stopften wir unsere Sachen in die Koffer hinein und nahmen Abschied von Kagar. In einem Taxi fuhren wir aus unserem wohligen Versteck heimwärts in die laute Stadt Berlin.

*

Während wir in Kagar über unsere Seelenzustände philosophiert hatten, saß an anderer Stelle arbeitend Prof. Gregor Schirmer, bemüht, über Dich und Deine Situation eine Einschätzung an Honecker zu formulieren. Er ist der Meinung, Du seiest »1979 gegen den Rat der Partei und nach langwierigen Gesprächen« in die BRD und nach Österreich gegangen, wo Du »eine linkssektiererische Linie in ökologischen Fragen« vertreten hattest, Dich aber »zur Hetze gegen die DDR« im Westen nicht mißbrauchen ließest.

Als Du gescheitert in die DDR zurückgekehrt warst, wurde für Dich gesorgt, indem Du den »Status eines Empfängers einer ›Intelligenz‹-Rente« bekamst und die »Wiederzuerkennung« Deines Doktorgrads; daß Du mit Wohnraum und medizinischer Behandlung versorg wurdest; daß eine »Berufung zum Ordentlichen Mitglied der Akademie der Wissenschaften« ausgeschlossen sei, weil

Du Rentner warst, und »wahrscheinlich nicht gewählt« werden würdest. Du würdest Jean Paul in der Literaturgeschichte »überhöht« darstellen, das meinen auch »kompetente Wissenschaftler« der DDR; in der Nietzschefrage würdest Du alle beleidigen, »nahmhafte Künstler und Litersturwissenschaftler lehnen« Deine »Positionen ab, darunter Hermann Kant, Stephan Hermlin, Manfred Wekwerth und Werner Mittenzwei«. Dich in die Partei wieder aufzunehmen, wäre sehr schwierig, weil das »bei namhaften Schriftstellern, Künstlern und Wissenschaftlern«, die Dich »für einen wilden Dogmatiker halten, »zu Irritationen führen« könne. Isoliert lebst Du deshalb, weil »eine Reihe von Genossen die Verbindung« zu Dir ablehnten und weil Deine »Rechthaberei« und »ideologische Herrschsucht unerträglich« für die Genossen wäre. Und überhaupt: Du habest Deine Auffassungen vom »Kommunismus ohne Wachstum« immer noch nicht überwunden. Und dann teilt Schirmer dem Staatsratsvorsitzenden noch mit: »Harich verfügt über enorme philosophie- und literaturhistorische Kenntnisse. In der schriftlichen und mündlichen Argumentation ist er außerordentlich gewandt.

Er ist sehr ehrgeizig, herrschsüchtig, rechthaberisch und Argumenten kaum zugänglich. Wer nicht absolut für ihn ist, der wird von ihm angegriffen, wobei er in der Wahl seiner Mittel nicht fein ist und auch mit Verdrehungen arbeitet. Auf die zahlreich vorliegenden Beispiele muß hier verzichtet werden. Viele seiner Charakterzüge sind wahrscheinlich aus dem besonderen Lebensweg dieser komplizierten Persönlichkeit zu erklären.«

So, nun hatte sich Gregor Schirmer bei Honecker abgesichert, nun konnte er uns empfangen, und glaube mir, nicht nur er war Deiner mehr als überdrüssig geworden. Stell Dir vor, was hättest Du gemacht, wenn Du gewußt hättest, was über Dich nicht nur in diesem einen internen Bericht stand? Und Du warst bereit dazu, denen versöhnlich die Hände zu schütteln. Doch so weit ist es noch nicht. Wir kamen zu Hause an, und alle Deine Gedanken waren auf den einen Tag gerichtet.

*

Am 21.6.1988 steuerte ich mit Harich über den großen Vorplatz auf den Eingang des Hauses des Zentralkomitees der SED zu. Pünktlich um 14 Uhr ließ uns der Pförtner in die Halle passieren, und wie ich da stand, fühlte ich mich verschluckt von einem unsichtbaren Riesenmaul. Bedrückend sind Einrichtungen, in denen die Macht sitzt. Ich habe nichts gegen Autorität und Ordnung, doch hat sie nicht das Recht, das Leben anderer zu zerstören. Noch immer bin ich davon überzeugt, daß eine sozialistische Gesellschaftsform die bessere ist. Aber ich will nicht wieder vom Thema abkommen.

Nach dem Gespräch in dem Geisterhaus schrumpften meine Urlaubserinnerungen, als läge alles eine Ewigkeit zurück, zu einer winzigen Ansichtskarte zusammen. Solche Art Zusammenkünfte hinterließen bei mir Eindrücke, die ich ganz schnell vergessen wollte, weil mir Fragen in den Sinn kamen, die mich an der Wirklichkeit zweifeln ließen: Warum komme ich mit diesen Menschen zusammen, ausgerechnet ich? Warum bin ich jetzt hier? Warum ist mir so unfrei zumute, und warum bin ich so freundlich, reiche denen so bieder meine Hand und bedanke mich noch? Wofür? Und was will eigentlich Harich von denen? Was spielen, was lügen wir uns vor? Warum? In solchen Momenten stand ich neben mir, und ich machte das scheinbar Unwirkliche einfach mit, weil ich Harich helfen wollte, der sich gar nicht helfen ließ.

Eine unnahbare, eiskalte Atmosphäre lag zwischen Harich und seinen Gesprächspartnern, und es lag eine Spannung in der Luft, die von Harich ausging und mich glauben machte, gleich explodiert es hier. Ich höre noch, wie er sagte: Er wäre nur bereit, der Partei wieder anzugehören, wenn diese sich einhellig von Nietzsche, und zwar öffentlich, distanziere; anders sei es für ihn nicht möglich, und ich dachte bei mir: Wen willst du mit deiner Drohung erpressen? Die wollen dich nicht haben. Nietzsche diente Harich als Prüfstein, an dem er die politische Glaubwürdigkeit der Führung im Land auf die Probe stellen wollte; er wußte bereits, was er von ihr zu halten hatte. Doch schien mir, er ließ die auch deshalb nicht in Ruhe, weil er immer noch in Strafe stand und sich wahrscheinlich zu fragen begann, wofür er eigentlich damals so abgestraft worden war. Er hat einmal gesagt: Wenn die DDR Nietzsche in ihr kulturelles Erbe aufnimmt, dann hat sie das Recht, sich als ein sozialistisches Land zu bezeichnen, verloren. Und wieder vernahm ich während des Gesprächs am 21.6.1988 das Wort »denunziatorisch«, vor mir ausgesprochen, als sollte es mich erschüttern. Mehr aber sollte es Harich treffen, um ihn weiterhin kleinzuhalten, den unkameradschaftlichen Störenfried, der nicht aufhören wollte das zu sagen, was er dachte, und der sich dazu erdreistete, obendrein auch noch Bedingungen zu stellen.

Manchmal bin ich irritiert, manchmal beschämt über meine eigene Ratlosigkeit in jener Zeit. Ich weiß, es war unentwegt aufregend, es war immer etwas los, es gab immer heftige Diskussionen, die wir beide führten, bei denen ich lernte, und bei denen ich mich an Harichs Kompromißlosigkeit gewöhnte, eine Kompromißlosigkeit, wie sie mir nie zuvor begegnet war.

Unablässig sendete er Briefe an die Führung der Partei, als sei er von ihr dazu berufen worden.

Bei all seinem Gebaren, was oftmals nicht zu verstehen war, käuflich war er nicht! Er blieb unberechenbar, und weil er nicht bereit war, sich zu verkaufen, weil er sich seine geistige Unabhängigkeit immer bewahrt hatte, war es für die Gegenseite nicht möglich, ihm eine Professur oder ein eigenständiges Ressort in der Geisteswissenschaft zu überantworten. Dann wäre er nicht mehr kontrollierbar gewesen, und der eine oder andere Gelehrte, Funktionär oder Dichter gar wäre seiner Behaglichkeit verlustig gegangen. Hager und seine Untergebenen ließen ihn toben und wüten gegen alle nennbaren ideologischen Fehlentwicklungen, und so konnte das Bild vom ewigen »Dogmatiker« und »Stalinisten« und »Denunzianten« am Leben gehalten werden, und die Verantwortlichen dafür wuschen ihre Hände in Unschuld. Grotesk und wie ein Zerrbild kommt mir die Sache mit Nietzsche vor. An dem Wegbereiter der faschistischen Ideologie, und das ist ja nicht Harichs Erfindung oder Entdeckung oder ein psychologischer Spleen seinerseits!, trennten sich die Geister, die vorgaben, Antifaschisten zu sein.

Als Harich nicht mehr da war, ist mir folgendes passiert: Ich bette mit einem Kollegen einen Patienten, der beatmet wird und in einem erbarmungswürdigen Zustand ist. Ich sage etwa: Gott, ist das alles furchtbar! Und mein Kollege antwortet: Was mich nicht umbringt, macht mich stark. Ich sage: Hör mal, weißt du, was du da sagst? Das ist Nietzsche! Wer ist denn das, kenn ich nicht, hab noch nie was von dem gehört, antwortet er mir. Dann betten wir weiter eine Alkoholikerin, ein ähnlich erbarmungswürdiges Bild, sie erhält eine Menge Blutkonserven, die ihr nicht mehr helfen werden, ich sage: Armer Mensch, mein Kollege sagt: Weißt du, was die uns kostet? Das ist mindestens ein gutes Auto, wenn man das zusammenrechnet, was in die hineingepumpt wird. Ich habe meinen Kollegen gern, und ich bin nicht besser als er. Mir hat nur einer beigebracht, hellhörig zu sein und nicht unüberlegt nachzureden, was sich im Alltag an Sprachwendungen durchsetzt.

1988 dachte ich noch nicht so. Wie hätte ich wissen können, daß ich zehn Jahre später bei meinem Spaziergang am polnischen Mahnmal im Friedrichshainer Park, das an die Opfer des Faschismus erinnern soll, an der Stele ein großes Hakenkreuz sehe. Das war ein gruseliger Anblick. Ich ging zur Polizei, um das zu melden. Es war meine Bürgerpflicht – ich wähle das Wort bewußt –, das zu tun, dafür lobte mich auch der Polizist. Am nächsten Tag war die Schändung verschwunden.

1988 fragte ich mich: Was machte den Mann so hassens- und verachtenswert? Sein eindeutiges Auftreten in der Kampfansage an den gegenwärtigen Zeitgeist, in dem er eine globale, die Menschheit bedrohende Gefahr vorausahnte? Die unumstößliche Hartnäckigkeit, mit der er agierte und Widerspruch erhob gegen verantwortungslose und gleichgültige Tendenz ideologischer Auffassungen um ihn herum?

Tagebuch, Berlin, am 22.6.88:
»Das Gespräch bei Schirmer ist überstanden.
Folgende Punkte wurden besprochen:
1. Die Aufnahme in die Partei beim Akademie-Verlag wird vom ZK befürwortet.
2. W. H. erhielt eine Liste mit den von ihm vorgegebenen Themen, zu denen je zwei Professoren zu W. H. kommen und darüber einen Austausch führen.
3. Die Aufnahme als Ehrenmitglied in die Akademie der Künste und die Verleihung des Prof.-Titels ist nicht möglich aufgrund seiner Invalidität.
4. Die Beschwerde über Hager bei Honecker wurde als Denunziantentum bezeichnet.
5. Die Isolierung, in der W. H. lebt, habe er durch seine Art, wie er mit den Kollegen umgeht, selbst herbeigeführt; jeder würde »Harich« aus dem Wege gehen, weil er in jedem Menschen seinen Feind sieht. Eine pure Lüge!«

Tagebuch, Berlin, am 9.7.1988:
»Am 29.6. war einer vom ZK da, um noch mal die Themen der Diskussionen, die Wolfgang Harich zur Wahl stellte, zu sprechen. Dabei erwähnte H., daß er mit mir nach Starnberg fahren werde. ›Geben Sie keine Interviews‹ war der einzige Einwand.
Am 7.7. fand die erste Diskussion mit Gerlach und Fromm statt, in einer angenehmen Atmosphäre. (Tonband)

Fromm ist sehr angenehm; Gerlach ein Aufschneider, sich nach dem Winde drehend. Gestern besuchte uns Frau Urbahn, mir die angenehmste Freundin Wolfgangs.«

Gespräche

Mit Prof. Erich Fromm und Prof. Hans-Martin Gerlach von der Akademie der Wissenschaften beginnt die von Harich gewünschte und von Büro Hager und Schirmer genehmigte Diskussion über Fragen der Ethik, insbesondere der von Nicolai Hartmann und Friedrich Jodl. Es gilt, eine der vielen Versprechungen, die Hager Harich machte, abzuarbeiten.

Erwartungsvoll hat Harich sich auf seine Gäste vorbereitet, mit einem Vortrag im Kopf und mit Tee und Keksen auf dem Tisch. Das Tonband läuft: Harich spricht über Nicolai Hartmann, über jene Bewegung der Ethik, die in Amerika ihre Wurzeln hat und in die deutsche Arbeiterbewegung hineingetragen worden ist, von Lilly Braun; über Hartmanns »Ethik« und über die Ursachen seiner Außenseiterrolle als Philosoph. »Mein Buch über Hartmann«, so Harich, »wird ja aufgebaut in Form eines Dialogs, das sind elf Dialoge zwischen einem ganz sturen Genossen, der jegliche Bezugnahme auf nichtmarxistische Philosophie nach Hegel und Feuerbach überhaupt prinzipiell ablehnt und der dagegen polemisiert, daß man sogar einen Nicolai Hartmann überhaupt noch zur Diskussion stellt. Und um dessen Seele ringe ich, und der ringt um meine Seele. So, und dann geht es um die Frage, was ist an dem Nicolai Hartmann materialistisch und idealistisch, und dann kommen mehrere Dialoge über die Frage: wie hat er in den philosophischen Kämpfen seiner Zeit gestanden, wie hat er sich zu den kritischen Realisten verhalten, wie zu den Thomisten, wie zu Heidegger, wie haben die sich zu ihm verhalten und dann kommt ein ganzes Kapitel über die Entwicklung von Lukács zu ihm hin. Und zum Schluß geht es noch mal über Wert und Unwert des Ertrags seiner Systematik und der Beschäftigung mit ihm. Es heißt sozusagen: Erwägungen zu Nicolai Hartmann, ein Versuch marxistischer Selbstverständigung in elf Dialogen nebst einem Anhang.«

Nein, Harich irrt! Er spürt, sie haben sich nicht viel zu sagen, er und die beiden Professoren. Höflicherweise wird vom interessanten Thema gesprochen, werden die Telefonnummern ausgetauscht, und dann werden zum Abschied mit falschem Lächeln Hände geschüttelt, und dann ist für die beiden Schluß, Auftrag erfüllt, aus! Und mein Tagebuch vom 11.7.88 zeigt neue Besuche an: »Morgen kommen Stiehler und Wessel zu einem Gespräch. Stiehler war Schüler von W. H., später wollten sie eine Hegel-Gesamtausgabe machen, die Buhr verhinderte.«

Es beteiligen sich noch mehr Professoren an dem Lügenspiel, die zu feige waren, sich dagegen zu wehren, an der verlogenen Inszenierung mitzuwirken. Jedesmal hatte Harich gefragt, ob er die Gespräche auf ein Tonband aufnehmen dürfe, keiner der »Kollegen« hatte etwas dagegen. Er hätte das Gerät weggestellt, wenn er darum gebeten worden wäre. Das aber war nie der Fall. Er war auch dazu bereit, die besprochenen Bänder zu überspielen, um sie den anderen »Kollegen«, die noch kommen würden, zur Kenntnis zu geben. Wie mag sich Prof. Stiehler gefühlt haben, der Harichs Vorlesungen als Student gehört und der später mit ihm zusammengearbeitet hat, und nun vor ihm sitzt, ja als was eigentlich? Keiner von ihnen hat Harich noch einmal aufgesucht, obwohl soviele Fragen offengeblieben, obwohl das Gespräch über marxistische Ethik weitergeführt werden sollte und müßte, so jedenfalls rechnete Harich. Außer Arnold Schölzel, der ein zweites Mal kam, waren alle nur einmal da. Die Tonbänder befinden sich im Archiv des Internationalen Instituts für Sozial-Geschichte in Amsterdam.

Harichs Notizbuch füllte sich mit Terminen, er läßt sich davon täuschen, läßt sich an der Nase herumführen, er ist viel zu sehr mit seinen Themen beschäftigt, mit Ethik und Ethikforschung in der DDR, mit Nietzsche, mit Lukács mit Jean Paul und mit sich, er will dazugehören, und das scheint sich zu erfüllen. Und weil sich's um ihn herum bewegt, geht er drauflos, auf die Diskussionen um Nietzsche, von seinem Ziele nicht abweichend.

Tagebuch, Berlin, am 13.7.88:
»Am 23.9. findet die Diskussion unter der Leitung von Eike Middell ›Nietzsche und seine Wirkung auf die Literatur‹ statt. W. H. ist zur Diskussion eingeladen. Wir kauften heute für 70,- M Bücher, in denen Nietzsche ›tropfenweise‹ und ›natürlich positiv‹ eingebaut ist. W. H. kann und kann es nicht begreifen, daß in einem sozialistischen Land Intellektuelle Nietzsche für unentbehrlich halten.«

Ich erinnere mich an die Diskussion »Nietzsche und seine Wirkung auf die Literatur«, da ging es heiß her. Als Harich vorschlug, statt Nietzsche erst einmal Solschenizyn und Trotzki herauszubringen oder Isaac Deutschers Stalinbiographie, da tönte ein empörtes »Also, das ist ja ...« Das war zuviel für die Genossen! Doch Harich trieb die Sache auf die Spitze, indem er wieder Stephan Hermlins Anthologie, »Ein deutsches Lesebuch. Von Luther bis Liebknecht«, anführte und Hermlin beschuldigte, mit der Veröffentlichung des Nietzsche-Gedichts faschistoides Gedankengut zu fördern. Die Empörung gegen Harich hatte ihren Höhepunkt erreicht, auch wenn einige der Anwesenden das Gedicht nicht kannten. Es heißt da anfänglich: »Mistral, du Wolkenjäger,/ Trübsal-Mörder, Himmelsfeger,/ Brausender, wie lieb ich dich!/ Sind wir zwei nicht eines Schoßes/ Erstlingsgabe, eines Loses/ Vorbestimmte ewiglich? ... Wer nicht tanzen kann mit Winden,/ Wer sich wickeln muß mit Binden,/ Angebunden, Krüppel-Greis,/ Wer da gleicht den Heuchel-Hänsen, Ehren-Tölpeln, Tugend-Gänsen,/ Fort aus unsrem Paradeis! ... Wirbeln wir den Staub der Straßen/ Allen Kranken in die Nasen,/ Scheuchen wir die Kranken-Brut!/ Lösen wir die ganze Küste/ Von dem Odem dürrer Brüste,/ Von den Augen ohne Mut!«
Sprache ist die Wirklichkeit des Gedankens, sagt Marx.

Tagebuch, Berlin, am 29.7.88:
»Ein anderes Thema ist aktuell: Gehlen-Alsberg. W. H. hat herausgefunden, daß Gehlen Alsberg bestohlen hat.

Am 2.8.88 wieder eine Diskussion mit Dr. Schölzel und Prof. Tomberg.

Die Gutachten zu Malornys und Rudolphs Buch sind angeblich bei Hager (da werden sie wohl lange liegen). Mir geht es nicht gut. W. H. hat wenig Zeit, auch wenn er sie sich nehmen will, dann bin ich immer Zuhörer seiner Probleme. Fühle mich einsam. Ich hoffe, Oktober eine Arbeit aufnehmen zu können im Buchhandel. Ich muß raus, bin voller Komplexe, bin unsicher, wohin ich komme, habe Ausdrucksschwierigkeiten, verdrehe laufend Wörter. Wir lachen dann, aber ich glaube, daß Wolfgang mich allmählich als ›Frau Stöhr‹ ansieht.

Michael Franz war gestern da, er will versuchen, am 23.9.1988 eingeladen zu werden, um W. H. als Rückenstärkung gegen die Nietzsche-Freunde anzutreten.«

Was bedeutet die Eintragung vom 29.7.1988: »Ein anderes Thema ist aktuell: Gehlen-Alsberg?« In seiner Arbeit über Nicolai Hartmann stößt Harich auf eine Erkenntnis, die ihm Grund genug gibt, Alarm zu schlagen. Es handelte sich um Arnold Gehlen, Philosoph und Soziologe, geb. am 29.1.1904 in Leipzig, gest. am 30.1.1976 in Hamburg; seit 1934 Professor in Leipzig, Königsberg, Wien, Speyer, Aachen, den er seit Ende des Zweiten Weltkrieges verehrte und über den er beim Hin- und Herlesen zu der Überzeugung gelangt war, Gehlen habe den wichtigsten Gedanken über die Menschwerdung von Paul Alsberg, einem jüdischen Arzt und Anthropologen aus seinem Werk »Das Menschheitsrätsel«, in sein eigenes übernommen. Er habe den Namen zwar erwähnt, die Quelle seines haupgedanken jedoch verschwiegen. Das war eine prekäre Angelegenheit, die da von Harich aufgeworfen wurde, die um des lieben Friedens willen zwischen Ost und West schnell und dieses Mal ohne Lärm vom Tisch gefegt werden sollte, und die, wiederum auf ein unausgesprochenes geistig-politisches Einigsein-Wollen über die Grenzen hinweg weisen. Fatal wäre ein anderer Verdacht. Fatal wäre es auch gewesen, Harichs Ansinnen, einem verfolgten Juden Gerechtigkeit widerfahren zu lassen, in der Öffentlichkeit zu rügen oder gar in gewohnter Weise auf ihn deshalb einzuprügeln.

Diesesmal glaubte Harich, Unterstützung zu finden bei der nächstgesandten Gruppe, die in sein Haus kam. Arnold Schölzel und Friedrich Tomberg unterschieden sich zu ihren Vorgängern durch ihre lockere und selbstsichere Art, die Unterhaltung zu führen, beide waren aus dem Westen in den Osten gekommen, und schleppten keine alten Geschichten mit sich herum. Doch beim ersten Besuch war Prof. Friedrich Tomberg nicht anwesend. Harich nahm das Gespräch am 2. August 1988 auf einem Tonband auf: »Es war vorgesehen, ein Gespräch zu Fragen der philosophischen Anthropologie. Es ist einiges dazwischen gekommen durch die Entdeckung des bis dahin verschollenen und unbekannten Paul Alsberg. Wir teilen das Thema in zwei Teile und unterhalten uns heute erstmal über Arnold Gehlen, ist das recht? – Ich sage erst mal etwas darüber, wie ich auf den Gehlen gekommen bin. Ich hatte im Ohr seit 1941/42 Äußerungen von Nicolai Hartmann in seinem Seminar, daß er den Gehlen bei weitem für den talentiertesten und begabtesten und produktivsten Philosophen der jüngeren Generation halte, Gehlen ist ja 1904 geboren ... Ich bin auf ganz andere Weise zu ihm gekommen. Ich war von 1949 an in der wissenschaftlichen Aspirantur für Philosophie und hab da eine Doktorarbeit vorbereitet über Herder, mit der ich dann 1951 promoviert habe, – ›Herder und die bürgerliche Geisteswissenschaft‹, – und in dem Zusammenhang habe ich mich darum gekümmert, wo gibt es heute in der Philosophie noch Anknüpfung an Herder. Und da bin ich auf den Gehlen gestoßen und habe sein Buch »Der Mensch« verschlungen und habe sofort entdeckt, – ja, der Mensch in seiner Ganzheit als handelndes Wesen, das erinnert ja sehr an Marx, und das erinnert ja sehr an Engels, ›Anteil der Arbeit an der Menschwerdung des Affen‹, das läßt sich einbauen in den Marxismus, und das ist eigentlich ein Systemteil, den wir da haben müßten und habe mich dann, glaube ich, im selben Jahr noch oder ein, zwei Jahre später an den Gehlen brieflich mit Anfragen gewandt und habe von da an systematisch versucht, ihn in einem Briefwechsel zu marxistischen Positionen zu überzeugen. Ich habe ihm massenhaft Bücher geschickt, also alles, was irgendwie für ihn interessant sein könnte, von Marx, Engels, Lenin, Stalin, – so – , mit kleinen Begleitbriefen dazu; alles, was von Lukács herauskam; Bloch; ihn richtig bombardiert; er war mir sehr dankbar dafür. Ich habe mit ihm eine Auseinandersetzung begonnen, es liegt ein ganzer Briefwechsel vor, er macht mich allerdings so lächerlich, daß ich den habe sperren lassen, also, der darf erst 50 Jahre nach meinem Tode erscheinen. Das ist ja sehr komisch, nicht wahr? Da bin ich bei Gelegenheit einer Vortragsreise 1952 zu ihm hingefahren, nach Speyer, und habe zwei, drei Tage mit ihm diskutiert. Und ich habe ihm gesagt, er solle doch nun mal gefälligst Marxist werden und in die DDR kommen, und da hat er mir gesagt: ›Sagen Sie mal, wissen Sie denn eigentlich gar nicht, daß ich PG war, daß ich ein Nazi war?‹

Ja, sage ich, sicher, aber das können Sie doch bereuen.

Ja, sagt er, aber konservativ war ich schon vorher und bin ich auch jetzt noch.

Da habe ich gefragt: Warum?

Ja, wegen der stabilen Institutionen. Er sagte: Er hätte nichts im Sinn mit Lenin, wohl aber mit Stalin, und zwar deshalb, weil er gehört hätte, dieser hätte die Familie wieder gefestigt, die sich Anfang der zwanziger Jahre in Auflösung befunden hätte, und hätte also mit Strenge und Disziplin feste Institutionen wieder aufgebaut, ohne die die Sowjetunion nicht den Krieg hätte gewinnen können, und das wäre doch hoch anerkennenswert.

Harich erzählt, wie ihm damals Gehlen seine Naziverstrickung glaubhaft zu schildern versuchte. Als Deutschland den Krieg zu verlieren drohte, hätte sich Gehlen zum Militär gemeldet und wollte mit dem Dritten Reich untergehen.

»... Dazu sei es aber nicht gekommen, er sei in Schlesien schwer verwundet worden und in Süddeutschland in einem Lazarett aufgewacht ... So, und jetzt seien französische Besatzungsoffiziere zu ihm gekommen in das Lazarett und in voller Verehrung, – das ist fast wie bei Heidegger, wirft Schölzel ein, und wie bei Jünger, erwidert Harich, – also, in voller Verehrung, und hätten gesagt: Herr Gehlen, wir geben ihnen eine große Laufbahn, wir geben ihnen eine Professur. Sie stellen sich vor eine Entnazifizierungskommission, das kriegen wir schon hin, Verbrechen haben sie ja nicht begangen. Und da hätte er gesagt: Nein. Den Begriff der Entnazifizierung hielte er für unsinnig. Entweder war man ein Nazi, oder man war es nicht, und er sei es gewesen, und er stehe dazu. Ob er nun mal aufhört einer zu sein, das werde sich zeigen, das werde die Entwicklung zeigen, auch die Entwicklung ihrer Politik, meine Herren!

So stolz lieb ich den Spanier, hat er sich mir interpretiert, und das hat mir eine Achtung abgenötigt. Allerdings muß ich jetzt sagen, nach dem Studium dieses Falles Alsberg und nach den Darlegungen bei Rügemer, mache ich jetzt hinter diese Achtung ein großes, großes Fragezeichen ... So, nun habe ich weiter fortgefahren, um ihn zu werben, eigentlich bis 1956, und danach dann wieder. Als ich aus der Haft kam, ging der Briefwechsel weiter, aber seltener. Da kamen dann allerdings Kontroversen. Einerseits nahm ich ihm übel, daß er den Aggressionstrieb doch wieder als Trieb anerkannt hat ... das war eins, und das andere war, daß ich ja gegen ihn polemisiert habe in meiner Schrift zur ›Kritik der revolutionären Ungeduld‹. Da habe ich angeknüpft an ein Streitgespräch zwischen Adorno und Gehlen: der eine ist für die Institution, der andere ist dagegen, aber beide sehen nicht, was sie für eine materielle Grundlage haben, daß es um Klassenfragen geht. Und da wollte ich den Anarchisten eins auswischen, in dem ich ihnen sage: Ihr seid Gehlen mit umgekehrtem Vorzeichen. Es gab ja nichts Schlimmeres, was man denen sagen konnte. Und dem Gehlen wollte ich gleichzeitig unter die Nase reiben: Sie sagen dasselbe wie die Anarchisten über die Institutionen, bloß mit positivem Vorzeichen.

So, aber der dunkelste Punkt bei mir ist, daß ich dem Lukács Gehlen empfohlen habe, und der auch voll darauf eingestiegen ist.

1955 fing er bei seinen Besuchen hier in Berlin an zu erzählen von seiner Ästhetik, und er sprach über die Geschichte mit dem Signalsystem 1 Strich usw., und wollte von daher etwas entwickeln, was noch nicht ganz geistig, aber auch nicht ganz Instinkt ist. Da habe ich zu ihm gesagt: Moment, da müssen sie Gehlen lesen ... Ich weiß nicht, ob ich ihm damals die Warnung mit auf den Weg gegeben habe: Vorsicht, das war ein Nazi, oder ob ich das ganz beiseite gelassen oder heruntergespielt habe. Jedenfalls ist der Lukács drauf eingestiegen, hat sich den Gehlen besorgt, und in seiner Ästhetik und Ontologie kommt er ja auch vor; er wird teilweise kritisiert und teilweise auch positiv ausgewertet. Wenn das ein Schandfleck in der marxistisch-leninistischen Literatur ist, ist er von mir nicht unverschuldet ...

So, das ist eine Sünde, die ich auf dem Kerbholz habe. Die zweite Sünde aber, die vielleicht noch schlimmer ist: ich habe dem Mann, als der starb, dem Gehlen, einen Nachruf gewidmet, für die ›Frankfurter Rundschau‹ ...

Also, ich möchte sagen: Solange sich Alsberg wehren konnte, wurde sein Problemansatz (über die Menschwerdung, A. H.) bei Gehlen auch nicht erwähnt. In dem Moment, wo Alsberg sich nicht wehren konnte, wurde der Problemansatz aus dessen Buch »Das Menschheitsrätsel« als eigener übernommen. In diesem Licht erscheinen mir die Äußerungen von Werner Rügemer über Gehlens politische Vergangenheit als außerordentlich glaubwürdig. Ich geniere mich sehr, daß ich mich nicht vorher um sie gekümmert habe. Ich habe gar nichts davon gewußt. Ich habe mich erst jetzt damit beschäftigt und muß da also eine Selbstkritik üben. Ich hab da einen ganz schweren Fehler gehabt, und ich muß den in bezug auf Gehlen als Person, was ich auch immer über philosophische Anthropologie denken mag, völlig umlernen. Nun kommt allerdings ein Punkt hinzu: der Gehlen hat nie gegen die DDR polemisiert, auch nie gegen die Sowjetunion, er hat 1968 den Einmarsch in die Tschechoslowakei verteidigt. Gehlen hat das 1973/74 wiederholt und hat die Unterdrückung Solschenizyns gutgeheißen, in einem Fernsehinterview zu seinem 70. Geburtstag. Er wird z. B. gefragt: Gibt es denn überhaupt etwas, das Sie an der Sowjetunion auszusetzen haben? Ja, sagt Gehlen sinngemäß, daß sie 1946 die Auflösung Preußens gutgeheißen haben, ohne sich darum zu scheren, wenn Preußen und Rußland zusammenhielten, es Ordnung in Europa gab. Also aus einer rechtskonservativen Ecke war er prosowjetisch. Und ich habe in meinem

Nachruf dann geschrieben, ›daß das ein zweifelhaftes Lob ist und gegen unsere Feinde werden wir uns selber schützen, aber Gott schütze uns vor diesem Freund‹. Das steht immerhin drin. Jetzt habe ich das aber auf die leichte Axel genommen, habe immer gesagt, na ja, vielleicht ist Gehlen eine konservative Version der Politik der friedlichen Koexistenz, und vielleicht steckt das hinter seinem posthistoire, die Geschichte darf nicht weitergehen. Ich sehe aber die Sache jetzt auch anders. Sehen Sie, damals ging der Vietnam-Krieg zu Ende. Gehlen war tief beunruhigt darüber, daß das große Amerika sich von einem solchen kleinen Volk besiegen ließ, und gab die Schuld den Intellektuellen, die die Massenmedien beherrschten: Die bringen es soweit, daß das große Amerika kleinbeigeben muß in einem fernen Winkel der Welt in Vietnam vor Rebellen. Und auf derselben Linie gegen die Intellektuellen liegt natürlich seine Aversion gegen Solschenizyn. Und nun, lieber Herr Schölzel, vermute ich, jetzt, nachdem ich mich noch mal mit dem Komplex: Gehlens Stellung zur Dritten Welt, Gehlens Stellung zu Vietnam und Gehlens Stellung zur Sowjetunion beschäftigt habe, da kommt mir ein ganz fürchterlicher Verdacht. Sehen Sie, wenn Sie sich erinnern an meinen Nietzsche-Essay, da bringe ich doch den guten Europäer auf den Punkt, daß dahinter die Idee eines paneuropäisch-kolonialistischen Imperiums stünde, das die ganze Welt beherrschen soll, dem aber die europäischen Nationalismen hinderlich sind. Jetzt habe ich den Verdacht, daß der Gehlen diesen nietzscheschen Gedanken aus dem europäischen herausholt und universalisiert und globalisiert, daß es ihm, wie Rügemer auch immer hervorhebt – einem weitsichtigeren Reaktionär –, darum geht, die Herrschaft des weißen Mannes auf der Erde zu sichern, und daß er mit dem Gedanken spielt oder die Option offen halten will, in dieses Geschäft die Sowjetunion als Verbündeten, als weißen Mann, mit einzubeziehen: das sind Weiße, das sind Christen, stabile Institutionen haben sie seit Stalin, das ist unser Kulturkreis. Warum diese ganzen Gegensätze, West-Ost sind lächerlich, wichtig ist der Nord-Süd-Gegensatz: laßt uns mit der Sowjetunion friedliche Koexistenz machen, aber gegen die Dritte Welt. Sehen Sie, da gibt es doch gefährliche Symptome, die in dieselbe Richtung weisen, z. B., wissen Sie, bei welcher Gelegenheit mir der Gedanke gekommen ist? Bei dem 80. Geburtstag vom Rick Löwenthal (SPD-Mann und »Kommunistenfresser«, A. H.), da wurde er gefragt in einem Interview: Warum hat das eigentlich so nachgelassen, Ihre Ablehnung der

Sowjetunion und der DDR, warum sind Sie da so liberal geworden? Ja, sagte er, erstens hat das den Grund, daß die DDR sich besinnt auf Traditionen, die allen Deutschen teuer sein müßten, z. B. den alten Fritz Unter den Linden wieder aufzustellen, und zweitens, was noch wichtiger ist und in der Zukunft immer wichtiger werden wird: Ich bin der Meinung, daß der Islam eine größere Gefahr ist heute als der Kommunismus und daß diese Gefahr auch die Sowjetunion zu fürchten hat. Deshalb müßten wir jetzt mit ihr eine Gemeinsamkeit der Interessen erkennen, z. B. gegen Ajatollah Khomeini oder gegen Nassar, wobei es die Frage ist, ob man die bekämpft oder einzubinden oder zu neutralisieren sucht. ... Und ich dachte: Das ist doch wahrscheinlich das Konzept, einen weißen Neokolonialismus zu praktizieren, der die Sowjetunion mitbeteiligt, einbezieht, ihre Potenzen dafür einspannt oder sie zumindest in der Frage neutralisiert. Und da bin ich der Meinung, mit dieser Art Aussöhnungsbereitschaft gegenüber Osten, wenn sie von westlicher konservativer Seite kommt, können wir nicht einverstanden sein. Wir haben festzuhalten an der Solidarität mit der Dritten Welt. Wir haben ja zum Beispiel die Restitution der guten Beziehung zu China, das ist ja Dritte Welt, das ist der größte und wichtigste Machtfaktor in der Dritten Welt! Also, bitte, und wenn Sie sich die Reden von Gorbatschow auf dem 27. Parteitag ansehen, wenn er die Frage stellt, kann der Imperialismus auskommen ohne den Neokolonialismus usw., da ist nichts ...«

Schölzel und Harich scheinen, hört man dem Gespräch zu, sich in der Frage, die hier behandelt wird, einig zu sein. Nebenbei berichtet Schölzel, er fahre in einigen Wochen, am 14.9.1988, nach Brighton zum internationalen Philosophenkongreß, der sich mit dem Thema »Mensch« beschäftigen wird. Schölzel ist bereit, die Angelegenheit Alsberg-Gehlen dort in seinem Referat mit einzubringen und öffentlich zu machen. Er würde gerne Gebrauch machen, sagt Schölzel. »Unbedingt«, entgegnet Harich.

Schölzel ist ein ebenbürtiger Partner, er kennt sich aus in der Materie, und das imponiert dem alten Harich. Er braucht gleichgesinnte Denker, die im akademischen Leben draußen Einfluß haben, denn das ist ihm abhandengekommen: Einfluß und Entscheidungsfreiheit.

Einen ganzen Tag ließ sich Harich Zeit, um das Gespräch mit Schölzel und die eigenen Gedanken noch einmal durchzugehen, um dann am 4.8.1988 dem Akademie-Verlagsleiter über das, was sich für ihn zugetragen hatte, zu unterrichten.

»Sehr geehrter Herr Professor Berthold!
Hiermit erlaube ich mir, Ihnen den Vorschlag zu unterbreiten, möglichst bald, unabhängig von der laufenden Verlagsplanung, operativ im Akademie-Verlag die gesamte hinterlassene Lebensleistung von Paul Alsberg in einem oder zwei Bänden herauszubringen, für die editorische Arbeit daran und für die Abfassung des Nachworts Herrn Dr. Schölzel von der Sektion Marxistisch-Leninistische Philosophie der Humboldt-Universität zu gewinnen (bei dem die grundsätzliche Bereitschaft dazu besteht) und als Berater und Gutachter Herrn Professor Dr. Karl-Friedrich Wessel, Herrn Professor Dr. Rolf Löther und mich heranzuziehen.

In dem völlig vergessenen, verschollenen bedeutenden Gelehrten Paul Alsberg habe ich den eigentlichen Schöpfer der modernen philosophischen Anthropologie entdeckt, die man zu Unrecht bisher immer nur an die Namen Max Scheler (›Die Stellung des Menschen im Kosmos‹, 1927), Helmut Plessner (›Die Stufen des Organischen und der Mensch‹, 1928), und Arnold Gehlen (›Der Mensch. Seine Natur und seine Stellung in der Welt‹. 1940) knüpft. Alsberg ist ihnen mit seinem bahnbrechenden Werk ›Das Menschheitsrätsel. Versuch einer prinzipiellen Lösung.‹, Dresden, (Sibyllenverlag) 1922: 2. verbesserte und vermehrte Nein! gekündigte Auflage Wien (Sennenverlag) 1937, nicht nur zeitlich vorausgegangen, sondern insofern auch weltanschaulich überlegen, als seine Theorie die – vermutlich unbewußte – Entfaltung des einschlägigen Denkansatzes bei Marx und Engels, angefangen von den Marxschen Feuerbachthesen über die anthropologischen Aussagen in Band I des ›Kapital‹ von Marx bis zu Engels' Schrift ›Anteil der Arbeit an der Menschwerdung des Affen‹, dargestellt ...«

Harich berichtet über »seine« Entdeckung, ein »Arisierungs‹verbrechen«, welches Arnold Gehlen an dem jüdischen Arzt und Anthropologen Paul Alsberg begangen habe. Die Humboldt-Universität könne erst im September über das Leben Alsberg recherchieren, deshalb habe er sich an die Jüdische Gemeinde Berlin gewandt, um ihm »bei der Aufklärung des weiteren Schicksals von Alsberg behilflich zu sein.« Harich vermutet das Ende von Alsberg in einem der Vernichtungslager, so wie es seinem väterlichen Freund und Geliebten seiner Mutter, Dr. Jacobi, ergangen war. Weiter schreibt er: »... Dr. Schölzel – den ich über die von der Jüdischen Gemeinde zu erwartenden Auskünfte noch auf dem laufenden halten werde – wird auf dem bevorstehenden Weltkongreß für

Philosophie Ende August in Brighton den Fall Alsberg/Gehlen öffentlich zur Sprache bringen und dabei mich als seinen Gewährsmann nennen.« Er nennt auch noch die Namen, denen er bereits über Gehlen »die Augen geöffnet« hat und führt folgende Gründe für eine schnelle Herausgabe der Werke Alsbergs an:
»1.) Es wäre eine der antifaschistischen Tradition der DDR würdige verlegerische Leistung, die noch zum 50. Jahrestag der ›Reichskristallnacht‹ wenigstens angekündigt und danach so schnell wie nur irgend möglich realisiert werden sollte.

2.) Es würde dem auf Arnold Gehlen eingeschworenen Neokonservatismus in der BRD einen schweren Schlag versetzen.

3.) Es würde die Blockierung philosophisch-anthropologischer Forschung in der DDR durch eine in der Sache dilettantische, in ideologischer Beziehung sektiererisch-dogmatische Pseudoargumentation beenden helfen, die mit Hilfe von Schelers Religiosität und Gehlens Nazitum entsprechende Berührungsängste zu nähren pflegt ...«

Harichs Brief geht zur Beurteilung weiter. Der Gutachter schreibt am 26.8.1988 u.a.: »Dieses Angebot können wir wegen seines unsoliden Charakters nur ablehnen.« Der Gutachter beschränkt sich darauf, »die folgenden drei groben Unrichtigkeiten hervorzuheben«, einmal, »Gehlen verweist durchaus auf Alsbergs Leistung: ›An diesen inneren Zusammenhang noch näher heran führt uns eine Überlegung, die Alsberg, Ortega y Gasset u.a ...‹« Weiter: »Es kann keine Rede davon sein, daß Dr. Harich den Paul Alsberg wiederentdeckt hätte. Das hat schon vor ihm der BRD- bzw. Westberliner Soziologe und Kulturanthropologe Prof. Dieter Claessens besorgt, der Alsberg nicht nur ›entdecke‹, sondern auch bereits editierte.« Und drittens: »Die Ausführungen Dr. Harichs zum vermuteten Schicksal von Paul Alsberg sind peinliche Effekthascherei.« Alsberg sei 1934 aus dem Konzentrationslager Oranienburg mit amerikanischer Hilfe befreit worden und er sei dann nach London emigriert, wo er 1965 starb.

»Persönliche Bemerkung: Lieber Lothar, der Brief Dr. Harichs vom 4.8.88 o.g. Titelangebot zeigt doch wohl, daß die fragwürdige Abgrenzungswut des Dr. Harich ihn zu immer vorschnelleren Urteilen verleitet. Wenn er sich nach der Torpedierung zeitgemäßer Buchvorhaben des Verlages, nach bösartigen Beschimpfungen von Autoren, mit denen wir durch langjährige Zusammenarbeit verbunden sind, nun auch noch editorischen

Windbeuteleien verschreibt – wäre es da nicht an der Zeit, seinem störenden Einfluß auf die Geschäfte der LA 1 und auf die Reputation des gesamten Verlages einmal entschieden entgegenzutreten? ...«

Harichs hält seine Beschäftigung mit Alsberg anhand von »Aktennotizen« fest, die mit dem 2. August 1988 beginnnen und am 18. April 1989 enden. Das ist ungewöhnlich für ihn, schrieb er doch nie in irgendeiner Form ein Tagebuch. Zwei Eintagungen wählte ich daraus.

»Berlin, d. 9. September 1988. Dr. Schölzel hat, wie er mir, unter Rückgabe der ihm überlassenen Rehbergschen Materialien, berichtet, auf dem Philosophenkongreß in Brighton vor einem Arbeitskreis, darunter auch vor bundesdeutschen Delegierten, über den Fall Alsberg-Gehlen referiert und dabei mich als seinen Gewährsmann, durch den er erstmals auf Alsberg aufmerksam geworden sei, genannt. Auch die übrigen Mitglieder der DDR-Delegation seien von ihm über den Fall Alsberg-Gehlen instruiert worden, darunter die Professoren Manfred Buhr, Erich Hahn, Alfred Kosing, Reinhard Mocek, Jörg Schreiter.

Berlin, d. 22. Dezember 1988. Gespräch mit Akademie-Verlag (Berthold, Turley). Ergebnis: Meine diversen editorischen Vorschläge sind nicht zu realisieren, weil der Verlag, besonders nach dem Erwerb modernisierter Drucktechnik etc. aus dem Westen, mehr denn je mit seinem – zu geringen – Papierkontingent vor allem Devisen erwirtschaften muß. Damit entfällt auch die von mir im August vorgeschlagene Alsberg-Edition.«

Die Diskussion um eine Alsberg-Edition zog sich hin bis zum Frühjahr 1989 und verlief lautlos im Sand. Von der jüdischen Gemeinde hat Harich über Paul Alsberg erfahren: Er wurde 1933 ins KZ Sachsenhausen eingeliefert. Durch einflußreiche Wissenschaftler entkam er 1934 dem Lager und emigrierte nach England, dort starb er 1965. Seinen Namen habe ich im Großen neuen Volkslexikon 1981 finden können.

Am 9.9.1988 kamen Arnold Schölzel und Wolfgang Harich wieder zusammen, Friedrich Tomberg war dieses Mal dabei. Ich war nicht anwesend, auch später nicht, wenn die Delegierten aus der Abteilung Wissenschaften des ZK ihren Besuch in Harichs Stube absolvierten. Harich hegte gegen Tomberg Vorurteile, weil er von ihm das »Verwestlichen« hiesiger Philosophen befürchtete. Die Diskussion zeichnet sich als die lebhafteste und unbefangenste von allen gesteuerten Beratungen aus. Es wird gelacht, es gibt Widerspruch auf beiden Seiten, in der Frage aber: Hat die anthropologische Philosophie als Disziplin im Marxismus eine Daseinsberechtigung? ist grundsätzliche Einigkeit herauszuhören. Ausführlich wird darüber diskutiert, was sie sein muß und was sie sein darf. Und es besteht auch Einigkeit darüber, das Werk Paul Alsbergs in der DDR zu veröffentlichen.

Dennoch will ich auf dieses Gespräch, obwohl für mich sehr interessant, nicht weiter eingehen. Es ist zu speziell. Eine Anregung möchte ich indes nicht auslassen. Er sagte: In einem sozialistischen Land ist klar, jedenfalls bisher, alles Bürgerliche ist was Schreckliches, also nur zu kritisieren. Das ist sektiererisch! Weil die sektiererische Haltung im Grunde noch nicht überwunden ist, schlägt sie jetzt ins Gegenteil, nämlich: daß man alles hereinläßt, alles vereinnahmt, und dann wieder auf Dinge hereinfällt, die in Mode sind, und wehrlos dem ausgeliefert ist, was im Westen en vogue ist, sich in der ganzen Terminologie und in allem danach richtet. Aber da muß man auftreten und mit Brecht sagen: Und die einen stehen im Dunkeln und die anderen stehen im Licht, und man sieht nur die im Lichte, die im Dunkeln sieht man nicht. Seht nach denen, die im Dunkeln stehen! Warum kennt niemand Paul Alsberg? Warum schreibt jemand über Ethik im 20. Jahrhundert und nimmt keine Notiz von Friedrich Jodl? Warum gelten Heidegger und Jaspers als bedeutender und wichtiger als Nicolai Hartmann? Warum ist der ein toter Hund? Holen wir doch die nichtmarxistischen toten Hunde hervor und sehen die uns mal näher an, und dann kommen wir dahinter, bei denen ist noch was zu holen, da können wir noch was lernen! Und sie sind tote Hunde deswegen und deswegen und deswegen! Harich spricht voller Leidenschaft, dann wird er wieder sanfter, und er kann es nicht lassen, das wiederzugeben, was sein Lehrer Nicolai Hartmann über den Marxismus geäußert hat, und das macht er ihm nach im baltisch-deutschen Dialekt, der dem Ganzen erst die richtige Würze verleiht: »Der Marxismus ist gar nicht so dumm. Nur liegt es leider in seinem Wesen, von ungebildeten Elementen aufgegriffen zu werden, die dann die Philosophie in ihren Dilettantismus hineintragen«. Schölzel und Tomberg finden das etwas herablassend, Harich meint: Aber es stimmt irgendwie mit der Philosophie der Arbeiterklasse.

Am 1.11. und am 7.12. 1988 wurden die letzten Gespräche mit Harich in der Friedenstraße geführt. Die Delegierten bekundeten ihr Interesse und äußerten die Meinung, daß man sich wiedersehen müßte. Doch was bedeuten solche Höflichkeitsfloskeln? Es fand nichts mehr statt. Harichs Wunsch, über philosophische Themen mit »Kollegen« zu sprechen, war erfüllt worden.

Am Starnberger See

Tagebuch, Berlin, am 6.9.1988:
»Bin von einer kurzen Reise mit Kathrin aus Ahrenshoop zurück; habe mich wohlgefühlt und richtig ausgelaufen! Malornys Buch wird gedruckt, lt. Berthold. Wolfgang Harich schrieb wieder an Honecker mit der Warnung vor einer Nietzsche-Renaissance. Mit Büro Höpcke gab es ebenfalls Ärger. Ein Mitarbeiter von Höpcke, benahm sich sehr frech und taktlos am Telefon. Es ging um eine Jean-Paul-Gedenkfeier in Friedrichsfelde. Höpcke hält dort die Rede, was W. H. dort soll, weiß er eigentlich nicht. Mit anderen Worten: man hat ihn nicht in die Vorbereitung miteinbezogen, – die Ausladung oder das Ausschalten ist mal wieder gelungen. Ich habe Wolfgang beschworen, nicht sich wieder mit einem Beschwerdebrief lächerlich zu machen. Komischerweise kam dieses Mal ein Brief von Scholz, in dem er sein Befremden über Wolfgangs Verhalten zum Ausdruck bringt. Immer die gleiche Masche; man kann immer sagen, es liegt an ihm selbst ... Habe heute für mein fast letztes Geld Fahrkarten gekauft für die Reise nach Starnberg. Ich habe keine Freude mehr an der Fahrt. Wir kommen finanziell nicht auf die Beine. Meine Depressionen wiederholen sich in immer kürzeren Abständen, es schnürt mir den Hals zu, wenn ich über mein Dilemma nachdenke.

Am 1.10.88 beginne ich nun 100 % in der Apotheke, vier Stunden, 260,– Mark lächerlich und zum Heulen.

Ralph ist in Ungarn und hat sich nicht einmal verabschiedet.

Mit Kathrin übe ich fleißig für die Schauspiel-Prüfung – hoffentlich gelingt ihr dort die Aufnahme, damit wenigstens einer in unserer Familie Glück hat.«

Tagebuch, Berlin, am 12.9.1988:
»Vom ZK Antwort auf Schreiben von Honecker! Wird bearbeitet!!! Briefe von W. H. haben keine Wirkung mehr.«

Tagebuch, Berlin, am 13.9.1988:
»Heute abend fahren wir nach Starnberg!«

Ich werde nach Starnberg fahren, schrieb ich meiner Tante Elli nach Trier, und sie antwortete darauf, früher seien nur wohlhabende Leute nach Starnberg gereist, dort wohnten nur die Reichen, und alles wäre sehr teuer, ich solle gut aufpassen.

Von Harich wußte ich, in Starnberg sind »die Starnberger«, nämlich: Jürgen Heinrichs, Volker Fröbel und Otto Kreye, und ich wußte, daß sie über die Verelendung der armen Länder und deren Verschuldung forschen; ich wußte von Götz Heidelberg, dem Erfinder der Magnetschienenbahn, und seiner Freundin Wibke Widmer-Thiel, die sich bei den Grünen engagierte; ich wußte von Jost Herbig, der über die Folgen der Wissenschaft und Technik für die Menschheit arbeitete, und seiner Frau Barbara, die eine Goldschmiedin ist; ich wußte, daß Harich während seines Aufenthalts in der Bundesrepublik Gast im Starnberger Institut und Gast bei C. F. von Weizsäcker gewesen war, daß er bei Heidelberg und bei Herbig längere Zeit wohnen durfte und von beiden ausreichend finanzielle Unterstützung erhalten hatte. Ich wußte von Susanne Kreiselmaier, der »Erstverlobten« seines Vaters Walther Harich, die mit ihrer Tochter Ruth Giesen in München lebt und bei denen er immer wie ein Heimkehrer innigst aufgenommen worden war.

Wir fuhren mit dem Nachtzug im Schlafabteil nach München. Das war der reine Luxus. Aber der Schlafwagen hielt nicht das, was das Wort versprach. Laut unterhielten sich die Fahrgäste, lachten und rauchten. Harich machte das zu schaffen. Den Lärm hielt er nicht lange aus. Als ihn die Geduld verließ, stieß er die Tür auf, vergaß dabei, daß er bereits im Pyjama steckte und polterte los: »Meine Herrschaften, ich bitte um Ruhe, das hier ist ein Schlafwagen, in dem man schläft, und das Rauchen ist hier auch nicht gestattet.« Augenblicklich verstummte alles im Gang, und Harich knallte die Tür wieder zu. Es wurde stiller um uns und Harich schlief ein, schnarchte unüberhörbar, und ich lag lange wach. Am Morgen gegen halb acht kamen wir in München an. Auf dem Bahnsteig sah ich ein Schild über der Menschenmenge, es wankte hin und her, darauf stand: Wolfgang Harich. Wir drängelten uns hin zu dem Schild. Der Mann ließ, als er Harich erkannte, seinen Arm nach unten sinken und umarmte ihn. Es war Otto Kreye. Kreye fuhr uns im Auto nach Starnberg.

Während der Fahrt entspann sich sofort zwischen den beiden eine angeregte Unterhaltung, als wäre sie erst gestern unterbrochen worden. Ich lehnte mich zurück, mir war wohl zumute.

In der Pension »Happach« war für uns ein Zimmer bestellt. Zu so früher Stunde durften wir noch nicht hinein. Wir fuhren zum Institut. Dort erwarteten uns Volker Fröbel, Jürgen Heinrichs und Carola Merseburger. Mädchenhaft und aufmerksam sah sie mich an. Ihre Anwesenheit machte mich froh und gab mir Sicherheit. Ungezwungen saßen wir zusammen und redeten miteinander. Kreye, der Lebhafte, der Großzügige, der Organisator, ließ Brötchen holen, jemand hatte Kaffee gekocht. Fröbel, Heinrichs und Kreye bildeten ein wissenschaftliches Team und gaben gemeinsam ihre Forschungsarbeiten in Büchern heraus, z. B. »Umbruch in der Weltwirtschaft«. Zu Fröbel zog es Harich besonders hin, das lag an seiner literaturgeschichtlichen Bildung und an seinem Interesse für Harichs Jean-Paul-Buch. Heinrichs war immer sehr zurückhaltend. Er engagierte sich neben seiner Arbeit bei »Pro Familia«, dessen Präsident er viele Jahre war. Humor hatten alle. Ich fühlte mich aufgenommen in diesen Kreis, in dem Harich so herzlich empfangen wurde und der ihn gerne zum Mittelpunkt erkor, der Fragen an ihn stellte und seine Antworten entgegennahm oder seine Standpunkte ablehnte. Doch habe ich dort niemals irgendwelche Häme oder Herablassung gegen ihn gespürt. Das alles beruhigte mich. Meine ersten Eindrücke von den »Starnbergern« brauchte ich nie zu korrigieren.

Die »Starnberger« waren auf uns eingestellt. Es gab Arbeitsbesprechungen und Diskussionen. Einmal sprach Kreye über Rumänien. Er sagte: Rumänien habe es, als einziges Land aus dem sozialistischen Lager geschafft, sich aus der Verschuldung vom westlichen Kapital zu befreien, es wäre sehr arm, aber unabhängig. Ein andermal luden Heinrichs und seine Frau Gisela alle zum Abendessen ein. Beide waren vor kurzem in der Volksrepublik China gewesen. Sie berichteten von der erfolgreichen Familienplanung und von vorbildlichen Krankenhauseinrichtungen. Das wollte ich nicht so leicht glauben, ich blieb still, denn ich war ja nie dort gewesen. Bei Fröbels, bei denen wir eingeladen waren, gab's einen ganz anderen Mittelpunkt: Marianne Fröbel war Mutter geworden, und sobald sich der kleine Mann regte, rannten alle ins Schlafzimmer, beugten sich über den Schreihals, um ihn zu bewundern. Überhaupt liebten die »Starnberger« gut Essen zu gehen oder zu Hause gut zu kochen. Es war wie in einer Großfamilie, und Kreye verfügte über die wunderbare Gabe, Menschen zusammenzuführen, um den Kreis Gleichgesinnter zu bereichern. Aber er fuhr zum Ärger Harichs leidenschaftlich gern Auto, und aus Freude daran hielt er sich zum Vergnügen ein altes knallrotes Feuerwehrauto. Damit kutschierte er uns herum und zeigte uns die Gegend um Starnberg, die Harich wenig interessierte. Ich lernte den wunderbaren Brasilianer Ricardo Seidel da Fonseca kennen, der gegen die Abrodungen der Urwälder in seinem Heimatland kämpfte. Wir sahen einen Dokumentarfilm über die Waldbrände in Brasilien.

Dann besuchen wir Frau Susanne Kreiselmaier und ihre Tochter Ruth Giesen, die erste Liebe seines Vaters, eine feine, kleine, zierliche Frau, würdevoll und stolz, mit einem aufmerksamen, ernsten Blick, alles an ihr ist ruhig, bestimmt und ohne Zier. Sie sieht mich an, und ich glaube, sie will wissen, ob ich es mit Harich ehrlich meine. Sie reicht ihm beide Hände entgegen, er nimmt sie, beugt sich ehrfurchtsvoll hinab, um sie zu küssen, und sie fragen einander nach ihrem Befinden; sie haben beide gelernt, sich darüber auszuschweigen. Ruth hingegen kann ihre Freude kaum zurückhalten. Ihre großen braunen Augen leuchten, sie möchte viel fragen, doch sie verhält sich taktvoll und läßt ihre Mutter zu Worte kommen. Kaum haben wir Platz genommen, wendet sich Susanne Kreiselmaier an Harich: Bitte Wolfgang, was hältst du von Gorbatschow? Stimmt er dich hoffnungsvoll? Sie ist 88 Jahre alt. Sie liest über Glasnost und Perestroika, sie geht mit Ruth, die sie immer umsorgt, in die Oper und ins Theater. Sie will alles wissen, sie muß alles lesen, sie bildet sich zu allem eine eigene Meinung.

Sie ist die Witwe des Arztes Dr. Johannes Kreiselmaier. Ihr Mann war Antifaschist. Die Gestapo verhaftete ihn am 9. Juli 1944, am 27. November 1944, um 13 Uhr 28 wurde er von den Nazis hingerichtet. Das Todesurteil, Datum und Zeit wurden ihr vorher mitgeteilt. Susanne Kreiselmaier blieb mit ihren drei Töchtern zurück. Sie durfte keine Trauer zeigen, und der Umgang mit ihr, der Frau eines Verräters, war von da an untersagt.

Ich habe viel gelernt in den wenigen Tagen bei den »Starnbergern«. Ich durfte dort erfahren, wie verbindend gemeinsame Ziele und Ansichten sind. Und ich habe erlebt, wie ausgelassen, unterhaltend und unbeschwert Harich mit anderen sein konnte; ich habe erlebt, wenn er im Kreise ihn Wohlgesinnter übermütig den Gaul der Superlative bestieg, mit welcher Großzügigkeit und mit wieviel Humor er heruntergeholt wurde, amüsiert, ohne Hohn. Ich habe zugesehen, wie gut es ihm tat, im Kreise von Freunden über seine Probleme zwanglos sprechen zu können, wo ihm unvoreingenommen zugehört wurde. Natürlich ging es auch hier um Nietzsche, Lukács, Jean Paul und, nun hinzugekommen, Arnold Gehlen und Paul Alsberg.

Eine Vorlesung

Tagebuch, Berlin, am 26.9.1988:
»Wir sind von Starnberg zurück! Mein Gott, wie wohl habe ich mich bei diesen Menschen gefühlt, wie selten in meinem Leben! Bin mit meinen Gedanken ständig bei ihnen.

Am 23.9.88 war die Diskussion über Nietzsche und seine Wirkung in der Literatur. Vergleiche ich die Atmosphäre vom Starnberger Institut und die Atmosphäre im Institut für Philosophie, so kann ich nur sagen: wie Feuer und Wasser! Wie falsch, wie höhnisch die Leute hier Wolfgang entgegentreten. Natürlich ist W. H. unbeherrscht gewesen, weil ihm ein Koreferat verweigert wurde! Ich frage mich nur, worüber hätte man überhaupt diskutiert, wenn Harich nicht ein scharfes Dagegen angebracht hätte? Harich ist enttäuscht, und ich sage: Er hat große Unruhe hineingebracht, und ich bin sicher, daß mindestens zwei, drei Leute zum ernsthaften Nachdenken angeregt worden sind, z. B. Haase, Schölzel.

W. H. hat Hermlin, der Nietzsches Gedicht ›Der Mistral‹ in ›Ein deutsches Lesebuch‹ mit hineinnahm, als einen Wegbereiter für die faschistische Ideologie bezeichnet (Empörung im ganzen Raum). Harich fragte Buhr: Sind Sie dafür, daß Nietzsche hier gedruckt wird, ja oder nein? Antwort Buhrs: Auf Fangfragen reagiere ich nicht. Außerdem: Keiner kannte das Gedicht vom Mistral!

Jetzt erwarten wir Besuch: Hannes Hofbauer und Andrea Komlosy.«

Tagebuch, Berlin, am 1.10.1988:
»Gestern Post von Schirmer (Inhalt: Die Partei sei gegen Nietzsche, da er nicht der humanistischen Tradition entspricht; aber mit Machtworten und Verboten käme man nicht weiter, man müsse ideologisch arbeiten, Drucken von Büchern sei Sache des Verla-

ges). Ja, aber wo bleibt da die fachliche Auseinandersetzung über die Gutachten? Eine Niedertracht gegen Harich ohnegleichen! Harich ist völlig deprimiert.«

Noch immer war das Problem, Harich zurück ans Lehrpult, ungelöst. Hager war aufgefordert, dem Anliegen Harichs zu entsprechen, doch scheint es, daß dieses Problem nicht nur ihm Ohrensausen bereitet hat, sondern daß es als eine unbequeme, unübersehbare Tatsache zu erstehen drohte, die, erst einmal in die Öffentlichkeit geraten, Aufsehen in Ost und West erregen würde. Wie also könnte dieser ewige Quertreiber dazu gebracht werden, seinen Traum, endlich wieder vor Studenten zu lehren, für immer als unerfüllbar zu begreifen. Wie Harich aus dem Universitätsbetrieb, aus der Öffentlichkeit fernhalten, das war jetzt die beunruhigende, sorgenreiche Frage. Und Harich gab auch in diesem Punkt nicht nach. Seit seiner Entlassung aus dem Zuchthaus Bautzen, er war zu jener Zeit 41 Jahre alt, war es gelungen, ihm den Weg zum Katheder zu versperren. Nun sollte das ein Ende haben? Notgedrungen gewährten »die da oben« dem fallengelassenen Mann seinen Wunsch nach ihrer Vorstellung. Sie hatten die Macht und zahllose dienstbare Helfer dazu. Am 21.10 1988 sollte das bedeutende Ereignis seinen Lauf nehmen.

Wir fuhren an diesem Tag nicht zur Humboldt-Universität, sondern zur Akademie der Wissenschaften der DDR. Wir betraten einen engen Raum, vor dessen Fenstern dunkle Vorhänge hingen. An der verhangenen Fensterwand stand ein langer Tisch, und an der Stirnseite etwas seitlich davon eine Tafel. Ein Funktionär, Genosse K., aus irgendeinem Sekretariat im ZK, empfing uns und ließ Harich nicht einen Augenblick allein. Am Tisch saßen die Teilnehmer oder Interessenten oder Zwangsdelegierte, die von dieser Maßnahme erfaßt worden waren, ausgebildete erwachsene Wissenschaftler. Was wird ihnen gesagt worden sein, damit sie zu der »Vorlesung« erscheinen? Etwas abseits, an der Wand, hatten sich drei richtige wichtige Philosophen, die mir bekannt waren, niedergelassen. Vielleicht paßten sie auf ihre Schützlinge auf, die hierher verpflichtet worden waren? Oder hatten sie sich als Gasthörer beworben? Ich saß auch mit an dem Tisch. Harich stand an der Tafel, beklommen, wie ein Prüfling, der eine Aufgabe zu lösen hat. Er begann, in dieser absurden Konstellation, seinen langersehnten Vortrag über Kant in einer miefigen Beamtenzimmeratmosphäre, die ihn zu erdrücken, zu ersticken drohte. Ich erkannte ihn nicht wieder. Er wirkte wie ein Automat, und ich wartete die ganze Zeit auf das ihn erlösende, ihn befreiende »so«, das Zeichen für mich, seine Unsicherheit ist überwunden, jetzt geht es erst richtig los. Aber es kam ihm nicht über seine Lippen. Es galt nur noch durchzuhalten. Während der Pause machte sich der Genosse Funktionär anheischig, Harich Vorschläge zu unterbreiten, wie er seinen Vortrag besser aufbauen könne. Harich blieb still. Er sah durch den Mann hindurch. Er hatte längst begriffen. Er wehrte sich nicht, er sagte kein Wort. Die Demütigung war gelungen, ihm kam es nur noch darauf an, diese Leute, diesen Raum in aller Form zu verlassen.

*

O ja, ich habe das nicht vergessen, mein geduldiger Lehrer, mein allerbester Freund. Ich habe die alle beobachtet, und ich habe auch nicht vergessen, wie demonstrativ teilnahmslos, wie reglos alle dahockten, am Ende Deines Vortrags kaum auf Dich reagierend, um Dir noch eins zusätzlich zu versetzen. Das Kollektiv hat zusammengehalten, der Auftrag war übererfüllt. Als wir endlich im Taxi saßen, brach es aus Dir heraus: Furchtbar! Widerlich! Ekelhaft! Du mußtest Dich schütteln, als hättest Du eben ein Stück schlecht riechendes Fleisch heruntergeschluckt. Zu Hause angelangt, schriebst Du unverzüglich an Prof. Schirmer, um mitzuteilen, daß Du nicht einverstanden bist, unter solchen Bedingungen Vorlesungen zu halten, daß Du Dich überwacht und bevormundet fühltest und aus diesem Grunde auf weitere Vorträge Deinerseits verzichten möchtest. Dein Aufpasser, der Genosse Funktionär, versäumte nicht, Dir postwendend mitzuteilen, wie »denunziatorisch« Dein Brief sei. Ja, das weiß ich sehr wohl! Wir standen in Deinem Zimmer, Du an der einen Seite Deines Sessels, ich an der anderen. Du gabst mir den Brief zu lesen, aus dem mir Schadenfreude entgegensprang. Ich habe Deinen Brief und auch die Antwort darauf nicht im Archiv finden können. Willst Du meinen Eintrag zu dem Ereignis wissen?

»Am 21.10.1988 fand der erste Vortrag über Kant statt. Drei Aufpasser und elf Leute, ich hatte den Eindruck, es sitzen präparierte Leute dort, so war es auch, keine Reaktion auf Harichs Vortrag. Eine Erniedrigung ohnegleichen. W. H. hat die ganze Sache abgeblasen, und das wollte man auch; ihm zeigen, nach ihm kräht kein Hahn mehr!«

Aber sage mir bitte, was wäre geschehen, wenn auf einem Plakat an der Humboldt-Unversität zu Berlin folgendes angekündigt gewesen wäre:
»Wolfgang Harich, Professor für Philosophie-und Literaturgeschichte, hält nach 32 Jahren, am 21.10.1988 um 15 Uhr die erste Vorlesung im Auditorium Maximum der Humboldt-Universität zu Berlin!« Sage mir bitte, was wäre daran gefährlich, und wer wäre gefährdet gewesen?

Endgültig Ruhe

Tagebuch, Berlin, am 28.10.1988:
»Carola Merseburger besucht uns morgen, ich freue mich sehr. Prof. Claessens war hier, es ging um Alsberg und Gehlen.
Frau Grothe, eine Bekannte Harichs aus der Zeit im Westen besuchte ihn, sie meinte, es gäbe eine Festschrift zu Harichs 65. Geburtstag; H. meldete das sofort an Berthold, damit die DDR sich nicht blamiere.
Meine Arbeit ist der größte Stumpfsinn! Am 16.12.88 nochmals Nietzsche-Diskussion; W. H. hält nun sein Koreferat; wird jemand erscheinen?«

*

Du hattest Dich nie geäußert dazu, aber ich glaube, Du fandest es spießig, daß ich ein »Tagebuch« führte, und Du wolltest davon nichts wissen. Ich wollte meinen Kopf bemühen, nur deshalb mein Tagebuch, in das ich seit langem aufgehört habe zu schreiben. Damals war es wichtig für mich. Doch fehlt darin die Ausdauer und die Ausführlichkeit. Befragte mich heute jemand über das eine oder andere Thema, ich stünde dumm da, weil so Vieles einfach vergessen ist! All die tausend schönen Stunden, in denen Du mir so viel erzähltest, die mich vergnügt haben, auch wenn ich nicht immer alles verstanden und begriffen habe, schrumpfen leider immer mehr zu einem Schmalfilm zusammen. Manchmal wünsche ich mir, mein Gedächtnis verhielte sich weniger geizig mir gegenüber. Doch stell Dir mal vor, ich wäre jedesmal davongestürzt, um alles aufzuschreiben? Entsetzlich! Ich sonnte mich viel zu gern in Deinem Wesen und hörte Dir manchmal gar nicht zu. Ist das so schlimm? Nein! So hielt ich nur Wichtige, bei weitem nicht alle Ereignisse fest, die mit Dir zu tun hatten. Der simpel erscheinende Hinweis: »Carola besucht uns morgen, ich freue mich sehr« ruft sofort meine Reaktion von damals in mir wach, und ich weiß, wie ich ihr entgegnete, daß Du am Nachmittag schläfst, und wie sie mir erwiderte: Ich will Dich besuchen, ich will Dich sehen und mit Dir sprechen. Da kam jemand, und es ging um mich und nicht um Dich. Das war für mich zur Seltenheit geworden, und deshalb konnte ich nicht richtig daran glauben. Oder die Sache mit Alsberg und Gehlen. Das steht da einfach so da, ohne genaue Aussage oder eine ausreichende Erklärung. Nur durch meine Arbeit an der Niederschrift über Dich stellen sich heute für mich Fragen. Warum kam Prof. Dieter Claessens aus Westberlin zu Dir? Hattest Du ihm geschrieben, oder war das Zusammentreffen arrangiert worden? Wenn es so gewesen wäre, wer hatte es initiiert? Du erwartetest Claessens voller Spannung. Wird er sich mit Dir über die Rolle Gehlen einigen können? Wirst Du einen Verbündeten finden? Claessens war Gehlens Schüler. Als ich Dein Zimmer betrat, wurde ich von einem großen, schlanken, blonden älteren Herrn herzlich begrüßt. Seine Art und sein Gesicht erinnerten eher an einen gutmütigen Jungen. In ihm schien es immer zu lachen, dauernd erzählte er Anekdoten. Beruhigt durch seine sympathische Art ließ ich euch bald allein und ging nach oben in meine Wohnung. Was aber war das Beruhigende? Ich wünschte mir für Dich Menschen, zu denen Du Vertrauen haben konntest und die das entgegengebrachte Vertrauen nicht schamlos ausnutzten. Mußte ich da argwöhnisch sein, wenn mir mein Gefühl sagte: Die zwei haben sich was zu sagen, die lachen ja sogar zusammen. Einigen konntet ihr euch in der Alsberg-Gehlen-Angelegenheit nicht, da fand wohl eher ein stummes Tauziehen statt. Du wolltest nach Speyer fahren, um dort den Gott Gehlen zu entlarven, das sollte nicht sein. Claessens indes, mit seiner milden gemütlichen Ausstrahlung, verstand Dich zu bremsen. Als Du gestorben warst, stand er am nächsten Tag an meiner Tür mit einem wunderschönen Blumenstrauß, wie ich ihn nie zuvor im Leben erhalten habe. Er sagte: Es war immer so schön bei Ihrem Mann. Er machte mir Mut, nachdem ich mich gegen gewissenlose Gesellen wehren mußte, die glaubten, ein Anrecht auf Deinen Nachlaß zu haben. Er schrieb mir, ich solle »cool« bleiben, er bot mir Unterstützung an. Und als meine Briefe an ihn nach seinem Tode in andere Hände gelangt waren, wurde ich immer noch nicht argwöhnisch gegen ihn.

Weiter: Mußte ich mißtrauisch sein, wenn zufällig an Deinem Geburtstag Prof. Karl-Siegbert Rehberg, ein Schüler Claessens, sich zu einem Besuch bei Dir anmeldet und wir einen fröhlichen Abend gemeinsam verlebten? Und als Prof. Michael Franz da war? Wie angetan er sich zeigte über Deine Offenheit ihm gegenüber, und wie er das Zusammensein mit Dir genossen hat? Mußte ich da argwöhnisch werden? Was für ein lebhafter Abend mit Franz und Gerhard Scheit, dem Knepler-Schüler aus Wien! Was für eine Einigkeit war da zu spüren, und was wurde da gelacht! Du hieltest es aus bis Mitternacht, bis Du völlig erschöpft warst. Du wolltest die beiden verbünden. Du hättest es überhaupt sehr begrüßt, wenn sich ein paar marxistische Denker unter der jüngeren Generation aus der BRD für die DDR entschieden hätten. Die sollten hierher auswandern und mit Dir gemeinsam gegen die ideologischen Abweichler zu Felde ziehen. Solche Vorstellungen liebtest Du, und Du fühltest Dich sofort davon beflügelt, und in Dir schmiedeten sich Pläne, ganz nach Deinem Geschmack, ganz nach Deinen Anschauungen. Beim ersten Besuch brachte Franz Dir sein Buch »Ästhetik der Kunst« mit, signiert: »Für Wolfgang Harich, den streitbaren und orginellen marxistischen Denker – dem ich noch rechtzeitig begegnet bin, um von ihm zu lernen. Berlin, 14.4.1988.« Nachdem er Dein Hartmann-Manuskript gelesen hatte, war er so davon angetan, daß er Dir voller Bewunderung einen Brief schrieb; und dann, mit einemmal, als die DDR in sich zusammensank, da verschwand dieser Mensch wortlos! Dich wunderte es, wir sprachen nicht mehr darüber, doch ich hege noch immer keinen Argwohn gegen ihn. In der gleichen Weise glaubtest Du an den jungen Arnold Schölzel, den Du für einen sehr gebildeten Philosophen hieltest. Mit seiner Hilfe sollte das Unrecht an Paul Alsberg wieder gutgemacht werden. Noch mehr Gäste könnte ich aufzählen, nicht einbezogen die festen und treuen Freunde in Wien und Starnberg, – wo von Argwohn überhaupt nicht die Rede sein kann, mit denen es unvergeßlich schöne Stunden gab. Wir lebten förmlich auf nach solchen Besuchen, bei denen Dir die Vorsicht Ausgang gab, und Du brauchtest das so sehr! Für mich waren es immer Ausflüge in eine andere Welt! Erinnerst Du Dich an den schönen Tag, den wir mit Jutta Held und Norbert Schneider verlebt haben? Und wenn Frau Kirchenrätin Grengel kam, wie warst Du da gespannt auf sie!

Voreilige Besserwisser sagten Dir nach, in Deiner Vertrauensseligkeit läge Naivität. Mag sein. Nur sage mir bitte, wie ist es möglich, Gäste zu willkommen, Gespräche zu führen, ohne eine Portion Vertrauen zu haben? Das waren Leute, die nicht Platz nahmen an Deinem Tisch, es waren Leute, die sich bei Dir niederließen! Nein, hättest Du Argwohn der Zuversicht und der Freude vorgezogen, wäre uns das Lachen ausgegangen. Ich habe auch keine Lust auf nachträglichen Argwohn! Die Galle ist mir, als Du nicht mehr da warst, wegen anderer Leute eimerweise übergelaufen! Soll ich mir die vielen wunderbaren Stunden, nur weil Vermutungen in mir wach wurden, vergällen? Vergiß bitte nicht bei der Gelegenheit, was für einer Arbeit ich damals nachgegangen bin. Ich wog in der Apotheke Tee in Tüten ab, oder ich füllte Flaschen mit irgendwelchem Zeug voll. Vier Stunden am Tag, ich verdiente dazu. Zu meinem Glück waren die Kolleginnen alle gut zu mir, weil sie mich aus dem stationären Bereich kannten. Ich hatte Glück dort. Und eben deshalb, weil ich kein richtiges Berufsleben mehr hatte, erlebte ich die Besuche, und heute muß ich dazusagen, als einen unwiederbringlichen Ausgleich.

*

Tagebuch, Berlin, am 4.11.1988:
»Post aus Speyer mit einer indirekten Absage zum Thema Gehlen als Plagiator; W. rief bei Prof. Schreiter an, wegen eines Artikels in der ZfPh, um noch vor April in der DDR darüber zu polemisieren; Abfuhr von Schreiter!
Am 3.11. Besuch von Michael Franz, ich glaube, er ist ein wahrer Freund, hoffentlich! So trüb alles ist, ich liebe Wolfgang sehr!«

Am 7. November 1988 gibt es von der Abteilung Wissenschaften des ZK eine
»Information über den Verlauf der Bemühungen um die Einbeziehung von Herrn Dr. Wolfgang Harich in das philosophische Leben der DDR
1. Gegenwärtig muß die Einschätzung getroffen werden, daß sich die Bemühungen um Integration von Dr. Harich ins geistige Leben unseres Landes immer schwieriger gestalten, wofür Dr. Harich allein verantwortlich zu machen ist.
Dr. Harich wurde zu vielfältigen wissenschaftlichen Veranstaltungen eingeladen. Der Einladung zur Teilnahme an der Wissenschaftlichen Konferenz ›Sozialistische Gesellschaft und philosophisches Erbe‹ erteilte er eine Absage. An den regelmäßig stattfin-

denden Diskussionen zur Nietzsche-Problematik am Zentralinstitut für Philosophie der Akademie der Wissenschaften der DDR nahm Dr. Harich zweimal teil. Seine Ausführungen waren von unqualifizierten Ausfällen, Beschimpfungen und Angriffen gegenüber allen begleitet, die seine Position nicht teilten. Er sieht sich selbst als einzigen in der DDR an, der den richtigen Standpunkt zum Umgang mit Nietzsche in unserer Gesellschaft vertritt.

Das Auftreten von Wolfgang Harich bei der letzten Zusammenkunft am 23. September 1988 wurde von den Teilnehmern als ›in höchstem Maße unzumutbar‹ charakterisiert. Das bezieht sich vor allem auf Äußerungen Harichs, in denen er gegen eine angeblich in der DDR existierende ›terroristische Diktatur des Nietzscheanertums‹ wettert, dem Akademiemitglied Prof. Dr. M. Buhr entgegnet: ›Ich habe mit Ihnen kein gemeinsames Anliegen, Herr Buhr!‹, in denen Harich Kurt Tucholsky antisemitische Tendenzen unterstellt und sich zu der Behauptung verstieg, daß Stephan Hermlin den Schriftstellerkongreß zu einem Forum für Nietzsche gemacht habe und zu einem Propagandisten faschistischer Ideologie in der DDR geworden sei.

Dr. Harich hat bisher wenig inhaltlich qualifizierte Beiträge in die Dikussion eingebracht. Dem zurückhaltenden und disziplinierten Verhalten der Genossen ist es zuzuschreiben, daß mit Herrn Dr. Harich überhaupt noch diskutiert wird. Am 16.12.1988 ist eine erneute Dikussion vorgesehen, wofür Dr. Harich die Diskussionsgrundlage erarbeitet. Im Ergebnis dieser Diskussionsrunde muß entschieden werden, inwieweit Dr. Harich weiter einbezogen werden kann, um die Erreichung der inhaltlichen Zielstellung dieser Diskussion nicht ernsthaft zu gefährden.

Dem Wunsch von Wolfgang Harich, vor einem Kreis junger Studenten und Nachwuchswissenschaftler eine Vorlesungsreihe zur Philosophie Kants zu halten, wurde entsprochen und in Absprache mit ihm das konkrete Programm organisiert. Nach seinem ersten Vortrag hat Harich jedoch mit unhaltbaren Begründungen in einem Brief an Genossen Schirmer diese Veranstaltungsreihe abgebrochen. Wir schlagen vor, den Abbruch zur Kenntnis zu nehmen und keine weiteren Angebote zu unterbreiten.

Die von Herrn Dr. Harich gewünschten Gespräche mit namhaften Philosophen unseres Landes zu einigen ausgewählten Themen verliefen bisher in einer aufgeschlossenen Atmosphäre, wobei einer Vielzahl der von Harich vorgetragenen wissenschaftlichen Standpunkte und den daraus abgeleiteten Forderungen nicht zugestimmt werden kann. Die Gespräche werden fortgesetzt. Dr. Harich zeichnet alle Gespräche auf Tonband auf, was von den Gesprächsteilnehmern zum Teil als Belastung der Atmosphäre angesehen wird, weil sie sich nicht sicher sind, welche Zwecke Harich damit verfolgt.

2. Wolfgang Harich machte wieder auf seinen 65. Geburtstag aufmerksam. In Gesprächen mit Genossen des Akademie-Verlages informierte er, daß in der BRD die Absicht bestehe, aus Anlaß seines 65. Geburtstages am 9.12.1988 eine Festschrift für ihn vorzubereiten. Initiator sei der Bundestagsabgeordnete der SPD und Harichs Gesprächspartner in dem Buch ›Kommunismus ohne Wachstum‹, Freimut Duve.

Harich ließ wissen, er stehe einer solchen Festschrift nicht ablehnend gegenüber, würde es aber für günstig halten, wenn bereits vor seinem Geburtstag ein ›Zeichen‹ gesetzt würde, aus dem zu verstehen sei, daß er voll in die DDR integriert ist. Offenbar versteht Dr. Harich unter einer solchen Zeichensetzung eine hohe staatliche Auszeichnung, Mitgliedschaft in der Akademie der Wissenschaften der DDR, Berufung zum Professor, Grußadresse des Zentralkomitees und des Staatsrates u.ä. In dieser Angelegenheit sollten wir folgende Position beziehen:

– Zum 65. Geburtstag sollten die Genossen der Leitung des Akademie-Verlages offiziell gratulieren; ein Glückwunschtelegramm des Zentralinstituts für Philosophie der Akademie der Wissenschaft der DDR wäre angebracht; ein persönliches Glückwunschtelegramm könnte Genosse Schirmer schicken.

– Im ›Sonntag‹ oder in der Berliner Zeitung sollte ein – von Genossen Lothar Berthold geschriebener – Artikel zur Würdigung für Dr. Harich erscheinen, in dem jedoch die Widersprüchlichkeit der Persönlichkeit Harichs deutlich gemacht werden müßte. (Diese beiden Vorschläge sind mit einem dicken Häkchen versehen. A. H.)

– Von weiteren Aktivitäten sollten wir Abstand nehmen. Eine Würdigung durch ein Schreiben des Genossen Erich Honecker würde bei der Mehrheit unserer Wissenschaftler, Künstler und Schriftsteller, die Harich kennen, auf Unverständnis und Ablehnung stoßen.

3. In der Angelegenheit der von Harich erstrebten Aufnahme als Mitglied der Partei ist folgende Situation eingetreten. Als die Grundorganisation des Akademie-Verlages mit dem Anliegen von Dr. Harich bekanntgemacht wurde, zeigten sich massive Wider-

stände in der Parteileitung und seitens vieler Genossen der Grundorganisation, so daß damit zu rechnen war, daß der Antrag zum Gegenstand einer unproduktiven Auseinandersetzung und einer ›Kampfabstimmung‹ wird. Über diese Situation wurde Dr. Harich durch den Parteisekretär und den Verlagsdirektor in einem offenen Gespräch unterrichtet, worauf zunächst Harich auf das Stellen eines Aufnahmeantrages verzichtete.

Die Kreisleitung der Partei an der Akademie der Wissenschaften der DDR hat die Linie vertreten, die Zeit der Parteiwahlen nicht mit Auseinandersetzungen um Harich in der Grundorganisation des Akademie-Verlages zu belasten.

Zwischenzeitlich hat Harich einerseits seinen Wunsch auf Aufnahme in die Partei erneuert, andererseits aber davon abhängig gemacht, daß er in den Streitfragen, die es mit ihm gibt, recht bekommt. So schrieb er an den Genossen Schirmer: ›In die Partei würde ich wahrlich sehr gerne wieder eintreten ... Ich kann diesen Schritt aber nur dann tun, wenn ich die Gewißheit habe, daß die Partei auf dem Gebiet der Pflege des Kulturerbes, auf dem ich kompetent zu sein glaube, die einschlägigen Bestimmungen ihres Programms und auch die Bestimmung ihres Statuts, die Reinheit ihrer Reihen betreffend, wirklich ernst nimmt.‹

Inzwischen hat sich die ablehnende Haltung vieler Genossen der Grundorganisation des Akademie-Verlages nicht geändert, eher ist die Anzahl derer gewachsen, die sich gegen eine Parteimitgliedschaft aussprechen, so daß, wird der Antrag der Grundorganisation vorgetragen, mit vielen Gegenstimmen zu rechnen ist, in deren Ergebis der Antrag sogar abgelehnt werden könnte.

Wir schlagen vor, ein erneutes Gespräch des Parteisekretärs des Verlages mit Herrn Dr. Harich zu führen, in dem ihm die Problematik seiner Aufnahme und die Möglichkeit einer Ablehnung des Antrags durch die Grundorganisation dargelegt wird. Sollte Harich dann seine Aufnahme dennoch weiter betreiben, muß neu entschieden werden, ob ein Aufnahmeverfahren eröffnet wird oder nicht. Es darf nicht unterschätzt werden, welche Wirkung eine solche ›Kampfabstimung‹ und ihr Ergebnis in Kreisen der Philosophen, Literaturwissenschaftler und Schriftsteller unseres Landes haben kann, die Harich für einen wilden Dogmatiker und hemmungslosen Verleumder halten.«

Und dann wird das Schreiben am 14.11.1988 an Honecker weitergeleitet:

»Lieber Erich!
Die Abteilung Wissenschaften übermittelt eine Information über die Bemühungen um die Einbeziehung von Wolfgang Harich in das philosophische Leben der DDR. Immer wieder wird deutlich, daß er wenig Bereitschaft zur kameradschaftlichen Zusammenarbeit mit den Genossen im Zentralinstitut für Philosophie der Akademie der Wissenschaften und anderen Genossen zeigt.

Wichtig wäre eine Entscheidung über die Art und Weise, wie zu seinem 65. Geburtstag am 9.12. Stellung genommen werden soll. Ich wäre für die auf Seite 3 unterbreiteten Vorschläge. Mit sozialistischem Gruß Kurt Hager«

Tagebuch, Berlin, am 5.12.1988:

»Am 28.11. Absage des Besuchs von Berthold und Turley, das hat W. H. nicht erwartet, ist enttäuscht! Wir feiern nicht seinen Geburtstag, allen abgesagt. W. H. ist mit seiner Vorbereitung auf den 16.12. voll beschäftigt. Er ist immer noch in der Hoffnung, Nietzsche in der DDR vom Tisch zu fegen. Wo nimmt dieser Mann nur seine Energie und immer neue Hoffnung her?«

Tagebuch, Berlin, am 6.12.1988:

»W. H. fühlt sich sehr schlecht; ist aufgeregt wegen seines Vortrages und hat Angst, daß er es nicht bewältigt; arbeitet den Vortrag schriftlich aus; fühlt sich nicht in der Lage, den gesamten Stoff fließend darzulegen. Welche Intensität, welche Genauigkeit steckt da in seinem Kampf, und ganz allein!«

Tagebuch, Berlin, am 22.12.1988:

»Vom 9.12. gibt es nur zu sagen, daß wir allein für uns blieben. Am Vormittag ging W. H. nach unten in seine Wohnung. Er hatte dem Akademie-Verlag abgesagt zum 9.12., aber es wäre auch kaum jemand gekommen. An diesem Tag klopfte kein Besuch an die Tür. Telegramm von Buhr, Hahn u.a. Es war ein trauriger Tag.

Am 16.12.1988 konnte ich bei dem Nietzsche-Vortrag leider nicht dabei sein. W. H. hatte den gesamten Vortrag auf ein Band gesprochen um sich Zeit und Luft zu sparen. Außer unqualifizierten Argumenten, feindliches Gegenüber der Teilnehmer (laut Harich). Hahn, Mocek, Haase waren nicht anwesend, obwohl Haase um Terminverschiebung gebeten hatte; der 16.12. war günstig. Michael Franz bekam keine Einladung zu der Diskussion. Auf mein Anraten an Mocek, Hahn, Haase, Schirmer, Kreye und Scheit Kopien des Vortrags abgeschickt.

Heute, am 22.12., waren Berthold und Turley da; es wurde unser materielles Problem besprochen; alle Vorschläge für Editionen von W. H. können gegenwärtig nicht berücksichtigt werden, da wir unbedingt Devisen bringen müssen; also: endgültig Ruhe!

Morgen gehe ich zwei Ringe verkaufen, ich weiß sonst nicht, wie ich ins neue Jahr komme. Armer, amer Wolfgang!«

»Nietzsche und seine Brüder«

Bei der Diskussion am 16.12.1988 über »Nietzsche und den Faschismus« konnte ich nicht dabei sein. Ich war krank geworden, ich hatte einen Unfall. Eines Nachts wurde ich wach, weil mir übel war. Ich ging ins Bad und wurde dort ohnmächtig. Ich stürzte vornüber und fiel auf ein Schränkchen, die Kanten waren mit Eisenbeschlägen versehen, und ich verletzte mich über dem rechten Auge. Aus der Ohnmacht erwacht, rief ich: Wölfchen, Wölfchen. Da kam er und schlug die Hände zusammen. Was sollte er machen? Er konnte mich nicht tragen, und ich war zu schwach, um aufzustehen. Ich kroch auf meine Matratze, irgendwo blutete ich, und er sagte: Ich rufe sofort den Notarzt, du mußt in die Rettungsstation. Nein, bat ich ihn, tu das nicht, du weißt nicht, was die alles mit einem anstellen. Wenn ich sterbe, dann will ich hier sterben. Am nächsten Morgen erwachte ich, aber nur mein linkes Auge öffnete sich, das rechte blieb unbeweglich, es war zugeschwollen. Nach wenigen Tagen ging ich wieder zur Arbeit, doch nach einer gewissen Belastungszeit wurde mir schwindlig. Da kam mein Kollege Klaus Lange, dem ich mein Leid vorjammerte, nahm mich an die Hand und sagte: Komm, ick geh mit dir uff Station, zu Knöpfchen, der muß sich deinen Hals ankiecken. Er schubste mich ins Zimmer von Oberarzt Knopf und sagte: Kieck ma, wen ick dir hier anbringe. Ein Halswirbel war angebrochen, ich mußte zu Hause bleiben und ein viertel Jahr lang einen Stützkragen tragen.

Von da an paßte Harich auf, daß ich ja diese lästige Halsstütze nicht abnahm. Einmal saßen wir beim Frühstück, als ich auf- und in sein Gesicht sah, leuchtete es und er sagte: Also, ich muß dir sagen, dieser Kragen steht dir vorzüglich. Weißt du, mit wem du jetzt eine Ähnlichkeit hast? Mit Talleyrand. Von nun an hieß der Kragen »Talleyrand«, und dann hörte ich ihn ständig: Wo ist dein Talleyrand? Warum hast du deinen Talleyrand nicht um? Wirst du wohl deinen Talleyrand ummachen! Wo hast du ihn wieder hingelegt, und er zwang mich dazu, das abscheuliche Ding zu tragen, wie es vom Arzt verordnet worden war. Dann spielte er den Chefarzt und machte Visite. Er tat, als stünde eine Oberschwester neben ihm, und er sagte ihr leise, was mit mir alles zu machen sei. Er sah mir in die Augen und murmelte wie Dr. Behrend im Zauberberg: Völlig anämisch, wandte sich an seine imaginäre Begleitung und sagte, schreiben sie bitte auf, Oberschwester: ein Blutbild und feucht-heiße Magenwickel. Beim Verlassen des Zimmers säuselte er mir ins Ohr, er käme gleich wieder. Und dann spielten wir »unglücklicher Chefarzt und unglückliche Patientin«. Es tat mir gut, krank zu sein, dann nämlich zeigte sich Harich von der fürsorglichen Seite, die ich auskostete und die mir gut gefiel.

In meiner »Talleyrand«-Zeit kam ich endlich dazu, »Krieg und Frieden« zu lesen, und Harich wollte immerzu wissen, wo ich bin, was ich von Fürst Andrey und von Natascha hielte. Ich sagte ihm, daß mir Besuchow am allerbesten gefiele, und ich glaubte lange Zeit, Harichs Neffe Clemens Wittkowski, habe ein bißchen von der gutmütigen und tollpatschigen Natur Besuchows. Aber woran habe ich in meinem Leben nicht alles geglaubt!

So konnte ich ihn zu der Diskussion »Nietzsche und der Faschismus« am 16.12.1988 nicht begleiten, konnte ihm mit meiner Anwesenheit keine seelische Unterstützung sein, und war sogar für einige Zeit unfähig geworden, Harichs Frisösin, Frau Hertele in der Bötzowstraße, zu ersetzen. Ein einziges Mal erlebte ich ihn mit einem fachgerechten Facon- und Bartschnitt. Ich sagte ihm, er sähe frisiert aus, das stünde ihm nicht, außerdem könnte ich ihm auch seine Haare und seinen Bart schneiden. Er vertraute mir, und von da an war ich seine Frisösin, und wir spielten dann »heimlich Verliebtsein«. Auf einem Stuhl im Bad, unter dem viele ND-Seiten ausgebreitet lagen, setzte er sich hin. Er holte tief Luft und fragte mich schwermütig, während ich ihm eine DDR-Klopapierkrawatte um den Hals band, wie es mir denn so ginge, und ich fragte ihn leise, warum er so lange nicht dagewesen sei, ich hätte ihn so vermißt; und er flüsterte, er hätte sich ja so gesehnt nach mir, aber sich nicht eher getraut zu kommen, weil seine Frau so auf ihn aufpasse und schon etwas ahne. Und wollte er mich vorsichtig berühren, wehrte ich ihn ab und sagte: Was sollen denn die

Leute denken. Dann saß er verkrampft und geradeausstarrend auf dem Stuhl. Wenn ich ihn mahnte: Sitz doch nicht so steif, es wird ja alles krumm und schief und unregelmäßig, so antwortete er: Na, dann schneid doch wieder regelmäßig. Und wenn ich in seinen Bart hineingeschnittene Löcher entdeckte und ihm erklärte, ich müsse hier noch etwas korrigieren und da noch etwas ausgleichen, so antwortete er, es ginge ihm wie Brecht und dem verschnittenen Buchsbaum, der am Ende kein Baum mehr war. Wir steigerten uns ins Lustige hinein, und um die Sache in die Höhe zu treiben, begann er ostpreußische Witze im ostpreußischem Dialekt zu erzählen, weil er wußte, ich kann die Witze und den Dialekt nicht ertragen; darüber setzte er sich hinweg, und mit hoher Stimme quakte er los: Na, Marjelchen, du Scheenes du, und dabei sah er mich erwartungsvoll an. Ich konnte ihm nicht widerstehen, ich hätte ihm sonst was antun können vor Übermut, aber das machte ihm nichts, er ostpreußelte weiter und ging über zur Kritik der reenen Vernunft, und wir gackerten und wackelten beide vor Vergnügen, und dann sagte ich: Hör jetzt endlich auf damit, sonst geht hier alles schief. Egal, ob mit oder ohne Loch im Bart, ob sein Haarschnitt gleichmäßig oder zerrupft ausfiel, er war immer zufrieden mit seinem Kopf- und Bartverschnitt und dankte mir für die Mühe.

Das Jahr 1988 war zu Ende gegangen. Harich hatte viel und unbeirrt gearbeitet in den vergangenen drei Jahren. Unaufhaltsam fährt er auf seinem eingeschlagenen Weg im neuen Jahr fort. Die Luft zu kämpfen geht ihm nicht aus. Eine tröstliche Nachricht ereilt ihn: Sein Aufsatz »Mehr Respekt vor Lukács!« ist in »Kultur & Gesellschaft«, ein Blatt der DKP, erschienen. Ich weiß nicht genau, ob nur ein Teil, oder der gesamte Artikel.

Am 9. und 10. April 1988 hatte in Wuppertal ein Symposium stattgefunden, das sich ausschließlich mit Nietzsche beschäftigt hat. Die Diskussionsbeiträge der Teilnehmer erschienen in einer Broschüre mit dem Titel »Bruder Nietzsche«, und weil Harich nicht zu dem Symposium eingeladen worden war, erwachte in ihm eine Idee, die zu einem ihn beflügelnden Plan gedieh. Mit der Broschüre in der Hand und einem Bleistiftstummel im Mund verbrachte Harich die letzten Tage des ausgehenden Jahres 88. Oh, da gab es zu widersprechen, hinzuzufügen und »abzurechnen«, und diesen Plan gab er gleich am 3. Januar 1989 in einem Brief an einen Genossen der DKP kund. Harich teilt darin seine Absicht mit: »Wie wäre es, wenn ich meine Gedanken dazu in Broschüreumfang zu Papier brächte, um sie in der Edition Marxistische Blätter und simultan im Akademie-Verlag, der daran dann die dringend nötigen Devisen verdiente, zu publizieren?« Dieser liebe Genosse sandte Harichs Brief postwendend an den Akademie-Verlag bzw. an Manfred Buhr zur Kenntnisnahme. Nichtsahnend, im Vertrauen auf die guten freien kämpferischen Genossen der DKP, begann Harich an seiner Broschüre »Nietzsche und seine Brüder« mit einem ungeheuren Elan zu arbeiten. Er saß an seiner Maschine und vergaß alles um sich, seinen Ärger, seine Verletzungen und mich. Er wußte, ich bin da, und daran hatte er sich gewöhnt. Als er eine abschlägige Antwort vom Genossen der DKP im Briefkasten vorfindet, hält Harich trotzdem an seiner Arbeit fest, er will das, was sonst niemand in dieser Deutlichkeit sagt, schriftlich ausführen, mit der Zuversicht, doch einen Verlag zu finden; es muß in der Zukunft nachlesbar sein.

Das Gehlen-Projekt verfolgte er weiter. Ich weiß nicht, wie der Kontakt zum Spiegel zustande kam. Eines Tages stellte sich Besuch von der Redaktion des Spiegels bei ihm ein, und ich wurde beglückt mit einem bunten Blumenstrauß, mitten im Winter. Harich wollte den Spiegel dafür gewinnen, seine Recherchen über Gehlen-Alsberg dort zu veröffentlichen, es wurde großes Interesse gezeigt, dabei blieb es. Harich gab sich wieder Hoffnungen hin, sah sich im Geiste mit Hager erneut im Streit, weil er hinter seinem Rücken agiert hatte. Doch der »Spiegel« ließ nichts von sich hören.

Die Freundschaft mit Harich war für Augstein lange vorbei. Harich verlor mit seiner Einstellung zu Nietzsche seine letzten Sympathien auf beiden Seiten. Daran dachte er nicht, er schrieb weiter an seiner Streitschrift. Von der Wichtigkeit seines Ringens gegen Nietzsche war ich überzeugt. Und nun, beim Lesen seiner Briefe, beim Nachdenken über diese Zeit gelange ich zu der Erkenntnis, daß der gesamte Nietzschestreit sein wichtigster und bedeutendster Beitrag im Kampf gegen einen erneuten Faschismus in Deutschland und weltweit nach 1945 war.

Ich wollte Harich helfen. Ich beteiligte mich an seiner Arbeit. Mit meinem »Talleyrand« um den Hals suchte ich bei allen möglichen Schriftstellern, die mir in seiner Bibliothek und in meinen Buchregalen zur Verfügung standen, nach Äußerungen zu Nietzsche. Und Harich nahm alles dankbar entgegen.

Tagebuch, Berlin, am 9.1.1989:
»Heute, am 9.1.1989 der Kontostand von W. H.: 6,09 M. Wir sind im neuen Jahr; die zwei Ringe (200,- M) bringen auch keinen Wohlstand ins Haus; ich bin krank, weiß noch nicht wie lange, und wer weiß, ob ich mit meiner HWS ...
W. H. setzt von neuem zum Anti-Nietzsche-Kampf an, gegen die Broschüre ›Bruder Nietzsche‹ DKP, ›Konkret‹ wird den Aufsatz bringen.«

Tagebuch, Berlin, am 26.2.1989:
»Heute nachmittag war André Müller kurz unser Gast. Habe mehr erwartet; für mich ein Inti-Snob. W. H. arbeitet fleißig.
Die Leute vom Spiegel haben die Ermittlungsarbeiten über Gehlen fotokopiert; mal sehn, ob Augstein die Sache bringt.
Im April wieder eine Nietzsche-Diskussion; man hat auch W. H. eingeladen.«

Tagebuch, Berlin, am 4.3.1989:
»Bis heute keine Nachricht von Berthold, ob W. H. 400,- M vom Kulturfond weiter erhält. Wir sind immer knapp, und das Leben macht so wirklich keine Freude.«

Und dann, an irgendeinem Tag, flatterte eine Einladung nach Paris in unser Haus. Der Vermittler war Reinhard Pitsch, Prof. Nicolas Tertullian vom Institut für Sozialwissenschaften der Gastgeber. Oh, Paris! Mein Wunsch, einmal in Paris zu sein, sollte sich erfüllen! Mein Harich wußte sehr genau, daß das Leben an seiner Seite asketische Züge trug, die meiner Seele nicht immer guttaten. Ich redete ihm ordentlich zu, und er willigte ein. Er berichtete Hager sofort über die Chance, die sich ihm in Paris bot, nämlich gegen Nietzsche und für Lukács aufzutreten, und ahnend, daß ihm damit die Reise in die Fremde erspart bleiben würde, wartete er ab, wie sich die Dinge entwickeln würden. Ich indes sah Paris frohgemut entgegen, und ich alberte in meiner Vorfreude herum: Oh, Monsieur, bonjour Monsieur, oh pardon Monsieur, und es jauchzte in mir herauf und herunter. Meine Ausgelassenheit steckte Harich an, und er gab sich große Mühe, sich mit mir zu freuen. In einem Brief an Pitsch, den ich nach Harichs Tod las, bat er ihn, mir für die Zeit in Paris einen Mann auszusuchen, der mir alle Schönheit der Stadt zeigen möge, am besten geeignet sei dafür ein Homosexueller. Sein Neffe Clemens Wittkowski, zu jener Zeit tätig in Paris, weilte zufällig ein paar Tage in Berlin und besuchte uns. Harich erzählte ihm von der Aussicht, in Paris seine Sorgen über die Folgen einer Nietzsche-Renaissance und die Vernachlässigung von Lukács' Vermächtnis vor Studenten vortragen zu können. Allein dafür wolle er die Reisestrapazen auf sich nehmen. Sein Neffe zeigte sich interessiert und machte ihm Hoffnung, vielleicht sogar im Deutsch-Französischem Kulturzentrum, in dem seine Frau tätig war, über Nietzsche zu referieren. Harich sagte Pitsch zu, aber die offizielle Einladung des Instituts ließ auf sich warten. Wie erstaunt war er, als am 18. März 1989 die Einladung im Briefkasten lag. Die Veranstaltungstermine, Anfang März, waren vorüber. Er schickte eine Beschwerde über die »Schlamperei« an den Postminister und tat sehr empört. Gleichwohl verschaffte Harich die ganze Angelegenheit eine befriedigende Genugtuung; in ihr fand er einen weiteren Beweis der vielen Ränkespiele, die gegen ihn geschmiedet worden waren, und er wußte sich erneut »von langer Hand« sorgfältig gelenkt und geleitet. Für mich fiel Paris ins Wasser. Harichs Alltag war gerettet, seine Arbeit an der Nietzsche-Broschüre verlangte Kraft und Konzentration, gut, daß er nicht einen Tag unnötig aus dem Haus müsse, wo noch so viel ungelöste Probleme offenstanden.

In meinem Tagebuch vom 23. März 1989 steht noch: »Habe gestern den ersten Bluff an Wolfgangs Schwester gegeben, nämlich: Wolfgang schriebe seine Memoiren, weil wir kein Geld haben. Abends war Clemens (sein Neffe) da. Ich sehe ihn gern bei uns. W. H. sitzt an seiner Streitschrift gegen die Broschüre ›Bruder Nietzsche‹, wahrscheinlich bringt ›Konkret‹ die Arbeit, nur Michael Franz weiß davon.«

Tagebuch, Berlin, am 3. 4.1989. 10 Uhr 50:
»Bis jetzt vom Spiegel noch keine Nachricht. Vom Akademie-Verlag kam eine Arbeit zur Begutachtung, man schreibt, ›wie wir vereinbart haben ...‹, was überhaupt nicht stimmt. W. H. empfindet es als Verhöhnung; gibt die Arbeit zurück.
Am Freitag rief Dornuf an mit der Mitteilung, daß der Pahl-Rugenstein-Verlag die Reden des Schriftstellerkongresses herausgebracht hat. Jetzt ist das Maß voll, und ich habe W. H. gesagt, er solle versuchen, den Spiegel dafür zu gewinnen, daß er mit W. H. ein Interview macht, damit er endlich mal Gelegenheit hat, sich zu verteidigen.

Scheit hat uns für August nach Wien eingeladen.
Am Nachmittag kündigt Harich dem Akademie-Verlag die Rechte auf Verlegung seiner Schriften und bricht die Arbeit an Nicolai Hartmann ab.
Vom Spiegel noch keine Reaktion, obwohl W. H. bat, am 5.4. zu uns zu kommen.
Am Nachmittag: W. H. ist ganz still und sitzt an seiner Maschine; ›für wen, wenn mich keiner braucht???‹«

Harich hatte zur vereinbarten Zeit sein Manuskript über Nicolai Hartmann zu Ende gebracht. Literaturhinweis und der Anhang mußten noch folgen. Nun lag die Abfassung vor ihm, nun wollte er wissen, wie es damit weitergehen wird. Das Gespräch am 22.12.1988 mit Prof. Berthold und Dr. Turley in Harichs Wohnung, bei dem über einen Vertrag zwischen Harich und dem Akademie-Verlag gesprochen wurde, mußte Argwohn in ihm hervorgerufen haben. Ganze vier Monate sind vergangen, jetzt will er Gewißheit haben, ob der Verlag ernsthaft daran interessiert ist, seine Arbeit über Nicolai Hartmann zu veröffentlichen. Es war lange an der Zeit, einen Vorvertrag zu erstellen.
Ich sehe ihn noch vor mir, wie er sein Manuskript in beiden Händen hielt und es den beiden Akademieleuten zeigte, und wie er damit sagen wollte: Es ist vollbracht, jetzt liegt es an Ihnen, meine Herren. Aber die Herren lassen nichts von sich hören, die Antwort bleibt aus. Harich hat begriffen. Am 3. April 1989 richtete er einen Brief an die Leitung des Akademie-Verlags und schrieb u.a. folgendes:
»... Meine Arbeit an dem Buch über Nicolai Hartmann, über das es einen regulären Vertrag zwischen dem Akademie-Verlag und mir nicht geben wird, stelle ich ein, um mich, zwecks Zusatzverdienst zu meiner Rente, anderen Aufgaben zuzuwenden ...
Hier meine Gründe:
1.) Die BPO der Sozialistischen Einheitspartei Deutschlands beim Akademie-Verlag hat meinen Antrag, mich als Kandidat in die Reihen der Partei, nach langem, für mich entwürdigendem Hinauszögern einer Entscheidung, 1988 zurückgewiesen.
2.) Der Verlag hat meinem wiederholt geäußerten Wunsch, von meinem seit vielen Jahren vergriffenen Hauptwerk, ›Jean Pauls Revolutionsdichtung‹ (Erstdruck 1974), eine Neuauflage zu veranstalten, nie entsprochen. Sowohl der 225. Geburtstag Jean Pauls als auch mein eigener 65. Geburtstag sind vorübergegangen, ohne

daß die Verlagsleitung oder das Lektorat in dieser Hinsicht initiativ geworden wäre. Auch anläßlich des Jubiläumsjahres der Französischen Revolution tat sich und tut sich nichts.

3.) Der Verlag ist nie auf irgendeinen meiner editorischen Vorschläge eingegangen, weder auf philosophie-historischem noch auf literaturwissenschaftlichem Gebiet, und schon gar nicht nach der Übernahme der Verlagsleitung durch Professor Berthold 1976. Alle meine darin investierte Arbeit blieb immer vergebens. Als besonders gravierend in jüngster Zeit betrachte ich dabei die Mißachtung meiner in gründlich vorbereitetem, ausführlichem Gespräch mit den Herren Doktoren Turley und Egel vorgetragenen Vorschläge, die durch einen – von meiner Frau überdies abgeschriebenen – Tonbandschnitt, vom 20.4.88, dokumentiert sind, und die Weigerung des Verlages, meinen vom 4.8.88 datierten Vorschlag einer Paul-Alsberg-Ausgabe zu realisieren.

4.) Sowohl in meinem Bemühen um eine angemessene Würdigung des Erbes von Georg Lukács in unserer Republik als auch in meinem Kampf gegen die Nietzscherenaissance hat der Akademie-Verlag mich durch Jahre schmählich im Stich gelassen. Empörend ist besonders im Kontext der letzteren Frage, daß mein mehrfaches dringendes Abraten von der Veröffentlichung des Nietzschebuches von Heinz Malorny in den Wind geschlagen wurde, ohne daß meine diesbezüglichen Argumente in meinem sorgfältigen, ausführlichen Gutachten vom 17.6.87, vom 26. und 29.4.88 mit mir, in mündlicher Auseinandersetzung zwischen dem Autor, dem Lektorat, den anderen Gutachtern und mir, jemals besprochen worden wären. Empörend ist weiter, daß man mich bis heute im unklaren darüber läßt, was aus der Rudolphschen Edition des ›Nietzschekultus‹ von Ferdinand Tönnies wird, von der ich ebenfalls aus triftigen Gründen dringend abgeraten habe. Der Verlag hat mich vor allem in diesen Fragen fortgesetzt behandelt wie den letzten Dreck.

5.) Die Herren Berthold und Turley haben die Zusagen, die sie mir hinsichtlich der Finanzierung meiner weiteren wissenschaftlichen Arbeiten am 22.12.1988 in meiner Wohnung gegeben haben, gebrochen. Sie haben weder in der ersten Januarhälfte 1989 für die Fortzahlung meines Stipendiums aus dem Kulturfonds gesorgt noch mir in der zweiten Januarhälfte 1989 den mir in Aussicht gestellten Vertrag über mein Nicolai-Hartmann-Buch vorgelegt noch den in Betracht kommenden Gutachter hierfür, den Herren Professoren Dr. Michael Franz und Dr. Karl-Friedrich

Wessel, bis heute entsprechende Aufträge erteilt. Was, darüber hinaus, mir erst Ende März an zusätzlichen Arbeiten für den Verlag vorgeschlagen wurde, kann ich nur als Provokation empfinden. Mir wird in allen diesen Punkten um so übler mitgespielt, als ich bis zur Vollendung meines 65. Lebensjahres stets korrekt Einnahmen, die über das Lohndrittel hinausgingen, an den Kulturfonds habe abführen lassen. Schon die finanziell schwierige Lage, in die ich durch die bösartigen schikanösen, bestenfalls von grenzenloser Gleichgültigkeit mir gegenüber zeugenden Versäumnisse des Verlages hinsichtlich meines materiellen Lebensunterhalts geraten bin, zwingen mich dazu, diesem Unternehmen nunmehr den Rücken zu kehren und andere Verdienstmöglichkeiten in Anspruch zu nehmen.

PS: Nach den oben aufgezählten Gründen, die beweisbar sind, erlaube ich mir, auf Verdachtsmomente, die ich sehe, hinzuweisen. Ich habe Frau Frida Hartmann in ihrem letzten Lebensjahr dafür gewonnen, die Rechte an den Werken ihres Mannes zwischen Ost und West zu teilen und die Rechte für den östlichen Markt in die DDR zu vergeben. Da der Akademie-Verlag daran gänzlich desinteressiert war, vermag ich nicht an die Echtheit seines Interesses an meinem Buch über N. Hartmann zu glauben, sondern fühle mich als Gegenstand einer sich durch Jahre hinziehenden Beschäftigungstherapie. – Das Argument, mit dem Turley und Berthold am 22.12.88 meine editorischen Vorschläge beschieden haben, daß nämlich der Verlag mit wenig Papier viel Devisen erwirtschaften müsse, ist angesichts zahlreicher Bücher seiner jüngsten Produktion und Planung, z. B. S. Wollgasts ›Philosophie in Deutschland zwischen Reformation und Aufklärung‹ und der geplanten Peter-Villaume-Edition, absolut unglaubwürdig. – Es versteht sich, daß ich mit Leuten, zu denen ich keinerlei Vertrauen mehr habe, nicht mehr zusammenarbeiten kann ... Wolfgang Harich«

Am 7.4.1989 erhielt Harich vom Akademie-Verlag die Bestätigung, seinen Brief vom 3. April 1989 erhalten zu haben.

»... Ich werde die entsprechenden Abteilungen des Akademie-Verlages anweisen, die aus ihren Brief erforderlichen Schlußfolgerungen zu ziehen.«

Nie wurde ein Brief an ihn so schnell beantwortet. An dem Tag stopfte Harich sein 700 Seiten umfassendes Manuskript in seinen Schreibtisch und rührte es nicht mehr an. Seiner Lektorin hatte er schon lange Zeit vorher das Manuskript zum Lesen mitgegeben, und nachdem sie es gelesen, hatten beide darüber in seiner Wohnung diskutiert. Michael Franz hatte es auch in den Händen, also konnte er sich ausrechnen, daß es einige Leute gegeben haben mag, die den Inhalt der Schrift zur Kenntnis genommen hatten.

In einem Brief an Hager, vom 6. April 1989, teilt er diesem den Bruch mit dem Akademie-Verlag mit.

Genosse Gregor Schirmer läßt Hager in seiner Mitteilung wissen: »Es ist leider so, daß Harich durch sein beleidigendes Auftreten praktisch alle Leute dermaßen vor den Kopf stößt, daß sie es ablehnen, Beziehungen zu ihm zu pflegen. Wenn Du ihm nicht selber schreiben willst, könnte vielleicht Genosse ... den Brief in Deinem Auftrag schreiben. Er hält mich nämlich für einen politischen und philosophischen Dummkopf.« Und er berichtet unter anderem: »... Harich wurde zugesichert, daß der Verlag sein Projekt, ein Buch über N. Hartmann, unterstützt und bei entsprechender Qualität veröffentlicht. Bei Vorlage des Manuskriptes sollte eine vertragliche Abmachung getroffen werden. Ein Manuskript bzw. Teilmanuskript wurde dem Verlagsleiter bisher nicht vorgelegt. Statt dessen hat Harich in abrupter und rüder Weise alle Beziehungen zum Verlag gebrochen ...«

Das Hartmann-Manuskript blieb im Schreibtisch liegen, Harich rührte es nicht mehr an, er sprach nicht mehr darüber.

Im Sommer 1991 hielt er einen erfreulichen Brief in seinen Händen. Dr. Martin Morgenstern, ein profunder Hartmann-Kenner, wie sich für Harich bald herausstellte, bat, ihn besuchen zu dürfen. Morgenstern ist kein Marxist, er kommt von der Frankfurter Schule, das hinderte Harich nicht, ihm seine gesamten Niederschriften über Nicolai Hartmann ein Jahr später, nachdem er Morgensterns Arbeit über Hartmann gelesen hatte, anzuvertrauen, mit den Worten: Machen Sie damit was Sie wollen, Sie können mich beklauen, Sie können es liegen lassen, Sie können es herausgeben. Er wußte seine jahrelange Arbeit in guten Händen. Nach Harichs Tod versuchte Morgenstern den Akademie-Verlag für die Herausgabe der Manuskripte zu gewinnen, dort lagen sie sehr lange, warum auch immer, eine Veröffentlichung jedoch lehnte der Verlag ab. Es hatte viel Mühe und viele Ablehnungen gegeben, bis sich endlich der Verlag Königshausen & Neumann dazu entschloß, den Namen Wolfgang Harich in sein Programm zu nehmen.

Mir hatte Harich keine Zeile von seinem Hartmann-Manuskript je zum Lesen vorgelegt. Gebeten darum habe ich ihn auch nicht, weil ich davon ausging, es nicht zu verstehen, auch wenn Harich in gegebener Situation sagte: Also, wenn du so denkst, dann wärest du reif für Feuerbach oder Fichte oder Hartmann. Und ich sagte: Laß mich sein und denken, wie ich will, vermisch mir da nichts. Als ich das Hartmann-Orginal abschrieb, um Martin Morgenstern zu entlasten, glaubte ich, bei aller philosophischer Unkenntnis, das Niedergeschriebene als das Persönlichste, was ich von Harich gelesen, zu erkennen. Es ist ein mit Rücksicht auf die DDR-Zustände geschriebener Dialog, der sich auseinandersetzt mit den philosophischen Strömungen des 20. Jahrhunderts.

Umbrüche

Und wieder ließ der Frühling »sein blaues Band flattern durch die Lüfte«, aber irgend etwas lag in der warmen Luft, etwas war im Anrollen, etwas unerklärlich Unruhiges, Launisches, in diesem Frühling 1989. Mag es an der unterschwellig spürbaren politischen Stimmung gelegen haben, zunehmend meldeten sich Besuche bei Harich an. Die Ereignisse in der Sowjetunion bewegten jeden, der zu uns kam, und dann wurde darüber debattiert, was die Menschen dort äußern durften, wie froh sie darüber waren und was unsere Obrigkeit wohl davon dachte. Noch hielt sich Harich mit seinen Äußerungen vorsichtig zurück. Solche Art von Tauwetter hatte er schon einmal erlebt. Die letzte Chance einer gesellschaftlichen Veränderung hatte er in der 68er Bewegung gesehen, die war vertan, vorrangig, nach seiner Meinung, habe der Kreml versagt. Doch erinnere ich mich daran, daß die Vorgänge in der Sowjetunion unsere Freunde und Gäste am meisten interessierte. Es wurde heftig diskutiert und spekuliert. Wir bemühten uns, RadioTirana abzuhören, das war sehr schwierig. Der Sender schimpfte über die »revisionistischen Elemente in der Sowjetunion«, die Aufbruchstimmung war nicht mehr einzudämmen. Harich hegte große Hoffnung auf Gorbatschow, er nahm ihn ernst, er überprüfte jede seiner Reden, jede seiner Äußerungen. Er nahm ihn auch dann noch in Schutz, als dieser an Beliebtheit verloren hatte und ihm der Verrat der DDR an die BRD vorgeworfen worden war. Er hob immer wieder hervor, daß es Gorbatschow gelungen war, eine Lynchjustiz, das heißt, einen Bürgerkrieg mit unübersehbaren Folgen im Land und über die Grenzen hinweg zu verhindern, und daß er das Wettrüsten zugunsten der Bevölkerung aufgegeben hatte, er ließ freie Wahlen zu und schickte keine Panzer in abtrünnige Republiken. Nun habe ich wieder vorgegriffen.

An einem Tag in diesem Frühling stand ich am Bügelbrett und bügelte; weil ich so etwas ganz selten tue, weiß ich es noch genau. Es war der 5. oder 6. Mai 1989. Ich hörte die Nachrichten: Ich hörte vom Besuch Gorbatschows in Peking, hörte von Demonstrationen, hörte von Panzern, die mitten in die demonstrierende Studenten gefahren seien und getötet hätten. Ich glaubte, mich verhört zu haben. Ich rannte die Treppe hinunter zu Harich, er hatte eben dieselben Nachrichten vernommen. Wir waren sprachlos! Was bedeutete das? Ich konnte es nicht begreifen. Die DDR-Führung rechtfertigte das Vorgehen der chinesischen Führung. Das war mir zu viel. Ich wollte nicht in einem Land leben, das sich mit solcher Brutalität einverstanden erklärte, auch dann nicht, wenn in die Demonstration Provokateure gesteckt wurden, was ich zu jener Zeit nicht wußte; ich wollte nicht, daß einfach getötet wird in einem sozialistischem Land! Das machte mir Angst! Das Vertrauen, daß hier niemanden etwas zuleide getan werden würde, daß hier nie, mitten auf der Straße, auf jemanden geschossen und daß sich dazu auch keiner hergeben würde, verlor sich in ein stilles Erschrecktsein.

Das Ereignis in China, von unserer Regierung solidarisch und moralisch unterstützt, verhieß eine unausgesprochene Warnung an die Menschen im Lande. Von da an begannen sie in immer größerem Ausmaß wegzugehen, in den anderen Teil Deutschlands, den sie nun mit einem Mal als viel verläßlicher und anständiger zu erkennen glaubten. Harich schüttelte nachdenklich den Kopf und sagte: Mein Gott, das ist ja alles furchtbar, schob das Unheimliche beiseite.

Als ihm Hager am 11.5.1989 eine unbefriedigende Antwort auf seinen Brief vom vom 6. April 1989 zukommen ließ, wandte er sich noch einmal am 12.5.1989 an Honecker. Und dann packten wir unsere Siebensachen und fuhren wie gewohnt nach Kagar.

Die Marx-Engels-Stiftung in Wuppertal, die das Protokoll über die Nietzschekonferenz mit dem Titel »Bruder Nietzsche« herausgegeben hatte, zeigte sich nicht bereit, Harichs Gegenschrift zu veröffentlichen. Mit Hilfe Stefan Dornufs gelang es Harich, einen Vertrag mit dem Konkret-Literatur-Verlag abzuschließen. Das

Manuskript mußte sodann bis zum 15. Juli 1989 druckreif in Hamburg sein.

Der Juli war ungewöhnlich heiß. Die Fenster blieben vom Morgen an verhangen, keinem Sonnenstrahl sollte das Eindringen in Harichs Zimmer gelingen. Er saß an seiner Maschine, die Wärme nicht wahrnehmen wollend, behielt er sein Jackett an, weil er es nicht gewohnt war, hemdsärmlig dazusitzen, geschweige außer Haus sich so zeigen. Mußte ich ihn stören in seiner Arbeit, fand ich ihn über seine Maschine gebeugt vor, den Kopf in beide Hände gestützt. In sich vertieft, hörte er mein Eintreten oft nicht, und wenn ich vorsichtig zu ihm ging und leise sagte: Erschrick nicht, ich bin's bloß, erhob er sich, legte beide Arme um mich und sagte: Stör du mich nur ruhig, mein Engel, es gibt nichts Schöneres, als von dir gestört zu werden, was willst du, und er schob mich, wieder in seine Welt entrückt, zur Seite, setzte sich und vergrub seinen Kopf aufs neue in seine Hände.

Der Anblick, seine Situation tat mir leid. Ich wollte ihm helfen, ihm sein Mühen erleichtern, ich sagte: Zieh doch wenigstens deine Jacke aus, dann ist es etwas luftiger um dich herum, und er sagte: Das ist unmöglich, da habe ich meine Brieftasche und mein Notizbuch darin, das brauche ich alles, das muß ich griffbereit bei mir haben, sonst beginnt das Chaos. Ja, entgegnete ich, dann hänge doch die Jacke über die Stuhllehne. Nein, das geht nicht, wehrte er ab, ich brauche das alles an mir, und ich redete ihm zu wie einem kleinen Kind, das unter keinen Umständen sein Spielzeug hergeben will.

Ich suchte nach Oberhemden mit durchgewetzten Ärmeln in seinem Schrank, fragte, ob er sehr an diesen Hemden hinge, und er sagte, ja, sehr, und ich übersah sein stilles Flehen und schnitt die halben Ärmel ab und machte kurzärmlige daraus. Mit Widerwillen zog er sie an, und als die Wärme kein Ende nehmen wollte, rang er sich dazu durch, sein Jackett über die Stuhllehne zu hängen, und er gewöhnte sich, aber nur vorübergehend, daran, kurzärmelig, ohne Notizbuch und ohne Brieftasche an der Brust, zu arbeiten. An den schwülen Abenden lief er sogar barhäuptig und ohne Jackett mit mir in den Park, um auf einer Bank zu sitzen und sich von der Arbeit auszuruhen. Ich paßte auf, daß er zeitig genug seinen Schreibtisch verließ. Er vergaß bei der Arbeit sein krankes Herz, er kam erst dann zur Besinnung, wenn ihm schwindelig wurde oder der Puls zu rasen begann. Dann schlich er vor sich hinredend zu mir die Treppen hinauf, stand vor meiner Tür, klimperte mit dem Schlüsselbund, an dem unnötige Schlüssel hingen, und probierte einen Schlüssel nach dem anderen an meinem Schloß, bis endlich der richtige paßte, und sagte beim Öffnen der Tür: Anne, ich bin Herr Wesal, ich muß mich sofort hinlegen.

Sah ich, wie er mit zittriger Hand über seinen Kopf fuhr, dann wußte ich von seiner Überanstrengung. Seine Unruhe übertrug sich auf mich, ich geriet in Sorge um ihn, das machte mich nervös und ich schimpfte los, weil er wieder mal nicht auf mich gehört habe, und nun habe er das davon, und ich könne so etwas überhaupt nicht ausstehen. Fühlte er sich besser, vergaß er sofort seine Angst, und ich vergaß die meine, die ich ins Schimpfen getaucht und die er, glaube ich, gar nicht bemerkt hatte. Wir beruhigten uns und wurden wieder gelassener, und dann ging es weiter mit dem blöden Nietzsche.

Fest damit rechnend, der Konkret-Verlag werde, wie versprochen, seine Streitschrift herausbringen, schloß er zum vereinbartem Termin, unter schwerer körperlicher Anstrengung, seine Niederschrift ab und schickte diese nach Hamburg. Der nächste Streit begann. Der Verlag wollte Kürzungen und Harich wollte nicht, um keinen Preis. Es entbrannten unschöne, sehr, sehr laute Zankereien am Telefon mit der Verlegerin, und Krach, alles war aus, und das war gut, das Ziel war erreicht. Harichs Streitschrift blieb vorerst ungedruckt.

*

Manchmal, mein Freund, denke ich, Du hast das alles im voraus gewußt, nur wolltest Du es nicht wissen, denn woher hättest Du dann die Kraft nehmen wollen, um Deine Vorhaben durchzustehen, sie zu Ende zu führen, weil Du das eben so wolltest. Du ließest Dich nicht abhalten, ließest nicht los davon, und Du hattest keinen Zweifel daran, dieses Buch zu schreiben. Und dann läßt Du Dich mit dem Konkret-Verlag ein, um Devisen mit zu erwirtschaften, die zum Beispiel für die Herausgabe des Werks von Alsberg und auch Deinem Hartmann-Buch fehlten. Wie gerne hätte ich erlebt, Dich wenigstens in einer Sache erfolgreich zu sehen. Wie gerne hätte ich Dir mehr geholfen.

Heute noch suche ich beim Lesen Bestätigung für Deine Auffassungen, und ich finde sie auch. Zum Beispiel las ich neulich einen Brief an Thomas Mann zu seinem 70. Geburtstag, geschrieben von Oskar Maria Graf. Graf schreibt gerade zum Festtage, am

29. Juni 1945, dem großen Dichter einen verehrungsvollen, doch sehr kritischen Brief, in dem er Thomas Mann abfällige Bemerkungen über das Volk vorhält. »... ›Mein Gott, das Volk!‹ schreiben Sie einmal und fahren fort: ›Hat es denn Ehre, Stolz – von Verstand nicht zu reden? Das Volk ist es, das auf den Plätzen singt und schreit, wenn es Krieg gibt, aber zu murren, zu greinen beginnt und den Krieg für Schwindel erklärt, wenn er lange dauert und Entbehrungen auferlegt. Womöglich macht es dann Revolutionen; aber nicht aus sich; denn zu Revolutionen gehört Geist, und das Volk ist absolut geistlos. Es hat nichts als die Gewalt, verbunden mit Unwissenheit, Dummheit und Unrechtlichkeit ...‹ Ich aber gehöre zu jener Masse ›Volk‹, der Sie Unrechtlichkeit vorwerfen. Ich möchte mich nicht einer solchen ›Unrechtlichkeit‹ schuldig machen, indem ich Ihnen an Ihrem Jubeltag eine Unwahrheit sage. Sie und der überwiegende Teil jener geistigen europäischen Generation, der sie angehören, haben dieses Volk nie gekannt und es im tiefsten stets abgelehnt. Diese Generation entschied sich für Nietzsche – aber nicht für Tolstoi. Das könnte man beinahe als ›Schicksal‹ bezeichnen, um das Folgenschwere daran etwas zu mildern. Diese Entscheidung hat aber das Geschick der europäischen Völker bestimmt ... Eine der schwerwiegendsten Ursachen für Europa war unbestreitbar die Nachfolgeschaft Nietzsches, die in Ihnen, Thomas Mann, schließlich doch zu jener milderen Grundtendenz geführt hat, Gutes und Böses schöpferisch auszugleichen. Nicht ohne Hemmung und in schweren, bedrückenden Stunden schrieb ich das hin, denn es ist für mich besonders bitter, Ihnen, Thomas Mann, das heute sagen zu müssen, da ich Sie aufrichtig verehre und Ihnen viel Dank schuldig bin ...«

Du wußtest wenig über Oskar Maria Graf, genauso wenig wie über Robert Walser, und irgendwie paßt das zusammen: keine Bürgerlichen mit humanistischer Bildung, keine Modeschriftsteller, auch Du bist geprägt durch Deine Zeit und die Einflüsse Deines Elternhauses. Hör weiter, was Thomas Mann dem Gratulanten für seine »freundlichen Zeilen« antwortet: »Die Tribüne-Leute mögen recht damit gehabt haben, daß die Verlesung Ihrer ernsten, unkonventionellen Worte rein gesellschaftlich etwas disharmonisch gewirkt haben würde; aber geistig, menschlich, moralisch wäre Ihre Mitteilung doch sehr wichtig und interessant gewesen, und darum muß ich den Verzicht gleichwohl bedauern ...«

In ähnlicher Weise äußert sich Graf in einem Brief, datiert vom 19.1.1945 an Kurt Kersten: »Es geht, trotz aller Gegenwehr der unkontrollierbaren finanziellen Mächte, eben doch darum: Daß etwas, in das wir hineingeboren worden sind und wovon wir unsere Vorstellungen haben, aufhört, daß etwas Neues mit der ganzen Schrecklichkeit, die eben jetzt tobt, hereinbricht. Uns bleibt nur die Trauer, die Resignation und die furchtbare Erkenntnis, daß die Welt eben sich für Nietzsche und nicht für Tolstoi entschieden hat. Das ist vielleicht ein bißchen simplifiziert, ein bißchen arg vereinfacht, aber es ist für mich der Urgrund.« Mit Wehmut las ich diese Zeilen wieder und wieder, weil aus tiefster Seele, aus einem ehrlichen Herzen gesprochen.

*

Zurück in den Sommer 89. Die großen Verlage hatten sich seit Erscheinen Deines Nietzsche-Artikel abgewandt von Dir, nicht einmal der Rowohlt-Verlag, »Dein Verleger«, wollte mit Dir etwas zu tun haben! Gut, Du konntest zu jener Zeit nicht wissen, wessen Schrift dort auf dem Verlagstisch lag, die die Kraft und die Absicht in sich trug, Dich endgültig zu vernichten! Es fand sich kein Verlag für das unzeitgemäße Pamphlet, erst recht nicht nach der »friedlichen Revolution«.

1994, fünf Jahre später, fand sich ein kleiner Verlag, der ohne Honorarzahlung an Dich »Nietzsche und seine Brüder« herausbrachte. Es war weder ein Erfolg noch eine »Stinkbombe« gegen die Nietzscheaner, es wurde nicht wahrgenommen. Der Verlag existiert nicht mehr, aber zuvor hatte ich die restlichen Auflage aufgekauft und dem Che & Chandler-Verlag übergeben. Und siehe da: Alle Exemplare, gute 100 Stück, waren sofort vergriffen! Bist Du zufrieden? Es ist doch merkwürdig, nicht wahr? Der kleine Kreis, der es liest, bleibt still, als müßte, was er gelesen, ein Geheimnis bleiben. In gleicher Weise wird mit allem, was Du geschrieben, verfahren, wie eine stille Übereinkunft, die niemand zu durchbrechen wagt.

Janka und Harich

Im August fuhren wir nach Wien, Gehard Scheit hatte uns eingeladen. Seit dem Mai 1989 verließen in steigender Anzahl die Menschen unser Land. Jeden Morgen hörten wir die Nachrichten, um zu erfahren, wie viele während der Nacht der DDR den Rücken gekehrt hatten. Wenn ich mich recht erinnere, schwankten die Zahlen zwischen drei bis achthundert täglich. Unwillkürlich überkam einen das Gefühl, eines Morgens allein auf der Straße zu stehen.

Wie üblich, fanden wir uns viel zu zeitig auf dem Bahnsteig ein. Harich setzte sich auf eine Bank, bedächtig schob er seinen Hut aus der Stirn, stützte sich mit beiden Händen auf seinen Schirm, der zwischen seinen Beinen stak, sah sich um, beobachtete die Fahrgäste auf dem Bahnsteig, sah mich schelmisch an und sagte: Na also, ich weiß ja nicht, es sind doch noch allerhand Menschen da.

Mit Scheit und seiner Freundin Renate Göllner verbrachten wir fröhliche Stunden, diskutierend, lachend und streitend. Leo Kofler weilte zur selben Zeit in Wien. Reinhard Pitsch brachte die beiden alten Kämpfer, Kofler und Harich, zusammen. Ich war nicht dabei, doch als Harich zurückkam, hoch erfreut und dennoch besorgt, erzählte er, daß sie sich in allem einig waren, nur zu dem Ereignis in China gingen ihre Meinungen auseinander. Kofler verteidigte die Niederschlagung der Demonstranten, Harich nicht. Wieder nahmen uns die Röders herzlich auf, und sofort waren wir mittendrin im Diskutieren über das Weglaufen der Leute aus der DDR und den Ausstieg der Sowjetunion aus dem Wett- und Aufrüsten mit den USA. Sabine Röder war offensichtlich darüber beunruhigt und fragte Harich: Ja und was wird aus uns? Dann ist der Frieden in Europa in Gefahr! Ich sehe Hilde Röder, wie sie mir mit ehrlicher Freude gegenübersitzt, wie wir über Bücher reden und wie ich ihr sage, daß ich Thomas Mann leider immer noch nicht mag, und sie mir gesteht, sie könne den alten Esel auch nicht leiden. Wir kommen mit Andrea Komlosy und Hannes Hofbauer zusammen, und wieder geht es um die Unruhen, die im »Osten« aufgebrochen sind. Das ist das alle bewegende und zugleich beunruhigende Thema, in dem die Frage steckt: Was wird daraus hervorgehen? Eine demokratische, eine für alles offene DDR, in der ihre Bürger gern leben werden und wollen, auch mit einem Zaun herum? Jedenfalls sah man in

Österreich mit Spannung auf unser Land, wir waren hoch interessant geworden.

Wir fuhren mit dem Nachtzug nach Hause. Unser Schlafabteil befand sich im letzten Wagen. Am Lehrter Bahnhof, das heißt in Westberlin, hielt der Zug an. Ein Schaffner kam durch und forderte die Fahrgäste, auch uns, auf, auszusteigen. Wir sollten in die vorderen Wagen umsteigen, weil man dann am Bahnhof Friedrichstraße nicht so weit den Bahnsteig zurücklaufen müsse. Er wollte uns den langen Weg ersparen. So etwas gab es noch nie! Harich erschrak derart, er wehrte sich und schrie: Das kommt überhaupt nicht in Frage! Das ist eine Aufforderung zur Republikflucht! Ich werde nicht eher aussteigen, bis wir auf dem Territorium der DDR sind! Und als ich ihn fragte, ob das sein Ernst sei, sagte er: Das kann eine Provokation sein, denen traue ich alles zu!

Bereits vor der Frankfurter Buchmesse erreichte Harich die Nachricht, bei Rowohlt erscheine ein Buch von Walter Janka, in dem er über die Ereignisse aus den Jahren 1956/57 berichte. Ich nahm das nicht so wahr, für mich war der Name unbekannt, und ich konnte nicht ahnen, welche Unruhe sich in Harichs Innerem auszubreiten begann. Die letzten Monate des Jahres 1989 waren ereignisreich. Der Exodus hielt an. Die Botschaft in Prag quoll über von Ausreisewilligen. Die ungarische Regierung öffnete ihre Grenze, die grüne, wem das wahrhaft Erleichterung brachte, bleibt dahingestellt. Zu allem Übel mußte nun auch noch der 40. Jahrestag der Deutschen Demokratischen Republik gefeiert werden. Darauf wollte die Regierung nicht verzichten, und sie verzichtete auch nicht darauf, mit Hilfe der Polizei gegen die Demonstranten vorzugehen, die ihre Kritik an der Regierung offenbarten. Wie die Macht an diesem Tag in aller Öffentlichkeit mit den Protestierenden verfuhr, widersprach unserem moralischen Anspruch einer sozialistischen Gesellschaft. Die Macht ließ beleidigen, demütigen und mißhandeln. Jegliches Vertrauen in die Regierung erlosch.

Ich arbeitete wieder in der Poliklinik im Friedrichshain, mit der Absicht, später, wenn sich die Möglichkeit ergäbe, im stationären Bereich tätig zu sein. Zusätzlich wollte ich mich irgendwie engagieren, politisch, ich wollte irgendwo dazugehören, wußte nicht genau, wo und wie. Angesteckt durch die aktiven Wiener und Starnberger wollte auch ich etwas tun. Eine stille »Grüne« war ich durch Harichs »Kommunismus ohne Wachstum« geworden. Ich erfuhr von Umweltgruppen in der Kirche. Wann genau das war, weiß ich nicht mehr, so wichtig ist das nicht. Jedenfalls suchte ich eine solche Versammlung auf und wurde für eine kurze Zeit deren leidenschaftliche Anhängerin, eine mit keinem langen Atem. Bei uns eine Grüne Partei zu gründen, das war mir eine schöne Vorstellung; und wenn dann noch in den anderen sozialistischen Ländern ebenfalls Grüne Parteien zustandekämen, ergäbe das eine große Kraft, und dann brauchte man die Menschen nur noch zu überzeugen, und die Erde wäre gerettet.

Das Land teilte sich in die, die weggingen, und in die, die bleiben wollten. Für die, die bleiben wollten, begann eine aufregende Zeit, eine Zeit des Erwachens aus dem Eingerichtetsein, eine Zeit, die anarchische Züge in sich trug, weil es auf einmal keine Verbote mehr gab und die Leute zusammenfanden mit ihren Ideen und Vorstellungen. Ich lief in diesem Herbst, der so reich an Illusionen war, und wo an den verschiedensten Orten an einer wunderbaren DDR gebastelt wurde, zu den Versammlungen der Grünen und drängte mit anderen gemeinsam darauf, endlich eine Partei zu gründen. Die Versammlungen dauerten lange. Es wurde langatmig und ausführlich über alles diskutiert. Immer fingen die Debatten dort an, wo sie das letzte Mal aufgehört hatten, und sie dauerten bis in die Nach hinein.

Immerzu las ich Info-Blätter und Programme, es gab ja so viele Ideen, es gab so viel Begeisterung für das undefinierbare »Neue«.

Aber dann kam ein Ereignis, das meinem unbeschwerten und offenen Auftreten ein Ende setzte. Eines Tages rief Frau F. bei uns an und sagte, im Deutschen Theater liest Ulrich Mühe aus Walter Jankas Buch »Schwierigkeiten mit der Wahrheit«, und sie fragte, ob ich mitkäme, ob sie mich abholen solle. Es war am 28. Oktober 1989. Vor dem Deutschen Theater drängte sich eine unübersehbare Menschenmenge, und im überfüllten Foyer mußte ich mich durch sie hindurchzwängen, alle Treppen waren besetzt. Im Zuschauerraum gab es keinen leeren Platz mehr. Hier suchte das Publikum im Gang eine Sitzgelegenheit zu erhaschen. Wer einmal saß, rührte sich nicht vom Fleck, auch wenn es gegen die Hausordnung verstieß. Damit alle, die gekommen waren, die Lesung im Haus oder auf dem Theaterplatz hören konnten, wurden Lautsprecher installiert. Es war eine außergewöhnliche Situation.

Dann betrat Ulrich Mühe die Bühne. Als er zu lesen begann, verstummte augenblicklich jede Stimme, niemand wagte sich mehr zu rühren. Da saß ich da und hörte von dem miesen Charakter Wolfgang Harichs, meinem Mann, den ich liebte, den ich verehrte, dem ich vertraute, bei dem ich mich so wohl fühlte und der immer gut zu mir war. Ich hörte von dem guten Menschen Walter Janka, der allen half, ich hörte von seinem Mut, aber viele seiner Mitmenschen waren nicht so mutig wie er, darüber beklagt er sich in seinem Buch. Die Zuhörer sind erschüttert und bewegt, von dem, was sie vernehmen, eine andächtige Stille erfüllt den Raum, in dem die unschöne Wahrheit über Menschen verkündet wird, die zuvor geehrt, geachtet und unantastbar gewesen waren: Anna Seghers, Johannes R. Becher und auch Helene Weigel. Und so viele waren bereit, alles zu glauben. Ich zitterte, mein Herz klopfte, mein Gesicht glühte vor Aufregung. Die Menschen applaudierten lange, lange. Sie glaubten sich von einem ehrlichen Herzen aufgeklärt.

Als Walter Janka auf die Bühne trat und sich für die Aufmerksamkeit beim Publikum bedankte und in seiner Dankesrede davon sprach, die schlimmen Zeiten seien nun vorbei, und als er dazu aufrief, jetzt sollten die Ärmel hochgekrempelt werden und der Bauer auf dem Feld und der Ingenieur in der Fabrik an seine Aufgaben gehen, da wähnte ich eine längst vergangene Melodie zu hören, die aber nicht mehr in diesen Akt des Vorgetragenen hineinzupassen mich dünkte. Irgend etwas stimmte hier nicht. Wie eine Herde Schafe sahen alle in eine Richtung, lauschten alle einer Stimme. Sie lauschten der Stimme des neuen Helden in unserem Land, der den Mut besaß, auf die Regierung, auf die Staatssicherheit zu schimpfen, der das sagte, was den Leuten auf der Seele lag, der die Geheimnisse lüftete um die Jahre 1956/57 und der über seine Verhaftung durch die Staatssicherheit der DDR ohne Scheu sprach. Das war neu, und damit war ein dienlich Werk verfaßt. Janka war tapfer, er fürchtete sich vor nichts. Der stalinistische Personenkult sollte damit sein Ende finden, er sprach aus, was andere sich nicht getraut hätten, zum Beispiel daß Johnnes. R. Becher, Helene Weigel und Anna Seghers schwache Menschen gewesen seien, die versagt hätten, weil sie während der Gerichtsverhandlungen 1956/57 still geblieben waren. Kein Wort davon, daß Becher einst für die Einheit Deutschlands gekämpft und an der Teilung der Deutschen gelitten, kein Wort davon, daß Helene Weigel und Anna Seghers sich schriftlich gegen die Inhaftierung Harichs geäußert hatten. Vom Widerstand in Ost und West gegen die Teilung Deutschlands in den Nachkriegsjahren erfahren die Zuhörer nichts, und sie erfahren nicht, daß der Name Bertolt

Brecht in den Verhandlungen nicht erwähnt werden durfte, der gehörte seit seinem Tod der Partei.

Der vorwiegend interessierte und in Aufruhr befindliche Teil der Bevölkerung war mit der Lesung im Deutschen Theater über einen geheimnisvollen Zeitraum der DDR-Geschichte mit größter Umsicht in Kenntnis gesetzt worden, wenn dazu bedacht wird, daß analog in der Gethsemane-Kirche am selben Tag die Nichttheatergänger versammelt waren und dort Christa Wolf zu ihnen sprach; und auch sie sprach über Walter Jankas Schicksal und von seinem Mut. Es war wie eine alles übergreifende »aktuell politische Information«, eine Kollektivmaßnahme, die ein jeder aus dem Arbeitsleben zur Genüge kannte. Weil der Schriftstellerkongreß erst zwei Jahre her war und der Name Wolfgang Harich noch erinnerbar in vielen Köpfen schwebte und im Deutschen Theater anwesend war, was Rang und Namen hatte, war es ein Leichtes, den gehaßten Mann als einen Lumpen ganz anderer Art aus vergangener, undurchsichtiger Zeit darzustellen, passend in eine Situation, in der in den oberen Regierungsetagen und in der Bevölkerung eine unberechenbare Stimmung zu brodeln begann.

Das ist für mich der dritte Akt in der Lebensgeschichte Harichs, der gegen ihn und andere in der Öffentlichkeit eingeleitet worden war; folgerichtig, tauglich und geeignet, einen unbequemen Geist in der zukünftigen pluralistisch reformierten DDR mundtot zu machen, helfend mit der Vorführung eines abstoßenden und unvorbildhaften Charakters. Die Lesung hat Wirkung gezeigt, hat sich eingeprägt in den Köpfen, die nach der Wahrheit suchten. Nie zuvor hatte es eine solche Propagandaveranstaltung gegeben. Warum machte das so wenige Menschen stutzig?

Ich ging nach Hause zu meinem Mann, der so mies sein sollte, der mich ungeduldig erwartete, der mich ansah, der nichts sagen konnte als: Na, wie war's, du kamst also dort an ... und ich erzählte ihm alles, was ich erlebt hatte. Auf dem Sofa liegend, hatte er die Übertragung im Radio verfolgt. Das ganze Land wußte nun, wer von jetzt an der Gute und wer der Verachtenswerte war. Nichts hielt mich ab, zu meinem Mann zu halten. Wenn es in unseren Gesprächen vorher hauptsächlich um Nietzsche, Lukács und Jean Paul ging, jetzt drehte sich alles um Janka und die Geschichte von damals, und Harich begann über das zu reden, an das ich nie zu rühren gewagt hatte. Er konnte, wenn ich am Morgen sein Zimmer betrat, und ihn fragte, ob er gut geschlafen habe, endlich aussprechen, daß er wieder davon geträumt habe, verhaftet worden zu sein, und daß das ganz schrecklich war. Er konnte von nun an über die Albträume reden, die ihn jahrzehntelang verfolgten, er brauchte nicht mehr mit diesem Gespenst allein fertig zu werden. Erst jetzt wußte ich, was gemeint war, wenn er mich früh in die Arme nahm und zu mir sagte: Mein Gott, was bin ich froh daß du da bist, daß ich dich habe, und er konnte weiterreden: Mir träumte wieder, die sind gekommen ... Die Vergangenheit wühlte im Traume nicht mehr heimlich, sie war in sein Leben, in die Wirklichkeit zurückgekehrt und hatte ihn gnadenlos eingeholt; sie begegnete ihm noch immer bedrohlich und wütend, jetzt in der Gegenwart; sie hatte sich nicht zu seinen Gunsten gewandelt. Aber er brauchte nun seine Angst nicht mehr zu verheimlichen. Nicht einen Augenblick lang habe ich mich jemals geschämt, mit »so einem« zusammenzusein.

Kaum eine der oppostionellen Aktivitäten, die sich nach dem 7. Oktober im Herbst 1989 entfalten konnten, fand statt, ohne daß darin Teile der Staatssicherheit, vielleicht auch der KGB, ihre Hände im Spiel oder sogar die leitende Rolle übernommen hatte. Ich glaube nicht mehr an eine unüberwachte, eigenständige Opposition. Auch die große friedliche Revolution, von der ganzen – vornehmlich kapitalistischen – Welt gelobt, war ein kontrollierter Marsch, bei dem die Menschen davon überzeugt waren, der verlogenen Politik im Land ein Ende zu machen. Ich lief mit Ralph und Kathrin am 4. November 1989 hin zu der großen Demonstration. Warum ich mitlief, das war mir damals nicht bewußt. Ich wollte dabei sein. Auf jeden Fall wäre mir nicht in den Sinn gekommen, die DDR aufzugeben. Ich wollte einen Neuanfang und deshalb mußte der Regierung klar gemacht werden, daß das so nicht weitergehen konnte. Ich bin ja aufgewachsen in der Uafbauphase nach dem Krieg mit dem Lebensgefühl, in einer gerechten Gesellschaft zu sein, in der ich nichts zu fürchten brauche, und die Beständigkeit, in der ich lebte, gab mir die Zuversicht, Kriege werde es in Europa nicht mehr geben – Stefan Zweig nennt es das »Weltvertrauen«. Nie hätte ich mir vorstellen können, in einem Land zu leben, in dem es Arbeitslose, Bettler, Obdachlose und einen offenen Neofaschismus gibt und in dem jemand wagt, Hakenkreuze an die Wand zu schmieren, Heil Hitler zu rufen, Menschen totzuschlagen, jüdische Gräber und Mahnmale zu schänden. Unmöglich die Vorstellung. Kaum jemand aus meiner Generation, hier im Osten, hätte das für denkbar gehalten, daß Neonazi-Aufmärsche Polizeischutz erhalten gegen antifaschistische Gegendemonstration. Womit ich nicht behaupten will, in der DDR hätte es keine neofaschistischen Tendenzen gegeben. Ich bin von den Einflüssen meiner Schulzeit geprägt, von vorbildhaft, selbstlosen Menschen, über die ich gelesen oder in Filmen gesehen habe, und ich glaube nicht, daß die mir und anderen geschadet haben, die idealen Vorbilder, die gern als überidealisiert abgetan werden; es hat sie aber gegeben, und oft ist mir, daß die Nachwelt sie vergessen machen will, um der Mittelmäßigkeit Raum zu schaffen. Mich haben die Bilder von der Ermordung und von der Verfolgung antifaschistischer Widerstandkämpfer in der Nazizeit geprägt, die vor der Gewaltherrschaft eines faschistischen Deutschlands gewarnt und sich dagegen erhoben und die ihr Leben gegen den Krieg und gegen Verfolgung anderer aufs Spiel gesetzt hatten. Und wenn ich das Wort »Spanien« höre, dann schnürt sich mir die Kehle zu, weil so viele, viele ihr Leben umsonst geopfert haben, und es schnürt sich mir die Kehle zu, wenn ich nur den Stacheldrahtzaun eines Konzentrationslagers sehe, wenn ich Bilder sehe, die zeigen, wie Menschen in die Gaskammern gepfercht wurden. Der eine Teil Deutschlands hatte die Pflicht übernommen, nie zu vergessen, und allein deshalb lebte ich lieber, auch bei allem Ärger, in diesem Teil! Ich bildete mir ein, dieser Teil sei der politisch anständigere. Ich habe wegen der deutschen Greuel kein schlechtes Gewissen, es ist mir von niemandem eingeredet worden, aber daß so etwas nie wieder geschehen darf, das ist mir eingebleut worden! Ich werde nie aufhören, der Opfer zu gedenken, und ich hätte nie geglaubt, daß ich einmal Angst haben werde, weil das Vergangene mir immer öfter ganz nahe scheint.

Ob ich nun an diesem Tag an vergessene Pflichten erinnern wollte, das glaube ich nicht, aber erinnern an sozialistische Ideale, das eher. Die, so empfand ich, waren verlustig gegangen seit Mitte der siebziger Jahre, um die ich mich, in einem völlig anderem Lebenskreis befindend, gesorgt habe, als hier unter Honecker das Konsumdenken Einzug hielt. Ich will sagen, ich habe Harich nicht gebraucht, um politisch wach zu sein, aber in ihm habe ich einen Kommunisten gefunden, der genau meinem politischen Ideal entsprach, der danach lebte und handelte.

Und nun lief ich gemeinsam mit meinen Kindern mit, am 4. November, um zu zeigen, daß sich hier was ändern muß, mehr nicht. Vielleicht haben sich die Menschen in diesem Teil Deutschlands nie mehr so verbunden, so einig gefühlt wie an diesem Tag. Wie mutig alle waren und wie befreiend über die Regierung gelacht werden durfte, sogar die Polizei lachte mit, vier Wochen nach dem 7. Oktober 1989!

Dafür gab es kleine Pannen auf anderer Seite: Markus Wolf, von der Auslandsspionageabwehr, der sich schon 1986, warum auch immer, von seinem Amt verabschiedet hatte, stand lässig und leutselig auf dem Podium, doch er erntete ein Pfeifkonzert, daneben Christa Wolf, die immer viel fühlt, war der Ohnmacht nahe, und Steffie Spira sagte, jetzt ist Schluß mit den Fahnenappellen. Ich will nicht spotten, es sollte ein Neuanfang sein.

Dann folgte der 9. November 1989. Ich hantierte in der Küche und hörte nebenbei die berühmte Pressekonferenz mit Schabowski im Radio, in der er etwas Unklares über die Öffnung der Mauer von sich gab. Abends fuhr ich nach Lichtenberg zur Versammlung der Grünen. Dort angekommen, nahm mich jemand an die Seite und fragte leise, ob ich davon wüßte, daß die Mauer heute nacht geöffnet werden solle, und ich sagte ihm, so was Ähnliches habe ich gehört. Nachts fuhr ich mit der U-Bahn zurück. Plötzlich stiegen ungefähr 10 bis 12 Jugendliche in das Abteil und schmierten, ruck-zuck, Sitzbänke und Fensterscheiben mit irgendwelchen Stiften voll. Bei der nächsten Haltestelle sürzten sie in die gegenüberstehende Bahn hinein, niemand sagte etwas dazu, und ich dachte: Jetzt kommt die große Freiheit zu uns. Sie machte keinen guten Eindruck auf mich.

Zu Hause saß Harich auf dem Sofa, aus dem Radio klang ein unsäglicher Lärm, er sagte: Stell dir vor, man hat die Mauer gestürmt, es ist nicht zu fassen. Seine jahrelangen Kämpfe mit »denen da oben« lösten sich in Nichts auf, die, mit denen er in Fehde lag, wurden schändlich davongejagt, davongejagt von denen, die sich einst mit Privilegien und Auszeichnungen und Nationalpreisen von ihnen beehren ließen, und die nach meiner Meinung Harichs tatsächliche Feinde waren.

Tagebuch, Berlin, am 8.12.1989:
»Alles hat sich geändert. Heute, seit Monaten eine Stunde für mich, ohne kaputt dazuliegen, sondern um Post zu erledigen.

Am Vormittag ging die Eingabe an Dr. Töplitz (Untersuchungsausschuß für Rehabilitation).

Harich bekommt keine Gelegenheit bis jetzt, sich zum Fall Janka zu äußern.«

Im Januar 1990 erlaubte die Staatssicherheit der immer mehr in Wut geratenen Bevölkerung, ihre Zentrale zu stürmen. Sie sah zu, wie diese Stürmer in ihrem Zorn durch die Aktenunterlagen tobten und sich einbildeten, die gehaßte Institution besiegt zu haben. Es war ein Leichtes, dem Unterfangen Chaos und Vernichtung von Materialien anzulasten. Es schien das letzte Reserveventil, das zu öffnen nötig war, und alles löste sich in Regellosigkeit auf. Die neue Regierung gab sich reputierlich, Egon Krenz sorgte für kurzzeitige Entspannung. Erst mit der Wahl am 18. März 1990 kam die gewünschte Ordnung in unser Land. Und nach der ersten Besinnung, die den Wahlerfolg der CDU mit sich brachte, stellte sich die Frage nach der richtigen Gesinnung. Die Wandlung begann, manch Ostler wollte ein richtiger Westler werden, und das alles war komisch und auch sehr traurig.

Bei uns stellte sich ein anderes Phänomen ein. Bekannte wie auch Freunde besuchten Harich, und alle rückten am Ende mit der Frage heraus, ob er in seine Stasi-Unterlagen Einsicht nehmen werde. Er habe nicht die Absicht, lautete seine Antwort. Ihn belasteten andere Nöte. Während Walter Janka in allen Medien auftrat und die Geschichte seiner Verhaftung und der Zeit danach darlegte, das Einheitsbestreben aus jener Zeit aber immer noch ausklammerte und damit der eigentlichen Politik auf beiden Seiten große Dienste erwies, war es Harich nicht möglich, sich dazu zu äußern noch die gegen ihn vorgebrachten Anschuldigungen zurückzuweisen. Den Zeithistoriker Thomas Grimm, der bereits ein Jahr zuvor mit Harich für sein Zeitzeugen-Archiv Interviews führen wollte, traf ich beim Lindebäcker. Obwohl Harich damals abgelehnt hatte, riet ich Grimm, nochmals bei ihm anzurufen. Ich sagte ihm, Harich würde sicher in Anbetracht der gegenwärtigen Situation nicht mehr abschlägig reagieren. Und Thomas Grimm, der sich keinen Zeitzeugen unseres Jahrhunderts entgehen lassen wollte, kam an, und es entstanden stundenlange Videoaufnahmen und Gespräche. Grimm ist kein Sympathisant Harichs. Die ganze Angelegenheit fand unter ziemlicher Anstrengung und auch Spannungen statt. Ungeachtet dessen gelang es Grimm in dieser Zeit mit dem Material, eine einstündige Sendung im Fernsehen zu ergattern.

Nach und nach meldeten sich unbekannte Menschen, die Harich näher kennenlernen wollten. Ich könnte sie einteilen und sagen: die vor der Mauer, die nach der Mauer. Jetzt kamen die nach der Mauer. Da fragte zum Beispiel vorsichtig ein Dr. Torsten

Ahrend, Germanist, bei Harich an, und eines Tages saß er mit seiner schönen Freundin, auch eine Germanistin, in Harichs Stube. Er war aus eigenem Antrieb, mit eigenen Fragen zu ihm gekommen, und er lud Harich nach Rostock ein, um vor Studenten über die Nachkriegsjahre zu sprechen. Und Harich bekam dort das erste Mal, etwas abseits natürlich, Gelegenheit, aus seiner Sicht die Ereignisse jener Zeit darzustellen, von denen die jungen Leute noch nie etwas gehört hatten. Nicht mehr ganz so abseits verschaffte ihm Johannes Wendt, Redakteur von SFB 3, ein Radiointerview. Das war ein große Erleichterung, doch blieb alles bemerkenswerterweise ohne Resonanz. Jankas Darstellung überzeugte besser, sie war einfacher, verständlicher, sie drang deshalb leichter in die Köpfe. Er sprach von persönlichem Leid, Harich von der Geschichte und ihren politischen Zusammenhängen.

Harichs Fehde mit der Parteiobrigkeit war unfreiwillig und abrupt zu Ende gegangen. Ein neuer Kampf beginnt: er ringt um seine politische und moralische Rehabilitation. Während die Urteile der ehemaligen Staatsfeinde von 1956/57 kassiert werden, wird Harich davon ausgeschlossen. Ein einziger Mitverurteilter wendet sich an das Gericht in der Littenstraße und setzt sich für die Kassation ein, es ist Manfred Hertwig aus Hamburg, einst Sekretär der »Deutschen Zeitschrift für Philosophie« unter Bloch, Baumgarten und Harich. Harich aber genügt die Kassation des Urteils nicht. Er verlangt Aufklärung über die Prozesse und die Prozeßverhandlungen; er verlangt Aufklärung, worum es ihm und anderen damals ging. Das wird ihm verweigert. Er verlangt die Herausgabe aller Staatssicherheitsunterlagen und Verhandlungsprotokolle, darauf läßt man sich nicht ein. Ihm steht, wie 1956/57, kein Rechtsanwalt zur Seite, und er muß sich allein behaupten, das kann er nicht. Sein Urteil wird kassiert am 27. März 1990, aber ein »Verräter« soll er in der Geschichte Deutschlands bleiben.

Ein halbes Jahr später, wenige Tage vor der Einheit Deutschlands, hatte Harich, im Gegensatz zu Janka und anderen Verurteilten, noch keine finanzielle Entschädigung, die dem Kassationsbeschluß folgen muß, erhalten. Er hatte die finanzielle Wiedergutmachung beantragt. Die Bearbeitung jedoch zieht sich hin. Immer wieder ruft er beim Gericht in der Littenstraße an. Allmählich glaubt er, daß dort mit Ausreden – wie, das Suchen der Akten sei erschwert, weil sich alles mehr oder weniger in Auflösung befände –, eine Entscheidung in die Länge gezogen werden soll. Das regt mich auf, und ich sage: Am kommenden Dienstag rufst du früh an und fragst, ob gefunden wurde, was gesucht wird. Ist die Antwort unklar, fahren wir in einem Taxi dorthin und besetzen das Gericht, und zwar so lange, bis dir die Entschädigung zugesagt ist.

Wir machen einen Plan: Wir richten uns auf zwei, drei Tage ein, das bedeutet, Harich muß sich genügend Medikamente mitnehmen, mit anderen Worten: Er muß seinen Koffer packen. Ich würde ihm eine Suppe vorbereiten, die ich später hole, wenn er im Gericht sitzt, zuvor gehe ich zum ARD-Fernsehstudio und bitte dort darum, Harich zu helfen, indem sie den Fall öffentlich bekanntgeben. So wollen wir das machen.

Am folgenden Dienstag ruft er an. Er erhält eine ausweichende Antwort. Wir fackeln nicht lange, bestellen ein Taxi, Harich nimmt seinen Koffer, und wir fahren zum Gericht. Harich weiß, an wessen Namenstür er klopfen muß. Der Pförtner sagt uns, wo er sitzt, der Staatsanwalt, und wir gehen die breite runde Treppe hinauf. Als wir vor der richtigen Tür stehen, klopft Harich an, und wir gehen hinein und grüßen die Sekretärin und gehen in das nachfolgende Zimmer des Staatsanwalts. Er sitzt an seinem Schreibtisch. Er sieht uns ruhig an, als hätte er uns erwartet, und Harich sagt: Herr Staatsanwalt, betrachten Sie sich bitte als besetzt. Und er antwortet: Ich habe verstanden, Herr Harich. Es ist, als wäre diese kurze, entschlossene Szene, die jegliche Empörung, Frage oder Rechtfertigung über das Vorgefallene für überflüssig erachtet, eingeübt. Harich, mit einem Trotzki-Buch in der Hand, nimmt, nachdem er den Staatsanwalt höflich gefragt hat, ob es gestattet sei, daß er sich hinsetzen dürfe, auf einem Ledersofa Platz, er wendet sich zu mir und sagt: Anne, du weißt, was du zu tun hast. Ich mache mich auf den Weg ins ARD-Fernsehstudio. Ich wüßte heute gar nicht mehr zu sagen, wo das war und wie ich dahingekommen und wie ich das überhaupt so schnell gefunden habe. Ich sehe einen langen Gang vor mir. In die erste offenstehende Tür trete ich ein und höre mich sagen: Ich bin die Frau von Wolfgang Harich, der schickt mich zu ihnen, er sitzt im Zimmer des Staatsanwalts in der Littenstraße, und wir wollen dort bleiben, bis ihm die Entschädigung, die ihm offensichtlich vorenthalten werden soll, bewilligt wird. Ich bitte sie, uns zu helfen. Ich habe Glück. Ich muß nicht viel reden und viel bitten. Das Fernseh-Team sagt mir sofort zu. Ich fahre nach Hause, hole die warmgestellte Suppe, und als ich in der Littenstraße ankomme, da steigen sie gerade aus ihrem Auto, die Leute vom Fernsehen mit ihrer Technik. Sie fragen den Pförtner nach dem Sitz des Staatsanwaltes, und ehe er sich versieht, laufen sie schon hoch in das Zimmer, in dem der Staatsanwalt und Harich noch immer beisammen sind. Harich und ich werden aus dem Raum geschickt, und weil wir erschöpft sind, lassen wir uns auf den Fußboden nieder, und wir würden gern wissen, was sich da zwischen dem Staatsanwalt und den Fernsehleuten abspielt. Als sie wieder herauskommen, wird Harich bei laufender Kamera von einem Journalisten, der sich vor ihm hinhockt, ausführlich über die Angelegenheit befragt, die ihn zu diesem Schritt veranlaßt hat. Der Journalist behandelt Harich mit Achtung. Das beruhigt mich, ich bin ihm dankbar. Die ARD-Leute werden hier anrufen und nachfragen, wie weit die Entscheidung um Harich gediehen sei. Bis zu den Abendnachrichten war ihre Frist festgelegt, und wenn bis dahin keine eindeutige Auskunft von juristischer Seite vorliege, werden die Abendnachrichten über den Vorfall Bericht erstatten.

Gezwungenermaßen hat der Staatsanwalt eiligst ein Kollegium zur Beratung einberufen, wir bekommen keines der Gesichter zu sehen. Nach den Unterlagen mußte nicht mehr gesucht werden, und so menschenleer, wie das große hoheitsvolle Haus wirkte, als wir es betraten, ist es wohl nicht. Das Einmischen der Medien in die Sache um Harich hat eine unsichtbare Bewegung in den gespensterhaft wirkenden Gerichtspalast gebracht, in dem vor nicht all zu langer Zeit, als alles noch nach gewohnten Regeln verlief, einem beim Eintreten eine spannungsgeladene, respekteinflößende, an Haltung mahnende Atmosphäre entgegenschlug, und die, wenn man das Haus wieder verlassen hatte, einem noch hinterherzuschleichen schien. Jetzt kommt es mir vor, als sei es ein Versteck, in dem hinter verschlossenen Türen gewartet wird, bis eine neue Ordnung einkehrt, die dann die alte Würde aufs neue erstehen läßt.

Wir müssen nicht auf dem Fußboden sitzenbleiben. Eine Rechtsanwältin, sie ist die einzige Person, mit der wir in Berührung kommen, bringt uns in einen kahlwändigen Raum. Darin steht ein großer Tisch mit vielen Stühlen drumherum. Die Tür schließt sich, und auch wir sind jetzt in einem Versteck, in dem wir ungesehen warten, aber aus dem wir niemanden beobachten können. Wir rücken die Stühle zusammen und legen uns darauf, um zu probieren, ob eine Übernachtung nicht zu beschwerlich sein würde. Harich hat seinen Morgenmantel, den er eingepackt hat, als Kopfkissen zurechtgelegt. Ja – und dann –, dann müssen wir lachen, wir lachen leise in unsere Fäuste, um uns Mut zu machen. Es war uns unheimlich, weil wir nicht wissen konnten, wie lange wir hier ausharren müßten und wie alles enden würde. Sollte es zum Schlimmsten kommen, dann wollen wir unbedingt in eine Zelle zusammengesperrt werden. Vorsichtig öffne ich die Tür, gucke um die Ecke, laufe ein Stück weiter, finde eine Kantine und kaufe, ohne lange zu überlegen, die letzte Toastbrottüte und die letzten drei Bockwürste. Einen Hungerstreik haben wir nicht im Sinn. Nach ungefähr neun Stunden, um sieben Uhr abends, dürfen wir nach Hause fahren. Harich hatte erreicht, was er wollte, und das mit Hilfe des Fernseh-Teams, dem ein konsequenter Journalist vorstand.

Drei, vier Tage später schrieben wir den 3. Oktober, den Tag der Deutschen Einheit. Vor diesem bedeutenden Tag bekam Harich seine Entschädigung. Als er den Auszahlungsscheck in der Hand hält, kontrolliert er die in Buchstaben ausgeschriebene Summe und stellt fest, die stimmt nicht mit der Zahl überein. Die ausgeschriebene Summe ist bedeutend geringer, sie entsprach etwa dem Monatsgehalt eines Ministers im Bundestag. Er gibt den Scheck zurück und verlangt augenblicklich einen korrekt ausgestellten.
Auf dem Heimweg sagte er: Du wirst das Geld brauchen, und er sollte recht behalten. Ich habe es gebraucht, um es wieder zu verlieren. Da kämpfte ich als seine Witwe, manche nennen mich auch »die letzte Witwe«, um mein Recht als Erbin.

Harich reichte die formale Rehabilitation nicht aus. Er wollte seine Ehre von denen wiederhergestellt haben, die Jahrzehnte hinweg das verfälschte Geschichtsbild von 1956/57 aufrechterhalten hatten. Nun glaubte er wieder einmal an eine Partei, die neue, die demokratische, die pluralistische, die für alles offene PDS, und die, nahm er an, werde ihm dabei helfen. Aber weit gefehlt! Harich verfolgte die Entwicklung der PDS, die ich nicht leiden konnte wegen ihrer Anpassungspolitik. Er sagte: Man muß zu ihr halten, schon deshalb, weil sie angefeindet wird. Und er hätte sich sehr gern mit Gysi ausgetauscht, hätte sehr gern in den Reihen der neuen, vermeintlich offenen, demokratischen Partei mitgewirkt, doch Gysi mit seinen Gefolgsleuten wollte von ihm nichts wissen. Da kamen in alter Manier einmal Abgesandte: Lothar Bisky und Hans Modrow.

Tagebuch, Berlin, am 11.5.1991:
»Es scheint mir wichtig, das Datum vom 3. Mai 1991 festzuhalten: Prof. Kosing besuchte W. H., um ein Vorgespräch mit ihm zu führen zwecks politischer Rehabilitation durch die PDS.

Modrow und André Brie wollten wohl das Nötige dazu beitragen bzw. durch die beiden soll die Rehabilitation stattfinden; natürlich nicht durch Gysi! Den drückt viel zuviel sein Gewissen, wenn er eins hat; oder besser, er ist zu feige.

Jetzt sitzt W. H. an einem Artikel zum 100. Geburtstag von J. R. Becher, danach kommt ein Artikel zu Lukács' Geburtstag; so muß es weitergehen.«

Es ist meine letzte Eintragung.

*

Komm doch wieder ein bißchen näher zu mir. Ich muß Dir gestehen, eigentlich möchte ich aufhören zu schreiben. Ich hab's satt, immer wieder rückwärts zu sehen. Ich kann ja doch nicht alles sagen, was ich heute über damals denke, oder was mir passierte, als Du nicht mehr da warst. Ganze Nachmittage würden wir füllen mit Fragen, wie haben sich die und die mir gegenüber verhalten nach Deinem Tod. Du kämst ins Staunen oder auch nicht. Dann würden wir wieder dieselben Fragen uns zu beantworten suchen, z. B.: Was meinst Du, warum saßen ausgerechnet Heym und Janka neben Peter-Michael Diestel, dem damaligen Innenminister, der über die Staatssicherheitsakten der DDR waltete und wachte? Warum die beiden als Vertrauensleute?

Wenn es eine Antwort gäbe, wen interessierte sie schon?

Oder die Frage: Wer steckte hinter der Aufforderung an Dich, Inge Vieth in einem Brief dazu zu überreden, als Kronzeugin auszusagen, die ihr eine Hafterleichterung in Aussicht stellte? Wer mag auf die Idee gekommen sein, Dich zu kompromittieren? Weißt Du noch, wie ich damals gerade von der Arbeit nach Hause kam in Dein Zimmer und Du eben den Telefonanruf entgegennahmst? Wie ich Dir erschrocken gesagt habe: Um Gottes willen, laß Dich darauf nicht ein, das ist eine Falle, dann kann man sagen, was Du doch für eine Verräternatur bist, darauf warten »die« doch nur, Dich aufs neue zu verunglimpfen!

Und wir würden uns wieder und wieder fragen, ob es überhaupt eine Chance gab bei einem Zusammenschluß, Zusammenhalten aller sozialistischen Länder, und welchen Verlauf hätte das nehmen können? Warum so wenig Widerstand?

Was ist noch nennenswert? Daß Du damals erwartet hattest, wieder an Deine alte Wirkungsstätte zurückkehren zu dürfen, an die Humboldt-Universität Berlin? Dort waren Marxisten nun gar nicht mehr erwünscht, und jetzt rächte sich Dein Anti-Nietzschekampf, Dein Kampf gegen bestimmte Intellektuelle in der DDR, jetzt war es an der Zeit, Dich zu verbieten, in einem demokratisch freiheitlichen Deutschland. Aber auch ohne Deine Anti-Nietzschehaltung wäre es nicht anders gewesen, die wurde nur vorgeschoben. Verbündete gegen Dich gab es auch an der Freien Universität, an der Dir wahrscheinlich aus Unachtsamkeit seitens der Universitätsleitung eine Vorlesungsreihe über Nicolai Hartmann eingeräumt wurde. Es kam nur zu einer Lesung vor einer geringen Zahl an Zuhörern. Danach wolltest Du nur nach Hause, mit Deiner Enttäuschung, denn Deine erste Vorlesung wurde auch dort keine Sensation, dazu braucht's Helfer, und der einflußreiche Prof. Wolfgang Fritz Haug und noch ein, zwei Stimmen konnten für Dich in der Universitätsleitung nichts ausrichten. Wenige Tage später kam die Nachricht ins Haus, daß ein weiteres Semester nicht möglich sei, weil Du dies nicht rechtzeitig beantragt hättest. Pitsch versuchte für Dich zu vermitteln, es blieb ergebnislos. So hattest Du die Vorlesungen für das eine Semester abgesagt, hattest Dich endgültig von dem Wunsch zu lehren getrennt, denn für eine Einführung in das Werk Nicolai Hartmanns wäre mehr Zeit nötig gewesen.

Ablehnung hast Du auch an anderen Orten hinnehmen müssen. Ich weiß nicht mehr, wo die Feierlichkeit stattfand, zu der eingeladen wurde, um Bärbel Bohley, Konrad Weiß – und den Dritten habe ich vergessen – für deren mutiges und verantwortungsvolles Verhalten, während der Unruhen 1989/90, zu ehren und auszuzeichnen. Das ganze Revolutionspersonal von Finck, über Platzeck, Wollenberger bis zu Gregor Gysi und viele prominente Sympathisanten, wie Günter Gaus, fanden sich dort ein, eigenartigerweise wurdest auch Du dazu eingeladen. Und da kam es zu einer Begegnung mit Walter Jens. Der schien Dich nicht sehen zu wollen. Du gingst auf ihn zu, und Du sprachst ihn an und sagtest, Du erinnerst Dich einer Zeit, da Du in seinem Haus an seiner Tafel ein gerngesehener Gast warst; und als er in seiner Verlegenheit kaum ein deutlich Wort auszusprechen imstande war, sagtest Du ihm: audiator et altera pars. Er nickte, und mir war, als wollte er mit Dir zusammen nicht gesehen werden. Es blieb bei einem Austausch der Telefonnummern, mehr nicht. Ich las einen Brief von Inge Jens, da lud sie Dich zum Weihnachtsfest ein, im Jahre 1980/81? Ich weiß es nicht mehr genau, ich will auch nicht suchen danach. Ich weiß, daß Du eben von der Seite, die in der BRD eine gewisse Stimme hatten, besonders in der Phase, in der Du der heftigsten Verfemung ausgesetzt warst, auf eine solidarische Stimme gehofft hattest. Du warst aus der Mode gekommen.

Noch eine Erfahrung will ich Dir erinnerlich machen. Ich reiste eine Woche nach Griechenland. Dir bangte vor dem Alleinbleiben zu Hause, und Du fuhrst nach Frankfurt am Main, um an einer Tagung der DKP teilzunehmen, und Du wolltest den Genossen sagen, die KPD und DKP müßte sich nun mal zusammenschließen, und die Zeit des KPD-Verbots von 1956 wäre nun abgelaufen, nachdem Deutschland sich wieder gesamt geinigt hatte. Deshalb, um das zu sagen, fuhrest Du so weit mit dem Zug. Ich brachte Dich zum Bahnhof, und dann heulten wir beide, weil wir uns für eine so lange Zeit trennten, und das wollten wir nicht. Aber die Genossen wollten auch dort nichts von Dir wissen, sie benahmen sich nicht fein Dir gegenüber. Enttäuscht kamst Du zurück. Das einzige Vergnügen dieser Reise war, mit Reich-Ranicki am Bahnhof zu speisen. Doch für ihn spielst Du keine Rolle in seinen Memoiren, eure Bekanntschaft geht in die Nachkriegszeit zurück, auch er scheint sich, wie manch ein anderer, Deiner Bekanntschaft zu schämen. Du warst zu jeder Zeit Deines Lebens ein unzeitgemäßer Genosse. Du suchtest Anschluß, Du fandest ihn nicht, Du konntest Dich nicht aus dem Geschehen herauslösen, um mit Dir, dem Verlierer, Frieden zu schließen.

Soll ich Dir sagen, welche Weise in mir summt, jetzt beim Schreiben am 20.2.2005? »Am Grunde der Moldau wandern die Steine, es liegen drei Kaiser begraben in Prag, das Große bleibt groß nicht, und klein nicht das Kleine ...«

Noch einmal reisten wir gemeinsam ans Meer, nach Hiddensee, vor dem Du Dich so fürchtetest. Mir zuliebe fuhrst Du mit dorthin, an den Ort, an dem ich mich am liebsten aufhalte. Wir übernachteten in Stralsund im Hotel am Bahnhof, und am nächsten Morgen fuhren wir mit dem Dampfer auf die Insel. In Vitte blieb das Schiff im Hafen liegen, und wir liefen rüber nach Kloster. Du mußtest Dich am Straßenrand ausruhen, und als der Inselarzt im Auto angefahren kam und ich ihm winkte, fuhr er vorbei und ließ

Dich sitzen. Er hatte Dich nicht wiedererkannt. Das letzte Mal warst Du mit Eva dort, das war lange her. Es war für Dich überhaupt lange her, daß Du unter der zwanghaften Vorstellung lebtest, einer Frau, um von ihr geliebt zu werden, unbedingt viel bieten zu müssen. Du solltest mir nicht viel bieten, ich bat Dich nur manchmal, mich nicht ganz zu vergessen.

Erinnerst Du Dich, wie ich früh beim Zähneputzen von einem Hexenschuß heimgesucht worden war, und wie ich neben Dir umherhinken mußte, und wie ich mich ganz schwer vom Sitzen nur mit Deiner Hilfe erheben konnte im Gasthaus im Wieseneck? Da bot sich für Dich die Gelegenheit, einem echten Ischiasleiden zuzusehen, und sicherlich verglichst Du Deinen simulierten Ischias, den Du so lange durchgehalten hattest, um Dich dem Krieg zu widersetzen, mit den Symptomen, die sich bei mir zeigten. Ich war Dir plötzlich ein höchst imposantes Wesen. Ich denke zu gern daran, wie Du da auf dem Bett lagst in Deiner typisch nachdenklich beobachtenden Haltung, und an Deine Augen, aus denen der Schalk frohlockte und die mir vergnügt beim Umherhinken nachmusterten. Da verwandeltest Du Dich in einen Katzenberger, ich war das Objekt, das Du studiertest. Du vergaßest sogar, mich zu bemitleiden, aber nicht mal das konnte ich Dir verübeln, weil meine Humpelei Dir die schönsten Komplimente entlockte, über die ich so sehr lachen mußte, und ich Dich anflehte, damit bitte, bitte aufzuhören, weil das Lachen meinen Ischiasnerv erschütterte, und das tat weh! Da sagtest Du: Ach was, das ist mir ja ganz neu, das hätte ich aber wissen müssen, das habe ich nicht beachtet, das hätte damals schiefgehen können. Du mußt ja bedenken, ich habe ja nicht einmal, wenn ich aufs Klo ging, meinen Ischias vergessen dürfen. Ich ließ ächzend meine Hose herunter und ließ mich stöhnend, an der Wand Halt suchend, auf die Brille nieder, und ächzend und stöhnend und haltsuchend stand ich auch wieder auf. Man konnte ja nie wissen, wer hinter einem herschlich.

Ich fand einen Brief an Dich, geschrieben am 10.1.1965, von einer Lazarettschwester mit Namen Elisabeth Zedler. Laß Dir ein paar Zeilen daraus vorlesen: »Lieber Herr Harich! Die so wenig förmliche Anrede ist zu entschuldigen, wenn Sie merken werden, von wem dieser Brief kommt. Ob Sie sich noch an Schw. Elisabeth (Jelisaweta – wie Sie mir oftmals schrieben!) erinnern? Ich meine schon, denn wir sahen uns ja lange Zeit täglich, während Sie mehr oder weniger bemüht waren, Ihren Ischias zu kurieren!!

Und der gute, sonst so strenge Dr. Maskus tat das Seine, um Ihnen weiterzuhelfen. Thomas von Aquino (schreibt er sich so?) verband Sie beide ja sehr, und soviel ich weiß, ist Herr Dr. M. später katholisch geworden. Waren Sie eigentlich auch katholisch? ... Ihr Ergehen konnte ich ja aus Zeitungen, Radio und Fernsehen so gut verfolgen. Als man Sie kürzlich begnadigte, sah ich im Fernsehen Ihr Foto, und ich dachte an die Zeit, wo Sie, ein immer freundlicher, lachender großer Junge in Löwenberg waren ...«

Wie weit lag diese Zeit für Dich zurück, und manchmal warst Du darüber erstaunt, sie überlebt zu haben.

In Kloster, nahe der Buchhandlung, steht eine Bank. Auf der saßen wir oft und sahen uns die Leute an, die vorbeispazierten. Und wenn ich später, als Du nicht mehr da warst, nach Hiddensee fuhr und an jener Bank vorbeilief, da sah ich uns im Geiste wieder beisammen.

Ja, also, weiter. Der Name Walter Janka bestimmte vom Herbst 1989 an unser Leben, und das war furchtbar für Dich und für mich, für jeden von uns beiden auf eine andere Weise. Ich bekam Angst, das alles nicht mehr aushalten zu können, weil auch bei mir die Grenze erreicht war, mich unentwegt mit Deinen Sorgen beschäftigen zu müssen. Ich suchte nach Rettung! Ich ertrug keine Info-Blätter mehr und keine Sachbuchliteratur. Ich vermißte die Poesie, das Schöne, und ich sehnte mich nach einem Buch, das mich fesselte. Ich griff nach dem »Jahrmarkt der Eitelkeit« und wurde beim Lesen mehr und mehr von der warmherzigen Klugheit und von der weitumspannenden Lebensweisheit des Dichters fasziniert. Du hattest Dich zu wundern begonnen, als ich ein Buch nach dem anderen von Thackeray verschlang, dabei alle Aphorismen unterstrich, sie später abschrieb, nach Themen sortierte und mich daran versuchte, einen Aufsatz über ihn zu schreiben, und ich jetzt, mit einemmal sagen konnte: Stör mich bitte nicht, ich habe zu tun. Ja, und dann sagtest Du: Laß mich doch wenigstens in Deiner Nähe sitzen, ich bin auch ganz still. Dann nahmst Du Platz im Sessel, und Du fragtest: Gestattest Du, daß ich meine Beine auf Deinen Tisch lege? und ich sagte: Leg nur drauf, das ist wunderbar. Und dann waren wir zusammen, ich am Schreibtisch und Du, mit einem Buch in der Hand und einen Bleistiftstummel im Mund, saßest im Sessel oder lagst auf meinem Sofa, und das war gemütlich. Ich gab Dir meinen Aufsatz zu lesen, und Du sagtest, daß ich keine Ahnung davon habe, wohin ein

Komma zu setzen sei, und ich entgegnete, daß ich das immer nach Gefühl entscheide. Nach Gefühl! schriest Du auf, nach Gefühl! Es ist nicht zu fassen! Da nimmt sie eine Tüte voller Kommas und streut die nach Gefühl, mal dahin und mal dorthin aufs Papier! Ich sagte Dir, ich fände das nicht so schlimm, und Du sagtest: Doch, das ist ganz schlimm! Das alles machte mir nichts aus. Ich hatte etwas gefunden, was mir Freude bereitete, zu dem es mich hinzog, etwas, das mich von anderen Dingen ausruhen ließ. Dann begannst Du Dich für meine Arbeit zu interessieren, weil Du ja immer alles wissen möchtest, und dann wurdest Du stutzig, als ich Dir sagte: Ich glaube, der große Tolstoi hat sich bei seinem englischen Kollegen Thackeray was abgeguckt. Der trug ja immer als Kriegsberichterstatter während des Krimkrieges den Roman »Jahrmarkt der Eitelkeit« mit sich herum, es war seine Lieblingslektüre. Nun vergleiche mal »Krieg und Frieden« und den »Jahrmarkt der Eitelkeit«! Ja, da bist Du hellhörig geworden, als ich Dir meinen Verdacht zu beweisen suchte und den Aufbau beider Romane zum Vergleich vorlegte; und ich hab mir was auf mich eingebildet, und bei Dir durfte ich das, und bei Dir getraute ich mir das. Und nun konnte ich mich in meiner eigenen Welt von Dir erholen, und deshalb war mir alles nicht mehr so schwer. Ich hatte mich in Thackeray verliebt, und diese neue Liebe verdanke ich, wenn Du so willst, Walter Janka. Irgendwie war das für mich ein neuer Abschnitt in unserem Leben.

In der Zeit hattest Du Dich endlich dazu entschlossen, auf das Buch von Janka »Schwierigkeiten mit der Wahrheit« mit einer eigenen Darstellung in Form eines Buches zu reagieren. Dein Unterstützer war Hannes Hofbauer. Andrea und er hatten uns nach Wien eingeladen, da wurde die Sache besprochen, in die Hand genommen und verwirklicht. Doch leicht hast Du es Hannes auch nicht gemacht.

Noch einmal fuhren wir in Dein geliebtes Neuruppin. Du warst eingeladen worden, dort über Deinen Vater zu erzählen. Es fügte sich günstig. Dein 70. Geburtstag stand an, und Du fühltest, er würde an Dir stumm vorübergehen. So schlichen wir uns davon und verlebten in Neuruppin in der Siechengasse, im ältesten Haus der Stadt, neben der Klosterkirche Deinen Ehrentag. Hat Dich das Wort »Siechengasse« schockiert? Keine schlimmere Vorstellung gab es für Dich, als einmal im Siechtum enden zu müssen. Aber in der Siechengasse, in der früher die ärmsten Frauen Aufnahme fanden, war es doch wunderbar. Wir spazierten noch einmal den »Broadway« auf und ab, wir liefen unauffällig und unerkannt an der Drogerie vorbei, in der Deine Tanzstundendame noch rüstig ihre Artikel verkaufte; wir standen noch einmal vor dem Gymnasium, in das Du als Junge hineingerannt bist, wo Dich Deine Klassenkameraden manchmal als »Spinner« verhöhnt hatten, und Du darüber traurig warst, weil sie Dich nicht verstanden; wir bummelten den Wall entlang, und wir setzten uns in die Klosterkirche, und wir hörten die »himmlische« Musik von Bach, und ich sah immer wieder zu Dir, und ich sah, wie sehr Du der Musik lauschtest und wie schön Du dabei aussahst. Wir standen am Ruppiner See, und Du sagtest: Sieh mal, da drüben, da ist Wuthenow, da haben wir gelebt, meine Mutter, mein Vater, meine Schwester und ich, da bin ich groß geworden. Und da, da ist so eine leere Stelle, siehst Du die? Auf die hat Fontane sein fiktives Schloß Wuthenow gebaut. Und von hier aus läßt er den Neuruppiner Pfarrer mit dem Boot zu Schach von Wuthenow rudern, um mit ihm zu plaudern, und im Winter muß er übers Eis laufen.

Uns ging es gut in Neuruppin, und weil wir wußten, wie werden nie mehr hierher fahren, nahmen wir ohne ein Wort darüber zu verlieren Abschied von Deiner geliebten Weltstadt, in die Du so oft als Kind mit dem Fahrrad von Wuthenow hineingeradelt bist, in einer Zeit, als Deine Himmel blau, die Wiesen voller Blumen und Dein Kopf gefüllt mit großen wunderbaren Träumen war.

An Deinem Geburtstag hat Dich in Berlin niemand vermißt.

Ach, laß, wozu das alles? Es macht mich langsam traurig, und das will ich nicht mehr! Was sagst Du? Wie es Wassili geht? Na ausgezeichnet! Von dem soll ich auch erzählen? Na gut, drei Begebenheiten will ich erinnern. Erstens: von unserer Katze; zweitens: wie das mit der Veranstaltung über den Geheimdienst im Berliner Ensemble war und drittens: wie wir ein letztes Mal nach München reisten. Lehn Dich zurück, ich bin ja fast am Ende!

Was bleibt

Katzen waren für Harich etwas Herrliches. Er bewunderte sie aufrichtig und sah ihnen alles nach. Er war gewohnt, mit ihnen im Haushalt zu leben, sie fehlten ihm sehr. Und mit den Katzen war es wie mit den Frauen, die er im allgemeinen hoch verehrte, jedoch nur einen bestimmten Typ richtig zu lieben imstande war. Bei den Katzen bevorzugte er die gestreifte, den Tigertyp, und, wenn möglich einen Kater, wegen seines gerad-linigen Charakters. Ralph wußte von seinem speziellen Wunsche und sagte mir eines Tages, die Katze seines Freundes habe Junge, die Mutter sei eine »Perserin«, der Vater ein gewöhnlicher Hauskater, das sei eine wunderschöne Mischung. Das eine Junge wäre ein Kater, und der würde uns sicher gefallen. Das war Ende August 1990. Wenige Tage später wollten wir nach Kagar reisen. Zuvor aber mußte ich unbedingt das Kätzchen sehen. Ralph holte mich ab, wir fuhren nach Neuenhagen. O Gott, ist das süß, sagte ich dauernd, mehr nicht, und ich sah die vier schwarzen Pfötchen, und wenn es vor mir herlief, mußte ich an den gestiefelten Kater denken, und mir fiel wieder nichts anderes ein als zu sagen, o Gott, ist das süß, und am liebsten hätte ich es gleich mitgenommen.

Als wir vom Urlaub zurückkamen, fuhr ich noch am selben Tag mit Kathrin nach Neuenhagen, um das süße Ding abzuholen. Es miaute, es purzelte im Auto aufgeregt hin und her und pinkelte vor Angst ins Taxi. Der Taxifahrer verstand das Kätzchen, zu Hause hatte er auch eins. Harich derweil stand in froher Erwartung in meiner Wohnung empfangsbereit da. Oh, es war sein Typ! Und wie! Er betrachtete das kleine Wesen genau, es saß in seiner Hand, und Harichs Augen leuchteten vor Begeisterung. Als er des Kätzchens gelben Bauch mit lauter schwarzen Punkten im Fell darin entdeckte, sagte er: Nein, wie entzückend, es trägt gelbe Unterwäsche! Wir nannten es Wassili, und Harich erklärte mir: Du mußt wissen, das ist jetzt seine Wohnung und du bist seine Klofrau, du darfst bei ihm wohnen, dafür mußt du ihm zu essen geben, und du darfst ihn streicheln, wenn er das will, mehr nicht. Bilde dir nicht ein, daß er dir dafür dankbar ist, er denkt überhaupt nicht daran! Mit Katzen ist das so! Und dann sagte er einmal: Du mußt bedenken, und dabei sah er auf Wassili herunter, der vor ihm saß und der zu ihm hinaufblickte, wir sind von unserer Größe her für ihn wandelnde Lenin-Denkmäler.

Wir richteten uns ganz und gar ein nach unserem Wassili. Wir konnten uns nie sattsehen an ihm, und wie andere sagen: Wir gucken »Fernsehen« sagten wir: Wir gucken »Katze«. Immer und bei jeder Gelegenheit konnte ich Harich stören, um seine Aufmerksamkeit auf Wassili zu lenken, und wenn ich sagte: Sieh doch bloß hin, wie schön der jetzt wieder daliegt, ließ er gleich ab von seiner Lektüre, betrachtete ihn mit zufriedenem Gesicht und sagte: Ja, es ist herrlicher Anblick, ein in sich ruhendes Wesen; allein um diesen Zustand beneiden es die Menschen. Wassili kletterte an ihm hoch und runter, saß auf seiner Schulter und mauste sich, wenn wir aßen, von seinem Teller, was ihm schmeckte. Harich trug ihn zu sich hinunter und genoß es, wenn Wassili unter seine Decke kroch und sich an ihn herankuschelte. Saßen wir beim Frühstück und Wassilli sprang auf seinen Schoß, sagte er, ich bin jetzt zum Stillsitzen verurteilt, ich darf mich nicht rühren, damit würde ich ihn kränken, sei doch so freundlich und gieße mir etwas Tee ein und reiche mir die Tasse herüber, aber vorsichtig bitte! Und gelacht werden durfte auch nicht, Wassili ist genauso humorlos wie Freimut in Kagar. Lag ich mit Wassili auf dem Sofa und Harich kam ins Zimmer, dann sagte er: Mein Gott, ist das ein gemütliches Bild, ein schönes Paar seid ihr, und ich muß dir sagen, es fiele mir wirklich schwer zu entscheiden, wer von euch beiden das schönere Wesen ist. Wenn Wassili, als er noch sehr jung war, sich von uns vernachlässigt fühlte, flitzte er durchs Zimmer und kletterte an den Gardinen hoch und runter und machte die kaputt; später zerkratzte er mir aus dem gleichen Grunde voller Leidenschaft meine Sessel, und wenn ich sagte, das geht aber nicht, dann sagte Harich, das ist so mit Katzen. Er nahm das »Neue Deutschland«, rollte es zusammen, und wenn Wassili wieder zu kratzen anfing, sagte er: Wirst du wohl, und drohte ihm mit dem »Neuen Deutschland«. Doch Wassili ließ sich nicht einschüchtern, er sprang hoch, umklammerte Harichs Arm und biß in den Jackettärmel, und Harich bewunderte seinen Widerstand.

Einmal saß Holger Becker bei ihm. Wassili kratzte am Sessel, weil ihn niemand beachtete. Da griff Harich zum »Neuen Deutschland«, drohte damit und sagte: Hör jetzt auf damit, sonst melde ich das der Stasi! Als Wolfgang Schivelbusch, auch ein Katzenliebhaber, bei Harich in der Stube saß, lag Wassili friedlich auf einem Tischchen unter einer Lampe. Es war allmählich dunkel geworden, da unterbrach Schivelbusch das Gespräch und sagte: Entschuldigen Sie Herr Harich, aber Sie müßten jetzt für Wassili die Lampe anschalten, und Harich erwiderte: Oh, entschuldigen Sie vielmals, das habe ich völlig übersehen. Und wenn Robert Kurz und Harich miteinander telefonierten, dann wurde erst einmal ausgiebig über Katzen gesprochen. Das war das einzige Thema, mit dem sich Harich vom Eigentlichen abhalten ließ.

Und als Harich nicht mehr da war, saß Wassili vier lange Wochen jeden Morgen mit gespitzten Ohren ganz gerade auf der Sessellehne und sah ernst und gespannt zur Tür und wartete darauf, daß er endlich eintrat, um mit uns gemeinsam zu frühstücken.

Die Frage, wie Harich der Wiedervereinigung Deutschlands entgegengesehen und wie diese notwendigerweise stattzufinden habe, hat er eindeutig in einem Entwurf für die Grünen in der DDR zu Papier gebracht, der von denen jedoch stillschweigend zur Seite gelegt wurde. Und nicht nur von ihnen. Er schickte den Entwurf an verschiedene Politiker, auch an die PDS-Führung. Nicht eine Stimme hat sich dazu mit nur einem Wort geäußert. Warum?

Harich plädierte für eine schrittweise Wiedervereinigung, die sich in einem längerem Zeitraum vollziehen sollte. Er formulierte sein Programm im Namen der Grünen, dienend als Diskussionsgrundlage. Ich will mich kurz fassen: Historisch einleitend weist er auf die Ursachen der Spaltung Deutschlands hin; die Grünen befürworten »die Wiederherstellung der Einheit Deutschlands« (weil man, laut Harich, die nationale Frage nicht den Rechten überlassen darf), das »bedeutet keineswegs, daß sie bereit wären, eine Preisgabe des ökonomischen Besitzstandes der DDR hinzunehmen und mit der drohenden Demontage der sozialen Sicherheit und Geborgenheit ihrer Bürger einverstanden zu sein«; die Einheit soll auf dem Wege der Konföderation stattfinden, in Etappen; Warschauer Pakt und NATO, weil überflüssig, sollen aufgelöst werden; »Es sollte, bei gutem Willen aller Beteiligten, bei besonnenem Verhalten der Bevölkerung in beiden deutschen Staaten und in Westberlin, jedoch möglich sein, die Prozeduren sowohl der Ausarbeitung und Inkraftsetzung der gesamtdeutschen Verfassung als auch der Vorbereitung und Durchführung der Friedenskonferenz (in Helsinki, A. H.) zum Jahreswechsel 1991/92 erfolgreich zu Ende bringen und in einen Akt nationaler Aussöhnung aller Deutschen einmünden zu lassen. Die Sieger des Zweiten Weltkrieges könnten dies dadurch fördern, daß sie in den Friedensvertrag Bestimmungen einfügen, die vorschreiben, daß jeder über die Konföderation hinausführende Schritt zur deutschen Einheit nur friedlich, nur gewaltfrei getan werden darf und daß es unzulässig ist, jemals irgendeinen Deutschen zu diskriminieren, nur weil er einem der deutschen Staaten oder einem Verbündeten derselben, in welcher Funktion auch immer, gedient hat.« (»Keine Schwierigkeiten mit der Wahrheit«)

Für Harich hatte außer dem Festhalten am Staatseigentum die Versöhnung der Deutschen Priorität. Er plädierte für eine gesamtdeutsche historische Aufarbeitung und lehnte ein juristisches Vorgehen der westdeutschen Justiz in der DDR ab. Aus diesem Grund verweigerte er die Zeugenaussage gegen einen der Richter, der jetzt im wiedervereinigten Deutschland wegen Verbrechen des Stalinismus angeklagt wurde. Mittlerweile über achtzig Jahre alt, war er an den Prozessen von 1956/57 beteiligt gewesen. Harich, nicht bereit, gegen den Richter auszusagen, wurde wegen der Unfolgsamkeit die Strafe einer Beugehaft angedroht.

An irgendeinem Tag, morgens um 6 Uhr, klingelt es an unserer Tür. Ich gehe öffnen, und vor mir stehen zwei Polizisten und sagen, sie hätten Anordnung, Wolfgang Harich in die Untersuchungshaftanstalt nach Moabit zu bringen. Das geht aber nicht so schnell, sage ich, mein Mann muß erst in Ruhe frühstücken und seine Medikamente einpacken. Die Polizisten verstehen das, er solle sich Zeit lassen, sagen sie, und sie postieren sich in der offenstehenden Korridortür und warten, bis Harich mit allem fertig ist. Vor unserem Haus steht das Polizeiauto, da steigt er ein, und er wird bis zum Polizeirevier Friedenstraße gefahren, da muß er in die grüne Minna umsteigen, und dann geht die Fahrt nach Moabit los. Die Polizisten aber wissen nicht, in welche Richtung sie fahren müssen, sie kennen den Weg nach Moabit in die Haftanstalt nicht. Sie fragen ihren Gefangenen, ob er den Weg dorthin weiß. Der weiß ihn natürlich, und sie haben Glück mit ihrem Gefangenen, der hilft gern, der kennt ja jede Ecke in Berlin, eine Voraussetzung, die für die Arbeit im Widerstand gegen die Nazis notwendig war.

Nun leitet der in Gewahrsam Genommene die ganze Aktion, und er bringt sich und seine polizeiliche Begleitung ohne zeitliche Verzögerung zur Untersuchungshaft, um sich vor der Justiz und ihrer Strafe zu beugen. Ruth Martin, Holger Becker und ich sitzen wenig später im Flur der Haftanstalt und warten auf das, was geschieht. Harich wird in eine Haftzelle gesperrt, dort sitzt eine Frau, die ununterbrochen raucht. Das muß er erst einmal aushalten, bis er von der Staatsanwaltschaft verhört und vernommen wird. Harich bleibt dabei, daß er keine Aussage machen wird, und nun muß er sich einer ärztlichen Untersuchung unterziehen, die seine Haftfähigkeit feststellen soll. In meiner Tasche steckt eine Namen- und Presseliste. Falls die Sache um Harich ernst und er in eine Zelle gesteckt werden sollte, würde ich die Presse informieren. Aber die Ärztin findet, er ist haftunfähig, und er darf nach Hause fahren.

Mit dem gleichen Motiv, die Geheimdienste Ost-West auszusöhnen, plante der Vorstand der Alternativen Enquete-Kommission für Ende Mai eine Veranstaltung. Im Bundestag wurde 1992 eine Enquete-Kommission zur Aufarbeitung der SED-Diktatur in Deutschland gegründet, ihr stand Pfarrer Rainer Eppelmann vor. Eine Zusammenarbeit mit der Gesellschaft zum Schutz der Bürgerrechte und Menschenwürde, die im Haus der Demokratie ins Leben gerufen worden war, wurde im Bundestag ignoriert. Demzufolge gründete sich innerhalb der Gesellschaft die Alternative Enquete-Kommission, deren Vorsitzender Wolfgang Harich war, und die in ihrer Arbeit nicht einseitig, sondern die gesamtdeutsche Entwicklung nach dem Krieg historisch zu analysieren sich vorgenommen hatte, mit dem Ziel, beide deutsche Staaten auszusöhnen. Mit der Zusammenführung bedeutender Auslandsspione aus Ost- und Westdeutschland beabsichtigte die Alternative Enquete-Kommission, auf diesem hochempfindlichem Terrain Aussöhnung zu demonstrieren und lud zu einer Diskussion mit der Überschrift »Duell im Dunkeln – Spionage und Gegenspionage im geteilten Deutschland« ein.

Heiner Müller stellte dafür das Berliner Ensemble zur Verfügung. In Vorbereitung darauf besuchte er Harich in der Friedenstraße. Mir bot sich ein seltsam verschobenes Bild, als ich in Harichs Zimmer trat und die beiden sah. Harich saß auf dem Besuchersessel. Das hatte ich noch nie erlebt! Müller hatte, von der Höflichkeitsfloskel, bitte nehmen Sie Platz, wo Sie möchten, freien Gebrauch gemacht und sich in Harichs Sessel niedergelassen, den bisher jeder als dessen Platz erkannt hatte. Da saßen sie friedlich und auch ein wenig befangen, die beiden Kontrahenten, von denen keiner daran gedacht hatte, jemals im Leben noch einmal wegen einer Sache, die sie beide interessierte, zusammenzuhalten. Müller nahm Rücksicht auf Harich, er rauchte keine Zigarre, und ich glaube, er war nie so beleidigt über Harichs einstige Angriffe, wie es sich manch einer gewünscht oder erhofft hatte. Er war klug genug, in Harichs Kritik das ihm Förderliche zu erkennen, als dieser anfangs seine Stücke lobte, z. B. »Philoktet«, 1968 in den Kammerspielen aufgeführt; Harich hatte über die Aufführung einen rühmenden Aufsatz verfaßt, »Sinn und Form«, man höre, lehnte diesen ab. Als er Müllers Macbeth-Aufführung, 1972 uraufgeführt in Brandenburg, verriß, nahm die Zeitschrift den Artikel zögerlich an. Harich las kurz vor seinem Tod noch einmal seinen Essay über die Müllersche Macbeth-Inszenierung im Deutschen Theater »Der entlaufene Dingo, das vergessene Floß«, und er meinte zu mir, das wäre eine der besten Arbeiten, die er je geschrieben habe. Jetzt steckten die beiden ihre Köpfe zusammen, und Müller unterstützte Harich bei seinem brisanten, hochsensiblen Vorhaben.

Als Harich gestorben war, rief Müller aus Paris an und fragte, ob er mir helfen könne, und ich sagte, ich möchte mich nach der Trauerfeier mit den Freunden Harichs in der Kantine des Berliner Ensembles zusammenfinden, und Müller sagte ja, und er kam auch dorthin, und ich sagte ihm, er solle mit der Raucherei aufhören. Es dauerte nicht lange, da war er auch tot.

Vor der Veranstaltung Mitte Mai 1994 fuhren wir wieder in unser geliebtes Kagar zu Frau Schlenk. Harich fühlte sich entkräftet. Die Vorbereitungen für die Veranstaltung hatten ihn sehr beansprucht. Vor allem mußte er sich gegen großen Widerstand mit der Forderung durchsetzen, jeder Teilnehmer, also aus Ost-und Westdeutschland, könne nur zehn Minuten Redezeit für seine persönliche Einführung und seinen Aufgabenbereich im Spionagedienst in Anspruch nehmen, um genügend Zeit für die anschließende Diskussion unter den Teilnehmern zu gewähren.

Das hatte ihn viel Kraft gekostet, nun wollte er sich wieder stärken. Er versteifte sich in die Vorstellung, drei Spaziergänge täglich würden ihm besonders nützlich sein. Damit überanstrengte er sich, und wenn ich ihm sagte, er solle das lassen, anwortete er mir in seiner ganzen Arzthörigkeit: Die Ärztin habe ihm gesagt, das schade nicht.

Eine Woche etwa vor unserem Urlaubsende kam er eines Tages erschöpft zurück, das Atmen fiel ihm schwer, und er sagte, er schaffe es nicht mehr zu gehen. Nachts holte er mich aus dem Schlaf und sagte: Anne, ich bekomme keine Luft. Ich hörte neben mir ein leises Rasseln, Schlimmes ahnend lief ich zu Frau Schlenk, die rief nach dem Arzt, er war bald da. Zum Glück war es ein Kardiologe, er spritzte ihm die notwendigen Medikamente und ließ ihn sofort mit dem Krankentransport nach Neuruppin in die Klinik fahren. Am nächsten Morgen fuhr ich mit dem Bus hin. Ich wollte mir nicht vorstellen, in welcher Verfassung ich Harich wiedersehen würde. Der Bus fuhr mir zu langsam, mein Gesicht glühte, und ich wollte, daß das alles nicht wahr war. Er lag auf der kardiologischen Intensivstation. Vom Arzt erfuhr ich, er habe einen Infarkt erlitten, die lebensbedrohliche Situation sei überstanden. Dann klopfte ich vorsichtig an die Krankenzimmertür, öffnete sie und fand mein Wölfchen wohlgestimmt im Bett liegen. Er hatte sich in seiner neuen Situation eingerichtet, sich mit ihr abgefunden, und jetzt beobachtete er alles um sich herum, suchte mit dem Pflegepersonal ins Gespräch zu kommen, wollte deren Meinung zum Fall der Mauer hören, wollte wissen, was sie von ihrem neuen Chefarzt aus dem Westen hielten; die waren, und da horchte ich auf, mit ihm zufrieden. Harich fühlte sich in guten Händen, das gab ihm Sicherheit, und ich hatte den Eindruck, daß er mich gar nicht so sehr brauchte. Seine Gedanken weilten in Berlin, und er sagte: Ich muß am Sonnabend unter allen Umständen in Berlin sein, ich will die Veranstaltung leiten, und er schaffte es.

Als ich Harich aus der Klinik abholte, bat der Chefarzt der kardiologischen Abteilung mich zu sprechen. Er sagte mir, mein Mann habe einen Infarkt erlitten, ein Bypass sei nicht mehr durchgängig und im Herzbeutel befinde sich ein Aneurisma; einen erneuten Anfall würde er nicht überleben. Harich wußte von einem Infarkt, mehr nicht.

Nach Berlin zurückgekehrt, bat ich seinen behandelnden Arzt, Dr. Eisenberg, für alle Fälle im Theater anwesend zu sein, und er kam meinem Wunsche nach. Wie Harich vorausahnte, hatte man während seiner Abwesenheit versucht, auf hiesiger Seite für Werner Großmann, Generaloberst a. D., ehemals Chef der Hauptverwaltung Aufklärung des Ministeriums für Staatssicherheit, und Markus Wolf, Generaloberst a. D., langjähriger Chef der Hauptverwaltung Aufklärung des Ministeriums für Staatssicherheit, die zehnminütige Redezeit zu ignorieren, und Harich hegte den Verdacht, daß sie die Gelegenheit für eine Selbstdarstellung nutzen wollten. Nun folgten unangenehme, nervenaufreibende und laute Telefonate. Harich zitterte, er fühlte sich hintergangen, und er war empört über eine solche Taktlosigkeit, die den unvorbereiteten Gästen aus dem Westteil, Heribert Hellenbroich, Präsident a. D. des Bundesnachrichtendienstes der Bundesrepublik und zuvor des Bundesamtes für Verfassungsschutz, und Elmar Schmähling,

Admiral a. D., ehemals Chef des Militärischen Abschirmdienstes der Bundeswehr der Bundesrepublik Deutschland, entgegengebracht worden wäre. Das wollte er nicht hinnehmen. Er beharrte darauf, jedem stünde die ausgemachte Zeit zu, mehr nicht. Und er dachte an Nancy Wolfe, Professorin für Strafrecht an der Universität von South Carolina, die auf seine Einladung hin zu dem Ereignis im Berliner Ensemble angereist war. Wegen der Neutralität, die sie präsentierte, hatte er sie gebeten, die Diskussion zu moderieren. Sie hatte über die Struktur der Volkspolizei in der DDR gearbeitet, und in der Zeit, als sie sich gerade in Berlin aufhielt, an Harichs Kassationsverfahren teilgenommen und danach das Gespräch mit ihm gesucht.

Dann war es so weit. Der Theatersaal war ausgebucht, die Medien waren präsent. Und Harich erzählte mir, wie nach der Diskussion Markus Wolf im Vorübergehen ihm kumpelhaft auf die Schulter geklopft und gesagt habe: Haste gut gemacht, alter Junge. Ihn schüttelte es danach, er fühlte sich mißbraucht. Nicht einmal die Zeit auf eine Tasse Kaffee hatten die, um die es ging, für ihn übrig.

Am nächsten Tag las ich einen Bericht über die Veranstaltung. Der Journalist glaubte oder fühlte sich in der Pflicht, an Harich etwas aussetzen zu müssen. Er fand heraus, dieser habe Sandalen getragen, wahrscheinlich, um noch fidel und salopp zu wirken, die jedoch nicht zum Habitus eines alten Mannes paßten. Das zu bemerken, war ihm wichtig. Er konnte ja nichts wissen von den Aufregungen, die es um die Veranstaltung gegeben hatte, er konnte nicht wissen, wie schwach Harich noch immer war, und daß es ihm auf Bequemlichkeit ankam. Nur anläßlich der Gedenkworte, die er zum Tod von Erich Honecker aussprach, hatte er sich von seinem Stuhl erhoben, auf dem er ansonsten während der ganzen Zeit sitzenblieb, und das hätte diesem Journalisten auffallen müssen. Auch als Harich die Kinder-Hymne von Brecht, »Anmut sparet nicht noch Mühe ...« vortrug, erhob er sich nicht von seinem Platz. Die Kinder-Hymne sollte seines Erachtens der Text für die Nationalhymne im geeinigten Deutschland werden, in der es unter anderem heißt: »... daß ein gutes Deutschland blühe, wie ein andres gutes Land, ... und nicht über und nicht unter andern Völkern wolln wir sein ...« Aber zu mäkeln war leichter, als sich darüber Gedanken zu machen, wie es in dem ideologisch zerrütteten Land weitergehen sollte.

Seither ging Harich nur spazieren, wenn es ihm behagte, er machte es sich nicht mehr zur Pflicht, er nahm es hin, ohne zu jammern, ohne zu klagen und folgte, wenn ich ihm sagte, er solle sich ausruhen. Doch heizte er jeden Morgen seinen Ofen und achtete wie immer darauf, im Winter mein Bett mit einer heißen Wärmflasche vorzuwärmen, ich sollte es gut haben bei ihm. Er suchte, wann es nur ging, meine Nähe, dann sagte er: Es zieht mich zu dir, setzte sich in den Sessel, fragte, ob er seine Beine auf den Tisch legen dürfe und las und war ganz still, doch lange hielten wir es nicht aus, schweigend zu lesen. Nach wenigen Minuten sah ich zu ihm hinüber und sagte leise: Wölfchen, und schon nahm das Erzählen seinen Lauf. Und als ich ihm wieder einmal sagte, daß er ein schöner Mann wäre, da antwortete er, daß er das nicht verstehen könne, weil er so alt und unappetitlich sei, aber, sagte er, »wenn du das so meinst, also, mir kann das nur recht sein«. Mußte ich früh zur Arbeit, begab ich mich zeitig zu Bett und schlief oben in meiner Wohnung. Da kam er des öfteren kurz nach fünf Uhr herauf zu mir und sagte: Ich will dir nur einen Guten Morgen wünschen und dich ansehen, und ich sagte: Mach das nicht zu lange, du hältst mich bloß auf, dabei vergrub ich meine Hände in seinen Bart und mußte lachen. Keine Schicht verging, in der er mich nicht anrief, um zu fragen, wie es mir ergehe, und dann erzählte er mir alle Neuigkeiten, die sich in meiner Abwesenheit ereignet hatten. Und wenn ich bei ihm anrief und sagte: ich bin's, dann antwortete er, das habe ich schon am Klingeln gehört, daß du es bist, mein Liebling, mein Himmelskind.

*

Wie sehr habe ich die alltäglichen Zärtlichkeiten mit Dir genossen, wie sehr gehörten sie in mein Leben, und wie sehr sind sie mir in Erinnerung. Kannst Du Dir ein Bild davon machen, wie es mir erging, als Du nicht mehr da warst, wenn das Telefon klingelte mit dem Ton von »draußen«, und niemand zu mir sagte: Anne, für dich, dein Mann ist dran?

*

Dann kam der Dezember, und ich meinte, wir sollten noch einmal dorthin fahren, wo Harich immer gern gesehen und wo er lange nicht mehr war. Ich sagte: Laß uns noch einmal die Starnberger und Kreiselmaiers besuchen. Ich mußte ihm lange zureden. Er wollte nicht mehr reisen. Ich sagte, das wäre das letzte Mal, und er murrte herum, weil ich nicht abließ von meinem Wunsch, und er willigte, höchst verärgert über die bevorstehende Strapaze schließlich ein.

Wir fuhren wie immer mit dem Nachtzug. Als wir am Bahnhof ankamen, reichte es Harich nicht, von mir zu erfahren, auf welchem Gleis der Zug nach München abfahren wird. Zweimal versicherte er sich bei Mitreisenden, ob der Zug wirklich hier am Bahnsteig abfahre, und als ich ihm sagte, er sei mir ein schöner Weltmann, da kam der ganze Verdruß über die Reise, die er nicht unternehmen wollte, in ihm hoch, und mit aller Wucht stieß er mit der Spitze seines schwarzen japanischen Regenschirms auf den Bahnsteig und schrie: Ich will kein Weltmann sein, ich will wissen, wo der Zug nach München abfährt! Ich sah in eine andere Richtung, der Zug rollte langsam an, wir stiegen ein, und seine Gereiztheit war von da an wie weggeblasen.

Otto Kreye holte uns in München ab. Er hatte im Bayrischen Hof ein Zimmer bestellt, das größte und schönste. In diesem Zimmer feierten wir Harichs Geburtstag. Ich sehe noch heute Barbara Herbig zu uns ins Hotel eilen, wie sie uns beide ansah, und sie wollte froh aussehen dabei. Jost Herbig war im Juni gestorben, und ich weiß noch, wie sie damals angerufen und gesagt hatte: Wolfgang, Jost ist tot, und jetzt sah sie uns beide beisammen, und das tat ihr weh. Ich sehe uns bei Kreyes in der Küche sitzen, gemeinsam mit Carola Merseburger, Horst Ahfeldt, Barbara Herbig und Anette Kreye; wie Kreye den Topf mit gebratenen Hühnchenteilen in feiner Soße, von ihm zubereitet, auf den Tisch stellt, wie ich mit Anette Kreye erzähle und sie dabei nach einem Löffel greift und versonnen in der herrlichen Suppe herumzurühren beginnt und wie Kreye in mecklenburgischer Mundart zu ihr sagt: Nö, du, das geht aber jetzt nich, wenn ich schon allein gekocht hab, dann brauchst du nu auch nich mehr hier rumzurühren, das kann ich denn auch noch alleine machen! Und wie wir beide darüber gekichert haben, und das war dann für Otto der Gipfel. Ich sehe uns in der Küche von Strassers, und wie seine Frau das Essen bereitet, wie sie während einer Debatte zu Strasser sagt: Johano, du hast nicht immer recht, das gefiel mir; wie Nico von Bülow und Harich, beide 1923 geboren, sich darüber austauschten, wie schlimm doch die Jahre der Inflation waren, als sie noch in Kinderwagen gelegen; wie Harich mit Frau von Bülow am Tisch saß und wie sie beide flirteten, daß es eine Lust war zuzusehen, keine Dreißigjährige könnte ihr eine Rivalin darin sein; und ich sehe mich mit Harich im Bayrischen Hof im Café sitzen, und wie sich alle noch einmal um uns versammeln, gedrängt um einen kleinen Tisch, der nicht ausreicht, und wir stellen noch einen dazu, und wie wir erzählen und lachen und uns freuen, es geht uns so gut. Wir besuchen ein letztes Mal gemeinsam Susanne Kreiselmaier und Ruth Giesen in München. Harich erzählt Susanne davon, er sei von Götz Heidelberg gedrängt worden, seine Memoiren zu schreiben, und er fragt sie, unter vier Augen, was sie davon halte, und sie sagt ihm vorsichtig: Es bestehe dabei die Gefahr, ins Eitle hineinzugeraten, und er ist erleichtert, er braucht sie nicht zu schreiben. Wir fahren nach Hause, und wir sind froh, die Reise unternommen zu haben, und Harich weiß, für ihn war das ein allerletztes Mal.

*

Stimmt's, Du warst froh, Dich nicht mit Deinen Erinnerungen abgeben zu müssen, Begonnenes lag schon da, von dem Du mir nichts erzählt hattest, und die, die davon wissen, geben ihr Wissen darum nicht preis. Du hast mir damit alles erschwert. Nun gut, das ist vorbei, es ist nicht mehr zu ändern. Du jedenfalls wolltest unbedingt schreiben über die Ursachen der Spaltung Deutschlands, und Du wärest zurückgegangen bis zur Revolution von 1917. Es war zu spät, das wußtest Du auch, Du hast Dich nur noch beschäftigt, Du bist still geworden, ruhig und auf mich wartend, Du wolltest immer in meiner Nähe sein.

An einem Mittwoch, es war der 15. März 1995, kam ich von der Arbeit. Ich klopfte leise an Deine Tür, ich öffnete sie, Du lagst auf dem Sofa, und als ich mich zu Dir setzte, legtest Du Dein Buch zur Seite und sagtest: Es ist doch eigenartig, die Menschen nehmen es einem übel, wenn das eintritt, was man vorausgesagt hat.

Du fühltest Dich nicht wohl und Du wolltest am Abend zu einer Veranstaltung gehen. Ich redete Dir zu, zu schlafen. Ich stellte das Telefon in meine Wohnung hoch, damit Dich kein Anruf störte. Nach kurzer Zeit schlepptest Du Dich hoch zu mir und sagtest, ich muß für heute abend Angela Martin absagen, ich schaffe es nicht. Später, am Nachmittag, ließest Du den Kuchen liegen, ausgerechnet Du; am Abend blieb die Schüssel mit dem Himbeeren, Deinem Lieblingskompott, unberührt. Ich rief die zuständige Ärztin, sie konnte nichts weiter feststellen, und wenig später sagtest Du: Anne, es ist so weit, und es klang, als müßtest Du zu einer Verabredung. Du legtest Dich nieder, ganz gerade, ganz artig, gefaßt auf das Letzte, das Unbekannte, und es sah aus, als wärest Du mit allem einverstanden, weil das eben jetzt dran war, und mir war, als hättest Du Dich dem Unbekannten schon ergeben, weil man im Leben auf alles vorbereitet sein muß.

Die vorliegende Schrift erhebt keinen wissenschaftlichen Anspruch. Ein Bedürfnis, Unausgesprochenes und mir Wichtiges zum Leben Wolfgang Harichs zu sagen, ließ mich nicht zur Ruhe kommen und war der Grund, mich an diese Arbeit zu setzen. Meinen Erinnerungen folgend, habe ich die verschiedenen Stationen seines Lebens dargelegt und mich bemüht, ein Maß an Objektivität einzuhalten. Die nachfolgende Zeittafel soll mit einigen biographischen Daten helfen, sich in der vorliegenden Niederschrift zu orientieren.

Zeittafel

am 9. Dezember 1923 in Königsberg geboren als Sohn von Dr. Walther Harich und Annelise Harich, geb. Wyneken
1928 ziehen die Eltern in die Villenkolonie Wuthenow bei Neuruppin, dort lebt Harich bis 1940
1930–1934 Knabenvolksschule in Neuruppin
1931 Tod des Vaters
1934–1942 humanistisches Gymnasium, erst in Neuruppin, ab 1940 in Berlin Wilmersdorf, ab 1939 systematisches Selbststudium der Philosophie; in dieser Zeit Briefwechsel mit der Schriftstellerin Ina Seidel
1940–1942 Gasthörer an der Berliner Universität in Philosophie, protestantische Theologie, Germanistik, gelegentlich Kunstgeschichte; außerhalb der Universität philosophische Anleitung durch Junyu Kitayama in Religions- und Geistesgeschichte; Anstellung in der japanische Botschaft, redigiert deutschsprachige Schriften von Kitayama, der ihn gleichzeitig vor dem Wehrdienst bewahrt
1942 im September Einberufung zur Wehrmacht, 1943 wegen unerlaubter Entfernung von der Truppe Inhaftierung, von 1942–1944 mehrmalige Lazarettaufenthalte wegen vorgetäuschter Ischiasleiden
1944 Desertion, lebt illegal in Berlin und schließt sich dem Widerstandskreis Onkel Emil und der späteren Widerstandsgruppe Ernst unter Alex Vogel an
1946–1951 reguläres Studium der Philosophie und Germanistik an der Humboldt-Universität
1945–1946 Literatur- und Theaterkritiker am »Kurier«, dort Auseinandersetzungen wegen Ernst Jünger und Rudolf Pechel
1946 Briefe an Paul Rilla

1946–1950 an der »Täglichen Rundschau« in Ostberlin in der gleichen Funktion; ab 1950 Vorarbeiten zur Dissertation

November 1948 bis Sommer 1952 Lehrauftrag für dialektischen historischen Materialismus an der pädagogischen Fakultät der Humboldt-Universität; seit 1950 Lektoratsarbeit beim Aufbau-Verlag für philosophische und wissenschaftliche Arbeiten

1948 Begegnung mit Brecht und Weigel

1949–1952 Ehe mit Gerda Tündermann

1951 Dissertation über »Herder und die bürgerliche Geschichtswissenschaft«

1951–1954 Professor mit Lehrauftrag für Geschichte der Philosophie mit Vorlesungen über griechische und hellenistisch-römische Philosophie, Philosophie der Aufklärung und klassische deutsche Philosophie von Leibniz bis Hegel und Feuerbach

In die Zeit fällt die Hegeldiskussion, entsteht die »Hegeldenkschrift«, in der Harich Stalin widerspricht, es folgt die Bestrafung durch die Parteileitug der Humboldt-Universität

1954–1956 freiberufliche Vorlesungen über Philosophiegeschichte

1952–1956 Ehe mit Isot Kilian, Schauspielerin am Berliner Ensemble

1952 Geburt der Tochter Katharina Harich

1952–1956 Mitherausgeber und Chefredakteur der »Deutschen Zeitschrift für Philosophie«

1954–1956 stellvertretender Cheflektor des Aufbau-Verlages, betraut mit der Abteilung »Philosophie und Wissenschaft« und »Klassiker-Ausgaben«

1956 Niederschrift »Studien zur weltgeschichtlichen Situation«, die er dem sowjetischen Botschafter Puschkin vorlegt; Gespräch am 7. November mit Walter Ulbricht, am 21. November Zusammentreffen in Kleinmachnow, vom 22. bis 25. November Niederschrift seiner Plattform »Programm des besonderen deutschen Weges zum Sozialismus«, am 26. November Reise nach Hamburg, am 29. November Rückkehr nach Berlin, am Abend Verhaftung durch die Staatssicherheit

November 1957 bis 18. Dezember 1964 Haft in Bautzen, Heirat in der Haft mit Irene Giersch, die Ehe wurde während der Haft geschieden; im letzten Jahr der Haft beginnt Harich über Jean Paul zu arbeiten

1965–1974 Lebensgemeinschaft mit Gisela May, Schauspielerin und Chansonette
1975 erscheint in Zusammenarbeit mit Freimut Duve »Kommunismus ohne Wachstum« im Rowohlt-Verlag, danach Herz-Operation in der Schweiz
1979–1981 Aufenthalt in Österreich und in der BRD, Ende 1981 Rückkehr in die DDR
1982–1986 Ehe mit Gisela Schudlich
1987 Schriftstellerkongreß, Harich wird dort wegen seiner ablehnenden Haltung zu Nietzsche von Hermlin und Kant angegriffen
1982–1989 Auseinandersetzungen mit der Parteiobrigkeit wegen Lukács, Nietzsche und Jean Paul
28. Oktober 1989 im Deutschen Theater wird Walter Jankas Buch »Schwierigkeiten mit der Wahrheit« vorgestellt
27. März 1990 Kassation des Urteils von 1957 durch das Oberste Gericht Berlin; wegen seiner marxistischen Auffassung darf er an der Humboldt-Universität Berlin keine Vorlesungen halten
1992–1994 Vorsitzender der »Alternativen Enquete-Kommission«
1993 erscheint sein Buch »Keine Schwierigkeiten mit der Wahrheit. Zur nationalkommunistischen Opposition 1956 in der DDR«
Am 15. März 1995 stirbt Wolfgang Harich in Berlin.

Dank

Zum Schluß möchte ich die Namen derer nennen, die unbeirrt vom Herbst 89 an der Seite Wolfgang Harichs auftraten, sei es bei Interviews in den Medien oder auf öffentlichen Podien.

Zuallererst denke ich an unsere gemeinsame Freundin Angela Martin, Historikerin und Journalistin. Mit ihren Artikeln, die sie über Harich schrieb, gab sie deutlich zu erkennen, auf welcher Seite sie stand. An Harichs Seite im Vorstand der AEK blieb sie ihm verbündet. Oft begleitete sie ihn, wenn ich nicht dabei sein konnte weil ich zur Arbeit mußte, zu Veranstaltungen der AEK, fuhr uns manches Mal nach Kagar, und mit großem Verständnis hielt sie geduldig zu mir, als Harich gestorben war.

Ich denke ganz besonders gern an Johannes Wendt, der uns in der Friedenstraße besuchte und zuverlässig zur Stelle war, wenn es irgendwo um Harich ging, und ich war immer erleichtert, wenn ich ihn nur sah.

Ich denke an Manfred Rexin, der Harich an ein Westberliner Gymnasium holte, um dort vor interessierten Jugendlichen zu sprechen; ich denke an Wolfgang Kraushaar, der ihm mit Unterstützung des Hamburger Instituts für Sozialforschung im Kulturhaus Johannes R. Becher am 12.4.1991 den ersten öffentlichen Raum gab, um über die Ereignisse von 1956/57 zu sprechen, und wie ich damals mit Kathrin dort saß und wir vor Aufregung zittern; Edith Scholz, die mit Harich nach dem Krieg kurze Zeit zusammenarbeitete, wandte sich, nachdem sie die Version aus Jankas Buch vernommen hatte, von Harich ab, aber bald darauf machte sie den wunderbaren Film »Ich bin kein Verräter«.

Hannes Hofbauer und Andrea Komlosy blieben auch nach dem Herbst 1989 an Harichs Seite, und Hannes veröffentlichte Gespräche mit Harich in der Wiener Presse. An Reinhard Pitsch und Stefan Dornuf gehe ich nicht vorüber, gleich wenn es nach Harichs Tod zum Bruch zwischen uns kam.

Im Gegensatz zu ostdeutschen Journalisten und Intellektuellen, die anscheinend unter Anpassungszwang litten, zeigten die aus Westdeutschland kommenden bedeutend weniger Berührungsängste mit Harich.

Vier mutige Journalisten gab es auch in Ostberlin, das waren Regina General vom »Freitag«, Holger Becker von der »Jungen Welt«, zuvor »Neues Deutschland«, und Karlen Vesper vom »Neuen Deutschland«, die sich beide in der DDR-Geschichte auskennen und die sich unbeeindruckt von anderer Meinung zu Harich in den jeweiligen Zeitungen äußerten, und: Mathias Eckholt, ein junger, von allen politischen Differenzen unberührter Mann, der ihn aufsuchte, weil ihm intuitiv etwas an der Harich-Janka-Sache verdächtig vorkam. Wenn im Radio nach Harichs Tod eine Sendung über ihn zu hören war, dann hatten sich Angela Martin, Johannes Wendt und Mathias Eckholt darum bemüht.

Ich hatte einmal zu Harich gesagt, wenn er tot sein würde, stünde ich allein da. Er sagte mir, ich würde Freunde haben. Er sollte recht behalten. Nach Wien, nach München, nach Starnberg, nach Montpellier, überallhin bin ich eingeladen worden, und Frau Ursula Kofler aus Köln hat mir oft genug Mut zugesprochen.

Ganz herzlich möchte ich mich bei Holger Becker und Ulrike Schulz bedanken. Holger hatte mich, als ich ihm die ersten Seiten vorlegte, zu der Arbeit ermutigt, er und Ulrike verließen mich bis zum Ende auf diesem Wege nicht. Und Andrea Komlosy, nachdem sie einen Teil meiner Arbeit gelesen hatte, sagte: mach weiter. Jürgen Groth, völlig abseitsstehend vom ganzen Geschehen, bat ich, das Manuskript zu lesen; auch ihm möchte ich meinen Dank aussprechen.

Dank auch an die Archive, die mir die Verwendung der Materialien gestatteten:
Deutsches Literaturarchiv, Marbach (Briefe an Ina Seidel)
Berlin-Brandenburgische Akademie der Wissenschaften (Brief Rönisch 18.9.1086, Brief Schulz 1.12.1986, Brief Akademieleitung 7.4.1989, Gutachten 26.8.1988)
Akademie der Künste (Brief von Paul Rilla vom 14.4.1946)
Stiftung Archiv der Parteien und Massenorganisationen (Schreiben Hager, Honecker)

Personenregister

Abusch, Alexander 85, 119, 300
Ackermann, Anton 119
Adorno, Theodor W. 50f., 144, 316, 321, 346
Ahfeldt, Horst 414
Ahlschläger (Drogist) 163
Ahrend, Torsten 394
Alsberg, Paul 343f.,
Aquino, Thomas von 95, 400
Araktschejew, Alexej 122f.
Aristoteles 49, 95, 104, 109
Augstein, Rudolf 67f., 171, 256, 308, 372f.
Avenarius, Richard 51
Avicenna 52

Bach, Johann Sebastian 43, 139, 404
Bahr, Egon 187
Balzac, Honoré 33, 95
Baker, Josephine 99
Baumgarten, Arthur 60, 71, 394
Becher, Johannes R. 61, 229, 263, 388, 398
Becker, Holger 406, 408, 420 f.
Beethoven, Ludwig van 43, 244
Bek, Alexander 49
Belinski, Wissarion Grigorjewitsch 125
Benjamin, Walter 49
Benseler, Frank 45, 48, 56
Berthold, Lothar 151, 192, 211, 216, 226, 240, 248ff., 326, 334, 350, 352, 354, 361, 366, 368f., 373, 375ff.

Bethmann Hollweg, Theobald von 257
Beyer, Wilhelm Raymund 249
Biermann, Wolf 188, 190f.
Binder, David 289
Bisky, Lothar 397
Bismarck, Otto von 35f., 185, 257, 322, 330
Bloch, Ernst 45, 49, 51f., 60, 71, 134f., 144, 263, 305f., 345, 394
Bogdanow, Alexander Alexandrowitsch 51, 204
Bohley, Bärbel 399
Börne, Ludwig 71, 301
Brahms, Johannes 110, 141, 257, 331, 333
Brandes, Georg 254
Brandt, Günther 85, 119
Braun, Lilly 317, 341
Brecht, Bertolt 49f., 119, 124ff., 132, 217f., 263, 290, 306, 332, 353, 371, 389, 412, 418
Brie, André 398
Bruyn, Günter de 302f., 305, 308
Bucharin, Nikolai 133, 153
Bucharin, Anna 153
Bülow, Bernhard von 257
Bülow, Hans von 260
Bülow, Nico von 414

Calderón de la Barca, Pedro 95
Carnap, Rudolf 52
Cato 150
Chamisso, Adelbert von 94
Claessens, Dieter 351, 361ff.
Cicero 150
Colli 204

Deborin, Abram Moissejewitsch 121, 123
Dehmel, Richard 203
Deiters, Heinrich 300
Denger, Fred 71
Déry, Tibor 65
Descartes, René 95
Deutscher, Isaac 343
Dickens, Charles 33
Diderot, Denis 101
Dietzsch, Steffen 147
Dilthey, Wilhelm 316, 321
Diestel, Peter-Michael 398
Dietrich, Marlene 333
Dlubek, Rolf 179
Döblin, Alfred 331
Dostojewski, Fjodor 33
Duncker, Hermann 209
Dutschke, Rudi 135f.
Duve, Freimut 149, 170f., 178, 335, 366, 419
Dymschitz, Alexander 90

Eckholt, Mathias 421
Egel, Thomas 376, 318, 320
Eggebrecht, Axel 83, 85
Eisenberg, Bernd-Michael 411
Einstein, Albert 109, 111
Eisler, Hanns 306
Ende, Lex 119
Engel, Erich 263
Engels, Friedrich 46, 80, 125, 135, 148, 265, 289, 318, 320, 345, 350
Enzensberger, Hans Magnus 168
Eppelmann, Rainer 409
Eppler, Erhardt 187
Erpenbeck, Fritz 60, 83ff., 329
Eulenberg, Herbert 85

Fadejew, Alexander Alexandrowitsch 49
Feltrinelli, Inge 169, 178
Fetscher, Iring 132
Feuchtwanger, Lion 85, 332
Feuerbach, Ludwig 122, 165f., 316, 318, 341, 350, 379, 418
Fichte, Johann Gottlieb 48, 95, 120, 122, 167, 379
Fiedler, Werner 83
Field, Noel 67
Finck, Heinrich 399
Fischer (Schreibwaren) 163
Fontane, Theodor 32f., 35, 41, 101, 110, 183, 404
Forster, Georg 86
Franz, Michael 48, 50f., 144, 343, 363f., 368, 374, 376, 378
Friedrich II. 33, 35f., 142, 203, 322
Friedrich Wilhelm, Kurfürst von Brandenburg 36
Friedrich Wilhelm II. 32
Fröbel, Marianne 356
Fröbel, Volker 187, 355, 356
Fromm, Erich 340f.
Fuchs, Anke 187
Fülberth, Georg 173
Furtwängler, Wilhelm 140

Galilei, Galileo 54
Gaus, Günter 256, 399
Gehlen, Arnold 343-352, 358, 361f., 364, 372f.
General, Regina 420
Gessner, Herbert 119
Gerlach, Hans-Martin 340f.
Giesen, Ruth 355, 357, 415
Giordano, Ralph 85

Girnus, Wilhelm 124, 126
Glockner, Hermann 318f.
Goebbels, Joseph 89
Goethe, Johann Wolfgang von 8, 23, 43, 72, 95, 101, 156, 205, 210, 231, 253, 280, 300, 319, 330f.
Goldammer, Peter 300
Goldsmith, Oliver 123
Göllner, Renate 385
Gotsche, Otto 191
Golz, Jochen 309
Gomulka, Wladislaw 61, 65, 132
Gorbatschow, Michail 349, 357, 379f.
Gorki, Maxim 49
Graf, Oskar Maria 382f.
Gregorek, Karin 156
Grengel, Christa 177f., 363
Grimm, Thomas 393
Grimmelshausen, Johann Jakob Christoffel von 112
Grossmann, Kurt R. 85
Großmann, Werner 411
Grotewohl, Otto 81, 201, 208
Groth, Jürgen 421
Grothe, Christa 361
Gruhl, Herbert 173
Gropp, Rugard Otto 167
Gundling, Jacob Paul von 36
Günther, Hans 196, 200, 203ff., 208

Haase, Horst 25, 207, 358, 368f.
Hacks, Peter 150, 156, 191, 225, 231f., 320
Hager, Kurt 25, 45, 55, 57, 122f., 144ff., 150f., 197, 201f., 206f., 209, 211, 213 bis 216, 220, 222, 224f., 231, 237f., 240f, 244, 246, 249f., 252, 266f., 269f., 270, 273, 279, 285ff., 290ff., 296, 307, 310f., 315, 321f., 325, 334, 339ff., 343, 359, 372f., 378, 380
Hädicke, Anneliese 191
Hahn, Charles 171
Hahn, Erich 25, 201, 239, 241, 246, 250, 265ff., 276, 316, 352, 368f.
Hamsun, Knut 13, 152, 236, 334
Held, Jutta 187, 363
Händel, Georg Friedrich 139
Harich, Gisela 29, 191, 356, 419
Harich, Annelise 59, 140, 329, 417
Harich, Katharina 87, 190, 417
Harich, Walther 59, 330, 355, 417
Harich-Schneider, Eta 60, 329
Hartknoch, Johann 48
Hartmann, Eduard von 196
Hartmann, Nicolai 11, 14, 25, 27f., 68, 77f., 96, 100f., 104, 106, 138, 148, 152, 168, 198, 206, 210f., 231, 237, 248ff., 263, 267, 294, 303, 317, 334, 341, 344, 353, 363, 375-379, 382, 399
Hartmann, Frida 377
Hartwig, Wolfgang 301
Harzke (Familie) 160
Haubach, Theodor 69

Haug, Fritz-Wolfgang 399
Hauptmann, Gerhart 41, 217
Hausbrandt, Adolf 257
Havemann, Robert 169, 190
Hay, Julius 65
Haym, Rudolf 72ff., 319f.
Hebel, Johann Peter 52
Helferich, Carl 89
Hegel, Georg Wilhelm Friedrich 48, 69, 71f., 95, 100f., 104, 106, 120-123, 167, 231, 316ff., 341f., 418
Heidegger, Martin 103, 136, 138, 319, 341, 346, 353,
Heidelberg, Götz 187, 355, 415
Heine, Heinrich 71f., 95, 125, 231, 290, 300, 313, 330
Heinrichs, Gisela 356
Heinrichs, Jürgen 187, 355f.
Heise, Wolfgang 25, 203
Hellenbroich, Heribert 411
Heller, André 283
Herbig, Jost 173, 178, 187, 355, 414
Herbig, Barbara 187, 355, 414
Herder, Johann Gottfried 72ff., 87, 101, 298, 319, 345, 418
Herget (Friseur) 162
Hermlin, Stephan 196, 206f., 224, 285-191, 314, 322, 337, 343, 358, 365, 419
Hertwig, Manfred 132, 394
Heß, Rudolf 247
Herrnstadt, Rudolf 119
Herz, Monika 335f.
Heym, Stefan 188f., 398
Hiller, Kurt 83, 85

Himmler, Heinrich 91f.
Hitler, Adolf 36, 59, 95, 118, 211, 222f., 247, 261, 264, 275, 323, 332, 390
Hochhuth, Rolf 284
Hofbauer, Hannes 187, 282, 358, 385, 403, 20
Hoffmann, E. T. A. 59, 94, 300
Hoffmann, Hans-Joachim 207
Hoffmann, Ernst 123
Hoffmann, Oskar 124
Hoffmeister, Johannes 318
Hohenlohe, Chlodwig Fürst 257
Hölderlin, Friedrich 101, 294
Hollitscher, Walter 120, 122
Honecker, Erich 175, 182, 191, 212ff., 216, 224, 247, 285, 287, 290, 293, 309 bis 312, 321f., 325f., 335ff., 340, 354, 366f., 380, 391, 412
Höpcke, Klaus 25, 36, 144, 146, 173-177, 179, 181f., 192ff., 201, 206f., 209f., 220, 240, 242, 249, 269, 279f., 285, 287, 307, 309, 312, 314, 354
Hora, Eginhard 306
Horkheimer, Max 3126, 321
Huchel, Peter 286
Huemer, Peter 283
Huhn, Willy 92, 94
Humboldt, Wilhelm von 319
Huffzky, Hans 67f.

Ibsen, Henrik 103, 217
Ihering, Herbert 85

Jacobi, Arthur 59, 350
Jahn, Jürgen 48
Jahr, John 67
Janka, Walter 65ff., 87, 188ff., 385-389, 392ff., 398, 402f., 419ff.
Jaspers, Karl 353
Jean Paul 27, 44, 59, 95, 101f., 148, 150, 164ff., 170, 188, 206, 213, 223, 240, 247, 250, 293ff., 297-314, 319, 322f., 326, 330, 337, 342, 358, 375, 389, 418f.
Jens, Walter 399
Jens, Inge 400
Jodl, Friedrich 317, 341, 353
Josselson, Michael 88
Jünger, Ernst 89ff., 346, 417
Jungk, Robert 178f.
Just, Gustav g5ff.

Kainz, Josef 258
Kant, Hermann 286, 288, 291, 304, 322, 337, 419
Kant, Immanuel 48, 74, 95f., 101 108, 120, 122, 167, 272, 359f., 365
Kantorowicz, Alfred 85
Karsch, Walter 74-78
Kasakewitsch, Emmanuil 49
Kästner, Erich 83, 85, 263
Kaufmann, Hans 300
Kautsky, Karl 133, 316f.
Keller, Gottfried 33
Keller, Inge 217
Kerckhoff, Susanne 60, 69
Kerr, Alfred 75f.
Kersten, Kurt 383
Khomeini, Ajatollah 349
Kiaulehn, Walther 85
Kierkegaard, Sören 102

Kilian, Isot 87, 228, 230, 418
Kitayama, Junyu 77f., 96ff., 106, 108ff., 263, 417
Kirchner, Harald 183
Kirsanow, Alexander 91
Kisch, Egon Erwin 85
Klabund 332
Klages, Ludwig 108
Kleinschmidt, Sebastian 47, 146f.
Kleist, Heinrich von 300
Klemperer, Victor 264
Klenner, Hermann 25, 274, 318
Klimaschewsky, Günter 146f., 246
Klinger, Max 207
Knepler, Georg 393
Klopstock, Friedrich Gottlieb 100
Kofler, Leo 237, 251, 263, 279, 281, 285
Kofler, Ursula 263, 421
Komlosy, Andrea 187, 282, 358, 385, 420f.
Korn, Karl 85
Kortzfleisch, Joachim von 60, 253
Kosing, Alfred 352, 398
Kraus, Karl 75f.
Kraushaar, Wolfgang 420
Kreisler, Fritz 333
Kreiselmaier, Susanne 187, 355, 357, 413, 415
Kreiselmaier, Johannes 357
Krenz, Egon 393
Kreye, Otto 187, 355ff., 369, 414
Kreye, Anette 414
Korsch, Karl 49, 168
Kühn, Gustav 34

Kühnel (Ärztin) 296f.

La Mettrie, Julien Offray 34
Lange, Klaus 369
Langhoff, Wolfgang 141
Lavater, Johann Kasper 101
Leibniz, Gottfried Wilhelm 71, 95f., 109, 418
Leimbach, Mario 10
Lehmann, Günther K. 45, 48, 50, 52
Lenin, Waldimir Iljitsch 26, 47, 51, 60, 80, 120, 125, 135, 152, 204, 265, 280, 317, 345
Leonhard, Wolfgang 83, 85
Lepenies, Wolf 308
Lessing, Gotthold Ephraim 86f., 100, 300, 319
Levin, Julius 333
Lichtenberg, Georg Christoph 101
Liebknecht, Karl 343
Linde (Bäcker) 152, 163, 233f., 393
Lipps, Theodor 49
Locke, John 95
Lommer, Horst 85
Löther, Rolf 350
Löwenthal, Rick 348
Ludendorff, Erich 257
Luft, Friedrich 60, 78, 83, 85
Luise, Königin von Preußen 36
Lukács, Georg 14, 25-28, 38, 44-58, 60f., 69, 72, 80, 120, 122, 129, 135f., 143-150, 196, 200f., 203-206, 208, 214ff., 220, 223f., 237ff., 241, 246f., 249ff., 263, 267f., 273, 276, 279f., 288, 292, 294, 305f., 309f., 313f., 316f., 319, 323f., 345ff., 358, 371, 373f., 376, 389, 398, 419
Luther, Martin 36, 101, 203, 322, 330, 343
Luxemburg, Rosa 80, 133, 169

Mach, Ernst 51
Magritz, Kurt 124
Maier, Georg 183
Makarenko, Anton Semjonowitsch 49
Maldonado, Tomás 177f.
Malorny, Heinz 25, 146, 151, 194, 202, 205, 208, 216, 224, 240ff., 247ff., 273, 291, 343, 354, 376
Malthus, Thomas Robert 171, 174
Mann, Heinrich 66
Mann, Thomas 53, 93ff., 203, 231, 235ff., 243f., 254, 300, 332, 382f., 385
Manthey, Jürgen 171
Maria Theresia 35
Martin, Angela 415, 420f.
Martin, Ruth 408
Maskus (Lazarettarzt) 402
Marx, Karl 46, 69, 74, 78, 80, 95, 125, 132, 134f., 148, 203, 205, 265, 275, 289, 303, 317f., 320, 343, 345, 350
May, Gisela 28, 147, 164f., 176f., 190f., 216ff., 228, 279f., 285, 293, 302f., 419
May, Karl 52
Mayer, Hans 319
Meadow, Dennis 173

Mehring, Franz 71, 74, 77f., 80, 125, 196, 200f., 204f., 208, 310
Meier, Otto 116
Melsheimer, Ernst 128f., 131
Merker, Paul 64-67, 70, 85, 188
Merseburger, Carola 356, 361, 414
Mesarovio, Mihailo 173
Michel, Karl 168
Middell, Eike 25, 52f., 224, 273ff., 342
Mitterwurzer, Friedrich 258
Mittenzwei, Ingrid 322
Mittenzwei, Werner 47, 50, 217, 304f., 337
Mocek, Reinhard 352, 368f.,
Modrow, Hans 397f.
Molière, Jean Baptiste 217
Montinari 204
Morgan, Charles Langbridge 46
Morgenstern, Martin 378f.
Morin, Edgar 85
Mozart, Wolfgang Amadeus 110, 259
Mühe, Ulrich 387
Müldner und Mühlenheim, Lutz von 253
Müller, André 214, 373
Müller, Hanfried 289f.
Müller, Heiner 89, 149f., 169f., 177f. 196, 409f.
Müntzer, Thomas 306
Mußler, Werner 165, 307
Mussolini, Benito 195, 211, 275, 323

Naumann, Konrad 180
Naumann, Manfred 314

Nicolin, Friedhelm 318
Nickisch, Arthur 258
Nietzsche, Friedrich 14, 25, 27, 45f., 52f., 95, 107, 146, 149, 151, 190, 192-212, 214ff., 223ff., 235, 239ff., 244-250, 265-268, 272-276, 279, 285ff., 289-292, 294, 304, 311, 312ff., 319, 323, 338f., 342f., 348, 354, 358, 361, 365, 368-374, 376, 380, 382ff., 389, 399, 419
Nishida 106f.
Norden, Albert 85
Nong Yau 87, 90
Noak, Hans 191

Ortega y Gasset, Jóse 351
Odebrecht, Rudolf 96
Oelßner, Fred 120
Ossietzky, Carl von 83
Ossietzky, Maud von 83

Pechel, Rudolf 90ff., 115, 417
Pestel, Eduard 173
Pepperle, Heinz 150f., 210ff., 272, 314, 323
Petters, Katja 230
Pieck, Wilhelm 81
Pinske, Georg 60
Piper (Eisdiele) 163, 231
Pitsch, Reinhard 143, 146, 237f., 240, 242, 279, 281, 373f., 385, 399, 420
Platt, John R. 178
Plato 95, 109, 150
Platzeck, Matthias 399
Plechanow, Georgi Walentinowitsch 51, 196, 203f.
Plessner, Helmut 350
Plotin 101

Pöggeler, Otto 318
Possart, Ernst von 138, 258, 260
Prinz Heinrich von Preßen 142
Puschkin (Botschafter) 61, 64f., 67, 125f., 418

Raabe, Wilhelm 33, 300
Raddatz, Fritz J. 308
Rätz, Kurt 206, 296
Ravoux 89f.
Reger, Erik 80, 88-91
Rehberg, Siegfried 352, 363
Reich-Ranicki, Marcel 400
Reschke, Renate 25, 52, 203
Rexin, Manfred 420
Ruegemer, Werner 346ff.
Riehl, Alois 53
Rilke, Rainer Maria 109
Rilla, Paul 60, 72-77, 83-88, 119, 263, 300, 319, 417
Röder, Hilde 187, 282, 385
Röder, Sabine 385
Rönisch, Siegfried 53ff., 58, 144, 145, 151, 246
Röpke, Wilhelm 90f.
Rosenberg, Ursula 28, 190
Rousseau, Jean Jacques 275

Sandvoss, Ernst 223
Sartre, Jean Paul 263
Schabowski, Günter 392
Scheit, Gerhard 363, 369, 375, 385
Scheler, Max 100, 350
Schelling, Friedrich Wilhelm Joseph 122, 167,
Schering 100
Schiller, Friedrich 39, 201, 210, 300, 313

Schinkel, Friedrich 32f., 35, 111
Schirmer, Gregor 25, 45, 192ff., 220, 238, 241f., 246, 251, 296, 312, 313f., 321. 326, 336f., 340f., 358, 360, 365ff., 369, 378
Schivelbusch, Wolfgang 85, 92, 406
Schlegel, Friedrich 319f.
Schlenk, Ursula 251, 410
Schliwa, Harald,, 251
Schlötzer, Curd von 254
Schmähling, Elmar 411
Schnabel, Artur 258
Schneider, Norbert 187, 363
Schnitzler, Arthur 42
Schnog, Karl 85
Scholochow, Michael Alexandrowitsch 49
Scholz, Edith 198, 420
Schölzel, Arnold 342ff. 346, 348ff., 352f., 358, 363
Schopenhauer, Arthur 95f., 112f., 205, 319
Schreiter, Jörg 352, 364
Schrickel, Klaus 121ff.
Schröder, Max 87
Schroth, Hannelore 114
Schumacher, E. F. 173
Schubard 168
Schuffenhauer, Werner 165f.
Schulz, Max Walter 145, 147, 151, 211f.
Schütte, Wolfram 308
Schwarz, Jewgenij 254f.
Scurla, Herbert 301
Seeberg, Erich 99f., 229
Seghers, Anna 134, 263, 388
Seidel da Fonseca, Ricardo 357

Seidel, Heinrich 94
Seidel, Ina 77, 94, 104, 331, 417
Seidel, Georg 94
Selle, Karlheinz 174
Sengle, Friedrich 308
Shdanow, Andrej 120
Simon, Gustav 257
Simon-Sonnemann 257
Solschenizyn, Alexander 343, 347f.
Sorel, Georges 134
Spengler, Oswald 95, 108
Spinoza, Baruch 95, 101
Spitzweg, Carl 334
Spira, Steffie 392
Spranger, Eduard 68, 78, 96, 99f., 106ff.
Stade, Martin 36
Stalin, Josef 61ff., 66-69, 114, 120, 122, 124, 127, 133, 150, 303f., 343, 345, 348, 418
Steinberger, Bernard 66, 132
Steiner, Helmut 216
Stendhal 41
Sternberg, Fritz 133
Sternheim, Carl 203
Stieglitz, Alexander 254
Stieglitz, Caroline 254
Stieglitz, Charlotte 254
Stieglitz, Heinrich 254
Stiehler, Gottfried 167, 318, 342
Stoph, Willi 199, 207
Storm, Theodor 33, 300
Strahl, Rudi 180
Strasser, Johano 414
Strauss, Richard 258
Stravinski, Igor 110
Stresemann, Gustav 257
Stülpnagel, K.-Heinrich 89

Taylor, Gordon Rattray 173
Tertullian, Nicolas 373
Theunissen, Gert H. 85
Thackeray, William Makepeace 93f, 402f.
Thälmann, Ernst 280
Thomasius, Christian 52
Tolstoi, Leo 33, 383f., 403
Tönnies, Ferdinand 45f., 203, 283, 376
Traven, B. 41
Trotzki, Leo 133, 343, 395
Tschaikowski, Pjotr 141
Tucholsky, Kurt 76, 365
Turley, Werner 151, 193, 196, 211, 316, 352, 368f., 375f.f.

Urbahn de Jaurequi, Heidi 231f., 234ff., 341
Ulbricht, Walter 61, 64-68, 79, 125-129, 133, 148, 225, 263f., 279, 418

Valentin, Karl 235
Varnhagen, Rahel 113
Veca, Salvatore 177f.
Velde, Henry van de 208
Vesper, Karlen 420
Vieth, Inge 398
Villaume, Peter 377
Vischer, Friedrich Theodor
Vogel, Alex 417
Voltaire 34

Wagner, Richard 205, 257, 260
Wagner, Cosima 260
Wangenheim, Inge von 265f.
Wangenheim, Friedel von 277

Walser, Robert 383
Weigel, Helene 134, 165, 188, 263, 298, 386, 418
Wendt, Johannes 394, 420f.
Weinert, Erich 83, 85
Weiß, Konrad 399
Weizsäcker, Carl Friedrich von 178f., 355
Welk, Ehm 305
Wessel, Karl-Friedrich 342, 350, 377
Wetzlaff-Eggebert, Paul 100
Widmer-Thiel, Wibke 355
Wiegle, Paul 88
Wieland, Christoph Martin 10
Wilde, Oscar 95
Wilhelm II. 35
Wirta, Timo 49
Wittgenstein, Ludwig 52
Wittkowski, Clemens 370, 373f.
Wolf, Markus 392, 411f.
Wolf, Christa 389, 392
Wolfe, Nancy 412
Wollenberger, Vera 399
Woslenski, Michail 64
Wyneken, Alexander 22, 59, 231, 253-256, 258f., 262, 265, 280, 329ff.
Wyneken, Anna 258f.
Wyneken, Hans (Onkel Hähnchen) 139ff., 259
Wyneken, Susanne (Tante Pieps) 139, 259
Wegener, Paul 76, 79, 88, 140

Zedler, Elisabeth 401
Ziller, Tanja 10
Zöger, Heinz 66f.
Zweig, Arnold 331
Zweig, Stefan 390

ISBN 978-3-360-01294-4

© 2007 Das Neue Berlin Verlagsgesellschaft mbH
Neue Grünstraße 18, 10179 Berlin
Umschlagentwurf: www.buchgestalter.net
unter Verwendung eines Fotos von Wolfgang Harich
Druck und Bindung: CPI Moravia Books GmbH

Die Bücher des Verlags Das Neue Berlin
erscheinen in der Eulenspiegel Verlagsgruppe.

www.das-neue-berlin.de